**2026 감정평가사 시험 대비**

# 감정평가사

## 감정평가 관계법규
### 기본서

정덕창 편저

실전 대비에 최적화된 기본서
기출 내용 출제연도 표시
중요내용 ★ 표시 및 암기사항 정리

합격의 길로 쉽게 인도할 수험노하우 전수

# PREFACE 머리말

1. 본 수험서는 감정평가사 1차 객관식 시험을 준비하는 수험생들을 위한 「감정평가 관계법규」 기본서입니다.

2. 「감정평가 관계법규」는 총 9개의 법률로 구성된 과목으로서, 각 법률 상호 관련성 및 출제난이도 등을 감안하여 「국토의 계획 및 이용에 관한 법률(13문제)」· 「감정평가 및 감정평가사에 관한 법률(3문제)」· 「부동산 가격 공시에 관한 법률(3문제)」· 「국유재산법(4문제)」· 「공간정보의 구축 및 관리 등에 관한 법률(4문제)」· 「부동산등기법(4문제)」· 「동산·채권 등의 담보에 관한 법률(1문제)」· 「건축법(4문제)」· 「도시 및 주거환경정비법(4문제)」 순으로 편제하였습니다.

3. 자주 출제되는 부분으로서 중요도가 높은 부분은 ★를 표시하여 집중도를 높여 학습할 수 있도록 하였고, 감정평가사 시험에 출제된 부분은 「감평 2025」 등으로 표시하여 출제경향을 파악할 수 있도록 하였으며, 최근 공인중개사 시험에서 출제된 내용 중 출제가능성이 있는 내용들에 대해서는 「중개 2024」 등으로 표시하여 참고할 수 있도록 하였습니다.

4. 본 수험서를 보는 모든 수험생들에게 합격의 행운이 깃들기 기원합니다.

2025. 5.
정덕창

# CONTENTS 차례

## 제1편 국토의 계획 및 이용에 관한 법률(약칭 : 국토계획법)

제01장 총 칙 ········································································································································· 10

제02장 광역도시계획 ···························································································································· 20

제03장 도시·군기본계획 ······················································································································ 30

제4-1장 도시·군관리계획1 : 수립 절차 ··························································································· 38

제4-2장 도시·군관리계획2 : 공간재구조화계획 ·············································································· 57

제4-3장 도시·군관리계획3 : 용도지역·용도지구·용도구역 ························································· 64

제4-4장 도시·군관리계획4 : 도시·군계획시설 ··············································································· 78

제4-5장 도시·군관리계획5 : 지구단위계획 ····················································································· 87

제05장 개발행위의 허가 ······················································································································ 98

제06장 개발행위에 따른 기반시설의 설치 ···················································································· 116

제07장 성장관리계획 ························································································································· 125

제08장 용도지역·용도지구 및 용도구역에서의 행위 제한 ························································· 129

제09장 도시·군계획시설사업의 시행 ····························································································· 141

제10장 비 용 ······································································································································ 151

제11장 도시계획위원회 ····················································································································· 155

제12장 보 칙 ······································································································································ 160

제13장 벌 칙 ······································································································································ 166

## 제2편 감정평가 및 감정평가사에 관한 법률(약칭 : 감정평가법)

제01장 총 칙 ······································································································································ 172

제02장 감정평가 ································································································································· 174

제3-1장 감정평가사 : 업무와 자격 ································································································ 183

제3-2장 감정평가사 : 시험 ·············································································································· 186

제3-3장 감정평가사 : 등록 ·············································································································· 187

제3-4장 감정평가사 : 권리와 의무 ································································································ 190

제3-5장 감정평가사 : 감정평가법인 ································································· 196
제04장 한국감정평가사협회 ································································· 201
제05장 징 계 ································································· 202
제06장 과징금 ································································· 207
제07장 보 칙 ································································· 210
제08장 벌 칙 ································································· 212

## 제3편 부동산 가격 공시에 관한 법률(약칭 : 부동산가격공시법)

제01장 총 칙 ································································· 218
제2-1장 지가의 공시 : 표준지공시지가 ································································· 219
제2-2장 지가의 공시 : 개별지공시지가 ································································· 226
제2-3장 지가의 공시 : 타인토지에의 출입 등 ································································· 232
제03장 주택가격의 공시 ································································· 234
제04장 비주거용 부동산가격의 공시 ································································· 245
제05장 부동산가격공시위원회 ································································· 250
제06장 보 칙 ································································· 253

## 제4편 국유재산법

제01장 총 칙 ································································· 258
제02장 총괄청 ································································· 273
제03장 국유재산관리기금 ································································· 275
제04장 행정재산 ································································· 277
제05장 일반재산 ································································· 289
제06장 개 발 ································································· 307
제07장 지식재산 관리·처분의 특례(2012. 12. 18. 신설) ································································· 312
제08장 대장(臺帳)과 보고 ································································· 315
제09장 보칙 및 벌칙 ································································· 317

# CONTENTS 차례

## 제5편 공간정보의 구축 및 관리 등에 관한 법률(약칭 : 공간정보관리법)

제01장 총 칙 ······ 326
제02장 측량 : 지적측량 ······ 330
제3-1장 지적(地籍) : 토지의 등록 ······ 335
제3-2장 지적(地籍) : 지적공부(地籍公簿) ······ 345
제3-3장 지적(地籍) : 토지의 이동 신청 및 지적정리 등) ······ 353

## 제6편 부동산등기법

제01장 총 칙 ······ 370
제02장 등기소와 등기관 ······ 372
제03장 등기부 등 ······ 375
제4-1장 등기절차 : 총칙 ······ 379
제4-2장 등기절차 : 표시에 관한 등기 ······ 388
제4-3장 등기절차 : 권리에 관한 등기 ······ 394
제05장 이 의 ······ 422

## 제7편 동산·채권 등의 담보에 관한 법률(약칭 : 동산채권담보법)

제01장 총 칙 ······ 426
제02장 동산담보권 ······ 428
제03장 채권담보권 ······ 437
제04장 담보등기 ······ 439
제05장 지식재산권의 담보에 관한 특례 ······ 445

## 제8편 건축법

제01장 총 칙 ·································································································· 448
제02장 건축물의 건축 ···················································································· 459
제03장 건축물의 대지와 도로 ········································································ 478
제04장 건축물의 구조 및 재료 등 ·································································· 485
제05장 지역 및 지구의 건축물 ······································································ 492
제06장 특별건축구역 등 ················································································ 496
제07장 건축협정 ····························································································· 499
제08장 결합건축 : 용적률 거래제도 ······························································ 502
제09장 보 칙 ·································································································· 505

## 제9편 도시 및 주거환경정비법(약칭 : 도시정비법)

제01장 총 칙 ·································································································· 518
제02장 기본계획의 수립 및 정비구역의 지정 ··············································· 522
제3-1장 정비사업의 시행방법 등 ··································································· 542
제3-2장 조합설립추진위원회 및 조합의 설립 등 ·········································· 547
제3-3장 사업시행계획 등 ··············································································· 566
제3-4장 정비사업 시행을 위한 조치 등 ························································ 573
제3-5장 관리처분계획 등 ··············································································· 575
제3-6장 공사완료에 따른 조치 등 ································································· 584
제04장 비용의 부담 등 ·················································································· 588
제05장 공공재개발사업 및 공공재건축사업 ·················································· 591
제06장 기타 : 청문 ······················································································· 594

제 **1** 편

# 국토의 계획 및 이용에 관한 법률
## (약칭 : 국토계획법)

**제01장 총 칙**

**제02장 광역도시계획**

제03장 도시·군기본계획

제4-1장 도시·군관리계획1 : 수립 절차

제4-2장 도시·군관리계획2 : 공간재구조화계획

제4-3장 도시·군관리계획3 : 용도지역·용도지구·용도구역

제4-4장 도시·군관리계획4 : 도시·군계획시설

제4-5장 도시·군관리계획5 : 지구단위계획

제05장 개발행위의 허가

제06장 개발행위에 따른 기반시설의 설치

제07장 성장관리계획

제08장 용도지역·용도지구 및 용도구역에서의 행위 제한

제09장 도시·군계획시설사업의 시행

제10장 비 용

제11장 도시계획위원회

제12장 보 칙

제13장 벌 칙

# CHAPTER 01 > 총 칙

## Ⅰ 목적

국토의 계획 및 이용에 관한 법률(이하 법)은 국토의 이용·개발과 보전을 위한 계획의 수립 및 집행 등에 필요한 사항을 정하여 <u>공공복리</u>를 증진시키고 <u>국민의 삶의 질을 향상</u>시키는 것을 목적으로 한다(법 제1조).

## Ⅱ 정의

### 1. 광역도시계획

"<u>광역도시계획</u>"이란 <u>법 제10조</u>(광역계획권의 지정)에 따라 지정된 <u>광역계획권</u>의 <u>장기발전방향</u>을 제시하는 계획을 말한다(법 제2조 제1호). (감평 2020·2025)

### 2. 도시·군계획

"<u>도시·군계획</u>"이란 특별시·광역시·특별자치시·특별자치도·시 또는 군(광역시의 관할 구역에 있는 군은 제외한다.)의 관할 구역에 대하여 수립하는 <u>공간구조</u>와 <u>발전방향</u>에 대한 계획으로서 <u>도시·군기본계획</u>과 <u>도시·군관리계획</u>으로 구분한다(법 제2조 제2호). (감평 2010)

### 3. 도시·군기본계획

"<u>도시·군기본계획</u>"이란 특별시·광역시·특별자치시·특별자치도·시 또는 군의 관할 구역 및 생활권에 대하여 "<u>기본</u>"적인 공간구조와 "<u>장기</u>" 발전방향을 제시하는 종합계획으로서 <u>도시·군관리계획 수립의 지침</u>이 되는 계획을 말한다(법 제2조 제3호). (감평 2009·2022)

> ☞ <u>도시기본계획</u>(현행 도시·군기본계획)은 도시의 장기적 개발방향과 미래상을 제시하는 도시계획 입안의 지침이 되는 장기적·종합적인 개발계획으로서 <u>행정청에 대한 직접적인 구속력은 없다</u>(2005두1893). (감평 2002)
> ☞ 종전에는 국토를 도시지역과 비도시지역으로 구분하여 <u>도시지역에는 도시계획법</u>, <u>비도시지역에는 국토이용관리법</u>으로 이원화하여 운용하였으나, 국토의 난개발(亂開發) 문제가 대두됨에 따라 2003년 1월 1일부터는 <u>도시계획법과 국토이용관리법을 통합</u>하여 비도시지역에도 도시계획법에 의한 도시계획기법을 도입할 수 있도록 <u>국토의 계획 및 이용에 관한 법률</u>을 <u>제</u>정하였다.

## 4. 도시·군관리계획★

"도시·군관리계획"이란 특별시·광역시·특별자치시·특별자치도·시 또는 군의 개발·정비 및 보전을 위하여 수립하는 토지 이용, 교통, 환경, 경관, 안전, 산업, 정보통신, 보건, 복지, 안보, 문화 등에 계획을 말한다(법 제2조 제4호).

## 5. 지구단위계획

"지구단위계획"이란 도시·군계획 수립 대상지역의 일부에 대하여 토지 이용을 합리화하고 그 기능을 증진시키며 미관을 개선하고 양호한 환경을 확보하며, 그 지역을 체계적·계획적으로 관리하기 위하여 수립하는 도시·군관리계획을 말한다(법 제2조 제5호).

> ☞ 지구단위계획은 유사한 제도의 중복운영에 따른 혼선과 불편을 해소하기 위하여 종전의 「도시계획법」에 의한 상세계획과 「건축법」에 의한 도시설계제도를 도시계획체계로 흡수·통합한 것이다.

## 6. 성장관리계획

"성장관리계획"이란 성장관리계획구역에서의 난개발을 방지하고 계획적인 개발을 유도하기 위하여 수립하는 계획을 말한다(법 제2조 제5의3호).(중개 2024)

## 7. 공간재구조화계획·도시혁신계획·복합용도계획★

① "공간재구조화계획"이란 토지의 이용 및 건축물이나 그 밖의 시설의 용도·건폐율·용적률·높이 등을 완화하는 용도구역의 효율적이고 계획적인 관리를 위하여 수립하는 계획을 말한다(법 제2조 제5의4호).(중개 2024)

② "도시혁신계획"이란 창의적이고 혁신적인 도시공간의 개발을 목적으로 도시혁신구역에서의 토지의 이용 및 건축물의 용도·건폐율·용적률·높이 등의 제한에 관한 사항을 따로 정하기 위하여 공간재구조화계획으로 결정하는 도시·군관리계획을 말한다(법 제2조 제5의5호).

③ "복합용도계획"이란 주거·상업·산업·교육·문화·의료 등 다양한 도시기능이 융복합된 공간의 조성을 목적으로 복합용도구역에서의 건축물의 용도별 구성비율 및 건폐율·용적률·높이 등의 제한에 관한 사항을 따로 정하기 위하여 공간재구조화계획으로 결정하는 도시·군관리계획을 말한다(법 제2조 제5의6호).

## 8. 기반시설★

"기반시설"이란 아래 시설을 말한다(법 제2조 제6호·영 제2조 제1항 및 제2항).

1. 교통시설 : 도로(일반도로, 자동차전용도로, 보행자전용도로, 보행자우선도로, 자전거전용도로, 고가도로, 지하도로)·철도·항만·공항·주차장·자동차정류장(여객자동차터미널, 물류터미널, 공영차고지, 공동차고지, 화물자동차 휴게소, 복합환승센터, 환승센터)·궤도·차량 검사 및 면허시설 (감평 2012·2021, 중개 2017·2021·2024)

2. 공간시설 : 유원지·공원·공공공지·광장(교통광장, 일반광장, 경관광장, 지하광장, 건축물부설광장)·녹지(감평 2015·2017·2019·2021·2024, 중개 2021)

3. 유통·공급시설 : 유통업무설비, 수도·전기·가스·열공급설비, 방송·통신시설, 공동구·시장, 유류저장 및 송유설비 (감평 2012·2017·2018·2020·2021·2022·2024, 중개 2017·2021)

4. **공공·문화체육시설** : 학교·**공공청사**·문화시설·공공필요성이 인정되는 체육시설·**연구시설**·**사회복지시설**·공공직업훈련시설·**청소년수련시설**(감평 2017·2022·2024, 중개 2021·2024)

5. **방재시설** : **하천**·**유수지**(遊水池)·**저수지**·방화설비·방풍설비·방수설비·**사방설비**·방조설비(감평 2012·2017·2021·2024, 중개 2017)

6. **보건위생시설** : **장사시설**·**도축장**·종합의료시설(감평 2012·2021·2024, 중개 2021)

7. **환경기초시설** : **하수도**·폐기물처리 및 재활용시설·**빗물저장 및 이용시설**·수질오염방지시설·**폐차장**(감평 2012·2017·2018·2024, 중개 2017·2021)

## 9. 광역시설

"**광역시설**"이란 **기반시설** 중 광역적인 정비체계가 필요한 아래 시설을 말한다(법 제2조 제8호·영 제3조).

1. **둘 이상**의 특별시·광역시·특별자치시·특별자치도·시 또는 군의 **관할 구역**에 **걸쳐** 있는 시설 : 도로·철도·광장·녹지, 수도·전기·가스·열공급설비, 방송·통신시설, 공동구, 유류저장 및 송유설비, 하천·**하수도**(하수종말처리시설을 **제외**한다)(하수도법 제2조 제9호 ; 구법상 하수종말처리시설을 공공하수처리시설로 변경하였다.)

2. **둘 이상**의 특별시·광역시·특별자치시·특별자치도·시 또는 군이 **공동**으로 **이용**하는 시설 : 항만·공항·자동차정류장·공원·유원지·유통업무설비·문화시설·공공필요성이 인정되는 체육시설·사회복지시설·공공직업훈련시설·청소년수련시설·유수지·장사시설·도축장·**하수도**(하수종말처리시설에 **한한다**)·폐기물처리 및 재활용시설·수질오염방지시설·폐차장

## 10. 공동구

"**공동구**"란 전기·가스·수도 등의 공급설비, 통신시설, 하수도시설 등 **지하매설물**을 **공동 수용**함으로써 미관의 개선, 도로구조의 보전 및 교통의 원활한 소통을 위하여 지하에 설치하는 시설물을 말한다(법 제2조 제9호).

## 11. 도시·군계획시설

"**도시·군계획시설**"이란 **기반시설** 중 **도시·군관리계획**으로 결정된 시설을 말한다(법 제2조 제7호).(감평 2012, 중개 2021)

> ☞ 도시·군계획시설이란 기반시설 중 도시·군기본계획으로 결정된 시설을 말한다. (×/도시·군관리계획)

## 12. 도시·군계획시설사업

"**도시·군계획시설사업**"이란 **도시·군계획시설**을 **설치·정비** 또는 **개량**하는 사업을 말한다(법 제2조 제10호).

## 13. 도시·군계획사업

"**도시·군계획사업**"이란 **도시·군관리계획**을 시행하기 위한 아래 사업을 말한다(법 제2조 제11호).

1. 도시·군계획시설사업
2. 「도시개발법」에 따른 **도시개발사업**(감평 2013)
3. 「도시 및 주거환경정비법」에 따른 **정비사업**

> **정리**
> 
> 도시·군계획사업(도/정/시설)
> 1. <u>도시개발</u>사업
> 2. <u>정비</u>사업
> 3. 도시·군계획<u>시설</u>사업

## 14. 도시·군계획사업시행자

"<u>도시·군계획사업시행자</u>"란 국토계획법 또는 <u>다른 법률</u>에 따라 <u>도시·군계획사업을 하는 자를 말한다</u>(법 제2조 제12호).

## 15. 공공시설

"<u>공공시설</u>"이란 아래의 <u>공공용 시설</u>을 말한다(법 제2조 제13호·영 제4조).

1. <u>도로</u>(감평 2013)·공원·철도·수도(법 제2조 제13호)
2. 항만·공항·<u>광장</u>(감평 2013)·녹지·공공공지·공동구·하천·유수지·방화설비·방풍설비·<u>방수설비</u>(감평 2013)·사방설비·방조설비·하수도·구거(영 제4조 제1호)
3. <u>행정청이 설치하는 시설로서 주차장</u>, <u>저수지</u>(감평 2013) 및 그 밖에 <u>국토교통부령</u>(규칙 제2조 ; 공공필요성이 인정되는 체육시설 중 운동장, 장사시설 중 화장장·<u>공동묘지</u>·봉안시설)으로 정하는 시설(영 제4조 제2호)(중개 2024)
4. 「스마트도시 조성 및 산업진흥 등에 관한 법률」제2조 제3호 다목(스마트도시서비스의 제공 등을 위한 스마트도시 통합운영센터 등)에 따른 시설(영 제4조 제3호)

   ☞ "<u>스마트도시</u>"란 도시의 경쟁력과 삶의 질의 향상을 위하여 <u>건설·정보통신기술 등을 융·복합</u>하여 건설된 도시기반시설을 바탕으로 <u>다양한 도시서비스를 제공하는 지속가능한 도시</u>를 말한다(스마트도시 조성 및 산업진흥 등에 관한 법률 제2조 제1호).

## 16. 국가계획

"<u>국가계획</u>"이란 중앙행정기관이 <u>법률</u>에 따라 수립하거나 <u>국가의 정책적인 목적</u>을 이루기 위하여 수립하는 계획 중 <u>도시·군기본계획</u>이나 <u>도시·군관리계획</u>으로 결정하여야 할 사항이 <u>포함</u>된 계획을 말한다(법 제2조 제14호).(감평 2020)

   ☞ "<u>중앙행정기관</u>"이라 함은 국가의 행정사무를 담당하기 위하여 설치된 행정기관으로서 그 관할권의 범위가 전국에 미치는 행정기관을 말한다(행정기관의 조직과 정원에 관한 통칙 제2조 제1호).
   ☞ <u>정부조직법 제2조 제2항</u> : <u>중앙행정기관</u>은 이 법에 따라 설치된 <u>부·처·청</u>과 다음 각 호의 행정기관으로 한다. 1. 방송통신위원회, 2. 공정거래위원회, 3. 국민권익위원회, 4. 금융위원회, 5. 개인정보 보호위원회, 6. 원자력안전위원회, 7. 행정중심복합도시건설청, 8. 새만금개발청

## 17. 용도지역★

"<u>용도지역</u>"이란 <u>토지</u>의 이용 및 <u>건축물</u>의 용도, 건폐율, 용적률, 높이 등을 제한함으로써 토지를 경

제적·효율적으로 이용하고 공공복리의 증진을 도모하기 위하여 서로 **중복되지 아니하게** **도시·군관리계획**으로 결정하는 지역을 말한다(법 제2조 제15호).(감평 2004·2013, 중개 2024)

> ☞ 용도지역은 상호 중첩지정 될 수 없지만, **용도지구**와는 중복 지정될 수 있다.　　　(○)(감평 2004)

### 18. 용도지구★

"**용도지구**"란 **토지의 이용** 및 건축물의 용도·건폐율·용적률·높이 등에 대한 **용도지역의 제한을 강화하거나 완화**하여 적용함으로써 **용도지역의 기능을 증진시키고 경관·안전** 등을 도모하기 위하여 **도시·군관리계획**으로 결정하는 지역을 말한다(법 제2조 제16호).(감평 2012·2015·2017, 중개 2019)

### 19. 용도구역

"**용도구역**"이란 **토지의 이용** 및 건축물의 용도·건폐율·용적률·높이 등에 대한 **용도지역 및 용도지구의 제한을 강화하거나 완화**하여 따로 정함으로써 **시가지의 무질서한 확산방지, 계획적이고 단계적인 토지이용의 도모**, 혁신적이고 복합적인 토지활용의 촉진, **토지이용의 종합적 조정·관리** 등을 위하여 **도시·군관리계획**으로 결정하는 지역을 말한다(법 제2조 제17호).

### 20. 개발밀도관리구역

"**개발밀도관리구역**"이란 개발로 인하여 **기반시설이 부족할 것으로 예상되나 기반시설을 설치하기 곤란**한 지역을 대상으로 **건폐율이나 용적률을 강화**하여 적용하기 위하여 **법 제66조**(개발밀도관리구역)에 따라 지정하는 구역을 말한다(법 제2조 제18호).(감평 2004·2015·2022, 중개 2024)

### 21. 기반시설부담구역

① "**기반시설부담구역**"이란 **개발밀도관리구역 외(外)**의 지역으로서 개발로 인하여 도로, 공원, 녹지 등 「**대통령령으로 정하는 기반시설**」의 **설치가 필요한 지역**을 대상으로 **기반시설을 설치하거나 그에 필요한 용지를 확보**하게 하기 위하여 **법 제67조**(기반시설부담구역의 지정)에 따라 **지정·고시하는 구역**을 말한다(법 제2조 제19호).(중개 2024)

② 여기서 「**대통령령으로 정하는 기반시설**」이란 다음 각 호의 기반시설(해당 시설의 이용을 위하여 필요한 **부대시설** 및 **편의시설**을 포함한다)을 말한다(영 제4조의2).
  1. **도로**(인근의 간선도로로부터 기반시설부담구역까지의 진입도로를 **포함**한다)(감평 2022)
  2. **공원**(감평 2022)
  3. 녹지
  4. **학교**(「고등교육법」 제2조에 따른 학교는 **제외**한다)(감평 2022)
  5. **수도**(인근의 수도로부터 기반시설부담구역까지 연결하는 수도를 **포함**한다)(감평 2022)
  6. **하수도**(인근의 하수도로부터 기반시설부담구역까지 연결하는 하수도를 **포함**한다)(감평 2022)
  7. 폐기물처리 및 재활용시설
  8. 그 밖에 특별시장·광역시장·특별자치시장·특별자치도지사·시장 또는 군수가 법 제68조제2항 단서에 따른 기반시설부담계획에서 정하는 시설

## 22. 기반시설설치비용

"기반시설설치비용"이란 단독주택 및 숙박시설 등 대통령령(영 제4조의3)으로 정하는 시설의 신·증축 행위로 인하여 유발되는 기반시설을 설치하거나 그에 필요한 용지를 확보하기 위하여 법제69조(기반 시설설치비용의 납부 및 체납처분)에 따라 부과·징수하는 금액을 말한다(법 제2조 제20호).

## 23. 도시·군계획 등의 명칭

① 행정구역의 명칭이 특별시·광역시·특별자치시·특별자치도·시인 경우 도시·군계획, 도시·군기본 계획, 도시·군관리계획, 도시·군계획시설, 도시·군계획시설사업, 도시·군계획사업 및 도시·군계획상임기획단의 명칭은 각각 "도시계획", "도시기본계획", "도시관리계획", "도시계획시설", "도시계획시설사업", "도시계획사업" 및 "도시계획상임기획단"으로 한다(법 제5조 제1항).

② ⓐ 행정구역의 명칭이 군인 경우 도시·군계획, 도시·군기본계획, 도시·군관리계획, 도시·군계획시설, 도시·군계획시설사업, 도시·군계획사업 및 도시·군계획상임기획단의 명칭은 각각 "군계획", "군기본계획", "군관리계획", "군계획시설", "군계획시설사업", "군계획사업" 및 "군계획상임기획단"으로 한다(법 제5조 제2항).

ⓑ 또한, 군에 설치하는 도시계획위원회의 명칭은 "군계획위원회"로 한다(법 제5조 제3항).

> ◆ 지방자치법 제2조(지방자치단체의 종류)
> ① 지방자치단체는 다음의 두 가지 종류로 구분한다.
> 1. 특별시, 광역시, 특별자치시, 도, 특별자치도
> 2. 시, 군, 구
> ② 지방자치단체인 구(이하 "자치구"라 한다)는 특별시와 광역시의 관할 구역 안의 구만을 말하며, 자치 구의 자치권의 범위는 법령으로 정하는 바에 따라 시·군과 다르게 할 수 있다.
>
> ◆ 지방자치법 제3조(지방자치단체의 법인격과 관할)
> ① 지방자치단체는 법인으로 한다.
> ② 특별시, 광역시, 특별자치시, 도, 특별자치도(이하 "시·도"라 한다)는 정부의 직할(直轄)로 두고, 시는 도 의 관할 구역 안에, 군은 광역시, 특별자치시나 도의 관할 구역 안에 두며, 자치구는 특별시와 광역 시, 특별자치시의 관할 구역 안에 둔다. 다만, 특별자치도의 경우에는 법률이 정하는 바에 따라 관할 구역 안에 시 또는 군을 두지 아니할 수 있다.
>
> ◆ 지방자치법 제198조(대도시 등에 대한 특례 인정)
> ① 서울특별시·광역시 및 특별자치시를 제외한 인구 50만 이상 대도시의 행정, 재정 운영 및 국가의 지도·감독에 대해서는 그 특성을 고려하여 관계 법률로 정하는 바에 따라 특례를 둘 수 있다.
> ② 제1항에도 불구하고 서울특별시·광역시 및 특별자치시를 제외한 다음 각 호의 어느 하나에 해당하 는 대도시 및 시·군·구의 행정, 재정 운영 및 국가의 지도·감독에 대해서는 그 특성을 고려하여 관 계 법률로 정하는 바에 따라 추가로 특례를 둘 수 있다.
> 1. 인구 100만 이상 대도시(이하 "특례시"라 한다)
> 2. 실질적인 행정수요, 지역균형발전 및 지방소멸위기 등을 고려하여 대통령령으로 정하는 기준과 절 차에 따라 행정안전부장관이 지정하는 시·군·구

## Ⅲ 국토 이용 및 관리의 기본원칙

국토는 <u>자연환경의 보전</u>과 <u>자원의 효율적 활용</u>을 통하여 <u>환경적으로 건전하고 지속가능한 발전</u>을 이루기 위하여 다음 각 호의 목적을 이룰 수 있도록 이용되고 관리되어야 한다(법 제3조).(감평 2013)
1. <u>국민생활</u>과 <u>경제활동</u>에 필요한 토지 및 각종 시설물의 효율적 이용과 원활한 공급
2. <u>자연환경 및 경관</u>의 보전과 훼손된 자연환경 및 경관의 개선 및 복원(감평 2013)
3. 교통·수자원·에너지 등 <u>국민생활</u>에 필요한 각종 <u>기초 서비스 제공</u>
4. <u>주거 등 생활환경 개선</u>을 통한 국민의 삶의 질 향상(감평 2013)
5. <u>지역의 정체성</u>과 <u>문화유산</u>의 보전(감평 2013)
6. <u>지역 간 협력</u> 및 <u>균형발전</u>을 통한 공동번영의 추구
7. <u>지역경제의 발전</u>과 지역 및 <u>지역 내 적절한 기능 배분</u>을 통한 사회적 비용의 최소화
8. <u>기후변화</u>에 대한 대응 및 <u>풍수해 저감</u>을 통한 국민의 생명과 재산의 보호(감평 2013)
9. <u>저출산·인구의 고령화</u>에 따른 대응과 새로운 <u>기술변화</u>를 적용한 최적의 <u>생활환경</u> 제공

## Ⅳ 도시의 지속가능성 및 생활인프라 수준 평가

### 1. 평가결과 반영 의무

<u>국토교통부장관</u>은 <u>도시의 지속가능하고 균형 있는 발전</u>과 <u>주민의 편리하고 쾌적한 삶</u>을 위하여 <u>도시의 지속가능성</u> 및 <u>생활인프라</u>(교육시설, 문화·체육시설, 교통시설 등의 시설로서 국토교통부장관이 정하는 것을 말한다) <u>수준을 평가할 수 있고</u>(법 제3조의2 제1항), <u>국가와 지방자치단체</u>는 이에 따른 <u>평가 결과를 도시·군계획의 수립 및 집행에 반영하여야 한다</u>(법 제3조의2 제3항).(감평 2010, 2023)(평가주체는 시·도지사이다, ×/평과결과를 도시·군계획의 수립 및 집행에 <u>반영할 수 있다</u>, ×)

### 2. 평가기준

<u>국토교통부장관</u>은 <u>도시의 지속가능성</u> 및 <u>생활인프라 수준</u>의 <u>평가기준</u>을 정할 때에는 다음 각 호의 구분에 따른 사항을 종합적으로 고려하여야 한다(법 제3조의2 제2항·영 제4조의4 제1항).
  1. <u>지속가능성 평가기준</u> : 토지이용의 효율성, 환경친화성, 생활공간의 안전성·쾌적성·편의성 등에 관한 사항(영 제4조의4 제1항 제1호)(감평 2023)
  2. <u>생활인프라 평가기준</u> : 보급률 등을 고려한 생활인프라 설치의 적정성, 이용의 용이성·접근성·편리성 등에 관한 사항(영 제4조의4 제1항 제2호)(감평 2023)

### 3. 평가방법

① <u>국토교통부장관</u>은 「<u>도시의 지속가능성 및 생활인프라 수준 평가</u>」를 실시하려는 경우 <u>특별시장·광역시장·특별자치시장·특별자치도지사·시장</u> 또는 군수에게 해당 지방자치단체의 <u>자체평가를</u> 실시하여 그 결과를 제출하도록 하여야 하며, 제출받은 <u>자체평가 결과를</u> 바탕으로 <u>최종평가를 실시한다</u>(영 제4조의4 제2항).

② 국토교통부장관은 「도시의 지속가능성 및 생활인프라 수준 평가」를 전문기관에 의뢰할 수 있다(영 제4조의4 제4항).

### 4. 평가결과의 활용

국토교통부장관은 평가결과의 일부 또는 전부를 공개할 수 있으며, 「도시재생 활성화 및 지원에 관한 특별법」 제27조(보조 또는 융자)에 따른 도시재생 활성화를 위한 비용의 보조 또는 융자,(감평 2023) 「지방자치분권 및 지역균형발전에 관한 특별법」에 따른 포괄보조금의 지원 등에 평가결과를 활용하도록 할 수 있다(영 제4조의4 제3항).

## Ⅴ 국가계획, 광역도시계획 및 도시·군계획의 관계 등★

### 1. 국가계획 〉 광역도시계획 및 도시·군계획

① 광역도시계획 및 도시·군계획은 국가계획에 부합되어야 하며(감평 2015), 광역도시계획 또는 도시·군계획의 내용이 국가계획의 내용과 다를 때에는 국가계획의 내용이 우선한다(법 제4조 제2항 전단).(감평 2015)

② 이 경우 국가계획을 수립하려는 중앙행정기관의 장은 미리 지방자치단체의 장의 의견을 듣고 충분히 협의하여야 한다(법 제4조 제2항 후단).(감평 2000)

### 2. 광역도시계획 〉 도시·군기본계획

광역도시계획이 수립되어 있는 지역에 대하여 수립하는 도시·군기본계획은 그 광역도시계획에 부합되어야 하며, 도시·군기본계획의 내용이 광역도시계획의 내용과 다를 때에는 광역도시계획의 내용이 우선한다(법 제4조 제3항).(감평 2000·2002·2009·2020·2015·2020·2025, 중개 2021·2024)

### 3. 도시·군계획 〉 다른 법률에 따른 계획

도시·군계획은 특별시·광역시·특별자치시·특별자치도·시 또는 군의 관할 구역에서 수립되는 다른 법률에 따른 토지의 이용·개발 및 보전에 관한 계획의 기본이 된다(법 제4조 제1항).(감평 2000·2009·2010·2015)

### 4. 도시·군기본계획 〉 다른 법률에 따른 계획

특별시장·광역시장·특별자치시장·특별자치도지사·시장 또는 군수(광역시의 관할 구역에 있는 군의 군수는 제외한다. 이하 같다.)가 관할 구역에 대하여 다른 법률에 따른 환경·교통·수도·하수도·주택 등에 관한 부문별 계획을 수립할 때에는 도시·군기본계획(도시·군관리계획×)의 내용에 부합되게 하여야 한다(법 제4조 제4항).(감평 2009·2010·2015·2020)

> ☞ 국토계획법(이하 법) 제8조(다른 법률에 따른 토지 이용에 관한 구역 등의 지정 제한 등) 제2항 및 제3항, 법 제113조(지방도시계획위원회), 법 제133조(법률 등의 위반자에 대한 처분), 법 제136조(청문), 법 제138조(도시·군계획의 수립 및 운영에 대한 감독 및 조정) 제1항, 법 제139조(권한의 위임 및 위탁) 제1항·제2항에서는 광역시의 관할 구역에 있는 군의 군수를 포함한다.

## Ⅵ 국토의 용도 구분★

국토는 토지의 이용실태 및 특성, 장래의 토지 이용 방향, 지역 간 균형발전 등을 고려하여 다음과 같은 용도지역으로 구분한다(법 제6조).(감평 2004·2009)
1. 도시지역 : 인구와 산업이 밀집되어 있거나 밀집이 예상되어 그 지역에 대하여 체계적인 개발·정비·관리·보전 등이 필요한 지역
2. 농림지역 : 도시지역에 속하지 아니하는 「농지법」에 따른 농업진흥지역 또는 「산지관리법」에 따른 보전산지 등으로서 농림업을 진흥시키고 산림을 보전하기 위하여 필요한 지역
3. 관리지역 : 도시지역의 인구와 산업을 수용하기 위하여 도시지역에 준하여 체계적으로 관리하거나 농림업의 진흥, 자연환경 또는 산림의 보전을 위하여 농림지역 또는 자연환경보전지역에 준하여 관리할 필요가 있는 지역
4. 자연환경보전지역 : 자연환경·수자원·해안·생태계·상수원 및 「국가유산기본법」에 따른 국가유산의 보전과 수산자원의 보호·육성 등을 위하여 필요한 지역

> ☞ ① 농업진흥지역은 농업진흥구역(농업의 진흥을 도모하여야 하는 지역으로서 농림축산식품부장관이 정하는 규모로 농지가 집단화되어 농업 목적으로 이용할 필요가 있는 지역)과 농업보호구역(농업진흥구역의 용수원 확보, 수질 보전 등 농업 환경을 보호하기 위하여 필요한 지역)으로 구분하여 지정할 수 있다(농지법 제28조 제2항). ② 농업진흥지역 지정은 「국토의 계획 및 이용에 관한 법률」에 따른 녹지지역·관리지역·농림지역 및 자연환경보전지역을 대상으로 한다(농지법 제29조 본문). 다만, 특별시의 녹지지역은 제외한다(농지법 제29조 단서).
> ☞ 산지관리법에서 전국의 산지를 보전산지와 준보전산지로 구분하고 있고, 보전산지는 다시 지정 목적에 따라 임업용산지와 공익용산지로 구분하고 있다. 보전산지에서는 특별한 경우를 제외하고는 산지전용이 금지된다.

## Ⅶ 용도지역별 관리 의무

국가나 지방자치단체는 용도지역의 효율적인 이용 및 관리를 위하여 다음 각 호에서 정하는 바에 따라 그 용도지역에 관한 개발·정비 및 보전에 필요한 조치를 마련하여야 한다(법 제7조).
1. 도시지역 : 국토계획법 또는 관계 법률에서 정하는 바에 따라 그 지역이 체계적이고 효율적으로 개발·정비·보전될 수 있도록 미리 계획을 수립하고 그 계획을 시행하여야 한다.
2. 농림지역 : 국토계획법 또는 관계 법률에서 정하는 바에 따라 농림업의 진흥과 산림의 보전·육성에 필요한 조사와 대책을 마련하여야 한다.
3. 관리지역 : 국토계획법 또는 관계 법률에서 정하는 바에 따라 필요한 보전조치를 취하고 개발이 필요한 지역에 대하여는 계획적인 이용과 개발을 도모하여야 한다.
4. 자연환경보전지역 : 이 법 또는 관계 법률에서 정하는 바에 따라 환경오염 방지, 자연환경·수질·수자원·해안·생태계 및 「국가유산기본법」에 따른 국가유산의 보전과 수산자원의 보호·육성을 위하여 필요한 조사와 대책을 마련하여야 한다.

## Ⅷ 다른 법률

1. **다른 법률에 따른 토지 이용에 관한 구역등 지정 제한**
    중앙행정기관의 장이나 지방자치단체의 장은 다른 법률에 따라 토지 이용에 관한 지역·지구·구역 또는 구획 등(이하 "구역등"이라 한다)을 지정하려면 그 구역등의 지정목적이 국토계획법에 따른 용도지역·용도지구 및 용도구역의 지정목적에 부합되도록 하여야 한다(법 제8조 제1항). (감평 2009·2015)

2. **다른 법률에 따른 '도시·군관리계획'의 변경 제한**
    중앙행정기관의 장이나 지방자치단체의 장은 다른 법률에서 국토계획법에 따른 도시·군관리계획의 결정을 의제(擬制)하는 내용이 포함되어 있는 계획을 허가·인가·승인 또는 결정하려면 대통령령으로 정하는 바(영 제6조)에 따라 중앙도시계획위원회 또는 지방도시계획위원회의 심의를 받아야 한다(법 제9조 본문).

# CHAPTER 02 > 광역도시계획

## I 광역계획권의 지정

### 1. 지정권자 : 국토교통부장관·도지사 ★

**(1) 서**

국토교통부장관 또는 도지사는 둘 이상의 특별시·광역시·특별자치시·특별자치도·시 또는 군의 공간구조 및 기능을 상호 연계시키고 환경을 보전하며 광역시설을 체계적으로 정비하기 위하여 필요한 경우에는 인접한 둘 이상의 특별시·광역시·특별자치시·특별자치도·시 또는 군의 관할 구역 전부 또는 일부를 대통령령으로 정하는 바(영 제7조)에 따라 광역계획권으로 지정할 수 있다(법 제10조 제1항).

**(2) 국토교통부장관**

광역계획권이 둘 이상의 특별시·광역시·특별자치시·도 또는 특별자치도(이하 "시·도"라 한다)의 관할 구역에 걸쳐 있는 경우에는 국토교통부장관이 지정한다(법 제10조 제1항 제1호).(감평 2014·2019, 중개 2017·2022)

**(3) 도지사**

광역계획권이 도의 관할 구역에 속하여 있는 경우에는 도지사가 지정한다(법 제10조 제1항 제2호).(감평 2014, 중개 2022)

### 2. 지정방법 : 관할구역 단위

① 광역계획권은 인접한 2 이상의 특별시·광역시·특별자치시·특별자치도·시 또는 군의 관할구역 단위로 지정한다(영 제7조 제1항).
② 국토교통부장관 또는 도지사는 인접한 둘 이상의 특별시·광역시·특별자치시·특별자치도·시 또는 군의 관할구역의 일부를 광역계획권에 포함시키고자 하는 때에는 구·군(광역시의 관할구역안에 있는 군을 말한다)·읍 또는 면의 관할구역 단위로 하여야 한다(영 제7조 제2항).

### 3. 의견 청취 및 심의(의/심)

**(1) 국토교통부장관 : 의견청취 + 중앙도시계획위원회 심의**

국토교통부장관은 광역계획권을 지정하거나 변경하려면 관계 시·도지사, 시장 또는 군수의 의견을 들은 후 중앙도시계획위원회의 심의를 거쳐야 한다(법 제10조 제3항).(감평 2025, 중개 2017·2022)

(2) 도지사 : 의견청취 + 지방도시계획위원회 심의

도지사가 광역계획권을 지정하거나 변경하려면 관계 중앙행정기관의 장, 관계 시·도지사, 시장 또는 군수의 의견을 들은 후 지방도시계획위원회의 심의를 거쳐야 한다(법 제10조 제4항).(감평 2020·2024, 중개 2022)

> ☞ 광역계획권 지정과 관련하여서는 '의견 청취 및 심의(의/심)' 규정만 있고, '기초조사·공청회 개최·협의·승인'과 관련된 규정은 없다.

4. 광역계획권의 지정 또는 변경 요청

중앙행정기관의 장, 시·도지사, 시장 또는 군수는 국토교통부장관이나 도지사에게 광역계획권의 지정 또는 변경을 요청할 수 있다(법 제10조 제2항).(감평 2023·2024, 중개 2018·2022)(중앙행정기관의 장은 광역계획권의 지정 또는 변경을 요청할 수 없다.×/군수는 도지사에게 광역계획권의 지정을 요청할 수 없다.×)

5. 광역계획권 지정 또는 변경 사실 통보

국토교통부장관 또는 도지사는 광역계획권을 지정하거나 변경하면 지체 없이 관계 시·도지사, 시장 또는 군수에게 그 사실을 통보하여야 한다(법 제10조 제5항).(감평 2024)(중앙행정기관의 장에게 통보하여야 한다.×)

## II 광역도시계획의 수립권자★

1. 서

① "광역도시계획"이란 국토계획법 법 제10조(광역계획권의 지정)에 따라 국토교통부장관이나 도지사가 지정한 광역계획권의 장기발전방향을 제시하는 계획을 말한다(법 제2조 제1호).(감평 2010·2020)
② 광역도시계획은 국토교통부장관, 시·도지사, 시장 또는 군수가 수립한다(법 제11조 제1항).(감평 2010·2014)

> ☞ 광역계획권 지정권자는 국토부장관과 도지사이다.
> ☞ 광역도시계획의 수립은 공동 수립이 원칙이고, 예외적으로 관할 도지사·국토교통부장관이 단독 수립하는 경우도 있다. 따라서 광역도시계획의 수립권자에는 국토교통부장관, 시·도지사, 시장 또는 군수가 모두 포함된다.
> ☞ 도시·군기본계획의 수립권자에는 국토교통부장관과 도지사가 포함되지 않는다.

2. 공동수립 원칙

(1) 같은 도 : 관할 시장 또는 군수가 공동으로 수립

광역계획권이 같은 도의 관할 구역에 속하여 있는 경우에는 관할 시장 또는 군수가 공동으로 수립하여야 한다(법 제11조 제1항 제1호).(중개 2021)

(2) 둘 이상의 시·도 : 관할 시·도지사가 공동으로 수립

광역계획권이 둘 이상의 시·도의 관할 구역에 걸쳐 있는 경우에는 관할 시·도지사가 공동으로 수립하여야 한다(법 제11조 제1항 제2호).(감평 2002·2014·2020·2023)

☞ 광역계획권이 둘 이상의 시·도의 관할 구역에 걸쳐 있는 경우에는 관할 「국토교통부장관」이 당해 광역도시계획의 수립권자가 된다.(×)(공동 수립원칙 : 관할 시·도지사가 공동 수립)

### 3. 요청에 의한 공동수립

(1) '국토교통부장관'과 관할 시·도지사가 공동으로 수립

국토교통부장관은 시·도지사가 요청하는 경우와 그 밖에 필요하다고 인정되는 경우에 관할 시·도지사와 공동으로 광역도시계획을 수립할 수 있다(법 제11조 제2항).(감평 2022·2025, 중개 2017)

(2) '도지사'와 관할 시장·군수와 공동으로 수립

① 도지사는 시장 또는 군수가 요청하는 경우와 그 밖에 필요하다고 인정하는 경우에는 관할 시장 또는 군수와 공동으로 광역도시계획을 수립할 수 있다(법 제11조 제3항 본문).
② 다만, 시장 또는 군수가 협의를 거쳐 요청하는 경우에는 단독으로 광역도시계획을 수립할 수 있다(법 제11조 제3항 단서).(감평 2012·2025, 중개 2020)

### 4. 단독 수립 : 광역계획권 지정 후 3년 경과 + 승인 신청 無

(1) 관할 도지사가 수립

광역계획권을 지정한 날부터 3년이 지날 때까지 관할 시장 또는 군수로부터 광역도시계획의 승인 신청이 없는 경우에는 관할 도지사가 수립하여야 한다(법 제11조 제1항 제3호).(감평 2014·2024, 중개 2021)

(2) 국토교통부장관이 수립

국가계획과 관련된 광역도시계획의 수립이 필요한 경우나 광역계획권을 지정한 날부터 3년이 지날 때까지 관할 시·도지사로부터 광역도시계획의 승인 신청이 없는 경우에는 국토교통부장관이 수립하여야 한다(법 제11조 제1항 제4호).(감평 2014·2021·2023) (광역계획권을 지정한 날부터 2년이 지날 때까지 ×)

## III. 광역도시계획의 내용★

광역도시계획에는 다음 각호의 사항 중 그 광역계획권의 지정목적을 이루는 데 필요한 사항에 대한 정책 방향이 포함되어야 한다(법 제12조 제1항).

1. 광역계획권의 공간 구조와 기능 분담에 관한 사항(감평 2015)
2. 광역계획권의 녹지관리체계와 환경 보전에 관한 사항(감평 2015)
3. 광역시설의 배치·규모·설치에 관한 사항(감평 2015)

4. **경관계획**에 관한 사항(감평 2015·2019·2020)
5. 그 밖에 <u>광역계획권</u>에 속하는 특별시·광역시·특별자치시·특별자치도·시 또는 군 상호 간의 <u>기능연계</u>에 관한 사항으로서 <u>대통령령으로 정하는 사항</u>(영 제9조 ; 광역계획권의 교통 및 물류유통체계에 관한 사항, 광역계획권의 <u>문화</u>·여가공간 및 방재에 관한 사항)

> **정리**
> 광역도시계획 내용(공/기+녹지/환경 ⇒ 배/규/치 ⇒ 경/기)
> 1. 광역계획권(공/기 + 녹지/환경)
> 2. 광역시설(배/규/치)
> 3. 경관계획 + 기능연계(경/기)

# Ⅳ 광역도시계획의 수립기준

① <u>광역도시계획</u>의 <u>수립기준</u> 등은 <u>대통령령</u>(영 제10조)으로 정하는 바에 따라 <u>국토교통부장관</u>이 정한다(법 제12조 제2항). (중개 2020·2021)

② <u>국토교통부장관</u>이 <u>광역도시계획의 수립기준</u>을 정할 때에는 다음 각 호의 사항을 종합적으로 고려하여야 한다(영 제10조).

1. 연계1 : <u>광역계획권</u>의 <u>미래상</u>과 이를 실현할 수 있는 체계화된 전략을 제시하고 <u>국토종합계획</u> 등과 서로 <u>연계</u>되도록 할 것(감평 2022)

2. 연계2 : <u>부문별 계획</u>은 <u>서로 연계</u>되도록 할 것(☞ 도시·군기본계획 수립기준과 유사 ; 영 제16조 제5호 - 부문별 계획은 도시·군기본계획의 방향에 부합하고 도시·군기본계획의 목표를 달성할 수 있는 방안을 제시함으로써 도시·군기본계획의 동일성과 일관성을 유지하도록 할 것)

3. 특정부문 위주 : 특별시·광역시·특별자치시·특별자치도·시 또는 군간의 <u>기능분담</u>, 도시의 <u>무질서한 확산방지</u>, <u>환경보전</u>, <u>광역시설</u>의 <u>합리적 배치</u> 그 밖에 광역계획권안에서 현안사항이 되고 있는 특정부문 위주로 수립할 수 있도록 할 것

4. 탄력적 대응 : <u>여건변화</u>에 <u>탄력적</u>으로 <u>대응</u>할 수 있도록 <u>포괄적</u>이고 <u>개략적</u>으로 <u>수립</u>하도록 하되, 특정부문 위주로 수립하는 경우에는 도시·군기본계획이나 도시·군관리계획에 명확한 지침을 제시할 수 있도록 구체적으로 수립하도록 할 것 [☞ <u>도시·군기본계획</u> 수립기준(영 제16조 제2호) 내용과 유사]

5. 자연·문화 : 녹지축·생태계·산림·경관 등 <u>양호한 자연환경</u>과 우량농지, <u>보전목적의 용도지역</u>, <u>국가유산</u> 및 <u>역사문화환경</u> 등을 충분히 고려하여 수립하도록 할 것(☞ 도시·군기본계획 수립기준과 동일 : 영 제16조 제7호, ☞ 도시·군관리계획과 유사 : 영 제19조 제7호)

6. 안전 : 「재난 및 안전관리 기본법」에 따른 <u>시·도안전관리계획</u> 및 <u>시·군·구안전관리계획</u>과 「자연재해대책법」에 따른 <u>시·군 자연재해저감 종합계획</u>을 충분히 고려하여 수립하도록 할 것(☞ 도시·군기본계획 수립기준과 동일 : 영 제16조 제9호, ☞ 도시·군관리계획과 동일 : 영 제19조 제11호)

# Ⅴ 광역도시계획의 수립을 위한 기초조사

## 1. 기초조사 의무

① 국토교통부장관, 시·도지사, 시장 또는 군수는 광역도시계획을 수립하거나 변경하려면 미리 인구, 경제, 사회, 문화, 토지 이용, 환경, 교통, 주택, 그 밖에 대통령령으로 정하는 사항 [영 제11조 제1항: (제1호) 기후·지형·자원·생태 등 자연적 여건, (제2호) 기반시설 및 주거수준의 현황과 전망, (제3호) 풍수해·지진 그 밖의 재해의 발생현황 및 추이, (제4호) 광역도시계획과 관련된 다른 계획 및 사업의 내용, (제5호) 그 밖에 광역도시계획의 수립에 필요한 사항] 중 그 광역도시계획의 수립 또는 변경에 필요한 사항을 대통령령으로 정하는 바에 따라 조사하거나 측량(이하 "기초조사"라 한다)하여야 한다(법 제13조 제1항·영 제11조 제1항).

② 이 경우 기초조사를 함에 있어서 조사할 사항에 관하여 다른 법령의 규정에 의하여 조사·측량한 자료가 있는 경우에는 이를 활용할 수 있다(영 제11조 제2항).

③ 국토교통부장관, 시·도지사, 시장 또는 군수는 수립된 광역도시계획을 변경하려면 기초조사사항 중 해당 광역도시계획의 변경에 관하여 필요한 사항을 조사·측량하여야 한다(영 제11조 제3항).

## 2. 기초조사에 필요한 자료 제출 요청 등

① 국토교통부장관, 시·도지사, 시장 또는 군수는 관계 행정기관의 장에게 기초조사에 필요한 자료를 제출하도록 요청할 수 있다(법 제13조 제2항 전단). (감평 2022) 이 경우 요청을 받은 관계 행정기관의 장은 특별한 사유가 없으면 그 요청에 따라야 한다(법 제13조 제2항 후단).

② 국토교통부장관, 시·도지사, 시장 또는 군수는 효율적인 기초조사를 위하여 필요하면 기초조사를 전문기관에 의뢰할 수 있다(법 제13조 제3항).

## 3. 기초조사정보체계 구축·운영

① 국토교통부장관, 시·도지사, 시장 또는 군수가 기초조사를 실시한 경우에는 해당 정보를 체계적으로 관리하고 효율적으로 활용하기 위하여 기초조사정보체계를 구축·운영하여야 한다(법 제13조 제4항).

② 국토교통부장관, 시·도지사, 시장 또는 군수가 기초조사정보체계를 구축한 경우에는 등록된 정보의 현황을 5년마다 확인하고 변동사항을 반영하여야 한다(법 제13조 제5항). (감평 2023·2024)

③ 국토교통부장관, 시·도지사, 시장 또는 군수가 구축·운영하는 기초조사정보체계에서 관리하는 정보는 다음 각 호와 같다(법 제13조 제6항·영 제11조 제4항).

1. 광역도시계획의 수립 또는 변경을 위하여 실시하는 기초조사에 관한 정보
2. 도시·군기본계획의 수립 또는 변경을 위하여 실시하는 기초조사에 관한 정보(토지적성평가 또는 재해취약성분석을 실시하는 경우에는 토지적성평가 또는 재해취약성분석에 관한 정보를 포함한다)
3. 도시·군관리계획의 수립 또는 변경을 위하여 실시하는 기초조사에 관한 정보(환경성 검토, 토지적성평가 또는 재해취약성분석을 실시하는 경우에는 환경성 검토, 토지적성평가 또는 재해취약성분석에 관한 정보를 포함한다)

# Ⅵ 공청회의 개최★

## 1. 공청회를 통한 의견 청취 및 반영

국토교통부장관, 시·도지사, 시장 또는 군수는 광역도시계획을 수립하거나 변경하려면 미리 공청회를 열어 주민과 관계 전문가 등으로부터 의견을 들어야 하며(감평 2000·2002·2010·2012·2014·2019·2022, 중개 2017·2018), 공청회에서 제시된 의견이 타당하다고 인정하면 광역도시계획에 반영하여야 한다(법 제14조 제1항).(감평 2004·2012)

> ☞ 법 제14조 제1항에서 「광역도시계획의 수립·변경」과 관련하여 "공청회를 열어 주민과 관계 전문가 등으로부터 의견을 들어야 한다" 규정하고 있고, 「도시·군기본계획의 수립·변경」과 관련된 법 제20조 제1항에서 준용 규정을 두고 있다.

## 2. 공청회 절차

### (1) 공고

국토교통부장관, 시·도지사, 시장 또는 군수는 공청회를 개최하려면 다음 각 호의 사항을 일간신문, 관보, 공보, 인터넷 홈페이지 또는 방송 등의 방법으로 공청회 개최예정일 14일 전까지 1회 이상 공고해야 한다(영 제12조 제1항).(감평 2004)

1. 공청회의 개최목적
2. 공청회의 개최예정일시 및 장소
3. 수립 또는 변경하고자 하는 광역도시계획의 개요
4. 그 밖에 필요한 사항

### (2) 공청회 개최 단위

공청회는 광역계획권 단위로 개최하되, 필요한 경우에는 광역계획권을 여러 개의 지역으로 구분하여 개최할 수 있다(영 제12조 제2항).(감평 2004, 중개 2020)

### (3) 공청회의 주재

공청회는 국토교통부장관, 시·도지사, 시장 또는 군수가 지명하는 사람이 주재한다(영 제12조 제3항).(감평 2004)

### (4) 기타 필요한 사항

기타 공청회의 개최에 관하여 필요한 사항은 그 공청회를 개최하는 주체에 따라 국토교통부장관이 정하거나 특별시·광역시·특별자치시·도·특별자치도, 시 또는 군의 도시·군계획에 관한 조례(이하 "도시·군계획조례"라 한다)로 정할 수 있다(영 제12조 제4항).(감평 2004)

## Ⅶ 의견 청취 : 의회 + 시장·군수

① 시·도지사, 시장 또는 군수는 광역도시계획을 수립하거나 변경하려면 미리 관계 시·도, 시 또는 군의 의회와 관계 시장 또는 군수의 의견을 들어야 한다(법 제15조 제1항). (중개 2017·2021)
② 국토교통부장관은 광역도시계획을 수립하거나 변경하려면 관계 시·도지사에게 광역도시계획안을 송부하여야 하며, 관계 시·도지사는 그 광역도시계획안에 대하여 그 시·도의 의회와 관계 시장 또는 군수의 의견을 들은 후 그 결과를 국토교통부장관에게 제출하여야 한다(법 제15조 제2항).
③ 시·도, 시 또는 군의 의회와 관계 시장 또는 군수는 특별한 사유가 없으면 30일 이내에 시·도지사, 시장 또는 군수에게 의견을 제시하여야 한다(법 제15조 제3항).

## Ⅷ 광역도시계획의 승인 : 협의+심의 要

### 1. 시·도지사의 광역도시계획 수립·변경

#### (1) 국토교통부장관의 승인

① 시·도지사는 광역도시계획을 수립하거나 변경하려면 국토교통부장관의 승인을 받아야 한다(법 제16조 제1항 본문).
② 다만, 국토계획법 제11조 제3항(도지사는 시장 또는 군수가 요청하는 경우와 그 밖에 필요하다고 인정하는 경우에는 관할 시장 또는 군수와 공동으로 광역도시계획을 수립할 수 있으며, 시장 또는 군수가 협의를 거쳐 요청하는 경우에는 단독으로 광역도시계획을 수립할 수 있다.)에 따라 도지사가 수립하는 광역도시계획은 그러하지 아니하다(법 제16조 제1항 단서). (감평 2020·2023)(도지사가 시장 또는 군수의 요청에 의하여 관할 시장 또는 군수와 공동으로 광역도시계획을 수립하는 경우에는 국토교통부장관의 승인을 받아야 한다. ×)

#### (2) 광역도시계획안의 제출

시·도지사는 광역도시계획의 승인을 받으려는 때에는 광역도시계획안에 다음 각 호의 서류를 첨부하여 국토교통부장관에게 제출해야 한다(영 제13조 제1항). (감평 2022)

1. 기초조사 결과
2. 공청회개최 결과
3. 관계 시·도의 의회와 관계 시장 또는 군수의 의견청취 결과
4. 시·도도시계획위원회의 자문을 거친 경우에는 그 결과
5. 법 제16조제2항〔광역도시계획의 승인 : 국토교통부장관은 광역도시계획을 승인하거나 직접 광역도시계획을 수립 또는 변경(시·도지사와 공동으로 수립하거나 변경하는 경우를 포함한다)하려면 관계 중앙행정기관과 협의한 후 중앙도시계획위원회의 심의를 거쳐야 한다.〕의 규정에 의한 관계 중앙행정기관의 장과의 협의 및 중앙도시계획위원회의 심의에 필요한 서류

(3) 협의·심의

① <u>국토교통부장관</u>은 광역도시계획을 <u>승인</u>하거나 <u>직접</u> 광역도시계획을 <u>수립</u> 또는 <u>변경</u>(시·도지사와 공동으로 수립하거나 변경하는 경우를 포함한다)하려면 <u>관계 중앙행정기관과 협의</u>한 후 <u>중앙도시계획위원회</u>의 <u>심의</u>를 거쳐야 한다(법 제16조 제2항). (감평 2002·2022)

② 이 경우 <u>협의 요청</u>을 받은 관계 <u>중앙행정기관의 장</u>은 특별한 사유가 없으면 그 요청을 받은 날부터 <u>30일 이내</u>에 <u>국토교통부장관</u>에게 <u>의견</u>을 <u>제시</u>하여야 한다(법 제16조 제3항).

(4) 송부·공고·열람

① <u>국토교통부장관</u>은 <u>직접</u> 광역도시계획을 <u>수립</u> 또는 <u>변경</u>하거나 <u>승인</u>하였을 때에는 <u>관계 중앙행정기관의 장</u>과 <u>시·도지사</u>에게 관계 <u>서류</u>를 <u>송부</u>하여야 하며, <u>관계 서류</u>를 받은 <u>시·도지사</u>는 대통령령(영 제13조 제3항)으로 정하는 바에 따라 그 내용을 <u>공고</u>하고 <u>일반</u>이 <u>열람</u>할 수 있도록 하여야 한다(법 제16조 제4항). (중개 2020)

② 광역도시계획의 공고는 해당 시·도의 <u>공보</u>와 <u>인터넷 홈페이지</u>에 게재하는 방법으로 하며, 관계 서류의 <u>열람기간</u>은 <u>30일 이상</u>으로 해야 한다(영 제13조 제3항).

## 2. 시장 또는 군수의 광역도시계획 수립·변경

(1) 도지사의 승인

<u>시장</u> 또는 <u>군수</u>는 광역도시계획을 수립하거나 변경하려면 <u>도지사</u>의 <u>승인</u>을 받아야 한다(법 제16조 제5항). (감평 2010·2025, 중개 2017)

(2) 국토통부장관의 승인 규정 준용

1) 서

<u>도지사</u>가 광역도시계획을 <u>승인</u>하거나 직접 <u>광역도시계획</u>을 <u>수립</u> 또는 <u>변경</u>하는 경우 <u>국토교통부장관의 승인 규정</u>(법 제16조 제2항부터 제4항)을 <u>준용</u>한다(법 제16조 제6항).

2) 협의·심의

① <u>도지사</u>는 광역도시계획을 <u>승인</u>하거나 <u>직접</u> 광역도시계획을 <u>수립</u> 또는 <u>변경</u>(시장·군수와 공동으로 수립하거나 변경하는 경우를 포함한다)하려면 <u>관계 행정기관</u>과 <u>협의</u>한 후 <u>지방도시계획위원회</u>의 <u>심의</u>를 거쳐야 한다(법 제16조 제2항·법 제16조 제6항). (감평 2022)

② 이 경우 협의 요청을 받은 <u>관계 행정기관의 장</u>(국토교통부장관을 포함한다)은 특별한 사유가 없는 한 <u>그 요청을 받은 날부터 30일 이내</u>에 <u>도지사</u>에게 의견을 제시하여야 한다(법 제16조 제3항·법 제16조 제6항).

3) 송부·공고·열람

① <u>도지사</u>는 <u>직접</u> 광역도시계획을 <u>수립</u> 또는 <u>변경</u>하거나 <u>승인</u>하였을 때에는 관계 <u>행정기관의 장</u>(국토교통부장관을 포함한다)과 <u>시장 또는 군수</u>에게 관계 <u>서류</u>를 <u>송부</u>하여야 하며, 관계 서류를 받은 <u>시장 또는 군수</u>는 대통령령(영 제13조 제3항)으로 정하는 바에 따라 그 내용을 <u>공고</u>하고 <u>일반</u>이 <u>열람</u>할 수 있도록 하여야 한다(법 제16조 제4항·법 제16조 제6항).

② 광역도시계획의 공고는 해당 시·군의 공보와 인터넷 홈페이지에 게재하는 방법으로 하며, 관계 서류의 열람기간은 30일 이상으로 해야 한다(영 제13조 제3항).

≪국토계획법 절차 : 기/공/의+협/심/승 ⇒ 송(성)/공/열 +정≫ : 광역도시계획
기초조사+공청회(주민의견청취) +의견청취(관계 의회+관계 시장·군수) → 협의+심의+승인 → 송부+공고+열람+정비(×)
☞ 공청회 개최 : ① 광역도시계획, ② 도시·군기본계획
☞ ① 광역도시계획에 대해서는 5년마다 타당성을 재검토하고 정비토록하는 규정이 없고, 광역도시계획의 수립을 위한 기초조사와 관련하여 기초조사정보체계를 구축한 경우 등록된 정보의 현황을 5년마다 확인하고 변동사항을 반영하도록 하고 있다(법 제13조 제5항). ② 그러나 도시·군기본계획(법 제23조 제1항)과 도시·군관리계획(법 제34조 제1항)은 5년마다 관할 구역의 계획에 대해서 타당성을 전반적으로 재검토하여 정비토록하고 있고, 광역도시계획의 기초조사정보체계 규정은 도사군기본계획(법 제20조 제1항·영 제11조 제4항 제2호)과 도사군관리계획(법 제27조 제1항·영 제11조 제4항 제3호)에서 각각 준용하고 있다. ③ 또한, 공동구관리자는 5년마다 공동구의 안전 및 유지관리계획을 수립·시행토록 하고 있다(법 제44조의2 제2항).

# IX 광역도시계획의 조정

## 1. 시·도지사의 조정 신청 : 국토교통부장관의 조정★

① 법 제11조제1항제2호(광역도시계획의 수립권자 : 광역계획권이 둘 이상의 시·도의 관할 구역에 걸쳐 있는 경우 - 관할 시·도지사가 공동으로 수립)에 따라 광역도시계획을 공동으로 수립하는 시·도지사는 그 내용에 관하여 서로 협의가 되지 아니하면 공동이나 단독으로 국토교통부장관에게 조정(調停)을 신청할 수 있다(법 제17조 제1항). (감평 2004·2019·2020, 중개 2020)(공동으로 조정을 신청하여야 한다.×)

② 국토교통부장관은 단독으로 조정신청을 받은 경우에는 기한을 정하여 당사자 간에 다시 협의를 하도록 권고할 수 있으며, 기한까지 협의가 이루어지지 아니하는 경우에는 직접 조정할 수 있다(법 제17조 제2항).

③ 국토교통부장관은 제1항에 따른 조정의 신청을 받거나 제2항에 따라 직접 조정하려는 경우에는 중앙도시계획위원회의 심의를 거쳐 광역도시계획의 내용을 조정하여야 한다(법 제17조 제3항 전단). 이 경우 이해관계를 가진 지방자치단체의 장은 중앙도시계획위원회의 회의에 출석하여 의견을 진술할 수 있다(법 제17조 제3항 후단).

④ 광역도시계획을 수립하는 자는 제3항에 따른 조정 결과를 광역도시계획에 반영하여야 한다(법 제17조 제4항).

## 2. 시장 또는 군수의 조정 신청 : 도지사의 조정

① 법 제11조제1항제1호(광역도시계획의 수립권자 : 광역계획권이 같은 도의 관할 구역에 속하여 있는 경우 - 관할 시장 또는 군수가 공동으로 수립)에 따라 광역도시계획을 공동으로 수립하는 시장 또는 군수는 그 내용에 관하여 서로 협의가 되지 아니하면 공동이나 단독으로 도지사에게 조정을 신청할 수 있다(법 제17조 제5항).

② <u>도지사</u>가 광역도시계획을 조정하는 경우에는 <u>국토교통부장관</u>이 조정하는 관련 규정을 준용한다. 이 경우 "<u>국토교통부장관</u>"은 "<u>도지사</u>"로, "<u>중앙도시계획위원회</u>"는 "<u>도의 지방도시계획위원회</u>"로 본다(법 제17조 제6항).

## X 광역도시계획협의회의 구성 및 운영

① <u>국토교통부장관, 시·도지사, 시장 또는 군수는 광역도시계획을 공동으로 수립할 때에는 광역도시계획의 수립에 관한 협의 및 조정이나 자문 등을 위하여 광역도시계획협의회를 구성하여 운영할 수 있다</u>(법 제17조의2 제1항).

② <u>광역도시계획협의회</u>에서 <u>광역도시계획의 수립</u>에 관하여 <u>협의·조정</u>을 한 경우에는 그 <u>조정 내용</u>을 <u>광역도시계획에 반영</u>하여야 하며, 해당 시·도지사, 시장 또는 군수는 이에 따라야 한다(법 제17조의2 제2항). (감평 2019)

# CHAPTER 03 > 도시·군기본계획

## I. 도시·군기본계획의 수립권자 및 대상지역 ★

### 1. 수립권자

① <u>특별시장·광역시장·특별자치시장·특별자치도지사·시장 또는 군수</u>는 관할 구역에 대하여 <u>도시·군기본계획을 수립</u>하여야 한다(법 제18조 제1항 본문).(감평 2004·2021)

② 다만, <u>시 또는 군</u>의 위치, 인구의 규모, 인구감소율 등을 고려하여 <u>다음 각 호의 시 또는 군</u>은 <u>도시·군기본계획을 수립하지 아니할 수 있다</u>(법 제18조 제1항 단서·영 제14조).(감평 2016)

   1. 「<u>수도권정비계획법</u>」에 의한 <u>수도권</u>(이하 "수도권"이라 한다)에 속하지 아니하고 <u>광역시와 경계를 같이하지 아니한</u> 시 또는 군으로서 <u>인구 10만명 이하</u>인 시 또는 군(영 제14조 제1호)(감평 2013·2020·2025, 중개 2021)(수도×/광×/10만 이하)

   2. <u>관할구역 전부</u>에 대하여 <u>광역도시계획이 수립</u>되어 있는 시 또는 군으로서 당해 <u>광역도시계획</u>에 <u>도시·군기본계획의 내용</u>(법 제19조 제1항 각호)이 <u>모두 포함</u>되어 있는 시 또는 군(영 제14조 제2호)

> ◆ 광역계획권 지정권자
>   ☞ <u>광역계획권</u> 지정권자는 <u>국토교통부장관</u>과 <u>도지사</u>이다.
>
> ◆ 광역도시계획 수립권자
>   ☞ <u>광역도시계획</u>의 수립은 <u>공동 수립</u>이 원칙이고, 예외적으로 <u>관할 도지사·국토교통부장관</u>이 <u>단독 수립</u>하는 경우도 있다. 따라서 <u>광역도시계획의 수립권자</u>에는 <u>국토교통부장관</u>, <u>시·도지사</u>, <u>시장 또는 군수</u>가 모두 포함된다.
>
> ◆ 도시·군기본계획 수립권자
>   ☞ <u>도시·군기본계획</u>의 수립권자는 <u>특별시장·광역시장·특별자치시장·특별자치도지사·시장 또는 군수</u>이다. 따라서, <u>도시·군기본계획의 수립권자</u>에는 <u>국토교통부장관</u>과 <u>도지사</u>가 포함되지 않는다.
>   ☞ 국토교통부장관과 도지사는 도시·군기본계획의 수립권자이다. (×)(법 제18조 제1항)
>   ☞ 국토교통부장관과 도지사는 광역도시계획권의 지정권자이다. (○)(법 제10조 제1항)

### 2. 대상지역

① <u>특별시장·광역시장·특별자치시장·특별자치도지사·시장 또는 군수</u>는 <u>지역여건상</u> 필요하다고 인정되면 <u>인접한</u> 특별시·광역시·특별자치시·특별자치도·시 또는 군의 관할 구역 <u>전부 또는 일부를 포함</u>하여 도시·군기본계획을 수립할 수 있다(법 제18조 제2항).(감평 2010·2013, 중개 2020)

② 이 경우 <u>미리</u> 그 특별시장·광역시장·특별자치시장·특별자치도지사·시장 또는 군수와 <u>협의</u>하여야 한다(법 제18조 제3항).(중개 2020)

# Ⅱ 도시·군기본계획의 내용 및 수립기준

## 1. 도시·군기본계획의 내용★

도시·군기본계획에는 다음 각 호의 사항에 대한 정책 방향이 포함되어야 한다(법 제19조 제1항).

1. 지역적 특성 및 계획의 방향·목표에 관한 사항
2. 공간구조 및 인구의 배분에 관한 사항

2의2. 생활권의 설정과 생활권역별 개발·정비 및 보전 등에 관한 사항

3. 토지의 이용 및 개발에 관한 사항(감평 2015)
4. 토지의 용도별 수요 및 공급에 관한 사항(감평 2014)
5. 환경의 보전 및 관리에 관한 사항
6. 기반시설에 관한 사항(감평 2015)
7. 공원·녹지에 관한 사항
8. 경관에 관한 사항(감평 2014·2015) (광역도시계획 : 경관계획에 관한 사항)

8의2. 기후변화 대응 및 에너지절약에 관한 사항(감평 2014·2015·2018·2025, 중개 2021)

8의3. 방재·방범 등 안전에 관한 사항(감평 2015)

9. 제2호부터 제8호까지, 제8호의2 및 제8호의3에 규정된 사항의 단계별 추진에 관한 사항
10. 그 밖에 대통령령으로 정하는 사항(영 제15조 : "그 밖에 대통령령으로 정하는 사항" 이란 다음 각 호의 사항으로서 도시·군기본계획의 방향 및 목표 달성과 관련된 사항을 말한다.)
    가. 도심 및 주거환경의 정비·보전에 관한 사항(영 제15조 제1호)(감평 2014)
    나. 다른 법률에 따라 도시·군기본계획에 반영되어야 하는 사항(영 제15조 제2호)
    다. 도시·군기본계획의 시행을 위하여 필요한 재원조달에 관한 사항(영 제15조 제3호)
    라. 그 밖에 법 제22조의2제1항(시·군 도시·군기본계획의 승인 : 시장 또는 군수는 도시·군기본계획을 수립하거나 변경하려면 대통령령으로 정하는 바에 따라 도지사의 승인을 받아야 한다.)에 따른 도시·군기본계획 승인권자가 필요하다고 인정하는 사항(영 제15조 제4호)

> **정리**
>
> 도시·군 기본계획의 내용(법 제19조 제1항·영 제15조)
>
> ※ 지역적/토지 → 환경/기반
>   1. 지역적 특성
>   2. 토지의 이용·개발, 토지의 용도별 수요 및 공급
>   3. 환경의 보전 및 관리
>   4. 기반시설
>
> ※ 경/기~후/에너지/공원
>   1. 경관
>   2. 기후변화·에너지절약
>   3. 공원·녹지

※ 도·주/생활/공간 → 방범/재원
1. 도심·주거환경
2. 생활권
3. 공간구조·인구배분
4. 방재·방범
5. 재원조달

## 2. 도시·군기본계획의 수립기준

① 도시·군기본계획의 수립기준 등은 대통령령(영 제16조)으로 정하는 바에 따라 국토교통부장관이 정한다(법 제19조 제3항). (감평 2018)

② 국토교통부장관은 도시·군기본계획의 수립기준을 정할 때에는 다음 각 호의 사항을 종합적으로 고려하여야 한다(영 제16조).

1. **종합계획** : 특별시·광역시·특별자치시·특별자치도·시 또는 군의 기본적인 공간구조와 장기발전방향을 제시하는 토지이용·교통·환경 등에 관한 종합계획이 되도록 할 것
2. **탄력적 대응** : 여건변화에 탄력적으로 대응할 수 있도록 포괄적이고 개략적으로 수립하도록 할 것 [☞ 광역도시계획 수립기준(영 제10조 제3호) 내용과 유사]
3. **연속성 유지** : 법 제23조(도시·군기본계획의 정비)의 규정에 의하여 도시·군기본계획을 정비할 때에는 종전의 도시·군기본계획의 내용중 수정이 필요한 부분만을 발췌하여 보완함으로써 계획의 연속성이 유지되도록 할 것
4. **연계** : 도시와 농어촌 및 산촌지역의 인구밀도, 토지이용의 특성 및 주변환경 등을 종합적으로 고려하여 지역별로 계획의 상세정도를 다르게 하되, 기반시설의 배치계획, 토지용도 등은 도시와 농어촌 및 산촌지역이 서로 연계되도록 할 것(☞ 도시·군관리계획 수립기준 내용과 동일 ; 영 제19조 제5호)
5. **통일성·일관성 유지** : 부문별 계획은 법 제19조제1항제1호(도시·군기본계획의 내용 : 지역적 특성 및 계획의 방향·목표에 관한 사항)의 규정에 의한 도시·군기본계획의 방향에 부합하고 도시·군기본계획의 목표를 달성할 수 있는 방안을 제시함으로써 도시·군기본계획의 통일성과 일관성을 유지하도록 할 것
6. **단계별 개발** : 도시지역 등에 위치한 개발가능토지는 단계별로 시차를 두어 개발되도록 할 것
7. **자연·문화** : 녹지축·생태계·산림·경관 등 양호한 자연환경과 우량농지, 국가유산 및 역사문화환경 등을 고려하여 토지이용계획을 수립하도록 할 것 [☞ 광역도시계획 수립기준(영 제10조 제4호) 및 도시·군관리계획 수립기준 (영 제19조 제7호) 내용과 유사]
8. **경관-별책** : 법 제19조제1항제8호(도시·군기본계획의 내용 : 경관에 관한 사항)의 경관에 관한 사항에 대하여는 필요한 경우에는 도시·군기본계획도서의 별책으로 작성할 수 있도록 할 것
9. **안전** : 「재난 및 안전관리 기본법」에 따른 시·도안전관리계획 및 시·군·구안전관리계획과 「자연재해대책법」에 따른 시·군 자연재해저감 종합계획을 고려하여 재해로 인한 피해가 최소화되도록 할 것(☞ 광역도시계획 수립기준과 동일 ; 영 제10조 제6호, ☞ 도시·군관리계획 수립기준 내용과 동일 ; 영 제19조 제11호)

- ☞ <u>시장 또는 군수</u>는 대통령령이 정하는 바에 따라 <u>도시·군기본계획</u>의 <u>수립기준</u>을 정한다(×/국토교통부장관이 정한다). (법 제19조 제3항)
- ☞ <u>광역도시계획</u>의 <u>수립기준</u> 등은 대통령령으로 정하는 바에 따라 <u>국토교통부장관</u>이 정한다. (○)(법 제12조 제2항)

## Ⅲ 도시·군기본계획 수립을 위한 기초조사 및 공청회

### 1. 광역도시계획 기초조사·공청회 규정 준용

① <u>도시·군기본계획</u>을 수립하거나 <u>변경</u>하는 경우에는 <u>법 제13조</u>(광역도시계획의 수립을 위한 기초조사 : 국토교통부장관, 시·도지사, 시장 또는 군수는 광역도시계획을 수립하거나 변경하려면 미리 인구, 경제, 사회, 문화, 토지 이용, 환경, 교통, 주택, 그 밖에 대통령령으로 정하는 사항 중 그 광역도시계획의 수립 또는 변경에 필요한 사항을 대통령령으로 정하는 바에 따라 조사하거나 측량하여야 한다.)와 <u>법 제14조</u>(공청회의 개최 : 국토교통부장관, 시·도지사, 시장 또는 군수는 광역도시계획을 수립하거나 변경하려면 미리 공청회를 열어 주민과 관계 전문가 등으로부터 의견을 들어야 하며, 공청회에서 제시된 의견이 타당하다고 인정하면 광역도시계획에 반영하여야 한다.)를 <u>준용</u>한다(법 제20조 제1항 전단).

② 이 경우 "국토교통부장관, 시·도지사, 시장 또는 군수"는 "특별시장·광역시장·특별자치시장·특별자치도지사·시장 또는 군수"로, "광역도시계획"은 "도시·군기본계획"으로 본다(법 제20조 제1항 전단).

### 2. 기초조사

**(1) 법 제13조(광역도시계획의 수립을 위한 기초조사) 준용**

① <u>특별시장·광역시장·특별자치시장·특별자치도지사·시장 또는 군수</u>는 <u>도시·군기본계획</u>을 수립하거나 <u>변경</u>하려면 미리 인구, 경제, 사회, 문화, 토지 이용, 환경, 교통, 주택, 그 밖에 대통령령으로 정하는 사항 중 그 <u>도시·군기본계획</u>의 <u>수립</u> 또는 <u>변경</u>에 필요한 사항을 대통령령으로 정하는 바에 따라 조사하거나 측량하여야 한다(법 제13조 제1항 및 법 제20조 제1항).

② <u>특별시장·광역시장·특별자치시장·특별자치도지사·시장 또는 군수</u>는 <u>관계 행정기관의 장</u>에게 <u>기초조사</u>에 필요한 <u>자료</u>를 <u>제출</u>하도록 요청할 수 있다(법 제13조 제2항 전단 및 법 제20조 제1항). 이 경우 요청을 받은 관계 행정기관의 장은 특별한 사유가 없으면 그 요청에 따라야 한다(법 제13조 제2항 후단 및 법 제20조 제1항).

③ <u>특별시장·광역시장·특별자치시장·특별자치도지사·시장 또는 군수</u>는 효율적인 기초조사를 위하여 필요하면 기초조사를 <u>전문기관</u>에 <u>의뢰</u>할 수 있다(법 제13조 제3항 및 법 제20조 제1항).

④ <u>특별시장·광역시장·특별자치시장·특별자치도지사·시장 또는 군수</u>가 기초조사를 실시한 경우에는 해당 정보를 체계적으로 관리하고 효율적으로 활용하기 위하여 <u>기초조사정보체계</u>를 <u>구축·운영</u>하여야 한다(법 제13조 제4항 및 법 제20조 제1항).

⑤ <u>특별시장·광역시장·특별자치시장·특별자치도지사·시장 또는 군수</u>가 <u>기초조사정보체계</u>를 <u>구축</u>한 경우에는 등록된 정보의 현황을 <u>5년마다</u> 확인하고 변동사항을 반영하여야 한다(법 제13조 제5항 및 법 제20조 제1항). (중개 2021)

### (2) 토지적성평가 및 재해취약성분석★

① 도시·군기본계획 수립을 위한 기초조사의 내용에 국토교통부장관이 정하는 바에 따라 실시하는 토지의 토양, 입지, 활용가능성 등 토지의 적성에 대한 평가(이하 "토지적성평가"라 한다)와 재해 취약성에 관한 분석(이하 "재해취약성분석"이라 한다)을 포함하여야 한다(법 제20조 제2항).

② 다만, 다음의 경우에는 토지적성평가 또는 재해취약성분석을 하지 아니할 수 있다(법 제20조 제3항·영 제16조의3).

  1. 토지적성평가
     가. 도시·군기본계획 입안일부터 5년 이내에 토지적성평가를 실시한 경우(감평 2021·2025, 중개 2020)
     나. 다른 법률에 따른 지역·지구 등의 지정이나 개발계획 수립 등으로 인하여 도시·군기본계획의 변경이 필요한 경우(감평 2020)

  2. 재해취약성분석
     가. 도시·군기본계획 입안일부터 5년 이내에 재해취약성분석을 실시한 경우
     나. 다른 법률에 따른 지역·지구 등의 지정이나 개발계획 수립 등으로 인하여 도시·군기본계획의 변경이 필요한 경우

> ☞ 토지적성평가는 전 국토의 "환경친화적이고 지속가능한 개발"을 보장하고 개발과 보전이 조화되는 "선계획·후개발의 국토관리체계"를 구축하기 위하여 토지의 환경생태적·물리적·공간적 특성을 종합적으로 고려하여 개별토지가 갖는 환경적·사회적 가치를 과학적으로 평가함으로써 도시·군기본계획을 수립·변경하거나 도시·군관리계획을 입안하는 경우에 정량적·체계적인 판단 근거를 제공하기 위하여 실시하는 기초조사이다(토지의 적성평가에 관한 지침[시행 2022. 1. 1., 국토교통부훈령 제1465호, 2021. 12. 21., 일부개정.]).
>
> ☞ 재해취약성분석은 기후변화에 따라 대형화·다양화되고 있는 재해에 효율적으로 대응하기 위하여 기존의 전통적인 방재대책과 함께 도시의 토지이용, 기반시설 등을 고려하여 재해취약지역을 분석하고 그 결과를 토대로 실효성 있는 재해저감 대책을 마련함으로써 도시·군기본계획을 수립·변경하거나 도시·군관리계획을 입안하는 경우 등 재해예방형 도시계획 수립 시에 체계적인 판단 근거를 제공하기 위해 실시하는 기초조사이다(도시 기후변화 재해취약성분석 및 활용에 관한 지침[시행 2018. 1. 2., 국토교통부훈령 제956호, 2018. 1. 2., 일부개정.]).

### 3. 공청회의 개최★

① 특별시장·광역시장·특별자치시장·특별자치도지사·시장 또는 군수는 도시·군기본계획을 수립하거나 변경하려면 미리 공청회를 열어 주민과 관계 전문가 등으로부터 의견을 들어야 하며, 공청회에서 제시된 의견이 타당하다고 인정하면 도시·군기본계획에 반영하여야 한다(법 제14조 제1항 및 법 제20조 제1항). (감평 2021)

② 기타 공청회 개최와 관련된 내용(공청회 개최예정일 14일 전까지 1회 이상 공고 등)은 광역도시계획의 수립·변경을 위한 공청회 개최 규정을 준용한다(법 제20조 제1항). (감평 2018)

## Ⅳ 지방의회의 의견 청취

① 특별시장·광역시장·특별자치시장·특별자치도지사·시장 또는 군수는 도시·군기본계획을 수립하거나 변경하려면 미리 그 특별시·광역시·특별자치시·특별자치도·시 또는 군 의회의 의견을 들어야 한다(법 제21조 제1항). (감평 2010·2018·2021, 중개 2020·2024)

② 이 경우 특별시·광역시·특별자치시·특별자치도·시 또는 군의 의회는 특별한 사유가 없으면 30일 이내에 특별시장·광역시장·특별자치시장·특별자치도지사·시장 또는 군수에게 의견을 제시하여야 한다(법 제21조 제2항).

## Ⅴ 특별시·광역시·특별자치시·특별자치도의 도시·군기본계획의 확정

### 1. 협의와 심의
① 특별시장·광역시장·특별자치시장 또는 특별자치도지사는 도시·군기본계획을 수립하거나 변경하려면 관계 행정기관의 장(국토교통부장관을 포함한다.)과 협의한 후 지방도시계획위원회의 심의를 거쳐야 한다(법 제22조 제1항). (감평 2010·2020, 중개 2021)

② 협의 요청을 받은 관계 행정기관의 장은 특별한 사유가 없으면 그 요청을 받은 날부터 30일 이내에 특별시장·광역시장·특별자치시장 또는 특별자치도지사에게 의견을 제시하여야 한다(법 제22조 제2항).

### 2. 관계서류 송부와 공고 및 열람
① 특별시장·광역시장·특별자치시장 또는 특별자치도지사는 도시·군기본계획을 수립하거나 변경한 경우에는 관계 행정기관의 장에게 관계 서류를 송부하여야 한다(법 제22조 제3항).

② 특별시장·광역시장·특별자치시장 또는 특별자치도지사는 도시·군기본계획을 대통령령으로 정하는 바에 따라 공고하고 일반인이 열람할 수 있도록 하여야 한다(법 제22조 제3항). 이 경우 특별시·광역시·특별자치시·특별자치도 도시·군기본계획의 공고는 해당 특별시·광역시·특별자치시·특별자치도의 공보와 인터넷 홈페이지에 게재하는 방법으로 하며, 관계 서류의 열람기간은 30일 이상으로 해야 한다(영 제16조의3).

## Ⅵ 시·군 도시·군기본계획의 승인

### 1. 도지사의 승인★
① 시장 또는 군수는 도시·군기본계획을 수립하거나 변경하려면 도지사의 승인을 받아야 한다(법 제22조의2 제1항). (감평 2010·2013·2018·2020, 중개 2020)

② 시장 또는 군수는 도시·군기본계획안에 다음 각 호의 서류를 첨부하여 도지사에게 제출하여야 하고(영 제17조 제1항), 도지사는 제출된 도시·군기본계획안이 법 제19조제3항(도시·군기본계획의 내용; 도시·군기본계획의 수립기준 등은 대통령령으로 정하는 바에 따라 국토교통부장관이 정한다.)에 따른 수립기준 등에 적합하지 아니한 때에는 시장 또는 군수에게 도시·군기본계획안의 보완을 요청할 수 있다 (영 제17조 제2항).

1. 기초조사 결과(중개 2022)
2. 공청회개최 결과(중개 2022)
3. 법 제21조(지방의회의 의견 청취)에 따른 해당 시·군의 의회의 의견청취 결과(중개 2022)
4. 해당 시·군에 설치된 지방도시계획위원회의 자문을 거친 경우에는 그 결과(중개 2022)
5. 법 제22조의2제2항(시·군 도시·군기본계획의 승인; 도지사가 도시·군기본계획을 승인하려면 관계 행정기관의 장과 협의한 후 지방도시계획위원회의 심의를 거쳐야 한다.)에 따른 관계 행정기관의 장과의 협의 및 도의 지방도시계획위원회의 심의에 필요한 서류(중개 2022)

## 2. 협의 및 심의

① 도지사가 도시·군기본계획을 승인하려면 관계 행정기관의 장(국토교통부장관을 포함)과 협의한 후 지방도시계획위원회의 심의를 거쳐야 한다(법 제22조의2 제2항). (감평 2021·중개 2020·2024)

② 협의 요청을 받은 관계 행정기관의 장은 특별한 사유가 없으면 그 요청을 받은 날부터 30일 이내에 도지사에게 의견을 제시하여야 한다(법 제22조의2 제3항).

## 3. 관계서류 송부와 공고 및 열람

① 도지사는 도시·군기본계획을 승인하면 관계 행정기관의 장과 시장 또는 군수에게 관계 서류를 송부하여야 한다(법 제22조의2 제4항).

② 관계 서류를 받은 시장 또는 군수는 해당 시·군의 공보와 인터넷 홈페이지에 게재하는 방법으로 도시·군기본계획을 공고하고, 관계 서류를 30일 이상 일반인이 열람할 수 있도록 하여야 한다(영 제17조 제3항).

# Ⅶ 도시·군기본계획의 정비★

① 특별시장·광역시장·특별자치시장·특별자치도지사·시장 또는 군수는 5년마다 관할 구역의 도시·군기본계획에 대하여 타당성을 전반적으로 재검토하여 정비하여야 한다(법 제23조 제1항). (감평 2013·2018·2020, 중개 2020·2021)

② 특별시장·광역시장·특별자치시장·특별자치도지사·시장 또는 군수는 법 제4조(국가계획, 광역도시계획 및 도시·군계획의 관계 등)제2항 및 제3항에 따라 도시·군기본계획의 내용에 우선하는 광역도시계획의 내용 및 도시·군기본계획에 우선하는 국가계획의 내용을 도시·군기본계획에 반영하여야 한다(법 제23조 제2항). (감평 2010)

# Ⅷ 생활권계획 수립의 특례

## 1. 생활권계획 별도 수립 기준

① 특별시장·광역시장·특별자치시장·특별자치도지사·시장 또는 군수는 법 제19조(도시·군기본계획의 내용)제1항 제2호의2에 따른 생활권역별 개발·정비 및 보전 등에 필요한 경우 대통령령(영 제16조의2 제1항)으로 정하는 바에 따라 생활권계획을 따로 수립할 수 있다(법 제19조의2 제1항).

② 생활권계획을 따로 수립하는 경우에는 다음 각 호의 기준을 따라야 한다(영 제16조의2 제1항).
  1. 도시·군기본계획의 공간구조 설정 및 토지이용계획 등을 생활권역별로 구체화할 것
  2. 해당 지방자치단체에서 생활권이 차지하는 공간적 위치 및 특성, 주변지역의 특성 등을 고려하여 생활권을 설정하고, 생활권별 특성에 맞추어 기반시설의 설치·관리 계획을 수립할 것
  3. 그 밖에 지역경제의 활성화 및 주민 생활여건 개선 등을 위해 생활권별로 개발·정비 및 보전할 필요가 있는 사항을 포함할 것

## 2. 도시·군기본계획 수립절차 준용

생활권계획을 수립할 때에는 제20조부터 제22조까지 및 제22조의2(도시·군기본계획 수립을 위한 기초조사 및 공청회, 지방의회의 의견청취, 특별시·광역시·특별자치시·특별자치도의 도시·군기본계획의 확정, 시·군 도시·군기본계획의 승인)를 준용한다(법 제19조의2 제2항).

## 3. 도시·군기본계획 수립·변경 간주

① 생활권계획이 수립 또는 승인된 때에는 해당 계획이 수립된 생활권에 대해서는 도시·군기본계획이 수립 또는 변경된 것으로 본다(법 제19조의2 제3항 전단). (감평 2025, 중개 2024) 이 경우 법 제19조(도시·군기본계획의 내용)제1항 각 호의 사항 중에서 생활권의 설정 및 인구의 배분에 관한 시행 등은 「대통령령으로 정하는 범위에서 수립·변경하는 경우」로 한정한다(법 제19조의2 제3항 후단).
  1. 도시·군기본계획에서 정하는 생활권을 세분화하는 경우
  2. 도시·군기본계획에서 정하는 생활권 간의 경계를 변경하는 경우 (감평 2025)
  3. 전체 인구 규모의 범위에서 생활권별 인구의 배분에 관한 사항을 수립·변경하는 경우
  4. 제3호에 따라 생활권별 인구의 배분에 관한 사항을 변경함에 따라 기반시설의 설치에 관한 사항을 수립·변경하는 경우

≪국토계획법 절차 : 기/공/의+협/심/승 ⇒ 송/공/열 +정≫ : 도시·군기본계획
☞ 특·광 : 확정
  기초조사+공청회(주민의견청취)+의견청취(의회) → 협의(관계행정기관의 장) +심의+승인(X) → 송부+공고+열람+정비
☞ 시장·군수 : 승인
  기초조사+공청회(주민의견청취)+의견청취(의회) → 협의(관계행정기관의 장)+심의+승인(도지사) → 송부+공고+열람+정비
※ 광역도시계획
  기초조사+공청회(주민의견청취)+의견청취(관계 의회+관계 시장·군수) → 협의+심의+승인 → 송부+공고+열람+정비(X)

# CHAPTER 4-1 도시·군관리계획1 : 수립 절차

## I. 도시·군관리계획의 내용 ★

"도시·군관리계획"이란 특별시·광역시·특별자치시·특별자치도·시 또는 군의 개발·정비 및 보전을 위하여 수립하는 토지 이용, 교통, 환경, 경관, 안전, 산업, 정보통신, 보건, 복지, 안보, 문화 등에 관한 아래 계획을 말한다(법 제2조 제4호).

1. 용도지역·용도지구의 지정 또는 변경에 관한 계획(감평 2009·2016·2022, 중개 2024)
2. 개발제한구역, 도시자연공원구역, 시가화조정구역(市街化調整區域), 수산자원보호구역의 지정 또는 변경에 관한 계획(감평 2012·2016·2021, 중개 2021)
3. 기반시설의 설치·정비 또는 개량에 관한 계획(감평 2009·2012·2016·2021)
4. 도시개발사업이나 정비사업에 관한 계획(감평 2009·2012·2013·2021·2025)
5. 지구단위계획구역의 지정 또는 변경에 관한 계획과 지구단위계획(감평 2009·2012, 중개 2024)
6. 도시혁신구역의 지정 또는 변경에 관한 계획과 도시혁신계획(감평 2025)
7. 복합용도구역의 지정 또는 변경에 관한 계획과 복합용도계획(감평 2025)
8. 도시·군계획시설입체복합구역의 지정 또는 변경에 관한 계획(감평 2025)

> **암기** 도시·군관리계획(도/정/용⇒기/지 + 도/시/개⇒ 수/입체⇒혁신/복합)
> 1. 도시개발사업
> 2. 정비사업
> 3. 용도지역·용도지구·용도구역_⇒ 지정·변경
> 4. 기반시설 ⇒ 설치·정비·개량
> 5. 지구단위계획(구역)⇒ 지정·변경
> ※ 용도구역(도/시/개 ⇒ 수/입체 ⇒ 혁신/복합 : 법 제38조 ~ 법 제40조의6)
> 6. 도시자연공원구역/시가화조정구역/개발제한구역
> 7. 수자원보호구역/도시·군계획시설입체복합구역
> 8. 도시혁신구역(계획)/복합용도구역(계획)

## II. 도시·군관리계획의 입안권자

### 1. 입안권자 ★

특별시장·광역시장·특별자치시장·특별자치도지사·시장 또는 군수는 관할 구역에 대하여 도시·군관리계획을 입안하여야 한다(법 제24조 제1항).(감평 2002·2016)

## 2. 인접 지역 포함 도시·군관리계획 입안

① 특별시장·광역시장·특별자치시장·특별자치도지사·시장 또는 군수는 다음 각 호 어느 하나에 해당하면 **인접한** 특별시·광역시·특별자치시·특별자치도·시 또는 군의 **관할 구역 전부** 또는 일부를 포함하여 **도시·군관리계획을 입안**할 수 있다(법 제24조 제2항).(감평 2000)

1. **지역여건상 필요**하다고 인정하여 **미리** 인접한 특별시장·광역시장·특별자치시장·특별자치도지사·시장 또는 군수와 **협의**한 경우
2. **법 제18조제2항**(특별시장·광역시장·특별자치시장·특별자치도지사·시장 또는 군수는 지역여건상 필요하다고 인정되면 인접한 특별시·광역시·특별자치시·특별자치도·시 또는 군의 관할구역 전부 또는 일부를 포함하여 도시·군기본계획을 수립할 수 있다.)에 따라 **인접한** 특별시·광역시·특별자치시·특별자치도·시 또는 군의 관할 구역을 포함하여 **도시·군기본계획**을 수립한 경우

② 위 제1항에 따른 **인접한** 특별시·광역시·특별자치시·특별자치도·시 또는 군의 관할 구역에 대한 **도시·군관리계획**은 관계 특별시장·광역시장·특별자치시장·특별자치도지사·시장 또는 군수가 **협의**하여 **공동**으로 **입안**하거나 **입안할 자를 정한다**(법 제24조 제3항).(중개 2021)

③ 위 제2항에 따른 **협의**가 성립되지 아니하는 경우 도시·군관리계획을 입안하려는 구역이 **같은 도의 관할 구역**에 속할 때에는 **관할 도지사**가, **둘 이상의 시·도**의 관할 구역에 걸쳐 있을 때에는 **국토교통부장관**[법 제40조(수산자원보호구역의 지정)에 따른 **수산자원보호구역**의 경우 **해양수산부장관**을 말한다]이 **입안할 자를 지정**하고 그 사실을 **고시**하여야 한다(법 제24조 제4항).(감평 2010)

## 3. 국토교통부장관이 입안할 수 있는 경우(국가계획/ 둘 이상 시·도/조정 요구 불응)★

**국토교통부장관**(수산자원보호구역의 경우 **해양수산부장관**)은 다음 각 호 어느 하나에 해당하는 경우에는 **직접** 또는 **관계 중앙행정기관의 장의 요청**에 의하여 **도시·군관리계획을 입안**할 수 있다(법 제24조 제5항 전단).(감평 2004·2010) 이 경우 **국토교통부장관**은 관할 **시·도지사** 및 **시장·군수**의 **의견**을 들어야 한다(법 제24조 제5항 후단).

1. **국가계획**과 관련된 경우(감평 2009·2010·2015·2024, 중개 2021)
2. **둘 이상의 시·도**에 걸쳐 지정되는 용도지역·용도지구 또는 용도구역과 **둘 이상의 시·도**에 걸쳐 이루어지는 **사업의 계획** 중 도시·군관리계획으로 결정하여야 할 사항이 있는 경우
3. 특별시장·광역시장·특별자치시장·특별자치도지사·시장 또는 군수가 법 제138조(도시·군계획의 수립 및 운영에 대한 감독 및 조정)에 따른 기한까지 **국토교통부장관의 도시·군관리계획 조정 요구**에 따라 **도시·군관리계획을 정비**하지 아니하는 경우(감평 2010)

☞ 국토교통부장관은 국가계획과 관련된 경우 도시·군관리계획을 입안할 수 있다.(○)

## 4. 도지사가 입안할 수 있는 경우(둘 이상의 시·군/직접 수립하는 사업계획)

**도지사**는 다음 각 호의 어느 하나의 경우에는 **직접** 또는 **시장**이나 **군수의 요청**에 의하여 **도시·군관리계획을 입안**할 수 있다(법 제24조 제6항 전단). 이 경우 도지사는 관계 **시장** 또는 **군수의 의견**을 들어야 한다(법 제24조 제6항 후단).

1. **둘 이상의 시·군**에 걸쳐 지정되는 용도지역·용도지구 또는 용도구역과 **둘 이상의 시·군**에 걸쳐 이루어지는 **사업의 계획** 중 도시·군관리계획으로 결정하여야 할 사항이 포함되어 있는 경우(감평 2024)

2. 도지사가 직접 수립하는 사업의 계획으로서 도시·군관리계획으로 결정하여야 할 사항이 포함되어 있는 경우

> ◆ 광역계획권 지정권자
>   ☞ 광역계획권 지정권자는 국토부장관과 도지사이다.
> ◆ 광역도시계획 수립권자
>   ☞ 광역도시계획의 수립은 공동 수립이 원칙이고, 예외적으로 관할 도지사·국토교통부장관이 단독 수립하는 경우도 있다. 따라서 광역도시계획의 수립권자에는 국토교통부장관, 시·도지사, 시장 또는 군수가 모두 포함된다.
> ◆ 도시·군기본계획 수립권자
>   ☞ 도시·군기본계획의 수립권자는 특별시장·광역시장·특별자치시장·특별자치도지사·시장 또는 군수이다. 따라서, 도시·군기본계획의 수립권자에는 국토교통부장관과 도지사가 포함되지 않는다.
> ◆ 도시·군관리계획 입안권자
>   ☞ 도시·군관리계획의 입안권자는 원칙적으로 특별시장·광역시장·특별자치시장·특별자치도지사·시장 또는 군수이다. 다만, 예외적으로 국토교통부장관이나 도지사도 입안할 수 있다.

## Ⅲ 도시·군관리계획의 입안

### 1. 입안 원칙★

① 도시·군관리계획은 광역도시계획과 도시·군기본계획(생활권계획을 포함한다)에 부합되어야 한다(법 제25조 제1항). (감평 2000·2009·2019·2024·2025) (생활권 계획 제외×)

② 도시·군관리계획은 계획의 상세 정도, 도시·군관리계획으로 결정하여야 하는 기반시설의 종류 등에 대하여 도시 및 농·산·어촌 지역의 인구밀도, 토지 이용의 특성 및 주변 환경 등을 종합적으로 고려하여 차등을 두어 입안하여야 한다(법 제25조 제3항).

③ 도시·군관리계획의 수립기준, 도시·군관리계획도서 및 계획설명서의 작성기준·작성방법 등은 대통령령(영 제19조)으로 정하는 바에 따라 국토교통부장관(수산자원보호구역의 경우 해양수산부장관)이 정한다(법 제25조 제4항). (감평 2020)

④ 국토교통부장관(수산자원보호구역의 경우 해양수산부장관을 말한다)은 도시·군관리계획의 수립기준을 정할 때에는 아래 사항을 종합적으로 고려하여야 한다(영 제19조).
   1. 도시 성장추세 : 광역도시계획 및 도시·군기본계획 등에서 제시한 내용을 수용하고 개별 사업계획과의 관계 및 도시의 성장추세를 고려하여 수립하도록 할 것
   2. 기본계획 미수립 시·군 : 도시·군기본계획을 수립하지 아니하는 시·군의 경우 당해 시·군의 장기발전구상 및 법 제19조(도시·군기본계획의 내용) 제1항의 규정에 의한 도시·군기본계획에 포함될 사항중 도시·군관리계획의 원활한 수립을 위하여 필요한 사항이 포함되도록 할 것
   3. 특정지역·특정부문 한정 : 도시·군관리계획의 효율적인 운영 등을 위하여 필요한 경우에는 특정지역 또는 특정부문에 한정하여 정비할 수 있도록 할 것

4. 생활권 : 공간구조는 생활권단위로 적정하게 구분하고 생활권별로 생활·편익시설이 고루 갖추어지도록 할 것(감평 2022)
5. 연계 : 도시와 농어촌 및 산촌지역의 인구밀도, 토지이용의 특성 및 주변환경 등을 종합적으로 고려하여 지역별로 계획의 상세정도를 다르게 하되, 기반시설의 배치계획, 토지용도 등은 도시와 농어촌 및 산촌지역이 서로 연계되도록 할 것(☞ 도시·군기본계획 수립기준 내용과 동일 ; 영 제16조 제4호)
6. 적합한 개발밀도 : 토지이용계획을 수립할 때에는 주간 및 야간활동인구 등의 인구규모, 도시의 성장추이를 고려하여 그에 적합한 개발밀도가 되도록 할 것
7. 자연·문화 : 녹지축·생태계·산림·경관 등 양호한 자연환경과 우량농지, 국가유산 및 역사문화환경 등을 고려하여 토지이용계획을 수립하도록 할 것(감평 2022) [☞ 광역도시계획 수립기준(영 제10조 제4호) 및 도시·군기본계획 수립기준 (영 제16조 제7호) 내용과 유사 ; 녹지축·생태계·산림·경관 등 양호한 자연환경과 우량농지, 보전목적의 용도지역, 국가유산 및 역사문화환경 등을 충분히 고려하여 수립하도록 할 것]
8. 수도권外 이전 : 수도권안의 인구집중유발시설이 수도권外의 지역으로 이전하는 경우 종전의 대지에 대하여는 그 시설의 지방이전이 촉진될 수 있도록 토지이용계획을 수립하도록 할 것(감평 2022)
9. 집행능력 고려 : 도시·군계획시설은 집행능력을 고려하여 적정한 수준으로 결정하고, 기존 도시·군계획시설은 시설의 설치현황과 관리·운영상태를 점검하여 규모 등이 불합리하게 결정되었거나 실현가능성이 없는 시설 또는 존치 필요성이 없는 시설은 재검토하여 해제하거나 조정함으로써 토지이용의 활성화를 도모할 것
10. 환경 영향 : 도시의 개발 또는 기반시설의 설치 등이 환경에 미치는 영향을 미리 검토하는 등 계획과 환경의 유기적 연관성을 높여 건전하고 지속가능한 도시발전을 도모하도록 할 것(감평 2022)
11. 안전 : 「재난 및 안전관리 기본법」에 따른 시·도안전관리계획 및 시·군·구안전관리계획과 「자연재해대책법」에 따른 시·군 자연재해저감 종합계획을 고려하여 재해로 인한 피해가 최소화되도록 할 것(☞ 광역도시계획수립기준과 동일 ; 영 제10조 제6호/ ☞ 도시·군기본계획 수립기준 내용과 동일 ; 영 제16조 제9호)

☞ 도시·군관리계획도서 및 계획설명서의 작성기준·작성방법 등은 조례로 정한다. (×/대통령령으로 정하는 바에 따라 국토교통부장관이 정한다.)
☞ 도시·군관리계획의 수립기준은 특별시장·광역시장·특별자치시장·특별자치도지사·시장 또는 군수는 정한다. (×/대통령령으로 정하는 바에 따라 국토교통부장관이 정한다.)
☞ 광역도시계획의 수립기준 등은 대통령령으로 정하는 바에 따라 국토교통부장관이 정한다(법 제12조 제2항).
☞ 도시·군기본계획의 수립기준 등은 대통령령(영 제16조)으로 정하는 바에 따라 국토교통부장관이 정한다(법 제19조 제3항).

## 2. 도시·군관리계획도서 및 계획설명서 작성

국토교통부장관(수산자원보호구역의 경우 해양수산부장관을 말한다), 시·도지사, 시장 또는 군수는 도시·군관리계획을 입안할 때에는 도시·군관리계획도서(계획도와 계획조서를 말한다. 이하 같다)와 이를 보조하는 계획설명서(기초조사결과·재원조달방안 및 경관계획 등을 포함한다. 이하 같다)를 작성하여야 한다(법 제25조 제2항).

# Ⅳ 도시·군관리계획 입안의 제안

## 1. 입안의 제안★

① 주민(이해관계자를 포함한다. 이하 같다)은 도시·군관리계획을 입안할 수 있는 자에게 토지소유자의 동의를 받아 도시·군관리계획의 입안을 제안할 수 있다(법 제26조 제1항 전단 및 영 제19조의2 제2항 전단).(감평 2002·2010·2015)

② 이 경우 동의 대상 토지 면적에서 국·공유지는 제외하고(영 제19조의2 제2항 후단), 제안서에는 도시·군관리계획도서와 계획설명서를 첨부하여야 한다(법 제26조 제1항 후단).(감평 2010, 중개 2019)

## 2. 입안제안 사항★

주민(이해관계자를 포함)은 다음 각 호의 사항에 대하여 도시·군관리계획의 입안을 제안할 수 있다(법 제26조 제1항 전단). 이 경우 제안서에는 도시·군관리계획도서와 계획설명서를 첨부하여야 한다(법 제26조 제1항 후단).

> ≪대상 토지 면적의 5분의 4 이상 토지소유자 동의 : 영 제19조의2 제2항 제1호≫
> 1. 기반시설의 설치·정비 또는 개량에 관한 사항(감평 2009·2017·2018·2019·2023, 중개 2018·2023·2024)
> 2. 도시·군계획시설입체복합구역의 지정 및 변경과 도시·군계획시설입체복합구역의 건축제한·건폐율·용적률·높이 등에 관한 사항
>
> ≪대상 토지 면적의 3분의 2 이상 토지소유자 동의 : 영 제19조의2 제2항 제2호≫
> 3. 지구단위계획구역의 지정 및 변경과 지구단위계획의 수립 및 변경에 관한 사항(감평 2013·2017·2023·2024, 중개 2017·2018·2023)
> 4. 다음 각 목의 어느 하나에 해당하는 용도지구의 지정 및 변경에 관한 사항
>    가. 개발진흥지구 중 공업기능 또는 유통물류기능 등을 집중적으로 개발·정비하기 위한 개발진흥지구로서 대통령령으로 정하는 개발진흥지구(영 제19조의2 제1항 : 산업·유통개발진흥지구)(중개 2019·2021·2023, 감평 2025)
>    나. 법 제37조(용도지구의 지정)에 따라 지정된 용도지구 중 해당 용도지구에 따른 건축물이나 그 밖의 시설의 용도·종류 및 규모 등의 제한을 지구단위계획으로 대체하기 위한 용도지구(중개 2018)

> ▶암기 주민의 도시·군관리계획 입안 제안 시 토지소유자 동의 요건(입체/기반 - 지구/개발)
> 1. 대상 토지 면적의 5분의 4 이상 : 도시·군계획시설입체복합구역, 기반시설
> 2. 대상 토지 면적의 3분의 2 이상 : 지구단위계획(구역)·산업유통개발진흥지구

## 3. 제안서의 처리절차★

① 도시·군관리계획입안의 제안을 받은 국토교통부장관, 시·도지사, 시장 또는 군수는 제안일부터 45일 이내에 도시·군관리계획입안에의 반영 여부를 제안자에게 통보하여야 한다(영 제20조 제1항 본문).(감평 2002·2015) 다만, 부득이한 사정이 있는 경우에는 1회에 한하여 30일을 연장할 수 있다(영 제20조 제1항 단서).

② 이 경우 국토교통부장관, 시·도지사, 시장 또는 군수는 도시·군관리계획입안에 반영할 것인지 여부를 결정함에 있어서 필요한 경우에는 중앙도시계획위원회 또는 당해 지방자치단체에 설치된 지방도시계획위원회의 자문을 거칠 수 있다(영 제20조 제2항). (감평 2002·2010)

③ 국토교통부장관, 시·도지사, 시장 또는 군수는 주민의 제안을 도시·군관리계획입안에 반영하는 경우에는 제안서에 첨부된 도시·군관리계획도서와 계획설명서를 도시·군관리계획의 입안에 활용할 수 있다(영 제20조 제3항).

## 4. 비용의 부담★

도시·군관리계획의 입안을 제안받은 자는 제안자와 협의하여 제안된 도시·군관리계획의 입안 및 결정에 필요한 비용의 전부 또는 일부를 제안자에게 부담시킬 수 있다(법 제26조 제3항). (감평 2002·2009·2017·2020·2024, 중개 2017·2019)

## 5. 기타★

① 도시·군관리계획의 입안을 제안받은 자는 그 처리 결과를 제안자에게 알려야 한다(법 제26조 제2항). (감평 2020, 중개 2019)

② 도시·군관리계획 입안 제안의 세부적인 절차는 국토교통부장관이 정하여 고시한다(법 제19조의2 제5항).

# Ⅴ 도시·군관리계획의 입안을 위한 기초조사 등

## 1. 법 제13조(광역도시계획의 수립을 위한 기초조사) 규정 준용

① 도시·군관리계획을 입안하는 경우에는 법 제13조(광역도시계획의 수립을 위한 기초조사)를 준용한다(법 제27조 제1항 본문). [도시·군관리계획을 입안하는 경우 법 제14조(공청회의 개최)를 준용한다. ×]

② 다만, 대통령령으로 정하는 경미한 사항(영 제21조 ; 영 제25조 제3항 각 호 및 같은 조 제4항 각 호의 사항)을 입안하는 경우에는 그러하지 아니하다(법 제27조 제1항 단서·영 제21조).

## 2. 기초조사 내용에 포함 : 환경성 검토·토지적성평가·재해취약성분석

국토교통부장관(수산자원보호구역의 경우 해양수산부장관을 말한다.), 시·도지사, 시장 또는 군수는 기초조사의 내용에 도시·군관리계획이 환경에 미치는 영향 등에 대한 환경성 검토·토지적성평가·재해취약성분석을 포함하여야 한다(법 제27조 제2항·제3항). (감평 2017)

## 3. 기초조사·환경성 검토·토지적성평가·재해취약성분석 면제

(1) 서

도시·군관리계획으로 입안하려는 지역이 도심지에 위치하거나 개발이 끝나 나대지가 없는 등 대통령령으로 정하는 요건(영 제21조 제2항)에 해당하면 기초조사, 환경성 검토, 토지적성평가 또는 재해취약성분석을 하지 아니할 수 있다(법 제27조 제4항).

### (2) 기초조사를 실시하지 아니할 수 있는 경우 : 영 제21조 제2항 제1호

1. 해당 지구단위계획구역이 도심지(상업지역과 상업지역에 연접한 지역을 말한다)에 위치하는 경우(감평 2017, 중개 2021)
2. 해당 지구단위계획구역 안의 나대지면적이 구역면적의 2퍼센트에 미달하는 경우
3. 해당 지구단위계획구역 또는 도시·군계획시설부지가 다른 법률에 따라 지역·지구 등으로 지정되거나 개발계획이 수립된 경우
4. 해당 지구단위계획구역의 지정목적이 해당 구역을 정비 또는 관리하고자 하는 경우로서 지구단위계획의 내용에 너비 12미터 이상 도로의 설치계획이 없는 경우
5. 기존의 용도지구를 폐지하고 지구단위계획을 수립 또는 변경하여 그 용도지구에 따른 건축물이나 그 밖의 시설의 용도·종류 및 규모 등의 제한을 그대로 대체하려는 경우
6. 해당 도시·군계획시설의 결정을 해제하려는 경우
7. 그 밖에 국토교통부령으로 정하는 요건에 해당하는 경우

### (3) 토지적성평가를 실시하지 아니할 수 있는 경우 : 영 제21조 제2항 제3호

1. 기초조사를 실시하지 아니할 수 있는 경우에 해당하는 경우
2. 도시·군관리계획 입안일부터 5년 이내에 토지적성평가를 실시한 경우
3. 주거지역·상업지역 또는 공업지역에 도시·군관리계획을 입안하는 경우(감평 2024)
4. 법 또는 다른 법령에 따라 조성된 지역에 도시·군관리계획을 입안하는 경우
5. 「개발제한구역의 지정 및 관리에 관한 특별조치법 시행령」 제2조제3항제1호·제2호 또는 제6호(같은 항 제1호 또는 제2호에 따른 지역과 연접한 대지로 한정한다)의 지역에 해당하여 개발제한구역에서 조정 또는 해제된 지역에 대하여 도시·군관리계획을 입안하는 경우
6. 「도시개발법」에 따른 도시개발사업의 경우
7. 지구단위계획구역 또는 도시·군계획시설부지에서 도시·군관리계획을 입안하는 경우
8. 다음의 어느 하나에 해당하는 용도지역·용도지구·용도구역의 지정 또는 변경의 경우
    - 가. 주거지역·상업지역·공업지역 또는 계획관리지역의 그 밖의 용도지역으로의 변경(계획관리지역을 자연녹지지역으로 변경하는 경우는 제외한다)
    - 나. 주거지역·상업지역·공업지역 또는 계획관리지역 외의 용도지역 상호간의 변경(자연녹지지역으로 변경하는 경우는 제외한다)
    - 다. 용도지구·용도구역의 지정 또는 변경(개발진흥지구의 지정 또는 확대지정은 제외한다)
9. 다음의 어느 하나에 해당하는 기반시설을 설치하는 경우
    - 가. 영 제55조(개발행위허가의 규모) 제1항 각 호에 따른 용도지역별 개발행위규모에 해당하는 기반시설
    - 나. 도로·철도·궤도·수도·가스 등 선형(線型)으로 된 교통시설 및 공급시설
    - 다. 공간시설(체육공원·묘지공원 및 유원지는 제외한다)
    - 라. 방재시설 및 환경기초시설(폐차장은 제외한다)
    - 마. 개발제한구역 안에 설치하는 기반시설

**(4) 재해취약성분석을 실시하지 않을 수 있는 경우 : 영 제21조 제2항 제4호**

1. 기초조사를 실시하지 아니할 수 있는 경우에 해당하는 경우(중개 2021)
2. 도시·군관리계획 입안일부터 5년 이내에 재해취약성분석을 실시한 경우
3. 「(4) 토지적성평가를 실시하지 아니할 수 있는 경우 − 8.」에 해당하는 경우(단, 방재지구의 지정·변경은 제외한다)
4. 다음의 어느 하나에 해당하는 기반시설을 설치하는 경우
   가. 「(4) 토지적성평가를 실시하지 아니할 수 있는 경우 − 9.−가목」의 기반시설
   나. 공간시설 중 녹지·공공공지

**(5) 환경성 검토를 실시하지 아니할 수 있는 경우 : 영 제21조 제2항 제2호**

1. 기초조사를 실시하지 아니할 수 있는 경우에 해당하는 경우
2. 「환경영향평가법」에 따른 전략환경영향평가 대상인 도시·군관리계획을 입안하는 경우

| 구 분 | 광역도시계획 | 도시·군기본계획 | 도시·군관리계획 |
|---|---|---|---|
| 기초조사<br>(인구, 경제, 사회, 문화, 토지이용, 환경, 교통, 주택 등) | ○ | ○ | ○ |
| 토지적성평가 포함 | − | ○ | ○ |
| 재해취약성분석 포함 | − | ○ | ○ |
| 환경성검토 포함 | − | − | ○ |

# Ⅵ 주민과 지방의회의 의견 청취

## 1. 주민 의견 청취

**(1) 의견 청취 의무★**

① 국토교통부장관(수산자원보호구역의 경우 해양수산부장관을 말한다.), 시·도지사, 시장 또는 군수는 법 제25조(도시·군관리계획의 입안)에 따라 도시·군관리계획을 입안할 때에는 주민의 의견을 들어야 하며, 그 의견이 타당하다고 인정되면 도시·군관리계획안에 반영하여야 한다(법 제28조 제1항 본문).(감평 2010)

② 다만, 국방상 또는 국가안전보장상 기밀을 지켜야 할 필요가 있는 사항(관계 중앙행정기관의 장이 요청하는 것만 해당한다)이거나 대통령령으로 정하는 경미한 사항인 경우 [영 제25조(도시·군관리계획의 결정) 제3항 각 호의 사항 및 같은 조 제4항 각 호의 사항]에는 그러하지 아니하다(법 제28조 제1항 단서).

③ 국토교통부장관, 시·도지사, 시장 또는 군수는 다음 각 호의 어느 하나에 해당하는 경우로서 그 내용이 해당 지방자치단체의 조례로 정하는 중요한 사항인 경우에는 그 내용을 다시 공고·열

람하게 하여 <u>주민의 의견</u>을 들어야 한다(법 제28조 제4항).
1. 법 제28조(주민과 지방의회의 의견 청취)제1항에 따라 <u>청취한 주민 의견</u>을 <u>도시·군관리계획안에 반영</u>하고자 하는 경우
2. 법 제30조(도시·군관리계획의 결정)제1항·제2항에 따른 관계 행정기관의 장과의 <u>협의</u> 및 같은 조 제3항에 따른 <u>중앙도시계획위원회의 심의</u>, <u>시·도도시계획위원회의 심의</u> 또는 시·도에 두는 <u>건축위원회와 도시계획위원회의 공동 심의</u>에서 <u>제시된 의견을 반영</u>하여 도시·군관리계획을 결정하고자 하는 경우

④ <u>주민의 의견 청취</u>에 필요한 사항은 <u>대통령령</u>으로 정하는 기준에 따라 해당 지방자치단체의 <u>조례</u>로 정한다(법 제28조 제5항). (감평 2010·2018·2021)

### (2) 의견청취 절차

1) 공고와 열람

① <u>조례</u>로 <u>주민의 의견 청취</u>에 필요한 사항을 정할 때 적용되는 <u>기준</u>은 다음 각 호와 같다(영 제22조 제2항). (감평 2004)
 1. 도시·군관리계획안의 주요 내용을 다음 각 목의 매체에 각각 <u>공고</u>할 것
   가. <u>해당 지방자치단체의 공보</u>나 <u>둘 이상</u>의 <u>일반일간신문</u>(「신문 등의 진흥에 관한 법률」 제9조 제1항에 따라 <u>전국</u> 또는 <u>해당 지방자치단체</u>를 <u>주된 보급지역</u>으로 등록한 일반일간신문을 말한다)
   나. 해당 지방자치단체의 <u>인터넷 홈페이지</u> 등의 매체
   다. 국토교통부장관이 구축·운영하는 <u>국토이용정보체계</u>
 2. 도시·군관리계획안을 <u>14일 이상</u>의 기간 동안 일반인이 <u>열람</u>할 수 있도록 할 것

② <u>국토교통부장관</u>이나 <u>도지사</u>는 법 제24조제5항(도시·군관리계획의 입안권자 ; 국토교통부장관이 도시·군관리계획을 입안할 수 있는 경우) 및 제6항(도시·군관리계획의 입안권자 ; 도지사가 도시·군관리계획을 입안할 수 있는 경우)에 따라 <u>도시·군관리계획</u>을 <u>입안</u>하려면 <u>주민의 의견 청취 기한</u>을 밝혀 <u>도시·군관리계획안</u>을 관계 특별시장·광역시장·특별자치시장·특별자치도지사·시장 또는 군수에게 <u>송부</u>하여야 하고(법 제28조 제2항), 도시·군관리계획안을 받은 특별시장·광역시장·특별자치시장·특별자치도지사·시장 또는 군수는 명시된 기한까지 그 도시·군관리계획안에 대한 <u>주민의 의견</u>을 들어 그 결과를 <u>국토교통부장관</u>이나 <u>도지사</u>에게 제출하여야 한다(법 제28조 제3항). ⇒ 이 경우 특별시장·광역시장·특별자치시장·특별자치도지사·시장 또는 군수는 <u>송부받은</u> <u>도시·군관리계획안</u>에 대하여 <u>주민의 의견</u>을 <u>청취</u>하고자 하는 때에도 제1항과 같이 <u>공고·열람절차</u>를 거쳐야 한다(영 제22조 제2항 및 제3항).

2) 의견서 제출

공고된 <u>도시·군관리계획안</u>의 내용에 대하여 <u>의견</u>이 있는 자는 <u>열람기간내</u>에 특별시장·광역시장·특별자치시장·특별자치도지사·시장 또는 군수에게 <u>의견서</u>를 <u>제출</u>할 수 있다(영 제22조 제4항). (감평 2004)

3) 결과 통보

국토교통부장관, 시·도지사, 시장 또는 군수는 <u>제출된 의견</u>을 도시·군관리계획안에 반영할 것인지 여부를 검토하여 그 결과를 <u>열람기간</u>이 종료된 날부터 <u>60일 이내</u>에 당해 의견을 제출한

자에게 **통보**하여야 한다(영 제22조 제5항).(감평 2004)

## 2. 지방의회 의견 청취

### (1) 의견청취 의무

국토교통부장관, 시·도지사, 시장 또는 군수는 **도시·군관리계획**을 **입안**하려면 대통령령으로 정하는 사항(영 제22조 제7항 각 호)에 대하여 해당 **지방의회의 의견**을 들어야 한다(법 제28조 제6항).(감평 2009)

### (2) 의견청취 대상

국토교통부장관, 시·도지사, 시장 또는 군수는 다음 각 호의 사항에 대해서 **도시·군관리계획**을 **입안**하려면 대하여 해당 **지방의회의 의견**을 들어야 한다(법 제28조 제6항·영 제22조 제7항 본문). 다만, 영 **제25조 제3항 각 호의 사항**[도시·군관리계획의 결정 : 관계 행정기관의 장과의 협의, 국토교통부장관의 협의 및 중앙도시계획위원회 또는 지방도시계획위원회의 심의를 거치지 않고 도시·군관리계획(지구단위계획, 도시혁신계획 및 복합용도계획은 제외)을 변경할 수 있는 경우] 및 **지구단위계획으로 결정 또는 변경결정**하는 사항은 **제외**한다(영 제22조 제7항 단서).

1. 법 제36조부터 제38조까지(용도지역의 지정, 용도지구의 지정, 개발제한구역의 지정), 제38조의2(도시자연공원구역의 지정), 제39조(시가화조정구역의 지정), 제40조(수산자원보호구역의 지정)에 따른 **용도지역·용도지구 또는 용도구역의 지정 또는 변경지정**. 다만, 용도지구에 따른 건축물이나 그 밖의 시설의 용도·종류 및 규모 등의 제한을 그대로 지구단위계획으로 대체하기 위한 경우로서 해당 용도지구를 폐지하기 위하여 도시·군관리계획을 결정하는 경우에는 제외한다.

2. 광역도시계획에 포함된 **광역시설**의 설치·정비 또는 개량에 관한 **도시·군관리계획의 결정 또는** 변경결정(감평 1999)

3. 다음 각 목의 어느 하나에 해당하는 **기반시설**의 설치·정비 또는 개량에 관한 **도시·군관리계획의 결정 또는 변경결정**. 다만, 법 **제48조제4항**(도시·군계획시설결정의 실효 등 : 지방의회의 도시·군계획시설결정의 해제 권고)에 따른 지방의회의 권고대로 **도시·군계획시설결정**(도시·군계획시설에 대한 도시·군관리계획결정을 말한다. 이하 같다)을 **해제**하기 위한 **도시·군관리계획**을 결정하는 경우는 **제외**한다.

   가. 도로중 주간선도로(시·군내 주요지역을 연결하거나 시·군 상호간이나 주요지방 상호간을 연결하여 대량통과교통을 처리하는 도로로서 시·군의 골격을 형성하는 도로를 말한다. 이하 같다)
   나. 철도중 도시철도(감평 1999)
   다. 자동차정류장중 여객자동차터미널(시외버스운송사업용에 한한다)(감평 1999)
   라. 공원(「도시공원 및 녹지 등에 관한 법률」에 따른 소공원 및 어린이공원은 제외한다)
   마. 유통업무설비
   바. 학교중 대학(감평 1999)
   사. 공공청사중 지방자치단체의 청사
   아. 하수도(하수종말처리시설에 한한다)(감평 1999)
   자. 폐기물처리 및 재활용시설
   차. 수질오염방지시설

카. 그 밖에 국토교통부령으로 정하는 시설

☞ **건설교통부 질의회신 내용(2006. 4. 7.)**
**(질의내용)** 지구단위계획으로 결정하는 것은 지방의회 의견청취 대상이 아닌 것으로 알고 있습니다. 용도지역(관리지역)은 변경은 없고, 용도지구(개발진흥지구)가 신설되는 사항이 포함된 지구단위계획을 도시관리계획으로 입안할 경우, 지방의회 의견청취를 하여야 하는지 여부. **(갑설)** 용도지구 신설에 대해서만 지방의회 의견을 청취해야 한다. **(을설)** 지구단위계획결정을 위한 도시관리계획결정(변경)사항이므로 지방의회 의견청취 대상이 아니다. **(병설)** 용도지구 신설 및 지구단위계획결정 사항 모두 지방의회 의견청취를 하여야 한다.
**(회신내용)** 지구단위계획 구역 지정 및 변경지정, 지구단위계획에 대한 도시관리계획을 입안하는 경우에는 법 시행령 제22조 제7항 본문의 단서규정에 의하여 지방의회 의견청취 대상이 아님(2005. 3. 9. 건설교통부 도시정책팀 질의회신 내용도 동일함). 도시관리계획변경 사항 중 용도지구가 신설되므로 용도지구는 의회의견 청취대상 이므로 용도지구 신설 건에 대한 의회의견 청취가 이루어져야 할 것이며, 지구단위계획에 대한 사항은 의회의견 청취를 하지 않아도 될 것으로 판단됩니다. 그러나, 계획의 연속성을 고려하고, 지역주민의 의견을 대표하는 지방의회 의견을 청취한다는 상징성을 갖고 있기 때문에 지방의회 의견을 청취하는 것도 바람직할 것으로 판단됩니다.

### (3) 의견청취 절차

① 특별시장·광역시장·특별자치시장·특별자치도지사·시장 또는 군수가 <u>지방의회</u>의 <u>의견</u>을 들으려면 의견 제시 기한을 밝혀 <u>도시·군관리계획안을 송부</u>하여야 한다(법 제28조 제8항 전단). 이 경우 해당 <u>지방의회</u>는 <u>명시된 기한</u>까지 특별시장·광역시장·특별자치시장·특별자치도지사·시장 또는 군수에게 <u>의견</u>을 <u>제시</u>하여야 한다(법 제28조 제8항 후단).

② <u>국토교통부장관</u>이나 <u>도지사</u>가 지방의회의 의견을 듣는 경우(법 제28조 제7항) : <u>국토교통부장관</u>이나 <u>도지사</u>는 <u>도시·군관리계획</u>을 <u>입안</u>하려면 <u>지방의회의 의견 청취</u> 기한을 밝혀 <u>도시·군관리계획안</u>을 관계 특별시장·광역시장·특별자치시장·특별자치도지사·시장 또는 군수에게 <u>송부</u>하여야 한다(법 제28조 제2항). ⇒ 이 경우 도시·군관리계획안을 받은 특별시장·광역시장·특별자치시장·특별자치도지사·시장 또는 군수는 명시된 기한까지 그 도시·군관리계획안에 대한 <u>지방의회의 의견</u>을 들어 그 결과를 <u>국토교통부장관</u>이나 <u>도지사</u>에게 제출하여야 한다(법 제28조 제3항).

※ 도시·군관리계획
≪입안절차≫ 기초조사+공청회(×)+의견청취〔주민(공고·열람)+의회〕

# Ⅶ. 도시·군관리계획의 결정권자★

## 1. 시·도지사

<u>도시·군관리계획</u>은 <u>시·도지사</u>가 <u>직접</u> 또는 <u>시장·군수의 신청</u>에 따라 <u>결정</u>한다(법 제29조 제1항 본문).(감평 2000·2009)

## 2. 대도시 시장

「지방자치법」 제198조(대도시 등에 대한 특례 인정)에 따른 <u>서울특별시와 광역시 및 특별자치시를 제외</u>한 <u>인구 50만 이상의 대도시</u>(이하 "<u>대도시</u>"라 한다)의 경우에는 해당 시장(이하 "<u>대도시 시장</u>"이라 한다)이 <u>직접 결정</u>한다(법 제29조 제1항 단서).

## 3. 시장 또는 군수

아래의 <u>도시·군관리계획</u>은 <u>시장 또는 군수가 직접 결정</u>한다(법 제29조 제1항 단서).

1. <u>시장</u> 또는 <u>군수</u>가 <u>입안</u>한 <u>지구단위계획구역</u>의 지정·변경과 <u>지구단위계획</u>의 수립·변경에 관한 도시·군관리계획(중개 2020·2021·2024, 감평 2025)

2. 법 제52조제1항제1호의2(지구단위계획의 내용 : 기존의 용도지구를 폐지하고 그 용도지구에서의 건축물이나 그 밖의 시설의 용도·종류 및 규모 등의 제한을 대체하는 사항)에 따라 <u>지구단위계획</u>으로 <u>대체</u>하는 <u>용도지구 폐지</u>에 관한 도시·군관리계획[해당 시장(대도시 시장은 제외한다) 또는 군수가 <u>도지사</u>와 <u>미리 협의</u>한 경우에 한정한다]

## 4. 국토교통부장관

아래의 <u>도시·군관리계획</u>은 <u>국토교통부장관</u>이 <u>결정</u>한다(법 제29조 제2항 본문). (감평 2004)

1. 법 제24조제5항(국장이 입안할 수 있는 경우)에 따라 <u>국토교통부장관이 입안한 도시·군관리계획</u>(법 제29조 제2항 제1호)(감평 2010·2018, 중개 2018)

2. 법 제38조(국장은 발제한구역의 지정 또는 변경을 도시·군관리계획으로 결정할 수 있다.)에 따른 <u>개발제한구역의 지정 및 변경에 관한 도시·군관리계획</u>(법 제29조 제2항 제2호)(감평 2010·2015·2025, 중개 2018·2020)

3. 법 제39조제1항 단서(국가계획과 연계하여 시가화조정구역의 지정 또는 변경이 필요한 경우에는 국토교통부장관이 직접 시가화조정구역의 지정 또는 변경을 도시·군관리계획으로 결정할 수 있다.)에 따른 <u>시가화조정구역의 지정 및 변경에 관한 도시·군관리계획</u>(법 제29조 제2항 제3호)(감평 2010, 중개 2017·2018)

## 5. 해양수산부장관

<u>수산자원보호구역의 지정 및 변경</u>에 관한 도시·군관리계획은 <u>해양수산부장관</u>이 <u>결정</u>한다(법 제29조 제2항 단서). (감평 2010·2019, 중개 2017)

> ▶암기 국토교통부장관이 도시·군관리계획의 결정권자인 경우(입안/개/시)
> 1. 입안 : 국토교통부장관이 입안한 도시·군관리계획(국가계획 - 둘 이상 - 조정 요구 불응)
> 2. 개 : <u>개발제한구역</u> 지정·변경에 관한 도시·군관리계획
> 3. 시 : (국가계획 연계) <u>시</u>가화조정구역 지정·변경에 관한 도시·군관리계획
> ☞ 개발제한구역, 시가화조정구역의 지정 또는 변경에 관한 계획은 <u>도시·군기본계획</u>으로 결정한다. (×/도시·군관리계획)

> **정리**
>
> 지정권자·수립권자·입안권자·결정권자
>
> ◆ 광역계획권 지정권자(국·도○)
>   ☞ 광역계획권 지정권자는 국토교통부장관과 도지사이다.
>
> ◆ 광역도시계획 수립권자(전부)
>   ☞ 광역도시계획의 수립은 공동 수립이 원칙이고, 예외적으로 관할 도지사·국토교통부장관이 단독 수립하는 경우도 있다. 따라서 광역도시계획의 수립권자에는 국토교통부장관, 시·도지사, 시장 또는 군수가 모두 포함된다.
>
> ◆ 도시·군기본계획 수립권자(국·도×)
>   ☞ 도시·군기본계획의 수립권자는 특별시장·광역시장·특별자치시장·특별자치도지사·시장 또는 군수이다. 따라서, 도시·군기본계획의 수립권자에는 국토교통부장관과 도지사가 포함되지 않는다.
>
> ◆ 도시·군관리계획 입안권자(전부)
>   ☞ 도시·군관리계획의 입안권자는 원칙적으로 특별시장·광역시장·특별자치시장·특별자치도지사·시장 또는 군수이다. 다만, 예외적으로 국토교통부장관이나 도지사도 입안할 수 있다.
>
> ◆ 도시·군관리계획 결정권자(전부+대도시 시장)
>   ☞ 도시·군관리계획의 결정권자에는 원칙적으로 시·도지사와 대도시시장이고, 특정 사항에 대해서는 국토교통부장관·시장·군수가 결정한다. 따라서, 도시·군관리계획의 결정권자에는 국토교통부장관, 시·도지사, 시장·군수, 대도시시장이 있다.

# Ⅷ 도시·군관리계획의 결정

## 1. 도시·군관리계획결정의 신청

시장 또는 군수는 도시·군관리계획결정을 신청하려면 도시·군관리계획도서 및 계획설명서에 다음 각 호의 서류를 첨부하여 도지사에게 제출해야 한다(영 제23조 본문). 다만, 「개발제한구역의 지정 및 변경에 관한 도시·군관리계획(법 제29조 제2항 제2호)」과 「시가화조정구역의 지정 및 변경에 관한 도시·군관리계획(법 제29조 제2항 제3호)」에 대해서는 도지사를 거쳐 국토교통부장관에게 제출해야 하고, 「수산자원보호구역의 지정 및 변경에 관한 도시·군관리계획(법 제29조 제2항 제4호)」에 대해서는 도지사를 거쳐 해양수산부장관에게 제출해야 한다(영 제23조 단서).

1. 법 제28조(주민과 지방의회의 의견 청취)제1항 또는 제4항에 따른 주민의 의견청취 결과
2. 법 제28조(주민과 지방의회의 의견 청취)제6항에 따른 지방의회의 의견청취 결과
3. 당해 지방자치단체에 설치된 지방도시계획위원회의 자문을 거친 경우에는 그 결과
4. 법 제30조(도시·군관리계획의 결정)제1항의 규정에 의한 관계 행정기관의 장과의 협의에 필요한 서류〔법 제35조(도시·군관리계획 입안의 특례) 제2항의 규정에 의하여 미리 관계 행정기관의 장과 협의한 경우에는 그 결과〕
5. 중앙도시계획위원회 또는 시·도도시계획위원회의 심의에 필요한 서류

## 2. 사전 협의

### (1) 국토교통부장관

① <u>국토교통부장관</u>(수산자원보호구역의 경우 <u>해양수산부장관</u>을 말한다.)이 <u>도시·군관리계획을 결정</u>하려면 <u>관계 중앙행정기관의 장</u>과 <u>미리 협의</u>하여야 한다(법 제30조 제1항 전단).

② 이 경우 협의 요청을 받은 기관의 장은 특별한 사유가 없으면 <u>그 요청을 받은 날부터 30일 이내</u>에 의견을 제시하여야 한다(법 제30조 제1항 후단).

### (2) 시·도지사

1) 관계 행정기관의 장과 사전 협의

<u>시·도지사</u>는 도시·군관리계획을 결정하려면 <u>관계 행정기관의 장과 미리 협의</u>하여야 하며, 협의 요청을 받은 기관의 장은 특별한 사유가 없으면 그 요청을 받은 날부터 <u>30일 이내</u>에 의견을 제시하여야 한다(법 제30조 제1항).

2) 국토교통부장관과 사전 협의

① <u>시·도지사</u>는 법 제24조제5항(도시·군관리계획의 입안권자 : 국토교통부장관이 입안할 수 있는 경우)에 따라 <u>국토교통부장관이 입안</u>하여 결정한 도시·군관리계획을 변경하는 경우 <u>국토교통부장관</u>과 <u>미리 협의</u>하여야 한다(법 제30조 제2항). (감평 2020, 중개 2024)

② <u>시·도지사</u>는 아래의 중요한 사항에 관하여 도시·군관리계획을 결정하는 경우 <u>국토교통부장관</u>과 <u>미리 협의</u>하여야 한다(법 제30조 제2항·영 제25조 제1항 본문).
 1. <u>광역도시계획</u>과 관련하여 <u>시·도지사가 입안</u>한 도시·군관리계획
 2. <u>개발제한구역이 해제되는</u> 지역에 대하여 해제 이후 최초로 결정되는 도시·군관리계획
 3. <u>2 이상의 시·도</u>에 걸치는 <u>기반시설</u>의 설치·정비 또는 개량에 관한 도시·군관리계획 중 <u>국토교통부령</u>이 정하는 도시·군관리계획

## 3. 심의

### (1) 국토교통부장관

<u>국토교통부장관</u>은 도시·군관리계획을 <u>결정</u>하려면 <u>중앙도시계획위원회</u>의 <u>심의</u>를 거쳐야 한다(법 제30조 제3항 본문).

### (2) 시·도지사

1) 시·도도시계획위원회 심의

<u>시·도지사</u>가 도시·군관리계획을 결정하려면 <u>시·도도시계획위원회</u>의 <u>심의</u>를 거쳐야 한다(법 제30조 제3항 본문).

2) 공동 심의

<u>시·도지사</u>가 <u>지구단위계획</u>(지구단위계획과 지구단위계획구역을 동시에 결정할 때에는 지구단위계획구역의 지정 또는 변경에 관한 사항을 포함할 수 있다)이나 법 <u>제52조제1항제1호의2</u> (지구단위계획의 내용 : 기존의 용도지구를 폐지하고 그 용도지구에서의 건축물이나 그 밖의 시설의 용도·종류 및

규모 등의 제한을 대체하는 사항)에 따라 지구단위계획으로 대체하는 용도지구 폐지에 관한 사항을 결정하려면 「건축법」 제4조(건축위원회)에 따라 시·도에 두는 건축위원회와 도시계획위원회가 공동으로 하는 심의를 거쳐야 한다(법 제30조 제3항 단서). (중개 2020)

### 4. 협의와 심의 절차 생략★

국토교통부장관이나 시·도지사는 국방상 또는 국가안전보장상 기밀을 지켜야 할 필요가 있다고 인정되면(관계 중앙행정기관의 장이 요청할 때만 해당된다) 그 도시·군관리계획의 전부 또는 일부에 대하여 협의·심의 절차를 생략할 수 있다(법 제30조 제4항). (감평 2000, 중개 2020)

### 5. 결정된 도시·군관리계획의 변경

**(1) 원칙**

결정된 도시·군관리계획을 변경하려는 경우에도 협의·심의 절차를 거쳐야 한다(법 제30조 제5항 본문).

**(2) 예외**

결정된 도시·관리계획을 변경하는 경우라도 대통령령으로 정하는 경미한 사항을 변경하는 경우에는 협의·심의 절차를 거치지 아니한다(법 제30조 제5항 단서). 여기서 대통령령으로 정하는 경미한 사항이란 「영 제25조 제3항·제4항·제5항 각 호의 사항」을 말한다(영 제25조 제3항·제4항·제5항 참조).

### 6. 고시 및 열람

**(1) 고시**

도시·군관리계획 결정권자가 도시·군관리계획을 결정하면 대통령령으로 정하는 바(영 제25조 제6항)에 따라 그 결정을 고시한다(법 제30조 제6항 및 제7항).

**(2) 열람**

국토교통부장관이나 도지사는 관계 서류를 관계 특별시장·광역시장·특별자치시장·특별자치도지사·시장 또는 군수에게 송부하여 일반이 열람할 수 있도록 하여야 하며, 특별시장·광역시장·특별자치시장·특별자치도지사는 관계 서류를 일반이 열람할 수 있도록 하여야 한다(법 제30조 제6항).

≪국토계획법 절차 : 기/공/의 ⇒ 협/심/승(결정) ⇒ 송/공(고시) /열+정≫ : 도시·군관리계획
≪입안절차≫ 기초조사+공청회(×)+의견청취(주민(공고·열람)+의회) → 결정신청(시장·군수 )
≪결정절차≫ 협의+심의+결정 → 송부+고시+열람+정비
≪기  타≫ ① 주민 입안제안, ② 지형도면 작성

## Ⅸ 도시·군관리계획 결정의 효력

### 1. 효력 발생일 : 지형도면을 고시한 날★

도시·군관리계획 결정의 효력은 법 제32조제4항(도시·군관리계획에 관한 지형도면의 고시 등 : 국토교통부장관, 시·도지사, 시장 또는 군수는 직접 지형도면을 작성하거나 지형도면을 승인한 경우에는 이를 고시하여야 한다.)에 따라 **지형도면을 고시한 날부터 발생한다**(법 제31조 제1항). (감평 2000·2009·2012·2018·2019·2020·2025, 중개 2017·2020·2021·2024)

> ☞ 도시·군관리계획 결정은 지형도면을 고시한 날의 다음날부터 효력이 발생한다.
> (×/고시한 날부터)(감평 2025)

### 2. 이미 사업이나 공사에 착수한 자

① 도시·군관리계획 결정 당시 이미 사업이나 공사에 착수한 자(이 법 또는 다른 법률에 따라 허가·인가·승인 등을 받아야 하는 경우에는 그 허가·인가·승인 등을 받아 사업이나 공사에 착수한 자를 말한다)는 그 도시·군관리계획 결정과 관계없이 그 사업이나 공사를 계속할 수 있다(법 제31조 제2항 본문). (감평 2009)

② 다만, 시가화조정구역이나 수산자원보호구역의 지정에 관한 도시·군관리계획 결정이 있는 경우에는 대통령령으로 정하는 바(영 제26조 제1항 : 시가화조정구역 또는 수산자원보호구역의 지정에 관한 도시·군관리계획결정의 고시일부터 3월 이내에 신고)에 따라 특별시장·광역시장·특별자치시장·특별자치도지사·시장 또는 군수에게 신고하고 그 사업이나 공사를 계속할 수 있다(법 제31조 제2항 단서). (수/시 ⇒ 신고 要)(감평 2024, 중개 2017·2024)

## Ⅹ 도시·군관리계획에 관한 지형도면의 작성·고시

### 1. 지형도면의 작성

(1) 특별시장·광역시장·특별자치시장·특별자치도지사·시장 또는 군수

① 특별시장·광역시장·특별자치시장·특별자치도지사·시장 또는 군수는 도시·군관리계획 결정이 고시되면 지적(地籍)이 표시된 지형도에 도시·군관리계획에 관한 사항을 자세히 밝힌 도면을 작성하여야 한다(법 제32조 제1항).

② ⓐ 시장(대도시 시장은 제외한다)이나 군수는 제1항에 따른 지형도에 도시·군관리계획(지구단위계획구역의 지정·변경과 지구단위계획의 수립·변경에 관한 도시·군관리계획은 제외한다)에 관한 사항을 자세히 밝힌 도면(이하 "지형도면"이라 한다)을 작성하면 도지사의 승인을 받아야 한다(법 제32조 제2항 전단). ⓑ 이 경우 지형도면의 승인 신청을 받은 도지사는 그 지형도면과 결정·고시된 도시·군관리계획을 대조하여 착오가 없다고 인정되면 30일 이내에 그 지형도면을 승인하여야 한다(법 제32조 제2항 후단·영 제27조).

(2) 국토교통부장관 및 도지사

국토교통부장관(수산자원보호구역의 경우 해양수산부장관을 말한다.)이나 도지사는 도시·군관리계획을 직접 입안한 경우에는 관계 특별시장·광역시장·특별자치시장·특별자치도지사·시장 또는 군수의 의견을 들어 직접 지형도면을 작성할 수 있다(법 제32조 제3항).(감평 2004·2020, 중개 2024)(국장이 도시·군관리계획을 직접 입안한 경우에는 시·도지사가 지형도면을 작성하여야 한다.×)

2. 지형도면 고시

국토교통부장관, 시·도지사, 시장 또는 군수는 직접 지형도면을 작성하거나 지형도면을 승인한 경우에는 이를 고시하여야 한다(법 제32조 제4항).(감평 2019)

## XI 도시·군관리계획의 정비

1. 5년마다 재검토 정비

특별시장·광역시장·특별자치시장·특별자치도지사·시장 또는 군수는 5년마다 관할 구역의 도시·군관리계획에 대하여 그 타당성을 전반적으로 재검토하여 정비하여야 한다(법 제34조 제1항).(감평 2013)

2. 도시·군기본계획을 수립하지 아니하는 시·군의 시장·군수

법 제18조제1항단서(시 또는 군의 위치, 인구의 규모, 인구감소율 등을 고려하여 대통령령으로 정하는 시 또는 군은 도시·군기본계획을 수립하지 아니할 수 있다.)의 규정에 의하여 도시·군기본계획을 수립하지 아니하는 시·군의 시장·군수는 도시·군관리계획을 정비하는 때에는 법 제25조제2항(도시·군관리계획의 입안: 도시·군관리계획을 입안할 때에는 도시·군관리계획도서와 이를 보조하는 계획설명서를 작성하여야 한다)의 규정에 의한 계획설명서에 당해 시·군의 장기발전구상을 포함시켜야 하며, 공청회를 개최하여 이에 관한 주민의 의견을 들어야 한다(영 제29조 제3항).

## XII 도시·군관리계획 입안의 특례

1. 도시·군관리계획의 조속한 입안

국토교통부장관, 시·도지사, 시장 또는 군수는 도시·군관리계획을 조속히 입안하여야 할 필요가 있다고 인정되면 광역도시계획이나 도시·군기본계획을 수립할 때에 도시·군관리계획을 함께 입안할 수 있다(법 제35조 제1항).(감평 2018, 중개 2024)

2. 도시·군관리계획「결정」시 협의할 사항을「입안」시 협의

① 국토교통부장관(수산자원보호구역의 경우 해양수산부장관을 말한다), 시·도지사, 시장 또는 군수는 필요하다고 인정되면 도시·군관리계획을 입안할 때에 법 제30조제1항(도시·군관리계획 결정시 사전 협의)에 따라 협의하여야 할 사항에 관하여 관계 중앙행정기관의 장이나 관계 행정기관의 장과

협의할 수 있다(법 제35조 제2항 전단).

② 이 경우 시장이나 군수는 도지사에게 그 도시·군관리계획(지구단위계획구역의 지정·변경과 지구단위계획의 수립·변경에 관한 도시·군관리계획은 제외한다)의 결정을 신청할 때에 관계 행정기관의 장과의 협의 결과를 첨부하여야 한다(법 제35조 제2항 후단).

③ 도시·군관리계획을 입안할 때에 미리 협의한 사항에 대해서는 법 제30조제1항에 따른 도시·군관리계획「결정」시 협의절차를 생략할 수 있다(법 제35조 제3항).

≪국토계획법 절차 : 기/공/의+협/심/승 ⇒ 송/공/열 +정≫ : 광역도시계획
기초조사+공청회(주민의견청취) +의견청취(관계 의회+관계 시장·군수) → 협의+심의+승인 → 송부+공고+열람+정비(×)

≪국토계획법 절차 : 기/공/의+협/심/승 ⇒ 송/공/열 +정≫ : 도시·군기본계획
☞ 특·광 : 확정
  기초조사+공청회(주민의견청취)+의견청취(의회) → 협의(관계행정기관의 장) +심의+승인(×) → 송부+공고+열람+정비
☞ 시장·군수 : 승인
  기초조사+공청회(주민의견청취)+의견청취(의회) → 협의(관계행정기관의 장)+심의+승인(도지사) → 송부+공고+열람+정비

≪국토계획법 절차 : 기/공/의 ⇒ 협/심/승(결정) ⇒ 송/공(고시) /열+정≫ : 도시·군관리계획
≪입안절차≫ 기초조사+공청회(×)+의견청취(주민(공고·열람)+의회) → 결정신청(시장·군수)
≪결정절차≫ 협의+심의+결정 → 송부+고시+열람+정비
≪기     타≫ ① 주민 입안제안, ② 지형도면 작성

| 구분 | | | 국장 | 도지사 | 특/광 | 시장·군수 |
|---|---|---|---|---|---|---|
| 광역 | 광역 계획권 | 지정권자 | ○ | ○ | × | × |
| | 광역 도시계획 | 수립권자<br>(공동수립원칙)<br>(국장·도지사 : 요청·필요 – 공동수립 可) | △<br>(단독 : 국가계획·광역계획권 지정후 3년 경과 → 승인신청×) | ○<br>(단독 : 광역계획권 지정후 3년 경과 → 승인신청×, 시장·군수 협의 후 요청) | ○ | ○ |
| 도시·군기본계획 | | | 수립권자 | × | × | ○<br>(확정) |
| 도시·군관리계획 | | 입안권자 | △<br>(예외 : 국가계획, 둘 이상 시·도에 걸친 경우, 국장의 도시군관리계획 조정요구에 불응한 경우) | △<br>(예외 : 둘 이상 시·군에 걸친 경우, 도지사가 직접 수립하는 사업의 계획) | ○<br>(원칙) | ○<br>(원칙) |
| | | 결정권자<br>(대도시시장) | △ (입안/개/시)<br>① 국장이 입안<br>② 개발제한구역<br>③ 시가화조정구역 | ○<br>(원칙) | ○<br>(원칙) | △<br>(예외 : 지구단위계획 관련) | |

# CHAPTER 4-2 도시·군관리계획2 : 공간재구조화계획

## I 의의

① "공간재구조화계획"이란 토지의 이용 및 건축물이나 그 밖의 시설의 용도·건폐율·용적률·높이 등을 완화하는 용도구역의 효율적이고 계획적인 관리를 위하여 수립하는 계획을 말한다(법 제2조 제5의4호).

② "도시혁신계획"이란 창의적이고 혁신적인 도시공간의 개발을 목적으로 도시혁신구역에서의 토지의 이용 및 건축물의 용도·건폐율·용적률·높이 등의 제한에 관한 사항을 따로 정하기 위하여 공간재구조화계획으로 결정하는 도시·군관리계획을 말한다(법 제2조 제5의5호).

③ "복합용도계획"이란 주거·상업·산업·교육·문화·의료 등 다양한 도시기능이 융복합된 공간의 조성을 목적으로 복합용도구역에서의 건축물의 용도별 구성비율 및 건폐율·용적률·높이 등의 제한에 관한 사항을 따로 정하기 위하여 공간재구조화계획으로 결정하는 도시·군관리계획을 말한다(법 제2조 제5의6호).

## II 공간재구조화계획의 입안

① 특별시장·광역시장·특별자치시장·특별자치도지사·시장 또는 군수는 다음 각 호의 용도구역을 지정하고 해당 용도구역에 대한 계획을 수립하기 위하여 공간재구조화계획을 입안하여야 한다(법 제35조의2 제1항).
 1. 법 제40조의3(도시혁신구역의 지정 등)에 따른 도시혁신구역 및 도시혁신계획
 2. 법 제40조의4(복합용도구역의 지정 등)에 따른 복합용도구역 및 복합용도계획
 3. 법 제40조의5(도시·군계획시설입체복합구역의 지정)에 따른 도시·군계획시설입체복합구역(제1호 또는 제2호와 함께 구역을 지정하거나 계획을 입안하는 경우로 한정한다)

② 공간재구조화계획의 입안과 관련하여 법 제24조제2항부터 제6항까지(도시·군관리계획의 입안권자 ; 인접 관할 구역 포함 입안, 공동 입안, 국토교통부장관의 입안, 도지사의 입안)를 준용한다. 이 경우 "도시·군관리계획"은 "공간재구조화계획"으로 본다(법 제35조의2 제2항).

③ 국토교통부장관은 제1항 및 제2항에도 불구하고 도시의 경쟁력 향상, 특화발전 및 지역 균형발전 등을 위하여 필요한 때에는 관할 특별시장·광역시장·특별자치시장·특별자치도지사·시장 또는 군수의 요청에 따라 공간재구조화계획을 입안할 수 있다(법 제35조의2 제3항).(감평 2025)

④ 제1항부터 제3항까지에 따라 공간재구조화계획을 입안하려는 국토교통부장관(수산자원보호구역의 경우 해양수산부장관을 말한다.), 시·도지사, 시장 또는 군수(이하 "공간재구조화계획 입안권자"라 한다)는 공간재구조화계획도서(계획도와 계획조서를 말한다. 이하 같다) 및 이를 보조하는 계획설명

서(기초조사결과·재원조달방안 및 경관계획을 포함한다. 이하 같다)를 작성하여야 한다(법 제35조의 2 제4항).
⑤ 공간재구조화계획의 입안범위와 기준, 공간재구조화계획도서 및 계획설명서의 작성기준·작성방법 등은 국토교통부장관이 정한다(법 제35조의2 제5항).

## Ⅲ 공간재구조화계획 입안의 제안

### 1. 주민의 입안 제안

① 주민(이해관계자를 포함한다. 이하 이 조에서 같다)은 법 제35조의2 제1항 각 호(도시혁신구역, 복합용도구역, 도시·군계획시설입체복합구역)의 용도구역 지정을 위하여 공간재구조화계획 입안권자에게 공간재구조화계획의 입안을 제안할 수 있다(법 제35조의3 제1항 전단). 이 경우 제안서에는 공간재구조화계획도서와 계획설명서를 첨부하여야 한다(법 제35조의3 제1항 후단).

② 공간재구조화계획의 입안을 제안하려는 자는 다음 각 호의 구분에 따라 토지소유자의 동의를 받아야 한다. 이 경우 동의 대상 토지 면적에서 국유지 및 공유지는 제외한다(영 제29조의2 제1항). (감평 2025)(국유지 포함×)

   1. 도시혁신구역 또는 복합용도구역의 지정을 제안하는 경우 : 대상 토지면적의 3분의 2 이상(감평 2025)
   2. 입체복합구역의 지정을 제안하는 경우(도시혁신구역 또는 복합용도구역과 함께 입체복합구역을 지정하거나 도시혁신계획 또는 복합용도계획과 함께 입체복합구역 지정에 관한 공간재구조화계획을 입안하는 경우로 한정한다) : 대상 토지면적의 5분의 4 이상

### 2. 제3자 제안을 위한 공고

① 공간재구조화계획의 입안을 제안받은 공간재구조화계획 입안권자는 「국유재산법」·「공유재산 및 물품 관리법」에 따른 국유재산·공유재산이 공간재구조화계획으로 지정된 용도구역 내에 포함된 경우 등 대통령령으로 정하는 경우(영 제29조의2 제4항 : 공간재구조화계획으로 지정된 용도구역 내(內) 「국유재산법」에 따른 국유재산의 면적 및 「공유재산 및 물품 관리법」에 따른 공유재산의 면적의 합이 공간재구조화계획으로 지정된 용도구역 면적의 100분의 50을 초과하는 경우를 말한다.)에는 제안자 외(外)의 제3자에 의한 제안이 가능하도록 제안 내용의 개요를 공고하여야 한다(법 제35조의3 제2항 본문).

② 다만, 제안받은 공간재구조화계획을 입안하지 아니하기로 결정한 때에는 그러하지 아니하다(법 제35조의3 제2항 단서).

### 3. 제안서 검토·평가

공간재구조화계획 입안권자는 최초 제안자의 제안서 및 제3자 제안서에 대하여 토지이용계획의 적절성 등 대통령령으로 정하는 바(영 제29조의2 제7항 : 제안서를 검토·평가할 때에는 토지이용계획의 적절성, 용도구역 지정 목적의 타당성, 기반시설 확보의 적정성, 도시·군기본계획 등 상위 계획과의 부합성, 주변 지역에 미치는 영향 등을 고려해야 한다)에 따라 검토·평가한 후 제출한 제안서 내용의 전부 또는 일부를 공간재구조화계획의 입안에 반영할 수 있다(법 제35조의3 제3항).

## 4. 절차

① 법 제35조의3제1항(주민 입안 제안)에 따른 제안을 받은 **국토교통부장관**(수산자원보호구역의 경우 **해양수산부장관**을 말한다.), **시·도지사, 시장 또는 군수**(이하 이 조에서 "**공간재구조화계획 입안권자**"라 한다)는 제안일부터 **45일 이내**에 공간재구조화계획 입안에의 반영 여부를 제안자에게 통보해야 한다(영 제29조의2 제2항 본문). 다만, 부득이한 사정이 있는 경우에는 **1회**에 한정하여 **30일**을 **연장**할 수 있다(영 제29조의2 제2항 단서).

② **공간재구조화계획 입안권자**는 법 제35조의3제1항(주민 입안 제안)에 따른 **제안**을 공간재구조화계획 입안에 반영할지 여부를 결정함에 있어서 필요한 경우에는 중앙도시계획위원회 또는 지방도시계획위원회의 **자문**을 거칠 수 있다(영 제29조의2 제3항).

③ 공간재구조화계획 입안권자는 법 제35조의3제2항 본문(제3자 제안을 위한 공고)에 따라 제안 내용의 개요를 **공고**하려는 경우에는 **90일 이상**의 기간을 정하여 해당 제안 내용의 개요를 다음 각 호의 구분에 따라 공고해야 한다(영 제29조의2 제5항 전단). 이 경우 공간재구조화계획 입안권자는 **제안자**에게 이를 사전에 알려야 한다(영 제29조의2 제5항 후단).

1. 공간재구조화계획 입안권자가 **국토교통부장관**인 경우 : 다음 각 목의 매체에 각각 공고할 것
    가. **관보**나 **둘 이상**의 일반일간신문(「신문 등의 진흥에 관한 법률」에 따라 **전국을 주된 보급지역**으로 등록한 일반일간신문을 말한다)
    나. **국토교통부**(수산자원보호구역의 경우에는 **해양수산부**를 말한다)의 **인터넷 홈페이지** 등의 매체
    다. **국토교통부장관**이 구축·운영하는 **국토이용정보체계**
2. 공간재구조화계획 입안권자가 **시·도지사, 시장 또는 군수**인 경우 : 다음 각 목의 매체에 각각 공고할 것
    가. 해당 지방자치단체의 **공보**나 **둘 이상**의 **일반일간신문**(「신문 등의 진흥에 관한 법률」에 따라 **전국** 또는 **해당 지방자치단체**를 **주된 보급지역**으로 등록한 일반일간신문을 말한다)
    나. 해당 지방자치단체의 **인터넷 홈페이지** 등의 매체
    다. 국토교통부장관이 구축·운영하는 **국토이용정보체계**

④ 공고된 제안 내용의 개요에 대해 의견이 있는 자는 공고기간 내에 공간재구조화계획 입안권자에게 의견서 또는 제안서를 제출할 수 있다(영 제29조의2 제6항).

⑤ **공간재구조화계획 입안권자**가 제안서 내용의 채택 여부 등을 **결정**한 경우에는 그 결과를 **제안자**와 **제3자**에게 알려야 한다(법 제35조의3 제4항).

## 5. 비용의 부담

**공간재구조화계획 입안권자**는 **제안자** 또는 **제3자**와 **협의**하여 제안된 공간재구조화계획의 입안 및 결정에 필요한 **비용**의 **전부** 또는 **일부**를 **제안자** 또는 **제3자**에게 **부담시킬 수 있다**(법 제35조의3 제5항).

## Ⅳ 공간재구조화계획의 내용 등

공간재구조화계획에는 다음 각 호의 사항을 포함하여야 한다(법 제35조의4).
1. 법 제35조의2 제1항 각 호(도시혁신구역, 복합용도구역, 도시·군계획시설입체복합구역)의 용도구역 지정 위치 및 용도구역에 대한 계획 등에 관한 사항
2. 그 밖에 법 제35조의2 제1항 각 호(도시혁신구역, 복합용도구역, 도시·군계획시설입체복합구역)의 용도구역을 지정함에 따라 인근 지역의 주거·교통·기반시설 등에 미치는 영향 등 대통령령으로 정하는 사항(영 제29조의3)
   가. 공간재구조화계획의 범위 설정에 관한 사항
   나. 공간재구조화계획 기본구상 및 토지이용계획
   다. 도시혁신구역 및 복합용도구역 내(內)의 도시·군기본계획 변경 및 도시·군관리계획 결정·변경에 관한 사항
   라. 도시혁신구역 및 복합용도구역 외(外)의 지역에 대한 주거·교통·기반시설 등에 미치는 영향 및 이에 대한 관리방안(도시·군관리계획 결정·변경에 관한 사항을 포함한다)
   마. 환경관리계획 또는 경관계획
   바. 그 밖에 국토교통부장관이 정하는 사항


## Ⅴ 공간재구조화계획 수립을 위한 기초조사·의견청취 등

① ⓐ 공간재구조화계획의 입안을 위한 기초조사, 주민과 지방의회의 의견 청취 등에 관하여는 법 제27조(도시·군관리계획의 입안을 위한 기초조사 등) 및 법 제28조(도시·군관리계획 입안시 주민과 지방의회 의견 청취)를 준용한다(법 제35조의5 제1항 전단).
ⓑ 다만, 법 제28조제4항제2호(관계 행정기관의 장과의 협의 및 중앙도시계획위원회의 심의, 시·도도시계획위원회의 심의 또는 시·도에 두는 건축위원회와 도시계획위원회의 공동 심의에서 제시된 의견을 반영하여 도시·군관리계획을 결정하고자 하는 경우에는 그 내용을 다시 공고·열람하게 하여 주민의 의견을 들어야 한다.)의 경우에는 관계 행정기관의 장과의 협의, 중앙도시계획위원회의 심의만 준용한다.
ⓒ 이 경우 "도시·군관리계획"은 "공간재구조화계획"으로, "국토교통부장관, 시·도지사, 시장 또는 군수"는 "공간재구조화계획 입안권자"로 본다(법 제35조의5 제1항 후단).
② 제1항에 따른 기초조사, 환경성 검토, 토지적성평가 또는 재해취약성분석은 공간재구조화계획 입안일부터 5년 이내 기초조사를 실시한 경우 등 대통령령으로 정하는 바(영 제29조의4)에 따라 생략할 수 있다(법 제35조의5 제2항).
  1. 기초조사를 생략할 수 있는 경우 : 다음 각 목의 어느 하나에 해당하는 경우(영 제29조의4 제1호)
     가. 공간재구조화계획의 입안일부터 5년 이내에 기초조사를 실시한 경우
     나. 해당 도시혁신구역, 복합용도구역 또는 입체복합구역이 도심지(상업지역과 상업지역에 연접한 지역을 말한다)에 위치하는 경우

다. 해당 도시혁신구역, 복합용도구역 또는 입체복합구역 안의 **나대지면적**이 구역면적의 **2퍼센트**에 미달하는 경우
라. 해당 도시혁신구역, 복합용도구역 또는 입체복합구역이 **다른 법률**에 따라 지역·지구 등으로 지정되거나 개발계획이 수립된 경우
마. 해당 도시혁신구역, 복합용도구역 또는 입체복합구역의 지정목적이 해당 구역을 정비 또는 관리하려는 경우로서 공간재구조화계획의 내용에 **너비 12미터 이상 도로**의 **설치계획이 없는 경우**

2. **환경성 검토**를 생략할 수 있는 경우 : 다음 각 목의 어느 하나에 해당하는 경우(영 제29조의4 제2호)
   가. 공간재구조화계획의 입안일부터 **5년 이내**에 환경성 검토를 실시한 경우
   나. 제1호 나목부터 마목까지의 경우
   다. 「환경영향평가법」에 따른 **전략환경영향평가** 대상인 공간재구조화계획을 입안하는 경우

3. **토지적성평가**를 생략할 수 있는 경우 : 다음 각 목의 어느 하나에 해당하는 경우(영 제29조의4 제3호)
   가. 공간재구조화계획의 입안일부터 **5년 이내**에 토지적성평가를 실시한 경우
   나. 제1호 나목부터 마목까지의 경우
   다. **주거지역·상업지역** 또는 공업지역에 공간재구조화계획을 입안하는 경우(감평 2025)
   라. 법 또는 다른 법률에 따라 **조성된** 지역에 공간재구조화계획을 입안하는 경우
   마. 「도시개발법」에 따른 **도시개발사업**의 경우
   바. **지구단위계획구역** 또는 **도시·군계획시설부지**에서 공간재구조화계획을 입안하는 경우
   사. 다음의 어느 하나에 해당하는 용도지역·용도지구의 지정 또는 변경을 포함하는 경우
      1) **주거지역·상업지역·공업지역 또는 계획관리지역의** 그 밖의 용도지역으로의 변경(계획관리지역을 자연녹지지역으로 변경하는 경우는 제외한다)
      2) **주거지역·상업지역·공업지역 또는 계획관리지역 외(外)**의 용도지역 상호간의 변경(자연녹지지역으로 변경하는 경우는 제외한다)
      3) 용도지구의 지정 또는 변경(개발진흥지구의 지정·변경은 제외한다)
   아. 다음의 어느 하나에 해당하는 기반시설의 설치를 포함하는 경우
      1) 제55조제1항 각 호에 따른 용도지역별 개발행위규모에 해당하는 기반시설
      2) 도로·철도·궤도·수도·가스 등 선형(線型)으로 된 교통시설 및 공급시설
      3) 공간시설(체육공원·묘지공원 및 유원지는 제외한다)
      4) 방재시설 및 환경기초시설(폐차장은 제외한다)

4. **재해취약성분석**을 생략할 수 있는 경우 : 다음 각 목의 어느 하나에 해당하는 경우(영 제29조의4 제4호)
   가. 공간재구조화계획의 입안일부터 **5년 이내**에 재해취약성분석을 실시한 경우
   나. 제1호 나목부터 마목까지의 경우
   다. 제3호 사목에 해당하는 경우(방재지구의 지정·변경은 제외한다)

## Ⅵ 공간재구조화계획의 결정

① 공간재구조화계획은 시·도지사가 직접 또는 시장·군수의 신청에 따라 결정한다(법 제35조의6 제1항 본문). 다만, 국토교통부장관이 입안한 공간재구조화계획은 국토교통부장관이 결정한다(법 제35조의6 제1항 단서).

② 국토교통부장관 또는 시·도지사가 공간재구조화계획을 결정하려면 미리 관계 행정기관의 장(국토교통부장관을 포함한다)과 협의하고 다음 각 호에 따라 중앙도시계획위원회 또는 지방도시계획위원회의 심의를 거쳐야 한다(법 제35조의6 제2항 전단). 이 경우 협의 요청을 받은 기관의 장은 특별한 사유가 없으면 그 요청을 받은 날부터 30일(도시혁신구역 지정을 위한 공간재구조화계획 결정의 경우에는 근무일 기준으로 10일) 이내에 의견을 제시하여야 한다(법 제35조의6 제2항 후단).

    1. 다음 각 목의 어느 하나에 해당하는 사항은 중앙도시계획위원회의 심의를 거친다.
       가. 국토교통부장관이 결정하는 공간재구조화계획
       나. 시·도지사가 결정하는 공간재구조화계획 중 법 제35조의2 제1항 각 호(도시혁신구역, 복합용도구역, 도시·군계획시설입체복합구역)의 용도구역 지정 및 입지 타당성 등에 관한 사항(감평 2025)
         (시·도지사가 결정하는 공간재구조화계획 중 복합용도구역 지정 및 입지 타당성등에 관한 사항은 중앙도시계획위원회의 심의를 거친다. ○)
    2. 제1호 각 목의 사항을 제외한 공간재구조화계획에 대하여는 지방도시계획위원회의 심의를 거친다.

③ 국토교통부장관 또는 시·도지사는 공간재구조화계획을 결정하면 대통령령으로 정하는 바(영 제29조의5)에 따라 그 결정을 고시하고, 국토교통부장관이나 도지사는 관계 서류를 관계 특별시장·광역시장·특별자치시장·특별자치도지사·시장 또는 군수에게 송부하여 일반이 열람할 수 있도록 하여야 하며, 특별시장·광역시장·특별자치시장·특별자치도지사는 관계 서류를 일반이 열람할 수 있도록 하여야 한다(법 제35조의6 제3항).

## Ⅶ 공간재구조화계획 결정의 효력 등

① 공간재구조화계획 결정의 효력은 지형도면을 고시한 날부터 발생한다(법 제35조의7 제1항 본문). 다만, 지형도면이 필요 없는 경우에는 법 제35조의6제3항(공간재구조화계획 결정 고시)에 따라 고시한 날부터 효력이 발생한다(법 제35조의7 제1항 단서).(감평 2025)

② 제1항에 따라 고시를 한 경우에 해당 구역 지정 및 계획 수립에 필요한 내용에 대해서는 고시한 내용에 따라 도시·군기본계획의 수립·변경 [도시·군기본계획의 내용 중에서 인구의 배분 등은 인구의 배분에 관한 계획을 전체 인구 규모의 5퍼센트 미만의 범위에서 변경하는 경우로 한정한다(영 제29조의6),] 과 도시·군관리계획의 결정(변경결정을 포함한다) 고시를 한 것으로 본다(법 제35조의7 제2항).

③ 제1항에 따른 지형도면 고시 등에 관하여는 법 제32조(도시·군관리계획에 관한 지형도면의 고시 등)를 준용한다(법 제35조의7 제3항 전단). 이 경우 "도시·군관리계획"은 "공간재구조화계획"으로 본다(법 제35조의7 제3항 후단).

④ 제1항에 따라 고시를 할 당시에 이미 사업이나 공사에 착수한 자(이 법 또는 다른 법률에 따라 허가·인가·승인 등을 받아야 하는 경우에는 그 허가·인가·승인 등을 받아 사업이나 공사에 착수한 자를 말한다)는 그 공간재구조화계획 결정과 관계없이 그 사업이나 공사를 계속할 수 있다(법 제35조의7 제4항).

⑤ 제1항에 따라 고시된 공간재구조화계획의 내용은 도시·군계획으로 관리하여야 한다(법 제35조의7 제5항).

# 4-3 도시·군관리계획3 : 용도지역·용도지구·용도구역

## I 용도지역의 지정·변경

### 1. 서

(1) 도시·군관리계획으로 결정★

① <u>국토교통부장관, 시·도지사</u> 또는 <u>대도시 시장</u>은 <u>용도지역</u>(도/농/관/자 : 도시지역, 농림지역, 관리지역, 자연환경보전지역)의 <u>지정</u> 또는 <u>변경</u>을 <u>도시·군관리계획</u>으로 <u>결정</u>한다(법 제36조 제1항).(감평 2004, 중개 2017)(용도지역 지정·변경 결정권자 : 시장·군수×)

② <u>도시지역</u>(주/공/상/녹)은 <u>주거지역·공업지역·상업지역·녹지지역</u>으로 구분하여 지정하고(법 제36조 제1항 제1호), <u>관리지역</u>(생/계/보전)은 <u>생산관리지역·계획관리지역·보전관리지역</u>으로 구분하여 지정한다(법 제36조 제1항 제1호).(감평 2004·2015·2020)

> ☞ 도시지역과 관리지역은 구분하여 지정하나, 농림지역과 자연환경보전지역은 구분하여 지정하지 않는다.(감평 2015)
> ☞ 용도지역은 도시·군기본계획으로 지정되거나 변경된다.(×/도시·군관리계획)

(2) 도시지역(주/공/상/녹) : 법 제36조 제1항 제1호

① **주거지역** : 거주의 안녕과 건전한 생활환경의 보호를 위하여 필요한 지역
② **공업지역** : 공업의 편익을 증진하기 위하여 필요한 지역
③ **상업지역** : 상업이나 그 밖의 업무의 편익을 증진하기 위하여 필요한 지역
④ **녹지지역** : 자연환경·농지 및 산림의 보호, 보건위생, 보안과 도시의 무질서한 확산을 방지하기 위하여 녹지의 보전이 필요한 지역

(3) 관리지역(생/계/보전) : 법 제36조 제1항 제2호

① <u>생산</u>관리지역 : <u>농업·임업·어업 생산</u> 등을 위하여 <u>관리가 필요</u>하나, 주변 용도지역과의 관계 등을 고려할 때 <u>농림지역으로 지정하여 관리하기가 곤란한 지역</u>
② <u>계획</u>관리지역 : <u>도시지역으로의 편입이 예상되는 지역</u>이나 자연환경을 고려하여 <u>제한적인 이용·개발</u>을 하려는 지역으로서 <u>계획적·체계적인 관리가 필요한 지역</u>(감평 2009)
③ <u>보전</u>관리지역 : 자연환경 보호, 산림 보호, 수질오염 방지, 녹지공간 확보 및 생태계 보전 등을 위하여 <u>보전이 필요</u>하나, 주변 용도지역과의 관계 등을 고려할 때 <u>자연환경보전지역</u>으로 지정하여 관리하기가 곤란한 지역

※ 관리지역 : 생산관리/계획관리/보전관리(생/계를 보전하다!)
※ 도시지역 중 녹지지역 : 자연녹지/생산녹지/보전녹지(녹지는 자/생적으로 보전된다!)

## 2. 용도지역 세분화

### (1) 도시지역 內 용도지역 「세분화」★

국토교통부장관, 시·도지사 또는 대도시 시장은 용도지역을 다음과 같이 도시·군관리계획결정(도시군 기본계획결정×)으로 주거지역·상업지역·공업지역 및 녹지지역을 다시 세분하여 지정하거나 변경할 수 있다(법 제36조 제2항·영 제30조 제1항). (감평 2024)

① 주거지역(전/일/준)
　가. 전용주거지역 : 양호한 주거환경을 보호하기 위하여 필요한 지역
　　(1) 제1종전용주거지역 : 단독주택 중심의 양호한 주거환경을 보호하기 위하여 필요한 지역(감평 2017)
　　(2) 제2종전용주거지역 : 공동주택 중심의 양호한 주거환경을 보호하기 위하여 필요한 지역(감평 2012)
　나. 일반주거지역 : 편리한 주거환경을 조성하기 위하여 필요한 지역
　　(1) 제1종일반주거지역 : 저층주택을 중심으로 편리한 주거환경을 조성하기 위하여 필요한 지역(감평 2014)
　　(2) 제2종일반주거지역 : 중층주택을 중심으로 편리한 주거환경을 조성하기 위하여 필요한 지역(감평 2021·2024)
　　(3) 제3종일반주거지역 : 중고층주택을 중심으로 편리한 주거환경을 조성하기 위하여 필요한 지역(감평 2014·2017·2019)
　다. 준주거지역 : 주거기능을 위주로 이를 지원하는 일부 상업기능 및 업무기능을 보완하기 위하여 필요한 지역(감평 2014)

② 공업지역(전/일/준)
　가. 전용공업지역 : 주로 중화학공업, 공해성 공업 등을 수용하기 위하여 필요한 지역(감평 2014)
　나. 일반공업지역 : 환경을 저해하지 아니하는 공업의 배치를 위하여 필요한 지역(감평 2018·2019)
　다. 준공업지역 : 경공업 그 밖의 공업을 수용하되, 주거기능·상업기능 및 업무기능의 보완이 필요한 지역(감평 2017)

③ 상업지역(중/일/유/근)
　가. 중심상업지역 : 도심·부도심의 상업기능 및 업무기능의 확충을 위하여 필요한 지역(감평 2017)
　나. 일반상업지역 : 일반적인 상업기능 및 업무기능을 담당하게 하기 위하여 필요한 지역(감평 2024)
　다. 유통상업지역 : 도시내 및 지역간 유통기능의 증진을 위하여 필요한 지역
　라. 근린상업지역 : 근린지역에서의 일용품 및 서비스의 공급을 위하여 필요한 지역(감평 2012)

④ 녹지지역(자/생/보전)
　가. 자연녹지지역 : 도시의 녹지공간의 확보, 도시확산의 방지, 장래 도시용지의 공급 등을 위하여 보전할 필요가 있는 지역으로서 불가피한 경우에 한하여 제한적인 개발이 허용되는 지역(감평 2019)
　나. 생산녹지지역 : 주로 농업적 생산을 위하여 개발을 유보할 필요가 있는 지역(감평 2012·2017·2024)
　다. 보전녹지지역 : 도시의 자연환경·경관·산림 및 녹지공간을 보전할 필요가 있는 지역(감평 2014)

(2) 도시지역 內 용도지역「추가 세분화」

시·도지사 또는 대도시 시장은 해당 시·도 또는 대도시의 도시·군계획조례로 정하는 바에 따라 도시·군관리계획결정으로 영 제30조(용도지역의 세분)제1항에 따라 세분된 주거지역·상업지역·공업지역·녹지지역을 추가적으로 세분하여 지정할 수 있다(영 제30조 제2항).

> ※ 주거지역·공업지역 : 전/일/준
> 　☞ 전/봉/준 × → 전/일/준 ○
> ※ 상업지역 : 중/일/유/근
> 　☞ 중·일(中一)이 알바하러 상업지역에 유·근하다.
> ※ 녹지지역 : 자/생/보전
> 　☞ 녹지는 자·생적으로 보전된다.(자/생적 → 보전)

# Ⅱ 용도지구의 지정·변경

## 1. 서

국토교통부장관, 시·도지사 또는 대도시 시장은 용도지구의 지정 또는 변경을 도시·군관리계획으로 결정한다(법 제37조 제1항).(감평 2017)
[법 제37조제1항 각호 : 경관/취락/방(방재+방화)/보호/개발진흥 → 고도/용도(특정용도제한+복합용도)]

## 2. 용도지구 세분화

① ⓐ 국토교통부장관, 시·도지사 또는 대도시 시장은 필요하다고 인정되면 대통령령으로 정하는 바에 따라 법 제37조(용도지구의 지정)제1항 각 호의 용도지구를 도시·군관리계획결정으로 다시 세분하여 지정하거나 변경할 수 있다(법 제37조 제2항).(중개 2020)
ⓑ 이와 관련하여 시행령 제31조 제2항에서「국토교통부장관, 시·도지사 또는 대도시 시장은 법 제37조(용도지구의 지정)제2항에 따라 도시·군관리계획결정으로 경관지구·방재지구·보호지구·취락지구 및 개발진흥지구를 세분하여 지정할 수 있다.」고 규정하고 있다. (시행령 용도지구 세분화 : 경/취/방→보/개)

② 시·도지사 또는 대도시 시장은 지역여건상 필요한 때에는 해당 시·도 또는 대도시의 도시·군계획조례로 정하는 바에 경관지구를 추가적으로 세분(특화경관지구의 세분을 포함한다)하거나 중요

시설물보호지구 및 특정용도제한지구를 세분하여 지정할 수 있다(영 제31조 제3항). (조례로 용도지구 추가 세분화 可 ; 경관적으로 → 중요시설물 → 특정)

### 3. 용도지구의 구분(법 제37조 제1항 각 호·영 제31조 제2항 각 호)★

(1) **경관지구**(자연/시가지/특화)

경관지구란 "경관의 보전·관리 및 형성을 위하여 필요한 지구"를 말한다(법 제37조 제1항 제1호). (감평 2015) 경관지구는 아래와 같이 세분하여 지정할 수 있다(영 제31조 제2항 제1호). (감평 2021·중개 2019)

1. **자연경관지구** : 산지·구릉지 등 자연경관을 보호하거나 유지하기 위하여 필요한 지구
2. **시가지경관지구** : 지역 내 주거지, 중심지 등 시가지의 경관을 보호 또는 유지하거나 형성하기 위하여 필요한 지구
3. **특화경관지구** : 지역 내 주요 수계의 수변 또는 문화적 보존가치가 큰 건축물 주변의 경관 등 특별한 경관을 보호 또는 유지하거나 형성하기 위하여 필요한 지구(감평2012)

(2) **취락지구**(자연/집단)

취락지구란 "녹지지역·관리지역·농림지역·자연환경보전지역·개발제한구역 또는 도시자연공원구역의 취락을 정비하기 위한 지구"를 말한다(법 제37조 제1항 제6호). 취락지구는 아래와 같이 세분하여 지정할 수 있다(영 제31조 제2항 제7호). (감평 1999·2009·2012·2017, 중개 2019)

1. **자연취락지구** : 녹지지역·관리지역·농림지역 또는 자연환경보전지역안의 취락을 정비하기 위하여 필요한 지구(영 제31조 제2항 제7호 가목)
2. **집단취락지구** : 개발제한구역안의 취락을 정비하기 위하여 필요한 지구(영 제31조 제2항 제7호 나목)(감평 2024, 중개 2017·2023) (☞ 개/집 : 개발제한구역안은 → 집단취락지구)

(3) **방재지구**(자연/시가지)

① 방재지구란 "풍수해, 산사태, 지반의 붕괴, 그 밖의 재해를 예방하기 위하여 필요한 지구"를 말한다(법 제37조 제1항 제4호).

② 시·도지사 또는 대도시 시장은 연안침식이 진행 중이거나 우려되는 지역 등 대통령령으로 정하는 지역(영 제30조 제5항)에 대해서는 방재지구의 지정 또는 변경을 도시·군관리계획으로 결정하여야 한다(법 제37조 제4항 전단). 이 경우 도시·군관리계획의 내용에는 해당 방재지구의 재해저감대책을 포함하여야 한다(법 제37조 제4항 후단). (중개 2017)

③ 방재지구는 아래와 같이 세분하여 지정할 수 있다(영 제31조 제2항 제4호). (감평 2019, 중개 2019)

1. **자연방재지구** : 토지의 이용도가 낮은 해안변, 하천변, 급경사지 주변 등의 지역으로서 건축 제한 등을 통하여 재해 예방이 필요한 지구
2. **시가지방재지구** : 건축물·인구가 밀집되어 있는 지역으로서 시설 개선 등을 통하여 재해 예방이 필요한 지구(감평 2024)

(4) **방화지구**

방화지구란 "화재의 위험을 예방하기 위하여 필요한 지구"를 말한다(법 제37조 제1항 제3호). (감평 2019)

### (5) 보호지구(중요/생태/역사 ; 중·생들의 역사!)

**보호지구**란 "「국가유산기본법」에 따른 **국가유산, 중요 시설물**[항만, 공항, 공용시설(공공업무시설, 공공필요성이 인정되는 문화시설·집회시설·운동시설 및 그 밖에 이와 유사한 시설로서 도시·군계획조례로 정하는 시설을 말한다), 교정시설·군사시설을 말한다.] 및 **문화적·생태적으로 보존가치**가 큰 지역의 보호와 보존을 위하여 필요한 지구"를 말한다(법 제37조 제1항 제5호·영 제31조 제1항).(감평 2020) **보호지구**는 아래와 같이 **세분**하여 지정할 수 있다(영 제31조 제2항 제5호).(감평 2017, 중개 2019)

1. **중요시설물보호지구** : 중요시설물의 보호와 기능의 유지 및 증진 등을 위하여 필요한 지구
2. **생태계보호지구** : 야생동식물서식처 등 **생태적으로 보존가치**가 큰 지역의 보호와 보존을 위하여 필요한 지구
3. **역사문화환경보호지구** : 국가유산·전통사찰 등 **역사·문화적으로 보존가치**가 큰 시설 및 지역의 보호와 보존을 위하여 필요한 지구

### (6) 개발진흥지구(주거/관광/산업→특정/복합)

**개발진흥지구**란 "주거기능·상업기능·공업기능·유통물류기능·관광기능·휴양기능 등을 집중적으로 **개발·정비**할 필요가 있는 지구"를 말한다(법 제37조 제1항 제7호).(감평 2019) **개발진흥지구**는 아래와 같이 **세분**하여 지정할 수 있다(영 제31조 제2항 제8호)(감평 2018)

1. **주거개발진흥지구** : 주거기능을 중심으로 개발·정비할 필요가 있는 지구(중개 2020·2024)
2. **관광·휴양개발진흥지구** : 관광·휴양기능을 중심으로 개발·정비할 필요가 있는 지구 (중개 2020·2024)
3. **산업·유통개발진흥지구** : 공업기능 및 유통·물류기능을 중심으로 개발·정비할 필요가 있는 지구 (중개 2020)
4. **특정개발진흥지구** : 주거기능, 공업기능, 유통·물류기능 및 관광·휴양기능 **외(外)**의 기능을 중심으로 **특정한 목적**을 위하여 개발·정비할 필요가 있는 지구(중개 2020·2024)
5. **복합개발진흥지구** : 주거기능, 공업기능, 유통·물류기능 및 관광·휴양기능중 **2 이상의 기능**을 중심으로 개발·정비할 필요가 있는 지구(감평 2012·2017, 중개 2023·2024)

### (7) 고도지구

**고도지구**란 "쾌적한 환경 조성 및 토지의 효율적 이용을 위하여 **건축물 높이의 최고한도를 규제**할 필요가 있는 지구"를 말한다(법 제37조 제1항 제2호).

### (8) 특정용도제한지구(특정시설 입지 제한 ; 사람 보호)

**특정용도제한지구**란 "**주거 및 교육 환경 보호**나 **청소년 보호** 등의 목적으로 오염물질 배출시설, 청소년 유해시설 등 **특정시설의 입지를 제한**할 필요가 있는 지구"를 말한다(법 제37조 제1항 제8호).(감평 2019·2020, 중개 2022)

### (9) 복합용도지구(특정시설 입지 완화 ; 일반주거·일반공업·계획관리)

① **복합용도지구**란 "지역의 토지이용 상황, 개발 수요 및 주변 여건 등을 고려하여 효율적이고

복합적인 토지이용을 도모하기 위하여 **특정시설의 입지를 완화**(강화×)할 필요가 있는 지구"를 말한다(법 제37조 제1항 제9호).(감평 2019, 중개 2020)(복합용도 → 완화)

② **시·도지사** 또는 **대도시 시장**은 대통령령으로 정하는 **주거지역·공업지역·관리지역**(영 제31조 제6항)에 **복합용도지구**를 **지정**할 수 있다(법 제37조 제5항).(감평 2021) ⇒ 여기서 "대통령령으로 정하는 주거지역·공업지역·관리지역"이란 **일반주거지역**, **일반공업지역**, **계획관리지역**을 말한다(영 제31조 제6항).(감평 2025, 중개 2022·2023)(중개 2022 : 대도시 시장은 유통상업지역에 복합용도지구를 지정할 수 있다.×, 중개 2023 : 준주거지역과 근린상업지역에는 복합용도지구를 지정할 수 없다.○)

### 4. 법 제37조 제1항 각호의 용도지구 외(外)의 용도지구 지정·변경★

**시·도지사** 또는 **대도시 시장**은 **지역여건상 필요**하면 대통령령으로 정하는 기준(영 제31조 제4항)에 따라 그 시·도 또는 대도시의 **조례**로 용도지구의 명칭 및 지정목적, 건축이나 그 밖의 행위의 금지 및 제한에 관한 사항 등을 정하여 **법 제37조**(용도지구의 지정) **제1항 각 호의 용도지구 외(外)**의 용도지구의 지정 또는 변경을 **도시·군관리계획**으로 **결정**할 수 있다(법 제37조 제3항).(감평 2012·2021, 중개 2017)

> ▶암기 용도지구(9개) : 경/취/방(방재 + 방화)/보/개→ 고도/용도(특정용도 + 복합용도)
> ⇒ 법 제37조 제1항 : 경관/취락/방(방재+방화)/보호/개발진흥 → 고도/용도(특정용도제한+복합용도)

> ▶암기 용도지구 세분화(시행령 제31조 제2항 : 5개) : 경/취/방(방재)/보/개

| 경관지구(자/시/특) | 자연/시가지/특화 |
|---|---|
| 취락지구(자/집) | 자연/집단 |
| 방재지구(자/시) | 자연/시가지 |
| 보호지구(중·생들의 → 역사) | 중요시설물/생태계/역사문화환경 |
| 개발진흥지구(주거/관광/산업→특정/복합) | 주거/관광·휴양/산업·유통/특정/복합 |

> ▶암기 용도지구 추가 세분화 可(조례) : 경관적으로 → 중요시설물 → 특정

| 경관지구(특화경관지구 세분화 포함) |
|---|
| 중요시설물보호지구 |
| 특정용도제한지구 |

## Ⅲ 용도구역의 지정·변경 : 도/시/개 ⇒ 수/입체 ⇒ 혁신/복합

### 1. 도시자연공원구역★

시·도지사 또는 대도시 시장은 도시의 자연환경 및 경관을 보호하고 도시민에게 건전한 여가·휴식공간을 제공하기 위하여 도시지역 안에서 식생(植生)이 양호한 산지(山地)의 개발을 제한할 필요가 있다고 인정하면 도시자연공원구역의 지정 또는 변경을 도시·군관리계획으로 결정할 수 있다(법 제38조의2 제1항).(도시의 개발을 제한×)(감평 2014·2017·2018, 중개 2017·2018)

> ☞ 국토교통부장관은 도시자연공원구역의 지정 또는 변경을 도시·군관리계획으로 결정할 수 있다.
> (×/시·도지사 또는 대도시 시장)(감평 2014)

### 2. 시가화조정구역★

① 시·도지사는 직접 또는 관계 행정기관의 장의 요청을 받아 도시지역과 그 주변지역의 무질서한 시가화를 방지하고 계획적·단계적인 개발을 도모하기 위하여 대통령령으로 정하는 기간(영 제32조 제1항 : 5년 이상 20년 이내) 동안 시가화를 유보할 필요가 있다고 인정되면 시가화조정구역의 지정 또는 변경을 도시·군관리계획으로 결정할 수 있다(법 제39조 제1항 본문).(감평 2000·2009·2010·2014·2024, 중개 2021) 다만, 국가계획과 연계하여 시가화조정구역의 지정 또는 변경이 필요한 경우에는 국토교통부장관이 직접 시가화조정구역의 지정 또는 변경을 도시·군관리계획으로 결정할 수 있다(법 제39조 제1항 단서).(감평 2010)

② 시가화조정구역의 지정에 관한 도시·군관리계획의 결정은 제1항에 따른 시가화 유보기간이 끝난 날의 다음날부터 그 효력을 잃는다(법 제39조 제2항 전단).(감평 2000·2002·2014·2021·2024, 중개 2021)(고시일 다음 날부터 효력을 잃는다.×) 이 경우 국토교통부장관 또는 시·도지사는 대통령령으로 정하는 바(영 제32조 제3항)에 따라 그 사실을 고시하여야 한다(법 제39조 제2항 후단).

### 3. 개발제한구역★

국토교통부장관은 도시의 무질서한 확산을 방지하고 도시주변의 자연환경을 보전하여 도시민의 건전한 생활환경을 확보하기 위하여 도시의 개발을 제한할 필요가 있거나 국방부장관의 요청이 있어 보안상 도시의 개발을 제한할 필요가 있다고 인정되면 개발제한구역의 지정 또는 변경을 도시·군관리계획으로 결정할 수 있다(법 제38조 제1항).(감평 2009·2010·2014·2020) (산지의 개발을 제한×)

### 4. 수자원보호구역★

해양수산부장관은 직접 또는 관계 행정기관의 장의 요청을 받아 수산자원을 보호·육성하기 위하여 필요한 공유수면이나 그에 인접한 토지에 대한 수산자원보호구역의 지정 또는 변경을 도시·군관리계획으로 결정할 수 있다(법 제40조).(감평 2020, 중개 2017)

### 5. 도시혁신구역

(1) 도시혁신구역의 지정

법 제35조의6제1항에 따른 공간재구조화계획 결정권자(국토교통부장관, 시·도지사)는 다음 각 호의 어느 하나에 해당하는 지역을 <u>도시혁신구역</u>으로 <u>지정</u>할 수 있다(법 제40조의3 제1항).
1. <u>도시·군기본계획</u>에 따른 <u>도심·부도심</u> 또는 <u>생활권의 중심지역</u>
2. <u>주요 기반시설</u>과 연계하여 지역의 <u>거점 역할</u>을 수행할 수 있는 지역
3. 그 밖에 도시공간의 창의적이고 혁신적인 개발이 필요하다고 인정되는 경우로서 <u>대통령령으로 정하는 지역</u>(영 제32조의3)
   가. <u>유휴토지</u> 또는 대규모 시설의 이전부지
   나. 그 밖에 <u>도시공간의 창의적이고 혁신적인 개발이 필요</u>하다고 인정되는 지역으로서 해당 시·도의 <u>도시·군계획조례</u>로 정하는 지역

### (2) 도시혁신계획

<u>도시혁신계획</u>에는 도시혁신구역의 지정 목적을 이루기 위하여 다음 각 호에 관한 사항이 포함되어야 한다(법 제40조의3 제2항).
1. <u>용도지역·용도지구</u>, <u>도시·군계획시설</u> 및 <u>지구단위계획</u>의 결정에 관한 사항
2. <u>주요 기반시설</u>의 확보에 관한 사항
3. <u>건축물</u>의 <u>건폐율·용적률·높이</u>에 관한 사항
4. <u>건축물</u>의 <u>용도·종류 및 규모</u> 등에 관한 사항
5. <u>법 제83조의3</u>(도시혁신구역에서의 다른 법률의 적용 특례)에 따른 다른 법률 규정 적용의 <u>완화</u> 또는 <u>배제</u>에 관한 사항
6. 도시혁신구역 내 <u>개발사업</u> 및 <u>개발사업의 시행자</u> 등에 관한 사항
7. 그 밖에 도시혁신구역의 체계적 개발과 관리에 필요한 사항

### (3) 공간재구조화계획으로 결정

<u>도시혁신구역의 지정 및 변경</u>과 <u>도시혁신계획</u>은 다음 각 호의 사항을 종합적으로 고려하여 <u>공간재구조화계획</u>으로 <u>결정</u>한다(법 제40조의3 제3항).
1. 도시혁신구역의 지정 목적
2. 해당 지역의 용도지역·기반시설 등 토지이용 현황
3. 도시·군기본계획 등 상위계획과의 부합성
4. 주변 지역의 기반시설, 경관, 환경 등에 미치는 영향 및 도시환경 개선·정비 효과
5. 도시의 개발 수요 및 지역에 미치는 사회적·경제적 파급효과

### (4) 다른 법률에 따른 공간재구조화계획 결정 의제

<u>다른 법률</u>에서 <u>공간재구조화계획의 결정</u>을 <u>의제</u>하고 있는 경우에도 <u>이 법</u>에 따르지 아니하고 <u>도시혁신구역</u>의 <u>지정</u>과 <u>도시혁신계획</u>을 결정할 수 <u>없다</u>(법 제40조의3 제4항). (결정할 수 있다, ×)

### (5) 기타

① <u>공간재구조화계획 결정권자</u>가 <u>공간재구조화계획</u>을 <u>결정</u>하기 위하여 법 제35조의6제2항에 따라 <u>관계 행정기관의 장과 협의</u>하는 경우 협의 요청을 받은 기관의 장은 <u>그 요청을 받은 날부터 10일(근무일 기준) 이내</u>에 <u>의견</u>을 <u>회신</u>하여야 한다(법 제40조의3 제5항).

② 도시혁신구역 및 도시혁신계획에 관한 도시·군관리계획 결정의 실효, 도시혁신구역에서의 건축 등에 관하여 다른 특별한 규정이 없으면 법 제53조(지구단위계획구역의 지정 및 지구단위계획에 관한 도시·군관리계획결정의 실효 등) 및 법 제54조(지구단위계획구역에서의 건축 등)를 준용한다(법 제40조의3 제6항 전단). 이 경우 "지구단위계획구역"은 "도시혁신구역"으로, "지구단위계획"은 "도시혁신계획"으로 본다(법 제40조의3 제6항 후단).

③ 도시혁신구역의 지정 및 변경과 도시혁신계획의 수립 및 변경에 관한 세부적인 사항은 국토교통부장관이 정하여 고시한다(법 제40조의3 제7항).

## 6. 복합용도구역

### (1) 복합용도구역의 지정

공간재구조화계획 결정권자는 다음 각 호의 어느 하나에 해당하는 지역을 복합용도구역으로 지정할 수 있다(법 제40조의4 제1항).

1. 산업구조 또는 경제활동의 변화로 복합적 토지이용이 필요한 지역
2. 노후 건축물 등이 밀집하여 단계적 정비가 필요한 지역
3. 그 밖에 복합된 공간이용을 촉진하고 다양한 도시공간을 조성하기 위하여 계획적 관리가 필요하다고 인정되는 경우로서 대통령령으로 정하는 지역(영 제32조의4)
   가. 복합용도구역으로 지정하려는 지역이 둘 이상의 용도지역에 걸치는 경우로서 토지를 효율적으로 이용하기 위해 건축물의 용도, 종류 및 규모 등을 통합적으로 관리할 필요가 있는 지역
   나. 그 밖에 복합된 공간이용을 촉진하고 다양한 도시공간을 조성하기 위해 계획적 관리가 필요하다고 인정되는 지역으로서 해당 시·도의 도시·군계획조례로 정하는 지역

### (2) 복합용도계획

복합용도계획에는 복합용도구역의 지정 목적을 이루기 위하여 다음 각 호에 관한 사항이 포함되어야 한다(법 제40조의4 제2항).

1. 용도지역·용도지구, 도시·군계획시설 및 지구단위계획의 결정에 관한 사항
2. 주요 기반시설의 확보에 관한 사항
3. 건축물의 용도별 복합적인 배치비율 및 규모 등에 관한 사항
4. 건축물의 건폐율·용적률·높이에 관한 사항
5. 법 제83조의4(복합용도구역에서의 건축법 적용 특례)에 따른 특별건축구역계획에 관한 사항
6. 그 밖에 복합용도구역의 체계적 개발과 관리에 필요한 사항

### (3) 공간재구조화계획으로 결정

복합용도구역의 지정 및 변경과 복합용도계획은 다음 각 호의 사항을 종합적으로 고려하여 공간재구조화계획으로 결정한다(법 제40조의4 제3항).

1. 복합용도구역의 지정 목적
2. 해당 지역의 용도지역·기반시설 등 토지이용 현황

3. 도시·군기본계획 등 <u>상위계획</u>과의 <u>부합성</u>
4. <u>주변</u> <u>지역</u>의 기반시설, 경관, 환경 등에 미치는 영향 및 도시환경 개선·정비 효과

### (4) 기타

① <u>복합용도구역</u> 및 <u>복합용도계획</u>에 관한 <u>도시·군관리계획 결정의 실효</u>, <u>복합용도구역에서의 건축</u> 등에 관하여 다른 특별한 규정이 없으면 <u>법 제53조</u>(지구단위계획구역의 지정 및 지구단위계획에 관한 도시·군관리계획결정의 실효 등) 및 <u>법 제54조</u>(지구단위계획구역에서의 건축 등)를 준용한다(법 제40조의4 제4항 전단). 이 경우 "지구단위계획구역"은 "복합용도구역"으로, "지구단위계획"은 "복합용도계획"으로 본다(법 제40조의4 제4항 후단).

② <u>복합용도구역</u>의 지정 및 변경과 <u>복합용도계획</u>의 수립 및 변경에 관한 세부적인 사항은 <u>국토교통부장관</u>이 정하여 고시한다(법 제40조의4 제5항).

## 7. 도시·군계획시설입체복합구역

### (1) 입체복합구역의 지정

<u>도시·군관리계획의 결정권자</u>는 <u>도시·군계획시설</u>의 입체복합적 활용을 위하여 <u>다음 각 호의 어느 하나</u>에 해당하는 경우에 <u>도시·군계획시설</u>이 결정된 토지의 <u>전부</u> 또는 <u>일부</u>를 <u>도시·군계획시설입체복합구역</u>(이하 "<u>입체복합구역</u>"이라 한다)으로 <u>지정</u>할 수 있다(법 제40조의5 제1항).

1. <u>도시·군계획시설</u> <u>준공 후 10년</u>이 경과한 경우로서 해당 시설의 <u>개량</u> 또는 <u>정비</u>가 필요한 경우
2. <u>주변지역</u> 정비 또는 지역경제 활성화를 위하여 <u>기반시설의 복합적 이용</u>이 필요한 경우
3. <u>첨단기술</u>을 적용한 새로운 형태의 <u>기반시설 구축</u> 등이 필요한 경우
4. 그 밖에 효율적이고 <u>복합적인 도시·군계획시설의 조성</u>을 위하여 필요한 경우로서 <u>대통령령으로 정하는 경우</u>(영 제32조의5 : 효율적이고 복합적인 도시·군계획시설의 조성을 위해 필요한 경우로서 해당 시·도 또는 대도시의 도시·군계획조례로 정하는 경우)

### (2) 입체복합구역에서의 건축제한·건폐율·용적률·높이

① <u>이 법</u> 또는 <u>다른</u> 법률의 규정에도 불구하고 <u>입체복합구역</u>에서의 <u>도시·군계획시설</u>과 도시·군계획시설이 <u>아닌</u> 시설에 대한 건축물이나 그 밖의 시설의 용도·종류 및 규모 등의 제한(이하 이 조에서 "<u>건축제한</u>"이라 한다), <u>건폐율</u>, <u>용적률</u>, <u>높이</u> 등은 <u>대통령령으로 정하는 범위</u>(영 제32조의5 제2항)에서 <u>따로 정할 수 있다</u>(법 제40조의5 제2항 본문). 다만, <u>다른 법률</u>에 따라 정하여진 <u>건축제한</u>, 건폐율, 용적률, 높이 등을 <u>완화</u>하는 경우에는 <u>미리 관계 기관의 장과 협의</u>하여야 한다(법 제40조의5 제2항 단서).

② 법 제40조의5 제2항에 따라 정하는 <u>건폐율과 용적률</u>은 <u>법 제77조</u>(용도지역에서의 건폐율) 및 법 <u>제78조</u>(용도지역에서의 용적률)에 따라 <u>대통령령으로 정하고 있는 해당 용도지역별 최대한도의 200퍼센트 이하</u>로 한다(법 제40조의5 제3항).

③ 법 제40조의5제2항 본문에서 "<u>대통령령으로 정하는 범위</u>"란 다음 각 호의 구분에 따른 범위를 말한다(영 제32조의5 제2항).

1. 입체복합구역에서의 도시·군계획시설과 도시·군계획시설이 아닌 시설에 대한 <u>건축물이나</u>

그 밖의 시설의 용도·종류 및 규모 등의 제한 : 다음 각 목의 구분에 따른 범위
  가. 도시지역의 경우 : 법 제36조제1항제1호의 도시지역에서 허용되는 범위
  나. 관리지역, 농림지역 및 자연환경보전지역의 경우 : 법 제36조제1항제2호다목의 계획관리지역에서 허용되는 범위
2. 입체복합구역 안에서의 건폐율 : 제84조제1항 각 호에 따른 해당 용도지역별 건폐율의 최대한도의 150퍼센트 이하의 범위. 이 경우 건폐율은 도시·군계획시설과 도시·군계획시설이 아닌 시설의 건축면적의 합을 기준으로 한다.
3. 입체복합구역 안에서의 용적률 : 제85조제1항 각 호에 따른 해당 용도지역별 용적률의 최대한도의 200퍼센트 이하의 범위. 이 경우 용적률은 도시·군계획시설과 도시·군계획시설이 아닌 시설의 바닥면적의 합을 기준으로 한다.
4. 입체복합구역 안에서의 건축물의 높이 : 다음 각 목의 구분에 따른 범위
  가. 「건축법」 제60조(가로구역별 높이 제한)에 따라 제한된 높이의 150퍼센트 이하의 범위
  나. 「건축법」 제61조제2항에 따른 채광 등의 확보를 위한 건축물의 높이 제한의 200퍼센트 이하의 범위

## 8. 도시혁신구역·복합용도구역·입체복합구역에 대한 공공시설등의 설치비용

① 다음 각 호의 어느 하나에 해당하는 구역 안에서 개발사업이나 개발행위를 하려는 자〔법 제26조제1항제5호(도시·군관리계획 입안의 제안 : 입체복합구역의 지정 및 변경과 입체복합구역의 건축제한·건폐율·용적률·높이 등에 관한 사항)에 따라 도시·군관리계획을 입안하거나 법 제35조의3(공간재구조화계획 입안의 제안)에 따라 공간재구조화계획을 입안하는 경우 입안 제안자를 포함한다〕는 건축물이나 그 밖의 시설의 용도, 건폐율, 용적률 등의 건축제한 완화 또는 행위제한 완화로 인한 토지가치 상승분(「감정평가 및 감정평가사에 관한 법률」에 따른 감정평가법인등이 해당 구역에 따른 계획 등의 변경 전·후에 대하여 각각 감정평가한 토지가액의 차이를 말한다)의 범위에서 해당 구역에 따른 계획으로 정하는 바에 따라 해당 구역 안에 법 제52조의2제1항 각 호(공공시설, 기반시설, 공공임대주택, 기숙사 등 공공필요성이 인정되어 해당 시·도 또는 대도시의 조례로 정하는 시설)의 시설(이하 "공공시설등"이라 한다)의 부지를 제공하거나 공공시설등을 설치하여 제공하도록 하여야 한다(법 제40조의6 제1항).
  1. 법 제40조의3에 따른 도시혁신구역
  2. 법 제40조의4에 따른 복합용도구역
  3. 법 제40조의5에 따른 입체복합구역

② 제1항에 따른 공공시설등의 부지제공과 설치, 비용납부 등에 관하여는 법 제52조의2(공공시설등의 설치비용 등)제2항부터 제6항까지를 준용한다(법 제40조의6 제2항 전단). 이 경우 "지구단위계획구역"은 각각 "도시혁신구역", "복합용도구역", "입체복합구역"으로, "지구단위계획"은 각각 "도시혁신계획", "복합용도계획", "도시·군관리계획"으로 본다(법 제40조의6 제2항 후단).

③ 제1항 및 제2항은 제1항 각 호의 구역이 의제되는 경우에도 적용한다(법 제40조의6 제3항 본문). 다만, 다음 각 호의 부담금이 부과(해당 법률에 따라 부담금을 면제하는 경우를 포함한다)되는 경우에는 그러하지 아니하다(법 제40조의6 제3항 단서).
  1. 「개발이익 환수에 관한 법률」에 따른 개발부담금

2. 「재건축초과이익 환수에 관한 법률」에 따른 **재건축부담금**

| 용도구역 지정·변경 결정권자 | |
|---|---|
| 도시자연공원구역 | 시·도지사 또는 대도시시장 |
| 시가화조정구역 | 시·도지사(단, 국가계획과 연계된 경우 국장도 可) |
| 개발제한구역 | 국토교통부장관 |
| 수자원보호구역 | 해양수산부장관 |
| 도시혁신구역 | 공간재구조화계획 결정권자(국장, 시·도지사) |
| 복합용도구역 | 공간재구조화계획 결정권자(국장, 시·도지사) |
| 도시·군계획시설입체복합구역 | 도시·군관리계획 결정권자 |

## Ⅳ 기타

### 1. 공유수면매립지에 관한 용도지역의 지정

**(1) 용도지역 지정 의제 ★**

① 공유수면(바다만 해당한다)의 매립 목적이 그 매립구역과 이웃하고 있는 용도지역의 내용과 같으면 법 제25조(도시·군관리계획의 입안)와 법 제30조(도시·군관리계획의 결정)에도 불구하고 도시·군관리계획의 입안 및 결정 절차 없이 그 매립준공구역은 그 매립의 준공인가일부터 이와 이웃하고 있는 용도지역으로 지정된 것으로 본다(법 제41조 제1항 전단). (감평 2012·2013·2024) (공유수면 중 바다만 해당되고 하천은 제외된다. ○)

② 이 경우 관계 특별시장·광역시장·특별자치시장·특별자치도지사·시장 또는 군수는 그 사실을 지체 없이 고시하여야 한다(법 제41조 제1항 후단). 고시는 해당 시·도의 공보와 인터넷 홈페이지에 게재하는 방법으로 한다(영 제33조 제2항).

☞ "**공유수면(公有水面)**"이란 **바다**(해안선으로부터 배타적 경제수역 외측 한계까지의 사이), **바닷가**(해안선으로부터 지적공부에 등록된 지역까지의 사이), **하천**, **호소**(湖沼 : 호수와 늪), **구거**(溝渠 : 인공적인 수로로 빗물이나 허드렛물이 흐르는 작은 도랑 등), 그 밖에 공공용으로 사용되는 수면 또는 수류(水流)로서 국유인 것을 말한다(공유수면 관리 및 매립에 관한 법률 제2조 제1호).

**(2) 도시·군관리계획결정으로 지정해야 하는 경우 ★**

공유수면의 매립 목적이 그 매립구역과 이웃하고 있는 용도지역의 내용과 다른 경우 및 그 매립구역이 둘 이상의 용도지역에 걸쳐 있거나 이웃하고 있는 경우 그 매립구역이 속할 용도지역은 도시·군관리계획결정으로 지정하여야 한다(법 제41조 제2항). (감평 2020, 중개 2022·2024)

(3) 공유수면 매립 준공검사 통보

관계 행정기관의 장은 「공유수면 관리 및 매립에 관한 법률」에 따른 공유수면 매립의 준공검사를 하면 국토교통부령으로 정하는 바에 따라 지체 없이 관계 특별시장·광역시장·특별자치시장·특별자치도지사·시장 또는 군수에게 통보하여야 한다(법 제41조 제3항).

## 2. 다른 법률에 따라 지정된 지역의 용도지역 지정 등의 의제

(1) 도시지역 지정 의제(어/항/산업 → 택/전) ★

다음 각 호 어느 하나의 구역 등으로 지정·고시된 지역은 이 법에 따른 도시지역으로 결정·고시된 것으로 본다(법 제42조 제1항).(도시연접(항만·어항)/산업단지/택지/전원개발)

1. 「항만법」에 따른 항만구역(항만법 제2조 제4호 : "항만구역"이란 항만의 수상구역과 육상구역을 말한다.)으로서 도시지역에 연접한 공유수면(감평 2010·2015)
2. 「어촌·어항법」에 따른 어항구역(어촌어항법 제2조 제4호 : "어항구역"이란 어항의 수역(水域) 및 육역(陸域)을 말한다.)으로서 도시지역에 연접한 공유수면(감평 2010·2019)
3. 「산업입지 및 개발에 관한 법률」에 따른 국가산업단지, 일반산업단지 및 도시첨단산업단지(감평 2010·2019·2024)(☞ 산업단지는 국가산업단지 · 일반산업단지 · 도시첨단산업단지 · 농공단지로 구분된다)
4. 「택지개발촉진법」에 따른 택지개발지구(감평 2010·2019, 중개 2022)(☞ "택지(宅地)"란 택지개발촉진법에서 정하는 바에 따라 개발·공급되는 주택건설용지 및 공공시설용지를 말한다.)
5. 「전원개발촉진법」에 따른 전원개발사업구역 및 예정구역(수력발전소 또는 송·변전설비만을 설치하기 위한 전원개발사업구역 및 예정구역은 제외한다. 이하 이 조에서 같다)(☞ 전원개발촉진법은 전원개발사업(電源開發事業)을 효율적으로 추진함으로써 전력수급의 안정을 도모하고, 국민경제의 발전에 이바지함을 목적으로 한다.)

(2) 농림지역·자연환경보전지역 지정 의제★

관리지역에서 「농지법」에 따른 농업진흥지역으로 지정·고시된 지역은 이 법에 따른 농림지역으로(감평 2012·2021, 중개 2024), 관리지역의 산림 중 「산지관리법」에 따라 보전산지로 지정·고시된 지역은 그 고시에서 구분하는 바에 따라 이 법에 따른 농림지역 또는 자연환경보전지역으로 결정·고시된 것으로 본다(법 제42제 제2항).(감평 2010·2012·2019)

(3) 지정 사실 통보

관계 행정기관의 장은 법 제42조(다른 법률에 따라 지정된 지역의 용도지역 지정 등의 의제) 제1항과 제2항에 해당하는 항만구역, 어항구역, 산업단지, 택지개발지구, 전원개발사업구역 및 예정구역, 농업진흥지역 또는 보전산지를 지정한 경우에는 국토교통부령으로 정하는 바에 따라 법 제32조(도시·군관리계획에 관한 지형도면의 고시 등)에 따라 고시된 지형도면 또는 지형도에 그 지정 사실을 표시하여 그 지역을 관할하는 특별시장·광역시장·특별자치시장·특별자치도지사·시장 또는 군수에게 통보하여야 한다(법 제42제 제3항).

**(4) 구역등 해제와 이전 용도지역으로 환원**

① 법 제42조제1항(다른 법률에 따라 지정된 지역의 용도지역 지정 등의 의제 : 도시지역으로 결정·고시된 것으로 보는 지역)에 해당하는 <u>구역·단지·지구 등</u>(이하 이 항에서 "<u>구역등</u>"이라 한다)이 <u>해제</u>되는 경우(<u>개발사업의 완료로 해제</u>되는 경우는 <u>제외</u>한다) 이 법 또는 다른 법률에서 그 구역등이 어떤 용도지역에 해당되는지를 따로 정하고 있지 아니한 경우에는 이를 지정하기 <u>이전의 용도지역</u>으로 <u>환원된 것으로 본다</u>(법 제42제 제4항 전단). (감평 2024)

② 이 경우 <u>지정권자</u>는 <u>용도지역이 환원된 사실</u>을 <u>대통령령</u>으로 정하는 바에 따라 <u>고시</u>(영 제34조 : 고시는 환원일자 및 환원사유와 용도지역이 환원된 도시·군관리계획의 내용을 해당 시·도의 공보와 인터넷 홈페이지에 게재하는 방법으로 한다)하고, 그 지역을 관할하는 특별시장·광역시장·특별자치시장·특별자치도지사·시장 또는 군수에게 <u>통보</u>하여야 한다(법 제42제 제4항 후단).

**(5) 용도지역 환원과 사업 계속**

<u>법 제42조제4항</u>에 따라 <u>용도지역이 환원되는 당시 이미 사업이나 공사에 착수한 자</u>(이 법 또는 다른 법률에 따라 허가·인가·승인 등을 받아야 하는 경우에는 그 허가·인가·승인 등을 받아 사업이나 공사에 착수한 자를 말한다)는 <u>그 용도지역의 환원과 관계없이 그 사업이나 공사를 계속할 수 있다</u>(법 제42제 제5항).

# 4-4 도시·군관리계획4 : 도시·군계획시설

## I 도시·군계획시설의 설치·관리

① 지상·수상·공중·수중 또는 지하에 기반시설을 설치하려면 그 시설의 종류·명칭·위치·규모 등을 미리 도시·군관리계획으로 결정하여야 한다(법 제43조 제1항 본문).(감평 2015) 다만, 용도지역·기반시설의 특성 등을 고려하여 대통령령으로 정하는 경우(영 제35조 : 「주차장·폐차장·방송시설·통신시설·시장·공공청사·사회복지시설·방재시설·종합의료시설 등의 기반시설」 또는 「도시공원 및 녹지 등에 관한 법률」의 규정에 의하여 점용허가대상이 되는 공원안의 기반시설」을 설치하고자 하는 경우 등)에는 그러하지 아니하다(법 제43조 제1항 단서).(감평 2025)

② 효율적인 토지이용을 위하여 둘 이상의 도시·군계획시설을 같은 토지에 함께 결정하거나 도시·군계획시설이 위치하는 공간의 일부를 구획하여 도시·군계획시설을 결정할 수 있다(법 제43조 제2항).

③ 도시·군계획시설의 결정·구조 및 설치의 기준 등에 필요한 사항은 국토교통부령으로 정하고, 그 세부사항은 국토교통부령으로 정하는 범위에서 시·도의 조례로 정할 수 있다(법 제43조 제3항 본문). 다만, 다른 법률에 특별한 규정이 있는 경우에는 그 법률에 따른다(법 제43조 제3항 단서).

④ 도시·군계획시설의 관리에 관하여 이 법 또는 다른 법률에 특별한 규정이 있는 경우 외에는 국가가 관리하는 경우에는 대통령령으로, 지방자치단체가 관리하는 경우에는 그 지방자치단체의 조례로 도시·군계획시설의 관리에 관한 사항을 정한다(법 제43조 제4항).

☞ 지상·수상·공중·수중 또는 지하에 모든 기반시설을 설치하려면 도시·군관리계획으로 결정하여야 한다.(×/기반시설을 설치하려면 미리 도시·군관리계획으로 결정해야 하나, 영 제35조에 규정된 기반시설을 설치하려는 경우에는 그러하지 아니하다.)(감평 2002)

## II 공동구

### 1. 의의

"공동구"란 전기·가스·수도 등의 공급설비, 통신시설, 하수도시설 등 지하매설물을 공동 수용함으로써 미관의 개선, 도로구조의 보전 및 교통의 원활한 소통을 위하여 지하에 설치하는 시설물을 말한다(법 제2조 제9호).

### 2. 공동구의 설치

(1) 사업시행자의 공동구 설치 의무(도/정/택지⇒도청/공공/경제) ★

다음 각 호에 해당하는 지역·지구·구역 등(이하 이 항에서 "지역등"이라 한다)이 <u>대통령령으로 정하는 규모</u>(영 제35조의2 제1항 : 200만제곱미터)를 <u>초과</u>하는 경우에는 해당 지역등에서 <u>개발사업을 시행하는 자</u>(이하 이 조에서 "<u>사업시행자</u>"라 한다)는 <u>공동구를 설치</u>하여야 한다(법 제44조 제1항).(감평 2024, 중개 2017·2018·2021)(100만제곱미터 규모×)

1. 「도시개발법」에 따른 <u>도시개발구역</u>(감평 2018·2021·2024, 중개 2021)
2. 「택지개발촉진법」에 따른 <u>택지개발지구</u>(감평 2017·2019, 중개 2024)
3. 「경제자유구역의 지정 및 운영에 관한 특별법」에 따른 <u>경제자유구역</u>(감평 2021)
4. 「도시 및 주거환경정비법」에 따른 <u>정비구역</u>(감평 2021·중개 2020)
5. 그 밖에 <u>대통령령으로 정하는 지역</u>(영 제35조의2 제2항)
   가. 「공공주택 특별법」에 따른 <u>공공주택지구</u>(중개 2020)
   나. 「도청이전을 위한 도시건설 및 지원에 관한 특별법」에 따른 <u>도청이전신도시</u>(감평 2021·중개 2020)

> ▶암기  사업시행자의 공동구 설치 의무(200만제곱미터 초과 : 도/정/택지→도청/공공/경제)
> 1. <u>도시</u>개발구역
> 2. <u>정비</u>구역
> 3. <u>택지</u>개발지구
> 4. <u>도청</u>이전신도시
> 5. <u>공공</u>주택지구
> 6. <u>경제</u>자유구역

### (2) 사전 협의·심의

법 제44조제1항(공동구의 설치 : 개발사업을 시행하는 자는 공동구를 설치하여야 한다.)에 따른 <u>개발사업의 계획을 수립</u>할 경우에는 <u>공동구 설치에 관한 계획을 포함</u>하여야 한다(법 제44조 제4항 전단). 이 경우 공동구에 수용되어야 할 시설을 설치하고자 공동구를 점용하려는 자(이하 이 조에서 "<u>공동구 점용 예정자</u>"라 한다)와 <u>설치 노선 및 규모 등</u>에 관하여 <u>미리 협의</u>한 후 <u>공동구협의회의 심의</u>를 거쳐야 한다(법 제44조 제4항 후단).

### (3) 도로관리청의 공동구 설치 타당성 검토

「도로법」에 따른 <u>도로 관리청</u>은 <u>지하매설물</u>의 빈번한 설치 및 유지관리 등의 행위로 인하여 <u>도로 구조의 보전과 안전하고 원활한 도로교통의 확보</u>에 지장을 초래하는 경우에는 <u>공동구 설치의 타당성을 검토</u>하여야 한다(법 제44조 제2항 전단). 이 경우 재정여건 및 설치 우선순위 등을 고려하여 <u>단계적으로 공동구가 설치</u>될 수 있도록 하여야 한다(법 제44조 제2항 후단).

### (4) 공동구에 수용하여야 하는 시설

① 공동구가 설치된 경우에는 <u>대통령령으로 정하는 바</u>(영 제35조의3)에 따라 <u>공동구에 수용하여야 할 시설이 모두 수용</u>되도록 하여야 한다(법 제44조 제3항).(감평 2002) 이 경우 공동구에 수용되어야 하는 <u>시설물의 설치기준</u> 등은 다른 법률에 특별한 규정이 있는 경우를 제외하고는 <u>국토교통부장관이 정한다</u>(법 제44조 제7항).

② 다음 각 호 중 <u>제1호부터 제6호까지의 시설을 공동구에 수용하여야 하며, 제7호</u>(가스관) 및 <u>제8호</u>

(하수도관)의 시설은 **공동구협의회**의 **심의**를 거쳐 **수용할 수 있다**(영 제35조의3). (전/통/수→열/중→쓰레기)+(가스-하수도)

1. **전선로**(감평 2017)
2. **통신선로**(감평 2017·2022·2024)
3. **수도관**(감평 2017)
4. 열수송관(감평 2022)
5. 중수도관(감평 2022)
6. 쓰레기수송관(감평 2022, 중개 2024)
7. **가스관**(감평 2017·2022)
8. **하수도관**(중개 2017), 그 밖의 시설

### (5) 공동구 설치 비용의 부담 ★

1) 공동구 점용예정자와 사업시행자가 부담

   공동구의 설치(개량하는 경우를 포함한다)에 필요한 비용 [영 제38조 제1항 : 설치공사의 비용, 내부공사의 비용, 설치를 위한 측량·설계비용, 공동구의 설치로 인하여 보상의 필요가 있는 때에는 그 보상비용(중개 2023), 공동구부대시설의 설치비용, 법 제44조제6항에 따른 융자금이 있는 경우에는 그 이자에 해당하는 금액] 은 이 법 또는 다른 법률에 특별한 규정이 있는 경우를 제외하고는 **공동구 점용예정자**와 **사업시행자**가 **부담**한다(법 제44조 제5항 전단).(감평 2017·2018·2024)

2) 공동구 점용예정자가 부담하는 공동구 설치비용

   **공동구 점용예정자**가 부담하여야 하는 **공동구 설치비용**은 해당 시설을 개별적으로 매설할 때 필요한 비용으로 하되,(감평 2009) 특별시장·광역시장·특별자치시장·특별자치도지사·시장 또는 군수("**공동구관리자**")가 **공동구협의회**의 **심의**를 거쳐 해당 공동구의 위치, 규모 및 주변 여건 등을 고려하여 **정한다**(법 제44조 제5항 후단·영 제38조 제2항).(감평 2017, 중개 2023)

3) 공동구 설치비용 부담금의 통지 및 납부

   **사업시행자**는 공동구의 설치가 포함되는 **개발사업의 실시계획인가등**이 있은 **후(後)** 지체 없이 **공동구 점용예정자**에게 공동구 설치비용 **부담금**의 납부를 통지하여야 하고, **공동구 점용예정자**는 **공동구설치공사**가 착수되기 **전(前)**에 부담액의 **3분의 1 이상**을 **납부**하여야 하며, 그 나머지 금액은 **점용공사기간 만료일**(만료일전에 공사가 완료된 경우에는 그 공사의 완료일을 말한다) **전(前)**까지 **납부**하여야 한다(영 제38조 제3항·제4항).(감평 2024)

4) 공동구 설치비용의 일부 보조·융자

   **공동구 점용예정자**와 **사업시행자**가 **공동구 설치비용**을 **부담**하는 경우 국가, 특별시장·광역시장·특별자치시장·특별자치도지사·시장 또는 군수는 공동구의 원활한 설치를 위하여 그 비용의 일부를 보조 또는 **융자**할 수 있다(법 제44조 제6항).

☞ 공동구의 설치에 필요한 비용은 공동구 점용예정자가 부담하되, 그 부담액은 사업시행자와 협의하여 정한다. ( × ) (법 제44조 제5항·영 제38조 제2항 : 공동구의 설치에 필요한 비용은 공동구 점용예정자와 사업시행자가 부담하되, 그 부담액은 공동구관리자가 공동구협의회의 심의를 거쳐 정한다.)(감평 2017)

## 3. 공동구의 관리·운영 등

### (1) 공동구관리자

공동구는 특별시장·광역시장·특별자치시장·특별자치도지사·시장 또는 군수가 관리한다(법 제44조의2 제1항 본문). 따라서, 특별시장·광역시장·특별자치시장·특별자치도지사·시장 또는 군수가 공동구관리자가 된다.

### (2) 공동구 관리·운영 위탁

① 공동구의 효율적인 관리·운영을 위하여 필요하다고 인정하는 경우에는 「대통령령으로 정하는 기관(영 제39조 제1항)」에 그 관리·운영을 위탁할 수 있다(법 제44조의2 제1항 단서).(감평 2017)

② 여기서 「대통령령으로 정하는 기관」이란 각 호의 어느 하나에 해당하는 기관을 말한다(영 제39조 제1항).
  1. 「지방공기업법」에 따른 지방공사 또는 지방공단(감평 2017)
  2. 「국토안전관리원법」에 따른 국토안전관리원
  3. 공동구의 관리·운영에 전문성을 갖춘 기관으로서 특별시·광역시·특별자치시·특별자치도·시 또는 군의 도시·군계획조례로 정하는 기관

☞ 공동구의 효율적인 관리·운영을 위하여 필요하다고 인정하는 경우에는 지방공사 또는 지방공단에 그 관리·운영을 위탁할 수 있다.(O)(법 제44조의2 제1항 단서)(감평 2017)

### (3) 공동구의 안전 및 유지관리계획

① 공동구관리자는 5년마다 해당 공동구의 안전 및 유지관리계획을 대통령령(영 제39조)으로 정하는 바에 따라 수립·시행하여야 한다(법 제44조의2 제2항).(감평 2018·2019, 중개 2017·2018)

② 공동구관리자가 공동구의 안전 및 유지관리계획을 수립하거나 변경하려면 미리 관계 행정기관의 장과 협의한 후 공동구협의회의 심의를 거쳐야 한다(영 제39조 제3항).

### (4) 안전점검 및 정밀안전진단 실시★

공동구관리자는 대통령령으로 정하는 바(영 제39조 제5항)에 따라 1년에 1회 이상 공동구의 안전점검을 실시하여야 하며(감평 2024)(1년에 2회 이상×), 안전점검결과 이상이 있다고 인정되는 때에는 지체 없이 정밀안전진단·보수·보강 등 필요한 조치를 하여야 한다(법 제44조의2 제3항).(감평 2017·2019)

### (5) 공동구협의회

① 공동구관리자는 공동구의 설치·관리에 관한 주요 사항의 심의 또는 자문을 하게 하기 위하여 공동구협의회를 둘 수 있다(법 제44조의2 제4항 전단). 이 경우 공동구협의회의 구성·운영 등에 필요한 사항은 대통령령(영 제39조의2)으로 정한다(법 제44조의2 제4항 후단).

② 공동구협의회는 위원장 및 부위원장 각 1명을 포함한 10명 이상 20명 이하의 위원으로 구성한다(영 제39조의2 제2항).

③ 공동구협의회의 위원장은 특별시·광역시·특별자치시·특별자치도·시 또는 군의 부시장·부지사 또는 부군수가 되며, 부위원장은 위원 중에서 호선한다(영 제39조의2 제3항 본문). 다만, 둘 이상

의 특별시·광역시·특별자치시·특별자치도·시 또는 군에 공동으로 설치하는 공동구협의회의 위원장은 해당 특별시장·광역시장·특별자치시장·특별자치도지사·시장 또는 군수가 협의하여 정한다(영 제39조의2 제3항 단서).

### 4. 공동구의 관리 비용 등★

① 공동구의 관리에 소요되는 비용은 그 공동구를 점용하는 자가 함께 부담하되, 부담비율은 점용면적을 고려하여 공동구관리자가 정한다(법 제44조의3 제1항).(감평 2018·2019) 이 경우 공동구관리자는 공동구의 관리에 드는 비용을 연 2회로 분할하여 납부하게 하여야 한다(영 제39조의3).

② 공동구 설치비용을 부담하지 아니한 자(부담액을 완납하지 아니한 자를 포함한다)가 공동구를 점용하거나 사용하려면 그 공동구를 관리하는 공동구관리자의 허가를 받아야 한다(법 제44조의3 제2항).(감평 2019)

③ 공동구를 점용하거나 사용하는 자는 그 공동구를 관리하는 특별시·광역시·특별자치시·특별자치도·시 또는 군의 조례로 정하는 바에 따라 점용료 또는 사용료를 납부하여야 한다(법 제44조의3 제3항).(감평 2021)

> ◆ 공동구 설치(개량) 비용(법 제44조 제5항·영 제38조 제2항)
> 1. 부담 주체 : 공동구 점용예정자와 사업시행자가 부담한다.
> 2. 공동구 점용 예정자가 부담할 공동구 설치(개량)비용 : 해당 시설을 개별적으로 매설할 때 필요한 비용으로 하되, 부담액은 공동구관리자가 공동구협의회의 심의를 거쳐 정한다.
>
> ◆ 공동구 관리 비용(법 제44조의3 제1항)
> 1. 부담 주체 : 공동구를 점용하는 자
> 2. 공동구 관리비용 부담 비율 : 점용면적을 고려하여 공동구관리자가 정한다.
>
> ◆ 공동구 사용료(점용료)(법 제44조의3 제3항)
> 공동구를 점용하거나 사용하는 자는 ⇒ 조례로 정하는 바에 따라 점용료 또는 사용료를 납부하여야 한다.

## Ⅲ 광역시설의 설치·관리 등

① 광역시설의 설치 및 관리는 도시·군계획시설의 설치·관리 규정에 따른다(법 제45조 제1항).(감평 2002)
② 관계 특별시장·광역시장·특별자치시장·특별자치도지사·시장 또는 군수는 협약을 체결하거나 협의회 등을 구성하여 광역시설을 설치·관리할 수 있다(법 제45조 제2항 본문).(중개 2017) 다만, 협약의 체결이나 협의회 등의 구성이 이루어지지 아니하는 경우 그 시 또는 군이 같은 도에 속할 때에는 관할 도지사가 광역시설을 설치·관리할 수 있다(법 제45조 제2항 단서).
③ 국가계획으로 설치하는 광역시설은 그 광역시설의 설치·관리를 사업목적 또는 사업종목으로 하여 다른 법률에 따라 설립된 법인이 설치·관리할 수 있다(법 제45조 제3항).(감평 2002, 중개 2017·2021)
④ 지방자치단체는 환경오염이 심하게 발생하거나 해당 지역의 개발이 현저하게 위축될 우려가 있는 광역시설을 다른 지방자치단체의 관할 구역에 설치할 때에는 대통령령으로 정하는 바(영 제40조)에 따라 환경오염 방지를 위한 사업이나 해당 지역 주민의 편익을 증진시키기 위한 사업을 해당 지방자

치단체와 함께 시행하거나 이에 필요한 자금을 해당 지방자치단체에 지원하여야 한다(법 제45조 제4항 본문). 다만, 다른 법률에 특별한 규정이 있는 경우에는 그 법률에 따른다(법 제45조 제4항 단서).

## Ⅳ 도시·군계획시설의 공중 및 지하 설치기준과 보상 등 ★

도시·군계획시설을 공중·수중·수상 또는 지하에 설치하는 경우(지상×) 그 높이나 깊이의 기준과 그 설치로 인하여 토지나 건물의 소유권 행사에 제한을 받는 자에 대한 보상 등에 관하여는 따로 법률로 정한다(법 제46조). (감평 1999·2002·2021)(조례로 정한다.×)

> ☞ 도시철도법 제9조(지하부분에 대한 보상 등) 제1항 : 도시철도건설자가 도시철도건설사업을 위하여 타인 토지의 지하부분을 사용하려는 경우에는 그 토지의 이용 가치, 지하의 깊이 및 토지 이용을 방해하는 정도 등을 고려하여 보상한다.

## Ⅴ 도시·군계획시설 부지의 매수청구

### 1. 매수청구자와 매수의무자 ★

① 도시·군계획시설에 대한 도시·군관리계획의 결정(이하 "도시·군계획시설결정"이라 한다)의 고시일부터 10년 이내에 그 도시·군계획시설의 설치에 관한 도시·군계획시설사업이 시행되지 아니하는 경우[법 제88조(도시·군계획시설사업에 관한 실시계획 작성 및 인가 등)에 따른 실시계획의 인가나 그에 상당하는 절차가 진행된 경우는 제외한다. 이하 같다(중개 2024)] 그 도시·군계획시설의 부지로 되어 있는 토지 중 지목(地目)이 대(垈)인 토지(그 토지에 있는 건축물 및 정착물을 포함한다. 이하 이 조에서 같다)의 소유자는 대통령령(영 제41조 제1항)으로 정하는 바에 따라 특별시장·광역시장·특별자치시장·특별자치도지사·시장 또는 군수에게 그 토지의 매수를 청구할 수 있다(법 제47조 제1항 본문). (감평 2004·2010·2013·2019, 중개 2017·2024) (도시·군계획시설에 대한 도시·군관리계획의 결정의 고시일부터 10년 이내에 실시계획인가만 있고 도시·군계획시설사업이 시행되지 아니한 경우 그 부지의 소유자는 그 토지의 매수를 청구할 수 있다.×)

② 다만, 다음 각 호의 어느 하나에 해당하는 경우에는 그에 해당하는 자(특별시장·광역시장·특별자치시장·특별자치도지사·시장 또는 군수를 포함한다. 이하 이 조에서 "매수의무자"라 한다)에게 그 토지의 매수를 청구할 수 있다(법 제47조 제1항 단서).

  1. 이 법에 따라 해당 도시·군계획시설사업의 시행자가 정하여진 경우에는 그 시행자(감평 2013·2016·2021)

  2. 이 법 또는 다른 법률에 따라 도시·군계획시설을 설치하거나 관리하여야 할 의무가 있는 자가 있으면 그 의무가 있는 자. 이 경우 도시·군계획시설을 설치하거나 관리하여야 할 의무가 있는 자가 서로 다른 경우에는 설치하여야 할 의무가 있는 자에게 매수 청구하여야 한다.(감평 2015)

> **암기** 도시·군계획시설 부지의 매수 청구
> 1. 매수청구 할 수 있는 경우 : 도시·군계획시설결정의 <u>고시일부터 10년 이내</u>에 도시·군계획시설사업이 시행되지 아니하는 경우
> 2. 매수청구자 : <u>도시·군계획시설의 부지</u>로 되어 있는 토지 중 <u>지목(地目)이 대(垈)인 토지의 소유자</u>
> 3. 매수청구 상대방 : 매수의무자
>    (1) <u>특별시장·광역시장·특별자치시장·특별자치도지사·시장 또는 군수</u>
>    (2) 도시·군계획시설사업 시행자가 정해진 경우 ⇒ 시행자
>    (3) 도시·군계획시설 설치·관리 의무자가 있는 경우 ⇒ 설치·관리 의무자(설치⊃관리)

## 2. 매수대금 지급 방법★

① <u>매수의무자</u>는 매수 청구를 받은 토지를 매수할 때에는 <u>현금으로 그 대금을 지급</u>한다(법 제47조 제2항 본문).

② 다만, 다음 각 호의 어느 하나에 해당하는 경우로서 <u>매수의무자가 지방자치단체</u>(지방공사×)인 경우에는 <u>채권</u>(이하 "<u>도시·군계획시설채권</u>"이라 한다)을 발행하여 <u>지급할 수 있다</u>(법 제47조 제2항 단서).(감평 2013·2015·2023, 중개 2021)

  1. 토지 소유자가 원하는 경우
  2. <u>대통령령</u>(영 제41조 제2항·제3항·제4항)으로 정하는 <u>부재부동산 소유자의 토지</u> 또는 <u>비업무용 토지</u>로서 매수대금이 대통령령으로 정하는 금액을 초과(영 제41조 제4항 : 3천만원)하여 그 <u>초과</u>하는 금액을 지급하는 경우(감평 2016)

## 3. 도시·군계획시설채권의 상환기간과 이율★

<u>도시·군계획시설채권</u>의 <u>상환기간</u>은 <u>10년 이내</u>로 하며(감평 2015·2016·2021·2023, 중개 2021), 그 이율은 채권 발행 당시 「은행법」에 따른 인가를 받은 은행 중 전국을 영업으로 하는 은행이 적용하는 1년 만기 정기예금금리의 평균 이상이어야 하며, 구체적인 <u>상환기간</u>과 <u>이율</u>은 특별시·광역시·특별자치시·특별자치도·시 또는 군의 <u>조례</u>로 정한다(법 제47조 제3항).

## 4. 매수 여부 결정 통지 및 매수 기한★

<u>매수의무자는 매수 청구를 받은 날부터 6개월 이내</u>에 매수 여부를 결정하여 <u>토지 소유자</u>와 <u>특별시장·광역시장·특별자치시장·특별자치도지사·시장 또는 군수</u>(매수의무자가 특별시장·광역시장·특별자치시장·특별자치도지사·시장 또는 군수인 경우는 제외한다)에게 알려야 하며, <u>매수하기로 결정한 토지는 매수 결정을 알린 날부터 2년 이내에 매수하여야</u> 한다(법 제47조 제6항).(감평 2004·2013·2014·2015·2016·2021·2023, 중개 2021)

## 5. 매수청구자의 건축물·공작물 설치★

<u>매수 청구를 한 토지의 소유자</u>는 다음 각 호의 어느 하나에 해당하는 경우 <u>개발행위허가를 받아 대통령령으로 정하는 건축물</u> [영 제41조 제5항 : 3층 이하 단독주택, 3층 이하 제1종 근린생활시설, 3층 이하 제2종 근린생활시설(단, 「단란주점·안마시술소·노래연습장·다중생활시설」은 제외한다.)] <u>또는 공작물을 설치할 수 있다</u>(법 제47조 제7항 전단).(감평 2018·2023, 중개 2018)

  1. 법 제47조 제6항에 따라 <u>매수하지 아니하기로 결정한 경우</u>(감평 2013·2021)

2. 법 제47조 제6항에 따라 매수 결정을 알린 날부터 2년이 지날 때까지 해당 토지를 매수하지 아니하는 경우

## Ⅵ 도시·군계획시설결정의 효력 상실1 : 장기 미시행

### 1. 고시일부터 20년 이상 도시·군계획시설사업 미시행★

도시·군계획시설결정이 고시된 도시·군계획시설에 대하여 그 고시일부터 20년이 지날 때까지 그 시설의 설치에 관한 도시·군계획시설사업이 시행되지 아니하는 경우 그 도시·군계획시설결정은 그 고시일부터 20년이 되는 날의 다음날에 그 효력을 잃는다(법 제48조 제1항). (감평 1999·2004·2013·2022, 중개 2017·2018·2019·2024)(20년이 되는 날에 효력을 잃는다, ×)

### 2. 도시·군계획시설결정의 실효고시

시·도지사 또는 대도시 시장은 법 제48조 제1항에 따라 도시·군계획시설결정이 효력을 잃으면 대통령령으로 정하는 바(영 제42조 제1항)에 따라 지체 없이 그 사실을 고시하여야 한다(법 제48조 제2항).

## Ⅶ 도시·군계획시설결정의 효력 상실2 : 지방의회의 해제 권고

### 1. 지방의회에 보고

특별시장·광역시장·특별자치시장·특별자치도지사·시장 또는 군수는 도시·군계획시설결정이 고시된 도시·군계획시설(국토교통부장관이 결정·고시한 도시·군계획시설 중 관계 중앙행정기관의 장이 직접 설치하기로 한 시설은 제외한다. 이하 이 조에서 같다)을 설치할 필요성이 없어진 경우 또는 그 고시일부터 10년이 지날 때까지 해당 시설의 설치에 관한 도시·군계획시설사업이 시행되지 아니하는 경우에는 대통령령으로 정하는 바(영 제42조 제2항)에 따라 그 현황과 단계별 집행계획을 해당 지방의회에 보고하여야 한다(법 제48조 제3항).

### 2. 지방의회의 해제 권고

법 제48조 제3항에 따라 보고를 받은 지방의회는 해당 특별시장·광역시장·특별자치시장·특별자치도지사·시장 또는 군수에게 도시·군계획시설결정의 해제를 권고할 수 있다(법 제48조 제4항).

### 3. 해제를 위한 도시·군관리계획 결정

도시·군계획시설결정의 해제를 권고받은 특별시장·광역시장·특별자치시장·특별자치도지사·시장 또는 군수는 특별한 사유가 없으면 대통령령(영 제42조)으로 정하는 바에 따라 그 도시·군계획시설결정의 해제를 위한 도시·군관리계획을 결정하거나 도지사에게 그 결정을 신청하여야 한다(법 제48조 제5항 전단). 이 경우 신청을 받은 도지사는 특별한 사유가 없으면 그 도시·군계획시설결정의 해제를 위한 도시·군관리계획을 결정하여야 한다(법 제48조 제5항 후단).

# Ⅷ 도시·군계획시설결정의 효력 상실3 : 토지소유자의 해제 신청

## 1. 토지소유자의 「입안권자」에 대한 해제를 위한 도시·군관리계획 입안 신청

도시·군계획시설결정의 고시일부터 10년 이내에 그 도시·군계획시설의 설치에 관한 도시·군계획시설사업이 시행되지 아니한 경우로서 법 제85조(단계별 집행계획의 수립)제1항에 따른 단계별 집행계획상 해당 도시·군계획시설의 실효 시까지 집행계획이 없는 경우에는 그 도시·군계획시설 부지로 되어 있는 「토지의 소유자」는 대통령령으로 정하는 바(영 제42조의2 제1항)에 따라 해당 도시·군계획시설에 대한 도시·군관리계획 입안권자에게 그 토지의 도시·군계획시설결정 해제를 위한 도시·군관리계획 입안을 신청할 수 있다(법 제48조의2 제1항). (중개 2018·2024) (도시·군계획시설 부지 내에 건물만을 소유한 자도 도시·군계획시설결정 해제를 위한 도시·군관리계획 입안을 신청할 수 있다. ×)

## 2. 도시·군관리계획 「입안권자」의 해제를 위한 입안 의무

도시·군관리계획 입안권자는 법 제48조의2 제1항에 따른 신청을 받은 날부터 3개월 이내에 입안 여부를 결정하여 토지 소유자에게 알려야 하며, 해당 도시·군계획시설결정의 실효 시까지 설치하기로 집행계획을 수립하는 등 대통령령으로 정하는 특별한 사유(영 제42조의2 제2항)가 없으면 그 도시·군계획시설결정의 해제를 위한 도시·군관리계획을 입안하여야 한다(법 제48조의2 제2항).

## 3. 토지소유자의 「결정권자」에 대한 도시·군계획시설결정의 해제 신청

① 법 제48조의2 제1항에 따라 신청을 한 토지 소유자는 해당 도시·군계획시설결정의 해제를 위한 도시·군관리계획이 입안되지 아니하는 등 대통령령으로 정하는 사항에 해당하는 경우(영 제42조의2 제3항)에는 해당 도시·군계획시설에 대한 도시·군관리계획 결정권자에게 그 도시·군계획시설결정의 해제를 신청할 수 있다(법 제48조의2 제3항).

② 도시·군관리계획 결정권자는 법 제48조의2 제3항에 따른 신청을 받은 날부터 2개월 이내에 결정 여부를 정하여 토지 소유자에게 알려야 하며, 특별한 사유가 없으면 그 도시·군계획시설결정을 해제하여야 한다(법 제48조의2 제4항).

## 4. 토지소유자의 「국장」에 대한 도시·군계획시설결정의 해제 심사 신청

① 법 제48조의2 제3항에 따라 도시·군관리계획 결정권자에게 도시·군계획시설결정의 해제 신청을 한 토지 소유자는 해당 도시·군계획시설결정이 해제되지 아니하는 등 대통령령으로 정하는 사항에 해당하는 경우(영 제42조의2 제4항)에는 국토교통부장관에게 그 도시·군계획시설결정의 해제 심사를 신청할 수 있다(법 제48조의2 제5항).

② 이 경우 해제 심사 신청을 받은 국토교통부장관은 중앙도시계획위원회의 심의를 거쳐 해당 도시·군계획시설에 대한 도시·군관리계획 결정권자에게 도시·군계획시설결정의 해제를 권고할 수 있고(법 제48조의2 제6항·영 제42조의2 제6항), (중개 2022) 해제를 권고받은 도시·군관리계획 결정권자는 특별한 사유가 없으면 그 도시·군계획시설결정을 해제하여야 한다(법 제48조의2 제7항).

# CHAPTER 4-5 도시·군관리계획5 : 지구단위계획

## I. 지구단위계획의 수립

### 1. "지구단위계획"의 의의

"지구단위계획"이란 도시·군계획 수립 대상지역의 일부에 대하여 토지 이용을 합리화하고 그 기능을 증진시키며 미관을 개선하고 양호한 환경을 확보하며, 그 지역을 체계적·계획적으로 관리하기 위하여 수립하는 도시·군관리계획을 말한다(법 제2조 제5호).

> ☞ 지구단위계획은 종전의 「도시계획법」에 의한 상세계획과 「건축법」에 의한 도시설계를 통합하면서 생긴 제도이다. 도시관리계획은 도시 전반의 행정구역 대한 용도지역·용도지구 등 보다 거시적인 토지이용계획과 기반시설의 정비 등에 중점을 두며, 건축계획은 특정 필지에서의 건축물 등 입체적 시설계획에 중점을 두나, 지구단위계획은 도시의 일부지역을 대상으로 토지이용계획과 건축물계획을 같이 고려하여 평면적인 토지이용계획과 입체적인 건축계획이 서로 조화를 이루도록 하는데 중점을 두고 있다(서울특별시 도시계획국 : 도시계획용어사전).

### 2. 지구단위계획 수립 시 고려 사항

지구단위계획은 다음 각 호의 사항을 고려하여 수립한다(법 제49조 제1항).
1. 도시의 정비·관리·보전·개발 등 지구단위계획구역의 지정 목적
2. 주거·산업·유통·관광휴양·복합 등 지구단위계획구역의 중심기능
3. 해당 용도지역의 특성(감평 2018, 중개 2021)
4. 그 밖에 대통령령으로 정하는 사항(영 제42조의3 제1항)
   가. 지역 공동체의 활성화(감평 2018)
   나. 안전하고 지속가능한 생활권의 조성(감평 2018)
   다. 해당 지역 및 인근 지역의 토지 이용을 고려한 토지이용계획과 건축계획의 조화(감평 2018)

### 3. 지구단위계획 수립기준

① 지구단위계획의 수립기준 등은 대통령령으로 정하는 바(영 제42조의3 제2항)에 따라 국토교통부장관이 정한다(법 제49조 제2항). (감평 2015·2016)
② 국토교통부장관은 지구단위계획의 수립기준을 정할 때에는 다음 각 호의 사항을 고려해야 한다(영 제42조의3 제2항).
   1. 개발제한구역 : 개발제한구역에 지구단위계획을 수립할 때에는 개발제한구역의 지정 목적이나 주변환경이 훼손되지 아니하도록 하고, 「개발제한구역의 지정 및 관리에 관한 특별조치법」을 우선하여 적용할 것(감평 2021)

2. **보전관리지역** : 보전관리지역에 지구단위계획을 수립할 때에는 영 제44조제1항제1호의2 각 목 외의 부분 후단에 따른 경우를 제외하고는 녹지 또는 공원으로 계획하는 등 환경 훼손을 최소화할 것
3. **역사문화환경 보존지역** : 「문화유산의 보존 및 활용에 관한 법률」 제13조에 따른 역사문화환경 보존지역 및 「자연유산의 보존 및 활용에 관한 법률」 제10조에 따른 역사문화환경 보존지역에서 지구단위계획을 수립하는 경우에는 국가유산 및 역사문화환경과 조화되도록 할 것 (감평 2021)
4. **대지 바깥 건축물부설주차장1** : 지구단위계획구역에서 원활한 교통소통을 위하여 필요한 경우에는 지구단위계획으로 건축물부설주차장을 해당 건축물의 대지가 속하여 있는 가구에서 해당 건축물의 대지 바깥에 단독 또는 공동으로 설치하게 할 수 있도록 할 것. 이 경우 대지 바깥에 공동으로 설치하는 건축물부설주차장의 위치 및 규모 등은 지구단위계획으로 정한다.
5. **대지 바깥 건축물부설주차장2** : 제4호에 따라 대지 바깥에 설치하는 건축물부설주차장의 출입구는 간선도로변에 두지 아니하도록 할 것. 다만, 특별시장·광역시장·특별자치시장·특별자치도지사·시장 또는 군수가 해당 지구단위계획구역의 교통소통에 관한 계획 등을 고려하여 교통소통에 지장이 없다고 인정하는 경우에는 그러하지 아니하다. (건축물부설 주차장의 출입구는 간선도로변에 둘 것 ×)
6. **특정부분 별도구역 지정** : 지구단위계획구역에서 공공사업의 시행, 대형건축물의 건축 또는 2필지 이상의 토지소유자의 공동개발 등을 위하여 필요한 경우에는 특정 부분을 별도의 구역으로 지정하여 계획의 상세 정도 등을 따로 정할 수 있도록 할 것
7. **경미한 사항** : 지구단위계획구역의 지정 목적, 향후 예상되는 여건변화, 지구단위계획구역의 관리 방안 등을 고려하여 영 제25조제4항제9호(지구단위계획 변경시 협의·심의절차를 생략할 수 있는 경우 : 지구단위계획에서 경미한 사항으로 결정된 사항의 변경인 경우)에 따른 경미한 사항을 정하는 것이 필요한지를 검토하여 지구단위계획에 반영하도록 할 것
8. **용적률이 높은 지역으로 변경** : 지구단위계획의 내용 중 기존의 용도지역 또는 용도지구를 용적률이 높은 용도지역 또는 용도지구로 변경하는 사항이 포함되어 있는 경우 변경되는 구역의 용적률은 기존의 용도지역 또는 용도지구의 용적률을 적용하되, 공공시설부지의 제공현황 등을 고려하여 용적률을 완화할 수 있도록 계획할 것 (변경되는 구역의 용적률은 변경되는 지역의 용적률 적용 ×)
9. **건폐율·용적률 완화** : 영 제46조(도시지역 내(內) 지구단위계획구역에서의 건폐율 등의 완화적용) 및 영 제47조(도시지역 외(外) 지구단위계획구역에서의 건폐율 등의 완화적용)에 따른 건폐율·용적률 등의 완화 범위를 포함하여 지구단위계획을 수립하도록 할 것 (감평 2021)
10. **도시지역 內 – 복합적 토지 이용** : 법 제51조(지구단위계획구역의 지정 등) 제1항제8호의2에 해당하는 도시지역 내(內) 주거·상업·업무 등의 기능을 결합하는 복합적 토지 이용의 증진이 필요한 지역은 지정 목적을 복합용도개발형으로 구분하되, 3개 이상의 중심기능을 포함하여야 하고 중심기능 중 어느 하나에 집중되지 아니하도록 계획할 것 (2개 이상 중심기능 포함×/중심기능 중 어느 하나에 집중되도록 할 것 ×)
11. **정비구역·택지개발지구 – 사업 종료후 10년 경과 지역** : 법 제51조제2항제1호(필수적 지구단위계획구역 : 정비구역과 택지개발지구의 지역에서 시행되는 사업이 끝난 후 10년이 지난 지역)의 지역에 수립하는 지구단위계획의 내용 중 법 제52조 제1항 [지구단위계획의 내용 : (제1호) 용도지역이나 용도지구

를 대통령령으로 정하는 범위에서 세분하거나 변경하는 사항, (제4호) 건축물의 용도제한, 건축물의 건폐율 또는 용적률, 건축물 높이의 최고한도 또는 최저한도] 제1호 및 제4호(건축물의 용도제한은 제외한다)의 사항은 해당 지역에 시행된 사업이 끝난 때의 내용을 유지함을 원칙으로 할 것(감평 2021)(건축물의 용도제한은 해당 지역에 시행된 사업이 시작된 때의 내용을 유지함을 원칙으로 한다. ×)

12. 도시지역外 1 – 중심기능에 따른 지정 목적 구분 : 도시지역 외(外)의 지역에 지정하는 지구단위계획구역은 해당 구역의 중심기능에 따라 주거형, 산업·유통형, 관광·휴양형 또는 복합형 등으로 지정 목적을 구분할 것(감평 2021)

13. 도시지역外 2 – 중심기능과 유사한 도시지역 건축제한 고려 : 도시지역 외(外)의 지구단위계획구역에서 건축할 수 있는 건축물의 용도·종류 및 규모 등은 해당 구역의 중심기능과 유사한 도시지역의 용도지역별 건축제한 등을 고려하여 지구단위계획으로 정할 것

> ☞ 지구단위계획의 수립기준 등은 시·도지사가 정한다. (×/국토교통부장관)(감평 2016)
> ☞ 광역도시계획의 수립기준 등은 대통령령으로 정하는 바에 따라 국토교통부장관이 정한다. (○)(법 제12조 제2항)
> ☞ 도시·군기본계획의 수립기준 등은 대통령령으로 정하는 바에 따라 국토교통부장관이 정한다. (○)(법 제19조 제3항)
> ☞ 도시·군관리계획의 수립기준은 대통령령으로 정하는 바에 따라 국토교통부장관(수산자원보호구역의 경우 해양수산부장관)이 정한다(○). (법 제25조 제4항)

## Ⅱ 지구단위계획구역 및 지구단위계획의 결정★

지구단위계획구역 및 지구단위계획은 도시·군관리계획으로 결정한다(법 제50조). (감평 2015·2016·2017·2019·2025, 중개 2021)

> ☞ 지구단위계획은 도시·군기본계획으로 결정한다. (×/도시·군관리계획)(감평 2016)

## Ⅲ 지구단위계획구역의 지정 등

### 1. 임의적 지정대상지역★

국토교통부장관, 시·도지사, 시장 또는 군수는 다음 각 호의 어느 하나에 해당하는 지역의 전부 또는 일부에 대하여 지구단위계획구역을 지정할 수 있다(법 제51조 제1항). (감평 2015)

1. 법 제37조(용도지구의 지정)에 따라 지정된 용도지구(감평 2017·2019)
2. 「도시개발법」에 따라 지정된 도시개발구역(감평 2023)
3. 「도시 및 주거환경정비법」에 따라 지정된 정비구역(감평 2017)
4. 「택지개발촉진법」에 따라 지정된 택지개발지구

5. 「주택법」에 따른 대지조성사업지구
6. 「산업입지 및 개발에 관한 법률」에 따른 산업단지와 준산업단지(중개 2023)
7. 「관광진흥법」에 따라 지정된 관광단지와 관광특구(중개 2017·2021)
8. 개발제한구역·도시자연공원구역·시가화조정구역 또는 공원에서 「해제」되는 구역(도/시/개/공원→해제), 녹지지역에서 주거·상업·공업지역으로 「변경」되는 구역과 새로 도시지역으로 「편입」되는 구역 중 계획적인 개발 또는 관리가 필요한 지역(감평 2014·2024·2025)
9. ⓐ 도시지역 내(內) 주거·상업·업무 등의 기능을 결합하는 등 복합적인 토지 이용을 증진시킬 필요가 있는 지역으로서 대통령령으로 정하는 요건에 해당하는 지역
   ⓑ 여기서 "대통령령으로 정하는 요건에 해당하는 지역"이란 일반주거지역, 준주거지역, 준공업지역(중개 2023 : 일반공업지역×) 및 상업지역에서 낙후된 도심 기능을 회복하거나 도시균형발전을 위한 중심지 육성이 필요한 경우로서 다음 어느 하나에 해당하는 지역을 말한다(영 제43조 제1항).
   (1) 주요 역세권, 고속버스 및 시외버스 터미널, 간선도로의 교차지 등 양호한 기반시설을 갖추고 있어 대중교통 이용이 용이한 지역
   (2) 역세권의 체계적·계획적 개발이 필요한 지역
   (3) 세 개 이상의 노선이 교차하는 대중교통 결절지(結節地)로부터 1킬로미터 이내에 위치한 지역
   (4) 「역세권의 개발 및 이용에 관한 법률」에 따른 역세권개발구역, 「도시재정비 촉진을 위한 특별법」에 따른 고밀복합형 재정비촉진지구로 지정된 지역
10. 도시지역 내(內) 유휴토지를 효율적으로 개발하거나 교정시설, 군사시설, 그 밖에 대통령령으로 정하는 시설(영 제43조 제2항 : 철도, 항만, 공항, 공장, 병원, 학교, 공공청사, 공공기관, 시장, 운동장 및 터미널 등)을 이전 또는 재배치하여 토지 이용을 합리화하고, 그 기능을 증진시키기 위하여 집중적으로 정비가 필요한 지역으로서 대통령령으로 정하는 요건에 해당하는 지역(영 제43조 제3항 : 5천제곱미터 이상으로서 도시·군계획조례로 정하는 면적 이상의 유휴토지 또는 대규모 시설의 이전부지)
11. 도시지역의 체계적·계획적인 관리 또는 개발이 필요한 지역
12. 그 밖에 양호한 환경의 확보나 기능 및 미관의 증진 등을 위하여 필요한 지역으로서 대통령령으로 정하는 지역(영 제43조 제4항 : ⓐ 시범도시, ⓑ 주택재건축사업에 의해 공동주택을 건축하는 지역, ⓒ 지하 및 공중공간을 효율적으로 개발하고자 하는 지역, ⓓ 개발행위허가제한지역, ⓔ 용도지역 지정·변경에 관한 도시군관리계획 입안을 위해 열람공고된 지역, ⓕ 지구단위계획구역으로 지정하고자 하는 토지와 접하여 공공시설을 설치하고자 하는 자연녹지지역)

> **암기** 임의적 지정대상지역
> ⇒ 도/정/용(용도지구)/택지 → 대지/산업/관광 → 해제+변경+편입 → 도시지역 內
> ☞ 용도지구로 지정된 지역에 대하여는 지구단위계획구역을 지정할 수 없다.(×) (법 제51조 제1항 제1호에 의해 지정할 수 있다.) (감평 2017)
> ☞ 「도시 및 주거환경정비법」에 따라 지정된 정비구역의 일부에 대하여 지구단위계획구역을 지정할 수 있다.(○)(법 제51조 제1항 제3호) (감평 2017)
> ☞ 개발제한구역·도시자연공원구역·시가화조정구역 또는 공원에서 해제되는 구역 중 계획적인 개발 또는 관리가 필요한 지역은 반드시 지구단위계획구역으로 지정해야 한다.(×)(법 제51조 제1항 제8호 : 반드시 지정해야 하는 것이 아니라 지정할 수 있는 지역이다.)

## 2. 필수적 지정대상지역★

<u>국토교통부장관, 시·도지사, 시장 또는 군수</u>는 다음 각 호의 어느 하나에 해당하는 지역은 <u>지구단위계획구역으로 지정하여야 한다</u>(법 제51조 제2항 본문). 다만, 관계 법률에 따라 그 지역에 <u>토지 이용과 건축</u>에 관한 계획이 수립되어 있는 경우에는 <u>그러하지 아니하다.</u>(법 제51조 제2항 단서)

1. 「도시 및 주거환경정비법」에 따라 지정된 <u>정비구역</u> 및 「택지개발촉진법」에 따라 지정된 <u>택지개발지구</u>의 지역에서 시행되는 <u>사업이 끝난 후 10년이 지난 지역</u>(감평 2014, 중개 2023)
2. 법 제51조 제1항 각 호 중 <u>체계적·계획적인 개발 또는 관리가 필요한 지역</u>으로서 <u>대통령령으로 정하는 지역</u>(영 제43조 제5항)으로서 그 면적이 <u>30만제곱미터 이상인</u> 지역을 말한다.
    - 가. <u>시가화조정구역 또는 공원에서 해제되는 지역.</u>(도×/시/개×/공원 → 해제) 다만, 녹지지역으로 지정 또는 존치되거나 법 또는 다른 법령에 의하여 <u>도시·군계획사업</u> 등 개발계획이 수립되지 아니하는 경우를 제외한다(영 제43조 제5항 제1호).
    - 나. <u>녹지지역</u>에서 <u>주거지역·상업지역 또는 공업지역</u>으로 <u>변경</u>되는 지역(영 제43조 제5항 제2호).(감평 2014)
    - 다. 그 밖에 특별시·광역시·특별자치시·특별자치도·시 또는 군의 <u>도시·군계획조례로 정하는 지역</u>(영 제43조 제5항 제3호)

☞ 「도시 및 주거환경정비법」에 따라 지정된 정비구역에서 시행되는 사업이 끝난 후 10년이 지난 지역이나, 「택지개발촉진법」에 따라 지정된 택지개발지구의 지역에서 시행되는 사업이 끝난 후 10년이 지난 지역에 대해서는 반드시 지구단위계획구역으로 지정 해야 한다. ( O )(법 제51조 제2항 제1호)(감평 2014)

☞ 도시지역의 체계적·계획적인 개발 또는 관리가 필요한 지역으로서 녹지지역에서 주거지역·상업지역 또는 공업지역으로 변경되는 지역으로서 그 면적이 30만제곱미터 이상인 지역에 대해서는 반드시 지구단위계획구역으로 지정해야 한다. ( O )(법 제51조 제2항 제2호 및 영 제43조 제5항 제2호)(감평 2014)

> ▶ **암기** 필수적 지정대상지역
> ⇒ 10년 지난 → 정/택씨
> ⇒ 30만 → 해/변/조례에서 만나다.
>
> ◆ 필수적 지구단위계획구역 지정 대상 지역(법 제51조 제2항 및 영 제43조 제5항)(10년 or 30만)
> 1. <u>정비구역</u> 및 <u>택지개발지구</u>의 지역에서 <u>시행되는 사업이 끝난 후 10년이 지난 지역</u>(정/택)
> 2. <u>체계적·계획적인 개발 또는 관리가 필요한 지역</u>으로서 그 면적이 <u>30만제곱미터 이상인</u> 아래의 지역(해/변/조례)
>     ① <u>시가화조정구역 또는 공원에서 해제되는 지역</u>(도×/시/개×/공원 → 해제)
>     ② <u>녹지지역</u>에서 <u>주거지역·상업지역 또는 공업지역</u>으로 <u>변경</u>되는 지역
>     ③ 그 밖에 특별시·광역시·특별자치시·특별자치도·시 또는 군의 <u>도시·군계획조례로 정하는 지역</u>

| ※ 도시개발구역(사업)·정비구역(사업)·용도지역(용도지구)·택지개발지구 | | |
|---|---|---|
| 도시·군관리 계획 | | 도/정/용/기/지 → 도/시/개 - 수/입체 - 혁신/복합 |
| 공동구 설치 | | 도/정/택지 → 도청/공공/경제 |
| 지구단위계획구역 | 필수 | (10년 지난) 정/택씨 → (30만) 해/변/조례 |
| | 임의 | 도/정/용(용도지구)/택지 → 대지/산업/관광 → 해제+변경+편입 |

## 3. 도시지역 외(外) : 지구단위계획구역 지정 요건

도시지역 외(外)의 지역을 지구단위계획구역으로 지정하려는 경우 다음 각 호의 어느 하나에 해당하여야 한다(법 제51조 제3항). (중개 2017) (50% 계획관리 → 대체/진흥)

1. 지정하려는 구역 면적의 100분의 50 이상이 계획관리지역으로서 대통령령으로 정하는 요건(영 제44조 제1항)에 해당하는 지역(중개 2023) (3분의 2 이상이 계획관리지역×)
2. 개발진흥지구로서 대통령령으로 정하는 요건(영 제44조 제2항 : ⓐ 주거개발진흥지구, 복합개발진흥지구, 특정개발진흥지구 ; 계획관리지역에 위치할 것, ⓑ 산업 · 유통개발진흥지구(중개 2023), 복합개발진흥지구 ; 계획관리지역 · 생산관리지역 · 농림지역에 위치할 것, ⓒ 관광 · 휴양개발진흥지구 ; 도시지역외의 지역에 위치할 것)에 해당하는 지역
3. 용도지구를 폐지하고 그 용도지구에서의 행위 제한 등을 지구단위계획으로 대체하려는 지역

# Ⅳ 지구단위계획의 내용

## 1. 지구단위계획의 내용

### (1) 지구단위계획에 포함할 사항★

지구단위계획구역의 지정목적을 이루기 위하여 지구단위계획에는 다음 각 호의 사항 중 제2호와 제4호의 사항을 포함한 둘 이상의 사항이 포함되어야 한다(법 제52조 제1항 본문). (감평 2013·2016) 다만, 제1호의2를 내용으로 하는 지구단위계획의 경우에는 그러하지 아니하다(법 제52조 제1항 단서).

1. 용도지역이나 용도지구를 대통령령으로 정하는 범위(영 제45조 제2항)에서 세분하거나 변경하는 사항(감평 2013)

1의2. 기존의 용도지구를 폐지하고 그 용도지구에서의 건축물이나 그 밖의 시설의 용도·종류 및 규모 등의 제한을 대체하는 사항

2. 대통령령(영 제45조 제3항)으로 정하는 기반시설의 배치와 규모(감평 2012)
3. 도로로 둘러싸인 일단의 지역 또는 계획적인 개발·정비를 위하여 구획된 일단의 토지의 규모와 조성계획(감평 2013)
4. 건축물의 용도제한(감평 2016), 건축물의 건폐율 또는 용적률, 건축물 높이의 최고한도 또는 최저한도(감평 2012·2013)
5. 건축물의 배치·형태·색채 또는 건축선에 관한 계획(감평 2012·2013·2019, 중개 2017)
6. 환경관리계획 또는 경관계획
7. 보행안전 등을 고려한 교통처리계획
8. 그 밖에 토지 이용의 합리화, 도시나 농·산·어촌의 기능 증진 등에 필요한 사항으로서 대통령령으로 정하는 사항(영 제45조 제4항)
    (1) 지하 또는 공중공간에 설치할 시설물의 높이·깊이·배치 또는 규모
    (2) 대문·담 또는 울타리의 형태 또는 색채

(3) 간판의 크기·형태·색채 또는 재질(감평 2013)
(4) 장애인·노약자 등을 위한 편의시설계획
(5) 에너지 및 자원의 절약과 재활용에 관한 계획
(6) 생물서식공간의 보호·조성·연결 및 물과 공기의 순환 등에 관한 계획
(7) 국가유산 및 역사문화환경 보호에 관한 계획

> **암기** 지구단위계획에 필수적으로 포함할 사항(법 제52조 제1항 제2호·제4호)
> 1. 기반시설의 배치와 규모
> 2. 건축물의 용도제한·건폐율·용적률·높이 최고(최저)한도

○정리

지구단위계획 내용(일단의/용도/기반→건축물/계획/합리화)
1. 일단의 지역(토지) → 규모와 조성계획
2. 용도
   (1) 용도지역·용도지구 → 세분·변경
   (2) 용도지구 폐지 후 → 대체(단독 可)
3. 기반시설 → 배치·규모(필수)
4. 건축물
   (1) 용도제한, 건폐율, 용적률, 높이제한(필수)
   (2) 배치·형태·색채·건축선(배/형/색/선) (성장관리계획 → 건축선 ×)
   (3) 대문·담·울타리·간판
5. 계획 → 환경관리계획, 경관계획, 교통처리계획(성장관리계획 → 교통처리계획 ×)
6. 토지이용의 합리화

(2) 도시·군계획시설 수용능력 → 조화 ← 지구단위계획구역 개발밀도

지구단위계획은 도로, 상하수도 등 대통령령으로 정하는 도시·군계획시설 [영 제45조 제5항 : 도로·주차장·공원·녹지·공공공지, 수도·전기·가스·열공급설비, 학교(초등학교 및 중학교에 한한다)·하수도·폐기물처리 및 재활용시설]의 처리·공급 및 수용능력이 지구단위계획구역에 있는 건축물의 연면적, 수용인구 등 개발밀도와 적절한 조화를 이룰 수 있도록 하여야 한다(법 제52조 제2항·영 제45조 제5항).

## 2. 지구단위계획으로 완화 적용

(1) 서

지구단위계획구역에서는 법 제76조부터 법 제78조까지의 규정(법 제76조 : 용도지역 및 용도지구에서의 건축물의 건축 제한 등, 법 제77조 : 용도지역의 건폐율, 법 제78조 : 용도지역에서의 용적률)과 「건축법」 제42조(대지의 조경)·제43조(공개 공지 등의 확보)·제44조(대지와 도로의 관계)·제60조(가로구역별 건축물의 높이 제한) 및 제61조(일조 등의 확보를 위한 건축물의 높이 제한), 「주차장법」 제19조(부설주차장의 설치·지정) 및 제19조의2(부설주차장 설치계획서 제출 의무)를 대통령령으로 정하는 범위(영 제46조·영 제47조)에서 지구단위계획으로 정하는 바에 따라 완화하여 적용할 수 있다(법 제52조 제3항).

(2) 도시지역 외(外) 지구단위계획구역에서의 건폐율 등의 완화 적용★

① 지구단위계획구역에서는 지구단위계획으로 당해 용도지역 또는 개발진흥지구에 적용되는 건폐율의 150퍼센트 및 용적률의 200퍼센트 이내에서 건폐율 및 용적률을 완화하여 적용할 수 있다(영 제47조 제1항).(감평 2016·2017·2023, 중개 2018)

② 지구단위계획구역에서는 지구단위계획으로 건축물의 용도·종류 및 규모 등을 완화하여 적용할 수 있다(영 제 47조 제2항 본문).(중개 2018) 다만, 개발진흥지구(계획관리지역에 지정된 개발진흥지구를 제외한다)에 지정된 지구단위계획구역에 대하여는 「건축법 시행령」 별표 1 제2호의 공동주택중 아파트 및 연립주택은 허용되지 아니한다(영 제47조 제2항 단서).(중개 2018)

**(3) 도시지역 내(內) 지구단위계획구역에서의 건폐율 등의 완화적용 : 영 제46조**

> ◉ 정리
>
> ◆ 지구단위계획으로 완화 적용 : 도시지역 내(內) 지구단위계획구역
>
> 1. 공공시설등의 부지로 제공 or 공공시설등을 설치하여 제공
>    ① 지구단위계획구역에서 건축물을 건축하려는 자가 그 대지의 일부를 "공공시설등(공공시설, 기반시설, 공공임대주택, 공공필요성이 인정되어 조례로 정하는 시설)"의 부지로 제공하거나 공공시설등을 설치하여 제공하는 경우에는 그 건축물에 대하여 지구단위계획으로 건폐율·용적률 및 높이제한을 완화하여 적용할 수 있다. 이 경우 제공받은 공공시설등은 국유재산 또는 공유재산으로 관리한다.
>    ② 《공공시설등의 부지 제공》
>       ⓐ 완화할 수 있는 건폐율 = 해당 용도지역에 적용되는 건폐율 × [1 + 공공시설등의 부지로 제공하는 면적 ÷ 원래의 대지면적] 이내
>       ⓑ 완화할 수 있는 용적률 = 해당 용도지역에 적용되는 용적률 + [1.5 × (공공시설등의 부지로 제공하는 면적 × 공공시설등 제공 부지의 용적률) ÷ 공공시설등의 부지 제공 후의 대지면적](감평 2004)
>       ⓒ 완화할 수 있는 높이 = 「건축법」 제60조(가로구역별 건축물의 높이 제한)에 따라 제한된 높이 × (1 + 공공시설등의 부지로 제공하는 면적 ÷ 원래의 대지면적) 이내
>    ③ 《공공시설등을 설치하여 제공》 공공시설등을 설치하여 제공(그 부지의 제공은 제외한다)하는 경우에는 공공시설등을 설치하는 데에 드는 비용에 상응하는 가액(價額)의 부지를 제공한 것으로 보아 건폐율·용적률 및 높이제한을 완화하여 적용할 수 있다.
>    ④ 《공공시설등의 부지 제공 + 공공시설등을 설치하여 제공》 공공시설등을 설치하여 그 부지와 함께 제공하는 경우에는 위 ② 및 ③에 따라 완화할 수 있는 건폐율·용적률 및 높이를 합산한 비율까지 완화하여 적용할 수 있다.
>
> 2. 보상금 반환
>    특별시장·광역시장·특별자치시장·특별자치도지사·시장 또는 군수는 지구단위계획구역에 있는 토지를 공공시설부지로 제공하고 보상을 받은 자 또는 그 포괄승계인이 그 보상금액에 국토교통부령이 정하는 이자를 더한 금액("반환금")을 반환하는 경우에는 당해 지방자치단체의 도시·군계획조례가 정하는 바에 따라 「위 1. ② 공공시설등의 부지 제공」을 적용하여 당해 건축물에 대한 건폐율·용적률 및 높이제한을 완화할 수 있다. 이 경우 그 반환금은 기반시설의 확보에 사용하여야 한다.
>
> 3. 건축법상 공개공지 등의 확보
>    지구단위계획구역에서 건축물을 건축하고자 하는 자가 「건축법」 제43조(공개 공지 등의 확보)

제1항에 따른 <u>공개공지</u> 또는 <u>공개공간</u>을 같은 항에 따른 <u>의무면적</u>을 <u>초과</u>하여 <u>설치</u>한 경우에는 법 제52조제3항(지구단위계획의 내용 : 건축물의 건축제한·건폐율·용적률 규정 완화 적용)에 따라 당해 건축물에 대하여 지구단위계획으로 다음 비율까지 <u>용적률 및 높이제한을 완화</u>하여 <u>적용할 수 있다.</u>
① 완화할 수 있는 용적률 = 「건축법」 제43조(공개 공지 등의 확보)제2항에 따라 <u>완화된 용적률</u>+(당해 용도지역에 적용되는 용적률×의무면적을 초과하는 공개공지 또는 공개공간의 면적의 절반÷대지면적) 이내
② 완화할 수 있는 높이 = 「건축법」 제43조(공개 공지 등의 확보)제2항에 따라 <u>완화된 높이</u>+(「건축법」 제60조(건축물의 높이 제한)에 따른 높이×의무면적을 초과하는 공개공지 또는 공개공간의 면적의 절반÷대지면적) 이내

4. 건폐율 완화 적용
   지구단위계획구역에서는 법 제52조제3항(지구단위계획의 내용 : 건축물의 건축제한·건폐율·용적률 규정 완화 적용)의 규정에 의하여 도시·군계획조례의 규정에 불구하고 <u>지구단위계획</u>으로 영 제84조(용도지역안에서의 건폐율)에 규정된 범위안에서 <u>건폐율</u>을 완화하여 적용할 수 있다.

5. 개발진흥지구(용적률 : 120%, 높이제한 : 120%)
   ① <u>도시지역</u>에 <u>개발진흥지구</u>를 <u>지정</u>하고 당해 지구를 <u>지구단위계획구역</u>으로 지정한 경우에는 <u>지구단위계획</u>으로 당해 용도지역에 적용되는 <u>용적률</u>의 <u>120퍼센트 이내</u>에서 <u>용적률</u>을 <u>완화</u>하여 적용할 수 있다.(감평 2023)
   ② <u>도시지역</u>에 <u>개발진흥지구</u>를 <u>지정</u>하고 당해 지구를 <u>지구단위계획구역</u>으로 지정한 경우에는 <u>지구단위계획</u>으로 「건축법」상 가로구역별 건축물의 높이 제한에 따라 제한된 <u>건축물높이</u>의 <u>120퍼센트 이내</u>에서 <u>높이제한</u>을 <u>완화</u>하여 적용할 수 있다.(감평 2025, 중개 2018)

※ 「위 1, 2, 3, 4, 5①」 완화 적용 한도 (건폐율 : 150%, 용적률 : 200%)
<u>도시지역 내(內)</u> 지구단위계획구역에서 <u>완화</u>하여 <u>적용</u>되는 <u>건폐율 및 용적률</u>은 원칙적으로 당해 용도지역 또는 용도지구에 적용되는 건폐율의 150퍼센트 및 용적률의 200퍼센트를 각각 초과할 수 없다.

6. 준주거지역(용적률 140%, 높이제한 : 200%)
   ① <u>지구단위계획구역 내 준주거지역</u>에서 <u>건축물을 건축</u>하려는 자가 그 대지의 일부를 <u>공공시설</u> 등의 부지로 제공하거나 공공시설등을 설치하여 제공하는 경우 or 「공공주택 특별법」에 따른 <u>도심 공공주택 복합사업</u>이나 「빈집 및 소규모주택 정비에 관한 특례법」에 따른 <u>소규모재개발사업</u>을 시행하는 경우에는 <u>지구단위계획</u>으로 용적률의 <u>140퍼센트 이내의 범위</u>에서 용적률을 완화하여 적용할 수 있다.
   ② <u>지구단위계획구역 내 준주거지역</u>에서는 <u>지구단위계획</u>으로 「건축법」상 <u>채광(採光) 등의 확보</u>를 위한 건축물의 높이 제한을 200퍼센트 이내의 범위에서 완화하여 적용할 수 있다.

7. 주차장 설치기준 완화(한옥마을·차 없는 거리 : 100%)
   지구단위계획구역의 지정목적이 다음에 해당하는 경우에는 <u>지구단위계획</u>으로 「주차장법」 제19조제3항(부설주차장의 설치·지정 : 부설주차장을 설치해야 할 시설물의 종류와 부설주차장의 설치 기준)의 규정에 의한 <u>주차장 설치기준</u>을 <u>100퍼센트까지 완화</u>하여 적용할 수 있다.
   ① <u>한옥마을</u>을 <u>보존</u>하고자 하는 경우(감평 2017·2023·2025)
   ② <u>차 없는 거리</u>를 <u>조성</u>하고자 하는 경우(지구단위계획으로 보행자전용도로를 지정하거나 차량의 출입을 금지한 경우를 포함한다)(중개 2017)

③ 그 밖에 국토교통부령(원활한 교통소통 또는 보행환경 조성을 위하여 도로에서 대지로의 차량통행이 제한되는 차량진입금지구간을 지정한 경우)이 정하는 경우

8. 국가첨단전략기술 보유자가 입주하는 산업단지(용적률 140% 이내 완화)
도시·군관리계획의 결정권자는 지구단위계획구역 내(內)「국가첨단전략기술을 보유하고 있는 자」가 입주하는(이미 입주한 경우를 포함) 산업단지에 대하여 용적률 완화에 관한 산업통상자원부장관의 요청이 있는 경우 산업입지정책심의회의 심의를 거쳐 지구단위계획으로 용도지역별 최대한도의 140퍼센트 이내의 범위에서 용적률을 완화하여 적용할 수 있다.

# Ⅴ 지구단위계획구역의 지정 및 지구단위계획에 관한 도시·군관리계획 결정의 실효 등

## 1. 도시·군관리계획결정의 실효★

(1) 지구단위계획구역 지정에 관한 고시일부터 3년이 된 날의 다음날 실효

① 지구단위계획구역의 지정에 관한 도시·군관리계획결정의 고시일부터 3년 이내에 그 지구단위계획구역에 관한 지구단위계획이 결정·고시되지 아니하면 그 3년이 되는 날의 다음날에 그 지구단위계획구역의 지정에 관한 도시·군관리계획결정은 효력을 잃는다(법 제53조 제1항 본문).(감평 2002·2013·2019)

② 다만, 다른 법률에서 지구단위계획의 결정(결정된 것으로 보는 경우를 포함한다)에 관하여 따로 정한 경우에는 그 법률에 따라 지구단위계획을 결정할 때까지 지구단위계획구역의 지정은 그 효력을 유지한다(법 제53조 제1항 단서).

(2) 지구단위계획(주민 입안 제안 限)에 관한 고시일부터 5년이 된 날의 다음날 실효

① 지구단위계획[법 제26조(주민의 도시·군관리계획 입안 제안)제1항에 따라 주민이 입안을 제안한 것에 한정한다]에 관한 도시·군관리계획결정의 고시일부터 5년 이내에 이 법 또는 다른 법률에 따라 허가·인가·승인 등을 받아 사업이나 공사에 착수하지 아니하면 그 5년이 된 날의 다음날(그 5년이 되는 날×)에 그 지구단위계획에 관한 도시·군관리계획결정은 효력을 잃는다(법 제53조 제2항 전단).(감평 2021·2023, 중개 2023)

② 이 경우 지구단위계획과 관련한 도시·군관리계획결정에 관한 사항은 해당 지구단위계획구역 지정 당시의 도시·군관리계획으로 환원된 것으로 본다(법 제53조 제2항 후단).(감평 2025)(효력을 잃는 것으로 본다.×)

☞ 비교 조문 국토계획법 제48조(도시·군계획시설결정의 실효 등) ① 도시·군계획시설결정이 고시된 도시·군계획시설에 대하여 그 고시일부터 20년이 지날 때까지 그 시설의 설치에 관한 도시·군계획시설사업이 시행되지 아니하는 경우 그 도시·군계획시설결정은 그 고시일부터 20년이 되는 날의 다음날에 그 효력을 잃는다.

## 2. 실효고시

국토교통부장관, 시·도지사, 시장 또는 군수는 지구단위계획구역 지정 및 지구단위계획 결정이 효력을 잃으면 대통령령으로 정하는 바(영 제50조)에 따라 지체 없이 그 사실을 고시하여야 한다(법 제53조 제3항).(감평 2019)

# VI 지구단위계획구역에서의 건축 등

① 지구단위계획구역에서 건축물〔일정 기간 내 철거가 예상되는 경우 등「대통령령으로 정하는 가설건축물(영 제50조의2)」은 제외한다〕을 건축 또는 용도변경하거나 공작물을 설치하려면 그 지구단위계획에 맞게 하여야 한다(법 제54조 본문).(감평 2015, 중개 2021) 다만, 지구단위계획이 수립되어 있지 아니한 경우에는 그러하지 아니하다(법 제54조 단서).
② 여기서 「대통령령으로 정하는 가설건축물」이란 다음 각 호의 어느 하나에 해당하는 가설건축물을 말한다(영 제50조의2).
  1. 존치기간(연장된 존치기간을 포함한 총 존치기간을 말한다)이 3년의 범위에서 해당 특별시·광역시·특별자치시·특별자치도·시 또는 군의 도시·군계획조례로 정한 존치기간 이내인 가설건축물. 다만, 다음 각 목의 어느 하나에 해당하는 가설건축물의 경우에는 각각 다음 각 목의 기준에 따라 존치기간을 연장할 수 있다.
     가. 국가 또는 지방자치단체가 공익 목적으로 건축하는 가설건축물 또는 「건축법 시행령」 제15조제5항제4호에 따른 전시를 위한 견본주택이나 그 밖에 이와 비슷한 가설건축물 : 횟수별 3년의 범위에서 해당 특별시·광역시·특별자치시·특별사치도·시 또는 군의 도시·군계획조례로 정하는 횟수만큼
     나. 「건축법」 제20조 제1항에 따라 특별자치시장·특별자치도지사 또는 시장·군수·구청장의 허가를 받아 도시·군계획시설 및 도시·군계획시설예정지에서 건축하는 가설건축물 : 도시·군계획사업이 시행될 때까지
  2. 재해복구기간 중 이용하는 재해복구용 가설건축물
  3. 공사기간 중 이용하는 공사용 가설건축물(중개 2021)

# CHAPTER 05 > 개발행위의 허가

## I  개발행위의 허가

### 1. 개발행위허가를 받아야 하는 행위★

(1) 개발행위 허가 대상

다음 각 호의 어느 하나에 해당하는 행위(이하 "개발행위"라 한다)를 하려는 자는 특별시장·광역시장·특별자치시장·특별자치도지사·시장 또는 군수의 허가(이하 "개발행위허가"라 한다)를 받아야 한다(법 제56조 제1항 본문·영 제51조 제1항). 다만, 도시·군계획사업(다른 법률에 따라 도시·군계획사업을 의제한 사업을 포함한다)에 의한 행위는 그러하지 아니하다(법 제56조 제1항 단서).(감평 2012·2015, 중개 2024)

1. 건축물의 건축 : 「건축법」 제2조제1항제2호에 따른 건축물의 건축(용도변경×)(감평 2000)
2. 공작물의 설치 : 인공을 가하여 제작한 시설물(「건축법」 제2조제1항제2호에 따른 건축물을 제외한다)의 설치(감평 2000)
3. 토지의 형질변경 : 절토(땅깎기)·성토(흙쌓기)·정지(땅고르기)·포장 등의 방법으로 토지의 형상을 변경하는 행위와 공유수면의 매립(경작을 위한 토지의 형질변경을 제외한다)(감평 2000·2015)
4. 토석채취 : 흙·모래·자갈·바위 등의 토석을 채취하는 행위. 다만, 토지의 형질변경을 목적으로 하는 것을 제외한다.(감평 2000)
5. 토지분할 : 다음 각 목의 어느 하나에 해당하는 토지의 분할[「건축법」 제57조(대지의 분할 제한)에 따른 건축물이 있는 대지는 제외한다](감평 2000)
    가. 녹지지역·관리지역·농림지역 및 자연환경보전지역 안에서 관계법령에 따른 허가·인가 등을 받지 아니하고 행하는 토지의 분할
    나. 「건축법」 제57조(대지의 분할 제한)제1항에 따른 분할제한면적 미만으로의 토지의 분할
    다. 관계 법령에 의한 허가·인가 등을 받지 아니하고 행하는 너비 5미터 이하로의 토지의 분할
6. 물건을 쌓아놓는 행위 : 녹지지역·관리지역 또는 자연환경보전지역안에서 「건축법」 제22조에 따라 사용승인을 받은 건축물의 울타리안(적법한 절차에 의하여 조성된 대지에 한한다)에 위치하지 아니한 토지에 물건을 1개월 이상 쌓아놓는 행위(감평 2015·중개 2023) (농림지역×, 도시지역 중 주거지역·상업지역·공업지역×) (사용승인 받은 건축물의 울타리 안에 위치한 토지×)

(2) 「경작」을 위한 토지의 형질변경

① 「토지의 형질변경」은 개발행위 허가 대상이 되나, 「경작」을 위한 토지의 형질변경은 개발행위허가 대상에서 제외된다. 개발행위허가 대상에서 제외되는 「「경작」을 위한 토지의 형질변

경」이란 "조성이 끝난 농지에서 농작물 재배, 농지의 지력 증진 및 생산성 향상을 위한 객토(새 흙 넣기)·환토(흙 바꾸기)·정지(땅고르기) 또는 양수·배수시설의 설치·정비를 위한 토지의 형질변경"을 말한다(영 제51조 제2항).

② 다만, 다음 각 호의 어느 하나에 해당되는 형질변경은 개발행위 허가대상에 포함된다.
  1. 인접토지의 관개·배수 및 농작업에 영향을 미치는 경우
  2. 재활용 골재, 사업장 폐토양, 무기성 오니(오염된 침전물) 등 수질오염 또는 토질오염의 우려가 있는 토사 등을 사용하여 성토하는 경우. 다만, 「농지법 시행령」 제3조의2 제2호(농지개량의 범위 : 해당 농지의 토양개량이나 관개·배수·농업기계이용의 개선을 위하여 농지에서 농림축산식품부령으로 정하는 기준에 따라 객토·성토·절토하거나 암석을 채굴하는 행위)에 따른 성토는 제외한다.
  3. 지목의 변경을 수반하는 경우(전·답 사이의 변경은 제외한다)(감평 2015)
  4. 옹벽 설치(영 제53조(허가를 받지 아니하여도 되는 경미한 행위)에 따라 허가를 받지 않아도 되는 옹벽 설치는 제외한다) 또는 2미터 이상의 절토·성토가 수반되는 경우. 다만, 절토·성토에 대해서는 2미터 이내의 범위에서 특별시·광역시·특별자치시·특별자치도·시 또는 군의 도시·군계획조례로 따로 정할 수 있다.

☞ 농림지역에 물건을 1개월 이상 쌓아놓는 경우 개발행위허가를 요하지 아니한다.(○)(법 제56조 제1항 본문 및 영 제51조 제6호: ① 녹지지역·관리지역 또는 자연환경보전지역에서 건축물의 울타리안(적법한 절차에 의하여 조성된 대지에 한한다)에 위치하지 아니한 토지에 물건을 1개월 이상 쌓아놓는 행위만 허가대상이고, 농림지역은 이에 해당하지 않는다. ② 따라서, 농림지역에서 물건을 1개월 이상 쌓아놓는 경우 개발행위허가를 요하지 않는다.) (감평 2005)
☞ 경작을 위한 토지의 형질변경으로서 전·답 사이의 지목의 변경을 수반하는 경우에는 개발행위허가를 받아야 한다. (×/개발행위허가를 받지 않아도 된다.)
☞ 경작을 위한 토지의 형질변경은 개발행위허가를 받지 않아도 된다. ⇒ 다만, "지목의 변경을 수반하는 경우"에는 개발행위허가를 받아야 한다. ⇒ 하지만, "경작을 위한 토지의 형질변경으로서 전·답 사이의 변경"은 "지목의 변경을 수반하는 경우"라도 개발행위허가를 받지 않아도 된다.

## 2. 개발행위허가를 받은 사항의 변경

① 개발행위허가를 받은 사항을 변경하는 경우에도 허가를 받아야 한다(법 제56조 제2항 본문). 다만, 「대통령령으로 정하는 경미한 사항을 변경하는 경우(영 제52조 제1항)」에는 허가받을 필요는 없고, 그 사실을 특별시장·광역시장·특별자치시장·특별자치도지사·시장 또는 군수에게 통지하여야 한다(법 제56조 제2항 단서, 영 제52조 제2항). (중개 2024)(경미한 사항을 변경하는 경우 허가권자에게 신고하여야 한다. ×)

② 여기서 「대통령령으로 정하는 경미한 사항을 변경하는 경우」란 다음 각 호의 어느 하나에 해당하는 경우(다른 호에 저촉되지 않는 경우로 한정한다)를 말한다(영 제52조 제1항).
  1. 사업기간을 단축하는 경우
  2. 다음 각 목의 어느 하나에 해당하는 경우
    가. 부지면적 또는 건축물 연면적을 5퍼센트 범위에서 축소[공작물의 무게, 부피, 수평투영면적(하늘에서 내려다보이는 수평 면적을 말한다) 또는 토석채취량을 5퍼센트 범위에서 축소하는 경우를 포함한다]하는 경우(감평 2018·2023, 중개 2024)

나. 관계 법령의 개정 또는 도시·군관리계획의 변경에 따라 허가받은 사항을 불가피하게 변경하는 경우

다. 「공간정보의 구축 및 관리 등에 관한 법률」 제26조제2항(토지의 이동에 따른 면적 등의 결정방법 ; 등록전환이나 분할에 따른 면적을 정할 때 오차가 발생하는 경우 그 오차의 허용 범위 및 처리방법 등에 필요한 사항은 대통령령으로 정한다.) 및 「건축법」 제26조(허용 오차 ; 대지의 측량이나 건축물의 건축 과정에서 부득이하게 발생하는 오차는 이 법을 적용할 때 국토교통부령으로 정하는 범위에서 허용한다.)에 따라 허용되는 오차를 반영하기 위한 변경인 경우

라. 「건축법 시행령」 제12조 제3항 각 호(허가를 받았거나 신고한 사항을 변경하는 경우 사용승인을 신청할 때 허가권자에게 일괄하여 신고할 수 있는 경우)의 어느 하나에 해당하는 변경(공작물의 위치를 1미터 범위에서 변경하는 경우를 포함한다)인 경우

## 3. 다른 법률에 따르는 경우

① 법 제56조(개발행위의 허가)제1항에도 불구하고 법 제56조 제1항 제2호(토지의 형질 변경) 및 제3호(토석의 채취)의 개발행위 중 도시지역과 계획관리지역의 산림에서의 임도(林道) 설치(임도(林道)란 산림의 경영 및 관리를 위하여 설치한 도로를 말한다. ; 산림자원의 조성 및 관리에 관한 법률 제2조 제1호 라목) 와 사방사업(砂防事業)("사방사업(砂防事業)"이란 황폐지를 복구하거나 산지의 붕괴, 토석·나무 등의 유출 또는 모래의 날림 등을 방지 또는 예방하기 위하여 인공구조물을 설치하거나 식물을 파종·식재하는 사업 또는 이에 부수되는 경관의 조성이나 수원의 함양을 위한 사업을 말한다. ; 사방사업법 제2조 제2호)에 관하여는 「산림자원의 조성 및 관리에 관한 법률」과 「사방사업법」에 따른다(법 제56조 제3항).

② 보전관리지역·생산관리지역·농림지역 및 자연환경보전지역의 산림에서의 법 제56조 제1항 제2호(토지의 형질 변경)(농업·임업·어업을 목적으로 하는 토지의 형질 변경만 해당한다) 및 제3호(토석의 채취)의 개발행위에 관하여는 「산지관리법」에 따른다(법 제56조 제3항). (감평 2002)

## 4. 개발행위허가를 받지 않아도 되는 경우★

다음 각 호의 어느 하나에 해당하는 행위는 법 제56조(개발행위의 허가)제1항에도 불구하고 개발행위허가를 받지 아니하고 할 수 있다(법 제56조 제4항 본문). 다만, 제1호의 응급조치를 한 경우에는 1개월 이내에 특별시장·광역시장·특별자치시장·특별자치도지사·시장 또는 군수에게 신고하여야 한다(법 제56조 제4항 단서).

1. 재해복구나 재난수습을 위한 응급조치(감평 2020, 중개 2019)
2. 「건축법」에 따라 신고하고 설치할 수 있는 건축물의 개축·증축 또는 재축과 이에 필요한 범위에서의 토지의 형질 변경(도시·군계획시설사업이 시행되지 아니하고 있는 도시·군계획시설의 부지인 경우만 가능하다)
3. 그 밖에 대통령령으로 정하는 경미한 행위(영 제53조)

### (1) 건축물의 건축

「건축법」 제11조(건축허가)제1항에 따른 건축허가 또는 같은 법 제14조(건축신고)제1항에 따른 건축신고 및 같은 법 제20조(가설건축물)제1항에 따른 가설건축물 건축의 허가 또는 같은 조 제3항에 따른 가설건축물의 축조신고 대상에 해당하지 아니하는 건축물의 건축

### (2) 공작물의 설치

가. 도시지역 또는 지구단위계획구역에서 무게가 50톤 이하, 부피가 50세제곱미터 이하, 수평투영면적이 50제곱미터 이하인 공작물의 설치. 다만, 「건축법 시행령」 제118조제1항(옹벽 등의 공작물에의 준용 ; 공작물을 축조할 때 특별자치시장·특별자치도지사 또는 시장·군수·구청장에게 신고를 해야 하는 공작물은 다음 각 호와 같다.) 각 호의 어느 하나에 해당하는 공작물의 설치는 제외한다.

나. 도시지역·자연환경보전지역 및 지구단위계획구역 외(外)의 지역에서 무게가 150톤 이하, 부피가 150세제곱미터 이하, 수평투영면적이 150제곱미터 이하인 공작물의 설치. 다만, 「건축법 시행령」 제118조제1항 각 호의 어느 하나에 해당하는 공작물의 설치는 제외한다.

다. 녹지지역·관리지역 또는 농림지역안에서의 농림어업용 비닐하우스(「양식산업발전법」 제43조제1항 각 호에 따른 양식업을 하기 위하여 비닐하우스 안에 설치하는 양식장은 제외한다)의 설치

### (3) 토지의 형질변경

가. 높이 50센티미터 이내 또는 깊이 50센티미터 이내의 절토·성토·정지 등(포장을 제외하며, 주거지역·상업지역 및 공업지역 외(外)의 지역에서는 지목변경을 수반하지 아니하는 경우에 한한다)

나. 도시지역·자연환경보전지역 및 지구단위계획구역 외(外)의 지역에서 면적이 660제곱미터 이하인 토지에 대한 지목변경을 수반하지 아니하는 절토·성토·정지·포장 등(토지의 형질변경면적은 형질변경이 이루어지는 당해 필지의 총면적을 말한다. 이하 같다)

다. 조성이 완료된 기존 대지에 건축물이나 그 밖의 공작물을 설치하기 위한 토지의 형질변경(절토 및 성토는 제외한다)

라. 국가 또는 지방자치단체가 공익상의 필요에 의하여 직접 시행하는 사업을 위한 토지의 형질변경

### (4) 토석채취

가. 도시지역 또는 지구단위계획구역에서 채취면적이 25제곱미터 이하인 토지에서의 부피 50세제곱미터 이하의 토석채취

나. 도시지역·자연환경보전지역 및 지구단위계획구역 외(外)의 지역에서 채취면적이 250제곱미터 이하인 토지에서의 부피 500세제곱미터 이하의 토석채취

### (5) 토지분할★

가. 「사도법」에 의한 사도개설허가를 받은 토지의 분할(감평 2023)

나. 토지의 일부를 국유지 또는 공유지로 하거나 공공시설로 사용하기 위한 토지의 분할(감평 2010·2015)

다. 행정재산중 용도폐지되는 부분의 분할 또는 일반재산을 매각·교환 또는 양여하기 위한 분할

라. 토지의 일부가 도시·군계획시설로 지형도면고시가 된 당해 토지의 분할(중개 2022)

마. 너비 5미터 이하로 이미 분할된 토지의 「건축법」 제57조(대지의 분할 제한)제1항에 따른 분할제한면적 이상으로의 분할

(6) 물건을 쌓아놓는 행위

　가. 녹지지역 또는 지구단위계획구역에서 물건을 쌓아놓는 면적이 25제곱미터 이하인 토지에 전체무게 50톤 이하, 전체부피 50세제곱미터 이하로 물건을 쌓아놓는 행위

　나. 관리지역(지구단위계획구역으로 지정된 지역을 제외한다)에서 물건을 쌓아놓는 면적이 250제곱미터 이하인 토지에 전체무게 500톤 이하, 전체부피 500세제곱미터 이하로 물건을 쌓아놓는 행위

## II 개발행위허가의 절차★

### 1. 개발행위허가의 신청

① 개발행위를 하려는 자는 그 개발행위에 따른 기반시설의 설치나 그에 필요한 용지의 확보, 위해(危害) 방지, 환경오염 방지, 경관, 조경 등에 관한 계획서를 첨부한 신청서를 개발행위허가권자에게 제출하여야 한다(법 제57조 제1항 본문 전단). 이 경우 개발밀도관리구역 안에서는 기반시설의 설치나 그에 필요한 용지의 확보에 관한 계획서를 제출하지 아니한다(법 제57조 제1항 본문 후단). (감평 2012·2013)

② 다만, 법 제56조제1항제1호(개발행위의 허가 : 건축물의 건축 또는 공작물의 설치)의 행위 중 「건축법」의 적용을 받는 건축물의 건축 또는 공작물의 설치를 하려는 자는 「건축법」에서 정하는 절차에 따라 신청서류를 제출하여야 한다(법 제57조 제1항 단서).

### 2. 허가 또는 불허가 처분

① 특별시장·광역시장·특별자치시장·특별자치도지사·시장 또는 군수는 법 제57조제1항에 따른 개발행위허가의 신청에 대하여 특별한 사유가 없으면 15일(도시계획위원회의 심의를 거쳐야 하거나 관계 행정기관의 장과 협의를 하여야 하는 경우에는 심의 또는 협의기간을 제외한다)이내에 허가 또는 불허가의 처분을 하여야 한다(법 제57조 제2항·영 제54조 제1항). (감평 2010·2012, 중개 2024)
(심의 또는 협의기간을 포함하여 15일×)

② 특별시장·광역시장·특별자치시장·특별자치도지사·시장 또는 군수는 법 제57조제2항에 따라 허가 또는 불허가의 처분을 할 때에는 지체 없이 그 신청인에게 허가내용이나 불허가처분의 사유를 서면 또는 국토이용정보체계를 통하여 알려야 한다(법 제57조 제3항). (감평 2010·2012)

### 3. 조건부 개발행위허가

① 특별시장·광역시장·특별자치시장·특별자치도지사·시장 또는 군수는 개발행위허가를 하는 경우에는 대통령령으로 정하는 바(영 제54조 제2항)에 따라 그 개발행위에 따른 기반시설의 설치 또는 그에 필요한 용지의 확보, 위해 방지, 환경오염 방지, 경관, 조경 등에 관한 조치를 할 것을 조건으로 개발행위허가를 할 수 있다(법 제57조 제4항). (감평 2013·2020)

② 특별시장·광역시장·특별자치시장·특별자치도지사·시장 또는 군수는 개발행위허가에 조건을 붙이려는 때에는 미리 개발행위허가를 신청한 자의 의견을 들어야 한다(영 제54조 제2항). (감평 2010·2012·2020·2023, 중개 2019)

☞ 시장 또는 군수가 개발행위허가에 경관에 관한 조치를 할 것을 조건으로 붙이는 경우 미리 개발행위허가를 신청한 자의 의견을 들어야 한다.(○)(법 제57조 제4항 및 영 제54조 제2항)(감평 2020, 중개 2019)

## Ⅲ. 개발행위허가의 기준

### 1. 개발행위(변경)허가 기준

#### (1) 서

특별시장·광역시장·특별자치시장·특별자치도지사·시장 또는 군수는 개발행위허가의 신청 내용이 다음 각 호의 기준에 맞는 경우에만 개발행위허가 또는 변경허가를 하여야 한다(법 제58조 제1항).

1. 용도지역별 특성을 고려하여「대통령령으로 정하는 개발행위의 규모(영 제55조 제1항)」에 적합할 것. 다만,「개발행위가「농어촌정비법」에 따른 농어촌정비사업으로 이루어지는 경우 등 대통령령으로 정하는 경우(영 제55조 제3항)」에는 개발행위 규모의 제한을 받지 아니한다.
2. 도시·군관리계획 및 성장관리계획의 내용에 어긋나지 아니할 것(감평 2013)
3. 도시·군계획사업의 시행에 지장이 없을 것(감평 1999·2010·2018)
4. 주변지역의 토지이용실태 또는 토지이용계획, 건축물의 높이, 토지의 경사도, 수목의 상태, 물의 배수, 하천·호소·습지의 배수 등 주변환경이나 경관과 조화를 이룰 것
5. 해당 개발행위에 따른 기반시설의 설치나 그에 필요한 용지의 확보계획이 적절할 것

※ 개발행위(변경)허가 기준 : 주변환경/기반으로 → 규모의 → 관리/성장/사업을 시행하다.!

#### (2) 개발행위 규모

1) 개발행위 규모(토지의 형질변경면적) 제한

① 개발행위허가의 신청 내용이 용도지역별 특성을 고려하여「대통령령으로 정하는 개발행위의 규모(영 제55조 제1항)」에 적합해야 한다(법 제58조 제1항 제1호 본문).(감평 2020)

② 여기서「대통령령으로 정하는 개발행위의 규모」란 다음 각호에 해당하는 토지의 형질변경면적을 말한다(영 제55조 제1항 본문). 다만, 관리지역 및 농림지역에 대하여는 제2호 및 제3호의 규정에 의한 면적의 범위안에서 당해 특별시·광역시·특별자치시·특별자치도·시 또는 군의 도시·군계획조례로 따로 정할 수 있다(영 제55조 제1항 단서).

1. 도시지역
   가. 주거지역·상업지역·자연녹지지역·생산녹지지역 : 1만제곱미터 미만(감평 2020·2024)
   나. 공업지역 : 3만제곱미터 미만(감평 2020·2024)
   다. 보전녹지지역 : 5천제곱미터 미만(감평 2020)
2. 관리지역 : 3만제곱미터 미만(감평 2020)
3. 농림지역 : 3만제곱미터 미만

4. 자연환경보전지역 : 5천제곱미터 미만(감평 2020·2024)

③ 개발행위허가의 대상인 토지가 2 이상의 용도지역에 걸치는 경우에는 각각의 용도지역에 위치하는 토지부분에 대하여 각각의 용도지역의 개발행위의 규모에 관한 규정을 적용한다(영 제55조 제2항 본문). 다만, 개발행위허가의 대상인 토지의 총면적이 당해 토지가 걸쳐 있는 용도지역중 개발행위의 규모가 가장 큰 용도지역의 개발행위의 규모를 초과하여서는 아니된다(영 제55조 제2항 단서).

◆ 개발행위 규모 제한 : 형질변경면적(1만 · 3만 → 5천 미만)
1. 도시지역 [1(기타) /3(공업) /5(보전녹지)]
2. 농림지역         (3)
3. 관리지역         (3)
4. 자연환경보전지역      (5)

▶암기 개발행위(허가) 규모 제한 : 형질변경면적(1만 · 3만 →5천 미만)
1만 미만(기타) ≫ 3만미만(농/공/관리) ≫ 5천미만(보전 : 보전녹지 · 자연환경보전)

2) 개발행위 규모 제한을 받지 않는 경우
① 「개발행위」가 「농어촌정비법」에 따른 농어촌정비사업으로 이루어지는 경우 등 대통령령으로 정하는 경우(영 제55조 제3항)」에는 개발행위 규모의 제한을 받지 아니한다(법 제58조 제1항 제1호 단서). (중개 2023)
② 여기서 「개발행위」가 「농어촌정비법」에 따른 농어촌정비사업으로 이루어지는 경우 등 대통령령으로 정하는 경우(영 제55조 제3항)」란 다음 각 호의 어느 하나에 해당하는 경우를 말한다(영 제55조 제3항).
  1. 지구단위계획으로 정한 가구(街區) 및 획지(劃地)의 범위안에서 이루어지는 토지의 형질변경으로서 당해 형질변경과 관련된 기반시설이 이미 설치되었거나 형질변경과 기반시설의 설치가 동시에 이루어지는 경우(중개 2023)
  2. 해당 개발행위가 「농어촌정비법」에 따른 농어촌정비사업으로 이루어지는 경우(중개 2023)
  3. 해당 개발행위가 「국방·군사시설 사업에 관한 법률」에 따른 국방·군사시설사업으로 이루어지는 경우(중개 2023)
  4. 초지조성, 농지조성, 영림(營林 : 계획적으로 산림을 가꿈) 또는 토석채취를 위한 경우
  5. 건축물의 건축, 공작물의 설치 또는 지목의 변경을 수반하지 아니하고 시행하는 토지복원사업(중개 2023)

## 2. 도시·군계획사업 시행자의 의견 청취

특별시장·광역시장·특별자치시장·특별자치도지사·시장 또는 군수는 개발행위허가 또는 변경허가를 하려면 그 개발행위가 도시·군계획사업의 시행에 지장을 주는지에 관하여 해당 지역에서 시행되는 도시·군계획사업의 시행자의 의견을 들어야 한다(법 제58조 제2항). (감평 1999)

# Ⅳ 개발행위에 대한 도시계획위원회의 심의

## 1. 도시계획위원회의 심의를 거쳐야 하는 개발행위

관계 행정기관의 장은 법 제56조제1항 제1호부터 제3호까지의 행위(개발행위의 허가 : 건축물의 건축 또는 공작물의 설치, 토지의 형질변경, 토석의 채취) 중 어느 하나에 해당하는 행위로서 대통령령으로 정하는 행위(영 제57조 제1항)를 이 법에 따라 허가 또는 변경허가를 하거나 다른 법률에 따라 인가·허가·승인 또는 협의를 하려면 대통령령(영 제57조 제4항)으로 정하는 바에 따라 중앙도시계획위원회나 지방도시계획위원회의 심의를 거쳐야 한다(법 제59조 제1항). (감평 2004)

> **◆ 정리**
>
> ◆ 도시계획위원회의 「심의」를 거쳐야 하는 개발행위 : 영 제57조
>
> 1. 건축물의 건축 또는 공작물의 설치를 목적으로 하는 토지의 형질변경
>    ① 개발행위허가 규모 제한 면적 이상인 경우
>    ② 녹지지역, 관리지역, 농림지역 또는 자연환경보전지역에서는 개발행위허가 규모 제한 면적 미만인 경우도 가능(다만, 예외 사유 있음)
> 2. 토석채취 : 부피 3만세제곱미터 이상
>
> | 구분 | 건축물 신축·공작물 설치 목적<br>토지 형질변경(면적) | 토석채취(부피) |
> |---|---|---|
> | 중앙도시계획위원회 | 1제곱킬로미터 이상 | 1백만세곱미터 이상 |
> | 시·도도시계획위원회<br>(대도시 시·군·구 도시계획위원회) | 면적 30만제곱미터 이상<br>~ 1제곱킬로미터 미만 | 50만세곱미터 이상<br>~ 1백만세곱미터 미만 |
> | 시·군·구 도시계획위원회 | 면적 30만제곱미터 미만 | 3만세곱미터 이상<br>~ 50만세곱미터 미만 |

## 2. 도시계획위원회의 심의를 요하지 않는 개발행위★

법 제59조 제2항에도 불구하고 다음 각 호의 어느 하나에 해당하는 개발행위는 중앙도시계획위원회와 지방도시계획위원회의 심의를 거치지 아니한다(법 제59조 제2항).

1. 법 제8조(다른 법률에 따른 토지 이용에 관한 구역 등의 지정 제한 등), 법 제9조(다른 법률에 따른 도시·군관리계획의 변경 제한) 또는 다른 법률에 따라 도시계획위원회의 심의를 받는 구역에서 하는 개발행위(감평 2022)
2. 지구단위계획 또는 성장관리계획을 수립한 지역에서 하는 개발행위(지구/성장)(감평 2012·2014·2015·2018·2020)★★
3. 주거지역·상업지역·공업지역에서 시행하는 개발행위 중 특별시·광역시·특별자치시·특별자치도·시 또는 군의 조례로 정하는 규모·위치 등에 해당하지 아니하는 개발행위
4. 「환경영향평가법」에 따라 환경영향평가를 받은 개발행위
5. 「도시교통정비 촉진법」에 따라 교통영향평가에 대한 검토를 받은 개발행위

6. 「농어촌정비법」에 따른 농어촌정비사업 중 대통령령으로 정하는 사업(영 제57조 제7항 : 농업생산기반을 조성 확충하기 위한 농업생산기반 정비사업, 생활환경을 개선하기 위한 농어촌 생활환경 정비사업, 농어촌산업 육성사업, 농어촌 관광휴양자원 개발사업, 한계농지등의 정비사업)을 위한 개발행위

7. 「산림자원의 조성 및 관리에 관한 법률」에 따른 산림사업(감평 2022) 및 「사방사업법」에 따른 사방사업을 위한 개발행위(감평 2022·2023, 중개 2022)

☞ 성장관리계획을 수립한 지역에서 하는 개발행위는 중앙도시계획위원회와 지방도시계획위원회의 심의를 거쳐야 한다. (×/법 제59조 제2항 제2호 : 심의를 거치지 아니한다)(감평 2014)

◎정리

◆ 도시계획위원회의「심의」를 요하지 않는 개발행위

≪지구/성장≫
① 지구단위계획 또는 성장관리계획을 수립한 지역에서 하는 개발행위★★

≪다른 법률≫
② 다른 법률에 따라 도시계획위원회의 심의를 받는 구역에서 하는 개발행위★
③ 환경영향평가를 받은 개발행위
④ 교통영향평가에 대한 검토를 받은 개발행위
⑤ 산림사업★ 및 사방사업을 위한 개발행위★
⑥ 농어촌정비사업 중 대통령령으로 정하는 사업을 위한 개발행위

≪조례≫
⑦ 주거지역·상업지역·공업지역에서 시행하는 개발행위 중 특별시·광역시·특별자치시·특별자치도·시 또는 군의 조례로 정하는 규모·위치 등에 해당하지 아니하는 개발행위

# Ⅴ 개발행위허가의 이행 보증 등

## 1. 이행보증금의 예치★

(1) 이행보증금 예치대상

① 특별시장·광역시장·특별자치시장·특별자치도지사·시장 또는 군수는 기반시설의 설치나 그에 필요한 용지의 확보, 위해 방지, 환경오염 방지, 경관, 조경 등을 위하여 필요하다고 인정되는 경우로서「대통령령으로 정하는 경우(영 제59조 제1항)」에는 의의 이행을 보증하기 위하여 개발행위허가(다른 법률에 따라 개발행위허가가 의제되는 협의를 거친 인가·허가·승인 등을 포함한다. 이하 이 조에서 같다)를 받는 자로 하여금 이행보증금을 예치하게 할 수 있다(법 제60조 제1항 본문). (감평 1999)

② 여기서「대통령령으로 정하는 경우」란 다음 각 호의 어느 하나에 해당하는 경우를 말한다(영 제59조 제1항).

1. 법 제56조(개발행위의 허가) 제1항 제1호 내지 제3호(건축물의 건축 또는 공작물의 설치, 토지의 형질변경,

토석의 채취)에 해당하는 개발행위로서 당해 개발행위로 인하여 도로·수도공급설비·하수도 등 **기반시설의 설치가 필요한 경우**

2. 토지의 **굴착**으로 인하여 **인근의 토지가 붕괴될 우려**가 있거나 **인근의 건축물 또는 공작물이 손괴될 우려**가 있는 경우
3. 토석의 **발파**로 인한 **낙석·먼지** 등에 의하여 **인근지역에 피해가 발생할 우려**가 있는 경우
4. 토석을 **운반**하는 **차량의 통행**으로 인하여 **통행로 주변의 환경이 오염될 우려**가 있는 경우
5. **토지의 형질변경**이나 **토석의 채취**가 **완료된 후(後) 비탈면에 조경을 할 필요**가 있는 경우

### (2) 이행보증금 예치대상이 아닌 경우

다음 각 호의 어느 하나에 해당하는 경우에는 **이행보증금을 예치하지 않는다**(법 제60조 제1항 단서).

1. **국가**나 **지방자치단체**가 시행하는 개발행위 (감평 2022, 중개 2017·2019)
2. 「공공기관의 운영에 관한 법률」에 따른 공공기관(이하 "**공공기관**"이라 한다) 중 **대통령령으로 정하는 기관**이 시행하는 개발행위(영 제59조 제5항 ; "대통령령으로 정하는 기관"이란 「공공기관의 운영에 관한 법률」 제5조제4항제1호 또는 제2호나목에 해당하는 기관을 말한다.)
3. 그 밖에 해당 지방자치단체의 조례로 정하는 **공공단체**가 시행하는 개발행위

## 2. 이행보증금의 산정 및 예치방법 등

① **이행보증금**의 **예치금액**은 기반시설의 설치나 그에 필요한 용지의 확보, 위해의 방지, 환경오염의 방지, 경관 및 조경에 필요한 비용의 범위안에서 산정하되 **총공사비**의 **20퍼센트 이내**(산지에서의 개발행위의 경우「산지관리법」에 따른 **복구비를 합하여** 총공사비의 20퍼센트 이내)가 되도록 하고, 그 산정에 관한 구체적인 사항 및 예치방법은 특별시·광역시·특별자치시·특별자치도·시 또는 군의 **도시·군계획조례**로 정한다(영 제59조 제2항 전단). (감평 2022)(총공사비의 30퍼센트 이상이 되도록 하여야 한다.×) 이 경우 **산지에서의 개발행위**에 대한 **이행보증금의 예치금액**은「산지관리법」에 따른 **복구비**를 **포함**하여 정하되, 복구비가 이행보증금에 중복하여 계상되지 아니하도록 하여야 한다(영 제59조 제2항 후단). (감평 2022)(복구비를 포함하지 않는다.×)

② **이행보증금**은 **현금**으로 납입하되,「국가를 당사자로 하는 계약에 관한 법률 시행령」및「지방자치단체를 당사자로 하는 계약에 관한 법률 시행령」의 **보증서** 등 또는「한국광해광업공단법」에 따라 한국광해관리공단이 발행하는 **이행보증서** 등으로 이를 **갈음**할 수 있다(영 제59조 제3항).

③ **이행보증금**은 개발행위허가를 받은 자가 **준공검사**를 받은 때에는 **즉시** 이를 **반환**하여야 한다(영 제59조 제4항). (감평 2022)

## 3. 토지의 원상회복★

① ⓐ 특별시장·광역시장·특별자치시장·특별자치도지사·시장 또는 군수는 **개발행위허가를 받지 아니하고 개발행위를 하거나 허가내용과 다르게 개발행위를 하는 자**에게는 그 **토지의 원상회복**을 명할 수 있다(법 제60조 제3항). (감평 2004·2018)

ⓑ 이 경우 국토교통부령으로 정하는 바에 따라 **구체적인 조치내용·기간** 등을 정하여 **서면으로 통지**해야 한다(영 제59조 제7항).

② ⓐ 특별시장·광역시장·특별자치시장·특별자치도지사·시장 또는 군수는 원상회복의 명령을 받

은 자가 원상회복을 하지 아니하면 「행정대집행법」에 따른 행정대집행에 따라 원상회복을 할 수 있다(법 제60조 제4항 전단).(감평 2004, 중개 2021)

ⓑ 이 경우 행정대집행에 필요한 비용은 제1항에 따라 개발행위허가를 받은 자가 예치한 이행보증금을 사용할 수 있고(법 제60조 제4항 후단)(감평 2022), 이 경우 잔액이 있는 때에는 즉시 이를 이행보증금의 예치자에게 반환하여야 한다(영 제59조 제6항).

# Ⅵ. 관련 인·허가등의 의제

## 1. 관련 인·허가등의 의제

개발행위허가 또는 변경허가를 할 때에 특별시장·광역시장·특별자치시장·특별자치도지사·시장 또는 군수가 그 개발행위에 대한 다음 각 호의 인가·허가·승인·면허·협의·해제·신고 또는 심사 등(이하 "인·허가등"이라 한다)에 관하여 법 제61조(관련 인·허가등의 의제)제3항에 따라 미리 관계 행정기관의 장과 협의한 사항에 대하여는 그 인·허가등을 받은 것으로 본다(법 제61조 제1항).

1. 「공유수면 관리 및 매립에 관한 법률」에 따른 공유수면의 점용·사용허가, 점용·사용 실시계획의 승인 또는 신고, 공유수면의 매립면허 및 공유수면매립실시계획의 승인
2. 「광업법」에 따른 채굴계획의 인가(감평 2012)
3. 「농어촌정비법」에 따른 농업생산기반시설의 사용허가
4. 「농지법」에 따른 농지전용의 허가 또는 협의, 농지전용의 신고 및 농지의 타용도 일시사용의 허가 또는 협의
5. 「도로법」에 따른 도로관리청이 아닌 자에 대한 도로공사 시행의 허가, 도로와 다른 시설의 연결허가 및 도로의 점용 허가
6. 「장사 등에 관한 법률」에 따른 무연분묘(無緣墳墓)의 개장(改葬) 허가
7. 「사도법」에 따른 사도(私道) 개설(開設)의 허가
8. 「사방사업법」에 따른 토지의 형질 변경 등의 허가 및 사방지 지정의 해제
9. 「산업집적활성화 및 공장설립에 관한 법률」에 따른 공장설립등의 승인
10. 「산지관리법」에 따른 산지전용허가 및 산지전용신고, 산지일시사용허가·신고, 토석채취허가, 토사채취신고 및 「산림자원의 조성 및 관리에 관한 법률」에 따른 입목벌채(立木伐採) 등의 허가·신고
11. 「소하천정비법」에 따른 소하천공사 시행의 허가 및 소하천의 점용 허가
12. 「수도법」에 따른 전용상수도 설치 및 전용공업용수도설치의 인가
13. 「연안관리법」에 따른 연안정비사업실시계획의 승인
14. 「체육시설의 설치·이용에 관한 법률」에 따른 사업계획의 승인
15. 「초지법」에 따른 초지전용의 허가, 신고 또는 협의
16. 「공간정보의 구축 및 관리 등에 관한 법률」에 따른 지도등의 간행 심사

17. 「하수도법」에 따른 공공하수도에 관한 공사시행의 허가 및 공공하수도의 점용허가
18. 「하천법」에 따른 하천공사 시행의 허가 및 에 따른 하천 점용의 허가
19. 「도시공원 및 녹지 등에 관한 법률」에 따른 도시공원의 점용허가 및 녹지의 점용허가

## 2. 관계 행정기관의 장과 협의

① 특별시장·광역시장·특별자치시장·특별자치도지사·시장 또는 군수는 개발행위허가 또는 변경허가를 할 때에 그 내용에 법 제61조(관련 인·허가등의 의제)제1항 각 호의 어느 하나에 해당하는 사항이 있으면 미리 관계 행정기관의 장과 협의하여야 한다(법 제61조 제3항).

② 협의 요청을 받은 관계 행정기관의 장은 요청을 받은 날부터 20일 이내에 의견을 제출하여야 하며, 그 기간 내에 의견을 제출하지 아니하면 협의가 이루어진 것으로 본다(법 제61조 제4항).

## 3. 기타

① 법 제61조(관련 인·허가등의 의제)제1항에 따른 인·허가등의 의제를 받으려는 자는 개발행위허가 또는 변경허가를 신청할 때에 해당 법률에서 정하는 관련 서류를 함께 제출하여야 한다(법 제61조 제2항).

② 국토교통부장관은 제1항에 따라 의제되는 인·허가등의 처리기준을 관계 중앙행정기관으로부터 제출받아 통합하여 고시하여야 한다(법 제61조 제5항).

# Ⅶ 개발행위복합민원 일괄협의회

① 특별시장·광역시장·특별자치시장·특별자치도지사·시장 또는 군수는 법 제61조(관련 인·허가등의 의제)제3항에 따라 관계 행정기관의 장과 협의하기 위하여 대통령령으로 정하는 바(영 제59조의2)에 따라 개발행위복합민원 일괄협의회를 개최하여야 한다(법 제61조의2 제1항). (개최할 수 있다, ×)

② 협의 요청을 받은 관계 행정기관의 장은 소속 공무원을 개발행위복합민원 일괄협의회에 참석하게 하여야 한다(법 제61조의2 제2항).

# Ⅷ 준공검사

## 1. 준공검사

① 법 제56조(개발행위의 허가)제1항 제1호부터 제3호까지의 행위(건축물의 건축 또는 공작물의 설치, 토지의 형질변경, 토석의 채취)에 대한 개발행위허가를 받은 자는 그 개발행위를 마치면 국토교통부령으로 정하는 바에 따라 특별시장·광역시장·특별자치시장·특별자치도지사·시장 또는 군수의 준공검사를 받아야 한다(법 제62조 제1항 본문).(감평 1999) 다만, 법 제56조제1항 제1호(건축물의 건축 또는 공작물의 설치)의 행위에 대하여 「건축법」에 따른 건축물의 사용승인을 받은 경우에는 그러하지 아니하다(법 제62조 제1항 단서).(중개 2024)

② 특별시장·광역시장·특별자치시장·특별자치도지사·시장 또는 군수는 <u>준공검사</u>를 할 때에 그 내용에 법 제61조(관련 인·허가등의 의제)에 따라 <u>의제되는 인·허가등</u>에 따른 준공검사·준공인가 등에 해당하는 사항이 있으면 <u>미리 관계 행정기관의 장과 협의</u>하여야 한다(법 제62조 제4항).

### 2. 준공검사(인가) 의제

① 법 제62조(준공검사)제1항에 따른 <u>준공검사를 받은 경우</u>에는 특별시장·광역시장·특별자치시장·특별자치도지사·시장 또는 군수가 법 제61조(관련 인·허가등의 의제)에 따라 <u>의제되는 인·허가등</u>에 따른 준공검사·준공인가 등에 관하여 법 제62조(준공검사)제4항에 따라 <u>관계 행정기관의 장과 협의한 사항</u>에 대하여는 그 <u>준공검사·준공인가 등을 받은 것으로 본다</u>(법 제62조 제2항).

② <u>준공검사·준공인가 등의 의제</u>를 받으려는 자는 <u>준공검사를 신청할 때</u>에 해당 법률에서 정하는 관련 서류를 함께 제출하여야 한다(법 제62조 제3항).

### 3. 의제되는 준공검사(인가) 등의 처리기준 통합 고시

<u>국토교통부장관</u>은 <u>의제되는 준공검사·준공인가 등의 처리기준</u>을 관계 중앙행정기관으로부터 제출받아 <u>통합하여 고시</u>하여야 한다(법 제62조 제5항).

## IX 개발행위허가의 제한

### 1. 개발행위허가 제한 및 제한연장★

(1) 개발행위허가의 제한

① 국토교통부장관, 시·도지사, 시장 또는 군수는 다음 각 호의 어느 하나에 해당되는 지역으로서 <u>도시·군관리계획상 특히 필요하다고 인정되는 지역</u>에 대해서는 중앙도시계획위원회나 지방도시계획위원회의 <u>심의를 거쳐 한 차례만 3년 이내</u>의 기간 동안 <u>개발행위허가를 제한</u>할 수 있다(법 제63조 제1항 본문). (감평 2002·2004·2010·2020)

  1. <u>녹지지역</u>이나 <u>계획관리지역</u>으로서 <u>수목이 집단적</u>으로 자라고 있거나 <u>조수류 등이 집단적</u>으로 서식하고 있는 지역 또는 <u>우량 농지</u> 등으로 <u>보전할 필요</u>가 있는 지역(감평 2004)
  2. <u>개발행위</u>로 인하여 <u>주변의 환경·경관·미관 및</u>「국가유산기본법」에 따른 국가유산 등이 <u>크게 오염되거나 손상될 우려가 있는 지역</u>(감평 2002·2010)
  3. <u>도시·군기본계획이나 도시·군관리계획을 수립하고 있는 지역</u>으로서 그 도시·군기본계획이나 도시·군관리계획이 결정될 경우 용도지역·용도지구 또는 용도구역의 <u>변경이 예상</u>되고 그에 따라 <u>개발행위허가의 기준이 크게 달라질 것으로 예상</u>되는 지역
  4. <u>지구단위계획구역</u>으로 지정된 지역(감평 2004·2012·2018, 중개 2023)
  5. <u>기반시설부담구역</u>으로 지정된 지역(감평 2010·2020, 중개 2022)

② ⓐ <u>개발행위허가를 제한</u>하고자 하는 자가 <u>국토교통부장관</u>인 경우에는 <u>중앙도시계획위원회의 심의</u>를 거쳐야 하며(중개 2022), <u>시·도지사 또는 시장·군수</u>인 경우에는 당해 지방자치단체에 설치된 <u>지방도시계획위원회의 심의</u>를 거쳐야 한다(영 제60조 제1항). (감평 2010·2023)

ⓑ 다만, 중앙도시계획위원회 또는 시·도도시계획위원회의 <u>심의 전(前)</u>에 미리 제한하고자 하는 <u>지역을 관할하는 시장 또는 군수의 의견을 들어야 한다</u>(영 제60조 제2항). (감평 2010)

### (2) 개발행위허가의 제한연장

다음 각 호의 어느 하나에 해당되는 지역에 대해서는 <u>중앙도시계획위원회나 지방도시계획위원회의 심의를 거치지 아니하고 한 차례만 2년 이내의</u> 기간 동안 <u>개발행위허가의 제한을 연장할 수 있다</u>(법 제63조 제1항 단서). (감평 2012·2015·2018, 중개 2023·2024)

1. <u>도시·군기본계획</u>이나 <u>도시·군관리계획을 수립하고 있는 지역</u>으로서 그 도시·군기본계획이나 도시·군관리계획이 결정될 경우 용도지역·용도지구 또는 용도구역의 <u>변경</u>이 <u>예상</u>되고 그에 따라 <u>개발행위허가의 기준이 크게 달라질 것으로 예상되는</u> 지역
2. <u>지구단위계획구역</u>으로 지정된 지역 (감평 2004·2012·2018, 중개 2024)
3. <u>기반시설부담구역</u>으로 지정된 지역 (감평 2010·2020, 중개 2022·중개 2023)

> ▶암기 개발행위허가의 제한 및 제한연장 : 지역
> 1. 제한 : 심의 要 + 한 차례만 3년 內
>    ⇒ 집단적/오염·손상 + 기/지/용도변경-기준
> 2. 제한 연장 : 심의 不要 + 한 차례만 2년 內(기/지/용도변경-기준)
>    ⇒ 기반시설부담구역/지구단위계획구역
>    ⇒ 용도(지역·지구·구역)변경이 예상 + 개발행위허가 기준이 크게 달라질 것 예상
>
> ☞ 시장 또는 군수는 지구단위계획구역으로 지정된 지역에 대하여는 3년 이내의 기간 동안 개발행위 허가를 제한할 수 있으며, 개발행위허가의 제한은 그 기간을 연장할 수 없다. (×/법 제63조 제1항 단서 ; 한 차례만 2년 이내의 기간 동안 개발행위허가의 제한을 연장할 수 있다.) (감평 2012)
> ☞ 국토교통부장관이 개발행위허가를 제한하고자 할 때에는 중앙도시계획위원회의 심의를 거쳐야 한다. (○/법 제63조 제1항 및 영 제60조 제1항) (감평 2010)
> ☞ 기반시설부담구역으로 지정된 지역에 대해서는 중앙도시계획위원회나 지방도시계획위원회의 심의를 거치지 아니하고 한 차례만 2년 이내의 기간 동안 개발행위허가의 제한을 연장할 수 있다. (○/법 제63조 제1항 단서)
> ☞ 개발행위로 인하여 주변의 환경·경관·미관 및 「국가유산기본법」 제3조에 따른 국가유산 등이 크게 크게 오염되거나 손상될 우려가 있는 지역에 대한 개발행위허가의 제한은 한 차례만 3년 이내의 기간 동안 할 수 있다. (○/법 제63조 제1항 본문 제2호)
> ☞ 기반시설부담구역으로 지정된 지역은 중앙도시계획위원회의 심의를 거쳐 10년 이내의 기간 동안 개발행위허가를 제한할 수 있다. (×/법 제63조 제1항 본문 : 3년 이내의 기간)

## 2. 개발행위허가 제한 고시

<u>국토교통부장관, 시·도지사, 시장 또는 군수</u>는 법 제63조(개발행위허가의 제한)제1항에 따라 <u>개발행위허가를 제한</u>하려면 <u>대통령령으로 정하는 바</u>(영 제60조 제3항·제4항)에 따라 <u>제한지역·제한사유·제한대상행위 및 제한기간을 미리 고시</u>하여야 한다(법 제63조 제2항). (감평 2004)

## 3. 개발행위허가 제한 해제 및 고시

① 개발행위허가를 제한하기 위하여 법 제63조(개발행위허가의 제한)제2항에 따라 개발행위허가 제한지역 등을 고시한 국토교통부장관, 시·도지사, 시장 또는 군수는 해당 지역에서 개발행위를 제한할 사유가 없어진 경우에는 그 제한기간이 끝나기 전(前)이라도 지체 없이 개발행위허가의 제한을 해제하여야 한다(법 제63조 제3항 전단).

② 이 경우 국토교통부장관, 시·도지사, 시장 또는 군수는 대통령령으로 정하는 바(영 제60조 제3항·제4항)에 따라 해제지역 및 해제시기를 고시하여야 한다(법 제63조 제3항 후단).

## 4. 고시의 방법

① 개발행위허가의 제한 및 개발행위허가의 제한 해제에 관한 고시는 국토교통부장관이 하는 경우에는 관보에, 시·도지사 또는 시장·군수가 하는 경우에는 당해 지방자치단체의 공보에 게재하는 방법에 의한다(영 제63조 제3항).(감평 2010)

② 이 경우 국토교통부장관, 시·도지사, 시장 또는 군수는 고시한 내용을 해당 기관의 인터넷 홈페이지에도 게재하여야 한다(영 제63조 제4항).

# X 도시·군계획시설 부지에서의 개발행위

## 1. 도시·군계획시설이 아닌 건축물의 건축 등 허가 금지

특별시장·광역시장·특별자치시장·특별자치도지사·시장 또는 군수는 도시·군계획시설의 설치 장소로 결정된 지상·수상·공중·수중 또는 지하는 그 도시·군계획시설이 아닌 건축물의 건축이나 공작물의 설치를 허가하여서는 아니 된다(법 제64조 제1항 본문).(감평 2002) 다만, 대통령령(영 제61조)으로 정하는 경우에는 그러하지 아니하다(법 제64조 제1항 단서).

## 2. 예외적 개발행위 허가

### (1) 장기간 사업 미시행

특별시장·광역시장·특별자치시장·특별자치도지사·시장 또는 군수는 도시·군계획시설결정의 고시일부터 2년이 지날 때까지 그 시설의 설치에 관한 사업이 시행되지 아니한 도시·군계획시설 중 단계별 집행계획이 수립되지 아니하거나 단계별 집행계획에서 제1단계 집행계획(단계별 집행계획을 변경한 경우에는 최초의 단계별 집행계획을 말한다)에 포함되지 아니한 도시·군계획시설의 부지에 대하여는 다음 각 호의 개발행위를 허가할 수 있다(법 제64조 제2항).

1. 가설건축물의 건축과 이에 필요한 범위에서의 토지의 형질 변경
2. 도시·군계획시설의 설치에 지장이 없는 공작물의 설치와 이에 필요한 범위에서의 토지의 형질 변경
3. 건축물의 개축 또는 재축과 이에 필요한 범위에서의 토지의 형질 변경(법 제56조제4항제2호에 해당하는 경우는 제외한다) [법 제56조 제4항 제2호 : 개발행위허가를 받지 아니하고 할 수 있는 행위 - 건축법에 따라 신고하지 아니하고 설치할 수 있는 건축물의 개축·증축 또는 재축과 이에 필요한 범위에서의 토지의 형질변경(도시·군계획시설사업이 시행되지 아니하고 있는 도시·군계획시설의 부지인 경우만 가능하다)]

### (2) 사업 시행과 원상회복 조치 명령

① 특별시장·광역시장·특별자치시장·특별자치도지사·시장 또는 군수는 법 제64조(도시·군계획시설 부지에서의 개발행위) 제2항 제1호 또는 제2호에 따라 가설건축물의 건축이나 공작물의 설치를 허가한 토지에서 도시·군계획시설사업이 시행되는 경우에는 그 시행예정일 3개월 전까지 가설건축물이나 공작물 소유자의 부담으로 그 가설건축물이나 공작물의 철거 등 원상회복에 필요한 조치를 명하여야 한다(법 제64조 제3항 본문). 다만, 원상회복이 필요하지 아니하다고 인정되는 경우에는 그러하지 아니하다(법 제64조 제3항 단서).

② 이 경우 특별시장·광역시장·특별자치시장·특별자치도지사·시장 또는 군수는 원상회복의 명령을 받은 자가 원상회복을 하지 아니하면 「행정대집행법」에 따른 행정대집행에 따라 원상회복을 할 수 있다(법 제64조 제4항).

## XI. 개발행위에 따른 공공시설 등의 귀속

### 1. 개발행위허가를 받은 자가 행정청인 경우 ★

#### (1) 공공시설의 귀속

개발행위허가(다른 법률에 따라 개발행위허가가 의제되는 협의를 거친 인가·허가·승인 등을 포함한다. 이하 이 조에서 같다)를 받은 자가 행정청인 경우 개발행위허가를 받은 자가 새로 공공시설을 설치하거나 기존의 공공시설에 대체되는 공공시설을 설치한 경우에는 「국유재산법」과 「공유재산 및 물품 관리법」에도 불구하고 새로 설치된 공공시설은 그 시설을 관리할 관리청에 무상으로 귀속되고, 종래의 공공시설은 개발행위허가를 받은 자에게 무상으로 귀속된다(법 제65조 제1항). (감평 1999·2004·2009·2012·2013·2019·2022·2024, 중개 2019·2021·2022)

#### (2) 관리청에의 통지와 귀속 시기

① 개발행위허가를 받은 자가 행정청인 경우 개발행위허가를 받은 자는 개발행위가 끝나 준공검사를 마친 때에는 해당 시설의 관리청에 공공시설의 종류와 토지의 세목(細目)을 통지하여야 한다(법 제65조 제5항 전단). (감평 2019·2024, 중개 2021)

② 이 경우 공공시설은 그 통지한 날에 해당 시설을 관리할 관리청과 개발행위허가를 받은 자에게 각각 귀속된 것으로 본다(법 제65조 제5항 후단). (감평 2004·2024, 중개 2022) (준공검사를 받은 날에,......., 각각 귀속된 것으로 본다. ×)

#### (3) 공공시설 처분 수익금의 사용 제한

개발행위허가를 받은 자가 행정청인 경우 개발행위허가를 받은 자는 법 제65조 제1항에 따라 그에게 귀속된 공공시설의 처분으로 인한 수익금을 도시·군계획사업 외(外)의 목적에 사용하여서는 아니 된다(법 제65조 제8항). (감평 2004·2009·2024, 중개 2022)

## 2. 개발행위허가를 받은 자가 행정청이 아닌 경우★

### (1) 공공시설의 귀속·양도

개발행위허가를 받은 자가 행정청이 아닌 경우 개발행위허가를 받은 자가 새로 설치한 공공시설은 그 시설을 관리할 관리청에 무상으로 귀속되고, 개발행위로 용도가 폐지되는 공공시설은「국유재산법」과「공유재산 및 물품 관리법」에도 불구하고 새로 설치한 공공시설의 설치비용에 상당하는 범위에서 개발행위허가를 받은 자에게 무상으로 양도할 수 있다(법 제65조 제2항).(감평 1999·2002·2009·2019·2022, 중개 2019·2021)

### (2) 관리청에의 통지와 귀속·양도 시기

① 개발행위허가를 받은 자가 행정청이 아닌 경우 개발행위허가를 받은 자는 법 제65조 제2항에 따라 관리청에 귀속되거나 그에게 양도될 공공시설에 관하여 개발행위가 끝나기 전(前)에 그 시설의 관리청에 그 종류와 토지의 세목을 통지하여야 하고, 준공검사를 한 특별시장·광역시장·특별자치시장·특별자치도지사·시장 또는 군수는 그 내용을 해당 시설의 관리청에 통보하여야 한다(법 제65조 제6항 전단).

② 이 경우 공공시설은 준공검사를 받음으로써 그 시설을 관리할 관리청과 개발행위허가를 받은 자에게 각각 귀속되거나 양도된 것으로 본다(법 제65조 제6항 후단).(중개 2022)

> ▶암기 개발행위에 따른 공공시설 등의 귀속
>
> ◆ 개발행위허가를 받은 자 : 행정청
> ① 새 공공시설 : 관리청 → 무상 귀속
> ② 종래 공공시설 : 개발행위허가를 받은 자 → 무상 귀속
>
> ◆ 개발행위허가를 받은 자 : 행정청이 아닌 경우
> ① 새 공공시설 : 관리청 → 무상 귀속
> ② 용도가 폐지되는 공공시설 : 개발행위허가를 받은 자 → 무상으로 양도 가능
> (공공시설 설치비용 범위 內)

## 3. 관리청의 의견 청취★

① 특별시장·광역시장·특별자치시장·특별자치도지사·시장 또는 군수는 공공시설의 귀속에 관한 사항이 포함된 개발행위허가를 하려면 미리 해당 공공시설이 속한 관리청의 의견을 들어야 한다(법 제65조 제3항 본문).(감평 1999·2010·2019·2022)

② 다만, 관리청이 지정되지 아니한 경우에는 관리청이 지정된 후 준공되기 전에 관리청의 의견을 들어야 하며, 관리청이 불분명한 경우에는 도로 등에 대하여는 국토교통부장관을, 하천에 대하여는 환경부장관을 관리청으로 보고, 그 외의 재산에 대하여는 기획재정부장관을 관리청으로 본다(법 제65조 제3항 단서).(중개 2022)(하천은 국토교통부장관을 관리청으로 본다, ×)

## 4. 관계 법률에 따른 승인·허가 등의 의제

특별시장·광역시장·특별자치시장·특별자치도지사·시장 또는 군수가 법 제65조 제3항에 따라 관리청의 의견을 듣고 개발행위허가를 한 경우 개발행위허가를 받은 자는 그 허가에 포함된 공공시설의 점

용 및 사용에 관하여 관계 법률에 따른 승인·허가 등을 받은 것으로 보아 개발행위를 할 수 있다(법 제65조 제4항 전단). 이 경우 해당 공공시설의 점용 또는 사용에 따른 점용료 또는 사용료는 면제된 것으로 본다(법 제65조 제4항 후단).

## 5. 공공시설 등기 시 등기원인 증명 서면

법 제65조 제1항부터 제3항까지, 제5항 또는 제6항에 따른 공공시설을 등기할 때에 「부동산등기법」에 따른 등기원인을 증명하는 서면은 준공검사를 받았음을 증명하는 서면으로 갈음한다(법 제65조 제7항).

# CHAPTER 06 > 개발행위에 따른 기반시설의 설치

## Ⅰ 개발밀도관리구역

### 1. 개발밀도관리구역의 의의
"개발밀도관리구역"이란 개발로 인하여 기반시설이 부족할 것으로 예상되나 기반시설을 설치하기 곤란한 지역을 대상으로 건폐율이나 용적률을 강화하여 적용하기 위하여 법 제66조(개발밀도관리구역)에 따라 지정하는 구역을 말한다(법 제2조 제18호).(감평 2004·2015·2022)

### 2. 개발밀도관리구역의 지정 : 기반시설 설치가 곤란한 지역 ★
특별시장·광역시장·특별자치시장·특별자치도지사·시장 또는 군수는 주거·상업 또는 공업지역에서의 개발행위로 기반시설(도시·군계획시설을 포함한다)의 처리·공급 또는 수용능력이 부족할 것으로 예상되는 지역 중 기반시설의 설치가 곤란한 지역을 개발밀도관리구역으로 지정할 수 있다(법 제66조 제1항).(감평 2004·2016·2020·2024, 중개 2024)(녹지지역×, 농림지역×, 관리지역×, 자연환경보전지역×)

### 3. 건폐율·용적률 강화 적용 ★
특별시장·광역시장·특별자치시장·특별자치도지사·시장 또는 군수는 개발밀도관리구역에서는 대통령령으로 정하는 범위(영 제62조 제1항 : 해당 용도지역에 적용되는 용적률의 최대한도의 50퍼센트를 말한다.)에서 건폐율 또는 용적률을 강화하여 적용한다(법 제66조 제2항).(감평 2004·2016·2020·2024, 중개 2018·2021·2022·2023·2024)

> ☞ 개발밀도관리구역의 지정권자는 특별시장·광역시장·특별자치시장·특별자치도지사·도지사·시장 또는 군수이다.(×/도지사는 포함되지 않는다.)(법 제66조 제1항)
> ☞ 개발밀도관리구역 안에서는 그 용도지역에 적용되는 용적률의 최대한도의 50퍼센트의 범위 안에서 용적률을 강화하여 적용한다.(○)(법 제66조 제2항 및 영 제62조 제1항)
> ☞ 개발밀도관리구역을 지정할 때 개발밀도관리구역에서는 당해 용도지역에 적용되는 건폐율 또는 용적률을 완화하여 적용한다.(×/강화하여 적용한다)(법 제66조 제2항)

### 4. 지방도시계획위원회의 심의 ★
특별시장·광역시장·특별자치시장·특별자치도지사·시장 또는 군수는 개발밀도관리구역을 지정하거나 변경하려면 다음 각 호의 사항을 포함하여 해당 지방자치단체에 설치된 지방도시계획위원회의 심의를 거쳐야 한다(법 제66조 제3항).(감평 2004·2016·2020·2024, 중개 2018·2020·2021·2023·2024)

1. 개발밀도관리구역의 명칭
2. 개발밀도관리구역의 범위

3. <u>건폐율</u> 또는 <u>용적률</u>의 <u>강화 범위</u>

☞ 군수가 개발밀도관리구역을 지정하려면 미리 주민의 의견을 들은 후 지방도시계획위원회의 <u>심의</u>를 거쳐 <u>도지사</u>의 <u>승인</u>을 받아야 한다. (×/심의만 거치면 되고, 주민의견 청취나 도지사의 승인은 요하지 않는다.)
(법 제66조 제3항)

### 5. 개발밀도관리구역 지정·변경에 관한 고시★
① 특별시장·광역시장·특별자치시장·특별자치도지사·시장 또는 군수는 <u>개발밀도관리구역을 지정하거나 변경한 경우</u>에는 그 사실을 <u>지방자치단체의 공보</u>에 게재하는 방법으로 <u>고시</u>하여야 한다(법 제66조 제4항·영 제62조 제2항). (감평 2004·2020·2024, 중개 2024)
② 이 경우 특별시장·광역시장·특별자치시장·특별자치도지사·시장 또는 군수는 <u>고시</u>한 내용을 해당 기관의 <u>인터넷 홈페이지</u>에 게재하여야 한다(영 제62조 제3항).

### 6. 개발밀도관리구역의 지정기준 및 관리방법
<u>국토교통부장관</u>은 개발밀도관리구역의 지정기준 및 관리방법을 정할 때에는 다음 각 호의 사항을 종합적으로 고려해야 한다(법 제66조 제5항·영 제63조). (중개 2023 ; 개발밀도관리구역의 지정기준은 국장이 정한다. ○)

1. <u>개발밀도관리구역</u>은 <u>도로·수도공급설비·하수도·학교</u> 등 기반시설의 용량이 부족할 것으로 예상되는 지역중 기반시설의 설치가 곤란한 지역으로서 다음 각목의 1에 해당하는 지역에 대하여 지정할 수 있도록 할 것(감평 2016·2024)(감평 2024 ; 개발밀도관리구역의 지정기준을 정할 때 고려되는 기반시설에 수도공급설비도 포함된다. ○)
   가. 당해 지역의 <u>도로서비스 수준</u>이 매우 낮아 <u>차량통행</u>이 현저하게 <u>지체</u>되는 지역. 이 경우 도로서비스 수준의 측정에 관하여는 「도시교통정비 촉진법」에 따른 교통영향평가의 예에 따른다.
   나. 당해 지역의 <u>도로율</u>이 국토교통부령이 정하는 용도지역별 도로율에 <u>20퍼센트 이상 미달</u>하는 지역
   다. <u>향후 2년</u> 이내에 당해 지역의 <u>수도에 대한 수요량</u>이 수도시설의 시설용량을 <u>초과</u>할 것으로 예상되는 지역
   라. <u>향후 2년</u> 이내에 당해 지역의 <u>하수발생량</u>이 하수시설의 시설용량을 <u>초과</u>할 것으로 예상되는 지역
   마. <u>향후 2년</u> 이내에 당해 지역의 학생수가 <u>학교수용능력</u>을 <u>20퍼센트 이상 초과</u>할 것으로 예상되는 지역
2. <u>개발밀도관리구역의 경계</u>는 도로·하천 그 밖에 특색 있는 지형지물을 이용하거나 용도지역의 경계선을 따라 설정하는 등 <u>경계선이 분명하게 구분되도록 할 것</u>(감평 2016)
3. 용적률의 강화범위는 <u>영 제62조제1항의 범위</u>(해당 용도지역에 적용되는 용적률의 최대한도의 50퍼센트)에서 제1호 각 목에 따른 기반시설의 부족정도를 고려하여 결정할 것
4. 개발밀도관리구역안의 <u>기반시설의 변화</u>를 <u>주기적으로 검토</u>하여 용적률을 <u>강화 또는 완화</u>하거나 <u>개발밀도관리구역을 해제</u>하는 등 필요한 조치를 취하도록 할 것

# Ⅱ 기반시설부담구역의 지정

## 1. 기반시설부담구역의 의의

① "기반시설부담구역"이란 개발밀도관리구역 외(外)의 지역으로서 개발로 인하여 도로, 공원, 녹지 등 「대통령령으로 정하는 기반시설(영 제4조의2)」의 설치가 필요한 지역을 대상으로 기반시설을 설치하거나 그에 필요한 용지를 확보하게 하기 위하여 법 제67조(기반시설부담구역의 지정)에 따라 지정·고시하는 구역을 말한다(법 제2조 제19호).

② 여기서 「대통령령으로 정하는 기반시설」이란 다음 각 호의 기반시설(해당 시설의 이용을 위하여 필요한 부대시설 및 편의시설을 포함)을 말한다(영 제4조의2). (중개 2024)

1. 도로(인근의 간선도로로부터 기반시설부담구역까지의 진입도로를 포함한다)(감평 2022)
2. 공원(감평 2022·2025)(중개 2024 : 공원 이용을 위한 편의시설은 포함되지 않는다. ×)
3. 녹지
4. 학교(「고등교육법」 제2조에 따른 학교는 제외한다)(감평 2022)
5. 수도(인근의 수도로부터 기반시설부담구역까지 연결하는 수도를 포함한다)(감평 2022)
6. 하수도(인근의 하수도로부터 기반시설부담구역까지 연결하는 하수도를 포함한다)(감평 2022)
7. 폐기물처리 및 재활용시설
8. 그 밖에 특별시장·광역시장·특별자치시장·특별자치도지사·시장 또는 군수가 해당 지역의 기반시설 소요량 등을 고려하여 대통령령으로 정하는 바에 따라 수립하는 기반시설부담계획에서 정하는 시설

## 2. 기반시설부담구역의 지정

특별시장·광역시장·특별자치시장·특별자치도지사·시장 또는 군수는 다음 각 호의 어느 하나에 해당하는 지역에 대하여는 기반시설부담구역으로 지정하여야 한다(법 제67조 제1항 본문). (지정할 수 있다. ×) 다만, 개발행위가 집중되어 특별시장·광역시장·특별자치시장·특별자치도지사·시장 또는 군수가 해당 지역의 계획적 관리를 위하여 필요하다고 인정하면 다음 각 호에 해당하지 아니하는 경우라도 기반시설부담구역으로 지정할 수 있다(법 제67조 제1항 단서). (감평 2004)

1. 이 법 또는 다른 법령의 제정·개정으로 인하여 행위 제한이 완화되거나 해제되는 지역(중개 2019)
2. 이 법 또는 다른 법령에 따라 지정된 용도지역 등이 변경되거나 해제되어 행위 제한이 완화되는 지역
3. 개발행위허가 현황 및 인구증가율 등을 고려하여 대통령령으로 정하는 지역(영 제64조 제1항 : 특별시장·광역시장·특별자치시장·특별자치도지사·시장 또는 군수가 기반시설의 설치가 필요하다고 인정하는 아래의 지역)

    가. 해당 지역의 전년도 개발행위허가 건수가 전전년도 개발행위허가 건수보다 20퍼센트 이상 증가한 지역(중개 2022)
    
    나. 해당 지역의 전년도 인구증가율이 그 지역이 속하는 특별시·광역시·특별자치시·특별자치도·시 또는 군(광역시의 관할 구역에 있는 군은 제외한다)의 전년도 인구증가율보다 20퍼센트 이상 높은 지역

> **정리**
>
> ◆ 기반시설부담구역 지정 대상 지역
>
> 1. 행위제한 완화·해제
>    (1) 법령 제정·개정
>    (2) 용도지역 변경·해제
> 2. 개발행위허가 건수
>    <u>20% 이상</u> 증가 지역
> 3. 인구증가율
>    <u>20% 이상</u> 높은 지역

### 3. 주민의견 청취·지방도시계획위원회 심의·고시 ★

① 특별시장·광역시장·특별자치시장·특별자치도지사·시장 또는 군수는 <u>기반시설부담구역</u>을 <u>지정</u> 또는 <u>변경</u>하려면 <u>주민의 의견</u>을 들어야 하며, 해당 지방자치단체에 설치된 <u>지방도시계획위원회의 심의</u>를 거쳐야 한다(법 제67조 제2항).(감평 2004·2025, 중개 2019)

② 특별시장·광역시장·특별자치시장·특별자치도지사·시장 또는 군수는 <u>기반시설부담구역</u>을 <u>지정</u>하거나 <u>변경</u>하였으면 <u>기반시설부담구역의 명칭·위치·면적 및 지정일자와 관계 도서의 열람방법</u>을 해당 <u>지방자치단체의 공보와 인터넷 홈페이지에 고시</u>하여야 한다(영 제64조 제2항).(감평 2004)

### 4. 기반시설설치계획의 수립 ★

① 특별시장·광역시장·특별자치시장·특별자치도지사·시장 또는 군수는 <u>기반시설부담구역이 지정되</u>면 <u>기반시설설치계획을 수립</u>하여야 하며, <u>이를 도시·군관리계획에 반영</u>하여야 한다(법 제67조 제4항).(중개 2018·2019·2022)

② 특별시장·광역시장·특별자치시장·특별자치도지사·시장 또는 군수는 "<u>기반시설설치계획</u>"을 <u>수립</u>할 때에는 다음 각 호의 내용을 포함하여 수립하여야 한다(영 제65조 제1항).
  1. <u>설치가 필요한 기반시설</u>의 종류, 위치 및 규모
  2. 기반시설의 <u>설치 우선순위 및 단계별 설치계획</u>
  3. 그 밖에 기반시설의 설치에 필요한 사항

③ 특별시장·광역시장·특별자치시장·특별자치도지사·시장 또는 군수는 기반시설설치계획을 수립할 때에는 다음 각 호의 사항을 <u>종합적으로 고려</u>해야 한다(영 제65조 제2항).
  1. 기반시설의 <u>배치</u>는 해당 기반시설부담구역의 <u>토지이용계획</u> 또는 앞으로 <u>예상되는 개발수요</u>를 고려하여 적절하게 정할 것
  2. <u>기반시설의 설치시기</u>는 재원조달계획, 시설별 우선순위, 사용자의 편의와 예상되는 개발행위의 완료시기 등을 고려하여 합리적으로 정할 것

④ <u>지구단위계획</u>을 수립한 경우에는 <u>기반시설설치계획을 수립한 것으로 본다</u>(영 제65조 제3항).(중개 2019·2024) (지구단위계획의 내용에는 「기반시설의 배치와 규모」가 포함된다,○)

⑤ <u>기반시설부담구역의 지정고시일부터 1년이 되는 날까지 기반시설설치계획을 수립하지 아니하면 그 1년이 되는 날의 다음날에 기반시설부담구역의 지정은 해제</u>된 것으로 <u>본다</u>(영 제65조 제4항).(감평

2025, 중개 2019·2021·2022)

### 5. 기반시설부담구역의 지정기준

국토교통부장관은 기반시설부담구역의 지정기준을 정할 때에는 다음 각 호의 사항을 종합적으로 고려하여야 한다(법 제67조 제5항·영 제66조).

1. 기반시설부담구역은 기반시설이 적절하게 배치될 수 있는 규모로서 최소 10만 제곱미터 이상의 규모가 되도록 지정할 것
2. 소규모 개발행위가 연접하여 시행될 것으로 예상되는 지역의 경우에는 하나의 단위구역으로 묶어서 기반시설부담구역을 지정할 것
3. 기반시설부담구역의 경계는 도로, 하천, 그 밖의 특색 있는 지형지물을 이용하는 등 경계선이 분명하게 구분되도록 할 것

## III 기반시설설치비용의 부과대상 및 산정기준

### 1. 기반시설설치비용의 부과대상인 건축행위 ★

① 기반시설부담구역에서 기반시설설치비용의 부과대상인 건축행위는 「기반시설을 유발하는 시설(영 제4조의3)」로서 200제곱미터(기존 건축물의 연면적을 포함한다)를 초과하는 건축물의 신축·증축 행위로 한다(법 제68조 제1항 본문). (감평 2023·2025, 중개 2018·2020) (150제곱미터 초과×)

② 다만, 기존 건축물을 철거하고 신축하는 경우에는 기존 건축물의 건축연면적을 초과하는 건축행위만 부과대상으로 한다(법 제68조 제1항 단서). (감평 2004·2012, 중개 2024)

### 2. 기반시설설치비용

**(1) 기반시설설치비용 산정**

기반시설설치비용은 기반시설을 설치하는 데 필요한 「기반시설 표준시설비용」과 「용지비용」을 합산한 금액에 법 제68조 제1항에 따른 부과대상 건축연면적과 기반시설 설치를 위하여 사용되는 총 비용 중 국가·지방자치단체의 부담분을 제외하고 민간 개발사업자가 부담하는 「부담률」을 곱한 금액으로 한다(법 제68조 제2항 본문).

**(2) 기반시설 표준시설비용**

① 기반시설 표준시설비용은 기반시설 조성을 위하여 사용되는 단위당 시설비를 말한다(법 제68조 제3항).

② 국토교통부장관은 해당 연도의 생산자물가상승률 등을 고려하여 매년 1월 1일을 기준으로 한 기반시설 표준시설비용을 매년 6월 10일까지 고시하여야 한다(법 제68조 제3항·영 제68조). (감평 2012)

### (3) 민간 개발사업자가 부담하는 부담률

민간 개발사업자가 부담하는 부담률은 100분의 20으로 하며, 특별시장·광역시장·특별자치시장·특별자치도지사·시장 또는 군수가 건물의 규모, 지역 특성 등을 고려하여 100분의 25의 범위에서 부담률을 가감할 수 있다(법 제68조 제5항).

### (4) 기반시설부담계획을 수립한 경우

① 특별시장·광역시장·특별자치시장·특별자치도지사·시장 또는 군수가 해당 지역의 기반시설 소요량 등을 고려하여 대통령령(영 제67조)으로 정하는 바에 따라 기반시설부담계획을 수립한 경우에는 기반시설설치비용은 그 부담계획에 따른다(법 제68조 제2항 단서).

② 특별시장·광역시장·특별자치시장·특별자치도지사·시장 또는 군수는 "기반시설부담계획"을 수립할 때에는 다음 각 호의 내용을 포함하여야 한다(영 제67조 제1항).
  1. 기반시설의 설치 또는 그에 필요한 용지의 확보에 소요되는 총부담비용 (중개 2017)
  2. 기반시설설치비용 납부의무자가 각각 부담하여야 할 부담분
  3. 제2호에 따른 부담분의 부담시기
  4. 재원의 조달 및 관리·운영방법

③ 특별시장·광역시장·특별자치시장·특별자치도지사·시장 또는 군수는 기반시설부담계획을 수립하거나 변경할 때에는 주민의 의견을 듣고 해당 지방자치단체에 설치된 지방도시계획위원회의 심의를 거쳐야 한다(영 제67조 제4항 전단). 이 경우 주민의 의견청취에 관하여는 법 제28조(도시군관리계획 수립절차 : 주민 의견청취)제1항부터 제5항까지의 규정을 준용한다(영 제67조 제4항 후단).

## 3. 기반시설설치비용의 감면 등

기반시설설치비용 납부의무자가 다음 각 호의 어느 하나에 해당하는 경우에는 이 법에 따른 기반시설설치비용에서 감면한다(법 제68조 제6항).

1. 기반시설을 설치하거나 그에 필요한 용지를 확보한 경우
2. 「도로법」에 따른 원인자 부담금 등 대통령령으로 정하는 비용을 납부한 경우

## IV 기반시설설치비용의 납부 및 체납처분

### 1. 기반시설설치비용 납부의무자

① 법 제68조(기반시설설치비용의 부과대상 및 산정기준)제1항에 따른 건축행위를 하는 자 〔「건축행위의 위탁자 또는 지위의 승계자 등 대통령령으로 정하는 자(영 제70조의2)」를 포함한다. 이하 "납부의무자"라 한다〕는 기반시설설치비용을 내야 한다(법 제69조 제1항).

② 여기서「건축행위의 위탁자 또는 지위의 승계자 등 대통령령으로 정하는 자」란 다음 각 호의 어느 하나에 해당하는 자를 말한다(영 제70조의2 제1항).
  1. 건축행위를 위탁 또는 도급한 경우에는 그 위탁이나 도급을 한 자
  2. 타인 소유의 토지를 임차하여 건축행위를 하는 경우에는 그 행위자

3. <u>건축행위를 완료하기 전(前)</u>에 건축주의 지위나 제1호 또는 제2호에 해당하는 자의 지위를 승계하는 경우에는 <u>그 지위를 승계한 자</u>

## 2. 기반시설설치비용 부과 및 납부

### (1) 서★

① 특별시장·광역시장·특별자치시장·특별자치도지사·시장 또는 군수는 <u>납부의무자</u>가 국가 또는 지방자치단체로부터 <u>건축허가</u>(다른 법률에 따른 사업승인 등 건축허가가 의제되는 경우에는 그 사업승인)를 받은 날부터 <u>2개월 이내</u>에 <u>기반시설설치비용을 부과</u>하여야 하고(건축허가를 받은 날부터 3개월 이내 기반시설설치비용을 부과해야 한다,×), <u>납부의무자</u>는 <u>사용승인</u>(다른 법률에 따라 준공검사 등 사용승인이 의제되는 경우에는 그 <u>준공검사</u>)<u>신청 시까지 이를 내야 한다</u>(법 제69조 제2항).(감평 2012, 중개 2017·2021)(사용승인 신청 후 7일까지 기반시설설치비용을 내야 한다,×)

② 특별시장·광역시장·특별자치시장·특별자치도지사·시장 또는 군수는 <u>납부의무자</u>가 법 제69조 제2항에서 정한 때까지 <u>기반시설설치비용을 내지 아니하는 경우</u>에는 「<u>지방행정제재·부과금의 징수 등에 관한 법률</u>」에 따라 <u>징수</u>할 수 있다(법 제69조 제3항).

### (2) 기반시설설치비용의 예정 통지 등

① 특별시장·광역시장·특별자치시장·특별자치도지사·시장 또는 군수는 <u>기반시설설치비용을 부과</u>하려면 <u>부과기준시점부터 30일 이내</u>에 <u>납부의무자</u>에게 적용되는 <u>부과 기준</u> 및 부과될 <u>기반시설설치비용을 미리 알려야 한다</u>(영 제70조의3 제1항).(감평 2012)

② 제1항에 따른 통지(이하 "<u>예정 통지</u>"라 한다)를 받은 <u>납부의무자</u>는 <u>예정 통지된</u> 기반시설설치비용에 대하여 <u>이의</u>가 있으면 <u>예정 통지</u>를 받은 날부터 <u>15일 이내</u>에 특별시장·광역시장·특별자치시장·특별자치도지사·시장 또는 군수에게 <u>심사</u>(이하 "<u>고지 전 심사</u>"라 한다)를 <u>청구</u>할 수 있다(영 제70조의3 제2항).

③ <u>고지 전 심사</u> 청구를 받은 특별시장·광역시장·특별자치시장·특별자치도지사·시장 또는 군수는 그 <u>청구</u>를 받은 날부터 <u>15일 이내</u>에 청구 내용을 <u>심사</u>하여 그 결과를 청구인에게 알려야 한다(영 제70조의3 제4항).

### (3) 기반시설설치비용의 결정

특별시장·광역시장·특별자치시장·특별자치도지사·시장 또는 군수는 <u>예정 통지</u>에 이의가 없는 경우 또는 고지 전 심사청구에 대한 <u>심사결과를 통지</u>한 경우에는 그 <u>통지한 금액에 따라 기반시설설치비용을 결정</u>한다(영 제70조의4).

### (4) 납부의 고지

① 특별시장·광역시장·특별자치시장·특별자치도지사·시장 또는 군수는 <u>기반시설설치비용을 부과</u>하려면 납부의무자에게 <u>납부고지서</u>를 발급하여야 한다(영 제70조의5 제1항).

② 특별시장·광역시장·특별자치시장·특별자치도지사·시장 또는 군수는 제1항에 따라 <u>납부고지서를 발급할 때에는 납부금액</u> 및 그 산출 근거, 납부기한과 납부 장소를 <u>명시</u>하여야 한다(영 제70조의5 제2항).

### (5) 기반시설설치비용의 물납

기반시설설치비용은 현금, 신용카드 또는 직불카드로 납부하도록 하되, 부과대상 토지 및 이와 비슷한 토지로 하는 납부(이하 "물납"이라 한다)를 인정할 수 있다(영 제70조의7 제1항).(중개 2017)

### (6) 납부 기일의 연기 및 분할 납부

특별시장·광역시장·특별자치시장·특별자치도지사·시장 또는 군수는 납부의무자가 다음 각 호의 어느 하나에 해당하여 기반시설설치비용을 납부하기가 곤란하다고 인정되면 해당 개발사업 목적에 따른 이용 상황 등을 고려하여 1년의 범위에서 납부 기일을 연기하거나 2년의 범위에서 분할 납부를 인정할 수 있다(영 제70조의8 제1항).(중개 2017).

1. 재해나 도난으로 재산에 심한 손실을 입은 경우
2. 사업에 뚜렷한 손실을 입은 때
3. 사업이 중대한 위기에 처한 경우
4. 납부의무자나 그 동거 가족의 질병이나 중상해로 장기치료가 필요한 경우

### (7) 납부의 독촉

특별시장·광역시장·특별자치시장·특별자치도지사·시장 또는 군수는 납부의무자가 법 제69조제2항에 따른 사용승인(다른 법률에 따라 준공검사 등 사용승인이 의제되는 경우에는 그 준공검사) 신청 시까지 그 기반시설설치비용을 완납하지 아니하면 납부기한이 지난 후 10일 이내에 독촉장을 보내야 한다(영 제70조의9).

## 3. 기반시설설치비용의 환급

특별시장·광역시장·특별자치시장·특별자치도지사·시장 또는 군수는 기반시설설치비용을 납부한 자가 사용승인 신청 후 해당 건축행위와 관련된 기반시설의 추가 설치 등 기반시설설치비용을 환급하여야 하는 사유가 발생하는 경우(영 제70조의10 제1항 제1호 ; 건축허가사항 등의 변경으로 건축면적이 감소되는 등 납부한 기반시설설치비용의 감소 사유가 발생한 경우)에는 그 사유에 상당하는 기반시설설치비용을 환급하여야 한다(법 제69조 제4항).(감평 2012)

# Ⅴ 기반시설설치비용의 관리 및 사용 등

## 1. 기반시설부담구역별 특별회계 설치★

특별시장·광역시장·특별자치시장·특별자치도지사·시장 또는 군수는 기반시설설치비용의 관리 및 운용을 위하여 기반시설부담구역별로 특별회계를 설치하여야 하며(감평 2021·2025, 중개 2017·2022), 그에 필요한 사항은 지방자치단체의 조례로 정한다(법 제70조 제1항).

## 2. 기반시설설치비용의 사용

### (1) 사용 용도

법 제69조제2항에 따라 <u>납부한 기반시설설치비용</u>은 해당 **기반시설부담구역**에서 <u>기반시설의 설치</u> 또는 그에 필요한 <u>용지의 확보</u> 등 다음 각 호의 용도로 사용하여야 한다.(법 제70조 제1항 본문·영 제70조의11 제2항).

1. <u>기반시설부담구역별 기반시설설치계획</u> 및 <u>기반시설부담계획 수립</u>
2. 기반시설부담구역에서 건축물의 신·증축행위로 유발되는 <u>기반시설의 신규 설치</u>, 그에 필요한 용지 확보 또는 <u>기존 기반시설의 개량</u>
3. 기반시설부담구역별로 설치하는 <u>특별회계의 관리 및 운영</u>

**(2) 해당 기반시설부담구역에서 사용하기 곤란한 경우**

① 해당 기반시설부담구역에 사용하기가 곤란한 경우로서 「**대통령령으로 정하는 경우**(영 제70조의11 제1항)」에는 해당 **기반시설부담구역의 기반시설과 연계된 기반시설의 설치** 또는 그에 필요한 **용지의 확보** 등에 **사용**할 수 있다(법 제70조 제1항 단서).

② 여기서 「**대통령령으로 정하는 경우**」란 해당 기반시설부담구역에 필요한 기반시설을 모두 설치하거나 그에 필요한 용지를 모두 확보한 후에도 잔액이 생기는 경우를 말한다(영 제70조의11 제1항).

# CHAPTER 07 성장관리계획

## I 성장관리계획구역의 지정 등

### 1. 성장관리계획 구역의 지정

특별시장·광역시장·특별자치시장·특별자치도지사·시장 또는 군수는 녹지지역, 관리지역, 농림지역 및 자연환경보전지역 중 다음 각 호의 어느 하나에 해당하는 지역의 전부 또는 일부에 대하여 성장관리계획구역을 지정할 수 있다(법 제75조의2 제1항). (중개 2018·2021·2022, 감평 2025)(공업지역에 대해서 성장관리계획구역을 지정할 수 있다.×)(성장관리구역을 지정할 때에는 도시·군관리계획의 결정으로 하여야 한다.×)

1. 개발수요가 많아 무질서한 개발이 진행되고 있거나 진행될 것으로 예상되는 지역(감평 2022, 중개 2018)
2. 주변의 토지이용이나 교통여건 변화 등으로 향후 시가화가 예상되는 지역(감평 2022, 중개 2018)
3. 주변지역과 연계하여 체계적인 관리가 필요한 지역(감평 2025)
4. 「토지이용규제 기본법」에 따른 지역·지구등의 변경으로 토지이용에 대한 행위제한이 완화되는 지역(감평 2022)
5. 그 밖에 난개발의 방지와 체계적인 관리가 필요한 지역으로서 대통령령으로 정하는 지역(영 제70조의12)
   가. 인구 감소 또는 경제성장 정체 등으로 압축적이고 효율적인 도시성장관리가 필요한 지역
   나. 공장 등과 입지 분리 등을 통해 쾌적한 주거환경 조성이 필요한 지역
   다. 그 밖에 난개발의 방지와 체계적인 관리가 필요한 지역으로서 특별시·광역시·특별자치시·특별자치도·시 또는 군의 도시·군계획조례로 정하는 지역

### 2. 성장관리계획구역 지정·변경 절차1 : 의견청취·협의·심의

(1) 서

① 특별시장·광역시장·특별자치시장·특별자치도지사·시장 또는 군수는 성장관리계획구역을 지정하거나 이를 변경하려면 대통령령으로 정하는 바에 따라 미리 주민과 해당 지방의회의 의견을 들어야 하며, 관계 행정기관과의 협의 및 지방도시계획위원회의 심의를 거쳐야 한다(법 제75조의2 제2항 본문). (중개 2022)(중앙도시계획위원회의 심의를 거쳐야 한다.×)

② ⓐ 다만, 대통령령으로 정하는 경미한 사항을 변경하는 경우에는 그러하지 아니하다(법 제75조의2 제2항 단서).
   ⓑ 여기서 「대통령령으로 정하는 경미한 사항을 변경하는 경우」란「성장관리계획구역의 면적을 10퍼센트 이내에서 변경하는 경우(성장관리계획구역을 변경하는 부분에 둘 이상의 읍·면 또

는 동의 일부 또는 전부가 포함된 경우에는 해당 읍·면 또는 동 단위로 구분된 지역의 면적을 각각 10퍼센트 이내에서 변경하는 경우로 한정한다)」를 말한다(영 제70조의13 제5항). (감평 2025/5퍼센트 이내에서 변경×)

### (2) 의회 의견 청취

특별시·광역시·특별자치시·특별자치도·시 또는 군의 의회는 특별한 사유가 없으면 60일 이내에 특별시장·광역시장·특별자치시장·특별자치도지사·시장 또는 군수에게 의견을 제시하여야 하며, 그 기한까지 의견을 제시하지 아니하면 의견이 없는 것으로 본다(법 제75조의2 제3항).

### (3) 주민의견 청취

① 특별시장·광역시장·특별자치시장·특별자치도지사·시장 또는 군수는 성장관리계획구역의 지정 또는 변경에 관하여 주민의 의견을 들으려면 성장관리계획구역안의 주요 내용을 해당 지방자치단체의 공보나 전국 또는 해당 지방자치단체를 주된 보급지역으로 하는 둘 이상의 일간신문에 게재하고, 해당 지방자치단체의 인터넷 홈페이지 등에 공고해야 한다(영 제70조의13 제1항).

② 특별시장·광역시장·특별자치시장·특별자치도지사·시장 또는 군수는 제1항에 따른 공고를 한 때에는 성장관리계획구역안을 14일 이상 일반이 열람할 수 있도록 해야 한다(영 제70조의13 제2항). (감평 2025, 중개 2022)(7일간 열람×, 10일 이내로×)

③ 제1항에 따라 공고된 성장관리계획구역안에 대하여 의견이 있는 사람은 열람기간 내에 특별시장·광역시장·특별자치시장·특별자치도지사·시장 또는 군수에게 의견서를 제출할 수 있다(영 제70조의13 제3항).

④ 특별시장·광역시장·특별자치시장·특별자치도지사·시장 또는 군수는 제3항에 따라 제출된 의견을 성장관리계획구역안에 반영할 것인지 여부를 검토하여 그 결과를 열람기간이 종료된 날부터 30일 이내에 해당 의견을 제출한 사람에게 통보해야 한다(영 제70조의13 제4항).

### (4) 관계 행정기관의 장과 협의

협의 요청을 받은 관계 행정기관의 장은 특별한 사유가 없으면 요청을 받은 날부터 30일 이내에 특별시장·광역시장·특별자치시장·특별자치도지사·시장 또는 군수에게 의견을 제시하여야 한다(법 제75조의2 제4항).

## 3. 성장관리계획구역 지정·변경 절차2 : 관계서류 송부·고시·열람

특별시장·광역시장·특별자치시장·특별자치도지사·시장 또는 군수가 성장관리계획구역을 지정하거나 이를 변경한 경우에는 관계 행정기관의 장에게 관계 서류를 송부하여야 하며, 대통령령으로 정하는 바(영 제70조의13 제6항)에 따라 이를 고시하고 일반인이 열람할 수 있도록 하여야 한다(법 제75조의2 제5항 전단). 이 경우 지형도면의 고시 등에 관하여는 「토지이용규제 기본법」 제8조에 따른다(법 제75조의2 제5항 후단).

# II 성장관리계획의 수립 등

## 1. 성장관리계획 수립

특별시장·광역시장·특별자치시장·특별자치도지사·시장 또는 군수는 성장관리계획구역을 지정할 때에는 다음 각 호의 사항 중 그 성장관리계획구역의 지정목적을 이루는 데 필요한 사항을 포함하여 성장관리계획을 수립하여야 한다(법 제75조의3 제1항).

1. 도로, 공원 등 기반시설의 배치와 규모에 관한 사항(감평 2023)
2. 건축물의 용도제한, 건축물의 건폐율 또는 용적률(감평 2023)
3. 건축물의 배치, 형태, 색채 및 높이(감평 2015·2023)(건축물의 건축선×; 지구단위계획에는 포함)
4. 환경관리 및 경관계획(감평 2015·2023)(지구단위계획의 내용 ; 환경관리 및 경관계획 + 교통처리계획)
5. 그 밖에 난개발의 방지와 체계적인 관리에 필요한 사항으로서 대통령령으로 정하는 사항 [영 제70조의14 제1항; (제1호) 성장관리계획구역 내 토지개발·이용, 기반시설, 생활환경 등의 현황 및 문제점(감평 2023), (제2호) 그 밖에 난개발의 방지와 체계적인 관리에 필요한 사항으로서 특별시·광역시·특별자치시·특별자치도·시 또는 군의 도시·군계획조례로 정하는 사항]

## 2. 건폐율 완화 적용 : 50퍼센트 이하·30퍼센트 이하

성장관리계획구역에서는 법 제77조(용도지역의 건폐율)제1항에도 불구하고 다음 각 호의 구분에 따른 범위에서 성장관리계획으로 정하는 바에 따라 특별시·광역시·특별자치시·특별자치도·시 또는 군의 조례로 정하는 비율까지 건폐율을 완화하여 적용할 수 있다(법 제75조의3 제2항) [건폐율 완화 적용 제외 지역 ; 보전녹지지역(감평 2025)·보전관리지역·자연환경보전지역]

1. 계획관리지역 : 50퍼센트 이하(감평 2024)
2. 생산관리지역·농림지역 및 대통령령으로 정하는 녹지지역(영 제70조의14 ; 자연녹지지역과 생산녹지지역) : 30퍼센트 이하.(감평 2024, 중개 2022·2024)(보전녹지지역에서 30퍼센트 이하의 범위에서 건폐율을 완화 적용할 수 있다.×)

## 3. 용적률 완화 적용 : 125퍼센트 이하(계획관리지역)

성장관리계획구역 내 계획관리지역에서는 법 제78조(용도지역에서의 용적률)제1항에도 불구하고 125퍼센트 이하의 범위에서 성장관리계획으로 정하는 바에 따라 특별시·광역시·특별자치시·특별자치도·시 또는 군의 조례로 정하는 비율까지 용적률을 완화하여 적용할 수 있다(법 제75조의3 제3항).(중개 2022)(보전관리지역에서 125퍼센트 이하의 범위에서 용적률 완화적용할 수 있다.×)

## 4. 성장관리계획의 재검토 : 5년

특별시장·광역시장·특별자치시장·특별자치도지사·시장 또는 군수는 5년마다 관할 구역 내 수립된 성장관리계획에 대하여 대통령령으로 정하는 바(영 제70조의14 제5항)에 따라 그 타당성 여부를 전반적으로 재검토하여 정비하여야 한다(법 제75조의3 제5항).

## 5. 준용 규정

성장관리계획의 수립 및 변경에 관한 절차는 법 제75조의2 제2항부터 제5항까지의 규정(성장관리계획구역의 지정 등 ; 의견청취 · 협의 · 심의 · 관계서류 송부 · 고시 · 열람)을 준용한다(법 제75조의3 제4항 전단). 이 경우 "성장관리계획구역"은 "성장관리계획"으로 본다(법 제75조의3 제4항 후단).

## Ⅲ 성장관리계획구역에서의 개발행위 등

성장관리계획구역에서 개발행위 또는 건축물의 용도변경을 하려면 그 성장관리계획에 맞게 하여야 한다(법 제75조의4). (감평 2025)

# CHAPTER 08 > 용도지역·용도지구 및 용도구역에서의 행위 제한

## I. 용도지역 및 용도지구에서의 건축물의 건축 제한 등

### 1. 용도지역에서의 건축 제한 등★

① 법 제36조(용도지역의 지정)에 따라 지정된 용도지역에서의 건축물이나 그 밖의 시설의 용도·종류 및 규모 등의 제한에 관한 사항은 대통령령(영 제71조)으로 정한다(법 제76조 제1항). (감평 2010)

② 건축물이나 그 밖의 시설의 용도·종류 및 규모 등의 제한은 해당 용도지역의 지정목적에 적합하여야 한다(법 제76조 제3항). (감평 2015) 건축물이나 그 밖의 시설의 용도·종류 및 규모 등을 변경하는 경우 변경 후(後)의 건축물이나 그 밖의 시설의 용도·종류 및 규모 등은 법 제76조 제1항에 맞아야 한다(법 제76조 제4항).

> **정리**
>
> 아파트를 건축할 수 「없는」 용도지역 (중개 2018)
>
> 1. 도시지역
>    (1) 주거지역 : 제1종 전용주거지역, 제1종 일반주거지역
>    (2) 상업지역 : 유통상업지역
>    (3) 공업지역 : 전용공업지역, 일반공업지역
>    (4) 녹지지역
> 2. 농림지역
> 3. 관리지역
> 4. 자연환경보전지역

### 2. 용도지구에서의 건축 제한 등

※ 법 제37조 제1항 각호 : 경/취/방(방재 + 방화)/보/개 → 고도/용도(특정용도 + 복합용도)
⇒ 경관/취락/방(방재+방화)/보호/개발진흥 → 고도/용도(특정용도제한+복합용도)

(1) 건축 제한 1 : 법 제76조 제2항·제3항·제4항

1) 서

① 법 제37조(용도지구의 지정)에 따라 지정된 용도지구에서의 건축물이나 그 밖의 시설의 용도·종류 및 규모 등의 제한에 관한 사항은 이 법 또는 다른 법률에 특별한 규정이 있는 경우 외에는 대통령령으로 정하는 기준에 따라 특별시·광역시·특별자치시·특별자치도·시 또는 군의 조례로 정할 수 있다(법 제76조 제2항).

② 건축물이나 그 밖의 시설의 용도·종류 및 규모 등의 제한은 해당 **용도지구의 지정목적에 적합**하여야 한다(법 제76조 제3항).(감평 2015) 건축물이나 그 밖의 시설의 용도·종류 및 규모 등을 **변경**하는 경우 **변경 후(後)**의 건축물이나 그 밖의 시설의 용도·종류 및 규모 등은 법 제76조 제2항에 맞아야 한다(법 제76조 제4항).

2) 경관지구안에서의 건축제한

① **경관지구안**에서는 그 **지구의 경관의 보전·관리·형성에 장애**가 된다고 인정하여 **도시·군계획조례**가 정하는 건축물을 건축할 수 **없다**(영 제72조 제1항 본문).

② **경관지구**안에서의 **건축물의 건폐율·용적률·높이·최대너비·색채 및 대지안의 조경 등**에 관하여는 그 지구의 경관의 보전·관리·형성에 필요한 범위안에서 **도시·군계획조례로 정한다**(영 제72조 제2항).(감평 2009)

3) 고도지구안에서의 건축제한

**고도지구**안에서는 **도시·군관리계획**으로 정하는 **높이**를 초과하는 건축물을 건축할 수 **없다**(영 제74조).(감평 2009, 중개 2018)

4) 방재지구안에서의 건축제한

**방재지구**안에서는 풍수해·산사태·지반붕괴·지진 그 밖에 **재해예방**에 **장애**가 된다고 인정하여 **도시·군계획조례**가 정하는 건축물을 건축할 수 **없다**(영 제75조 본문).

5) 보호지구 안에서의 건축제한

**보호지구** 안에서는 다음 각 호의 구분에 따른 건축물에 **한하여** 건축할 수 **있다**(영 제76조 본문).

1. **역사문화환경보호지구** : 「국가유산기본법」의 적용을 받는 **국가유산**을 직접 관리·보호하기 위한 건축물과 문화적으로 보존가치가 큰 지역의 보호 및 보존을 저해하지 아니하는 건축물로서 **도시·군계획조례**가 정하는 것

2. **중요시설물보호지구** : 중요시설물의 보호와 기능 수행에 장애가 되지 아니하는 건축물로서 **도시·군계획조례가 정하는 것**. 이 경우 영 제31조제3항(용도지구의 지정 : 시·도지사 또는 대도시 시장은 지역여건상 필요한 때에는 해당 시·도 또는 대도시의 도시·군계획조례로 정하는 바에 따라 경관지구를 추가적으로 세분하거나 중요시설물보호지구 및 특정용도제한지구를 세분하여 지정할 수 있다.)에 따라 **공항시설**에 관한 보호지구를 세분하여 지정하려는 경우에는 공항시설을 보호하고 항공기의 이·착륙에 장애가 되지 아니하는 범위에서 건축물의 용도 및 형태 등에 관한 건축제한을 포함하여 정할 수 있다.

3. **생태계보호지구** : 생태적으로 보존가치가 큰 지역의 보호 및 보존을 저해하지 아니하는 건축물로서 **도시·군계획조례가 정하는 것**

6) 특정용도제한지구안에서의 건축제한

**특정용도제한지구**안에서는 **주거기능 및 교육환경**을 **훼손**하거나 **청소년 정서**에 **유해**하다고 인정하여 **도시·군계획조례**가 정하는 건축물을 건축할 수 **없다**(영 제80조).(감평 2009)

### (2) 건축 제한 2::법 제76조 제5항

1) 서

다음 각 호의 어느 하나에 해당하는 경우의 **건축물**이나 그 밖의 시설의 용도·종류 및 규모 등의 **제한**에 관하여는 **법 제76조**(용도지역 및 용도지구에서의 건축물의 건축 제한 등) **제1항부터 제4항까지의 규정**에도 불구하고 각 호에서 정하는 바에 따른다(법 제76조 제5항).

1. <u>취락지구</u>에서는 취락지구의 지정목적 범위에서 <u>대통령령</u>(영 제78조)으로 따로 정한다(법 제76조 제5항 제1호).
2. <u>개발진흥지구</u>에서는 개발진흥지구의 지정목적 범위에서 <u>대통령령</u>(영 제79조)으로 따로 정한다(법 제76조 제5항 제1의2호).
3. <u>복합용도지구</u>에서는 복합용도지구의 지정목적 범위에서 <u>대통령령</u>(영 제81조)으로 따로 정한다(법 제76조 제5항 제1의3호).

2) 취락지구안에서의 건축제한

① <u>자연취락지구안에서 건축할 수 있는 건축물</u>은 별표 23과 같다(영 제78조 제1항). [4층 이하의 건축물에 한함 : 단독주택(감평 1999·2009), 제1종 근린생활시설, 제2종 근린생활시설(안마시술소 등 제외), 운동시설, 농업·임업·축산업·수산업용 창고, 동물 및 식물관련시설, 교정 시설, 국방·군사시설, 방송통신시설, 발전시설]

② <u>집단취락지구안에서의 건축제한</u>에 관하여는 <u>개발제한구역의지정및관리에관한특별조치법령</u>이 정하는 바에 의한다(영 제78조 제2항).

3) 개발진흥지구에서의 건축제한

① <u>지구단위계획</u> 또는 관계 법률에 따른 <u>개발계획을 수립하는 개발진흥지구</u>에서는 <u>지구단위계획</u> 또는 관계 법률에 따른 개발계획에 <u>위반</u>하여 <u>건축물을 건축할 수 없으며</u>, <u>지구단위계획</u> 또는 <u>개발계획이 수립되기 전(前)</u>에는 개발진흥지구의 계획적 개발에 위배되지 아니하는 범위에서 <u>도시·군계획조례로 정하는 건축물을 건축할 수 있다</u>(영 제79조 제1항).

② <u>지구단위계획</u> 또는 관계 법률에 따른 <u>개발계획을 수립하지 아니하는 개발진흥지구</u>에서는 해당 용도지역에서 허용되는 건축물을 건축할 수 있다(영 제79조 제2항).

4) 복합용도지구에서의 건축제한

<u>복합용도지구</u>에서는 <u>해당 용도지역에서 허용되는 건축물 외(外)</u>에 다음 각 호에 따른 건축물 중 <u>도시·군계획조례가 정하는 건축물을 건축할 수 있다</u>(영 제81조).

1. <u>일반주거지역</u> : 준주거지역에서 허용되는 건축물. 다만, 다음 각 목의 건축물은 <u>제외</u>한다.
    가.「건축법 시행령」별표 1 제4호의 제2종 근린생활시설 중 <u>안마시술소</u>
    나.「건축법 시행령」별표 1 제5호다목의 관람장
    다.「건축법 시행령」별표 1 제17호의 <u>공장</u>
    라.「건축법 시행령」별표 1 제19호의 <u>위험물 저장 및 처리 시설</u>
    마.「건축법 시행령」별표 1 제21호의 <u>동물 및 식물 관련 시설</u>
    바.「건축법 시행령」별표 1 제28호의 <u>장례시설</u>(중개 2018)

2. 일반공업지역 : 준공업지역에서 허용되는 건축물. 다만 다음 각 목의 건축물은 **제외**한다.
  가. 「건축법 시행령」 별표 1 제2호가목의 아파트
  나. 「건축법 시행령」 별표 1 제4호의 제2종 근린생활시설 중 단란주점 및 안마시술소
  다. 「건축법 시행령」 별표 1 제11호의 노유자시설
3. 계획관리지역 : 다음 각 목의 어느 하나에 해당하는 건축물
  가. 「건축법 시행령」 별표 1 제4호의 제2종 근린생활시설 중 일반음식점·휴게음식점·제과점(별표 20 제1호라목에 따라 건축할 수 없는 일반음식점·휴게음식점·제과점은 제외한다)
  나. 「건축법 시행령」 별표 1 제7호의 판매시설
  다. 「건축법 시행령」 별표 1 제15호의 숙박시설(별표 20 제1호사목에 따라 건축할 수 없는 숙박시설은 제외한다)
  라. 「건축법 시행령」 별표 1 제16호다목의 유원시설업의 시설, 그 밖에 이와 비슷한 시설

## 3. 다른 법률에 따른 건축 제한 등

### (1) 다른 법률에 따르는 경우

다음 각 호의 어느 하나에 해당하는 경우의 <u>건축물이나 그 밖의 시설의 용도·종류 및 규모 등의 제한</u>에 관하여는 <u>법 제76조</u>(용도지역 및 용도지구에서의 건축물의 건축 제한 등) <u>제1항부터 제4항까지의 규정</u>에도 불구하고 각 호에서 정하는 바에 <u>따른다</u>(법 제76조 제5항).

1. 「산업입지 및 개발에 관한 법률」에 따른 <u>농공단지</u>에서는 <u>같은 법에서 정하는 바에 따른다</u>(법 제76조 제5항 제2호). (감평 2010) (☞ 산업단지는 「국가산업단지」·「일반산업단지」·「도시첨단산업단지」·「농공단지」로 구분되는데, 「농공단지(農工團地)」는 농어촌지역에 농어민의 소득 증대를 위한 산업을 유치·육성하기 위해 지정된 산업단지를 말한다 : 산업입지 및 개발에 관한 법률 제2조 제8호).

2. 농림지역 중 <u>농업진흥지역, 보전산지</u> 또는 <u>초지</u>인 경우에는 각각 「<u>농지법</u>」, 「<u>산지관리법</u>」 또는 「<u>초지법</u>」에서 정하는 바에 따른다(법 제76조 제5항 제3호). (감평 2010)

3. 자연환경보전지역 중 「자연공원법」에 따른 <u>공원구역</u>, 「수도법」에 따른 <u>상수원보호구역</u>, 「문화유산의 보존 및 활용에 관한 법률」에 따라 지정된 <u>지정문화유산과 그 보호구역</u>, 「자연유산의 보존 및 활용에 관한 법률」에 따라 지정된 <u>천연기념물등과 그 보호구역</u>, 「해양생태계의 보전 및 관리에 관한 법률」에 따른 해양보호구역인 경우에는 각각 「<u>자연공원법</u>」, 「<u>수도법</u>」 또는 「<u>문화유산의 보존 및 활용에 관한 법률</u>」, 「<u>자연유산의 보존 및 활용에 관한 법률</u>」 또는 「<u>해양생태계의 보전 및 관리에 관한 법률</u>」에서 정하는 바에 따른다(법 제76조 제5항 제4호). (감평 2010)

4. 자연환경보전지역 중 <u>수산자원보호구역</u>인 경우에는 「<u>수산자원관리법</u>」에서 정하는 바에 따른다(법 제76조 제5항 제5호). (감평 2010)

### (2) 중앙행정기관의 장이 필요하다고 인정하는 경우 다른 법률에 따라 제한할 수 있는 경우

<u>보전관리지역</u>이나 <u>생산관리지역</u>에 대하여 농림축산식품부장관·해양수산부장관·환경부장관 또는 산림청장이 농지 보전, 자연환경 보전, 해양환경 보전 또는 산림 보전에 <u>필요하다고 인정하는 경우</u>에는 「농지법」, 「자연환경보전법」, 「야생생물 보호 및 관리에 관한 법률」, 「해양생태계의 보전 및 관리에 관한 법률」 또는 「산림자원의 조성 및 관리에 관한 법률」에 따라 <u>건축물이나 그</u>

밖의 시설의 용도·종류 및 규모 등을 <u>제한</u>할 수 있다(법 제76조 제6항 전단). 이 경우 이 법에 따른 제한의 취지와 형평을 이루도록 하여야 한다(법 제76조 제6항 후단).

## Ⅱ 용도지역의 건폐율 ★

① ⓐ 법 제36조(용도지역의 지정)에 따라 지정된 <u>용도지역에서</u> <u>건폐율의 최대한도</u>는 관할 구역의 면적과 인구 규모, 용도지역의 특성 등을 고려하여 <u>다음 각 호의 범위에서</u> <u>대통령령으로 정하는 기준</u>(영 제84조 제1항)에 따라 특별시·광역시·특별자치시·특별자치도·시 또는 군의 <u>조례</u>로 정한다(법 제77조 제1항). ⓑ 또한, 법 제36조(용도지역의 지정)제2항에 따라 <u>세분된 용도지역에서의 건폐율에 관한 기준</u>도 다음 각 호의 범위에서 <u>대통령령</u>(영 제84조 제1항)으로 따로 정한다(법 제77조 제2항).

1. 도시지역
   가. 주거지역 : 70퍼센트 이하
   나. 상업지역 : 90퍼센트 이하
   다. 공업지역 : 70퍼센트 이하
   라. 녹지지역 : 20퍼센트 이하
2. 관리지역
   가. 보전관리지역 : 20퍼센트 이하
   나. 생산관리지역 : 20퍼센트 이하
   다. 계획관리지역 : 40퍼센트 이하
3. 농림지역 : 20퍼센트 이하
4. 자연환경보전지역 : 20퍼센트 이하

② ⓐ <u>법 제77조</u>(용도지역의 건폐율)<u>제1항 및 제2항</u>에 따른 <u>건폐율</u>은 다음 각 호의 범위에서 <u>특별시·광역시·특별자치시·특별자치도·시 또는 군의 도시·군계획조례가 정하는 비율 이하</u>로 한다(영 제84조 제1항). ⓑ <u>도시·군계획조례로 용도지역별 건폐율을 정함에 있어서</u> 필요한 경우에는 당해 지방자치단체의 <u>관할구역을 세분</u>하여 <u>건폐율을 달리</u> 정할 수 있다(영 제84조 제2항).

1. 제1종전용주거지역 : 50퍼센트 이하
2. 제2종전용주거지역 : 50퍼센트 이하(감평 2024)
3. 제1종일반주거지역 : 60퍼센트 이하(감평 2018·2021)
4. 제2종일반주거지역 : 60퍼센트 이하(감평 2014·2019)
5. 제3종일반주거지역 : 50퍼센트 이하(감평 2014)
6. 준주거지역 : 70퍼센트 이하(감평 2014·2018·2021)
7. 중심상업지역 : 90퍼센트 이하(감평 2018)
8. 일반상업지역 : 80퍼센트 이하(감평 2021)
9. 근린상업지역 : 70퍼센트 이하(감평 2019)
10. 유통상업지역 : 80퍼센트 이하(감평 2024)
11. 전용공업지역 : 70퍼센트 이하
12. 일반공업지역 : 70퍼센트 이하(감평 2024)

13. 준공업지역 : 70퍼센트 이하(감평 2014·2018·2021)
14. 보전녹지지역 : 20퍼센트 이하
15. 생산녹지지역 : 20퍼센트 이하
16. 자연녹지지역 : 20퍼센트 이하(감평 2019)
17. 보전관리지역 : 20퍼센트 이하
18. 생산관리지역 : 20퍼센트 이하
19. 계획관리지역 : 40퍼센트 이하(감평 2018·2019·2021)
20. 농림지역 : 20퍼센트 이하(감평 2024)
21. 자연환경보전지역 : 20퍼센트 이하(감평 2017)

## Ⅲ 용도지역에서의 용적률

### 1. 용적률의 최대한도·최저한도 및 용적률 완화★

① ⓐ 법 제36조(용도지역의 지정)에 따라 지정된 용도지역에서 용적률의 최대한도는 관할 구역의 면적과 인구 규모, 용도지역의 특성 등을 고려하여 다음 각 호의 범위에서 대통령령(영 제85조 제1항)으로 정하는 기준에 따라 특별시·광역시·특별자치시·특별자치도·시 또는 군의 조례로 정한다(법 제78조 제1항).
ⓑ 법 제36조(용도지역의 지정)제2항에 따라 세분된 용도지역에서의 용적률에 관한 기준도 다음 각 호의 범위에서 대통령령(영 제85조 제1항)으로 따로 정한다(법 제78조 제2항).

1. 도시지역
   가. 주거지역 : 500퍼센트 이하
   나. 상업지역 : 1천500퍼센트 이하
   다. 공업지역 : 400퍼센트 이하
   라. 녹지지역 : 100퍼센트 이하
2. 관리지역
   가. 보전관리지역 : 80퍼센트 이하
   나. 생산관리지역 : 80퍼센트 이하
   다. 계획관리지역 : 100퍼센트 이하
3. 농림지역 : 80퍼센트 이하
4. 자연환경보전지역 : 80퍼센트 이하

② ⓐ 법 제78조(용도지역에서의 용적률)제1항 및 제2항에 따른 용적률은 다음 각 호의 범위에서 관할 구역의 면적, 인구규모 및 용도지역의 특성 등을 고려하여 특별시·광역시·특별자치시·특별자치도·시 또는 군의 도시·군계획조례가 정하는 비율을 초과할 수 없다(영 제85조 제1항).
ⓑ 도시·군계획조례로 용도지역별 용적률을 정함에 있어서 필요한 경우에는 당해 지방자치단체의 관할구역을 세분하여 용적률을 달리 정할 수 있다(영 제85조 제2항).

1. 제1종전용주거지역 : 50퍼센트 이상 100퍼센트 이하(중개 2019)

2. 제2종전용주거지역 : 50퍼센트 이상 150퍼센트 이하
3. 제1종일반주거지역 : 100퍼센트 이상 200퍼센트 이하(감평 2022)
4. 제2종일반주거지역 : 100퍼센트 이상 250퍼센트 이하(감평 2020·2022·2023)
5. 제3종일반주거지역 : 100퍼센트 이상 300퍼센트 이하(감평 2022, 중개 2019)
6. 준주거지역 : 200퍼센트 이상 500퍼센트 이하(중개 2019)
7. 중심상업지역 : 200퍼센트 이상 1천500퍼센트 이하
8. 일반상업지역 : 200퍼센트 이상 1천300퍼센트 이하
9. 근린상업지역 : 200퍼센트 이상 900퍼센트 이하(감평 2023)
10. 유통상업지역 : 200퍼센트 이상 1천100퍼센트 이하(감평 2020)
11. 전용공업지역 : 150퍼센트 이상 300퍼센트 이하
12. 일반공업지역 : 150퍼센트 이상 350퍼센트 이하(중개 2019)
13. 준공업지역 : 150퍼센트 이상 400퍼센트 이하(감평 2020·2023, 중개 2019)
14. 보전녹지지역 : 50퍼센트 이상 80퍼센트 이하(감평 2009)
15. 생산녹지지역 : 50퍼센트 이상 100퍼센트 이하(감평 2009·2020)
16. 자연녹지지역 : 50퍼센트 이상 100퍼센트 이하
17. 보전관리지역 : 50퍼센트 이상 80퍼센트 이하(감평 2009)
18. 생산관리지역 : 50퍼센트 이상 80퍼센트 이하(감평 2009)
19. 계획관리지역 : 50퍼센트 이상 100퍼센트 이하(감평 2023)
20. 농림지역 : 50퍼센트 이상 80퍼센트 이하(감평 2020)
21. 자연환경보전지역 : 50퍼센트 이상 80퍼센트 이하(감평 2009·2023)

## 2. 「사회복지시설」에 대한 기부채납과 용적률 완화

법 제78조(용도지역에서의 용적률)제1항에도 불구하고 건축물을 건축하려는 자가 그 대지의 일부에 「사회복지사업법」에 따른 사회복지시설 중 대통령령으로 정하는 시설 [영 제85조 제10항 : 어린이집, 노인복지관(감평 2017), 조례로 정하는 사회복지시설]을 설치하여 국가 또는 지방자치단체에 기부채납하는 경우에는 특별시·광역시·특별자치시·특별자치도·시 또는 군의 조례로 해당 용도지역에 적용되는 용적률을 완화할 수 있다(법 제78조 제6항 전단).

## 3. 용적률 완화 규정 중첩 적용

이 법 및 「건축법」 등 다른 법률에 따른 용적률의 완화에 관한 규정은 이 법 및 다른 법률에도 불구하고 다음 각 호의 구분에 따른 범위에서 중첩하여 적용할 수 있다(법 제78조 제7항 본문). 다만, 용적률 완화 규정을 중첩 적용하여 완화되는 용적률이 법 제78조(용도지역에서의 용적률) 제1항 및 제2항에 따라 대통령령으로 정하고 있는 해당 용도지역별 용적률 최대한도를 초과하는 경우에는 관할 시·도지사, 시장·군수 또는 구청장이 건축위원회와 도시계획위원회의 공동 심의를 거쳐 기반시설의 설치 및 그에 필요한 용지의 확보가 충분하다고 인정하는 경우에 한정한다(법 제78조 제7항 단서).

1. 지구단위계획구역 : 법 제52조제3항(국토계획법령에서 정하는 범위에서 지구단위계획에 따라 용적률을 완화하여 적용할 수 있다.)에 따라 지구단위계획으로 정하는 범위
2. 지구단위계획구역 외(外)의 지역 : 법 제78조(용도지역에서의 용적률)제1항 및 제2항에 따라 대통령령으로 정하고 있는 해당 용도지역별 용적률 최대한도의 120퍼센트 이하

| 구 분 | | | | 건폐율 | 용적률 |
|---|---|---|---|---|---|
| 도시지역 | 주거지역 | 전용주거지역 | 제1종 | 50% 이하 | 50% 이상 - 100% 이하 |
| | | | 제2종 | 50% 이하 | 50% 이상 - 150% 이하 |
| | | 일반주거지역 | 제1종 | 60% 이하 | 100% 이상 - 200% 이하 |
| | | | 제2종 | 60% 이하 | 100% 이상 - 250% 이하 |
| | | | 제3종 | 50% 이하 | 100% 이상 - 300% 이하 |
| | | 준주거지역 | | 70% 이하 | 200% 이상 - 500% 이하 |
| | 상업지역 | 중심상업지역 | | 90% 이하 | 200% 이상 - 1,500% 이하 |
| | | 일반상업지역 | | 80% 이하 | 200% 이상 - 1,300% 이하 |
| | | 유통상업지역 | | 80% 이하 | 200% 이상 - 1,100% 이하 |
| | | 근린상업지역 | | 70% 이하 | 200% 이상 - 900% 이하 |
| | 공업지역 | 전용공업지역 | | 70% 이하 | 150% 이상 - 300% 이하 |
| | | 일반공업지역 | | 70% 이하 | 150% 이상 - 350% 이하 |
| | | 준공업지역 | | 70% 이하 | 150% 이상 - 400% 이하 |
| | 녹지지역 | 보전녹지지역 | | 20% 이하 | 50% 이상 - 80% 이하 |
| | | 생산녹지지역 | | 20% 이하 | 50% 이상 - 100% 이하 |
| | | 자연녹지지역 | | 20% 이하 | 50% 이상 - 100% 이하 |
| 관리지역 | | 보전관리지역 | | 20% 이하 | 50% 이상 - 80% 이하 |
| | | 생산관리지역 | | 20% 이하 | 50% 이상 - 80% 이하 |
| | | 계획관리지역 | | 40% 이하 | 50% 이상 - 100% 이하 |
| 농림지역 | | | | 20% 이하 | 50% 이상 - 80% 이하 |
| 자연환경보전지역 | | | | 20% 이하 | 50% 이상 - 80% 이하 |

▶암기 건폐율 최대한도(이하)

※ 도시지역(녹지지역 外)
① 주거지역(50-60-70) : 전용+3일반(50)⇒1·2일반(60)⇒준주거(70)
② 공업지역(70)
③ 상업지역(70-80-90) : 중심(90)⇒일반+유통(80)⇒근린(70)
※ 녹지지역 + 관리지역-농림지역-자연환경보전지역(20) : 단, 계획관리지역(40)

▶암기 용적률 최대한도(이하)

※ 도시지역(녹지지역 外)
① 주거지역(100 → +50%)
  1전용(100) - 2전용(150) - 1일반(200) - 2일반(250) - **3일반(300)** - **준(500)**
② 공업지역(300 → +50%)
  전용(300) - 일반(350) - 준(400)
③ 상업지역(1,500 → -200%)
  중심(1,500) - 일반(1,300) - 유통(1,100) - 근린(900)
※ 녹지지역 + 농림지역·관리지역·자연환경보전지역
① 100% : 녹지지역(자연녹지/생산녹지) - 관리지역(계획) : **자-생-(녹지) + 계획(관리)**
② 80% (보전/기타) : 도시지역(**보전**녹지)- 농림지역-자연환경보전지역-관리지역(보전/생산)

> **암기** 용적률 최저한도(이상)(전/일/준→공/상)
> ※ 50(기타) - 100(일반주거) - 150(공업지역) - 200(준주거지역, 상업지역)
> 주거: 전 - 일 - × - 준
> 　　　　　　　　　　공업 - 상업

# Ⅳ 행위 제한 등

## 1. 용도지역 미지정 또는 미세분 지역에서의 행위 제한 등★

### (1) 용도지역 미지정 : 자연환경보전지역

도시지역, 관리지역, 농림지역 또는 자연환경보전지역으로 용도가 지정되지 아니한 지역에 대하여는 법 제76조부터 법 제78조까지의 규정(제76조 : 용도지역 및 용도지구에서의 건축물의 건축 제한 등, 제77조 : 용도지역의 건폐율, 제78조 : 용도지역에서의 용적률)을 적용할 때에 자연환경보전지역에 관한 규정을 적용한다(법 제79조 제1항). (감평 2002·2012·2015·2018·2022)

### (2) 세부 용도지역 미지정 : 보전녹지지역/보전관리지역

법 제36조(용도지역의 지정)에 따른 도시지역 또는 관리지역이 같은 조 제1항 각 호 각 목의 세부용도지역으로 지정되지 아니한 경우에는 법 제76조부터 법 제78조까지의 규정(제76조 : 용도지역 및 용도지구에서의 건축물의 건축 제한 등, 제77조 : 용도지역의 건폐율, 제78조 : 용도지역에서의 용적률)을 적용할 때에 해당 용도지역이 도시지역인 경우에는 보전녹지지역에 관한 규정을 적용하고(감평 2012), 관리지역인 경우에는 보전관리지역에 관한 규정을 적용한다(법 제79조 제2항·영 제86조). (감평 2016·2018)

| 구 분 | | 적 용 |
|---|---|---|
| 용도지역 미지정(도/농/관/자) | | 자연환경보전지역 |
| 세부 용도지역 미지정 | 도시지역 | 보전녹지지역 |
| | 관리지역 | 보전관리지역 |

## 2. 개발제한구역에서의 행위 제한 등

개발제한구역에서의 행위 제한이나 그 밖에 개발제한구역의 관리에 필요한 사항은 따로 법률(註: 개발제한구역의 지정 및 관리에 관한 특별조치법)로 정한다(법 제80조).

## 3. 도시자연공원구역에서의 행위 제한 등

도시자연공원구역에서의 행위 제한 등 도시자연공원구역의 관리에 필요한 사항은 따로 법률(註: 도시공원 및 녹지 등에 관한 법률)로 정한다(법 제80조의2).

## 4. 도시혁신구역에서의 행위 제한

용도지역 및 용도지구에 따른 제한에도 불구하고 도시혁신구역에서의 토지의 이용, 건축물이나 그 밖의 시설의 용도·건폐율·용적률·높이 등에 관한 제한 및 그 밖에 대통령령으로 정하는 사항(영 제86

조의2 : 건축물이나 그 밖의 시설의 종류 및 규모의 제한에 관한 사항)에 관하여는 <u>도시혁신계획</u>으로 따로 정한다(법 제80조의4).

## 5. 복합용도구역에서의 행위 제한

① <u>용도지역 및 용도지구</u>에 따른 <u>제한</u>에도 불구하고 <u>복합용도구역</u>에서의 건축물이나 그 밖의 시설의 <u>용도·종류 및 규모</u> 등의 제한에 관한 사항은 <u>대통령령으로 정하는 범위</u>(영 제86조의3 : 건축물이나 그 밖의 시설의 용도·종류 및 규모 등의 제한에 관하여 도시지역에서 허용되는 범위)에서 <u>복합용도계획으로 따로 정한다</u>(법 제80조의5 제1항).

② <u>복합용도구역</u>에서의 <u>건폐율</u>과 <u>용적률</u>은 법 제77조(용도지역의 건폐율)제1항 각 호 및 법 제78조(용도지역에서의 용적률)제1항 각 호에 따른 <u>용도지역별 건폐율과 용적률</u>의 <u>최대한도</u>의 범위에서 <u>복합용도계획</u>으로 정한다(법 제80조의5 제2항).

## 6. 시가화조정구역에서의 행위 제한 등

### (1) 시가화조정구역에서의 도시·군계획사업의 제한

<u>시가화조정구역</u>에서의 <u>도시·군계획사업</u>은 <u>대통령령으로 정하는 사업만</u>(영 제87조 : 국방상 또는 공익상 시가화조정구역안에서의 사업시행이 불가피한 것으로서 관계 중앙행정기관의 장의 요청에 의하여 국토교통부장관이 시가화조정구역의 지정목적 달성에 지장이 없다고 인정하는 도시·군계획사업) <u>시행</u>할 수 있다(법 제81조 제1항). (감평 2000, 중개 2021)(관계 중앙행정기관의 장의 요청○/주민의 요청×)

### (2) 시가화조정구역에서 「허가 받아」할 수 있는 행위

<u>시가화조정구역</u>에서는 <u>법 제56조</u>(개발행위의 허가)와 법 제76조(용도지역 및 용도지구에서의 건축물의 건축 제한 등)에도 불구하고 <u>법 제81조 제1항에 따른 도시·군계획사업의 경우 외(外)</u>에는 다음 각 호의 어느 하나에 해당하는 행위에 한정하여 특별시장·광역시장·특별자치시장·특별자치도지사·시장 또는 군수의 <u>허가</u>를 받아 그 행위를 할 수 있다(법 제81조 제2항).

1. <u>농업·임업 또는 어업용의 건축물</u> 중 <u>대통령령</u>[영 제88조 : 별표 24(시가화조정구역 안에서 할 수 있는 행위)]으로 정하는 종류와 규모의 건축물이나 그 밖의 시설을 <u>건축하는 행위</u>(감평 2000)

2. <u>마을공동시설, 공익시설·공공시설, 광공업</u> 등 주민의 생활을 영위하는 데에 필요한 행위로서 <u>대통령령</u>[영 제88조 : 별표 24(시가화조정구역 안에서 할 수 있는 행위)]으로 정하는 행위(감평 2013)(사회복지시설 설치, 공공도서관 설치, 119안전센터 설치 등)

3. <u>입목의 벌채, 조림, 육림, 토석의 채취</u>, 그 밖에 <u>대통령령</u>[영 제88조 : 별표 24(시가화조정구역 안에서 할 수 있는 행위)]으로 정하는 경미한 행위(감평 2024, 중개 2021)(시가화조정구역에서 입목의 조림 또는 육림은 관할 관청에 <u>신고</u>하고 그 행위를 할 수 있다.×)

### (3) 사전 협의

특별시장·광역시장·특별자치시장·특별자치도지사·시장 또는 군수는 <u>법 제81조 제2항</u>에 따른 허가를 하려면 미리 다음 각 호의 어느 하나에 해당하는 자와 <u>협의</u>하여야 한다(법 제81조 제3항).

1. 법 제81조 제5항 각 호(다른 법률에 따른 허가·신고 간주)의 <u>허가에 관한 권한이 있는 자</u>
2. 허가대상행위와 관련이 있는 <u>공공시설의 관리자</u>

3. 허가대상행위에 따라 설치되는 <u>공공시설을</u> 관리하게 될 자

### (4) 준용규정

<u>시가화조정구역</u>에서 <u>법 제81조 제2항</u>에 따른 <u>허가를 받지 아니하고</u> 건축물의 건축, 토지의 형질 변경 등의 행위를 하는 자에 관하여는 <u>법 제60조 제3항 및 제4항</u>(개발행위허가의 이행 보증 등 : 토지의 원상회복 명령 · 행정대집행에 따른 원상회복 조치 · 예치한 이행보증금의 사용)을 <u>준용</u>한다(법 제81조 제4항).

### (5) 간주규정

<u>법 제81조 제2항</u>에 따른 허가가 있는 경우에는 다음 각 호의 <u>허가 또는 신고가 있는 것으로 본다</u>(법 제81조 제5항).

1. 「산지관리법」에 따른 <u>산지전용허가 · 산지전용신고 · 산지일시사용허가 · 신고</u>
2. 「산림자원의 조성 및 관리에 관한 법률」에 따른 <u>입목벌채 등의 허가 · 신고</u>

## Ⅴ 기존 건축물에 대한 특례

<u>법령의 제정·개정</u>이나 <u>그 밖에 대통령령으로 정하는 사유</u>로 <u>기존 건축물</u>이 이 법에 맞지 아니하게 된 경우에는 <u>대통령령으로 정하는 범위</u>(영 제93조 : 기존의 건축물에 대한 특례, 영 제93조의2 : 기존 공장에 대한 특례)에서 <u>증축, 개축, 재축 또는 용도변경</u>을 할 수 있다(법 제82조). (신축×, 이전×)

## Ⅵ 도시지역에서의 다른 법률의 적용 배제

<u>도시지역</u>에 대하여는 다음 각 호의 <u>법률 규정을 적용하지 아니한다</u>(법 제83조).

1. 「도로법」에 따른 <u>접도구역</u>(接道區域)(감평 2015)(☞ 접도구역에서는 원칙적으로 '토지의 형질을 변경하는 행위' · '건축물, 그 밖의 공작물을 신축 · 개축 또는 증축하는 행위'를 할 수 없다 : 도로법 제40조 제3항)
2. 「농지법」에 따른 <u>농지취득자격증명</u>. 다만, <u>녹지지역</u>의 <u>농지</u>로서 <u>도시 · 군계획시설사업</u>에 필요하지 아니한 농지에 대하여는 그러하지 아니하다. (도시 · 군계획시설사업에 필요한 농지×)

## Ⅶ 도시혁신구역·복합용도구역에서의 다른 법률의 적용 특례

① <u>도시혁신구역</u>에 대하여는 <u>다음 각 호의 법률 규정</u>에도 불구하고 <u>도시혁신계획으로 따로 정할 수 있다</u>(법 제83조의3 제1항). [주택/주차 → 미술/공(공개공지) → 학교/공(공원녹지)]
  1. 「주택법」에 따른 <u>주택의 배치</u>, 부대시설·복리시설의 설치기준 및 대지조성기준
  2. 「주차장법」에 따른 <u>부설주차장</u>의 설치
  3. 「문화예술진흥법」에 따른 건축물에 대한 <u>미술작품</u>의 설치
  4. 「건축법」에 따른 <u>공개 공지</u> 등의 확보

5. 「도시공원 및 녹지 등에 관한 법률」에 따른 도시공원 또는 녹지 확보기준
6. 「학교용지 확보 등에 관한 특례법」학교용지의 조성·개발 기준

② 도시혁신구역으로 지정된 지역은 「건축법」 제69조에 따른 특별건축구역으로 지정된 것으로 본다(법 제83조의3 제2항). (중개 2024) 이는 복합용도구역에도 적용한다(법 제83조의4). (중개 2024)

③ 시·도지사 또는 시장·군수·구청장은 「건축법」 제70조(특별건축구역의 건축물)에도 불구하고 도시혁신구역에서 건축하는 건축물을 「건축법」 제73조(관계법령의 적용 특례)에 따라 건축기준 등의 특례사항을 적용하여 건축할 수 있는 건축물에 포함시킬 수 있다(법 제83조의3 제3항). 이는 복합용도구역에도 적용한다(법 제83조의4).

④ 도시혁신구역의 지정·변경 및 도시혁신계획 결정의 고시는 「도시개발법」 제5조에 따른 개발계획의 내용에 부합하는 경우 같은 법 제9조제1항에 따른 도시개발구역의 지정 및 개발계획 수립의 고시로 본다(법 제83조의3 제4항 전단). 이 경우 도시혁신계획에서 정한 시행자는 같은 법 제11조에 따른 사업시행자 지정요건 및 도시개발구역 지정 제안 요건 등을 갖춘 경우에 한정하여 같은 법에 따른 도시개발사업의 시행자로 지정된 것으로 본다(법 제83조의3 제4항 후단).

⑤ 도시혁신계획에 대한 도시계획위원회 심의 시 「교육환경 보호에 관한 법률」 제5조제8항에 따른 지역교육환경보호위원회, 「문화유산의 보존 및 활용에 관한 법률」 제8조에 따른 문화유산위원회(같은 법 제70조에 따른 시·도지정문화유산에 관한 사항의 경우 같은 법 제71조에 따른 시·도문화유산위원회를 말한다) 또는 「자연유산의 보존 및 활용에 관한 법률」 제7조의2에 따른 자연유산위원회(같은 법 제40조에 따른 시·도자연유산에 관한 사항의 경우 같은 법 제41조의2에 따른 시·도자연유산위원회를 말한다)와 공동으로 심의를 개최하고, 그 결과에 따라 다음 각 호의 법률 규정을 완화하여 적용할 수 있다(법 제83조의3 제5항 전단). 이 경우 다음 각 호의 완화 여부는 각각 지역교육환경보호위원회, 문화유산위원회 및 자연유산위원회의 의결에 따른다(법 제83조의3 제5항 후단).
1. 「교육환경 보호에 관한 법률」 제9조에 따른 교육환경보호구역에서의 행위제한
2. 「문화유산의 보존 및 활용에 관한 법률」 제13조에 따른 역사문화환경 보존지역에서의 행위제한
3. 「자연유산의 보존 및 활용에 관한 법률」 제10조에 따른 역사문화환경 보존지역에서의 행위제한

# CHAPTER 09 > 도시·군계획시설사업의 시행

## I. 단계별 집행계획의 수립

### 1. 수립시기

(1) 도시·군계획시설결정의 고시일부터 3개월 이내에 수립

① 특별시장·광역시장·특별자치시장·특별자치도지사·시장 또는 군수는 도시·군계획시설에 대하여 도시·군계획시설결정의 고시일부터 3개월 이내에 재원조달계획, 보상계획 등을 포함하는 단계별 집행계획을 수립하여야 한다(법 제85조 제1항 본문).

② 이 경우 미리 관계 행정기관의 장과 협의하여야 하며, 해당 지방의회의 의견을 들어야 한다(영 제95조 제1항).

(2) 도시·군계획시설결정의 고시일부터 2년 이내에 수립할 수 있는 경우

「도시 및 주거환경정비법」, 「도시재정비 촉진을 위한 특별법」, 「도시재생 활성화 및 지원에 관한 특별법」에 따라 도시·군관리계획의 결정이 의제되는 경우에는 해당 도시·군계획시설결정의 고시일부터 2년 이내에 단계별 집행계획을 수립할 수 있다(법 제85조 제1항 단서·영 제95조 제2항). (감평 2014·2023, 중개 2023)(3년 이내×)

### 2. 국토교통부장관이나 도지사가 직접 입안한 도시·군관리계획인 경우

국토교통부장관이나 도지사가 직접 입안한 도시·군관리계획인 경우 국토교통부장관이나 도지사는 단계별 집행계획을 수립하여 해당 특별시장·광역시장·특별자치시장·특별자치도지사·시장 또는 군수에게 송부할 수 있다(법 제85조 제2항). (감평 2023)(국토교통부장관은 단계별 집행계획의 수립주체가 될 수 있다.○)

### 3. 제1단계 집행계획과 제2단계 집행계획으로 구분 수립

① 단계별 집행계획은 제1단계 집행계획과 제2단계 집행계획으로 구분하여 수립하되, 3년 이내에 시행하는 도시·군계획시설사업은 제1단계 집행계획에, 3년 후에 시행하는 도시·군계획시설사업은 제2단계 집행계획에 포함되도록 하여야 한다(법 제85조 제3항). (감평 2018·2023, 중개 2023)

② 특별시장·광역시장·특별자치시장·특별자치도지사·시장 또는 군수는 제2단계집행계획을 검토하여 3년 이내에 도시·군계획시설사업을 시행할 도시·군계획시설은 이를 제1단계집행계획에 포함시킬 수 있다(영 제95조 제3항).

### 4. 단계별 집행계획 공고

① 특별시장·광역시장·특별자치시장·특별자치도지사·시장 또는 군수는 단계별 집행계획을 수립하거나 국토교통부장관이나 도지사가 직접 수립한 단계별 집행계획을 송부 받은 때에는 지체 없이

그 사실을 공고하여야 한다(법 제85조 제4항).

② <u>단계별 집행계획의 공고</u>는 해당 지방자치단체의 <u>공보와 인터넷 홈페이지</u>에 게재하는 방법으로 하며, 필요한 경우 <u>전국 또는 해당 지방자치단체를 주된 보급지역으로 하는 일간신문에 게재하는 방법이나 방송 등의 방법을 병행</u>할 수 있다(영 제95조 제4항).

### 5. 공고된 단계별 집행계획의 변경

① <u>공고된 단계별 집행계획을 변경</u>하는 경우에도 <u>단계별 집행계획 수립과 관련된 규정</u>(법 제85조 제1항부터 제4항까지의 규정)을 <u>준용</u>한다(법 제85조 제5항 본문).(감평 2023)(단계별 집행계획이 수립되어 공고되면 변경할 수 없다, ×)

② 다만, <u>대통령령으로 정하는 경미한 사항을 변경하는 경우</u>(영 제95조 제5항)에는 그러하지 아니하다(법 제85조 제5항 단서).

## Ⅲ 도시·군계획시설사업의 시행자

### 1. 사업 시행자★

#### (1) 원칙

<u>특별시장·광역시장·특별자치시장·특별자치도지사·시장 또는 군수</u>는 이 법 또는 다른 법률에 특별한 규정이 있는 경우 <u>외(外)</u>에는 관할 구역의 <u>도시·군계획시설사업</u>을 <u>시행</u>한다(법 제86조 제1항).(감평 2000·2004)

#### (2) 둘 이상의 관할 구역에 걸쳐 시행되는 경우

① 도시·군계획시설사업이 <u>둘 이상</u>의 특별시·광역시·특별자치시·특별자치도·시 또는 군의 <u>관할 구역에 걸쳐 시행</u>되게 되는 경우에는 관계 특별시장·광역시장·특별자치시장·특별자치도지사·시장 또는 군수가 <u>서로 협의하여 시행자를 정한다</u>(법 제86조 제2항).(감평 2000·2023)

② <u>협의</u>가 성립되지 아니하는 경우 도시·군계획시설사업을 시행하려는 구역이 <u>같은 도의 관할 구역에 속하는 경우에는 관할 도지사</u>가 <u>시행자를 지정</u>하고, <u>둘 이상의 시·도의 관할 구역에 걸치는 경우에는 국토교통부장관</u>이 <u>시행자를 지정</u>한다(법 제86조 제3항).(감평 2023, 중개 2021)

#### (3) 국토교통부장관

<u>국토교통부장관</u>은 <u>국가계획과 관련</u>되거나 그 밖에 특히 필요하다고 인정되는 경우에는 관계 특별시장·광역시장·특별자치시장·특별자치도지사·시장 또는 군수의 <u>의견</u>을 들어 <u>직접</u> 도시·군계획시설사업을 시행할 수 있다(법 제86조 제4항).(감평 2004, 중개 2023)

#### (4) 도지사

<u>도지사</u>는 광역도시계획과 관련되거나 특히 필요하다고 인정되는 경우에는 관계 시장 또는 군수의 의견을 들어 <u>직접</u> 도시·군계획시설사업을 시행할 수 있다(법 제86조 제4항).(감평 2018, 중개 2017)

(5) 국토교통부장관·시·도지사·시장 또는 군수 外의 자
① 법 제86조 제1항부터 제4항까지의 규정에 따라 시행자가 될 수 있는 자 外(外)의 자는 대통령령(영 제96조)으로 정하는 바에 따라 국토교통부장관, 시·도지사, 시장 또는 군수로부터 시행자로 지정을 받아 도시·군계획시설사업을 시행할 수 있다(법 제86조 제5항). (감평 2004)
② 도시·군계획시설사업의 시행자로 지정받고자 하는 자는 다음 각호의 사항을 기재한 신청서를 국토교통부장관, 시·도지사 또는 시장·군수에게 제출하여야 한다(영 제96조 제1항).
 1. 사업의 종류 및 명칭
 2. 사업시행자의 성명 및 주소(법인인 경우에는 법인의 명칭 및 소재지와 대표자의 성명 및 주소)
 3. 토지 또는 건물의 소재지·지번·지목 및 면적, 소유권과 소유권외의 권리의 명세 및 그 소유자·권리자의 성명·주소
 4. 사업의 착수예정일 및 준공예정일
 5. 자금조달계획 (감평 2023) (한국토지주택공사가 도시·군계획시설사업의 시행자로 지정받기 위해서 제출해야 하는 신청서에 자금조달계획은 포함되지 않는다. ×)

2. **시행자 지정 요건 : 3분의 2이상 토지 소유 + 토지소유자 2분의1 이상 동의**
다음 각 호에 해당하지 아니하는 자가 법 제86조 제5항에 따라 도시·군계획시설사업의 시행자로 지정을 받으려면 도시·군계획시설사업의 대상인 토지(국공유지는 제외한다)의 소유 면적 및 토지소유자의 동의 비율에 관하여 대통령령으로 정하는 요건 [영 제96조 제2항 : 도시계획시설사업의 대상인 토지(국·공유지 제외) 면적의 3분의 2 이상에 해당하는 토지를 소유하고 + 토지소유자 총수의 2분의 1 이상에 해당하는 자의 동의를 얻을 것] 을 갖추어야 한다(법 제86조 제7항). (감평 2000)
1. 국가 또는 지방자치단체
2. 대통령령으로 정하는 공공기관(영 제96조 제3항)
 가. 「한국농수산식품유통공사법」에 따른 한국농수산식품유통공사
 나. 「대한석탄공사법」에 따른 대한석탄공사
 다. 「한국토지주택공사법」에 따른 한국토지주택공사 (감평 2018, 중개 2021·2023) (한국토지주택공사는 도시·군계획시설사업 대상 토지소유자 동의 요건을 갖추지 않아도 도시·군계획시설사업의 시행자로 지정을 받을 수 있다. ○)
 라. 「한국관광공사법」에 따른 한국관광공사
 마. 「한국농어촌공사 및 농지관리기금법」에 따른 한국농어촌공사
 바. 「한국도로공사법」에 따른 한국도로공사
 사. 「한국석유공사법」에 따른 한국석유공사
 아. 「한국수자원공사법」에 따른 한국수자원공사
 자. 「한국전력공사법」에 따른 한국전력공사
 차. 「한국철도공사법」에 따른 한국철도공사
3. 그 밖에 대통령령으로 정하는 자(영 제96조 제4항)
 가. 「지방공기업법」에 의한 지방공사 및 지방공단
 나. 다른 법률에 의하여 도시·군계획시설사업이 포함된 사업의 시행자로 지정된 자

다. 법 제65조(개발행위에 따른 공공시설 등의 귀속)의 규정에 의하여 공공시설을 관리할 관리청에 무상으로 귀속되는 공공시설을 설치하고자 하는 자
　　라. 「국유재산법」 제13조(기부채납) 또는 「공유재산 및 물품관리법」 제7조(기부채납)에 따라 기부를 조건으로 시설물을 설치하려는 자

## Ⅲ 도시·군계획시설사업의 분할 시행★

　도시·군계획시설사업의 시행자는 도시·군계획시설사업을 효율적으로 추진하기 위하여 필요하다고 인정되면 사업시행대상지역 또는 대상시설을 둘 이상으로 분할하여 도시·군계획시설사업을 시행할 수 있다(법 제87조).(감평 2004·2014·2018·2023, 중개 2017·2023)

## Ⅳ 실시계획의 작성 및 인가 등

### 1. 실시계획의 작성

#### (1) 실시계획에 포함될 내용

　도시·군계획시설사업의 시행자는 다음 각 호의 사항을 포함하여 그 도시·군계획시설사업에 관한 실시계획(이하 "실시계획"이라 한다)을 작성하여야 한다(법 제88조 제1항·영 제97조 제1항).(감평 2004)

　1. 사업의 종류 및 명칭(영 제97조 제1항 제1호)(감평 2015)
　2. 사업의 면적 또는 규모(영 제97조 제1항 제2호)(감평 2015)
　3. 사업시행자의 성명 및 주소(법인인 경우에는 법인의 명칭 및 소재지와 대표자의 성명 및 주소)(영 제97조 제1항 제3호)
　4. 사업의 착수예정일 및 준공예정일(영 제97조 제1항 제4호)(중개 2021)

#### (2) 실시계획에 자세히 밝히거나 첨부할 서류

　실시계획에는 사업시행에 필요한 설계도서, 자금계획, 시행기간, 그 밖에 대통령령으로 정하는 사항(영 제97조 제6항)(실시계획을 변경하는 경우에는 변경되는 사항에 한정한다)을 자세히 밝히거나 첨부하여야 한다(법 제88조 제5항).

#### (3) 기타

　① 도시·군계획시설사업의 시행자로 지정을 받은 자는 실시계획을 작성하고자 하는 때에는 미리 당해 특별시장·광역시장·특별자치시장·특별자치도지사·시장 또는 군수의 의견을 들어야 한다(영 제97조 제4항).
　② 법 제87조(도시·군계획시설사업의 분할 시행)의 규정에 의하여 도시·군계획시설사업을 분할시행하는 때에는 분할된 지역별로 실시계획을 작성할 수 있다(영 제97조 제5항).(감평 2015)

③ 도시·군계획시설사업의 시행자로 지정된 자는 특별한 사유가 없는 한 시행자지정시에 정한 기일까지 국토교통부장관, 시·도지사 또는 대도시 시장에게 국토교통부령이 정하는 실시계획 인가신청서를 제출하여야 한다(영 제97조 제3항).

## 2. 실시계획의 인가

### (1) 국토교통부장관, 시·도지사 또는 대도시 시장의 인가

① 도시·군계획시설사업의 시행자(국토교통부장관, 시·도지사와 대도시 시장은 제외한다.)는 실시계획을 작성하면 국토교통부장관, 시·도지사 또는 대도시 시장의 인가를 받아야 한다(법 제88조 제2항 본문).(감평 2004·2023) 인가받은 실시계획을 변경하거나 폐지하는 경우에도 인가를 받아야 한다(법 제88조 제4항 본문).

② 이 경우 국토교통부장관이 지정한 시행자는 국토교통부장관의 인가를 받아야 하며, 그 밖의 시행자는 시·도지사 또는 대도시 시장의 인가를 받아야 한다(영 제97조 제2항).(감평 2015)

### (2) 인가를 받지 않아도 되는 경우

① 법 제98조(공사완료의 공고 등)에 따른 준공검사를 받은 후(後)에 해당 도시·군계획시설사업에 대하여 국토교통부령으로 정하는 경미한 사항을 변경하기 위하여 실시계획을 작성하는 경우(규칙 제16조 제1항)에는 국토교통부장관, 시·도지사 또는 대도시 시장의 인가를 받지 아니한다(법 제88조 제2항 단서).(감평 2015)

② 인가받은 실시계획을 변경하거나 폐지하는 경우에도 국토교통부령으로 정하는 경미한 사항을 변경하는 경우(규칙 제16조 제2항)에는 인가를 받지 아니한다(법 제88조 제4항 단서).

☞ 도시·군계획시설사업의 시행자가 실시계획의 인가를 받고자 하는 경우 국토교통부장관이 지정한 시행자는 시·도지사의 인가를 받아야 한다.(×)(영 제97조 제2항 : 국토교통부장관의 인가를 받아야 한다.)

### (3) 조건부 실시계획 인가 등

① 국토교통부장관, 시·도지사 또는 대도시 시장은 도시·군계획시설사업의 시행자(국토교통부장관, 시·도지사와 대도시 시장은 제외한다.)가 작성한 실시계획이 법 제43조(도시·군계획시설의 설치·관리)제2항 및 제3항에 따른 도시·군계획시설의 결정·구조 및 설치의 기준 등에 맞다고 인정하는 경우에는 실시계획을 인가하여야 한다(법 제88조 제3항 전단).

② 이 경우 국토교통부장관, 시·도지사 또는 대도시 시장은 기반시설의 설치나 그에 필요한 용지의 확보, 위해 방지, 환경오염 방지, 경관 조성, 조경 등의 조치를 할 것을 조건으로 실시계획을 인가할 수 있다(법 제88조 제3항 후단).

## 3. 실시계획 작성·인가와 도시·군관리계획 변경 의제

① 실시계획이 작성(도시·군계획시설사업의 시행자가 국토교통부장관, 시·도지사 또는 대도시 시장인 경우를 말한다) 또는 인가된 때에는 그 실시계획에 반영된 법 제30조제5항 단서(도시·군관리계획의 결정 : 결정된 도시·군관리계획을 변경하려는 경우 영 제25조 제3항 각 호에 규정된 경미한 사항을 변경하는 경우에는 협의·심의 절차를 거치지 않아도 된다.)에 따른 경미한 사항의 범위에서 도시·군관리계획이 변

경된 것으로 본다(법 제88조 제6항 전단).

② 이 경우 법 제30조제6항(도시·군관리계획 결정 고시) 및 법 제32조(도시·군관리계획에 관한 지형도면의 고시)에 따라 도시·군관리계획의 변경사항 및 이를 반영한 지형도면을 고시하여야 한다(법 제88조 제6항 후단).

4. 「실시계획」의 효력 상실
   (1) 효력 상실 시기 : 실시계획 고시일부터 5년이 지난 다음 날
      도시·군계획시설결정의 고시일부터 10년 이후에 실시계획을 작성하거나 인가(다른 법률에 따라 의제된 경우는 제외한다) 받은 도시·군계획시설사업의 시행자(이하 이 조에서 "장기미집행 도시·군계획시설사업의 시행자"라 한다)가 법 제91조(실시계획의 고시)에 따른 실시계획 고시일부터 5년 이내에 「공익사업을 위한 토지 등의 취득 및 보상에 관한 법률」 제28조제1항(재결의 신청 : 토지소유자 및 관계인과의 협의가 성립되지 아니하거나 협의할 수 없는 경우에는 사업시행자는 관할 토지수용위원회에 재결을 신청할 수 있다.)에 따른 재결신청을 하지 아니한 경우에는 실시계획 고시일부터 5년이 지난 다음 날에 그 실시계획은 효력을 잃는다(법 제88조 제7항 본문).(감평 2013)
   
   (2) 효력 상실 시기 : 실시계획 고시일부터 7년이 지난 다음 날
      ① 「장기미집행 도시·군계획시설사업의 시행자」가 재결신청을 하지 아니하고 실시계획 고시일부터 5년이 지나기 전(前)에 해당 도시·군계획시설사업에 필요한 토지 면적의 3분의 2 이상을 소유하거나 사용할 수 있는 권원을 확보하고 실시계획 고시일부터 7년 이내에 재결신청을 하지 아니한 경우 실시계획 고시일부터 7년이 지난 다음 날에 그 실시계획은 효력을 잃는다(법 제88조 제7항 단서).
      ② 다만, 「장기미집행 도시·군계획시설사업의 시행자」가 재결신청 없이 도시·군계획시설사업에 필요한 모든 토지·건축물 또는 그 토지에 정착된 물건을 소유하거나 사용할 수 있는 권원을 확보한 경우 그 실시계획은 효력을 유지한다(법 제88조 제8항).

## Ⅴ 실시계획 작성·인가 前 공고·열람·의견서 제출

1. 공고·관계 서류의 열람
   ① 국토교통부장관, 시·도지사 또는 대도시 시장은 법 제88조(실시계획의 작성 및 인가 등)제3항에 따라 실시계획을 인가하려면 미리 대통령령으로 정하는 바(영 제99조)에 따라 그 사실을 공고하고, 관계 서류의 사본을 14일 이상 일반이 열람할 수 있도록 하여야 한다(법 제90조 제1항).
   ② 국토교통부장관, 시·도지사 또는 대도시 시장이 실시계획을 작성하는 경우에도 동일하게 공고하고 열람할 수 있도록 하여야 한다(법 제90조 제3항).

2. 토지·건축물 등의 소유자 및 이해관계인의 의견서 제출 및 반영
   ① 도시·군계획시설사업의 시행지구의 토지·건축물 등의 소유자 및 이해관계인은 법 제90조 제1항에 따른 열람기간 이내에 국토교통부장관, 시·도지사, 대도시 시장 또는 도시·군계획시설사업의 시행자에게 의견서를 제출할 수 있다(법 제90조 제2항).

② 이 경우 국토교통부장관, 시·도지사, 대도시 시장 또는 도시·군계획시설사업의 시행자는 제출된 의견이 타당하다고 인정되면 그 의견을 **실시계획에 반영**하여야 한다(법 제90조 제2항). (그 의견을 실시계획에 반영할 수 있다. ×)

## VI. 도시·군계획시설사업의 이행 담보

### 1. 이행보증금의 예치

① 특별시장·광역시장·특별자치시장·특별자치도지사·시장 또는 군수는 기반시설의 설치나 그에 필요한 용지의 확보, 위해 방지, 환경오염 방지, 경관 조성, 조경 등을 위하여 필요하다고 인정되는 경우로서 「대통령령으로 정하는 경우(영 제98조 제1항)」에는 그 이행을 담보하기 위하여 도시·군계획시설사업의 시행자에게 이행보증금을 예치하게 할 수 있다(법 제89조 제1항 본문).

② 여기서 「대통령령으로 정하는 경우」란 다음 각 호의 어느 하나에 해당하는 경우를 말한다(영 제98조 제1항).

  1. 도시·군계획시설사업으로 인하여 도로·수도공급설비·하수도 등 기반시설의 설치가 필요한 경우
  2. 도시·군계획시설사업으로 인하여 영 제59조(개발행위허가의 이행담보 등) 제1항 제2호 내지 제5호의 1에 해당하는 경우
     가. 토지의 굴착으로 인하여 인근의 토지가 붕괴될 우려가 있거나 인근의 건축물 또는 공작물이 손괴될 우려가 있는 경우(영 제59조 제1항 제2호)
     나. 토석의 발파로 인한 낙석·먼지 등에 의하여 인근지역에 피해가 발생할 우려가 있는 경우(영 제59조 제1항 제3호)
     다. 토석을 운반하는 차량의 통행으로 인하여 통행로 주변의 환경이 오염될 우려가 있는 경우(영 제59조 제1항 제4호)
     라. 토지의 형질변경이나 토석의 채취가 완료된 후 비탈면에 조경을 할 필요가 있는 경우(영 제59조 제1항 제5호)

☞ ( i ) 개발행위허가 이행보증 규정도 유사하게 규정되어 있다.
　( ii ) 특별시장·광역시장·특별자치시장·특별자치도지사·시장 또는 군수는 기반시설의 설치나 그에 필요한 용지의 확보, 위해 방지, 환경오염 방지, 경관, 조경 등을 위하여 필요하다고 인정되는 경우로서 대통령령으로 정하는 경우에는 이의 이행을 보증하기 위하여 개발행위허가(다른 법률에 따라 개발행위허가가 의제되는 협의를 거친 인가·허가·승인 등을 포함한다. 이하 이 조에서 같다)를 받는 자로 하여금 이행보증금을 예치하게 할 수 있다(법 제60조 제1항).

### 2. 이행보증금 예치를 하지 않아도 되는 자

① 국가 또는 지방자치단체(법 제89조 제1항 제1호)(감평 2012·2014·2020)
② 대통령령으로 정하는 공공기관 [영 제98조 제2항 ; 「공공기관의 운영에 관한 법률」 제5조제4항제1호(공기업) 또는 제2호나목(위탁집행형 준정부기관 ; 기금관리형 준정부기관이 아닌 준정부기관)에 해당하는 기관] (법 제89조 제

1항 제2호)(감평 2012)

③ 그 밖에 대통령령으로 정하는 자(영 제98조 제3항;「지방공기업법」에 의한 지방공사 및 지방공단을 말한다.)(법 제89조 제1항 제3호)(감평 2012·2018)

☞ 지방자치단체는 자신이 시행하는 개발행위의 이행을 보증하기 위하여 이행보증금을 예치하여야 한다.(×)

### 3. 이행보증금 산정과 예치방법 등

이행보증금의 산정과 예치방법 등에 관하여 필요한 사항은 영 제59조(개발행위허가의 이행담보 등)제2항 내지 제4항의 규정을 준용한다(법 제89조 제2항 및 영 제98조 제4항).

### 4. 토지의 원상회복 명령과 행정대집행

① 특별시장·광역시장·특별자치시장·특별자치도지사·시장 또는 군수는 법 제88조(실시계획의 작성 및 인가 등)제2항 본문 또는 제4항 본문에 따른 실시계획의 인가 또는 변경인가를 받지 아니하고 도시·군계획시설사업을 하거나 그 인가 내용과 다르게 도시·군계획시설사업을 하는 자에게 그 토지의 원상회복을 명할 수 있다(법 제89조 제3항).

② 특별시장·광역시장·특별자치시장·특별자치도지사·시장 또는 군수는 원상회복의 명령을 받은 자가 원상회복을 하지 아니하는 경우에는 「행정대집행법」에 따른 행정대집행에 따라 원상회복을 할 수 있다(법 제89조 제4항 전단).(중개 2021) 이 경우 행정대집행에 필요한 비용은 도시·군계획시설사업의 시행자가 예치한 이행보증금으로 충당할 수 있다(법 제89조 제4항 후단).

## VII. 실시계획의 고시

국토교통부장관, 시·도지사 또는 대도시 시장은 법 제88조(실시계획의 작성 및 인가 등)에 따라 실시계획을 작성(변경작성을 포함한다), 인가(변경인가를 포함한다), 폐지하거나 실시계획이 효력을 잃은 경우에는 대통령령(영 제100조)으로 정하는 바에 따라 그 내용을 고시하여야 한다(법 제91조).

## VIII. 관계 서류의 열람 등

도시·군계획시설사업의 시행자는 도시·군계획시설사업을 시행하기 위하여 필요하면 등기소나 그 밖의 관계 행정기관의 장에게 필요한 서류의 열람 또는 복사나 그 등본 또는 초본의 발급을 무료로 청구할 수 있다(법 제93조).

## Ⅸ 서류의 송달

① <u>도시·군계획시설사업의 시행자</u>는 이해관계인에게 서류를 송달할 필요가 있으나 이해관계인의 주소 또는 거소(居所)가 불분명하거나 그 밖의 사유로 <u>서류를 송달</u>할 수 없는 경우에는 그 서류의 송달을 <u>갈음하여 그 내용을 공시</u>할 수 있다(법 제94조 제1항). (중개 2017) 이 경우 <u>행정청이 아닌</u> 도시·군계획시설사업의 <u>시행자</u>는 국토교통부장관, 관할 시·도지사 또는 대도시 시장의 <u>승인</u>을 받아야 한다(영 제101조).
② 서류의 <u>공시송달</u>에 관하여는 「<u>민사소송법</u>」의 <u>공시송달</u>의 예에 따른다(법 제94조 제2항).

## Ⅹ 토지 등의 수용 및 사용★

① <u>도시·군계획시설사업의 시행자</u>는 <u>도시·군계획시설사업</u>에 <u>필요</u>한 다음 각 호의 <u>물건</u> 또는 <u>권리</u>를 <u>수용</u>하거나 <u>사용</u>할 수 있다(법 제95조 제1항). (감평 2000·2009)
 1. <u>토지·건축물</u> 또는 그 토지에 정착된 물건
 2. 토지·건축물 또는 그 토지에 정착된 물건에 관한 <u>소유권 외(外)</u>의 권리
② <u>도시·군계획시설사업의 시행자</u>는 <u>사업시행</u>을 위하여 <u>특히 필요</u>하다고 인정되면 <u>도시·군계획시설</u>에 <u>인접</u>한 다음 각 호의 <u>물건</u> 또는 <u>권리</u>를 <u>일시 사용</u>할 수 있다(법 제95조 제2항). (감평 2009·2010·2014)
 1. 토지·건축물 또는 그 토지에 정착된 물건(감평 2014)
 2. 토지·건축물 또는 그 토지에 정착된 물건에 관한 <u>소유권 외(外)</u>의 권리(감평 2010)

> ☞ 도시·군계획시설사업 시행자는 도시·군계획시설사업 시행을 위하여 특히 필요하다고 인정되는 경우 도시·군계획시설에 인접한 토지를 수용할 수 있다.(×)(법 제95조 제2항 제1호 : 인접한 토지 등은 일시 사용만 할 수 있을 뿐이다.)(감평 2009)
> ☞ 도시·군계획시설사업 시행자는 도시·군계획시설사업에 필요한 <u>토지에 정착된 나무</u>를 수용할 수 있다.(○)(법 제95조 제1항 제1호)(감평 2009)
> ☞ 도시·군계획시설사업 시행자는 <u>도시·군계획시설사업에 필요한 건축물의 전세권</u>을 수용할 수 있다.(○)(법 제95조 제1항 제2호)(감평 2009)

## Ⅺ 「공익사업을 위한 토지 등의 취득 및 보상에 관한 법률」의 준용

① 법 제95조(토지 등의 수용 및 사용)에 따른 <u>수용</u> 및 <u>사용</u>에 관하여는 이 법에 특별한 규정이 있는 경우 외에는 「<u>공익사업을 위한 토지 등의 취득 및 보상에 관한 법률(공익사업법)</u>」을 준용한다(법 제96조 제1항). (감평 2000)
② 「<u>공익사업을 위한 토지 등의 취득 및 보상에 관한 법률(공익사업법)</u>」을 <u>준용</u>할 때에 법 제91조(실시계획의 고시)에 따른 <u>실시계획을 고시</u>한 경우에는 「<u>공익사업법</u>」에 따른 <u>사업인정 및 사업인정의 고시가 있었던 것으로 본다</u>(법 제96조 제2항 본문). (감평 2010)

③ 다만, 재결 신청은 「공익사업법」 제23조제1항(사업인정의 실효 : 사업시행자가 사업인정의 고시가 된 날부터 1년 이내에 재결신청을 하지 아니한 경우에는 사업인정고시가 된 날부터 1년이 되는 날의 다음 날에 사업인정은 그 효력을 상실한다.)과 제28조제1항(재결의 신청 : 토지소유자 및 관계인과의 협의가 성립되지 아니하거나 협의를 할 수 없을 때에는 사업시행자는 사업인정고시가 된 날부터 1년 이내에 관할 토지수용위원회에 재결을 신청할 수 있다.)에도 불구하고 실시계획에서 정한 도시·군계획시설사업의 시행기간에 하여야 한다(법 제96조 제2항 단서).

☞ 도시·군계획시설사업에 관한 실시계획의 고시가 있은 때에는 「공익사업을 위한 토지 등의 취득 및 보상에 관한 법률」에 따른 사업인정 및 그 고시가 있었던 것으로 본다. (○)(법 제96조 제2항 본문)

## XII 국공유지의 처분 제한

① 법 제30조(도시·군관리계획의 결정)제6항에 따라 도시·군관리계획결정을 고시한 경우에는 국공유지로서 도시·군계획시설사업에 필요한 토지는 그 도시·군관리계획으로 정하여진 목적 외(外)의 목적으로 매각하거나 양도할 수 없다(법 제97조 제1항). (감평 2004)
② 이에 위반한 행위는 무효로 한다(법 제97조 제2항). (취소할 수 있다. ×)

# CHAPTER 10 > 비용

## I. 비용 부담의 원칙★

광역도시계획 및 도시·군계획의 수립과 도시·군계획시설사업에 관한 비용은 이 법 또는 다른 법률에 특별한 규정이 있는 경우 외에는 국가가 하는 경우에는 국가예산에서, 지방자치단체가 하는 경우에는 해당 지방자치단체가, 행정청이 아닌 자가 하는 경우에는 그 자가 부담함을 원칙으로 한다(법 제101조).(감평 2009·2014)

☞ 도시·군계획시설사업을 지방자치단체가 하는 경우에는 해당 지방자치단체가 그에 관한 비용을 부담함을 원칙으로 한다.(○)(법 제101조)

## II. 현저한 이익을 받는 지방자치단체의 비용 부담

### 1. 도시·군계획시설사업을 국토교통부장관이나 시·도지사가 시행하는 경우

(1) 현저한 이익을 받는 시·도, 시 또는 군의 비용 부담★

국토교통부장관이나 시·도지사는 그가 시행한 도시·군계획시설사업으로 현저히 이익을 받는 시·도, 시 또는 군이 있으면 그 도시·군계획시설사업에 든 비용의 일부를 그 이익을 받는 시·도, 시 또는 군에 부담시킬 수 있다(법 제102조 제1항 후단).(감평 2009·2014)

(2) 사전 협의 절차

① 국토교통부장관은 시·도, 시 또는 군에 비용을 부담시키기 전(前)에 행정안전부장관과 협의하여야 한다(법 제102조 제1항 후단).

② 시·도지사는 그 시·도에 속하지 아니하는 특별시·광역시·특별자치시·특별자치도·시 또는 군에 비용을 부담시키려면 해당 지방자치단체의 장과 협의하되, 협의가 성립되지 아니하는 경우에는 행정안전부장관이 결정하는 바에 따른다(법 제102조 제2항).

### 2. 도시·군계획시설사업을 시장 또는 군수가 시행하는 경우

① 시장이나 군수는 그가 시행한 도시·군계획시설사업으로 현저히 이익을 받는 다른 지방자치단체가 있으면 그 도시·군계획시설사업에 든 비용의 일부를 그 이익을 받는 다른 지방자치단체와 협의하여 그 지방자치단체에 부담시킬 수 있다(법 제102조 제3항).

② 이 경우 협의가 성립되지 아니하는 경우 다른 지방자치단체가 같은 도에 속할 때에는 관할 도지

사가 결정하는 바에 따르며, 다른 시·도에 속할 때에는 행정안전부장관이 결정하는 바에 따른다(법 제102조 제4항).

☞ 행정청이 아닌 자가 시행하는 도시·군계획시설사업으로 현저히 이익을 받은 지방자치단체가 있는 경우 그 도시·군계획시설사업에 든 비용의 일부를 그 이익을 받는 지방자치단체에 부담시킬 수 있다. (×/도시·군계획시설사업으로 현저한 이익을 받는 지방자치단체에게 도시·군계획시설사업에 든 비용의 일부를 부담시킬 수 있는 경우는 국토교통부장관이나 시·도지사가 행한 경우와 시장 또는 군수가 행한 경우에 한정된다. 따라서 행정청이 아닌 자가 시행하는 도시·군계획시설사업의 경우에는 이에 해당하지 않는다).

### 3. 비용 부담액의 한계★

① 도시·군계획시설사업으로 현저히 이익을 받는 지방자치단체가 부담하는 비용의 총액은 당해 도시·군계획시설사업에 소요된 비용의 50퍼센트를 넘지 못한다(영 제104조 제1항 전단·제3항).(감평 2014)

② 이 경우 도시·군계획시설사업에 소요된 비용에는 당해 도시·군계획시설사업의 조사·측량비, 설계비 및 관리비를 포함하지 아니한다(영 제104조 제1항 후단·제3항).

### 4. 비용 부담 절차

국토교통부장관, 시·도지사, 시장 또는 군수는 도시·군계획시설사업으로 인하여 현저한 이익을 받는 지방자치단체에 그 도시·군계획시설사업에 든 비용을 부담시키고자 하는 때에는 도시·군계획시설사업에 소요된 비용총액의 명세와 부담액을 명시하여 당해 당해 지방자치단에의 장에게 송부하여야 한다(영 제104조 제2항·제3항).

## Ⅲ 보조 또는 융자

### 1. 광역도시·군계획, 도시·군계획에 관한 기초조사·지형도면 작성 비용

① 시·도지사, 시장 또는 군수가 수립하는 광역도시·군계획 또는 도시·군계획에 관한 기초조사나 지형도면의 작성에 드는 비용은 대통령령으로 정하는 바(영 제106조 제1항)에 따라 그 비용의 전부 또는 일부를 국가예산에서 보조할 수 있다(법 제104조 제1항).

② 기초조사 또는 지형도면의 작성에 소요되는 비용은 그 비용의 80퍼센트 이하의 범위안에서 국가예산으로 보조할 수 있다(영 제106조 제1항).

### 2. 도시·군계획시설사업에 드는 비용★

(1) 행정청이 시행하는 경우 : 국가예산에서 전부 또는 일부 보조·융자

① 행정청이 시행하는 도시·군계획시설사업에 드는 비용은 대통령령으로 정하는 바(영 제106조 제2항)에 따라 그 비용의 전부 또는 일부를 국가예산에서 보조하거나 융자할 수 있다(법 제104조 제2항 전단).(감평 2009·2014)

② 행정청이 시행하는 도시·군계획시설사업에 대하여는 당해 도시·군계획시설사업에 소요되는 비

용(공사비 + 보상비 : 조사·측량비, 설계비 및 관리비를 제외한 공사비와 감정비를 포함한 보상비를 말한다.)의 <u>50퍼센트 이하</u>의 범위안에서 <u>국가예산</u>으로 <u>보조</u> 또는 <u>융자</u>할 수 있다(영 제106조 제2항).(감평 2014)

**(2) 행정청이 아닌 자가 시행하는 경우 : 국가·지방자치단체가 일부 보조·융자**

① <u>행정청이 아닌 자가 시행하는 도시·군계획시설사업에 드는 비용의 일부</u>는 <u>대통령령</u>(영 제106조 제2항)으로 정하는 바에 따라 <u>국가</u> 또는 <u>지방자치단체</u>가 <u>보조</u>하거나 <u>융자</u>할 수 있다(법 제104조 제2항 전단).

② <u>행정청이 아닌 자가 시행하는 도시·군계획시설사업</u>에 대하여는 당해 도시·군계획시설사업에 소요되는 비용(공사비 + 보상비 : 조사·측량비, 설계비 및 관리비를 제외한 공사비와 감정비를 포함한 보상비를 말한다.)의 <u>3분의 1 이하</u>의 범위안에서 <u>국가</u> 또는 <u>지방자치단체</u>가 <u>보조</u> 또는 <u>융자</u>할 수 있다(영 제106조 제2항).(감평 2014)

**(3) 우선 지원 지역**

국가 또는 지방자치단체는 <u>도시·군계획시설사업에 드는 비용</u>의 <u>보조</u> 또는 <u>융자</u>와 관련하여 <u>다음 각 호의 어느 하나에 해당하는 지역</u>을 <u>우선 지원</u>할 수 있다(법 제104조 제2항 후단).

1. 도로, 상하수도 등 <u>기반시설</u>이 인근지역에 비하여 <u>부족한 지역</u>
2. 광역도시계획에 반영된 <u>광역시설</u>이 <u>설치되는 지역</u>
3. <u>개발제한구역</u>(집단취락만 해당한다)에서 <u>해제</u>된 지역
4. <u>도시·군계획시설결정의 고시일부터 10년</u>이 지날 때까지 그 도시·군계획시설의 설치에 관한 <u>도시·군계획시설사업</u>이 <u>시행되지 아니한 경우</u>로서 해당 도시·군계획시설의 설치 필요성이 높은 지역

☞ 행정청이 시행하는 도시·군계획시설사업에 드는 비용은 당해 도시·군계획시설사업에 소요되는 비용의 <u>50퍼센트 이하</u>의 범위안에서 <u>국가예산</u>으로 보조하거나 융자할 수 있다.(○)(법 제104조 제2항 및 영 제105조 제2항)

☞ 행정청이 <u>아닌</u> 자가 시행하는 군계획시설사업에 드는 비용은 당해 도시·군계획시설사업에 소요되는 비용의 <u>3분의 1 이하</u>의 범위안에서 <u>국가 또는 지방자치단체</u>가 보조하거나 융자할 수 있다.(○) (법 제104조 제2항 및 영 제105조 제2항)

# Ⅳ 취락지구·방재지구에 대한 지원

**1. 취락지구에 대한 지원★**

① <u>국가나 지방자치단체</u>는 <u>대통령령</u>으로 정하는 바(영 제107조)에 따라 <u>취락지구 주민의 생활 편의와 복지 증진</u> 등을 위한 사업을 <u>시행</u>하거나 그 사업을 <u>지원</u>할 수 있다(법 제105조).(감평 1999·2004)

② <u>국가 또는 지방자치단체</u>가 취락지구안의 주민의 생활편익과 복지증진 등을 위하여 <u>시행</u>하거나 <u>지원</u>할 수 있는 사업은 다음 각 호와 같다(영 제107조).

1. 집단취락지구 : <u>개발제한구역의지정및관리에관한특별조치법령</u>에서 정하는 바에 의한다.

2. **자연취락지구**
      가. 자연취락지구안에 있거나 자연취락지구에 연결되는 <u>도로·수도공급설비·하수도 등의 정비</u>(감평 1999)
      나. <u>어린이놀이터·공원·녹지·주차장·학교·마을회관</u> 등의 <u>설치·정비</u>(감평 2014·2025, 중개 2019)
      다. <u>쓰레기처리장·하수처리시설</u> 등의 <u>설치·개량</u>(감평 2014·2025, 중개 2019)
      라. <u>하천정비 등 재해방지를 위한 시설의 설치·개량</u>(감평 2014·2025, 중개 2019)
      마. <u>주택의 신축·개량</u>(감평 2014·2025, 중개 2019)

## 2. 방재지구에 대한 지원

국가나 지방자치단체는 이 법률 또는 다른 법률에 따라 방재사업을 시행하거나 그 사업을 지원하는 경우 방재지구에 우선적으로 지원할 수 있다(법 제105조의2).

# CHAPTER 11 > 도시계획위원회

## I 중앙도시계획위원회

### 1. 중앙도시계획위원회 설치
다음 각 호의 업무를 수행하기 위하여 <u>국토교통부</u>에 <u>중앙도시계획위원회</u>를 둔다(법 제106조).
1. <u>광역도시계획·도시·군계획·토지거래계약허가구역</u> 등 국토교통부장관의 권한에 속하는 사항의 심의
2. 이 법 또는 다른 법률에서 중앙도시계획위원회의 심의를 거치도록 한 사항의 심의
3. <u>도시·군계획에 관한 조사·연구</u>(감평 2018)

### 2. 조직
① 중앙도시계획위원회는 <u>위원장·부위원장 각 1명을 포함한 25명 이상 30명 이하</u>의 위원으로 구성한다(법 제107조 제1항).
② 중앙도시계획위원회의 <u>위원장과 부위원장</u>은 위원 중에서 <u>국토교통부장관이 임명하거나 위촉</u>한다(법 제107조 제2항).
③ <u>위원</u>은 <u>관계 중앙행정기관의 공무원</u>과 토지 이용, 건축, 주택, 교통, 공간정보, 환경, 법률, 복지, 방재, 문화, 농림 등 도시·군계획과 관련된 분야에 관한 <u>학식과 경험이 풍부한 자</u> 중에서 <u>국토교통부장관</u>이 <u>임명하거나 위촉</u>한다(법 제107조 제3항).
④ <u>공무원이 아닌 위원의 수는 10명 이상으로 하고, 그 임기는 2년</u>으로 한다(법 제107조 제4항).
⑤ 보궐위원의 임기는 전임자 임기의 남은 기간으로 한다(법 제107조 제5항).

### 3. 위원장 등의 직무
① <u>위원장</u>은 중앙도시계획위원회의 <u>업무를 총괄</u>하며, 중앙도시계획위원회의 <u>의장</u>이 된다(법 제108조 제1항).
② <u>부위원장</u>은 <u>위원장을 보좌</u>하며, 위원장이 부득이한 사유로 그 직무를 수행하지 못할 때에는 그 <u>직무를 대행</u>한다(법 제108조 제2항).
③ 위원장과 부위원장이 모두 <u>부득이한 사유</u>로 그 직무를 수행하지 못할 때에는 <u>위원장이 미리 지명한 위원</u>이 그 직무를 대행한다(법 제108조 제3항).(감평 2018)

### 4. 회의의 소집 및 의결 정족수★
① 중앙도시계획위원회의 <u>회의</u>는 <u>국토교통부장관</u>이나 <u>위원장</u>이 <u>필요하다고 인정</u>하는 경우에 <u>국토교통부장관</u>이나 <u>위원장</u>이 <u>소집</u>한다(법 제109조 제1항).(감평 2018)

② 중앙도시계획위원회의 회의는 재적위원 과반수의 출석으로 개의(開議)하고, 출석위원 과반수의 찬성으로 의결한다(법 제109조 제2항).(감평 2018·2020)

### 5. 분과위원회

① 다음 각 호의 사항을 효율적으로 심의하기 위하여 중앙도시계획위원회에 분과위원회를 둘 수 있다(법 제110조 제1항).
  1. 법 제8조제2항에 따른 토지 이용에 관한 구역등의 지정·변경(감평 2025) 및 법 제9조에 따른 용도지역 등의 변경계획에 관한 사항
  2. 법 제59조(개발행위에 대한 도시계획위원회의 심의)에 따른 심의에 관한 사항
  3. 중앙도시계획위원회에서 위임하는 사항

② 분과위원회의 심의는 중앙도시계획위원회의 심의로 본다(법 제110조 제2항 본문). 다만, 「중앙도시계획위원회에서 위임하는 사항」의 경우에는 중앙도시계획위원회가 분과위원회의 심의를 중앙도시계획위원회의 심의로 보도록 하는 경우만 해당한다(법 제110조 제2항 단서).(중개 2022)

### 6. 전문위원

① 도시·군계획 등에 관한 중요 사항을 조사·연구하기 위하여 중앙도시계획위원회에 전문위원을 둘 수 있다(법 제111조 제1항).(감평 2018)

② 전문위원은 위원장 및 중앙도시계획위원회나 분과위원회의 요구가 있을 때에는 회의에 출석하여 발언할 수 있다(법 제111조 제2항).

③ 전문위원은 토지 이용, 건축, 주택, 교통, 공간정보, 환경, 법률, 복지, 방재, 문화, 농림 등 도시·군계획과 관련된 분야에 관한 학식과 경험이 풍부한 자 중에서 국토교통부장관이 임명한다(법 제111조 제3항).

### 7. 간사 및 서기

① 중앙도시계획위원회에 간사와 서기를 둔다(법 제112조 제1항).

② 간사와 서기는 국토교통부 소속 공무원 중에서 국토교통부장관이 임명한다(법 제112조 제2항).

③ 간사는 위원장의 명을 받아 중앙도시계획위원회의 서무를 담당하고, 서기는 간사를 보좌한다(법 제112조 제3항).

## II 지방도시계획위원회

### 1. 시·도도시계획위원회

**(1) 시·도도시계획위원회의 설치**

다음 각 호의 심의를 하게 하거나 자문에 응하게 하기 위하여 시·도에 시·도도시계획위원회를 둔다(법 제113조 제1항).

1. 시·도지사가 결정하는 도시·군관리계획의 심의 등 시·도지사의 권한에 속하는 사항과 다른 법률에서 시·도도시계획위원회의 심의를 거치도록 한 사항의 심의
2. 국토교통부장관의 권한에 속하는 사항 중 중앙도시계획위원회의 심의 대상에 해당하는 사항이 시·도지사에게 위임된 경우 그 위임된 사항의 심의
3. 도시·군관리계획과 관련하여 시·도지사가 자문하는 사항에 대한 조언
4. 그 밖에 대통령령으로 정하는 사항(영 제110조 제1항)에 관한 심의 또는 조언
   가. 해당 시·도의 도시·군계획조례의 제정·개정과 관련하여 시·도지사가 자문하는 사항에 대한 조언(영 제110조 제1항 제1호)
   나. 영 제55조제3항제3호의2(개발행위허가 시 규모 제한을 받지 않는 경우 : 가. 하나의 필지에 건축물을 건축하거나 공작물을 설치하기 위한 토지의 형질변경, 나. 하나 이상의 필지에 하나의 용도에 사용되는 건축물을 건축하거나 공작물을 설치하기 위한 토지의 형질변경)에 따른 개발행위허가에 대한 심의(영 제110조 제1항 제2호)

(2) 시·도도시계획위원회의 구성 및 운영
① 시·도도시계획위원회는 위원장 및 부위원장 각 1명을 포함한 25명 이상 30명 이하의 위원으로 구성한다(영 제111조 제1항). (감평 2020)
② 시·도도시계획위원회의 위원장은 위원 중에서 해당 시·도지사가 임명 또는 위촉하며, 부위원장은 위원중에서 호선한다(영 제111조 제2항). (감평 2020) (부위원장을 임명 또는 위촉한다.×)

## 2. 시·군·구도시계획위원회

(1) 시·군·구도시계획위원회의 설치

도시·군관리계획과 관련된 다음 각 호의 심의를 하게 하거나 자문에 응하게 하기 위하여 시·군(광역시의 관할 구역에 있는 군을 포함한다. 이하 이 조에서 같다) 또는 구에 각각 시·군·구도시계획위원회를 둔다(법 제113조 제2항). (중개 2022) (시·군·구에는 지방도시계획위원회를 두지 않는다.×)

1. 시장 또는 군수가 결정하는 도시·군관리계획의 심의(중개 2023)와 국토교통부장관이나 시·도지사의 권한에 속하는 사항 중 시·도도시계획위원회의 심의대상에 해당하는 사항이 시장·군수 또는 구청장에게 위임되거나 재위임된 경우 그 위임되거나 재위임된 사항의 심의
2. 도시·군관리계획과 관련하여 시장·군수 또는 구청장이 자문하는 사항에 대한 조언(중개 2023)
3. 법 제59조(개발행위에 대한 도시계획위원회의 심의)에 따른 개발행위의 허가 등에 관한 심의
4. 그 밖에 대통령령으로 정하는 사항(영 제110조 제2항)에 관한 심의 또는 조언
   가. 해당 시·군·구와 관련한 도시·군계획조례의 제정·개정과 관련하여 시장·군수·구청장이 자문하는 사항에 대한 조언(영 제110조 제2항 제1호)
   나. 영 제55조제3항제3호의2에 따른 개발행위허가에 대한 심의(대도시에 두는 도시계획위원회에 한정한다)(영 제110조 제2항 제2호)
   다. 개발행위허가와 관련하여 시장 또는 군수(특별시장·광역시장의 개발행위허가 권한이 법 제139조(권한의 위임 및 위탁)제2항에 따라 조례로 군수 또는 구청장에게 위임된 경우에는 그 군수 또는 구청장을 포함한다)가 자문하는 사항에 대한 조언(영 제110조 제2항 제3호)

라. 시범도시사업계획의 수립에 관하여 시장·군수·구청장이 자문하는 사항에 대한 조언(영 제110조 제2항 제4호)(중개 2023)

### (2) 시·군·구도시계획위원회의 구성 및 운영

① 시·군·구도시계획위원회는 위원장 및 부위원장 각 1인을 포함한 15인 이상 25인 이하의 위원으로 구성한다(영 제112조 제1항 본문). 다만, 2 이상의 시·군 또는 구에 공동으로 시·군·구도시계획위원회를 설치하는 경우에는 그 위원의 수를 30인까지로 할 수 있다(영 제112조 제1항 단서).

② 시·군·구도시계획위원회의 위원장은 위원 중에서 해당 시장·군수 또는 구청장이 임명 또는 위촉하며, 부위원장은 위원중에서 호선한다(영 제112조 제2항 본문). (부위원장을 임명 또는 위촉한다.×) 다만, 2 이상의 시·군 또는 구에 공동으로 설치하는 시·군·구도시계획위원회의 위원장은 당해 시장·군수 또는 구청장이 협의하여 정한다(영 제112조 제2항 단서).

③ 시·군·구도시계획위원회 중 대도시에 두는 도시계획위원회는 위원장 및 부위원장 각 1명을 포함한 20명 이상 25명 이하의 위원으로 구성한다(영 제112조 제5항).

## 3. 분과위원회

① ㉠ 시·도도시계획위원회나 시·군·구도시계획위원회의 심의 사항 중 대통령령으로 정하는 사항(영 제113조)을 효율적으로 심의하기 위하여 시·도도시계획위원회나 시·군·구도시계획위원회에 분과위원회를 둘 수 있다(법 제113조 제3항). (감평 2020)

㉡ 여기서 "대통령령으로 정하는 사항"이란 다음 각 호의 사항을 말한다(영 제113조).

1. 법 제9조의 규정에 의한 용도지역 등의 변경계획에 관한 사항(감평 2025)
2. 법 제50조의 규정에 의한 지구단위계획구역 및 지구단위계획의 결정 또는 변경결정에 관한 사항(감평 2025)
3. 법 제59조의 규정에 의한 개발행위에 대한 심의에 관한 사항(감평 2025)
4. 법 제120조의 규정에 의한 이의신청에 관한 사항(☞ 제120조는 토지거래허가 등에 관한 규정으로 현재 삭제됨)
5. 지방도시계획위원회에서 위임하는 사항(감평 2025)

② 분과위원회에서 심의하는 사항 중 시·도도시계획위원회나 시·군·구도시계획위원회가 지정하는 사항은 분과위원회의 심의를 시·도도시계획위원회나 시·군·구도시계획위원회의 심의로 본다(법 제113조 제4항).

## 4. 전문위원

① 도시·군계획 등에 관한 중요 사항을 조사·연구하기 위하여 지방도시계획위원회에 전문위원을 둘 수 있다(법 제113조 제5항).

② 지방도시계획위원회에 전문위원을 두는 경우에는 법 제111조(중앙도시계획위원회의 전문위원)제2항(전문위원의 회의 출석 발언) 및 제3항(국토교통부장관의 전문위원 임명)을 준용한다(법 제113조 제6항 전단). 이 경우 "중앙도시계획위원회"는 "지방도시계획위원회"로, "국토교통부장관"은 "해당 지방도시계획위원회가 속한 지방자치단체의 장"으로 본다(법 제113조 제6항 후단).

## Ⅲ 회의록의 공개★

① <u>중앙도시계획위원회</u> 및 <u>지방도시계획위원회</u>의 심의 일시·장소·안건·내용·결과 등이 기록된 <u>회의록</u>은 <u>1년의 범위</u>에서 <u>대통령령으로 정하는 기간</u>(영 제113조의3 제1항 ; ⓐ 중앙도시계획위원회의 경우에는 심의 종결 후 6개월, ⓑ 지방도시계획위원회의 경우에는 6개월 이하의 범위에서 해당 지방자치단체의 도시·군계획조례로 정하는 기간)이 <u>지난 후에는</u> <u>공개 요청</u>이 있는 경우 <u>열람 또는 사본을 제공하는 방법으로</u> <u>공개</u>하여야 한다(법 제113조의2 본문·영 제113조의3 제1항·제2항).(감평 2018·2020, 중개 2022)(회의록 공개는 열람하는 방법으로 하며 사본을 제공할 수 없다. ×)

② 다만, <u>공개</u>에 의하여 <u>부동산 투기 유발 등</u> <u>공익을 현저히 해칠 우려</u>가 있다고 인정하는 경우나 <u>심의·의결의 공정성을 침해할 우려</u>가 있다고 인정되는 <u>이름·주민등록번호 등 대통령령으로 정하는 개인식별 정보</u>(영 제11조의3 제3항 ; 이름·주민등록번호·직위 및 주소 등 특정인임을 식별할 수 있는 정보)에 관한 <u>부분</u>의 경우에는 그러하지 아니하다(법 제113조의2 단서·영 제113조의3 제3항).(감평 2018·2020)

> ☞ 중앙도시계획위원회의 회의록은 심의 종결 후 <u>3개월</u>이 지난 후에는 공개요청이 있는 경우 이를 공개하여야 한다. (×)(법 제113조의2 본문 및 영 제113조의3 제1항 ; 중앙도시계획위원회의 회의록은 심의 종결 후 6개월이 지난 후에는 공개요청이 있는 경우 이를 공개하여야 한다.)

# CHAPTER 12 보칙

## I 시범도시의 지정·지원

### 1. 국토교통부장관의 시범도시 지정★

① <u>국토교통부장관</u>은 도시의 경제·사회·문화적인 특성을 살려 개성 있고 지속가능한 발전을 촉진하기 위하여 필요하면 <u>직접</u> 또는 <u>관계 중앙행정기관의 장</u>이나 <u>시·도지사</u>의 <u>요청</u>에 의하여 <u>경관, 생태, 정보통신, 과학, 문화, 관광,</u> 그 밖에 <u>대통령령으로 정하는 분야별</u>(영 제126조 제1항 : 교육·안전·교통·경제활력·도시재생 및 기후변화)로 <u>시범도시</u>(시범지구나 시범단지를 포함한다)를 <u>지정할 수 있다</u>(법 제127조 제1항). (감평 2018)(시·도지사도 시범도시 지정권자이다.×)

② <u>시범도시</u>는 다음 각 호의 기준에 적합하여야 한다(영 제126조 제2항).
  1. 시범도시의 지정이 도시의 경쟁력 향상, 특화발전 및 지역균형발전에 기여할 수 있을 것
  2. 시범도시의 지정에 대한 주민의 호응도가 높을 것
  3. 시범도시의 지정목적 달성에 필요한 사업(이하 "시범도시사업"이라 한다)에 주민이 참여할 수 있을 것
  4. 시범도시사업의 재원조달계획이 적정하고 실현가능할 것

③ <u>국토교통부장관</u>은 <u>분야별</u>로 시범도시의 지정에 관한 <u>세부기준</u>을 정할 수 있다(영 제126조 제3항).

④ <u>관계 중앙행정기관의 장</u> 또는 <u>시·도지사</u>는 <u>국토교통부장관에게 시범도시의 지정을 요청</u>하고자 하는 때에는 <u>미리 설문조사·열람 등을 통하여 주민의 의견을 들은 후 관계 지방자치단체의 장의 의견을</u> 들어야 한다(영 제126조 제4항). (중개 2017)

⑤ <u>시·도지사</u>는 국토교통부장관에게 <u>시범도시의 지정을 요청</u>하고자 하는 때에는 <u>미리 당해 시·도도시계획위원회의 자문을 거쳐야 한다</u>(영 제126조 제5항). (자문을 거칠 수 있다.×)

⑥ <u>국토교통부장관</u>은 <u>시범도시를 지정</u>하려면 <u>중앙도시계획위원회의 심의</u>를 거쳐야 한다(영 제126조 제7항).

⑦ <u>국토교통부장관</u>은 <u>시범도시를 지정</u>한 때에는 지정목적·지정분야·지정대상도시 등을 관보와 국토교통부의 인터넷 홈페이지에 공고하고 관계 행정기관의 장에게 통보해야 한다(영 제126조 제8항).

### 2. 시범도시의 공모★

① <u>국토교통부장관</u>은 법 제127조제1항의 규정에 의하여 <u>직접 시범도시를 지정</u>함에 있어서 <u>필요한 경우</u>에는 <u>국토교통부령</u>이 정하는 바에 따라 <u>그 대상이 되는 도시를 공모</u>할 수 있다(영 제127조 제1항).

② 제1항의 규정에 의한 <u>공모에 응모할 수 있는 자</u>는 <u>특별시장·광역시장·특별자치시장·특별자치도지사·시장·군수 또는 구청장</u>으로 한다(영 제127조 제2항). (감평 2017·2018)

③ 국토교통부장관은 시범도시의 공모 및 평가 등에 관한 업무를 원활하게 수행하기 위하여 필요한 때에는 전문기관에 자문하거나 조사·연구를 의뢰할 수 있다(영 제127조 제3항).

## 3. 시범도시사업계획의 수립·시행

① <u>시범도시</u>를 관할하는 특별시장·광역시장·특별자치시장·특별자치도지사·시장·군수 또는 <u>구청장</u>은 다음 각호의 구분에 따라 <u>시범도시사업의 시행에 관한 계획</u>(이하 "<u>시범도시사업계획</u>"이라 한다)을 <u>수립·시행</u>하여야 한다(영 제128조 제1항).
  1. 시범도시가 <u>시·군 또는 구의 관할구역에 한정되어 있는 경우</u> : 관할 시장·군수 또는 구청장이 수립·시행
  2. 그 밖의 경우 : 특별시장·광역시장·특별자치시장 또는 특별자치도지사가 수립·시행

② 시범도시사업계획에는 다음 각 호의 사항이 포함되어야 한다(영 제128조 제2항).
  1. 시범도시사업의 목표·전략·특화발전계획 및 추진체제에 관한 사항(감평 2025)
  2. 시범도시사업의 시행에 필요한 도시·군계획 등 관련계획의 조정·정비에 관한 사항
  3. 시범도시사업의 시행에 필요한 도시·군계획사업에 관한 사항(감평 2025)
  4. <u>시범도시사업의</u> 시행에 필요한 <u>재원조달에 관한 사항</u>(감평 2021·2025)
  4의2. 주민참여 등 지역사회와의 협력체계에 관한 사항(감평 2025)
  5. 그 밖에 시범도시사업의 원활한 시행을 위하여 필요한 사항

③ 특별시장·광역시장·특별자치시장·특별자치도지사·시장·군수 또는 구청장은 제1항의 규정에 의하여 <u>시범도시사업계획을 수립</u>하고자 하는 때에는 <u>미리</u> 설문조사·열람 등을 통하여 <u>주민의 의견</u>을 들어야 한다(영 제128조 제3항). (중개 2019)

④ 특별시장·광역시장·특별자치시장·특별자치도지사·시장·군수 또는 구청장은 <u>시범도시사업계획을 수립</u>하고자 하는 때에는 <u>미리 국토교통부장관</u>(관계 중앙행정기관의 장 또는 시·도지사의 요청에 의하여 지정된 시범도시의 경우에는 지정을 요청한 기관을 말한다)과 <u>협의</u>하여야 한다(영 제128조 제4항).

⑤ <u>특별시장·광역시장·특별자치시장·특별자치도지사·시장·군수 또는 구청장</u>은 제1항에 따라 <u>시범도시사업계획을 수립한 때에는 그 주요내용을 해당 지방자치단체의 공보와 인터넷 홈페이지에 고시</u>한 후 그 사본 1부를 <u>국토교통부장관에게 송부</u>해야 한다(영 제128조 제5항).

## 4. 시범도시에 대한 지원

① <u>국토교통부장관, 관계 중앙행정기관의 장 또는 시·도지사</u>는 <u>시범도시</u>에 대하여 <u>예산·인력 등 필요한 지원</u>을 할 수 있다(법 제127조 제2항).

② <u>국토교통부장관, 관계 중앙행정기관의 장 또는 시·도지사</u>는 <u>시범도시</u>에 대하여 다음 각 호의 범위에서 <u>보조</u> 또는 <u>융자</u>를 할 수 있다(영 제129조 제1항).
  1. <u>시범도시사업계획의</u> 수립에 소요되는 <u>비용의 80퍼센트 이하</u>(감평 2018)
  2. <u>시범도시사업의</u> 시행에 소요되는 <u>비용</u>(보상비를 제외한다)의 <u>50퍼센트 이하</u>

③ 관계 중앙행정기관의 장 또는 <u>시·도지사</u>는 <u>시범도시</u>에 대하여 <u>예산·인력 등을 지원</u>한 때에는 그 <u>지원내역</u>을 <u>국토교통부장관에게 통보</u>하여야 한다(영 제129조 제3항).

④ <u>시장·군수 또는 구청장</u>은 <u>시범도시사업의 시행</u>을 위하여 필요한 경우에는 다음 각 호의 사항을 <u>도시·군계획조례</u>로 정할 수 있다(영 제129조 제4항).
  1. <u>시범도시사업의 예산집행에 관한 사항</u>(감평 2018)

2. 주민의 참여에 관한 사항

5. **자료제출 요청**

국토교통부장관은 관계 중앙행정기관의 장이나 시·도지사에게 시범도시의 지정과 지원에 필요한 자료를 제출하도록 요청할 수 있다(법 제127조 제3항).

## Ⅱ 토지에의 출입 등

1. **타인 토지 출입 등이 가능한 경우**
   ① 국토교통부장관, 시·도지사, 시장 또는 군수나 도시·군계획시설사업의 시행자는 다음 각 호의 행위를 하기 위하여 필요하면 타인의 토지에 출입하거나 타인의 토지를 재료 적치장 또는 임시통로로 일시 사용할 수 있으며, 특히 필요한 경우에는 나무, 흙, 돌, 그 밖의 장애물을 변경하거나 제거할 수 있다(법 제130조 제1항).
      1. 도시·군계획·광역도시·군계획에 관한 기초조사(감평 2023)
      2. 개발밀도관리구역, 기반시설부담구역 및 법 제67조(기반시설부담구역의 지정)제4항에 따른 기반시설설치계획에 관한 기초조사(감평 2023, 중개 2022·2023)
      3. 지가의 동향 및 토지거래의 상황에 관한 조사(감평 2023)
      4. 도시·군계획시설사업에 관한 조사·측량 또는 시행(감평 2023)
   ② 토지의 점유자는 정당한 사유 없이 법 제103조 제1항에 따른 행위를 방해하거나 거부하지 못한다(법 제130조 제7항).
   ③ 법 제103조 제1항에 따른 행위를 하려는 자는 그 권한을 표시하는 증표와 허가증을 지니고 이를 관계인에게 내보여야 한다(법 제130조 제8항). 증표와 허가증에 관하여 필요한 사항은 국토교통부령으로 정한다(법 제130조 제9항).

2. **타인 토지 출입에 대한 허가★**
   ① 법 제130조 제1항에 따라 타인의 토지에 출입하려는 자는 특별시장·광역시장·특별자치시장·특별자치도지사·시장 또는 군수의 허가를 받아야 하며, 출입하려는 날의 7일 전까지 그 토지의 소유자·점유자 또는 관리인에게 그 일시와 장소를 알려야 한다(법 제130조 제2항 본문).(감평 1999·2012·2016, 중개 2023) (3일 전까지×)
   ② 다만, 행정청인 도시·군계획시설사업의 시행자는 허가를 받지 아니하고 타인의 토지에 출입할 수 있다(법 제130조 제2항 단서).(감평 1999·2016, 중개 2023)

3. **일출 전·일몰 후 타인 토지 출입 금지★**
   일출 전이나 일몰 후에는 그 토지 점유자의 승낙 없이 택지나 담장 또는 울타리로 둘러싸인 타인의 토지에 출입할 수 없다(법 제130조 제6항).(감평 2012·2016, 중개 2023)

## 4. 타인 토지 일시사용 or 장애물 변경·제거에 대한 동의 등★

① 법 제130조 제1항에 따라 <u>타인의 토지</u>를 <u>재료 적치장</u> 또는 <u>임시통로</u>로 <u>일시사용</u>하거나 나무, 흙, 돌, 그 밖의 <u>장애물을 변경 또는 제거</u>하려는 자는 토지의 <u>소유자·점유자</u> 또는 <u>관리인의 동의</u>를 받아야 한다(법 제130조 제3항). (감평 2012·2016)

② 이 경우 <u>토지나 장애물</u>의 소유자·점유자 또는 관리인이 현장에 없거나 주소 또는 거소가 불분명하여 그 <u>동의를 받을 수 없는 경우</u>에는 <u>행정청</u>인 도시·군계획시설사업의 <u>시행자</u>는 관할 특별시장·광역시장·특별자치시장·특별자치도지사·시장 또는 군수에게 그 사실을 <u>통지</u>하여야 하며, <u>행정청이 아닌</u> 도시·군계획시설사업의 <u>시행자</u>는 미리 관할 특별시장·광역시장·특별자치시장·특별자치도지사·시장 또는 군수의 <u>허가</u>를 받아야 한다(법 제130조 제4항). (감평 2012)

③ <u>토지를 일시 사용</u>하거나 장애물을 변경 또는 제거하려는 자는 토지를 사용하려는 날이나 장애물을 변경 또는 제거하려는 날의 <u>3일 전</u>까지 그 토지나 장애물의 <u>소유자·점유자</u> 또는 관리인에게 <u>알려야 한다</u>(법 제130조 제5항). (감평 2012)

### ¶ 타인 토지 출입·일시 사용·장애물 변경 제거가 가능한 자

☞ <u>국토교통부장관</u>, <u>시·도지사</u>, <u>시장 또는 군수</u>나 <u>도시·군계획시설사업</u>의 <u>시행자</u>
① <u>타인</u>의 <u>토지</u>에 <u>출입</u>
② <u>타인</u>의 <u>토지</u>를 재료 <u>적치장</u> 또는 <u>임시통로</u>로 <u>일시 사용</u>
③ 나무, 흙, 돌, 그 밖의 <u>장애물</u>을 <u>변경</u>하거나 <u>제거</u>

### ¶ 타인 토지 출입 제한

① 특별시장·광역시장·특별자치시장·특별자치도지사·시장 또는 군수의 <u>허가</u> 要
  ⇒ 다만, 행정청인 <u>도시·군계획시설사업</u>의 <u>시행자</u>는 <u>허가</u> 不要
② <u>출입하려는</u> 날의 <u>7일 전</u>까지 그 토지의 <u>소유자·점유자</u> 또는 관리인에게 그 <u>일시</u>와 <u>장소</u>를 알려야 한다. (3일 전까지 ×)
③ <u>일출 전</u>이나 <u>일몰 후</u>에는 그 토지 <u>점유자의 승낙 없이</u> <u>택지</u>나 <u>담장</u> 또는 <u>울타리로 둘러싸인</u> 타인의 토지에 <u>출입할 수 없다</u>.

### ¶ 타인 토지 일시 사용 or 장애물 변경 제거 제한

① 소유자·점유자 또는 관리인의 <u>동의</u>를 要 + 3일전 통보 要
② 동의가 불가한 경우
  ⓐ 행정청인 도시·군계획시설사업의 <u>시행자</u> : 관할 지자체장에게 <u>통지</u> 要
  ⓑ <u>행정청이 아닌</u> 도시·군계획시설사업의 <u>시행자</u> : 관할 지자체장의 사전 허가 要

## Ⅲ 토지에의 출입 등에 따른 손실 보상★

① 법 제130조(토지에의 출입 등)제1항에 따른 행위로 인하여 <u>손실을 입은 자</u>가 있으면 <u>그 행위자가 속한 행정청</u>이나 도시·군계획시설사업의 <u>시행자</u>가 그 <u>손실</u>을 <u>보상</u>하여야 한다(법 제131조 제1항). (감평 1999·2002·2016) 이 경우 <u>손실 보상</u>에 관하여는 <u>그 손실을 보상할 자</u>와 <u>손실을 입은 자</u>가 <u>협의</u>하여야 한다(법 제131조 제2항). (감평 1999·2002)

② <u>손실을 보상할 자</u>나 <u>손실을 입은 자</u>는 <u>협의가 성립되지 아니하거나 협의를 할 수 없는 경우</u>에는 관할 <u>토지수용위원회에 재결을 신청</u>할 수 있다(법 제131조 제3항). (감평 1999·2002) 관할 토지수용위원회의 재결에 관하여는 「공익사업을 위한 토지 등의 취득 및 보상에 관한 법률」 제83조부터 제87조까지의 규정 [법 제83조(토지수용위원회의 재결에 대한 이의신청)·법 제84조(이의신청에 대한 재결)·법 제85조(행정소송의 제기)·법 제86조(이의신청에 대한 재결의 효력)·법 제87조(법정이율에 따른 가산지급)]을 <u>준용</u>한다(법 제131조 제4항).

☞ 타인 토지에의 출입 등으로 인하여 손실을 입은 자가 있을 때에는 손실을 입힌 그 행위자가 직접 그 손실을 보상하여야 한다. (×) (법 제131조 제1항 ; 그 행위자가 속한 행정청이나 도시·도시군계획시설사업의 시행자가 손실을 보상하여야 한다.)

☞ 타인 토지에의 출입 등으로 인해 손실을 입은 자가 있는 경우 손실 보상에 관하여는 그 <u>손실을 입힌 자</u>와 손실을 입은 자가 협의하여야 한다. (×) (법 제131조 제1항 및 제2항 ; 손실을 보상할 자와 손실을 입은 자가 협의하여야 한다.)

## Ⅳ 행정심판★

이 법에 따른 <u>도시·군계획시설사업 시행자의 처분</u>에 대하여는 「행정심판법」에 따라 <u>행정심판을 제기</u>할 수 있다(법 제134조 전단). 이 경우 <u>행정청이 아닌 시행자의 처분</u>에 대하여는 법 제86조(도시·군계획시설사업의 시행자)제5항에 따라 <u>그 시행자를 지정한 자에게 행정심판을 제기</u>하여야 한다(법 제134조 후단). (감평 2002·2015)

☞ 행정청이 아닌 도시·군계획시설사업 시행자의 처분에 대해서는 <u>그 시행자에게 행정심판을 제기하여야 한다.</u> (×) (법 제134조 후단 ; 행정청이 아닌 시행자의 처분에 대하여는 그 시행자를 지정한 자에게 행정심판을 제기하여야 한다.) (감평 2015)

## Ⅴ 권리·의무의 승계 등

① 「토지 또는 건축물에 관하여 소유권이나 그 밖의 권리를 가진 자의 <u>도시·군관리계획에 관한 권리·의무</u>」는 그 토지 또는 건축물에 관한 <u>소유권</u>이나 <u>그 밖의 권리</u>의 변동과 동시에 그 <u>승계인</u>에게 <u>이전</u>한다(법 제135조 제1항).

② 이 법 또는 이 법에 따른 명령에 의한 처분, 그 절차 및 그 밖의 행위는 그 행위와 관련된 토지 또는 건축물에 대하여 소유권이나 그 밖의 권리를 가진 자의 승계인에 대하여 효력을 가진다(법 제135조 제2항).

## Ⅵ 청문 ★

국토교통부장관, 시·도지사, 시장·군수(광역시의 관할 구역에 있는 군의 군수를 포함한다.; 국토계획법 제4조 제4항) 또는 구청장은 법 제133조(법률 등의 위반자에 대한 처분)제1항에 따라 다음 각 호의 어느 하나에 해당하는 처분을 하려면 청문을 하여야 한다(법 제136조).(감평 2002)

1. 개발행위허가의 취소(감평 2014·2020, 중개 2020)
2. 도시·군계획시설사업의 시행자 지정의 취소(감평 2014·2020)
3. 실시계획인가의 취소(감평 2014·2020, 중개 2017·2020)

> ▶암기 청문을 실시해야 하는 경우(개/실/시 ⇒ 취소)
> 1. 개발행위허가(취소)
> 2. 실시계획인가(취소)
> 3. 도시·군계획시설사업의 시행자 지정(취소)

## Ⅶ 도시·군계획의 수립 및 운영에 대한 감독 및 조정

### 1. 도시·군계획의 수립 및 운영실태 감독

국토교통부장관(수산자원보호구역의 경우 해양수산부장관을 말한다)은 필요한 경우에는 시·도지사 또는 시장·군수에게, 시·도지사는 시장·군수에게 도시·군기본계획과 도시·군관리계획의 수립 및 운영실태를 감독하기 위하여 필요한 보고를 하게 하거나 자료를 제출하도록 명할 수 있으며, 소속 공무원으로 하여금 도시·군기본계획과 도시·군관리계획에 관한 업무 상황을 검사하게 할 수 있다(법 제138조 제1항).

### 2. 도시·군계획의 조정 요구

(1) 국토교통부장관의 조정 요구

① 국토교통부장관은 도시·군기본계획과 도시·군관리계획이 국가계획 및 광역도시계획의 취지에 부합하지 아니하거나 도시·군관리계획이 도시·군기본계획의 취지에 부합하지 아니하다고 판단하는 경우에는 특별시장·광역시장·특별자치시장·특별자치도지사·시장 또는 군수에게 기한을 정하여 도시·군기본계획과 도시·군관리계획의 조정을 요구할 수 있다(법 제138조 제2항 전단).

② 이 경우 특별시장·광역시장·특별자치시장·특별자치도지사·시장 또는 군수는 도시·군기본계획과 도시·군관리계획을 재검토하여 정비하여야 한다(법 제138조 제2항 후단).

(2) 도지사의 조정 요구

① 도지사는 시·군 도시·군관리계획이 광역도시계획이나 도시·군기본계획의 취지에 부합하지 아니하다고 판단되는 경우에는 시장 또는 군수에게 기한을 정하여 그 도시·군관리계획의 조정을 요구할 수 있다(법 제138조 제3항 전단).

② 이 경우 시장 또는 군수는 그 도시·군관리계획을 재검토하여 정비하여야 한다(법 제138조 제3항 후단).

# CHAPTER 13 > 벌칙

## I. 벌칙 규정

### 1. 3년 이하 징역·3천만원 이하 벌금

다음 각 호의 어느 하나에 해당하는 자는 <u>3년 이하의 징역 또는 3천만원 이하의 벌금</u>에 처한다(법 제140조).

1. 법 제56조(개발행위의 허가)제1항 또는 제2항을 위반하여 <u>허가 또는 변경허가를 받지 아니하거나</u>, 속임수나 그 밖의 부정한 방법으로 허가 또는 변경허가를 받아 개발행위를 한 자(감평 2004)
2. <u>시가화조정구역</u>에서 <u>허가를 받지 아니하고</u> 법 제81조 제2항 각 호(시가화조정구역에서의 행위 제한 ; 시가화 조정구역에서 허가를 받아 할 수 있는 행위)의 어느 하나에 해당하는 행위를 한 자

### 2. 3년 이하 징역·기반시설설치비용 3배 이하 벌금 ★

<u>기반시설설치비용을 면탈·경감할 목적 또는 면탈·경감하게 할 목적으로 거짓 계약을 체결하거나 거짓자료를 제출한 자</u>는 <u>3년 이하의 징역</u> 또는 면탈·경감하였거나 면탈·경감하고자 한 <u>기반시설설치비용의 3배 이하</u>에 상당하는 <u>벌금</u>에 처한다(법 제140조의2). (감평 2004·2021)

### 3. 2년 이하 징역·2천만원 이하 벌금

다음 각 호의 어느 하나에 해당하는 자는 2년 이하의 징역 또는 2천만원 이하의 벌금에 처한다(법 제141조).

1. 법 제43조(도시·군계획시설의 설치·관리)제1항을 위반하여 <u>도시·군관리계획의 결정이 없이 기반시설을 설치한 자</u>(감평 2021)
2. 법 제44조(공동구의 설치)제3항을 위반하여 <u>공동구에 수용하여야 하는 시설을 공동구에 수용하지 아니한 자</u>(감평 2021)
3. 법 제54조(지구단위계획구역에서의 건축 등)를 위반하여 <u>지구단위계획에 맞지 아니하게 건축물을 건축하거나 용도를 변경한 자</u>(감평 2021)
4. 법 제76조(용도지역 및 용도지구에서의 건축물의 건축 제한 등)에 따른 <u>용도지역 또는 용도지구에서의 건축물이나 그 밖의 시설의 용도·종류 및 규모 등의 제한을 위반</u>하여 건축물이나 그 밖의 시설을 건축 또는 설치하거나 그 용도를 변경한 자

### 4. 1년 이하 징역·1천만원 이하 벌금

법 제133조(법률 등의 위반자에 대한 처분)제1항에 따른 <u>허가·인가 등의 취소, 공사의 중지, 공작물 등의 개축 또는 이전 등의 처분 또는 조치명령을 위반한 자</u>는 1년 이하의 징역 또는 1천만원 이하의 벌금에 처한다(법 제142조). (감평 2002)

## II 양벌규정

① 법인의 대표자나 법인 또는 개인의 대리인, 사용인, 그 밖의 종업원이 그 법인 또는 개인의 업무에 관하여 법 제140조부터 제142조까지(벌칙 규정)의 어느 하나에 해당하는 위반행위를 하면 그 행위자를 벌할 뿐만 아니라 그 법인 또는 개인에게도 해당 조문의 벌금형을 과(科)한다(법 제143조 본문).(감평 2002)

② 다만, 법인 또는 개인이 그 위반행위를 방지하기 위하여 해당 업무에 관하여 상당한 주의와 감독을 게을리하지 아니한 경우는 그러하지 아니하다(법 제143조 단서).

## III 과태료

### 1. 1천만원 이하 과태료

다음 각 호의 어느 하나에 해당하는 자에게는 1천만원 이하의 과태료를 부과한다(법 제144조 제1항).

1. 법 제44조의3제2항 [공동구의 관리비용 등 ; 공동구 설치비용을 부담하지 아니한 자(부담액을 완납하지 아니한 자를 포함한다)가 공동구를 점용하거나 사용하려면 그 공동구를 관리하는 공동구관리자의 허가를 받아야 한다.] 에 따른 허가를 받지 아니하고 공동구를 점용하거나 사용한 자

2. 정당한 사유 없이 법 제130조제1항(토지에의 출입 등)에 따른 행위를 방해하거나 거부한 자(감평 2021)

3. 법 제130조(토지에의 출입 등)제2항부터 제4항까지의 규정에 따른 허가 또는 동의를 받지 아니하고 같은 조 제1항에 따른 행위를 한 자

4. 법 제137조제1항 [보고 및 검사 등 ; 국토교통부장관(수산자원보호구역의 경우 해양수산부장관을 말한다), 시·도지사, 시장 또는 군수는 다음 각 호의 어느 하나에 해당하는 경우에는 개발행위허가를 받은 자나 도시·군계획시설사업의 시행자에게 감독을 위하여 필요한 보고를 하게 하거나 자료를 제출하도록 명할 수 있으며, 소속 공무원으로 하여금 개발행위에 관한 업무 상황을 검사하게 할 수 있다.] 에 따른 검사를 거부·방해하거나 기피한 자

### 2. 500만원 이하 과태료

다음 각 호의 어느 하나에 해당하는 자에게는 500만원 이하의 과태료를 부과한다(법 제144조 제2항).

1. 법 제56조제4항 단서(개발행위의 허가 ; 재해복구나 재난수습을 위한 응급조치는 개발행위허가를 받지 아니하고 할 수 있으나 응급조치를 한 경우에는 1개월 이내에 신고하여야 한다.)에 따른 신고를 하지 아니한 자

2. 법 제137조제1항(보고 및 검사 등)에 따른 보고 또는 자료 제출을 하지 아니하거나, 거짓된 보고 또는 자료 제출을 한 자

> **정리**

◆ 과태료 부과 대상(공동구/타인 토지 출입 ⇒ 검사/보고⇒ 1월 內 신고)

1. 공동구 점용·사용
   공동구 설치비용을 부담하지 않고 공동구 관리자의 허가도 받지 않은 상태에서 공동구를 점용하거나 사용한 자(1천만원 이하)

2. 타인 토지에의 출입 등(1천만원 이하)
   (1) 타인 토지 출입등 관련 조사·측량 등을 <u>방해하거나 거부한 자</u>(ⓐ 도시·군계획·광역도시·군계획에 관한 기초조사, ⓑ 개발밀도관리구역, 기반시설부담구역 및 기반시설설치계획에 관한 기초조사, ⓒ 지가의 동향 및 토지거래의 상황에 관한 조사, ⓓ 도시·군계획시설사업에 관한 조사·측량 또는 시행)
   (2) <u>허가</u> 또는 <u>동의</u>를 받지 않고 타인 토지에 출입 등을 한 자

3. 국장, 시도지사, 시장 또는 군수 ⇒ 개발행위허가 받은 자 or 도시·군계획시설사업 시행자 ⇒ 검사·보고 or 자료제출 명령 可
   (1) <u>검사</u>를 거부·방해하거나 기피한 자(1천만원 이하)
   (2) <u>보고</u>×, <u>자료 제출</u>×(500만원 이하)

4. 개발행위허가를 받지 않고 재해복구나 재난수습을 위한 응급조치 後
   <u>1개월 이내 신고하지 아니한 자</u>(500만원 이하)

제 2 편

# 감정평가 및 감정평가사에 관한 법률
## (약칭 : 감정평가법)

제01장 총 칙
제02장 감정평가
제3-1장 감정평가사 : 업무와 자격
제3-2장 감정평가사 : 시험
제3-3장 감정평가사 : 등록
제3-4장 감정평가사 : 권리와 의무
제3-5장 감정평가사 : 감정평가법인
제04장 한국감정평가사협회
제05장 징 계
제06장 과징금
제07장 보 칙
제08장 벌 칙

# CHAPTER 01 > 총칙

## I. 목적

이 법은 감정평가 및 감정평가사에 관한 제도를 확립하여 공정한 감정평가를 도모함으로써 국민의 재산권을 보호하고 국가경제 발전에 기여함을 목적으로 한다(법 제1조).

## II. 정의

### 1. 토지등 ★

① "토지등"이란 토지 및 그 정착물, 동산, 그 밖에 대통령령으로 정하는 재산(영 제2조)과 이들에 관한 소유권 외(外)의 권리를 말한다(법 제2조 제1호). (감평 2004·2018)

② 여기서 「대통령령으로 정하는 재산」이란 다음 각 호의 재산을 말한다(영 제2조)
  1. 저작권·산업재산권·어업권·양식업권·광업권 및 그 밖의 물권에 준하는 권리(감평 2004·2018)
  2. 「공장 및 광업재단 저당법」에 따른 공장재단과 광업재단(감평 2004·2018)
  3. 「입목에 관한 법률」에 따른 입목(감평 2004·2018)
  4. 자동차·건설기계·선박·항공기 등 관계 법령에 따라 등기하거나 등록하는 재산
  5. 유가증권(감평 2004·2017·2018)

> **암기** 감정평가 대상 : 토지등
>
> ≪감정평가 → 부/동의 1위는?≫
> 1. 부동산(토지 및 그 정착물) + 동산
>
> ≪저/산너머 → 광/양/어업권≫
> 2. 물권에 준하는 권리 : 저작권·산업재산권·광업권·양식업권·어업권
>
> ≪그리고 → 자동차/유/입/재단≫
> 3. 등기·등록하는 재산 : 자동차·건설기계·선박·항공기
> 4. 유가증권
> 5. 입목
> 6. 재단 : 공장재단·광업재단

### 2. 감정평가

"감정평가"란 토지등의 경제적 가치를 판정하여 그 결과를 가액(價額)으로 표시하는 것을 말한다(법 제2조 제2호).

## 3. 감정평가업

"감정평가업"이란 타인의 의뢰에 따라 일정한 보수를 받고 토지등의 감정평가를 업(業)으로 행하는 것을 말한다(법 제2조 제3호).

## 4. 감정평가법인등

"감정평가법인등"이란 법 제21조(감정평가사의 사무소 개설)에 따라 사무소를 개설한 감정평가사와 법 제29조(감정평가법인의 설립)에 따라 인가를 받은 감정평가법인을 말한다(법 제2조 제4호).

# CHAPTER 02 > 감정평가

## I. 기준

### 1. 토지 감정평가

① 감정평가법인등이 토지를 감정평가하는 경우에는 그 토지와 이용가치가 비슷하다고 인정되는 「부동산 가격공시에 관한 법률」에 따른 표준지공시지가를 기준으로 하여야 한다(법 제3조 제1항 본문). (감평 2011) 다만, 적정한 실거래가가 있는 경우에는 이를 기준으로 할 수 있다(법 제3조 제1항 단서). (감평 2019·2020) (감정평가법인등이 토지를 감정평가하는 경우에는 그 토지와 이용가치가 비슷하다고 인정되는 토지의 적정한 실거래가를 기준으로 하여야 한다. ×)

② 제1항에도 불구하고 감정평가법인등이 「주식회사 등의 외부감사에 관한 법률」에 따른 재무제표 작성 등 기업의 재무제표 작성에 필요한 감정평가와 담보권의 설정·경매 등 「대통령령으로 정하는 감정평가(영 제3조)」를 할 때에는 해당 토지의 임대료, 조성비용 등을 고려하여 감정평가를 할 수 있다(법 제3조 제2항). (감평 2022)

③ 여기서 「대통령령으로 정하는 감정평가(영 제3조)」란 다음 각 호의 감정평가를 말한다(영 제10조).
  1. 자산재평가법에 따른 토지등의 감정평가(감평 2022)
  2. 법원에 계속 중인 소송 또는 경매를 위한 토지등의 감정평가. 다만, 법원에 계속 중인 소송을 위한 감정평가 중 보상과 관련된 감정평가는 제외한다. (감평 2022)
  3. 금융기관·보험회사·신탁회사 등 타인의 의뢰에 따른 토지등의 감정평가(감평 2022)

> **○ 정리**
> 
> ◆ 토지 감정평가
> 1. 표준지공시지가를 기준으로 하여야 한다.
> 2. 적정한 실거래가가 있는 경우에는 이를 기준으로 할 수 있다.
> 3. 토지의 임대료, 조성비용 등을 고려하여 감정평가를 할 수 있다. [평가/법원(보상×)/타인의뢰]

☞ (ⅰ) 주식회사 등의 외부감사에 관한 법률 제4조에 의해 주권상장법인 등은 재무제표(대차대조표·손익계산서·자본변동표·현금흐름표 등)를 작성하여 회사로부터 독립된 외부의 감사인(회계법인 또는 공인회계사 3명 이상으로 구성된 한국공인회계사회에 등록한 감사반)에 의한 회계감사를 받아야 한다.
(ⅱ) 외부감사의 대상이 되는 회사에는 ① 주권상장법인, ② 해당 사업연도 또는 다음 사업연도 중에 주권상장법인이 되려는 회사, ③ 직전 사업연도 말의 자산총액 또는 직전 사업연도의 매출액이 500억원 이상인 주식회사 또는 유한회사 등이 있다.

## 2. 실무기준 제정기관

### (1) 국토교통부장관의 기준제정기관의 지정 등

① <u>국토교통부장관</u>은 감정평가법인등이 <u>감정평가를 할 때 필요한 세부적인 기준</u>(이하 "실무기준"이라 한다)의 제정 등에 관한 업무를 수행하기 위하여 대통령령으로 정하는 바에 따라 <u>전문성을 갖춘 민간법인 또는 단체</u>(이하 "기준제정기관"이라 한다)를 지정할 수 있다(법 제3조 제4항).

② <u>국토교통부장관</u>은 필요하다고 인정되는 경우 감정평가관리·징계위원회의 심의를 거쳐 <u>기준제정기관에 실무기준의 내용을 변경하도록 요구</u>할 수 있다(법 제3조 제5항 전단). 이 경우 기준제정기관은 정당한 이유가 없으면 이에 따라야 한다(법 제3조 제5항 후단).

③ <u>국가</u>는 <u>기준제정기관</u>의 설립 및 운영에 필요한 비용의 <u>일부 또는 전부를 지원</u>할 수 있다(법 제3조 제6항).

### (2) 기준제정기관의 요건

<u>국토교통부장관</u>은 다음 각 호의 요건을 <u>모두 갖춘</u> 민간법인 또는 단체를 <u>기준제정기관</u>으로 지정한다(영 제3조의2 제1항).

1. 다음 각 목의 어느 하나에 해당하는 인력을 <u>3명 이상 상시 고용</u>하고 있을 것
   가. <u>등록한 감정평가사로서 5년 이상의 실무경력</u>이 있는 사람
   나. <u>감정평가와 관련된 분야의 박사학위 취득자</u>로서 <u>해당 분야의 업무에 3년 이상 종사</u>한 경력(박사학위를 취득하기 전의 경력을 포함한다)이 있는 사람
2. "<u>감정평가실무기준</u>"의 제정·개정 및 연구 등의 업무를 수행하는 데 <u>필요한 전담 조직과 관리체계를 갖추고 있을 것</u>
3. <u>투명한 회계기준</u>이 마련되어 있을 것
4. 국토교통부장관이 정하여 고시하는 금액 이상의 자산을 보유하고 있을 것

### (3) 기준제정기관의 업무

<u>기준제정기관</u>이 수행하는 업무는 다음 각 호와 같다(영 제3조의3 제1항).

1. 감정평가실무기준의 <u>제정 및 개정</u>
2. 감정평가실무기준에 대한 <u>연구</u>
3. 감정평가실무기준의 <u>해석</u>
4. 감정평가실무기준에 관한 <u>질의에 대한 회신</u>
5. <u>감정평가</u>와 관련된 <u>제도의 개선에 관한 연구</u>
6. 그 밖에 감정평가실무기준의 운영과 관련하여 국토교통부장관이 정하는 업무

### (4) 감정평가실무기준심의위원회

<u>기준제정기관</u>은 <u>감정평가실무기준</u>의 제정·개정 및 해석에 관한 중요 사항을 심의하기 위하여 기준제정기관에 <u>국토교통부장관이 정하는 바에 따라 9명 이내의 위원으로 구성되는 감정평가실무기준심의위원회</u>를 두어야 한다(영 제3조의3 제2항).

## II 직무

① 감정평가사는 타인의 의뢰를 받아 **토지등**을 **감정평가**하는 것을 그 직무로 한다(법 제4조 제1항).
② 감정평가사는 공공성을 지닌 가치평가 전문직으로서 공정하고 객관적으로 그 직무를 수행한다(법 제4조 제2항).

## III 감정평가의 의뢰

① **국가**, **지방자치단체**, 「공공기관의 운영에 관한 법률」에 따른 **공공기관** 또는 그 밖에 **대통령령으로 정하는 공공단체**(영 제4조 제1항 ; 지방공기업법에 따른 지방공사를 말한다.)(이하 "**국가등**"이라 한다)가 **토지등**의 관리·매입·매각·경매·재평가 등을 위하여 **토지등**을 **감정평가**하려는 경우에는 **감정평가법인등**에 **의뢰하여야 한다**(법 제5조 제1항). (감평 2011·2025)

② **금융기관·보험회사·신탁회사** 또는 그 밖에 **대통령령으로 정하는 기관**(영 제4조 제2항 ; 신용협동조합, 새마을금고)이 대출, 자산의 매입·매각·관리 또는 「주식회사 등의 외부감사에 관한 법률」에 따른 재무제표 작성을 포함한 **기업의 재무제표 작성 등**과 관련하여 **토지등의 감정평가**를 하려는 경우에는 **감정평가법인등**에 **의뢰하여야 한다**(법 제5조 제2항). (감평 2011·2022)

③ 제1항 또는 제2항에 따라 감정평가를 의뢰하려는 자는 **한국감정평가사협회**에 요청하여 **추천받은 감정평가법인등**에 감정평가를 의뢰할 수 있다(법 제5조 제3항). (감평 2025) **한국감정평가사협회**(이하 "**협회**"라 한다)는 감정평가법인등의 **추천**을 할 때에는 다음 각 호의 기준을 고려해야 하고(영 제5조 제2항), **추천 요청을 받은 날부터 7일 이내에 감정평가법인등**을 **추천**하여야 한다(영 제5조 제1항). (감평 2017)
1. 감정평가 대상물건에 대한 <u>전문성 및 업무실적</u>
2. 감정평가 대상물건의 규모 등을 고려한 감정평가법인등의 <u>조직규모 및 손해배상능력</u>
3. 법 제39조(징계)에 따른 <u>징계 건수 및 내용</u>
4. 「부동산 가격공시에 관한 법률」 제3조에 따른 <u>표준지공시지가 조사·평가 업무 수행 실적</u>
5. 그 밖에 협회가 추천에 필요하다고 인정하는 사항

> **◇정리**
> ◆ 토지등의 감정평가 : 감정평가법인등에 <u>의뢰하여야 한다</u>.
> 1. 국가등 : 국가·지방자치단체·공공기관·지방공사
> 2. 회사 : 금융기관·보험회사·신탁회사·신용협동조합·새마을금고

# Ⅳ 감정평가서

## 1. 감정평가서 발급 의무

① 감정평가법인등은 감정평가를 의뢰받은 때에는 지체 없이 감정평가를 실시한 후 국토교통부령(규칙 제2조)으로 정하는 바에 따라 감정평가 의뢰인에게 감정평가서(「전자문서 및 전자거래기본법」 제2조에 따른 전자문서로 된 감정평가서를 포함한다)를 발급하여야 한다(법 제6조 제1항).

② 감정평가서는 해당 감정평가에 대한 수수료 등이 완납되는 즉시 감정평가 의뢰인에게 발급하여야 한다(규칙 제2조 제1항 본문). 다만, 감정평가 의뢰인이 국가·지방자치단체 또는 공공기관이거나 감정평가법인등과 감정평가 의뢰인 간에 특약이 있는 경우에는 수수료 등을 완납하기 전(前)에 감정평가서를 발급할 수 있다(규칙 제2조 제1항 단서).

③ 감정평가가 금융기관·보험회사·신탁회사 또는 신용협동조합·새마을금고로부터 대출을 받기 위하여 의뢰된 때에는 대출기관에 직접 감정평가서를 송부할 수 있다. 이 경우 감정평가 의뢰인에게는 그 사본을 송부하여야 한다(규칙 제2조 제2항).

④ 감정평가 의뢰인이 감정평가서를 분실하거나 훼손하여 감정평가서 재발급을 신청한 경우 감정평가법인등은 정당한 사유가 있을 때를 제외하고는 감정평가서를 재발급하여야 한다(규칙 제2조 제3항 전단).(감평 2010·2017) 이 경우 감정평가법인등은 재발급에 필요한 실비를 받을 수 있다(규칙 제2조 제3항 후단).

## 2. 서명·날인 의무

감정평가서에는 감정평가법인등의 사무소 또는 법인의 명칭을 적고, 감정평가를 한 감정평가사가 그 자격을 표시한 후 서명과 날인을 하여야 한다(법 제6조 제2항 전단).(감평 2010) 이 경우 감정평가법인의 경우에는 그 대표사원 또는 대표이사도 서명이나 날인을 하여야 한다(법 제6조 제2항 후단).

## 3. 감정평가서 등의 보존의무★

감정평가법인등은 감정평가서의 원본과 그 관련 서류를 「국토교통부령으로 정하는 기간」 이상 보존하여야 한다(법 제6조 제3항 전단). 여기서 「국토교통부령으로 정하는 기간」이란 다음 각 호의 구분에 따른 기간을 말한다(규칙 제3조).

(1) 감정평가서의 원본 : 발급일부터 5년(감평 2010·2011·2012·2019·2025)
(2) 감정평가서의 관련 서류 : 발급일부터 2년(감평 2011·2017)

## 4. 감정평가서 등의 제출의무 : 감정평가법인등의 해산·폐업★

① 감정평가법인등은 해산하거나 폐업하는 경우 해산하거나 폐업한 날부터 30일 이내에 감정평가서의 원본과 그 관련 서류를 국토교통부장관에게 제출해야 하고, 감정평가서의 원본과 관련 서류를 전자적 기록매체에 수록하여 보존하고 있으면 감정평가서의 원본과 관련 서류의 제출을 갈음하여 그 전자적 기록매체를 제출할 수 있다(법 제6조 제3항·영 제6조 제1항 및 제2항).(감평 2017·2020)

② 이 경우 국토교통부장관은 제출받은 감정평가서의 원본과 관련 서류를 아래 기간 동안 보관하여야 한다(법 제6조 제3항 전단·영 제6조 제3항).

1. 감정평가서의 <u>원본</u> : <u>발급일부터 5년</u>(감평 2022)
2. 감정평가서의 <u>관련 서류</u> : <u>발급일부터 2년</u>

> ▶암기 감정평가서 보존 의무 : 발급일 기준
> 1. 원본 : 5년
> 2. 관련 서류 : 2년

☞ <u>국토교통부장관</u>은 "법 제6조제3항 및 이 영 제6조에 따른 <u>감정평가서의 원본과 관련 서류의 접수 및 보관</u>" 업무를 <u>협회</u>에 <u>위탁한다</u>(영 제47조 제2항 제1호).

## 5. 전자적 기록매체에 수록하여 보존 可

<u>감정평가법인등</u>은 <u>감정평가서의 원본과 그 관련 서류</u>를 이동식 저장장치 등 <u>전자적 기록매체</u>에 수록하여 보존할 수 있다(법 제6조 제3항 후단).

# Ⅴ 감정평가서 발급 前 적정성 심사

① <u>감정평가법인</u>은 감정평가서를 의뢰인에게 발급하기 <u>전(前)</u>에 감정평가를 한 <u>소속 감정평가사가 작성한 감정평가서의 적정성</u>을 <u>같은 법인 소속의 다른 감정평가사</u>에게 <u>심사</u>하게 하고(감평 2025), 그 <u>적정성을 심사한 감정평가사</u>로 하여금 감정평가서에 그 <u>심사사실을 표시</u>하고 <u>서명과 날인</u>을 하게 하여야 한다(법 제7조 제1항). (감평 2020)

② <u>감정평가서의 적정성을 심사하는 감정평가사</u>는 감정평가서가 <u>법 제3조</u>(기준)에 따른 원칙과 기준을 준수하여 작성되었는지 여부를 신의와 성실로써 공정하게 심사하여야 하고(법 제7조 제2항), 작성된 감정평가서의 <u>수정·보완</u>이 필요하다고 판단하는 경우에는 해당 <u>감정평가서를 작성한 감정평가사</u>에게 <u>수정·보완 의견</u>을 <u>제시</u>하고, <u>해당 감정평가서의 수정·보완을 확인한 후(後)</u> 감정평가서에 심사사실을 표시하고 <u>서명과 날인</u>을 하여야 한다(영 제7조 제2항).

☞ ( i ) 국토교통부장관은 감정평가사가 「법 제7조 제2항(감정평가서의 적정성을 심사하는 감정평가사는 감정평가서가 제3조에 따른 원칙과 기준을 준수하여 작성되었는지 여부를 신의와 성실로써 공정하게 심사하여야 한다.)을 위반하여 <u>고의 또는 중대한 과실로 잘못 심사한 경우</u>」감정평가관리·징계위원회에 의결에 따라 <u>징계</u>할 수 있다(법 제39조 제1항 제3의2호).
( ii ) 법 제25조 (성실의무 등) 제1항에서 「<u>고의 또는 중대한 과실로 업무를 잘못하여서는 아니 된다.</u>」 고 규정하고 있고, 이를 위반한 경우에도 <u>징계사유</u>에 해당한다(법 제39조 제1항 제9호).

# Ⅵ 발급된 감정평가서의 적정성 검토 의뢰

## 1. 서

① 「감정평가 의뢰인 및 관계 기관 등 대통령령으로 정하는 자」는 발급된 감정평가서의 적정성에 대한 검토를 「대통령령으로 정하는 기준을 충족하는 감정평가법인등(해당 감정평가서를 발급한 감정평가법인등은 제외한다)」에게 의뢰할 수 있다(법 제7조 제3항).

② 여기서 「감정평가 의뢰인 및 관계 기관 등 대통령령으로 정하는 자」란 다음 각 호의 자를 말한다(영 제7조의2 제1항 본문). 다만, 「공익사업을 위한 토지 등의 취득 및 보상에 관한 법률」 등 관계 법령에 감정평가와 관련하여 권리구제 절차가 규정되어 있는 경우로서 권리구제 절차가 진행 중이거나 권리구제 절차를 이행할 수 있는 자(권리구제 절차의 이행이 완료된 자를 포함한다)는 제외한다(영 제7조의2 제1항 단서).
  1. 감정평가 의뢰인
  2. 감정평가 의뢰인이 발급받은 감정평가서를 활용하는 거래나 계약 등의 상대방
  3. 감정평가 결과를 고려하여 관계 법령에 따른 인가·허가·등록 등의 여부를 판단하거나 그 밖의 업무를 수행하려는 행정기관

③ 또한, 「대통령령으로 정하는 기준을 충족하는 감정평가법인등」이란 소속된 감정평가사(감정평가사인 감정평가법인등의 대표사원, 대표이사 또는 대표자를 포함한다)가 둘 이상인 감정평가법인등을 말한다(영 제7조의2 제2항).

## 2. 적정성 검토절차

① 감정평가서의 적정성에 대한 검토를 의뢰하려는 자는 발급받은 감정평가서(「전자문서 및 전자거래기본법」에 따른 전자문서로 된 감정평가서를 포함한다)의 사본을 첨부하여 감정평가법인등에게 검토를 의뢰해야 한다(영 제7조의3 제1항).

② 검토 의뢰를 받은 감정평가법인등은 지체 없이 검토업무를 수행할 감정평가사를 지정해야 한다(영 제7조의3 제2항). 이 경우 검토업무를 수행할 감정평가사는 5년 이상 감정평가 업무를 수행한 사람으로서 감정평가실적이 100건 이상인 사람이어야 한다(영 제7조의3 제3항).

③ 검토 의뢰를 받은 감정평가법인등은 의뢰받은 감정평가서의 적정성 검토가 완료된 경우에는 적정성 검토 의뢰인에게 검토결과서(「전자문서 및 전자거래기본법」에 따른 전자문서로 된 검토결과서를 포함한다. 이하 이 조에서 같다)를 발급해야 한다(영 제7조의4 제1항).

④ 검토결과서에는 감정평가법인등의 사무소 또는 법인의 명칭을 적고, 적정성 검토를 한 감정평가사가 그 자격을 표시한 후 서명과 날인을 해야 한다. 이 경우 감정평가사가 소속된 곳이 감정평가법인인 경우에는 그 대표사원 또는 대표이사도 서명이나 날인을 해야 한다(영 제7조의4 제2항).

# Ⅶ 국토교통부장관의 감정평가 타당성조사

## 1. 서
① 국토교통부장관은 감정평가서가 발급된 후(後) 해당 감정평가가 이 법 또는 다른 법률에서 정하는 절차와 방법 등에 따라 타당하게 이루어졌는지를 직권으로 또는 관계 기관 등의 요청에 따라 조사할 수 있다(법 제8조 제1항).(감평 2022)

② 국토교통부장관이 타당성조사를 할 경우에는 해당 감정평가법인등 및 대통령령으로 정하는 이해관계인(영 제8조 제3항 : 해당 감정평가를 의뢰한 자를 말한다.)에게 의견진술기회를 주어야 한다(법 제8조 제2항).(감평 2020)

## 2. 감정평가 타당성조사 대상
국토교통부장관은 다음 각 호의 어느 하나에 해당하는 경우 '타당성조사'를 할 수 있다(영 제8조 제1항).
1. 국토교통부장관이 법 제47조(지도·감독)에 따른 지도·감독을 위한 감정평가법인등의 사무소 출입·검사나 그 밖의 사유에 따라 조사가 필요하다고 인정하는 경우
2. 관계 기관 또는 「해당 감정평가를 의뢰한 자」가 조사를 요청하는 경우

☞ 국토교통부장관은 "영 제8조제1항에 따른 타당성조사를 위한 기초자료 수집 및 감정평가 내용 분석" 업무를 한국부동산원에 위탁한다(영 제47조 제1항 제2호).

## 3. 감정평가 타당성조사 중지 등
국토교통부장관은 타당성조사의 대상이 되는 감정평가가 다음 각 호의 어느 하나에 해당하는 경우에는 타당성조사를 하지 않거나 중지할 수 있다(영 제8조 제2항).
1. 법원의 판결에 따라 확정된 경우
2. 재판이 계속 중이거나 수사기관에서 수사 중인 경우
3. 「공익사업을 위한 토지 등의 취득 및 보상에 관한 법률」 등 관계 법령에 감정평가와 관련하여 권리구제 절차가 규정되어 있는 경우로서 권리구제 절차가 진행 중이거나 권리구제 절차를 이행할 수 있는 경우(권리구제 절차를 이행하여 완료된 경우를 포함한다)
4. 징계처분, 제재처분, 형사처벌 등을 할 수 없어 타당성조사의 실익이 없는 경우(감평 2025)

## 4. 감정평가 타당성조사 절차 등
① 국토교통부장관은 타당성조사에 착수한 경우에는 착수일부터 10일 이내에 해당 감정평가법인등과 감정평가를 의뢰한 자에게 다음 각 호의 사항을 알려야 한다(영 제8조 제4항).
  1. 타당성조사의 사유
  2. 타당성조사에 대하여 의견을 제출할 수 있다는 것과 의견을 제출하지 아니하는 경우의 처리방법
  3. 법 제46조제1항제1호(국토교통부장관은 감정평가 타당성조사와 관련된 업무를 한국부동산원에 위탁할 수 있다.)에 따라 업무를 수탁한 기관의 명칭 및 주소

4. 그 밖에 국토교통부장관이 공정하고 효율적인 타당성조사를 위하여 필요하다고 인정하는 사항
② 타당성조사 착수에 대한 통지를 받은 감정평가법인등 또는 이해관계인(해당 감정평가를 의뢰한 자)은 통지를 받은 날부터 10일 이내에 국토교통부장관에게 의견을 제출할 수 있다(영 제8조 제5항).
③ 국토교통부장관은 타당성조사를 완료한 경우에는 해당 감정평가법인등, 이해관계인(해당 감정평가를 의뢰한 자) 및 타당성조사를 요청한 관계 기관에 지체 없이 그 결과를 통지해야 한다(영 제8조 제6항).

## Ⅷ 국토교통부장관의 발급된 감정평가서에 대한 표본조사

### 1. 서
국토교통부장관은 감정평가 제도를 개선하기 위하여 대통령령(영 제8조의2)으로 정하는 바에 따라 발급된 감정평가서에 대한 표본조사를 실시할 수 있다(법 제8조 제4항).

### 2. 표본조사 방식
국토교통부장관은 발급된 감정평가서에 대해 다음 각 호의 표본조사를 할 수 있다(영 제8조의2 제1항).
  1. 무작위추출방식의 표본조사
  2. 우선추출방식의 표본조사(감평 2022)

### 3. 우선추출방식의 표본조사
우선추출방식의 표본조사는 다음 각 호의 분야에 대해 국토교통부장관이 정하는 바에 따라 실시한다(영 제8조의2 제2항).
  1. 최근 3년 이내에 실시한 감정평가 타당성조사 결과 감정평가의 원칙과 기준을 준수하지 않는 등 감정평가의 부실이 발생한 분야(감평 2022)
  2. 무작위추출방식의 표본조사를 실시한 결과 법 또는 다른 법률에서 정하는 방법이나 절차 등을 위반한 사례가 다수 발생한 분야
  3. 그 밖에 감정평가의 부실을 방지하기 위하여 협회의 요청을 받아 국토교통부장관이 필요하다고 인정하는 분야

### 4. 기준제정기관에 감정평가 제도 개선 의견 요청
국토교통부장관은 감정평가서에 대한 표본조사 결과 감정평가 제도의 개선이 필요하다고 인정되는 경우에는 기준제정기관에 감정평가의 방법과 절차 등에 관한 개선 의견을 요청할 수 있다(영 제8조의2 제3항).

## Ⅸ 국토교통부장관의 감정평가 정보체계의 구축·운용 등

① ⓐ 국토교통부장관은 국가등이 의뢰하는 감정평가와 관련된 정보 및 자료를 효율적이고 체계적으로 관리하기 위하여 감정평가 정보체계(이하 "감정평가 정보체계"라 한다)를 구축·운영할 수 있다(법 제9조 제1항).

ⓑ 감정평가 정보체계에 관리하는 정보 및 자료에는 「감정평가의 선례정보(평가기관·평가목적·기준시점·평가가액 및 대상 토지·건물의 소재지·지번·지목·용도지역 또는 용도 등을 말한다)」, 「토지 및 건물의 가격에 관한 정보(공시지가·지가변동률·임대정보·수익률·실거래가 등을 말한다) 및 자료(감평 2020)」등이 있다(규칙 제4조).

② 「공익사업을 위한 토지 등의 취득 및 보상에 관한 법률」에 따른 감정평가 등 국토교통부령으로 정하는 감정평가(규칙 제5조 제1항 ; 국가·지방자치단체·공공기관·지방공사가 「공익사업을 위한 토지 등의 취득 및 보상에 관한 법률」에 따른 토지·물건 및 권리의 취득 또는 사용을 위해 의뢰한 감정평가 등)를 의뢰받은 감정평가법인등은 감정평가 결과를 감정평가 정보체계에 등록하여야 한다(법 제9조 제2항 본문). 다만, 개인정보 보호 등 국토교통부장관이 정하는 정당한 사유(규칙 제5조 제5항 ; 「개인정보 보호법」에 따라 개인정보 보호가 필요한 경우)가 있는 경우에는 그러하지 아니하다(법 제9조 제2항 단서).

③ 감정평가법인등은 제2항에 따른 감정평가 정보체계 등록 대상인 감정평가에 대해서는 법 제6조(감정평가서)제1항에 따른 감정평가서를 발급할 때 해당 의뢰인에게 그 등록에 대한 사실을 알려야 한다(법 제9조 제3항).

④ 국토교통부장관은 감정평가 정보체계의 운용을 위하여 필요한 경우 관계 기관에 자료제공을 요청할 수 있다(법 제9조 제4항 전단). 이 경우 이를 요청받은 기관은 정당한 사유가 없으면 그 요청을 따라야 한다(법 제9조 제4항 후단).

> ☞ 국토교통부장관은 "법 제9조에 따른 감정평가 정보체계의 구축·운영" 업무를 한국부동산원에 위탁한다(영 제47조 제1항 제1호).

# 3-1 감정평가사 : 업무와 자격

## Ⅰ 감정평가법인등의 업무★

감정평가법인등은 다음 각 호의 업무를 행한다(법 제10조).
1. 「부동산 가격공시에 관한 법률」에 따라 감정평가법인등이 수행하는 업무(감정평가법인등은 표준지공시지가와 관련한 조사·평가업무와, 개별공시지가와 관련한 타당성 검증 업무 등을 수행한다.)
2. 「부동산 가격공시에 관한 법률」 제8조제2호(공공용지의 매수 및 토지의 수용·사용에 대한 보상 등을 위해 지가를 산정할 경우 감정평가법인등에 감정평가를 의뢰하여 산정할 수 있다.)에 따른 목적을 위한 토지등의 감정평가
3. 「자산재평가법」에 따른 토지등의 감정평가(감평 2018)
4. 법원에 계속 중인 소송 또는 경매를 위한 토지등의 감정평가(감평 2018)
5. 금융기관·보험회사·신탁회사 등 타인의 의뢰에 따른 토지등의 감정평가(감평 2018)
6. 감정평가와 관련된 상담 및 자문(감평 2018)
7. 토지등의 이용 및 개발 등에 대한 조언이나 정보 등의 제공(감평 2018·2021)
8. 다른 법령에 따라 감정평가법인등이 할 수 있는 토지등의 감정평가
9. 제1호부터 제8호까지의 업무에 부수되는 업무(감평 2018)

> **암기** 감정평가법인등이 수행하는 업무(감정평가→조/정→부수)
> 1. 감정평가(가격/평가/법원→타인/상담)
>    (1) 부동산 가격공시에 관한 법률
>    (2) 재산재평가법
>    (3) 법원(소송 또는 경매)
>    (4) 타인의 의뢰
>    (5) 상담 및 자문
>    (6) 다른 법령
> 2. 조언·정보제공(조/정) : 토지등의 이용·개발 등에 대한 조언·정보 제공
> 3. 부수 : 부수되는 업무
>
> ☞ 토지 감정평가 : 해당 토지의 임대료, 조성비용 등을 고려하여 감정평가할 수 있는 경우[평가/법원(보상 평가 제외)→타인 의뢰]

☞ (ⅰ) 자산재평가법은 "법인 또는 개인의 자산을 현실에 적합하도록 재평가하여 적정한 감가상각을 가능하게 하고 기업자본의 정확을 기함으로써 경영의 합리화를 도모하게 함을 목적으로" 제정된 법이다.
(ⅱ) ① "재평가"라 함은 법인 또는 개인의 기업에 소속된 자산을 현실에 적합한 가액으로 그 장부가액을 증액하는 것을 말하고(법 제2조 제1항), ② "재평가액"이라 함은 법인 또는 개인의 자산을 재평가함으로써 평가액이 증액되는 경우의 증액된 후의 평가액을 말한다(법 제2조 제3항).

(iii) ① 자산의 재평가액은 재평가일 현재의 <u>시가</u>에 의하고(법 제7조 제1항), ② <u>시가</u>는 「감정평가 및 감정평가사에 관한 법률」에 의한 <u>감정평가법인</u>의 <u>감정평가서</u>에 의한다. 다만, <u>토지</u>의 경우에는 「부동산 가격공시에 관한 법률」에 의한 <u>개별공시지가</u>에 의할 수 있다.

## Ⅱ 자격

법 제14조(감정평가사시험)에 따른 <u>감정평가사시험</u>에 <u>합격한 사람</u>은 <u>감정평가사의 자격</u>이 있다(법 제11조). (감평 2019)

## Ⅲ 결격사유★

① 다음 각 호의 어느 하나에 해당하는 사람은 <u>감정평가사가 될 수 없다</u>(법 제12조 제1항).
  1. ~~미성년자 또는 피성년후견인·피한정후견인~~(삭제됨)
  2. <u>파산선고</u>를 받은 사람으로서 <u>복권되지 아니한 사람</u>(감평 2011·2012·2016)
  3. <u>금고 이상의 실형</u>을 선고받고 그 <u>집행이 종료</u>(집행이 종료된 것으로 보는 경우를 포함한다)되거나 <u>그 집행이 면제된 날부터 3년</u>이 지나지 아니한 사람(감평 2011)
  4. <u>금고 이상의 형의 집행유예</u>를 받고 그 <u>유예기간이 만료된 날부터 1년</u>이 지나지 아니한 사람(감평 2016)
  5. <u>금고 이상의 형의 선고유예</u>를 받고 <u>그 선고유예기간 중(中)</u>에 있는 사람(감평 2011·2016)
  6. 법 제13조(① 부정한 방법으로 감정평가사의 자격을 받은 경우, ② 자격증 양도·대여에 의해서 자격취소 징계를 받은 경우)에 따라 <u>감정평가사 자격이 취소된 후 3년</u>이 지나지 아니한 사람. 다만, 제7호에 해당하는 사람은 제외한다.(감평 2011·2012·2016·2019·2021)
  7. 법 제39조(징계)제1항제11호(감정평가사의 직무와 관련하여 금고 이상의 형을 선고받고 그 형이 확정된 경우) 및 제12호(이 법에 따라 업무정지 1년 이상의 징계처분을 2회 이상 받은 후 다시 다른 징계사유가 있는 사람으로서 감정평가사의 직무를 수행하는 것이 현저히 부적당하다고 인정되는 경우)에 따라 <u>자격이 취소된 후 5년</u>이 지나지 아니한 사람(감평 2019·2021)
② <u>국토교통부장관</u>은 감정평가사가 <u>제1항제2호부터 제5호까지</u>의 어느 하나에 해당하는지 여부를 확인하기 위하여 관계 기관에 자료를 요청할 수 있다. 이 경우 관계기관은 특별한 사정이 없으면 그 자료를 제공하여야 한다(법 제12조 제2항).

> 암기 결격사유(감정평가사가 될 수 없는 자)(파산→3/5→3/1/中)
1. 마성년자 등(삭제됨)
2. 파산선고 ⇒ 복권 ×
3. 자격취소(부정/징계 ; 3→5)
   (1) 3년 경과 × : ⓐ 부정한 방법으로 자격 취득, ⓑ 자격취소에 해당하는 징계(자격증 양도·대여)
   (2) 5년 경과 × : 징계로 자격취소
       가. 직무관련 금고 이상의 형을 선고받고 그 형이 확정된 경우(집행유예 포함)
       나. 업무정지 1년 이상의 징계처분 2회 이상 + 다른 징계사유 有
4. 금고이상의 형(실/집/선고 ; 3→1→中)
   (1) 실형선고 ⇒ 종료 후 3년 경과 ×
   (2) 집행유예 ⇒ 만료 후 1년 경과 ×
   (3) 선고유예 ⇒ 선고유예기간 中

# Ⅳ 자격의 취소

① 국토교통부장관은 감정평가사가 다음 각 호의 어느 하나에 해당하는 경우에는 그 자격을 취소하여야 한다(법 제13조 제1항). (감평 2021)
   1. 부정한 방법으로 감정평가사의 자격을 받은 경우
   2. 법 제39조(징계) 제2항 제1호(자격의 취소)에 해당하는 징계를 받은 경우.
② 국토교통부장관은 제1항에 따라 감정평가사의 자격을 취소한 경우에는 국토교통부령으로 정하는 바에 따라 그 사실을 공고(규칙 제7조 제1항 : 관보에 공고하고, 국토교통부의 인터넷 홈페이지에 게시)하여야 한다(법 제13조 제2항).
③ 제1항에 따라 감정평가사의 자격이 취소된 사람은 자격증(법 제17조에 따라 등록한 경우에는 등록증을 포함한다)을 자격취소 처분일부터 7일 이내에 국토교통부장관에게 반납하여야 한다(법 제13조 제3항·규칙 제7조 제2항).

# 3-2 감정평가사 : 시험

## Ⅰ 감정평가사시험

① 감정평가사시험(이하 "시험"이라 한다)은 <u>국토교통부장관</u>이 <u>실시</u>하며, 제1차 시험과 제2차 시험으로 이루어진다(법 제14조 제1항).
② 시험의 <u>최종 합격 발표일</u>을 <u>기준</u>으로 법 제12조(결격사유)에 따른 <u>결격사유</u>에 해당하는 사람은 <u>시험에 응시할 수 없다</u>(법 제14조 제2항).
③ <u>국토교통부장관</u>은 제2항에 따라 시험에 응시할 수 없음에도 불구하고 시험에 응시하여 최종 합격한 사람에 대해서는 <u>합격결정을 취소</u>하여야 한다(법 제14조 제3항).
④ <u>국토교통부장관</u>은 법 제14조에 따른 감정평가사시험의 관리 업무를 「한국산업인력공단법」에 따른 한국산업인력공단에 위탁한다(영 제47조 제3항).

## Ⅱ 시험의 일부면제

① ⓐ 「감정평가법인 등 대통령령으로 정하는 기관(영 제14조 제1항)」에서 <u>5년 이상 감정평가와 관련된 업무</u>에 종사한 사람에 대해서는 시험 중 <u>제1차 시험을 면제</u>한다(법 제15조 제1항). (감평 2013·2024)
ⓑ 업무종사기간을 산정할 때 <u>기준일</u>은 제2차 시험 시행일이 속한 연도의 3월 1일로 하며, 둘 이상의 기관에서 해당 업무에 종사한 사람에 대해서는 <u>각 기관에서 종사한 기간을 합산</u>한다(영 제14조 제2항).
② 여기서 「감정평가법인 등 대통령령으로 정하는 기관(영 제14조 제1항)」이란 다음 각 호의 기관을 말한다(영 제14조 제1항).
1. <u>감정평가법인</u>
2. <u>감정평가사사무소</u>
3. <u>협회</u>
4. 「한국부동산원법」에 따른 <u>한국부동산원</u>(이하 "한국부동산원"이라 한다)
5. <u>감정평가업무를 지도하거나 감독하는 기관</u>
6. 「부동산 가격공시에 관한 법률」에 따른 <u>개별공시지가·개별주택가격·공동주택가격 또는 비주거용 부동산가격을 결정·공시하는 업무를 수행하거나 그 업무를 지도·감독하는 기관</u>
7. 「부동산 가격공시에 관한 법률」에 따른 <u>토지가격비준표, 주택가격비준표 및 비주거용 부동산 가격비준표를 작성하는 업무를 수행하는 기관</u>
8. <u>국유재산을 관리하는 기관</u>(감평 2013·2024)
9. <u>과세시가표준액을 조사·결정하는 업무를 수행하거나 그 업무를 지도·감독하는 기관</u>

# 3-3 감정평가사 : 등록

## I 등록 및 갱신등록

### 1. 실무수습·교육연수

(1) 서

① 감정평가사 자격이 있는 사람이 법 제10조(감정평가법인등의 업무)에 따른 업무를 하려는 경우에는 대통령령으로 정하는 바에 따라 실무수습(영 제15조 ; 1년/4주) 또는 교육연수(영 제16조의2 ; 25시간 이상)를 마치고 국토교통부장관에게 등록하여야 한다(법 제17조 제1항).(감평 2013·2019)

② 실무수습 또는 교육연수는 한국감정평가사협회가 국토교통부장관의 승인을 받아 실시·관리한다(법 제17조 제3항).

☞ 감정평가사의 (갱신)등록신청의 접수와 관련한 업무는 한국감정평가사협회에 위탁하고 있으므로 한국감정평가사협회에 접수하여야 한다(영 제47조 제2항 제2호).

(2) 실무수습기간

실무수습의 기간은 다음 각 호의 구분에 따른다(영 제15조).(감평 2019)
1. 감정평가사시험에 합격한 사람으로서 제2호에 해당하지 않는 사람 : 1년
2. 제1차 시험을 면제받고 감정평가사시험에 합격한 사람 : 4주

(3) 교육연수

① 교육연수의 대상자는 법 제39조제2항제2호(징계 ; 등록의 취소) 및 제3호(징계 ; 2년 이하의 업무정지)의 징계를 받은 감정평가사로 한다(영 제16조의2 제1항).(감평 2024)(견책을 받은 감정평가사는 감정평가사 교육연수의 대상에 포함된다. ×)

② 교육연수의 시간은 25시간 이상으로 한다(영 제16조의2 제2항).

### 2. 갱신등록

(1) 서

등록한 감정평가사는 대통령령으로 정하는 바(영 제18조)에 따라 등록을 갱신하여야 한다(법 제17조 제2항 전단).

(2) 갱신기간

법 제17조 제2항 후단에서「갱신기간은 3년 이상으로 한다.」고 규정하고 있고, 영 제18조 제1항에

서는 「등록한 감정평가사는 **5년마다** 그 **등록**을 **갱신**하여야 한다.」고 규정하고 있다. (감평 2021·2024)

### (3) 갱신등록 절차

① 등록을 갱신하려는 감정평가사는 **등록일부터 5년이 되는 날의 60일 전까지** 갱신등록 신청서를 국토교통부장관에게 제출하여야 한다(영 제18조 제2항).

② **국토교통부장관**은 감정평가사 등록을 한 사람에게 감정평가사 등록을 갱신하려면 **갱신등록 신청**을 하여야 한다는 사실과 갱신등록신청절차를 등록일부터 **5년이 되는 날의 120일 전까지** 통지하여야 한다(영 제18조 제3항).

☞ **국토교통부장관**은 "영 제18조에 따른 **갱신등록의 사전통지**" 업무를 **협회**에 위탁한다(영 제47조 제2항 제2호).

## Ⅱ 등록 및 갱신등록의 거부

국토교통부장관은 법 제17조(등록 및 갱신등록)에 따른 **등록 또는 갱신등록을 신청**한 사람이 다음 각 호의 어느 하나에 해당하는 경우에는 그 **등록을 거부하여야 한다**(법 제18조 제1항).

1. 법 제12조(결격사유) 각 호의 어느 하나에 해당하는 경우 (감평 2019·2021)
2. 법 제17조(등록 및 갱신등록)제1항에 따른 **실무수습** 또는 **교육연수**를 받지 아니한 경우
3. 법 제39조(징계)에 따라 **등록이 취소된 후 3년**이 지나지 아니한 경우
4. 법 제39조(징계)에 따라 **업무가 정지**된 감정평가사로서 그 업무정지 기간이 지나지 아니한 경우
5. 미성년자 또는 피성년후견인·피한정후견인

> **▶암기** (갱신)등록거부 사유 : 결/실 ⇒ 미/취(3년)/업
> 1. **결**격사유 有
> 2. **실**무수습 × or 연수교육 ×
> 3. **미**성년자·피성년후견인·피한정후견인
> 4. (징계)등록**취**소 → 3년 경과×
> 5. (징계)**업**무정지 기간 中

## Ⅲ 등록의 취소

① **국토교통부장관**은 법 제17조(등록 및 갱신등록)에 따라 **등록한 감정평가사**가 다음 각 호의 어느 하나에 해당하는 경우에는 그 **등록을 취소하여야 한다**(법 제19조 제1항). (감평 2021)

1. 법 제12조(결격사유) 각 호의 어느 하나에 해당하는 경우 (감평 2021·2024)
2. **사망**한 경우
3. **등록취소를 신청**한 경우 (감평 2004)

4. 법 제39조(징계) 제2항 제2호(등록의 취소)에 해당하는 <u>징계</u>를 받은 경우
② <u>국토교통부장관</u>은 제1항에 따라 등록을 취소한 경우에는 그 사실을 <u>관보에 공고</u>하고, <u>정보통신망 등</u>을 이용하여 <u>일반인</u>에게 알려야 한다(법 제19조 제2항).
③ 제1항에 따라 등록이 취소된 사람은 <u>등록증</u>을 <u>국토교통부장관에게 반납</u>하여야 한다(법 제19조 제3항).

> ▶암기  등록취소 사유(결/사→징계/신청)
> 1. <u>결</u>격사유 有, 2. <u>사</u>망
> 3. <u>등록취소</u>에 해당하는 <u>징계</u>를 받은 경우, 4. 등록취소 <u>신청</u> 有

## Ⅳ 외국감정평가사

### 1. 서

① <u>외국의 감정평가사 자격을 가진 사람</u>으로서 법 제12조(결격사유)에 따른 <u>결격사유에 해당하지 아니하는 사람</u>은 그 <u>본국</u>(영 제19조 제1항 : 외국감정평가사가 그 자격을 취득한 국가)에서 <u>대한민국정부가 부여한 감정평가사 자격을 인정하는 경우</u>에 한정하여 <u>국토교통부장관의 인가</u>를 받아 법 <u>제10조</u>(감정평가법인등의 업무) 각 호의 <u>업무를 수행할 수 있다</u>(법 제20조 제1항). (감평 2013)
② <u>외국감정평가사</u>는 <u>인가</u>를 받으려는 경우에는 <u>인가 신청서</u>에 그 자격을 취득한 본국이 대한민국정부가 부여하는 감정평가사 자격을 인정함을 증명하는 서류를 첨부하여 <u>국토교통부장관에게 제출</u>하여야 한다(영 제19조 제2항 전단). 이 경우 <u>협회를 거쳐야 한다</u>(영 제19조 제2항 후단).

### 2. 업무의 일부 제한

① <u>국토교통부장관</u>이 <u>인가</u>를 하는 경우 필요하다고 인정하는 때에는 <u>그 업무의 일부를 제한할 수 있다</u>(법 제20조 제2항).
② 이 경우 <u>제한할 수 있는 업무</u>는 법 제10조(감정평가법인등의 업무) <u>제1호부터 제5호까지</u> 및 <u>제8호의 업무</u>로 한다(영 제19조 제3항). (제6호 : 감정평가와 관련된 상담 및 자문, 제7호 : 토지등의 이용 및 개발 등에 대한 조언이나 정보 등의 제공)

# CHAPTER 3-4 감정평가사 : 권리와 의무

## I. 사무소 개설 등★

① 법 제17조(등록 및 갱신등록)에 따라 등록을 한 감정평가사가 감정평가업을 하려는 경우에는 감정평가사사무소를 개설할 수 있다(법 제21조 제1항). (감평 2017·2021)(등록한 감정평가사가 감정평가업을 하려는 경우에는 국토교통부장관에게 감정평가사무소 개설신고를 하여야 한다. × : 구법에서는 신고의무 규정을 두었으나 현행 감정평가법에서는 이를 삭제하였다.)

② 다음 각 호의 어느 하나에 해당하는 사람은 개설을 할 수 없다(법 제21조 제2항).
  1. 법 제18조(등록 및 갱신등록의 거부)제1항 각 호의 어느 하나에 해당하는 사람
  2. 법 제32조(인가취소 등)제1항[제1호(감정평가법인이 설립인가의 취소를 신청한 경우), 제7호(법정 감정평가사의 수에 미달한 날부터 3개월 이내에 감정평가사를 보충하지 아니한 경우) 및 제15호(법정 자본금 2억원에 미달한 금액을 보전하거나 증자하지 아니한 경우)는 제외한다]에 따라 설립인가가 취소되거나 업무가 정지된 감정평가법인의 설립인가가 취소된 후 1년이 지나지 아니하였거나 업무정지 기간이 지나지 아니한 경우 그 감정평가법인의 사원 또는 이사였던 사람
  3. 법 제32조(인가취소 등)제1항[제1호(감정평가법인이 설립인가의 취소를 신청한 경우) 및 제7호(법정 감정평가사의 수에 미달한 날부터 3개월 이내에 감정평가사를 보충하지 아니한 경우)는 제외한다]에 따라 업무가 정지된 감정평가사로서 업무정지 기간이 지나지 아니한 사람

③ ⓐ 감정평가사는 그 업무를 효율적으로 수행하고 공신력을 높이기 위하여 합동사무소를 대통령령으로 정하는 바에 따라 설치할 수 있다(법 제21조 제3항 전단).
  ⓑ 이 경우 합동사무소는 2명 이상의 감정평가사를 두어야 한다(법 제21조 제3항 후단·영 제21조 제2항). (감평 2009·2013·2017·2020·2021)
  ⓒ 또한, 감정평가사합동사무소를 개설한 감정평가사는 감정평가사합동사무소의 규약을 국토교통부장관에게 제출해야 한다(영 제21조 제1항).

④ 감정평가사는 감정평가업을 하기 위하여 1개의 사무소만을 설치할 수 있다(법 제21조 제4항). (감평 2009·2013·2017·2021·2024)(☞ 비교 ; 감정평가사는 둘 이상의 감정평가법인 또는 감정평가사사무소에 소속될 수 없다 ; 법 제25조 제5항)

⑤ 감정평가사사무소에는 소속 감정평가사를 둘 수 있다(법 제21조 제5항 전단). 이 경우 소속 감정평가사는 법 제18조(등록 및 갱신등록의 거부)제1항 각 호의 어느 하나에 해당하는 사람이 아니어야 하며, 감정평가사사무소를 개설한 감정평가사는 소속 감정평가사가 아닌 사람에게 법 제10조(감정평가법인등의 업무)에 따른 업무를 하게 하여서는 아니 된다(법 제21조 제5항 후단).

## Ⅱ 고용인의 신고

감정평가법인등은 소속 감정평가사 또는 사무직원을 고용하거나 고용관계가 종료된 때에는 국토교통부령으로 정하는 바에 따라 국토교통부장관에게 신고하여야 한다(법 제21조의2).

> ☞ 국토교통부장관은 "법 제21조의2에 따른 소속 감정평가사 또는 사무직원의 고용 및 고용관계 종료 신고의 접수" 업무를 협회에 위탁한다(영 제47조 제2항 제3의2호).

## Ⅲ 사무소의 명칭 등

① 법 제21조(사무소 개설 등)에 따라 사무소를 개설한 감정평가법인등은 그 사무소의 명칭에 "감정평가사사무소"라는 용어를 사용하여야 하며, 법 제29조(감정평가법인의 설립 등)에 따른 법인은 그 명칭에 "감정평가법인"이라는 용어를 사용하여야 한다(법 제22조 제1항).
② 이 법에 따른 감정평가사가 아닌 사람은 "감정평가사" 또는 이와 비슷한 명칭을 사용할 수 없으며, 이 법에 따른 감정평가법인등이 아닌 자는 "감정평가사사무소", "감정평가법인" 또는 이와 비슷한 명칭을 사용할 수 없다(법 제22조 제2항).

## Ⅳ 수수료 등

① 감정평가법인등은 의뢰인으로부터 업무수행에 따른 수수료와 그에 필요한 실비를 받을 수 있다(법 제23조 제1항).
② 수수료의 요율 및 실비의 범위는 국토교통부장관이 감정평가관리·징계위원회의 심의를 거쳐 결정한다(법 제23조 제2항). (감평 2010·2019)
③ 감정평가법인등과 의뢰인은 수수료의 요율 및 실비에 관한 기준을 준수하여야 한다(법 제23조 제3항).
④ 국토교통부장관은 감정평가법인등의 업무수행에 관한 수수료의 요율 및 실비의 범위를 결정하거나 변경했을 때에는 일간신문, 관보, 인터넷 홈페이지나 그 밖의 효과적인 방법으로 공고해야 한다(영 제22조).

## Ⅴ 사무직원

① 감정평가법인등은 그 직무의 수행을 보조하기 위하여 사무직원을 둘 수 있다(법 제24조 제1항 본문). 다만, 다음 각 호의 어느 하나에 해당하는 사람은 사무직원이 될 수 없다(법 제24조 제1항 단서).
  1. 미성년자 또는 피성년후견인(감평 2021)·피한정후견인
  2. 감정평가법 또는 「형법」 제129조부터 제132조까지(수뢰죄 및 사전수뢰죄·제삼자뇌물제공죄·수뢰후부정

처사죄 및 사후수뢰죄·알선수뢰죄),「특정범죄 가중처벌 등에 관한 법률」제2조(뇌물죄의 가중처벌) 또는 제3조(알선수재), 그 밖에 대통령령(조문에서 위임한 사항을 규정한 하위법령이 없다.)으로 정하는 법률에 따라 유죄 판결을 받은 사람으로서 다음 각 목의 어느 하나에 해당하는 사람

    가. 징역 이상의 형을 선고받고 그 집행이 끝나거나 그 집행을 받지 아니하기로 확정된 후 3년이 지나지 아니한 사람

    나. 징역형의 집행유예를 선고받고 그 유예기간이 지난 후 1년이 지나지 아니한 사람

    다. 징역형의 선고유예를 받고 그 유예기간 중에 있는 사람

3. 법 제13조(자격의 취소 : ⓐ 부정한 방법으로 감정평가사의 자격을 받은 경우(감평 2022), ⓑ 자격 취소에 해당하는 징계를 받은 경우 : 자격증 양도·대여)에 따라 감정평가사 자격이 취소된 후 1년이 경과되지 아니한 사람. 다만, 제4호 또는 제5호에 해당하는 사람은 제외한다.

4. 법 제39조(징계) 제1항 제11호 [감정평가사의 직무와 관련하여 금고 이상의 형을 선고받아(집행유예를 선고받은 경우를 포함한다) 그 형이 확정된 경우]에 따라 자격이 취소된 후 5년이 경과되지 아니한 사람

5. 법 제39조(징계) 제1항 제12호(이 법에 따라 업무정지 1년 이상의 징계처분을 2회 이상 받은 후 다시 제1항에 따른 징계사유가 있는 사람으로서 감정평가사의 직무를 수행하는 것이 현저히 부적당하다고 인정되는 경우)에 따라 자격이 취소된 후 3년이 경과되지 아니한 사람

6. 법 제39조(징계)에 따라 업무가 정지된 감정평가사로서 그 업무정지 기간이 지나지 아니한 사람

② 감정평가법인등은 사무직원을 지도·감독할 책임이 있다(법 제24조 제2항).

---

▶암기 사무직원이 될 수 없는 자(미성→1/3/5→3/1/中→업무정지 기간中)

1. 미성년자 또는 피성년후견인·피한정후견인
2. 자격취소(부정/징계 : 1→3→5)
   (1) 1년 경과 × : ⓐ 부정한 방법으로 자격 취득, ⓑ 징계로 자격취소(자격증 양도·대여)
   (2) 3년 경과 × : 징계로 자격취소(업무정지 1년 이상의 징계처분 2회 이상 + 다른 징계사유 有)
   (3) 5년 경과 × : 징계로 자격취소(직무관련 금고 이상의 형 확정)
3. 감정평가법 또는「형법」·「특정범죄 가중처벌 등에 관한 법률」상 뇌물죄와 관련하여 유죄 판결을 받은 사람(징역형 - 실/집/선고 : 3→1→中)
   (1) 징역 이상의 형을 선고받고 그 집행이 끝나거나 그 집행을 받지 아니하기로 확정된 후 3년이 지나지 아니한 사람
   (2) 징역형의 집행유예를 선고받고 그 유예기간이 지난 후 1년이 지나지 아니한 사람
   (3) 징역형의 선고유예를 받고 그 유예기간 중에 있는 사람
4. 업무정지기간 중(中)인 감정평가사

---

## Ⅵ 성실의무 등★

① 감정평가법인등(감정평가법인 또는 감정평가사사무소의 소속 감정평가사를 포함한다. 이하 이 조에서 같다)은 법 제10조(감정평가법인등의 업무)에 따른 업무를 하는 경우 품위를 유지하여야 하고, 신의와 성실로써 공정하게 하여야 하며, 고의 또는 중대한 과실로 업무를 잘못하여서는 아니 된다(법 제25조 제1항). (감평 2004·2018·2020)

② 감정평가법인등은 자기 또는 친족 소유, 그 밖에 불공정하게 법 제10조(감정평가법인등의 업무)에 따른 업무를 수행할 우려가 있다고 인정되는 토지등에 대해서는 그 업무를 수행하여서는 아니 된다(법 제25조 제2항). (감평 2004·2010·2018)

③ 감정평가법인등은 토지등의 매매업을 직접 하여서는 아니 된다(법 제25조 제3항). (감평 2004·2010·2017·2018·2019·2021·2022·2024)

④ 감정평가법인등이나 그 사무직원은 법 제23조(수수료 등)에 따른 수수료와 실비 외(外)에는 어떠한 명목으로도 그 업무와 관련된 대가를 받아서는 아니 되며, 감정평가 수주의 대가로 금품 또는 재산상의 이익을 제공하거나 제공하기로 약속하여서는 아니 된다(법 제25조 제4항). (감평 2004·2018)

⑤ 감정평가사, 감정평가사가 아닌 사원 또는 이사 및 사무직원은 둘 이상의 감정평가법인(같은 법인의 주·분사무소를 포함한다) 또는 감정평가사사무소에 소속될 수 없으며, 소속된 감정평가법인 이외의 다른 감정평가법인의 주식을 소유할 수 없다(법 제25조 제5항).

⑥ 감정평가법인등이나 사무직원은 법 제28조의2(감정평가 유도·요구 금지)에서 정하는 유도 또는 요구에 따라서는 아니 된다(법 제25조 제6항).

> ▶암기 성실의무 등(공/자/업무가 → 실비/매매로 →이중/수주/유도하다!)
> 1. 신의와 성실로써 공정하게 업무 수행(고의 중과실 업무 수행 금지)
> 2. 업무수행 금지(자기 또는 친족 소유 그 밖에 불공정하게 업무 수행 우려 토지등)
> 3. 수수료와 실비 외 수령 금지
> 4. 매매업 금지
> 5. 이중 소속 금지
> 6. 수주 대가 제공 금지
> 7. 감정평가 유도·요구에 따르지 않을 의무

☞ ( i ) 법 제25조(성실의무 등)를 위반하면 감정평가법인등의 설립인가 취소 업무정지 사유에 해당하고(법 제32조 제1항 제11호), 감정평가사에 대한 징계사유에 해당한다(법 제39조 제1항 제9호).
( ii ) ① 법 제25조 제1항(고의로 업무를 잘못한 경우로 한정)·제4항·제6항 위반의 경우에는 3년 이하의 징역 또는 3천만원 이하의 벌금에 처한다(법 제49조 제5호·제6호). ② 법 제25조 제3항·제5항 위반의 경우에는 1년 이하의 징역 또는 1천만원 이하의 벌금에 처한다(법 제50조 제3호).

# Ⅶ 비밀엄수

감정평가법인등(감정평가법인 또는 감정평가사사무소의 소속 감정평가사를 포함한다. )이나 그 사무직원 또는 감정평가법인등이었거나 그 사무직원이었던 사람은 업무상 알게 된 비밀을 누설하여서는 아니 된다(법 제26조 본문). (감평 2004) 다만, 다른 법령에 특별한 규정이 있는 경우에는 그러하지 아니하다(법 제26조 단서).

☞ ( i ) 법 제26조(비밀엄수)를 위반하면 감정평가법인등의 설립인가 취소·업무정지 사유에 해당하고(법 제32조 제1항 제11호), 감정평가사에 대한 징계사유에 해당한다(법 제39조 제1항 제9호).

(ⅱ) 법 제26조 위반의 경우 1년 이하의 징역 또는 1천만원 이하의 벌금에 처한다(법 제50조 제3호).

## Ⅷ 명의대여 등의 금지★

① 감정평가사 또는 감정평가법인등은 다른 사람에게 자기의 성명 또는 상호를 사용하여 법 제10조(감정평가법인등의 업무)에 따른 업무를 수행하게 하거나 자격증·등록증 또는 인가증을 양도·대여하거나 이를 부당하게 행사하여서는 아니 된다(법 제27조 제1항). (감평 2018·2021)
② 누구든지 제1항의 행위를 알선해서는 아니 된다(법 제27조 제2항).

☞ (ⅰ) 법 제27조(명의대여 등의 금지)를 위반하면 감정평가법인등의 설립인가 취소·업무정지 사유에 해당하고(법 제32조 제1항 제11호), 감정평가사에 대한 징계사유에 해당한다(법 제39조 제1항 제9호).
(ⅱ) 법 제27조(명의대여 등의 금지) 위반의 경우 1년 이하의 징역 또는 1천만원 이하의 벌금에 처한다(법 제50조 제4호·제5호).

## Ⅸ 손해배상책임★

① 감정평가법인등이 감정평가를 하면서 고의 또는 과실로 감정평가 당시의 적정가격과 현저한 차이가 있게 감정평가를 하거나 감정평가 서류에 거짓을 기록함으로써 감정평가 의뢰인이나 선의의 제3자에게 손해를 발생하게 하였을 때에는 감정평가법인등은 그 손해를 배상할 책임이 있다(법 제28조 제1항). (감평 2000·2011·2018)
② 감정평가법인등은 제1항에 따른 손해배상책임을 보장하기 위하여 대통령령(영 제23조)으로 정하는 바에 따라 보험에 가입하거나 한국감정평가사협회가 운영하는 공제사업에 가입하는 등 필요한 조치를 하여야 한다(법 제28조 제2항). (감평 2000)
③ 감정평가법인등은 제1항에 따라 감정평가 의뢰인이나 선의의 제3자에게 법원의 확정판결을 통한 손해배상이 결정된 경우에는 국토교통부령으로 정하는 바에 따라 그 사실을 국토교통부장관에게 알려야 한다(법 제28조 제3항).
④ 감정평가법인등은 손해배상책임을 보장하기 위하여 보증보험에 가입하거나 협회가 운영하는 공제사업에 가입해야 하고(영 제23조 제1항). 보증보험에 가입한 경우에는 국토교통부령으로 정하는 바에 따라 국토교통부장관에게 통보해야 한다(영 제23조 제2항). (감평 2012)
⑤ 감정평가법인등이 보증보험에 가입하는 경우 해당 보험의 보험 가입 금액은 감정평가사 1명당 1억원 이상으로 하고(영 제23조 제3항), (감평 2017) 보증보험금으로 손해배상을 하였을 때에는 10일 이내에 보험 계약을 다시 체결해야 한다(영 제23조 제4항).

☞ 국토교통부장관은 "영 제23조제2항에 따른 보증보험 가입 통보의 접수" 업무를 협회에 위탁한다(영 제47조 제2항 제4호).

## X 감정평가의 유도·요구 금지★

누구든지 감정평가법인등(감정평가법인 또는 감정평가사사무소의 소속 감정평가사를 포함한다)과 그 사무직원에게 토지등에 대하여 특정한 가액으로 감정평가를 유도 또는 요구하는 행위를 하여서는 아니 된다(법 제28조의2).

# CHAPTER 3-5 감정평가사 : 감정평가법인

## I 설립 등

### 1. 감정평가법인의 설립

감정평가사는 법 제10조(감정평가법인등의 업무)에 따른 업무를 조직적으로 수행하기 위하여 감정평가법인을 설립할 수 있다(법 제29조 제1항).

### 2. 감정평가법인의 대표사원(이사)·사원(이사)★

**(1) 대표사원(이사)**

감정평가법인의 대표사원 또는 대표이사는 감정평가사여야 한다(법 제29조 제3항).(감평 2024)

**(2) 사원(이사)**

① ⓐ 감정평가법인은 전체 사원 또는 이사의 100분의 70이 넘는 범위에서 대통령령으로 정하는 비율(영 제24조 제1항 : 100분의 90) 이상을 감정평가사로 두어야 한다(법 제29조 제2항 전단).(감평 2024) ⓑ 이 경우 감정평가사가 아닌 사원 또는 이사는 「토지등에 대한 전문성 등 대통령령으로 정하는 자격을 갖춘 자(영 제24조 제2항)」로서 법 제18조(등록 및 갱신등록의 거부) 제1항 제1호(결격사유) 또는 제5호(미성년자·피성년후견인·피한정후견인)에 해당하는 사람이 아니어야 한다(법 제29조 제2항 후단).

② 여기서 「토지등에 대한 전문성 등 대통령령으로 정하는 자격을 갖춘 자」란 다음 각 호의 사람을 말한다(영 제24조 제2항).
 1. 변호사·법무사·공인회계사·세무사·기술사·건축사 또는 변리사 자격이 있는 사람
 2. 법학·회계학·세무학·건축학, 그 밖에 국토교통부장관이 정하여 고시하는 분야의 석사학위를 취득한 사람으로서 해당 분야에서 3년 이상 근무한 경력(석사학위를 취득하기 전의 근무 경력을 포함한다)이 있는 사람
 3. 제2호에 따른 분야의 박사학위를 취득한 사람
 4. 그 밖에 토지등 분야에 관한 학식과 업무경험이 풍부한 사람으로서 국토교통부장관이 정하여 고시하는 자격이나 경력이 있는 사람

### 3. 감정평가사 수★

① 감정평가법인과 그 주사무소(主事務所) 및 분사무소(分事務所)에는 대통령령으로 정하는 수(영 제24조 제3항 : 감정평가법인 5명, 영 제24조 제4항 : 주사무소 주재 최소 2명·분사무소 주재 최소 2명) 이상의 감정평가사를 두어야 한다(법 제29조 제4항 전단).(감평 2009·2004·2009·2013·2016·2019)

② 이 경우 감정평가법인의 소속 감정평가사는 법 제18조(등록 및 갱신등록 거부)제1항 각 호의 어느 하

나 및 법 제21조(사무소 개설 등) 제2항(사무소 개설을 할 수 없는 사람) 제2호(설립인가가 취소되거나 업무가 정지된 감정평가법인의 설립인가가 취소된 후 1년이 지나지 아니하였거나 업무정지 기간이 지나지 아니한 경우 그 감정평가법인의 사원 또는 이사였던 사람)에 해당하는 사람이 아니어야 한다(법 제29조 제4항 후단).

### 4. 감정평가법인 설립인가

① 감정평가법인을 설립하려는 경우에는 사원이 될 사람 또는 감정평가사인 발기인이 공동으로 다음 각 호의 사항을 포함한 정관을 작성하여 대통령령으로 정하는 바(영 제25조)에 따라 국토교통부장관의 인가를 받아야 하며, 정관을 변경할 때에도 또한 같다(법 제29조 제5항 본문).(감평 2004) 다만, 대통령령으로 정하는 경미한 사항의 변경(영 제28조 ; 법 제29조 제5항 제3호부터 제5호까지의 사항의 변경을 말한다.)은 신고할 수 있다(법 제29조 제5항 단서).

   1. 목적
   2. 명칭
   3. 주사무소 및 분사무소의 소재지
   4. 사원(주식회사의 경우에는 발기인)의 성명, 주민등록번호 및 주소
   5. 사원의 출자(주식회사의 경우에는 주식의 발행)에 관한 사항
   6. 업무에 관한 사항

② 국토교통부장관은 제5항에 따른 인가의 신청을 받은 날부터 20일 이내에 인가 여부를 신청인에게 통지하여야 한다(법 제29조 제6항). 다만, 국토교통부장관이 20일 이내에 인가 여부를 통지할 수 없을 때에는 그 기간이 끝나는 날의 다음 날부터 기산(起算)하여 20일의 범위에서 기간을 연장할 수 있다(법 제29조 제7항 전단). 이 경우 국토교통부장관은 연장된 사실과 연장 사유를 신청인에게 지체 없이 문서(전자문서를 포함한다)로 통지하여야 한다(법 제29조 제7항 후단).

### 5. 감정평가법인의 합병인가 ★

감정평가법인은 사원 전원의 동의 또는 주주총회의 의결이 있는 때에는 국토교통부장관의 인가를 받아 다른 감정평가법인과 합병할 수 있다(법 제29조 제8항).(감평 2002·2004·2009·2014·2019)

### 6. 감정평가법인의 의무

① 감정평가법인은 해당 법인의 소속 감정평가사 외(外)의 사람에게 법 제10조(감정평가법인등의 업무)에 따른 업무를 하게 하여서는 아니 된다(법 제29조 제9항).(감평 2009)
② 감정평가법인은 「주식회사 등의 외부감사에 관한 법률」 제5조(회계처리기준)에 따른 회계처리 기준에 따라 회계처리를 하여야 한다(법 제29조 제10항).
③ 감정평가법인은 「주식회사 등의 외부감사에 관한 법률」 제2조제2호에 따른 재무제표를 작성하여 매 사업연도가 끝난 후 3개월 이내에 국토교통부장관이 정하는 바에 따라 국토교통부장관에게 제출해야 하고(법 제29조 제11항), 국토교통부장관은 필요한 경우 재무제표가 적정하게 작성되었는지를 검사할 수 있다(법 제29조 제12항).

### 7. 준용규정

감정평가법인에 관하여 이 법에서 정한 사항을 제외하고는 「상법」 중 회사에 관한 규정을 준용한다(법 제29조 제13항).(감평 2002·2016)(감정평가법인은 상법 중 주식회사에 관한 규정을 준용한다,×)

## Ⅱ 해산★

① 감정평가법인은 다음 각 호의 어느 하나에 해당하는 경우에는 **해산**한다(법 제30조 제1항).(감평 2019)
  1. **정관**으로 정한 해산 사유의 발생
  2. **사원총회 또는 주주총회의 결의**
  3. **합병**(감평 2021)
  4. **설립인가의 취소**
  5. **파산**
  6. **법원의 명령 또는 판결**
② 감정평가법인이 해산한 때에는 **국토교통부령**으로 정하는 바에 따라 이를 **국토교통부장관에게 신고**하여야 한다(법 제30조 제2항).(감평 2002·2004·2106·2019·2021)(감정평가법인이 합병으로 해산한 경우에는 국토교통부장관에게 신고하여야 한다,○/감정평가법인이 해산하는 경우 국토교통부장관의 인가를 받아야 한다,×)

> ▶암기 해산사유(해산 : 결/정→합/취→파산/법원)
> 1. **결의**(사원총회 또는 주주총회)
> 2. **정관**으로 정한 해산 사유 발생
> 3. **합**병
> 4. 설립인가 **취**소
> 5. **파산**
> 6. **법원**의 명령 또는 판결

## Ⅲ 자본금 등

① 감정평가법인의 **자본금**은 **2억원 이상**이어야 한다(법 제31조 제1항).(감평 2014·2021·2024)
② 감정평가법인은 **직전 사업연도 말 재무상태표의 자산총액**에서 **부채총액**을 차감한 금액이 **2억원에 미달**하면 미달한 금액을 매 **사업연도가 끝난 후 6개월 이내에 사원의 증여로 보전(補塡)**하거나 **증자(增資)**하여야 한다(법 제31조 제2항).
③ 제2항에 따라 **증여받은 금액**은 **특별이익**으로 **계상(計上)**한다(법 제31조 제3항).

## Ⅳ 인가취소 등

1. 설립인가 취소·업무정지처분 사유

  **국토교통부장관**은 **감정평가법인등**이 다음 각 호의 어느 하나에 해당하는 경우에는 그 **설립인가를 취소**(감정평가법인에 한정한다)하거나 **2년 이내의 범위에서** 기간을 정하여 **업무의 정지**를 명할 수 있다(법 제32조 제1항 본문). 다만, **제2호** 또는 **제7호**에 해당하는 경우에는 그 **설립인가를 취소하여야** 한다(법

제32조 제1항 단서). (감평 2019·2025)

1. 감정평가법인이 설립인가의 취소를 신청한 경우
2. 감정평가법인등이 업무정지처분 기간 중(中)에 법 제10조(감정평가법인등의 업무)에 따른 업무를 한 경우(감평 1999·2002·2004·2019·2021·2025)
3. 감정평가법인등이 업무정지처분을 받은 소속 감정평가사에게 업무정지처분 기간 중(中)에 법 제10조(감정평가법인등의 업무)에 따른 업무를 하게 한 경우
4. 법 제3조(기준)제1항(토지 감정평가 기준)을 위반하여 감정평가를 한 경우(감평 2002)
5. 법 제3조(기준)제3항(감정평가법인등이 준수해야 할 원칙과 기준은 국토교통부령으로 정한다, : 감정평가에 관한 규칙)에 따른 원칙과 기준을 위반하여 감정평가를 한 경우
6. 법 제6조(감정평가서)에 따른 감정평가서의 작성·발급 등에 관한 사항을 위반한 경우
7. 감정평가법인등이 법 제21조 제3항(2명 이상의 감정평가사로 구성된 합동사무소 설치)이나 법 제29조 제4항 [감정평가법인(5명 이상)과 그 주사무소(주재 2명 이상) 및 분사무소(주재 2명 이상)에 감정평가사를 두어야 한다.] 에 따른 감정평가사의 수에 미달한 날부터 3개월 이내에 감정평가사를 보충하지 아니한 경우(감평 1999·2004)
8. 둘 이상의 감정평가사사무소를 설치한 경우(감평 1999·2002)
9. 감정평가사사무소를 개설한 감정평가사가 소속 감정평가사가 아닌 사람에게 법 제10조(감정평가법인등의 업무)에 따른 업무를 하게 한 경우 또는 감정평가법인이 해당 법인의 소속 감정평가사 외(外)의 사람에게 법 제10조(감정평가법인등의 업무)에 따른 업무를 하게 한 경우(감평 1999)
10. 수수료의 요율 및 실비에 관한 기준을 지키지 아니한 경우
11. 법 제25조 [성실의무 등 : 공정한 감정평가, 자기 또는 친족 소유 토지등 감정평가 금지, 토지등 매매업 금지, 법정 수수료와 실비 외 수령 금지, 감정평가 수주 대가 제공 금지, 이중 소속 금지(+ 다른 법인 주식 소유 금지), 감정평가 유도·요구에따르지 않을 의무], 법 제26조(비밀엄수) 또는 법 제27조(명의대여 등의 금지)를 위반한 경우.(감평 1999·2002) 다만, 소속 감정평가사나 그 사무직원이 법 제25조(성실의무 등)제4항(법정 수수료와 실비 외 수령 금지, 감정평가 수주 대가 제공 금지)을 위반한 경우로서 그 위반행위를 방지하기 위하여 해당 업무에 관하여 상당한 주의와 감독을 게을리하지 아니한 경우는 제외한다.
12. 감정평가법인등의 손해배상책임을 보장하기 위한 보험 또는 한국감정평가사협회가 운영하는 공제사업에 가입하지 아니한 경우(감평 2025)
13. 정관을 거짓으로 작성하는 등 부정한 방법으로 감정평가법인 설립인가를 받은 경우(감평 2004)
14. 감정평가법인이 「주식회사 등의 외부감사에 관한 법률」에 따른 회계처리 기준에 따른 회계처리를 하지 아니하거나 매 사업연도가 끝난 후 3개월 이내에 재무제표를 작성하여 국토교통부장관에게 제출하지 아니한 경우
15. 법 제31조 제2항(법정 최저자본금 2억원 미달시 매 사업연도가 끝난 후 6개월 이내에 보전·증자 의무)에 따라 기간 내에 미달한 금액을 보전하거나 증자하지 아니한 경우
16. 국토교통부장관의 감정평가법인등에 대한 지도·감독과 관련하여 다음 각 목의 어느 하나에 해당하는 경우
    가. 업무에 관한 사항의 보고 또는 자료의 제출을 하지 아니하거나 거짓으로 보고 또는 제출

한 경우
        나. 장부나 서류 등의 검사를 거부, 방해 또는 기피한 경우
17. 법 제29조(감정평가법인 설립 등)제5항 각 호의 사항을 <u>인가받은 정관</u>에 따라 운영하지 아니하는 경우

> **암기** 감정평가법인 : 필수적 설립인가 취소사유(업무정지 → 인원 미보충)
> 1. 법 제32조 제1항 <u>제2호</u> : <u>업무정지처분 기간 중(中)</u>에 법 제10조(감정평가법인등의 업무)에 따른 <u>업무</u>를 한 경우
> 2. 법 제32조 제1항 <u>제7호</u> : 법정 <u>감정평가사의 수에 미달</u>한 날부터 <u>3개월 이내</u>에 <u>감정평가사</u>를 <u>보충</u>하지 아니한 경우

## 2. 협회의 설립인가 취소·업무정지처분의 요청

<u>한국감정평가사협회</u>는 감정평가법인등에 <u>설립인가취소·업무정지처분 사유</u>가 있다고 인정하는 경우에는 <u>그 증거서류를</u> 첨부하여 <u>국토교통부장관</u>에게 그 설립인가를 취소하거나 업무정지처분을 하여 줄 것을 <u>요청</u>할 수 있다(법 제32조 제2항).

## 3. 기타

① 국토교통부장관은 <u>설립인가를 취소</u>하거나 <u>업무정지</u>를 한 경우에는 그 사실을 <u>관보</u>에 <u>공고</u>하고, <u>정보통신망</u> 등을 이용하여 <u>일반인</u>에게 알려야 한다(법 제32조 제3항).

② <u>설립인가의 취소</u> 및 <u>업무정지처분</u>은 <u>위반 사유가 발생한 날부터 5년</u>이 지나면 할 수 없다(법 제32조 제4항).

# CHAPTER 04 한국감정평가사협회

## I. 목적 및 설립

① 감정평가사의 품위 유지와 직무의 개선·발전을 도모하고, 회원의 관리 및 지도에 관한 사무를 하도록 하기 위하여 한국감정평가사협회(이하 "협회"라 한다)를 둔다(법 제33조 제1항).
② 협회는 법인으로 한다(법 제33조 제2항).
③ 협회는 국토교통부장관의 인가를 받아 주된 사무소의 소재지에서 설립등기를 함으로써 성립한다(법 제33조 제3항).
④ 협회에 관하여 이 법에 규정된 것 외에는 「민법」 중 사단법인에 관한 규정을 준용한다(법 제33조 제6항).

## II. 자문 등

① 국가등은 감정평가사의 직무에 관한 사항에 대하여 협회에 업무의 자문을 요청하거나 협회의 임원·회원 또는 직원을 전문분야에 위촉하기 위하여 추천을 요청할 수 있다(법 제37조 제1항).
② 협회는 제1항에 따라 자문 또는 추천을 요청받은 경우 그 회원으로 하여금 요청받은 업무를 수행하게 할 수 있다(법 제37조 제2항).
③ 협회는 국가등에 대하여 필요한 경우 감정평가의 관리·감독·의뢰 등과 관련한 업무의 개선을 건의할 수 있다(법 제37조 제3항).

## III. 회원에 대한 교육·연수 등

① 협회는 다음 각 호의 사람에 대하여 교육·연수를 실시하고 회원의 자체적인 교육·연수활동을 지도·관리한다(법 제38조 제1항).
  1. 회원
  2. 등록을 하려는 감정평가사
  3. 사무직원
② 교육·연수를 실시하기 위하여 협회에 연수원을 둘 수 있다(법 제38조 제2항).
③ 교육·연수 및 지도·관리에 필요한 사항은 협회가 국토교통부장관의 승인을 얻어 정한다(법 제38조 제3항).

# CHAPTER 05 > 징계

## I 징계

### 1. 서
국토교통부장관은 감정평가관리·징계위원회의 의결에 따라 감정평가사를 징계를 할 수 있다(법 제39조 제1항 본문).(감평 2011)

### 2. 징계의 종류
감정평가사에 대한 징계의 종류는 다음과 같다(법 제39조 제2항).(감평 2017)

가. 자격의 취소(감평 2024)

나. 등록의 취소(감평 2024)

라. 2년 이하의 업무정지(감평 2024)

마. 견책(감평 2024)

### 3. 자격취소가 가능한 경우★
자격의 취소는 법 제39조 제1항 제1호·제2호에 해당하는 경우 및 법 제27조를 위반하여 다른 사람에게 자격증·등록증 또는 인가증을 양도 또는 대여한 경우에만 할 수 있다(법 제39조 제1항 단서).(감평 2011)

가. 법 제39조 제1항 제1호 : 감정평가사의 직무와 관련하여 금고 이상의 형을 선고받아(집행유예를 선고받은 경우를 포함한다) 그 형이 확정된 경우(감평 2020·2025). (☞ 법률 개정으로 「금고 이상의 형을 2회 이상 선고받아」가 「금고 이상의 형을 선고받아」로 개정되었고, 「다만, 과실범의 경우는 제외한다.」는 단서 규정이 삭제되었다.)

나. 법 제39조 제1항 제2호 : 감정평가법에 따라 업무정지 1년 이상의 징계처분을 2회 이상 받은 후(後) 징계사유가 있는 사람으로서 감정평가사의 직무를 수행하는 것이 현저히 부적당하다고 인정되는 경우

다. 법 제27조 : 다른 사람에게 자격증·등록증 또는 인가증을 양도 또는 대여한 경우

### 4. 기타 징계사유

가. 법 제3조(기준)제1항(토지 감정평가 기준)을 위반하여 감정평가를 한 경우

나. 법 제3조(기준)제3항(감정평가법인등이 준수해야 할 원칙과 기준은 국토교통부령으로 정한다. ; 감정평가에 관한 규칙)에 따른 원칙과 기준을 위반하여 감정평가를 한 경우

다. 법 제6조(감정평가서)에 따른 감정평가서의 작성·발급 등에 관한 사항을 위반한 경우

- 라. 법 제7조(감정평가서의 심사 등)제2항 [발급 전 감정평가서의 적정성을 심사하는 감정평가사는 감정평가서가 법 제3조(기준)에 따른 원칙과 기준을 준수하여 작성되었는지 여부를 신의와 성실로써 공정하게 심사하여야 한다.] 을 위반하여 고의 또는 중대한 과실로 잘못 심사한 경우(감평 2022)(고의 또는 중대한 과실 없이 감정평가서의 적정성을 잘못 심한 것은 징계사유가 아니다.○)
- 마. 업무정지처분 기간에 법 제10조(감정평가법인등의 업무)에 따른 업무를 하거나 업무정지처분을 받은 소속 감정평가사에게 업무정지처분 기간에 법 제10조(감정평가법인등의 업무)에 따른 업무를 하게 한 경우
- 바. 등록이나 갱신등록을 하지 아니하고 법 제10조(감정평가법인등의 업무)에 따른 업무를 수행한 경우(감평 2025)
- 사. 구비서류를 거짓으로 작성하는 등 부정한 방법으로 등록이나 갱신등록을 한 경우
- 아. 법 제21조(사무소 개설 등)를 위반하여 감정평가업을 한 경우(감평 2020·2025)(「감정평가사는 감정평가업을 하기 위하여 1개의 사무소만을 설치할 수 있다(법 제21조 제4항).」는 규정을 위반한 경우 징계사유에 해당한다.○)(감정평가사가 2개의 사무소를 설치하여 감정평가업을 한 경우는 징계사유에 해당한다.○)
- 자. 수수료의 요율 및 실비에 관한 기준을 지키지 아니한 경우(감평 2020)
- 차. 법 제25조(성실의무 등 : 공정한 업무수행, 자기 또는 친족 소유 토지등에 대한 업무수행 금지, 토지등 매매업 금지, 법정 수수료와 실비 외 수령 금지, 감정평가 수주 대가 제공 금지, 이중 소속 금지, 감정평가 유도·요구에 따르지 않을 의무), (감평 2012·2020) 법 제26조(비밀엄수) 또는 법 제27조(명의대여 등의 금지 : 타인에게 성명·상호 사용)를 위반한 경우.(감평 2013)
- 카. 국토교통부장관의 감정평가법인등에 대한 지도·감독과 관련하여 다음 각 목의 어느 하나에 해당하는 경우
    - a. 업무에 관한 사항의 보고 또는 자료의 제출을 하지 아니하거나 거짓으로 보고 또는 제출한 경우
    - b. 장부나 서류 등의 검사를 거부 또는 방해하거나 기피한 경우(감평 2012·2025)

> ▶암기 자격취소가 가능한 경우(금고 이상 → 징계처분 2회 → 자격증 양도)
> 1. 금고 이상 : 직무관련 금고 이상의 형 선고받아 확정(집행유예 포함)
> 2. 징계 처분(2회+) : 업무정지 1년 이상의 징계처분 2회 이후 + 징계사유 발생 ⇒ 직무수행하는 것이 현저히 부적당하다고 인정되는 경우
> 3. 자격증 등 양도·대여

## 5. 협회의 징계 요청

협회는 감정평가사에게 징계사유가 있다고 인정하는 경우에는 그 증거서류를 첨부하여 국토교통부장관에게 징계를 요청할 수 있다(법 제39조 제3항).(감평 2011)

## 6. 자격증·등록증의 반납 등

① 자격이 취소된 사람은 자격증과 등록증을 국토교통부장관에게 반납하여야 하며, 등록이 취소되거나 업무가 정지된 사람은 등록증을 국토교통부장관에게 반납하여야 한다(법 제39조 제4항).

② 징계로 업무가 정지된 자로서 등록증을 국토교통부장관에게 반납한 자 중 법 제17조(등록 및 갱신등

록)에 따른 교육연수 대상에 해당하는 자가 등록갱신기간이 도래하기 전(前)에 업무정지기간이 도과하여 등록증을 다시 교부받으려는 경우 법 제17조(등록 및 갱신등록)제1항에 따른 교육연수를 이수하여야 한다(법 제39조 제5항).

## 7. 징계의결 요구

① 감정평가사에 대한 감정평가관리·징계위원회의 징계의결은 국토교통부장관의 요구에 따라 하며, 징계의결의 요구는 위반사유가 발생한 날부터 5년이 지나면 할 수 없다(법 제39조 제7항).(감평 2011)(3년이 지나면 할 수 없다.×)

② 국토교통부장관은 감정평가사에게 징계사유가 있다고 인정하는 경우에는 증명서류를 갖추어 감정평가관리·징계위원회에 징계의결을 요구해야 하고(영 제34조 제1항), 감정평가관리·징계위원회는 징계의결의 요구를 받으면 지체 없이 징계요구 내용과 징계심의기일을 해당 감정평가사(이하 "당사자"라 한다)에게 통지해야 한다(영 제34조 제2항).

## 8. 징계의결 기한

감정평가관리·징계위원회는 징계의결을 요구받은 날부터 60일 이내에 징계에 관한 의결을 해야 한다. 다만, 부득이한 사유가 있을 때에는 감정평가관리·징계위원회의 의결로 30일의 범위에서 그 기간을 한 차례만 연장할 수 있다(영 제35조).

## 9. 징계사유의 통지·공고 등

(1) 국토교통부장관

1) 징계사유 서면 통지

국토교통부장관은 징계를 한 때에는 지체없이 그 구체적인 사유를 감정평가사, 감정평가법인등 및 협회에 각각 징계의 종류와 사유를 명확히 기재하여 서면으로 알려야 한다(법 제39조의2 제1항·영 제36조 제1항).

2) 관보 공고

국토교통부장관은 징계사유 통보일부터 14일 이내에 다음 각 호의 사항을 관보에 공고해야 한다 (법 제39조의2 제1항·영 제36조 제2항).

1. 징계를 받은 감정평가사의 성명, 생년월일, 소속된 감정평가법인등의 명칭 및 사무소 주소
2. 징계의 종류
3. 징계 사유(징계사유와 관련된 사실관계의 개요를 포함한다)
4. 징계의 효력발생일(징계의 종류가 업무정지인 경우에는 업무정지 시작일 및 종료일)

3) 감정평가 정보체계에 게시

국토교통부장관은 관보에 공고한 사항을 감정평가 정보체계에도 게시해야 한다(영 제36조 제3항).

(2) 협회

1) 협회 인터넷홈페이지에 공개

협회는 국토교통부장관으로부터 징계의 종류 및 사유를 통보받은 경우 그 내용을 협회가 운영하는 인터넷홈페이지에 3개월 이상 게재하는 방법으로 공개하여야 한다(법 제39조의2 제2항).

2) 징계정보의 열람

① 협회는 감정평가를 의뢰하려는 자가 해당 감정평가사에 대한 징계 사실을 확인하기 위하여 징계 정보의 열람을 신청하는 경우에는 그 정보를 제공하여야 한다(법 제39조의2 제3항).(감평 2022)

② 징계 정보의 열람을 신청하려는 자는 신청 취지를 적은 신청서에 다음 각 호의 서류를 첨부하여 협회에 제출해야 한다(영 제36조의2 제1항). 열람 신청은 신청인이 신청서 및 첨부서류를 협회에 직접 제출하거나 우편, 팩스 또는 전자우편 등 정보통신망을 이용한 방법으로 할 수 있다(영 제36조의2 제2항).

   1. 주민등록증 사본 또는 법인 등기사항증명서 등 신청인의 신분을 확인할 수 있는 서류
   2. 열람 대상 감정평가사에게 감정평가를 의뢰(감정평가사가 소속된 감정평가법인이나 감정평가사사무소에 의뢰하는 것을 포함한다)하려는 의사와 징계 정보가 필요한 사유를 적은 서류
   3. 대리인이 신청하는 경우에는 위임장 등 대리관계를 증명할 수 있는 서류

③ 협회는 징계정보 열람 신청을 받은 경우 10일 이내에 신청인이 징계 정보를 열람할 수 있게 해야 하고(영 제36조의3 제1항), 징계 정보를 열람하게 한 경우에는 지체 없이 해당 감정평가사에게 그 사실을 알려야 한다(영 제36조의3 제2항).

④ 징계정보 열람에 따른 제공 대상 정보는 국토교통부장관이 관보에 공고하는 사항으로서 신청일부터 역산하여 다음 각 호의 구분에 따른 기간까지 공고된 정보로 한다(영 제36조의3 제3항).

   1. 자격의 취소 및 등록의 취소의 경우 : 10년
   2. 업무정지의 경우 : 5년
   3. 견책의 경우 : 1년

⑤ 협회는 징계정보 열람을 신청한 자에게 열람에 드는 비용을 부담하게 할 수 있다(영 제36조의3 제4항).

(3) 징계내용 게시 기간 : 감정평가정보체계·협회 홈페이지

국토교통부장관은 징계와 관련하여 공고한 사항을 감정평가 정보체계에 게시해야 하고, 협회는 협회가 운영하는 인터넷홈페이지에 통보받은 징계의 종류 및 사유를 공개해야여야 한다. 이 경우 징계내용 게시의 기간은 징계와 관련된 관보 공고일부터 다음 각 호의 구분에 따른 기간까지로 한다(영 제36조 제4항).

1. 자격의 취소 및 등록의 취소의 경우 : 3년
2. 업무정지의 경우 : 업무정지 기간(업무정지 기간이 3개월 미만인 경우에는 3개월)
3. 견책의 경우 : 3개월

## II 감정평가관리·징계위원회

### 1. 감정평가관리·징계위원회 심의·의결 사항
다음 각 호의 사항을 심의 또는 의결하기 위하여 국토교통부에 감정평가관리·징계위원회(이하 "위원회"라 한다)를 둔다(법 제40조 제1항).
1. 감정평가 관계 법령의 제정·개정에 관한 사항 중 국토교통부장관이 회의에 부치는 사항
2. 법 제3조(기준)제5항(국토교통부장관은 필요하다고 인정되는 경우 감정평가관리·징계위원회의 심의를 거쳐 기준제정기관에 실무기준의 내용을 변경하도록 요구할 수 있다.)에 따른 실무기준의 변경에 관한 사항
3. 감정평가사시험에 관한 사항
4. 수수료의 요율 및 실비의 범위에 관한 사항
5. 징계에 관한 사항
6. 그 밖에 감정평가와 관련하여 국토교통부장관이 회의에 부치는 사항

### 2. 감정평가관리·징계위원회의 구성
① 위원회는 위원장 1명과 부위원장 1명을 포함하여 13명의 위원으로 구성하며, 성별을 고려하여야 한다(영 제37조 제1항).
② 공무원이 아닌 위원의 임기는 2년으로 하며, 한 차례만 연임할 수 있다(영 제37조 제4항).

### 3. 위원장의 직무
① 감정평가관리·징계위원회의 위원장(이하 이 조에서 "위원장"이라 한다)은 위원회를 대표하고, 위원회의 업무를 총괄한다(영 제40조 제1항).
② 위원장은 감정평가관리·징계위원회의 회의를 소집하고 그 의장이 된다(영 제40조 제2항).

### 4. 기타
① 당사자는 감정평가관리·징계위원회에 출석하여 구술 또는 서면으로 자기에게 유리한 사실을 진술하거나 필요한 증거를 제출할 수 있다(영 제41조).
② 감정평가관리·징계위원회의 회의는 재적위원 과반수의 출석으로 개의(開議)하고, 출석위원 과반수의 찬성으로 의결한다(영 제42조). (감평 2011)

# CHAPTER 06 과징금

## I. 과징금의 부과

### 1. 업무정지처분에 갈음한 과징금 부과★
국토교통부장관은 감정평가법인등이 법 제32조(감정평가법인등의 설립인가 취소 또는 업무정지 명령)제1항 각 호의 어느 하나에 해당하게 되어 업무정지처분을 하여야 하는 경우로서 그 업무정지처분이 「부동산 가격공시에 관한 법률」 제3조에 따른 표준지공시지가의 공시 등의 업무를 정상적으로 수행하는 데에 지장을 초래하는 등 공익을 해칠 우려가 있는 경우에는 업무정지처분을 갈음하여 5천만원(감정평가법인인 경우는 5억원) 이하의 과징금을 부과할 수 있다(법 제41조 제1항). (감평 2009·2010·2012·2016·2023)

### 2. 과징금 부과시 고려할 사항
국토교통부장관은 과징금을 부과하는 경우에는 다음 각 호의 사항을 고려하여야 한다(법 제41조 제2항).
1. 위반행위의 내용과 정도
2. 위반행위의 기간과 위반횟수
3. 위반행위로 취득한 이익의 규모(감평 2014)

### 3. 합병과 과징금 부과★
국토교통부장관은 이 법을 위반한 감정평가법인이 합병을 하는 경우 그 감정평가법인이 행한 위반행위는 합병 후 존속하거나 합병으로 신설된 감정평가법인이 행한 행위로 보아 과징금을 부과·징수할 수 있다(법 제41조 제3항). (감평 2009·2014)

### 4. 과징금의 부과기준 등★
① 과징금의 부과기준은 다음 각 호와 같다(영 제43조 제1항). (1/6/6 →7/5/2)
   1. 위반행위로 인한 업무정지 기간이 1년 이상인 경우 : 법 제41조제1항에 따른 과징금최고액(이하 이 조에서 "과징금최고액"이라 한다)의 100분의 70 이상을 과징금으로 부과
   2. 위반행위로 인한 업무정지 기간이 6개월 이상 1년 미만인 경우 : 과징금최고액의 100분의 50 이상 100분의 70 미만을 과징금으로 부과(감평 2012)
   3. 위반행위로 인한 업무정지 기간이 6개월 미만인 경우 : 과징금최고액의 100분의 20 이상 100분의 50 미만을 과징금으로 부과(감평 2010)

② 과징금의 금액은 법 제41조제2항 각 호의 사항을 고려하여 그 금액의 2분의 1 범위에서 늘리거나 줄일 수 있다(영 제43조 제2항 본문). (감평 2012) 다만, 늘리는 경우에도 과징금의 총액은 과징금최고액을 초과할 수 없다(영 제43조 제2항 단서).

③ 국토교통부장관은 과징금을 부과하는 경우에는 위반행위의 종류와 과징금의 금액을 명시하여 서면으로 통지하여야 한다(영 제43조 제3항).(감평 2009)

④ 제3항에 따라 통지를 받은 자는 통지가 있은 날부터 60일 이내에 국토교통부장관이 정하는 수납기관에 과징금을 납부하여야 한다(영 제43조 제4항).

> ▶암기 과징금 최고액(5천만원/법인은 5억원)
> ▶암기 과징금 부과기준(1/6/6 →7/5/2) (2분의 1범위에서 늘리거나 줄일 수 있다.)
> 1. 업무정지기간 1년 이상 : 과징금최고액 70% 이상
> 2. 업무정지기간 6월 이상 1년 미만 : 과징금최고액 50% 이상 70% 미만
> 3. 업무정지기간 6월 미만 : 과징금최고액 20% 이상 50% 미만

【감평 2012 기출】
국토교통부장관은 성실의무 등의 위반을 이유로 A감정평가법인에 대한 업무정지 6개월의 처분에 갈음하여 과징금을 부과하고자 한다. 이 경우 감정평가법령상 국토교통부장관이 위반행위와 관련한 제반 사정을 종합적으로 고려하여 부과할 수 있는 과징금의 최저액수는?
☞ 감정평가법인에 대해서는 5억 원 이하의 과징금을 부과할 수 있다(법 제41조 제1항). 업무정지기간이 6개월이므로 과징금최고액의 100분의 50이상 100분의 70미만을 과징금으로 부과한다(영 제43조 제1항 제2호). 따라서, 2억 5천만 원이 최저액수이다. 그런데, 2분의 1 범위에서 줄일 수 있으므로 과징금의 최저액수는 1억 2천 5백만 원이 된다.

# II 이의신청

① 과징금의 부과에 이의가 있는 자는 이를 통보받은 날부터 30일 이내에 사유서를 갖추어 국토교통부장관에게 이의를 신청할 수 있다(법 제42조 제1항).(감평 2014)

② 국토교통부장관은 이의신청에 대하여 30일 이내에 결정을 하여야 한다(법 제42조 제2항 본문). 다만, 부득이한 사정으로 그 기간에 결정을 할 수 없을 때에는 30일의 범위에서 기간을 연장할 수 있다(법 제42조 제2항 단서).

③ 이의신청에 대한 국토교통부장관의 결정에 이의가 있는 자는 「행정심판법」에 따라 행정심판을 청구할 수 있다(법 제42조 제3항).(감평 2009·2010)(행정심판을 청구할 수 없다.×)

# III 과징금 납부기한의 연장과 분할납부

① 국토교통부장관은 과징금을 부과받은 자(이하 "과징금납부의무자"라 한다)가 다음 각 호의 어느 하나에 해당하는 사유로 과징금의 전액을 일시에 납부하기 어렵다고 인정될 때에는 그 납부기한을 연장하거나 분할납부하게 할 수 있다(법 제43조 제1항 전단). 이 경우 필요하다고 인정할 때에는 담보를 제공하게 할 수 있다(법 제43조 제1항 후단).

1. 재해 등으로 재산에 큰 손실을 입은 경우
   2. 과징금을 일시에 납부할 경우 자금사정에 큰 어려움이 예상되는 경우
   3. 그 밖에 제1호나 제2호에 준하는 사유가 있는 경우
② 과징금납부의무자가 제1항에 따라 과징금 납부기한을 연장받거나 분할납부를 하려면 납부기한 10일 전까지 국토교통부장관에게 신청하여야 한다(법 제43조 제2항).(감평 2023)
③ 국토교통부장관은 제1항에 따라 납부기한이 연장되거나 분할납부가 허용된 과징금납부의무자가 다음 각 호의 어느 하나에 해당할 때에는 납부기한 연장이나 분할납부 결정을 취소하고 과징금을 일시에 징수할 수 있다(법 제43조 제3항).
   1. 분할납부가 결정된 과징금을 그 납부기한까지 납부하지 아니하였을 때
   2. 담보의 변경이나 담보 보전에 필요한 국토교통부장관의 명령을 이행하지 아니하였을 때
   3. 강제집행, 경매의 개시, 파산선고, 법인의 해산, 국세나 지방세의 체납처분을 받는 등 과징금의 전부나 나머지를 징수할 수 없다고 인정될 때
   4. 그 밖에 제1호부터 제3호까지에 준하는 사유가 있을 때
④ ⓐ 납부기한 연장은 납부기한의 다음 날부터 1년을 초과할 수 없다(영 제44조 제1항).
   ⓑ 분할납부를 하게 하는 경우 각 분할된 납부기한 간의 간격은 6개월 이내로 하며, 분할 횟수는 3회 이내로 한다(영 제44조 제2항).

## Ⅳ 과징금의 징수와 체납처분

### 1. 가산금의 징수
국토교통부장관은 과징금납부의무자가 납부기한까지 과징금을 납부하지 아니한 경우에는 납부기한의 다음 날부터 과징금을 납부한 날의 전날까지의 기간에 대하여 대통령령으로 정하는 가산금(영 제45조 : 체납된 과징금액에 연 100분의 6을 곱하여 계산한 금액을 말한다. 이 경우 가산금을 징수하는 기간은 60개월을 초과할 수 없다.)을 징수할 수 있다(법 제44조 제1항).(감평 2014·2023)(가산세를 징수할 수 있다.×)

### 2. 독촉 절차
① 국토교통부장관은 과징금납부의무자가 납부기한까지 과징금을 납부하지 아니하였을 때에는 기간을 정하여 독촉을 하고, 그 지정한 기간 내에 과징금이나 가산금을 납부하지 아니하였을 때에는 국세 체납처분의 예에 따라 징수할 수 있다(법 제44조 제2항).(감평 2010)(비송사건절차법에 따라 징수할 수 있다.×)
② 이 경우 독촉은 납부기한이 지난 후 15일 이내에 서면으로 하여야 하고(영 제46조 제1항),(감평 2010)(20일 이내×) 독촉장을 발부하는 경우 체납된 과징금의 납부기한은 독촉장 발부일부터 10일 이내로 한다(영 제46조 제2항).

# CHAPTER 07 > 보 칙

## I 청문

국토교통부장관은 다음 각 호의 어느 하나에 해당하는 <u>처분</u>을 하려는 경우에는 <u>청문</u>을 실시하여야 한다(법 제45조).
1. 법 제13조제1항제1호(자격의 취소 : 부정한 방법으로 감정평가사의 자격을 받은 경우)에 따른 <u>감정평가사 자격의 취소</u>(감평 2012)(등록의 취소×)
2. 감정평가법인의 <u>설립인가 취소</u>

## II 업무의 위탁

① <u>국토교통부장관</u>은 다음 각 호의 업무를 <u>한국부동산원</u>에 <u>위탁</u>한다(영 제47조 제1항).
   1. <u>감정평가 타당성조사</u>를 위한 <u>기초자료 수집 및 감정평가 내용 분석</u>(감평 2023)
   2. 감정평가서에 대한 <u>표본조사</u>(감평 2023)
   3. <u>감정평가 정보체계의 구축·운영</u>(감평 2023)
② <u>국토교통부장관</u>은 다음 각 호의 업무를 <u>협회</u>에 <u>위탁</u>한다(영 제47조 제2항).
   1. 법 제6조제3항(감정평가서 원본과 관련 서류 보존) 및 영 제6조(감정평가법인등 해산이나 폐업시 감정평가서의 원본과 관련서류 제출)에 따른 <u>감정평가서의 원본과 관련 서류의 접수 및 보관</u>(감평 2023)
   2. 법 제17조(등록 및 갱신등록)에 따른 <u>감정평가사의 등록 신청과 갱신등록 신청의 접수</u> 및 영 제18조(감정평가사의 5년마다 등록 갱신 의무)에 따른 <u>갱신등록의 사전통지</u>
   3. 법 제21조의2(고용인의 신고)에 따른 <u>소속 감정평가사 또는 사무직원의 고용 및 고용관계 종료 신고의 접수</u>(감평 2020)
   4. <u>제23조</u>(손해배상을 위한 보험 가입 등)에 따른 <u>보증보험 가입 통보의 접수</u>
③ <u>국토교통부장관</u>은 <u>감정평가사시험</u>의 관리 업무를「한국산업인력공단법」에 따른 <u>한국산업인력공단</u>에 위탁한다(영 제47조 제3항).
④ <u>국토교통부장관</u>이 그 업무를 <u>위탁</u>할 때에는 예산의 범위에서 <u>필요한 경비를 보조</u>할 수 있다(법 제46조 제2항).

## Ⅲ 지도·감독

① 국토교통부장관은 감정평가법인등 및 협회를 감독하기 위하여 필요할 때에는 그 업무에 관한 보고 또는 자료의 제출, 그 밖에 필요한 명령을 할 수 있으며, 소속 공무원으로 하여금 그 사무소에 출입하여 장부·서류 등을 검사하게 할 수 있다(법 제47조 제1항).
② 제1항에 따라 출입·검사를 하는 공무원은 그 권한을 표시하는 증표를 지니고 이를 관계인에게 내보여야 한다(법 제47조 제2항).

## Ⅳ 벌칙 적용에서 공무원 의제

다음 각 호의 어느 하나에 해당하는 사람은 「형법」 제129조부터 제132조까지의 규정(수뢰죄, 사전수뢰죄, 제삼자뇌물제공죄, 수뢰후부정처사죄, 사후수뢰죄, 알선수뢰죄)을 적용할 때에는 공무원으로 본다(법 제48조).

1. 법 제10조 제1호 및 제2호 [(제1호)「부동산 가격공시에 관한 법률」에 따라 감정평가법인등이 수행하는 업무, (제2호)「부동산 가격공시에 관한 법률」 제8조 제2호(표준지공시지가의 적용 ; ㉠ 공공용지의 매수 및 토지의 수용·사용에 대한 보상, ㉡ 국유지·공유지의 취득 또는 처분, ㉢ 그 밖에 대통령령으로 정하는 지가의 산정)에 따른 목적을 위한 토지등의 감정평가] 의 업무를 수행하는 감정평가사(감평 2009·2013)
2. 위원회의 위원 중 공무원이 아닌 위원
3. 국토교통부장관의 위탁업무에 종사하는 협회의 임직원

# CHAPTER 08 > 벌칙

## I. 3년 이하의 징역·3천만원 이하의 벌금

다음 각 호의 어느 하나에 해당하는 자는 3년 이하의 징역 또는 3천만원 이하의 벌금에 처한다(법 제49조).

1. 부정한 방법으로 감정평가사의 자격을 취득한 사람
2. 감정평가법인등이 아닌 자로서 감정평가업을 한 자(감평 2023)
3. 구비서류를 거짓으로 작성하는 등 부정한 방법으로 등록이나 갱신등록을 한 사람(감평 2023)
4. 등록 또는 갱신등록이 거부되거나 자격 또는 등록이 취소된 사람으로서 법 제10조(감정평가법인등의 업무)의 업무를 한 사람
5. 법 제25조(성실의무 등)제1항을 위반하여 고의로 업무를 잘못하거나 같은 조 제6항을 위반하여 법 제28조의2(감정평가 유도·요구 금지)에서 정하는 유도 또는 요구에 따른 자
6. 감정평가법인등이나 그 사무직원이 수수료와 실비 외에 업무와 관련된 대가를 받거나 감정평가 수주의 대가로 금품 또는 재산상의 이익을 제공하거나 제공하기로 약속한 자
7. 법 제28조의2(감정평가 유도·요구 금지)를 위반하여 특정한 가액으로 감정평가를 유도 또는 요구하는 행위를 한 자
8. 정관을 거짓으로 작성하는 등 부정한 방법으로 감정평가법인 설립인가를 받은 자

## II. 1년 이하의 징역·1천만원 이하의 벌금

다음 각 호의 어느 하나에 해당하는 자는 1년 이하의 징역 또는 1천만원 이하의 벌금에 처한다(법 제50조).

1. 둘 이상의 사무소를 설치한 사람(감평 2023)
2. 소속 감정평가사 외의 사람에게 법 제10조(감정평가법인등의 업무)의 업무를 하게 한 자
3. 감정평가법인등이 토지등의 매매업을 직접하거나, 감정평가사가 둘 이상의 감정평가법인 또는 감정평가사무소에 소속된 경우 또는 비밀엄수의무를 위반한 경우
4. 감정평가사의 자격증·등록증 또는 감정평가법인의 인가증을 다른 사람에게 양도 또는 대여한 자와 이를 양수 또는 대여받은 자 및 이를 알선한 자(감평 2023)

## Ⅲ 몰수·추징

아래의 자가 받은 금품이나 그 밖의 이익은 몰수한다. 이를 몰수할 수 없을 때에는 그 가액을 추징한다(법 제50조의2).
1. 수수료와 실비 외에 업무와 관련된 대가를 받거나 감정평가 수주의 대가로 금품 또는 재산상의 이익을 제공하거나 제공하기로 약속한 자
2. 자격증·등록증 또는 감정평가법인의 인가증을 다른 사람에게 양도 또는 대여한 자와 이를 양수 또는 대여받은 자

## Ⅳ 양벌규정

법인의 대표자나 법인 또는 개인의 대리인, 사용인, 그 밖의 종업원이 그 법인 또는 개인의 업무에 관하여 법 제49조(벌칙) 또는 법 제50조(벌칙)의 위반행위를 하면 그 행위자를 벌하는 외(外)에 그 법인 또는 개인에게도 해당 조문의 벌금형을 부과한다(법 제51조 본문). 다만, 법인 또는 개인이 그 위반행위를 방지하기 위하여 해당 업무에 상당한 주의와 감독을 게을리하지 아니한 경우에는 그러하지 아니하다(법 제51조 단서).

## Ⅴ 과태료

### 1. 500만원 이하의 과태료
법 제24조 제1항(사무직원이 될 수 없는 자)을 위반하여 사무직원을 둔 자에게는 500만원 이하의 과태료를 부과한다(법 제52조 제1항). (감평 2023)

### 2. 400만원 이하의 과태료
다음 각 호의 어느 하나에 해당하는 자에게는 400만원 이하의 과태료를 부과한다(법 제52조 제2항).
1. 법 제28조 제2항(손해배상책임 보장을 위한 보험가입 또는 공제사업에 가입 의무)을 위반하여 보험 또는 협회가 운영하는 공제사업에의 가입 등 필요한 조치를 하지 아니한 사람
2. 법 제47조(지도·감독 : 국토교통부장관은 감정평가법인등 및 협회를 감독하기 위하여 필요한 조치를 취할 수 있다.)에 따른 업무에 관한 보고, 자료 제출, 명령 또는 검사를 거부·방해 또는 기피하거나 국토교통부장관에게 거짓으로 보고한 자

### 3. 300만원 이하의 과태료
다음 각 호의 어느 하나에 해당하는 자에게는 300만원 이하의 과태료를 부과한다(법 제52조 제3항).
1. 법 제6조(감정평가서)제3항을 위반하여 감정평가서의 원본과 그 관련 서류를 보존하지 아니한 자
2. 법 제22조(사무소의 명칭 등)제1항을 위반하여 "감정평가사사무소" 또는 "감정평가법인"이라는

용어를 사용하지 아니하거나 같은 조 제2항을 위반하여 "감정평가사", "감정평가사사무소", "감정평가법인" 또는 이와 유사한 명칭을 사용한 자

### 4. 150만원 이하의 과태료

다음 각 호의 어느 하나에 해당하는 자에게는 150만원 이하의 과태료를 부과한다(법 제52조 제4항).

1. 법 제9조(감정평가 정보체계의 구축·운용 등)제2항을 위반하여 감정평가 결과를 감정평가 정보체계에 등록하지 아니한 자
2. 법 제13조(자격의 취소)제3항, 법 제19조(등록의 취소)제3항 및 법 제39조(징계)제4항을 위반하여 자격증 또는 등록증을 반납하지 아니한 사람
3. 법 제28조 제3항(손해배상책임 ; 감정평가법인등은 감정평가 의뢰인이나 선의의 제3자에게 법원의 확정판결을 통한 손해배상이 결정된 경우에는 국토교통부령으로 정하는 바에 따라 그 사실을 국토교통부장관에게 알려야 한다.)을 위반하여 같은 조 제1항에 따른 손해배상사실을 국토교통부장관에게 알리지 아니한 자

### 5. 과태료 부과·징수의 주체

법 제52조 제1항부터 제4항까지에 따른 과태료는 대통령령으로 정하는 바에 따라 국토교통부장관이 부과·징수한다(법 제52조 제5항).

# 제 3 편

# 부동산 가격 공시에 관한 법률
## (약칭 : 부동산가격공시법)

제01장 총 칙
제2-1장 지가의 공시 : 표준지공시지가
제2-2장 지가의 공시 : 개별지공시지가
제2-3장 지가의 공시 : 타인토지에의 출입 등
제03장 주택가격의 공시
제04장 비주거용 부동산가격의 공시
제05장 부동산가격공시위원회
제06장 보 칙

# CHAPTER 01 총칙

## I. 목적

이 법은 부동산의 적정가격(適正價格) 공시에 관한 기본적인 사항과 부동산 시장·동향의 조사·관리에 필요한 사항을 규정함으로써 부동산의 적정한 가격형성과 각종 조세·부담금 등의 형평성을 도모하고 국민경제의 발전에 이바지함을 목적으로 한다(법 제1조).

## II. 정의

### 1. 주택

"주택"이란 「주택법」 제2조제1호( "주택"이란 세대(世帶)의 구성원이 장기간 독립된 주거생활을 할 수 있는 구조로 된 건축물의 전부 또는 일부 및 그 부속토지를 말하며, 단독주택과 공동주택으로 구분한다.).에 따른 주택을 말한다(법 제2조 제1호).

### 2. 공동주택

"공동주택"이란 「주택법」 제2조제3호( "공동주택"이란 건축물의 벽·복도·계단이나 그 밖의 설비 등의 전부 또는 일부를 공동으로 사용하는 각 세대가 하나의 건축물 안에서 각각 독립된 주거생활을 할 수 있는 구조로 된 주택으로 아파트·연립주택·다세대주택을 말한다.)에 따른 공동주택을 말한다(법 제2조 제2호).

### 3. 단독주택

"단독주택"이란 공동주택을 제외한 주택을 말한다(법 제2조 제3호). (감평 2013)

### 4. 비주거용 부동산

"비주거용 부동산"이란 주택을 제외한 건축물이나 건축물과 그 토지의 전부 또는 일부를 말하며 다음과 같이 구분한다(법 제2조 제4호). (감평 2013)

가. 비주거용 집합부동산 : 「집합건물의 소유 및 관리에 관한 법률」에 따라 구분소유되는 비주거용 부동산

나. 비주거용 일반부동산 : 가목을 제외한 비주거용 부동산

### 5. 적정가격 ★

"적정가격"이란 토지, 주택 및 비주거용 부동산에 대하여 통상적인 시장에서 정상적인 거래가 이루어지는 경우 성립될 가능성이 가장 높다고 인정되는 가격을 말한다(법 제2조 제5호). (감평 2012·2013)

# CHAPTER 2-1 지가의 공시 : 표준지공시지가

## I 표준지공시지가의 조사·평가 및 공시 등

### 1. 서

**(1) 국토교통부장관의 표준지공시지가 공시 의무★**

국토교통부장관은 토지이용상황이나 주변 환경, 그 밖의 자연적·사회적 조건이 일반적으로 유사하다고 인정되는 일단의 토지 중에서 선정한 표준지에 대하여 매년 공시기준일 현재의 단위면적당 적정가격(이하 "표준지공시지가"라 한다)을 조사·평가하고, 중앙부동산가격공시위원회의 심의를 거쳐 이를 공시하여야 한다(법 제3조 제1항). (감평 2000·2002·2004·2018) (3년마다 공시하여야 한다. × / 중앙토지수용위원회의 심의를 거쳐 공시하여야 한다. ×) (☞ 표준지공시지가를 공시하기 위해서 전년도 8월경 감정평가법인등에 조사·평가를 의뢰하고, 전년도 12월부터 의견청취절차를 거친 후 당해연도 1월에 중앙부동산가격공시위원회의 심의를 거쳐 공시한다.)

**(2) 표준지의 선정★**

① 국토교통부장관은 표준지를 선정할 때에는 일단(一團)의 토지 중에서 해당 일단의 토지를 대표할 수 있는 필지의 토지를 선정하여야 한다(영 제2조 제1항). (감평 1999·2000·2021)

② 표준지 선정 및 관리에 필요한 세부기준은 중앙부동산가격공시위원회의 심의를 거쳐 국토교통부장관이 정한다(영 제2조 제2항).

**(3) 표준지공시지가의 공시기준일★**

① 표준지공시지가의 공시기준일은 1월 1일로 한다(영 제3조 본문). (감평 2002·2009·2018)

② 다만, 국토교통부장관은 표준지공시지가 조사·평가인력 등을 고려하여 부득이하다고 인정하는 경우에는 일부 지역을 지정하여 해당 지역에 대한 공시기준일을 따로 정할 수 있다(영 제3조 단서). (감평 2002·2018) (공시기준일은 언제나 1월 1일이다. ×)

**(4) 표준지공시지가의 공시방법★**

국토교통부장관은 표준지공시지가를 공시할 때에는 다음 각 호의 사항을 관보에 공고하고, 표준지공시지가를 국토교통부가 운영하는 부동산공시가격시스템(이하 "부동산공시가격시스템"이라 한다)에 게시하여야 한다(영 제4조 제1항). (감평 2002·2018) (표준지공시지가를 공시할 때 부동산가격시스템에도 표준지공시지가 外에 열람방법·이의신청 기간 등도 게시해야 한다. ×)

1. 법 제5조(표준지공시지가 공시사항 : 표준지의 지번, 표준지의 단위면적당 가격, 표준지의 면적 및 형상, 표준지 및 주변토지의 이용상황, 지목, 용도지역, 도로 상황, 그 밖에 표준지공시지가 공시에 필요한 사항) 각 호의 사항의 개요

2. 표준지공시지가의 <u>열람방법</u>
   3. <u>이의신청의</u> 기간·절차 및 방법

## 2. 표준지 소유자에 대한 개별통지 등

### (1) 표준지 가격 조사·평가 : 개별통지(의무)와 의견청취 의무

① <u>국토교통부장관</u>은 <u>표준지공시지가를</u> 공시하기 위하여 <u>표준지의 가격을 조사·평가할 때에는</u> <u>대통령령으로 정하는 바</u>(영 제5조)에 따라 <u>해당 토지 소유자의 의견을 들어야 한다</u>(법 제3조 제2항). (감평 2021)

② ⓐ <u>국토교통부장관</u>은 <u>표준지 소유자의 의견을 들으려는 경우에는</u> <u>부동산공시가격시스템</u>에 다음 각 호의 사항을 <u>20일 이상 게시</u>해야 하고(영 제5조 제1항), 게시사실을 <u>표준지 소유자</u>에게 <u>개별 통지</u>해야 한다(영 제5조 제2항 본문).
ⓑ 다만, 표준지가 「집합건물의 소유 및 관리에 관한 법률」에 따른 건물의 대지인 경우 같은 법 제23조 또는 제24조에 따른 <u>관리단</u> 또는 <u>관리인</u>에게 <u>통지</u>하여 건물 내의 게시판 등 알리기 적합한 장소에 다음 각 호의 사항을 <u>7일 이상 게시</u>하게 할 수 있고, <u>게시된 가격에 의의가 있는 표준지 소유자</u>는 <u>의견제출기간</u>에 <u>의견을 제출할 수 있다</u>(영 제5조 제2항 단서).
   1. 공시대상, 열람기간 및 방법
   2. 의견제출기간 및 의견제출방법
   3. 감정평가법인등이 평가한 공시 예정가격

### (2) 표준지공시지가 공시 : 개별통지(선택)와 <u>이의신청</u>

① <u>국토교통부장관</u>은 필요하다고 인정하는 경우에는 「<u>표준지공시지가」</u>와 「<u>이의신청의 기간·절차 및 방법</u>」을 <u>표준지 소유자</u>(소유자가 여러 명인 경우에는 각 소유자를 말한다. 이하 같다)에게 <u>개별 통지할 수 있다</u>(영 제4조 제2항). (감평 2014·2018) (국장은 표준지공시지가를 표준지 소유자에게 개별 통지하여야 한다. ×)

② <u>국토교통부장관</u>은 <u>표준지 소유자</u>에 대한 개별 <u>통지</u>를 하지 아니하는 경우에는 <u>관보에의 공고</u> 및 <u>부동산공시가격시스템에의 게시사실</u>을 방송·신문 등을 통하여 알려 <u>표준지 소유자</u>가 표준지공시지가를 열람하고 필요한 경우에는 <u>이의신청</u>을 할 수 있도록 하여야 한다(영 제4조 제3항). (감평 2018)

## 3. 표준지공시지가 조사·평가

### (1) 표준지공시지가 조사·평가의 기준★

① 국토교통부장관이 표준지공시지가를 조사·평가하는 경우에는 <u>인근 유사토지의 거래가격·임대료</u> 및 <u>해당 토지와 유사한 이용가치를</u> 지닌다고 인정되는 토지의 조성에 필요한 <u>비용추정액</u>, <u>인근지역</u> 및 <u>다른 지역</u>과의 형평성·특수성, 표준지공시지가 <u>변동의 예측 가능성</u> 등 제반사항을 종합적으로 참작하여야 한다(법 제3조 제4항).

② 국토교통부장관이 표준지공시지가를 조사·평가하는 경우 참작하여야 하는 사항의 기준은 다음 각 호와 같다(영 제6조 제1항).

1. 인근 유사토지의 거래가격 또는 임대료의 경우 : 해당 거래 또는 임대차가 당사자의 특수한 사정에 의하여 이루어지거나 토지거래 또는 임대차에 대한 지식의 부족으로 인하여 이루어진 경우에는 그러한 사정이 없었을 때에 이루어졌을 거래가격 또는 임대료를 기준으로 할 것
2. 해당 토지와 유사한 이용가치를 지닌다고 인정되는 토지의 조성에 필요한 비용추정액의 경우 : 공시기준일 현재 해당 토지를 조성하기 위한 표준적인 조성비와 일반적인 부대비용으로 할 것

③ 표준지에 건물 또는 그 밖의 정착물이 있거나 지상권 또는 그 밖의 토지의 사용·수익을 제한하는 권리가 설정되어 있을 때에는 그 정착물 또는 권리가 존재하지 아니하는 것으로 보고 표준지공시지가를 평가하여야 한다(영 제6조 제2항).(감평 2002·2012·2014·2017·2019)(표준지에 건물 기타 정착물이 있는 경우에는 그 정착물의 이용상황을 고려하여 평가하여야 한다.×/토지의 사용·수익을 제한하는 권리가 설정되어 있는 경우에는 당해 권리가 설정된 상태를 고려하여 적정가격을 평가한다.×)

## (2) 표준지공시지가 조사·평가의 의뢰 ★

1) 원칙 : 둘 이상의 감정평가법인등에 의뢰

   국토교통부장관이 표준지공시지가를 조사·평가할 때에는 업무실적, 신인도(信認度) 등을 고려하여 둘 이상의 「감정평가 및 감정평가사에 관한 법률」에 따른 감정평가법인등(이하 "감정평가법인등"이라 한다)에게 이를 의뢰하여야 한다(법 제3조 제5항 본문).(감평 2002·2012·2014)

2) 예외 : 하나의 감정평가법인등에 의뢰 可

   ① 지가 변동이 작은 경우 등 대통령령으로 정하는 기준에 해당하는 표준지(영 제7조 제4항)에 대해서는 하나의 감정평가법인등에 의뢰할 수 있다(법 제3조 제5항 단서).(감평 2022)
   ② "지가 변동이 작은 경우 등 대통령령으로 정하는 기준에 해당하는 표준지"란 다음 각 호의 요건을 모두 갖춘 지역의 표준지를 말한다(영 제7조 제4항).
   1. 최근 1년간 읍·면·동별 지가변동률이 전국 평균 지가변동률 이하인 지역(감평 2022)(시·군·구별 ×)
   2. 개발사업이 시행되거나 「국토의 계획 및 이용에 관한 법률」 제2조제15호에 따른 용도지역(이하 "용도지역"이라 한다) 또는 같은 조 제16호에 따른 용도지구(이하 "용도지구"라 한다)가 변경되는 등의 사유가 없는 지역

3) 조사·평가 의뢰 대상 감정평가법인등

   국토교통부장관은 다음 각 호의 요건을 모두 갖춘 감정평가법인등 중에서 표준지공시지가 조사·평가를 의뢰할 자를 선정해야 한다(영 제7조 제1항). [☞ 개별공시지가의 타당성 검증을 실시하는 감정평가법인등이 갖추어야 할 요건도 동일하다 ; 영 제20조 참조]
   1. 표준지공시지가 조사·평가 의뢰일부터 30일 이전이 되는 날(이하 "선정기준일"이라 한다)을 기준으로 하여 직전 1년간의 업무실적이 표준지 적정가격 조사·평가업무를 수행하기에 적정한 수준일 것
   2. 회계감사절차 또는 감정평가서의 심사체계가 적정할 것

3. 「감정평가 및 감정평가사에 관한 법률」에 따른 <u>업무정지처분</u>, <u>과태료</u> 또는 <u>소속 감정평가사</u>에 대한 <u>징계처분</u> 등이 다음 각 목의 기준 어느 하나에도 해당하지 아니할 것(3회 이상/10% 이상/1년→단, 「직전 2년간 업무정지처분」)

   가. <u>선정기준일부터 직전 2년간 업무정지처분을 3회 이상 받은 경우</u>(감평 2014)
   나. <u>선정기준일부터 직전 1년간 과태료처분을 3회 이상 받은 경우</u>(감평 2017·2022)
   다. <u>선정기준일부터 직전 1년간 징계를 받은 소속 감정평가사의 비율이 선정기준일 현재 소속 전체 감정평가사의 10퍼센트 이상인 경우</u>
   라. <u>선정기준일 현재 업무정지기간이 만료된 날부터 1년이 지나지 아니한 경우</u>

### (3) 표준지공시지가 조사·평가 절차★

1) 조사·평가보고서 작성·제출

   ① <u>표준지공시지가 조사·평가를 의뢰받은 감정평가법인등</u>은 표준지공시지가 및 그 밖에 「<u>국토교통부령으로 정하는 사항</u>」을 조사·평가한 후 <u>국토교통부령으로 정하는 바</u>(규칙 제3조)에 따라 <u>조사·평가보고서를 작성</u>하여 <u>국토교통부장관에게 제출</u>해야 한다(영 제8조 제1항). (감평 2004)

   ② 여기서 「<u>국토교통부령으로 정하는 사항</u>」이란 다음 각 호의 사항을 말한다(규칙 제3조).

   1. 토지의 소재지, 면적 및 공부상 지목
   2. 지리적 위치(감평 2025)
   3. 토지 이용 상황(감평 2025)
   4. 「국토계획법」에 따른 <u>용도지역</u>(감평 2025)(용도구역은 표준지공시지가 조사·평가보고서에 포함되는 사항이다. ×)
   5. 주위 환경(감평 2025)
   6. 도로 및 교통 환경
   7. 토지 형상 및 지세(地勢)(감평 2025)

2) 의견청취 절차 : 시·도지사 및 시장·군수·구청장

   ① <u>감정평가법인등</u>은 <u>조사·평가보고서를 작성</u>하는 경우에는 <u>미리</u> 해당 표준지를 관할하는 특별시장·광역시장·특별자치시장·도지사 또는 특별자치도지사(이하 "<u>시·도지사</u>"라 한다) 및 시장·군수·구청장(자치구의 구청장을 말한다. 이하 같다)의 <u>의견을 들어야 한다</u>(영 제8조 제2항). (감평 2002·2004·2012·2014·2021)

   ② <u>시·도지사</u> 및 <u>시장·군수·구청장</u>은 <u>의견 제시 요청을 받은 경우에는 요청받은 날부터 20일 이내에 의견을 제시해야 한다</u>(영 제8조 제3항 전단). (감평 2002·2004) 이 경우 <u>시장·군수 또는 구청장</u>은 <u>시·군·구부동산가격공시위원회</u>의 <u>심의를 거쳐 의견을 제시해야 한다</u>(영 제8조 제3항 후단). (감평 2004)

3) 표준지공시지가 산출 : 산술평균치 기준

   <u>표준지공시지가</u>는 감정평가법인등이 제출한 <u>조사·평가보고서</u>에 따른 <u>조사·평가액의 산술평균치를 기준</u>으로 한다(영 제8조 제4항). (감평 2004·2021)

4) 조사·평가보고서 적정성 여부 검토

① 국토교통부장관은 제출된 조사·평가보고서에 대하여 「부동산 거래신고 등에 관한 법률」 제3조에 따라 신고한 실제 매매가격(이하 "실거래신고가격"이라 한다) 및 「감정평가 및 감정평가사에 관한 법률」 제9조에 따른 감정평가 정보체계(이하 "감정평가 정보체계"라 한다) 등을 활용하여 그 적정성 여부를 검토할 수 있다(영 제8조 제5항).

② 국토교통부장관은 제5항에 따른 검토 결과 부적정하다고 판단되거나 조사·평가액 중 최고평가액이 최저평가액의 1.3배를 초과하는 경우에는 해당 감정평가법인등에게 보고서를 시정하여 다시 제출하게 할 수 있다(영 제8조 제6항). (감평 2002·2004·2021)

③ 국토교통부장관은 표준지공시지가 조사·평가를 의뢰받은 감정평가법인등이 제출한 조사·평가보고서의 조사·평가가 관계 법령을 위반하여 수행되었다고 인정되는 경우에는 해당 감정평가법인등에게 그 사유를 통보하고, 다른 감정평가법인등 2인에게 대상 표준지공시지가의 조사·평가를 다시 의뢰해야 한다(영 제8조 제7항 전단). (감평 2002) 이 경우 표준지 적정가격은 다시 조사·평가한 가액의 산술평균치를 기준으로 한다(영 제8조 제7항 후단).

### 4. 개별공시지가 산정을 위한 토지가격비준표의 제공

국토교통부장관은 개별공시지가의 산정을 위하여 필요하다고 인정하는 경우에는 표준지와 산정대상 개별 토지의 가격형성요인에 관한 표준적인 비교표(이하 "토지가격비준표"라 한다)를 작성하여 시장·군수 또는 구청장에게 제공하여야 한다(법 제3조 제8항). (감평 2023) (제공할 수 있다. ×)

## Ⅱ 표준지공시지가의 조사협조

① 국토교통부장관은 표준지의 선정 또는 표준지공시지가의 조사·평가를 위하여 필요한 경우에는 관계 행정기관에 해당 토지의 인·허가 내용, 개별법에 따른 등록사항 등 대통령령으로 정하는 관련 자료(영 제9조 : 건축물대장, 지적도, 임야도, 토지대장, 임야대장, 토지이용계획확인서, 도시·군관리계획 지형도면, 부동산등기부, 실거래 신고가격, 감정평가정보체계에 등록된 정보 및 자료, 행정구역별 개발사업 인허가 현황, 표준지 소유자의 성명 및 주소, 상가건물임대차보호법에 따른 확정일자부 중 임대차계약에 관한 자료 - 다만, 해당 자료에 포함된 주민등록번호와 외국인등록번호는 제외한다.)의 열람 또는 제출을 요구할 수 있다(법 제4조 전단).

② 이 경우 관계 행정기관은 정당한 사유가 없으면 그 요구를 따라야 한다(법 제4조 후단). (감평 2002) (반드시 이에 응하여야 한다. ×)

## Ⅲ 표준지공시지가의 공시사항 ★

표준지공시지가의 공시에는 다음 각 호의 사항이 포함되어야 한다(법 제5조).

1. 표준지의 지번(감평 1999·2012·2018)
2. 표준지의 단위면적(1제곱미터)당 가격(감평 1999·2012·2014·2023·2024)
3. 표준지의 면적 및 형상(감평 1999·2012)
4. 표준지 및 주변토지의 이용상황(감평 1999·2012·2016·2018·2022)

5. 그 밖에 대통령령으로 정하는 사항(영 제10조 제2항)
   (1) 지목(감평 2004·2018·2024)
   (2) 용도지역(감평 2014·2016·2018·2019·2024)
   (3) 도로 상황(감평 1999·2004·2012·2014·2016·2018·2023)
   (4) 그 밖에 표준지공시지가 공시에 필요한 사항

> ▶암기 표준지공시지가 공시사항(표준지⇒지/가는→지목한→표준지+주변토지→면/상을→도/용하라!)
> 1. 지번
> 2. 가격(1제곱미터)
> 3. 지목
> 4. 표준지(면적·형상·이용상황)+ 주변토지(이용상황)
> 5. 도로 상황
> 6. 용도지역

## Ⅳ 표준지공시지가의 열람 등

국토교통부장관은 표준지공시지가를 공시한 때에는 그 내용을 특별시장·광역시장 또는 도지사를 거쳐 시장·군수 또는 구청장(지방자치단체인 구의 구청장에 한정한다. 이하 같다)에게 송부하여 일반인의 열람할 수 있게 하고, 대통령으로 정하는 바(영 제11조)에 따라 이를 도서·도표 등으로 작성하여 관계 행정기관 등에 공급하여야 한다(법 제6조).

## Ⅴ 표준지공시지가에 대한 이의신청 : 30일★

① 표준지공시지가에 이의가 있는 자는 그 공시일부터 30일 이내에 서면(전자문서를 포함한다. 이하 같다)으로 국토교통부장관에게 이의를 신청할 수 있다(법 제7조 제1항).(감평 2002·2004·2012·2013·2017·2023) 이 경우 이의신청서에 이의신청 사유를 증명하는 서류를 첨부하여 국토교통부장관에게 제출하여야 한다(영 제12조).
② 국토교통부장관은 이의신청 기간이 만료된 날부터 30일 이내에 이의신청을 심사하여 그 결과를 신청인에게 서면으로 통지하여야 한다(법 제7조 제2항 전단).(감평 2002·2004·2012·2013·2017) 이 경우 국토교통부장관은 이의신청의 내용이 타당하다고 인정될 때에는 해당 표준지공시지가를 조정하여 다시 공시하여야 한다(법 제7조 제2항 후단).(감평 2000)

## Ⅵ 표준지공시지가의 적용

제1호 각 목의 자가 제2호 각 목의 목적을 위하여 지가를 산정할 때에는 그 토지와 이용가치가 비슷하다고 인정되는 하나 또는 둘 이상의 표준지의 공시지가를 기준으로 토지가격비준표를 사용하여 지가를 직접 산정하거나 감정평가법인등에 감정평가를 의뢰하여 산정할 수 있다(법 제8조 본문).(감평 2012·2023) 다만, 필요하다고 인정할 때에는 산정된 지가를 제2호 각 목의 목적에 따라 가감(加減) 조정하여 적용할 수 있다(법 제8조 단서).(감평 2002)

1. 지가 산정의 주체
   가. 국가 또는 지방자치단체
   나. 「공공기관의 운영에 관한 법률」에 따른 공공기관
   다. 그 밖에 대통령령으로 정하는 공공단체 [영 제13조 제1항 : 산림조합 및 산림조합중앙회(감평 2023), 농업협동조합 및 농업협동조합중앙회, 수산업협동조합 및 수산업협동조합중앙회, 한국농어촌공사, 중소벤처기업진흥공단, 산업단지관리공단]

2. 지가 산정의 목적
   가. 공공용지의 매수 및 토지의 수용·사용에 대한 보상(감평 2004)
   나. 국유지·공유지의 취득 또는 처분(감평 2004·2012·2023)
   다. 그 밖에 대통령령으로 정하는 지가의 산정(영 제13조 제2항)
      ㉠ 「국토의 계획 및 이용에 관한 법률」 또는 그 밖의 법령에 따라 조성된 용지 등의 공급 또는 분양(감평 2004)
      ㉡ 다음 각 목의 어느 하나에 해당하는 사업을 위한 환지·체비지(替費地)의 매각 또는 환지신청
         ⓐ 「도시개발법」 제2조제1항제2호에 따른 도시개발사업(감평 2014·2022)(도시개발사업에서 환지를 위하여 지가를 산정할 때에는 표준지공시지가를 기준으로 하지 아니한다. ×)
         ⓑ 「도시 및 주거환경정비법」 제2조제2호에 따른 정비사업(감평 2004)
         ⓒ 「농어촌정비법」 제2조제5호에 따른 농업생산기반 정비사업
      ㉢ 토지의 관리·매입·매각·경매 또는 재평가(감평 2004)

## Ⅶ 표준지공시지가의 효력★

표준지공시지가는 ⓐ 토지시장에 지가정보를 제공하고 ⓑ 일반적인 토지거래의 지표가 되며(감평 2022), ⓒ 국가·지방자치단체 등이 그 업무와 관련하여 지가를 산정하거나 ⓓ 감정평가법인등이 개별적으로 토지를 감정평가하는 경우에 기준이 된다(법 제9조).(감평 2000·2002·2009·2017·2019)

> ▶암기 표준지공시지가의 효력(시장/거래 → 감평/국 + 기준)
> 1. 토지시장에 지가정보 제공
> 2. 토지거래의 지표
> 3. 감정평가법인등의 토지 감정평가 기준
> 4. 국가·지방자치단체 등이 업무 관련 지가 산정시 기준

# 2-2 지가의 공시 : 개별지공시지가

## I. 개별공시지가의 결정·공시 등

### 1. 개별공시지가 결정·공시 의무★

① 시장·군수 또는 구청장은 국세·지방세 등 각종 세금의 부과, 그 밖의 다른 법령에서 정하는 목적을 위한 지가산정에 사용되도록 하기 위하여 시·군·구부동산가격공시위원회의 심의를 거쳐 매년 공시지가의 공시기준일 현재 관할 구역 안의 개별토지의 단위면적당 가격(이하 "개별공시지가"라 한다)을 결정·공시하고, 이를 관계 행정기관 등에 제공하여야 한다(법 제10조 제1항). (감평 2000·2009·2013·2023) (시·도지사는 매년 개별공시지가를 결정·공시해야 한다. ×)

② 개별공시지가의 단위면적은 1제곱미터로 한다(영 제14조). (감평 2019·2021)

### 2. 개별공시지가 결정·공시하지 아니할 수 있는 토지★

① ⓐ 표준지로 선정된 토지, ⓑ 국세 또는 지방세 부과대상이 아닌 토지(국공유지의 경우에는 공공용 토지만 해당한다), ⓒ 농지보전부담금(농지전용허가를 받는 자 등은 농지의 보전·관리 및 조성을 위한 농지보전부담금을 농지관리기금을 운용·관리하는 자에게 내야 한다.; 농지법 제38조 제1항) 또는 개발부담금 [개발이익이란 개발사업의 시행이나 토지이용계획의 변경, 그 밖에 사회적·경제적 요인에 따라 정상지가상승분을 초과하여 개발사업을 시행하는 자나 토지 소유자에게 귀속되는 토지 가액의 증가분을 말하고(개발이익환수에 관한 법률 제2조 제1호), 개발부담금이란 개발이익 중 특별자치시장·특별자치도지사·시장·군수 또는 구청장이 부과·징수하는 금액을 말한다(개발이익환수에 관한 법률 제2조 제4호).] 등의 부과대상이 아닌 토지에 대하여는 개별공시지가를 결정·공시하지 아니할 수 있다(법 제10조 제2항 전단·영 제15조 제1항). (감평 2009·2011·2013·2019·2021·2022·2024)

② 제1항에도 불구하고 시장·군수 또는 구청장은 다음 각 호 어느 하나에 해당하는 토지에 대해서는 개별공시지가를 결정·공시하여야 한다(영 제15조 제2항).
  1. 관계 법령에 따라 지가 산정 등에 개별공시지가를 적용하도록 규정되어 있는 토지
  2. 시장·군수 또는 구청장이 관계 행정기관의 장과 협의하여 개별공시지가를 결정·공시하기로 한 토지(감평 2025)

③ 표준지로 선정된 토지에 대하여는 해당 토지의 표준지공시지가를 개별공시지가로 본다(법 제10조 제2항 후단). (감평 2012·2018·2021·2023)

> **암기** 개별공시지가 결정·공시하지 아니할 수 있는 토지(표준지→조/부)
> 1. 표준지로 선정된 토지(해당 토지의 표준지공시지가를 개별공시지가로 본다.)
> 2. 조세(국세·지방세) 또는 부담금(농지보전부담금·개발부담금) 등의 부과대상이 아닌 토지

## 3. 개별공시지가 공시기준일을 다르게 할 수 있는 토지★

### (1) 서

시장·군수 또는 구청장은 공시기준일 이후(以後)에 분할·합병 등이 발생한 토지에 대하여는 대통령령으로 정하는 날을 기준(영 제16조 제2항)으로 하여 개별공시지가를 결정·공시하여야 한다(법 제10조 제3항).

### (2) 대상토지

개별공시지가 공시기준일을 다르게 할 수 있는 토지는 다음 각 호의 어느 하나에 해당하는 토지로 한다(영 제16조 제1항).

1. 「공간정보의 구축 및 관리 등에 관한 법률」에 따라 분할 또는 합병된 토지(감평 2012)
2. 공유수면 매립 등으로 「공간정보의 구축 및 관리 등에 관한 법률」에 따른 신규등록이 된 토지
3. 토지의 형질변경 또는 용도변경으로 「공간정보의 구축 및 관리 등에 관한 법률」에 따른 지목변경이 된 토지(감평 2012·2014·2023·2025)
4. 국유·공유에서 매각 등에 따라 사유(私有)로 된 토지로서 개별공시지가가 없는 토지(감평 2013)

### (3) 다른 공시기준일

다른 공시기준일은 다음 각 호의 구분에 따른 날을 말한다(영 제16조 제2항)

1. 1월 1일부터 6월 30일까지의 사이에 사유가 발생한 토지 : 그 해 7월 1일(감평 2012·2013·2014)
2. 7월 1일부터 12월 31일까지의 사이에 사유가 발생한 토지 : 다음 해 1월 1일(감평 2012)

> ▶암기 공시기준일 以後 사유 발생(신규→분/합/지→매각+사유)
> 1. 신규등록된 토지(공유수면 매립 등)
> 2. 분할·합병
> 3. 지목변경(형질변경 또는 용도변경)
> 4. 국유·공유에서 매각 등에 따라 사유로 된 토지(개별공시지가가 없는 토지)

> ▶암기 다른 기준일
> 1. 그 해 7월 1일 : 1월 1일부터 6월 30일까지 사이 사유 발생 토지
> 2. 다음 해 1월 1일 : 7월 1일부터 12월 31일까지 사이 사유 발생 토지

## 4. 개별공시지가의 결정·공시 기한★

### (1) 원칙 : 매년 5월 31일까지

시장·군수 또는 구청장은 매년 5월 31일까지 개별공시지가를 결정·공시하여야 한다(영 제21조 제1항 본문).(감평 2009)

### (2) 다른 공시기준일

다른 공시기준일의 경우에는 다음 각 호의 구분에 따른 날까지 개별공시지가를 결정·공시하여야 한다(영 제21조 제1항 단서).(감평 2012·2013·2014)

1. 1월 1일부터 6월 30일까지의 사이에 사유가 발생한 토지 : 그 해 7월 1일을 기준으로 그 해 10월 31일까지
2. 7월 1일부터 12월 31일까지의 사이에 사유가 발생한 토지 : 다음 해 1월 1일을 기준으로 다음 해 5월 31일까지

## 5. 개별공시지가 조사·산정의 기준★

### (1) 하나 또는 둘 이상의 표준지공시지가 기준

시장·군수 또는 구청장이 개별공시지가를 결정·공시하는 경우에는 해당 토지와 유사한 이용가치를 지닌다고 인정되는 하나 또는 둘 이상의 표준지의 공시지가를 기준으로 토지가격비준표를 사용하여 지가를 산정하되, 해당 토지의 가격과 표준지공시지가가 균형을 유지하도록 하여야 한다(법 제10조 제4항). (감평 2009·2011·2013) (둘 이상의 표준지 공시지가를 기준으로×)

### (2) 국장의 개별공시지가 조사·산정 기준 통보

① 국토교통부장관은 개별공시지가 조사·산정의 기준을 정하여 시장·군수 또는 구청장에게 통보하여야 하며, 시장·군수 또는 구청장은 그 기준에 따라 개별공시지가를 조사·산정하여야 한다(영 제17조 제1항). (감평 2014)

② 개별공시지가 조사·산정의 기준에는 다음 각 호의 사항이 포함되어야 한다(영 제17조 제2항).
  1. 지가형성에 영향을 미치는 토지 특성조사에 관한 사항(감평 2018)
  2. 개별공시지가의 산정기준이 되는 표준지(이하 "비교표준지"라 한다)의 선정에 관한 사항
  3. "토지가격비준표"의 사용에 관한 사항(감평 2022)
  4. 그 밖에 개별공시지가의 조사·산정에 필요한 사항

## 6. 타당성 검증 및 의견청취★

### (1) 서

① 시장·군수 또는 구청장은 개별공시지가를 결정·공시하기 위하여 개별토지의 가격을 산정할 때에는 그 타당성에 대하여 감정평가법인등의 검증을 받고 토지소유자, 그 밖의 이해관계인의 의견을 들어야 한다(법 제10조 제5항 본문). (감평 2009·2011·2012) (미리 관계 중앙행정기관의 장과 협의한 경우에는 의견청취를 생략할 수 있다.× / 개별공시지가를 결정·공시함에 있어 필요하다고 인정되는 때에는 토지소유자 및 그 밖의 이해관계인의 의견청취를 생략할 수 있다.×)

② 다만, 시장·군수 또는 구청장은 감정평가법인등의 검증이 필요 없다고 인정되는 때에는 지가의 변동상황 등 대통령령으로 정하는 사항을 고려(영 제18조 제3항)하여 감정평가법인등의 검증을 생략할 수 있다(법 제10조 제5항 단서). (의견청취와 달리 타당성 검증은 생략될 수 있다.○)

### (2) 타당성 검증

1) 타당성 검증 의뢰 : 지가현황도면·지가조사자료 제공

시장·군수 또는 구청장은 개별공시지가를 결정·공시하기 위하여 개별토지의 가격을 산정할 때 개별토지가격의 타당성에 대한 검증을 의뢰하는 경우에는 전체 개별토지가격에 대한 지가현황도면(규칙 제6조 제1항 : 해당연도의 산정지가, 전년도의 개별공시지가 및 해당연도의 표준지공시지가가 필지별로

기재된 도면)(감평 2013) 및 <u>지가조사자료</u>(규칙 제6조 제2항 : 개별토지가격의 산정조서 및 그 밖에 토지이용계획에 관한 자료)를 <u>제공</u>하여야 한다(영 제18조 제1항).(감평 2013)

2) 감정평가법인등의 검토·확인 사항

<u>타당성 검증</u>을 <u>의뢰받은 감정평가법인등</u>은 다음 각 호의 사항을 <u>검토·확인</u>하고 <u>의견을 제시</u>해야 한다(영 제18조 제2항).

1. <u>비교표준지 선정의 적정성</u>에 관한 사항(감평 2014·2020)
2. <u>개별토지 가격 산정의 적정성</u>에 관한 사항(감평 2014·2020)
3. 산정한 개별토지가격과 <u>표준지공시지가의 균형 유지</u>에 관한 사항(감평 2014·2020)
4. 산정한 개별토지가격과 <u>인근토지의 지가와의 균형 유지</u>에 관한 사항(감평 2014·2020)
5. 표준주택가격, 개별주택가격, 비주거용 표준부동산가격 및 비주거용 개별부동산가격 산정 시 고려된 <u>토지 특성과 일치하는지 여부</u>
6. 개별토지가격 산정 시 적용된 용도지역, 토지이용상황 등 <u>주요 특성</u>이 <u>공부(公簿)</u>와 <u>일치</u>하는지 여부
7. 그 밖에 시장·군수 또는 구청장이 <u>검토</u>를 의뢰한 사항

3) 타당성 검증의 생략

① <u>시장·군수 또는 구청장</u>은 감정평가법인등의 <u>검증을 생략</u>할 때에는 <u>개별토지의 지가변동률</u>과 해당 토지가 있는 읍·면·동의 연평균 <u>지가변동률</u>(국토교통부장관이 조사·공표하는 연평균 지가변동률을 말한다) 간의 <u>차이가 작은 순</u>으로 <u>대상 토지</u>를 선정해야 한다(영 제18조 제3항 본문).(감평 2013)(시·군·구의 연평균 지가변동률 간의 차이가 큰 순으로×)

② 다만, <u>개발사업이 시행</u>되거나 <u>용도지역·용도지구가 변경</u>되는 등의 사유가 있는 <u>토지는 검증 생략 대상 토지로 선정해서는 안 된다</u>(영 제18조 제3항 단서).(감평 2022·2025)

③ <u>타당성 검증</u>의 <u>생략</u>에 대해서는 <u>관계 중앙행정기관의 장</u>과 <u>미리 협의하여야 한다</u>(영 제18조 제4항).(감평 2012)

(3) 의견청취

① <u>시장·군수 또는 구청장</u>은 개별공시지가를 결정·공시하기 위한 <u>개별토지의 가격 산정</u>에 관하여 <u>토지소유자 및 그 밖의 이해관계인</u>(이하 "<u>개별토지소유자등</u>"이라 한다)의 <u>의견</u>을 들으려는 경우에는 <u>개별토지가격 열람부</u>를 갖추어 놓고 해당 시·군 또는 구(자치구를 말한다. 이하 같다)의 <u>게시판 또는 인터넷 홈페이지</u>에 다음 각 호의 사항을 <u>20일 이상 게시</u>하여 개별토지소유자등이 <u>개별토지가격</u>을 <u>열람</u>할 수 있도록 하여야 한다(영 제19조 제1항).
  1. <u>열람기간 및 열람장소</u>
  2. <u>의견제출기간 및 의견제출방법</u>

② 열람한 개별토지가격에 의견이 있는 개별토지소유자등은 의견제출기간에 해당 <u>시장·군수 또는 구청장</u>에게 <u>의견</u>을 <u>제출</u>할 수 있다(영 제19조 제2항).

③ <u>시장·군수 또는 구청장</u>은 의견을 제출받은 경우에는 의견제출기간 만료일부터 <u>30일 이내</u>에 <u>심사</u>하여 그 결과를 <u>의견제출인</u>에게 통지하여야 한다(영 제19조 제3항).

④ 시장·군수 또는 구청장은 심사를 할 때에는 <u>현지조사와 검증</u>을 할 수 있다(영 제19조 제4항).

## 7. 타당성 검증을 실시하는 감정평가법인등

① <u>시장·군수 또는 구청장</u>이 <u>타당성 검증</u>을 받으려는 때에는 「<u>해당 지역의 표준지 공시지가를 조사·평가한 감정평가법인등</u>」 또는 「<u>대통령령으로 정하는 감정평가실적 등이 우수한 감정평가법인등</u>」에 <u>의뢰하여야 한다</u>(법 제10조 제6항).

② 여기서 「<u>대통령령으로 정하는 감정평가실적 등이 우수한 감정평가법인등</u>」이란 「표준지공시지가 조사·평가 의뢰 대상 감정평가법인등의 요건(영 제7조 제1항)」을 <u>모두 갖춘</u> 감정평가법인등을 말한다(영 제20조).

## 8. 국장의 시장·군수 또는 구청장에 대한 지도·감독

<u>국토교통부장관</u>은 지가공시 행정의 합리적인 발전을 도모하고 표준지공시지가와 개별공시지가와의 균형유지 등 적정한 지가형성을 위하여 필요하다고 인정하는 경우에는 <u>개별공시지가의 결정·공시</u> 등에 관하여 <u>시장·군수 또는 구청장을 지도·감독</u>할 수 있다(법 제10조 제7항).

## 9. 개별공시지가 공시 등

① 시장·군수 또는 구청장은 <u>개별공시지가를 공시</u>할 때에는 다음 각 호의 사항을 해당 <u>시·군 또는 구의 게시판</u> 또는 <u>인터넷 홈페이지</u>에 <u>게시</u>하여야 한다(영 제21조 제2항).
  1. 조사기준일, 공시필지의 수 및 개별공시지가의 열람방법 등 <u>개별공시지가의 결정에 관한 사항</u>
  2. <u>이의신청의 기간·절차 및 방법</u>

② <u>개별공시지가 및 이의신청기간 등의 통지</u>에 관하여는 <u>표준지공시지가 관련 규정</u>(영 제4조 제2항·제3항)을 <u>준용한다</u>(영 제21조 제3항). (감평 2014)

# Ⅱ 개별공시지가에 대한 이의신청 : 30일★

① <u>개별공시지가에 이의가 있는 자</u>는 그 <u>결정·공시일부터 30일 이내</u>에 <u>서면으로 시장·군수 또는 구청장에게 이의를 신청</u>할 수 있다(법 제11조 제1항). (감평 2000·2004·2009·2011·2019·2021·2022·2024·2025) (60일 이내 이의신청할 수 있다. ×)

② <u>시장·군수 또는 구청장</u>은 <u>이의신청 기간이 만료된 날부터 30일 이내</u>에 <u>이의신청을 심사</u>하여 <u>그 결과를 신청인에게 서면으로 통지</u>하여야 한다(법 제11조 제2항 전단). (감평 2000·2004) (이의신청일로부터 30일 이내×) 이 경우 시장·군수 또는 구청장은 <u>이의신청의 내용이 타당</u>하다고 인정될 때에는 법 제10조(개별공시지가의 결정·공시 등)에 따라 <u>해당 개별공시지가를 조정하여 다시 결정·공시하여야 한다</u>(법 제11조 제2항 후단).

③ 개별공시지가에 대하여 이의신청을 하려는 자는 <u>의의신청서에 이의신청 사유를 증명하는 서류</u>를 첨부하여 해당 <u>시장·군수 또는 구청장에게 제출</u>하여야 하고(영 제22조 제1항), 시장·군수 또는 구청장은 제출된 <u>이의신청을 심사</u>하기 위하여 필요할 때에는 <u>감정평가법인등에게 검증을 의뢰</u>할 수 있다(영 제22조 제2항).

# Ⅲ 개별공시지가의 정정★

① <u>시장·군수 또는 구청장</u>은 개별공시지가에 <u>틀린 계산, 오기, 표준지 선정의 착오</u>(감평 2016), 그 밖에 「<u>대통령령으로 정하는 명백한 오류</u>(영 제23조 제1항)」가 있음을 발견한 때에는 <u>지체 없이</u> 이를 <u>정정</u>하여야 한다(법 제12조). (감평 2002·2011·2019·2021)

② 여기서 「<u>대통령령으로 정하는 명백한 오류</u>(영 제23조 제1항)」란 다음 각 호의 어느 하나에 해당하는 경우를 말한다(영 제23조 제1항).

  1. 법 제10조(개별공시지가의 결정·공시 등)에 따른 <u>공시절차를 완전하게 이행하지 아니한 경우</u>(註: 감정평가법인등의 검증 및 토지소유자 등의 의견청취 등)(감평 2002·2016)

  2. <u>용도지역·용도지구</u> 등 <u>토지가격에 영향을 미치는 주요 요인의 조사를 잘못한 경우</u>(감평 2016)

  3. <u>토지가격비준표의 적용에 오류</u>가 있는 경우(감평 2016·2021·2023·2025)

③ ⓐ <u>시장·군수 또는 구청장</u>은 개별공시지가의 <u>오류</u>를 <u>정정</u>하려는 경우에는 <u>시·군·구부동산가격공시위원회의 심의</u>를 거쳐 정정사항을 결정·공시하여야 한다(영 제23조 제2항 본문).

  ⓑ 다만, <u>틀린 계산 또는 오기(誤記)</u>의 경우에는 시·군·구부동산가격공시위원회의 <u>심의를 거치지 아니할 수 있다</u>(영 제23조 제2항 단서). (감평 2002)

> ▶암기 개별공시지가 정정사유(틀린계산·오기→표준지→조/절/비준표)
> 1. <u>틀린 계산·오기</u> : 부동산가격공시위원회 <u>심의 不要</u>
> 2. <u>표준지</u> 선정 착오
> 3. <u>조</u>사 잘못(토지가격에 영향을 미치는 주요요인)
> 4. 공시<u>절</u>차 불이행(검증절차·의견청취절차)
> 5. 적용 오류(토지가격<u>비준표</u>)

# 2-3 지가의 공시 : 타인토지에의 출입 등

## I 타인토지에의 출입 등★

### 1. 표준지가격 조사·평가 등을 위한 타인 토지 출입

관계 공무원 또는 부동산가격공시업무를 의뢰받은 자(이하 "관계공무원등"이라 한다)는 표준지가격의 조사·평가 또는 개별공시지가의 결정·공시를 위한 토지가격 산정을 위하여 필요한 때에는 타인의 토지에 출입할 수 있다(법 제13조 제1항).(감평 2000·2020)

> ☞ 타인토지에의 출입 등과 관련된 법 제13조의 규정은 표준주택가격 조사·산정(법 제16조 제7항), 공동주택가격 조사·산정(법 제18조 제8항), 비주거용 표준부동산가격 조사·산정(법 제20조 제7항), 비주거용 집합부동산가격 조사·산정(법 제22조 제9항)에서 각각 준용하고 있다.

### 2. 택지 등 출입에 대한 허가 및 통지

① 관계공무원등이 「택지 또는 담장이나 울타리로 둘러싸인 타인의 토지」에 출입하고자 할 때에는 시장·군수 또는 구청장의 허가(부동산가격공시업무를 의뢰 받은 자에 한정한다)를 받아 출입할 날의 3일 전에 그 점유자에게 일시와 장소를 통지하여야 한다(법 제13조 제2항 본문).(감평 2000·2018·2019)(관계공무원이 표준지가격의 조사·평가를 위하여 택지에 출입하고 할 때에는 시장·군수 또는 구청장의 허가를 받아야 한다,×) 다만, 점유자를 알 수 없거나 부득이한 사유가 있는 경우에는 그러하지 아니하다(법 제13조 제2항 단서).(감평 2018)

② 「택지 또는 담장이나 울타리로 둘러싸인 타인의 토지」에 출입을 하고자 하는 자는 그 권한을 표시하는 증표(규칙 제9조 제1항 : 공무원증, 감정평가사 자격증)와 허가증(규칙 제9조 제1항 : 별지 제9호 서식)을 지니고 이를 관계인에게 내보여야 한다(법 제13조 제4항).(감평 2000)

### 3. 일출 전·일몰 후 택지 등 출입 : 토지 점유자 승인 要

일출 전·일몰 후에는 그 토지의 점유자의 승인 없이 「택지 또는 담장이나 울타리로 둘러싸인 타인의 토지」에 출입할 수 없다(법 제13조 제3항).(감평 2000·2019)

## II 개별공시지가의 결정·공시비용의 보조 : 50% 이내 보조★

개별공시지가의 결정·공시에 소요되는 비용의 50퍼센트 이내에서 국고에서 보조할 수 있다(법 제14조·영 제24조).(감평 2018·2019·2021·2023·2024)

## Ⅲ 부동산 가격정보 등의 조사

① <u>국토교통부장관</u>은 부동산의 적정가격 조사 등 **<u>부동산 정책의 수립 및 집행</u>**을 위하여 부동산 시장동향, 수익률 등의 가격정보 및 관련 통계 등을 <u>조사·관리</u>하고, 이를 <u>관계 행정기관 등</u>에 제공할 수 있다(법 제15조 제1항).

② <u>국토교통부장관</u>은 제1항에 따라 <u>**적정 주기별**</u>로 다음 각 호의 사항을 <u>조사</u>할 수 있다(영 제25조).
  1. <u>**토지·주택**</u>의 매매·임대 등 <u>가격동향</u> 조사
  2. <u>**비주거용 부동산**</u>의 임대료·관리비·권리금 등 <u>임대차 관련 정보</u>와 <u>공실률(空室率)·투자수익률</u> 등 임대시장 동향에 대한 조사

③ 제1항에 따른 조사를 위하여 관계 행정기관에 국세, 지방세, 토지, 건물 등 관련 자료의 열람 또는 제출을 요구하거나 타인의 토지 등에 출입하는 경우에는 법 제4조(표준지공시지가의 조사협조 : 국장은 관계 행정기관에 관련 자료의 열람 또는 제출을 요구할 수 있고, 관계 행정기관은 정당한 사유가 없으면 그 요구를 따라야 한다.) 및 법 제13조(타인토지에의 출입 등)를 각각 준용한다(법 제15조 제3항).

# CHAPTER 03 > 주택가격의 공시

| 단독주택 | | 공동주택 |
|---|---|---|
| 표준주택가격 | 개별주택가격 | 공동주택가격 |
| 국토교통부장관 | 시장·군수·구청장 | 국토교통부장관 |

## I 표준주택가격의 조사·산정 및 공시 등

### 1. 표준주택가격의 공시 등★

**(1) 서**

① 국토교통부장관은 용도지역, 건물구조 등이 일반적으로 유사하다고 인정되는 일단의 단독주택 중(공동주택 중×)에서 선정한 표준주택에 대하여 매년 공시기준일 현재의 적정가격(이하 "표준주택가격"이라 한다)을 조사·산정하고, 중앙부동산가격공시위원회의 심의를 거쳐 이를 공시하여야 한다(법 제16조 제1항). (감평 2009·2012·2013·2017·2020) (☞ 표준주택가격을 공시하기 위해서 전년도 8월경 한국부동산원에 조사·산정을 의뢰하고, 전년도 12월부터 의견청취절차를 거친 후 당해연도 1월에 중앙부동산가격공시위원회의 심의를 거쳐 공시한다.)

② 국토교통부장관은 표준주택을 선정할 때에는 일반적으로 유사하다고 인정되는 일단의 단독주택 중에서 해당 일단의 단독주택을 대표할 수 있는 주택을 선정하여야 한다(영 제26조 제1항). (감평 2020)

③ 표준주택 선정 및 관리에 필요한 세부기준은 중앙부동산가격공시위원회의 심의를 거쳐 국토교통부장관이 정한다(영 제26조 제2항). (감평 2025)

**(2) 공시기준일**

① 표준주택가격의 공시기준일은 1월 1일로 한다(영 제27조 본문). (감평 2009·2013)

② 다만, 국토교통부장관은 표준주택가격 조사·산정인력 및 표준주택 수 등을 고려하여 부득이하다고 인정하는 경우에는 일부 지역을 지정하여 해당 지역에 대한 공시기준일을 따로 정할 수 있다(영 제27조 단서). (감평 2013)

**(3) 공시 내용**

표준주택가격의 공시에는 다음 각 호의 사항이 포함되어야 한다(법 제16조 제2항). (감평 2024 : 비주거용 표준부동산가격 공시사항도 동일하다.)

1. 표준주택의 지번 (감평 2021)

2. 표준주택가격(감평 2020)
3. 표준주택의 대지면적 및 형상(감평 2017·2021)
4. 표준주택의 용도, 연면적, 구조 및 사용승인일(임시사용승인일을 포함한다)(감평2011·2021·2023)
5. 그 밖에 대통령령으로 정하는 사항(영 제29조)
   가. 지목(감평 2011·2020)
   나. 용도지역(감평 2011·2021)
   다. 도로 상황(감평 2011·2020)
   라. 그 밖에 표준주택가격 공시에 필요한 사항

### (4) 공시 방법

국토교통부장관은 표준주택가격을 공시할 때에는 다음 각 호의 사항을 관보에 공고하고, 표준주택가격을 부동산공시가격시스템에 게시하여야 한다(영 제28조 제1항).(감평 2013)

1. 법 제16조제2항(표준주택가격 공시사항) 각 호의 사항의 개요
2. 표준주택가격의 열람방법(감평 2013)
3. 이의신청의 기간·절차 및 방법(감평 2023)

> ▶암기 표준주택가격 공시사항(표준주택⇒지/가는→지목한→표준주택→면/상을→도/용하라!)
> 1. 지번
> 2. 가격
> 3. 지목
> 4. 표준주택[연면적·구조·(임시)사용승인일·용도] (연/구/사/용)
> 5. 대지면적 및 형상
> 6. 도로 상황
> 7. 용도지역

## 2. 표준주택가격 조사·산정 절차★

### (1) 서

국토교통부장관은 표준주택가격을 조사·산정하고자 할 때에는 「한국부동산원법」에 따른 한국부동산원(이하 "부동산원"이라 한다)에 의뢰한다(법 제16조 제4항).(감평 2012·2017·2020·2023)(한국부동산원 또는 둘 이상의 감정평가법인등에게 의뢰한다. ×)

### (2) 조사·산정 절차

① 표준주택가격 조사·산정을 의뢰받은 부동산원은 표준주택가격 및 그 밖에 국토교통부령으로 정하는 사항 [시행규칙 제11조 제1항 : ⓐ 주택의 소재지, 공부상 지목 및 대지면적, ⓑ 주택 대지의 용도지역(감평 2024), ⓒ 도로접면(감평 2024), ⓓ 대지 형상, ⓔ 주건물 구조 및 층수(감평 2024), ⓕ 건축법에 따른 사용승인연도(감평 2024), ⓖ 주위환경] 을 조사·산정한 후 국토교통부령으로 정하는 바에 따라 표준주택가격 조사·산정보고서를 작성하여 국토교통부장관에게 제출하여야 한다(영 제30조 제1항).

② 부동산원이 조사·산정보고서를 작성하는 경우에는 미리 해당 표준주택 소재지를 관할하는 시·도지사 및 시장·군수·구청장의 의견을 들어야 한다(영 제30조 제2항).

③ 시·도지사 및 시장·군수·구청장은 의견 제시 요청을 받은 경우에는 <u>요청받은 날부터 20일 이내</u>에 의견을 제시해야 한다(영 제30조 제3항 전단). 이 경우 <u>시장·군수 또는 구청장</u>은 <u>시·군·구부동산가격공시위원회의 심의</u>를 거쳐 의견을 제시해야 한다(영 제30조 제3항 후단).
④ <u>국토교통부장관</u>은 제출된 <u>표준주택 가격 조사·산정보고서</u>에 대하여 실거래신고가격 및 감정평가 정보체계 등을 활용하여 <u>그 적정성 여부를 검토</u>할 수 있다(영 제30조 제4항).
⑤ <u>국토교통부장관</u>은 검토 결과 부적정하다고 판단되거나 표준주택가격의 조사·산정이 관계 법령을 위반하여 수행되었다고 인정되는 경우에는 <u>부동산원에 보고서를 시정</u>하여 <u>다시 제출</u>하게 할 수 있다(영 제30조 제5항).

## 3. 표준주택가격 조사·산정의 기준

### (1) 서

국토교통부장관이 <u>표준주택가격을 조사·산정</u>하는 경우에는 <u>인근 유사 단독주택의 거래가격·임대료</u> 및 해당 단독주택과 <u>유사한 이용가치</u>를 지닌다고 인정되는 <u>단독주택의 건설에 필요한 비용추정액</u>, <u>인근지역 및 다른 지역과의 형평성·특수성</u>, <u>표준주택가격 변동의 예측 가능성</u> 등 제반사항을 종합적으로 참작하여야 한다(법 제16조 제5항). (감평 2017)

### (2) 조사·산정 기준

① 국토교통부장관이 <u>표준주택가격을 조사·산정하는 경우 참작하여야 하는 사항의 기준</u>은 다음 각 호와 같다(영 제31조 제1항).
  1. <u>인근 유사 단독주택</u>의 <u>거래가격</u> 또는 <u>임대료</u>의 경우 : 해당 거래 또는 임대차가 당사자의 <u>특수한 사정</u>에 의하여 이루어지거나 단독주택거래 또는 임대차에 대한 <u>지식의 부족</u>으로 인하여 이루어진 경우에는 <u>그러한 사정이 없었을 때</u>에 이루어졌을 거래가격 또는 임대료를 기준으로 할 것
  2. 해당 단독주택과 <u>유사한 이용가치</u>를 지닌다고 인정되는 단독주택의 <u>건축에 필요한 비용추정액</u>의 경우 : 공시기준일 현재 <u>해당 단독주택을 건축하기 위한 표준적인 건축비</u>와 일반적인 부대비용으로 할 것
② 표준주택에 전세권 또는 그 밖에 단독주택의 <u>사용·수익을 제한하는 권리</u>가 설정되어 있을 때에는 <u>그 권리가 존재하지 아니하는 것</u>으로 보고 적정가격을 산정하여야 한다(영 제31조 제2항).

## 4. 주택가격비준표 작성·제공

국토교통부장관은 <u>개별주택가격</u>의 산정을 위하여 필요하다고 인정하는 경우에는 <u>표준주택과 산정대상 개별주택의 가격형성요인</u>에 관한 <u>표준적인 비교표</u>(이하 "<u>주택가격비준표</u>"라 한다)를 작성하여 <u>시장·군수 또는 구청장에게 제공</u>하여야 한다(법 제16조 제6항). (감평 2017)(시·도지사 또는 대도시 시장에게 제공해야 한다, ×)

## 5. 준용규정

<u>표준주택가격의 공시</u>에 대하여는 법 제3조제2항(표준지공시지가의 조사·평가 및 공시 등 : 토지 소유자의 의견청취)·법 제4조(표준지공시지가의 조사협조)·법 제6조(표준지공시지가의 열람 등)·법 제7조(표준지공시지가에 대한 이의신청) 및 법 제13조(타인토지에의 출입 등)를 각각 준용한다(법 제20조 제7항).

# Ⅱ 개별주택가격의 결정·공시 등

## 1. 개별주택가격의 공시 등

① 시장·군수 또는 구청장은 시·군·구부동산가격공시위원회의 심의를 거쳐 매년 표준주택가격의 공시기준일 현재 관할 구역 안의 개별주택의 가격(이하 "개별주택가격"이라 한다)을 결정·공시하고, 이를 관계 행정기관 등에 제공하여야 한다(법 제17조 제1항).(감평 2025)

② 제1항에도 불구하고 「표준주택으로 선정된 단독주택(감평 2025)」, 「국세 또는 지방세 부과대상이 아닌 단독주택」에 대하여는 개별주택가격을 결정·공시하지 아니할 수 있다(법 제17조 제2항 전단·영 제32조 제1항). 이 경우 표준주택으로 선정된 주택에 대하여는 해당 주택의 표준주택가격을 개별주택가격으로 본다(법 제17조 제2항 후단).(감평 2009·2025)

③ 제2항에도 불구하고 시장·군수 또는 구청장은 다음 각 호의 어느 하나에 해당하는 단독주택에 대해서는 개별주택가격을 결정·공시하여야 한다(영 제32조 제2항).

  1. 관계 법령에 따라 단독주택의 가격 산정 등에 개별주택가격을 적용하도록 규정되어 있는 단독주택
  2. 시장·군수 또는 구청장이 관계 행정기관의 장과 협의하여 개별주택가격을 결정·공시하기로 한 단독주택

> ▶암기  개별주택가격을 결정·공시하지 아니할 수 있는 단독주택(표준주택→조세)
> 1. 표준주택으로 선정된 단독주택(해당 주택의 표준주택가격을 개별주택가격으로 본다.)
> 2. 조세(국세·지방세) 부과대상이 아닌 토지

## 2. 개별주택가격 공시에 포함될 사항

개별주택가격의 공시에는 다음 사항이 포함되어야 한다(법 제17조 제3항).(감평 2025)(사용승인일도 개별주택가격의 공시사항이다. ×)

(1) 개별주택의 지번
(2) 개별주택가격
(3) 그 밖에 대통령령으로 정하는 사항(영 제33조)
   가. 개별주택의 용도 및 면적
   나. 그 밖에 개별주택가격 공시에 필요한 사항

## 3. 개별주택가격 공시기준일을 다르게 할 수 있는 단독주택

(1) 서

시장·군수 또는 구청장은 공시기준일 이후에 토지의 분할·합병이나 건축물의 신축 등이 발생한 경우에는 대통령령으로 정하는 날(영 제34조 제2항)을 기준으로 하여 개별주택가격을 결정·공시하여야 한다(법 제17조 제4항).(감평 2012·2013·2022)(2024년 : 비주거용 개별부동산가격의 결정·공시에도 동일한 규정이 있다. - 법 제21조 제4항 : 시장·군수 또는 구청장은 공시기준일 이후에 토지의 분할·합병이나 건축물의 신축 등이 발생한 경우에는 대통령령으로 정하는 날을 기준으로 하여 비주거용 개별부동산가격을 결정·공시하여야 한다.)

### (2) 공시기준일을 다르게 할 수 있는 단독주택

개별주택가격 공시기준일을 다르게 할 수 있는 단독주택은 다음 각 호의 어느 하나에 해당하는 단독주택으로 한다(영 제34조 제1항).

1. 「공간정보의 구축 및 관리 등에 관한 법률」에 따라 그 대지가 분할 또는 합병된 단독주택
2. 「건축법」에 따른 건축·대수선 또는 용도변경이 된 단독주택
3. 국유·공유에서 매각 등에 따라 사유로 된 단독주택으로서 개별주택가격이 없는 단독주택

### (3) 다른 공시기준일

다른 공시기준일은 다음 각호와 같다(영 제34조 제2항).

1. 1월 1일부터 5월 31일까지의 사이에 사유가 발생한 단독주택 : 그 해 6월 1일
2. 6월 1일부터 12월 31일까지의 사이에 사유가 발생한 단독주택 : 다음 해 1월 1일 (감평 2022)

## 4. 개별주택가격의 결정 및 공시 기한

### (1) 원칙

시장·군수 또는 구청장은 매년 4월 30일까지 개별주택가격을 결정·공시하여야 한다(영 제38조 제1항 본문).

### (2) 다른 공시기준일

개별주택가격 공시기준일을 다르게 할 수 있는 단독주택에 대해서는 다음 기준에 따른다(영 제38조 제1항 단서).

1. 1월 1일부터 5월 31일까지 사이 사유 발생 단독주택 : 그 해 6월 1일 기준
   ⇒ 그 해 9월 30일까지 결정·공시
2. 6월 1일부터 12월 31일까지 사이 사유 발생 단독주택 : 다음 해 1월 1일 기준
   ⇒ 다음 해 4월 30일까지 결정·공시

> ▶암기 개별주택가격 공시기준일을 다르게 할 수 있는 단독주택의 결정·공시 기한
> (ⅰ) 공시기준일 以後 사유 발생(건/대/용도→분/합→매각+사유)
> 1. 건축·대수선·용도변경
> 2. 대지의 분할·합병
> 3. 국유·공유에서 매각 등에 따라 사유로 된 단독주택(개별주택가격이 없는 단독주택)
> (ⅱ) 결정·공시 기한(원칙 : 4월 30일까지)
> 1. 1월 1일부터 5월 31일까지 사이 사유 발생 단독주택 : 그 해 6월 1일 기준 ⇒ 그 해 9월 30일까지 결정·공시
> 2. 6월 1일부터 12월 31일까지 사이 사유 발생 단독주택 : 다음 해 1월 1일 기준 ⇒ 다음 해 4월 30일까지 결정·공시

## 5. 개별주택가격 조사·산정의 기준

### (1) 서

시장·군수 또는 구청장이 개별주택가격을 결정·공시하는 경우에는 해당 주택과 유사한 이용가치를 지닌다고 인정되는 표준주택가격을 기준으로 주택가격비준표를 사용하여 가격을 산정하되, 해당 주택의 가격과 표준주택가격이 균형을 유지하도록 하여야 한다(법 제17조 제5항).

### (2) 조사·산정 기준

① 국토교통부장관은 개별주택가격 조사·산정의 기준을 정하여 시장·군수 또는 구청장에게 통보하여야 하며, 시장·군수 또는 구청장은 그 기준에 따라 개별주택가격을 조사·산정하여야 한다(영 제35조 제1항).

② 제1항에 따른 기준에는 다음 각 호의 사항이 포함되어야 한다(영 제35조 제2항).
  1. 주택가격형성에 영향을 미치는 주택특성 조사에 관한 사항
  2. 개별주택가격의 산정기준이 되는 표준주택(이하 "비교표준주택"이라 한다)의 선정에 관한 사항
  3. "주택가격비준표"의 사용에 관한 사항
  4. 그 밖에 개별주택가격의 조사·산정에 필요한 사항

## 6. 개별주택가격의 타당성 검증 및 의견청취

### (1) 서

① 시장·군수 또는 구청장은 개별주택가격을 결정·공시하기 위하여 개별주택의 가격을 산정할 때에는 표준주택가격과의 균형 등 그 타당성에 대하여 대통령령으로 정하는 바에 따라 부동산원의 검증을 받고 토지소유자, 그 밖의 이해관계인의 의견을 들어야 한다(법 제17조 제6항 본문).

② 다만, 시장·군수 또는 구청장은 부동산원의 검증이 필요 없다고 인정되는 때에는 주택가격의 변동상황 등 대통령령으로 정하는 사항을 고려하여 부동산원의 검증을 생략할 수 있다(법 제17조 제6항 단서).

### (2) 타당성 검증

1) 타당성 검증 의뢰

① 시장·군수 또는 구청장은 부동산원에 개별주택가격의 타당성에 대한 검증을 의뢰하는 경우에는 전체 개별주택가격에 대한 가격현황도면 및 가격조사자료를 제공하여야 한다(영 제36조 제1항).

② 타당성 검증을 의뢰받은 부동산원은 다음 각 호의 사항을 검토·확인하고 의견을 제시해야 한다(영 제36조 제2항).
  1. 비교표준주택 선정의 적정성에 관한 사항
  2. 개별주택가격 산정의 적정성에 관한 사항
  3. 산정한 개별주택가격과 표준주택가격의 균형 유지에 관한 사항
  4. 산정한 개별주택가격과 인근주택의 개별주택가격과의 균형 유지에 관한 사항

5. 표준지공시지가 및 개별공시지가 산정 시 고려된 토지 특성과 일치하는지 여부
6. 개별주택가격 산정 시 적용된 용도지역, 토지이용상황 등 주요 특성이 공부와 일치하는지 여부
7. 그 밖에 시장·군수 또는 구청장이 검토를 의뢰한 사항

2) 타당성 검증 생략
① 시장·군수 또는 구청장이 부동산원의 검증을 생략할 때에는 개별주택가격의 변동률과 해당 단독주택이 있는 시·군 또는 구의 연평균 주택가격변동률(국토교통부장관이 조사·공표하는 연평균 주택가격변동률을 말한다) 간의 차이가 작은 순으로 대상 주택을 선정하여야 한다(영 제36조 제3항 본문). (읍·면·동의 연평균 지가변동률 간의 차이가 큰 순으로×).
② 다만, 개발사업이 시행되거나 용도지역·용도지구가 변경되는 등의 사유가 있는 주택은 검증 생략 대상 주택으로 선정해서는 아니 된다(영 제36조 제3항 단서).

(3) 의견청취
개별주택 소유자 등의 의견청취에 관하여는 「개별공시지가 의견청취와 관련된 규정(영 제19조)」을 준용한다(영 제37조).

### 7. 개별주택가격의 공시
시장·군수 또는 구청장은 개별주택가격을 공시할 때에는 다음 각 호의 사항을 해당 시·군 또는 구의 게시판 또는 인터넷 홈페이지에 게시하여야 한다(영 제38조 제2항).
1. 조사기준일 및 개별주택가격의 열람방법 등 개별주택가격의 결정에 관한 사항
2. 이의신청의 기간·절차 및 방법

### 8. 개별주택가격 결정·공시 비용의 보조
개별주택가격 결정·공시에 드는 비용은 50퍼센트 이내에서 국고에서 보조할 수 있다(영 제39조·영 제24조). (감평 2020).

### 9. 기타
① 국토교통부장관은 공시행정의 합리적인 발전을 도모하고 표준주택가격과 개별주택가격과의 균형유지 등 적정한 가격형성을 위하여 필요하다고 인정하는 경우에는 개별주택가격의 결정·공시 등에 관하여 시장·군수 또는 구청장을 지도·감독할 수 있다(법 제17조 제7항).
② 개별주택가격에 대한 이의신청 및 개별주택가격의 정정에 대하여는 법 제11조(개별공시지가에 대한 이의신청) 및 법 제12조(개별공시지가의 정정)를 각각 준용한다(법 제17조 제8항).

## Ⅲ 공동주택가격의 조사·산정 및 공시 등

### 1. 공동주택가격의 공시 등

(1) 서★
① 국토교통부장관은 공동주택에 대하여 매년 공시기준일 현재의 적정가격(이하 "공동주택가격"이라 한다)을 조사·산정하여 중앙부동산가격공시위원회의 심의를 거쳐 공시하고, 이를 관계 행정기관 등에 제공하여야 한다(법 제18조 제1항 본문). (감평 2011) (시장·군수·구청장은 공동주택가격을 조사·산정하여야 한다. ×)
② 다만, 국세청장이 국토교통부장관과 협의하여 다음 각 호의 어느 하나에 해당하는 공동주택가격을 별도로 결정·고시하는 경우는 제외한다(법 제18조 제1항 단서·영 제41조).
  1. 아파트(감평 2019)
  2. 건축 연면적 165제곱미터 이상의 연립주택(감평 2012)

(2) 공시기준일
① 공동주택가격의 공시기준일은 1월 1일로 한다(영 제40조 본문). (감평 2009·2011) (4월 30일을 공시기준일로 한다. ×)
② 다만, 국토교통부장관은 공동주택가격 조사·산정인력 및 공동주택의 수 등을 고려하여 부득이하다고 인정하는 경우에는 일부 지역을 지정하여 해당 지역에 대한 공시기준일을 따로 정할 수 있다(영 제40조 단서).

## 2. 공동주택가격 공시기준일을 다르게 할 수 있는 공동주택

☞ 「개별주택가격 공시기준일을 다르게 할 수 있는 단독주택」 규정과 동일하다.

(1) 서
국토교통부장관은 공시기준일 이후에 토지의 분할·합병이나 건축물의 신축 등이 발생한 경우에는 대통령령으로 정하는 날(영 제44조 제2항)을 기준으로 하여 공동주택가격을 결정·공시하여야 한다(법 제18조 제4항). (감평 2009)

(2) 공시기준일을 다르게 할 수 있는 공동주택
공동주택가격 공시기준일을 다르게 할 수 있는 공동주택은 다음 각 호의 어느 하나에 해당하는 공동주택으로 한다(영 제44조 제1항).
1. 「공간정보의 구축 및 관리 등에 관한 법률」에 따라 그 대지가 분할 또는 합병된 공동주택
2. 「건축법」에 따른 건축·대수선 또는 용도변경이 된 공동주택(감평 2019)
3. 국유·공유에서 매각 등에 따라 사유로 된 공동주택으로서 공동주택가격이 없는 주택

(3) 다른 공시기준일
다른 공시기준일은 다음 각호와 같다(영 제44조 제2항).
1. 1월 1일부터 5월 31일까지의 사이에 사유가 발생한 공동주택 : 그 해 6월 1일
2. 6월 1일부터 12월 31일까지의 사이에 사유가 발생한 공동주택 : 다음 해 1월 1일

## 3. 공동주택가격의 결정 및 공시 기한

☞ 「개별주택가격 공시기준일을 다르게 할 수 있는 경우의 결정·공시 기한」 규정과 동일하다.

### (1) 원칙

국토교통부장관은 매년 4월 30일까지 공동주택가격을 산정·공시하여야 한다(영 제43조 제1항 본문). (감평 2009)(공동주택가격은 매년 5월 31일까지 산정·공시해야 한다, ×)

### (2) 다른 공시기준일

공동주택가격 공시기준일을 다르게 할 수 있는 공동주택에 대해서는 다음 기준에 따른다(영 제38조 제1항 단서).

1. 1월 1일부터 5월 31일까지 사이 사유 발생 공동주택 : 그 해 6월 1일 기준
   ⇒ 그 해 9월 30일까지 결정·공시
2. 6월 1일부터 12월 31일까지 사이 사유 발생 공동주택 : 다음 해 1월 1일 기준
   ⇒ 다음 해 4월 30일까지 결정·공시

## 4. 공동주택소유자 등의 의견청취

국토교통부장관은 공동주택가격을 공시하기 위하여 그 가격을 산정할 때에는 「표준지 소유자의 의견청취절차 규정(영 제5조)」을 준용하여 공동주택소유자와 그 밖의 이해관계인의 의견을 들어야 한다(법 제18조 제2항·영 제42조). (감평 2009·2011 : 공동주택가격을 산정할 때에는 그 타당성에 대하여 부동산원의 검증을 받아야 한다, ×)(감평 2024 : 법 제22조 제3항 - 국토교통부장관은 비주거용 집합부동산가격을 공시하기 위하여 비주거용 집합부동산의 가격을 산정할 때에는 대통령령으로 정하는 바에 따라 비주거용 집합부동산의 소유자와 그 밖의 이해관계인의 의견을 들어야 한다, ○)

## 5. 공동주택가격 조사·산정의 기준

### (1) 서

국토교통부장관이 공동주택가격을 조사·산정하는 경우에는 인근 유사 공동주택의 거래가격·임대료 및 해당 공동주택과 유사한 이용가치를 지닌다고 인정되는 공동주택의 건설에 필요한 비용추정액, 인근지역 및 다른 지역과의 형평성·특수성, 공동주택가격 변동의 예측 가능성 등 제반사항을 종합적으로 참작하여야 한다(법 제18조 제5항).

### (2) 조사·산정 기준

① 국토교통부장관이 공동주택가격을 조사·산정하는 경우 참작하여야 하는 사항의 기준은 다음 각 호와 같다(영 제45조 제1항).

1. 인근 유사 공동주택의 거래가격 또는 임대료의 경우 : 해당 거래 또는 임대차가 당사자의 특수한 사정에 의하여 이루어지거나 공동주택거래 또는 임대차에 대한 지식의 부족으로 인하여 이루어진 경우에는 그러한 사정이 없었을 때에 이루어졌을 거래가격 또는 임대료를 기준으로 할 것

    2. 해당 공동주택과 유사한 이용가치를 지닌다고 인정되는 공동주택의 건설에 필요한 비용 추정액의 경우 : 공시기준일 현재 해당 공동주택을 건축하기 위한 표준적인 건축비와 일반적인 부대비용으로 할 것
  ② 공동주택에 전세권 또는 그 밖에 공동주택의 사용·수익을 제한하는 권리가 설정되어 있을 때에는 그 권리가 존재하지 아니하는 것으로 보고 적정가격을 산정하여야 한다(영 제45조 제2항). (감평 2011)

## 6. 공동주택가격 조사·산정의 절차

### (1) 서★

국토교통부장관이 공동주택가격을 조사·산정하고자 할 때에는 부동산원(감정평가법인 등×)에 의뢰한다(법 제18조 제6항). (감평 2011·2019)

### (2) 조사·산정 절차

① 공동주택가격 조사·산정을 의뢰받은 부동산원은 공동주택가격 및 그 밖에 국토교통부령으로 정하는 사항을 조사·산정한 후 국토교통부령으로 정하는 바에 따라 공동주택가격 조사·산정보고서를 작성하여 국토교통부장관에게 제출하여야 한다(영 제46조 제1항).

② 부동산원은 조사·산정보고서를 작성하는 경우에는 미리 해당 공동주택 소재지를 관할하는 시·도지사 및 시장·군수·구청장의 의견을 들어야 한다(영 제46조 제2항).

③ 시·도지사 및 시장·군수·구청장이 의견 제시 요청을 받은 경우에는 요청받은 날부터 20일 이내에 의견을 제시해야 한다(영 제46조 제3항 전단). 이 경우 시장·군수 또는 구청장은 시·군·구부동산가격공시위원회의 심의를 거쳐 의견을 제시해야 한다(영 제46조 제3항 후단).

④ 국토교통부장관은 보고서를 제출받으면 다음 각 호의 자에게 해당 보고서를 제공해야 한다(영 제46조 제4항).
  1. 행정안전부장관
  2. 국세청장
  3. 시·도지사
  4. 시장·군수 또는 구청장

⑤ 보고서를 제공받은 자는 국토교통부장관에게 보고서에 대한 적정성 검토를 요청할 수 있다(영 제46조 제5항).

## 7. 공동주택가격의 정정사유

① 국토교통부장관은 공시한 공동주택가격에 틀린 계산, 오기, 「그 밖에 대통령령으로 정하는 명백한 오류(영 제47조 제1항)」가 있음을 발견한 때에는 지체 없이 이를 정정하여야 한다(법 제18조 제7항).

② 여기서 「그 밖에 대통령령으로 정하는 명백한 오류」란 다음 각 호의 어느 하나에 해당하는 경우를 말한다(영 제47조 제1항).
  1. 공동주택가격 공시절차를 완전하게 이행하지 아니한 경우
  2. 공동주택가격에 영향을 미치는 동·호수 및 층의 표시 등 주요 요인의 조사를 잘못한 경우

③ 국토교통부장관은 공동주택가격의 오류를 정정하려는 경우에는 중앙부동산가격공시위원회의 심의를 거쳐 정정사항을 결정·공시하여야 한다(영 제47조 제2항 본문). 다만, 틀린 계산 또는 오기의 경우에는 중앙부동산가격공시위원회의 심의를 거치지 아니할 수 있다(영 제47조 제2항 단서). [감평 2024 – 비주거용 집합부동산가격 정정사유 규정도 동일하다.: 영 제70조 제2항]

### 8. 공동주택가격 공시 등

① 공동주택가격의 공시에는 다음 각 호의 사항이 포함되어야 한다(영 제43조 제2항).
  1. 공동주택의 소재지·명칭·동·호수
  2. 공동주택가격
  3. 공동주택의 면적(감평 2019·2023)
  4. 그 밖에 공동주택가격 공시에 필요한 사항

② 국토교통부장관은 공동주택가격을 공시할 때에는 다음 각 호의 사항을 관보에 공고하고, 공동주택가격을 부동산공시가격시스템에 게시하여야 한다(영 제43조 제3항 전단).
  1. 공동주택가격 공시 사항의 개요
  2. 공동주택가격의 열람방법
  3. 이의신청의 기간·절차 및 방법

③ 국토교통부장관은 공동주택가격 공시사항을 관보 공고일부터 10일 이내에 다음 각 호의 자에게 제공하여야 한다(영 제43조 제4항).
  1. 행정안전부장관
  2. 국세청장
  3. 시장·군수 또는 구청장

### 9. 준용규정

공동주택가격의 공시에 대하여는 법 제4조(표준지공시지가의 조사협조)·법 제6조(표준지공시지가의 열람 등)·법 제7조(표준지공시지가에 대한 이의신청) 및 법 제13조(타인토지에의 출입 등)를 각각 준용한다(법 제18조 제8항).


## Ⅳ 주택가격 공시의 효력★

① 표준주택가격은 국가·지방자치단체 등이 그 업무와 관련하여 개별주택가격을 산정하는 경우에 그 기준이 된다(법 제19조 제1항).(감평 2012·2020) [감평 2024 : 비주거용 표준부동산가격도 동일함 – 비주거용 표준부동산가격은 국가·지방자치단체 등이 그 업무와 관련하여 비주거용 개별부동산가격을 산정하는 경우에 그 기준이 된다(법 제23조 제1항).]

② 개별주택가격 및 공동주택가격은 주택시장의 가격정보를 제공하고, 국가·지방자치단체 등이 과세 등의 업무와 관련하여 주택의 가격을 산정하는 경우에 그 기준으로 활용될 수 있다(법 제19조 제2항).(감평 2009·2012·2020·2025)(개별주택가격 및 공동주택가격은 지방자치단체가 지방세 부과 업무와 관련하여 주택의 가격을 산정하는 경우에 그 기준으로 활용될 수 있다.○)

# CHAPTER 04 > 비주거용 부동산가격의 공시

| 비주거용 일반부동산 | | 비주거용 집합부동산 |
|---|---|---|
| 비주거용 표준부동산가격 | 비주거용 개별부동산가격 | 비주거용 집합부동산가격 |
| 국토교통부장관 | 시장·군수·구청장 | 국토교통부장관 |

## I. 비주거용 표준부동산가격의 조사·산정 및 공시 등

### 1. 비주거용 표준부동산가격의 공시 등

(1) 서

① 국토교통부장관은 용도지역, 이용상황, 건물구조 등이 일반적으로 유사하다고 인정되는 일단의 비주거용 일반부동산 중에서 선정한 비주거용 표준부동산에 대하여 매년 공시기준일 현재의 적정가격(이하 "비주거용 표준부동산가격"이라 한다)을 조사·산정하고, 중앙부동산가격공시위원회의 심의를 거쳐 이를 공시할 수 있다(법 제20조 제1항). (공시하여야 한다, ×)

② ⓐ 국토교통부장관은 비주거용 표준부동산을 선정할 때에는 일단의 비주거용 일반부동산 중에서 해당 일단의 비주거용 일반부동산을 대표할 수 있는 부동산을 선정하여야 한다(영 제48조 제1항 전단).
ⓑ 이 경우 미리 해당 비주거용 표준부동산이 소재하는 시·도지사 및 시장·군수·구청장의 의견을 들어야 한다(영 제48조 제1항 후단). (감평 2020) (시·도지사의 의견을 들어야 하나, 이를 시장·군수·구청장의 의견으로 대신할 수 있다, ×)

(2) 공시기준일 : **표준주택가격** 규정 참조

(3) 공시사항 : **표준주택가격** 규정 참조 (감평 2024)

(4) 공시방법 : **표준주택가격** 규정 참조

### 2. 비주거용 표준부동산가격 조사·산정의 절차

(1) 서

국토교통부장관은 비주거용 표준부동산가격을 조사·산정하려는 경우 감정평가법인등 또는 대통령령으로 정하는 부동산 가격의 조사·산정에 관한 전문성이 있는 자(영 제52조 : 부동산원)에게 의뢰한다(법 제20조 제4항).

(2) 조사·산정 절차(영 제53조) : **표준주택가격** 규정 참조

### 3. 비주거용 표준부동산가격 조사·산정의 기준

(1) 서

국토교통부장관이 비주거용 표준부동산가격을 조사·산정하는 경우에는 인근 유사 비주거용 일반부동산의 거래가격·임대료 및 해당 비주거용 일반부동산과 유사한 이용가치를 지닌다고 인정되는 비주거용 일반부동산의 건설에 필요한 비용추정액 등을 종합적으로 참작하여야 한다(법 제20조 제5항).

(2) 조사·산정 기준(영 제54조) : **표준주택가격 규정 참조**

### 4. 비주거용 부동산가격비준표 작성·제공

국토교통부장관은 비주거용 개별부동산가격의 산정을 위하여 필요하다고 인정하는 경우에는 비주거용 표준부동산과 산정대상 비주거용 개별부동산의 가격형성요인에 관한 표준적인 비교표(이하 "비주거용 부동산가격비준표"라 한다)를 작성하여 시장·군수 또는 구청장에게 제공하여야 한다(법 제20조 제6항). (감평 2020)

## Ⅲ 비주거용 개별부동산가격의 결정·공시 등

### 1. 비주거용 개별부동산가격의 결정·공시

(1) 원칙 : 시장·군수·구청장의 결정·공시

시장·군수 또는 구청장은 시·군·구부동산가격공시위원회의 심의를 거쳐 매년 비주거용 표준부동산가격의 공시기준일 현재 관할 구역 안의 비주거용 개별부동산의 가격(이하 "비주거용 개별부동산가격"이라 한다)을 결정·공시할 수 있다(법 제21조 제1항 본문).

(2) 예외 : 행정안전부장관·국세청장의 결정·고시

행정안전부장관 또는 국세청장이 그 대상·시기 등에 대하여 미리 국토교통부장관과 협의한 후(後) 비주거용 개별부동산가격을 별도로 결정·고시하는 경우에는 시장·군수 또는 구청장은 비주거용 개별부동산가격을 결정·공시하지 않는다(법 제21조 제1항 본문·영 제55조).

### 2. 비주거용 개별부동산가격을 공시하지 아니할 수 있는 비주거용 일반부동산

☞ 「개별주택가격을 공시하지 아니할 수 있는 단독주택」규정 참조

### 3. 비주거용 개별부동산가격 공시에 포함될 사항

☞ 「개별주택가격 공시에 포함될 사항」규정 참조

### 4. 비주거용 개별부동산가격 공시기준일을 다르게 할 수 있는 비주거용 일반부동산

☞ 「개별주택가격 공시기준일을 다르게 할 수 있는 단독주택」규정 참조(감평 2024)

### 5. 비주거용 개별부동산가격 조사·산정의 절차

☞ 「개별주택가격 조사·산정의 절차 및 기준」 규정 참조

### 6. 비주거용 개별부동산가격의 타당성 검증 및 의견청취

① 시장·군수 또는 구청장은 비주거용 개별부동산가격을 결정·공시하기 위하여 비주거용 일반부동산의 가격을 산정할 때에는 비주거용 표준부동산가격과의 균형 등 그 타당성에 대하여 감정평가법인등 또는 부동산원의 검증을 받고 비주거용 일반부동산의 소유자와 그 밖의 이해관계인의 의견을 들어야 한다(법 제21조 제6항 본문).

② 다만, 시장·군수 또는 구청장은 비주거용 개별부동산가격에 대한 검증이 필요 없다고 인정하는 때에는 비주거용 부동산가격의 변동상황 등 대통령령으로 정하는 사항을 고려하여 검증을 생략할 수 있다(법 제21조 제6항 단서).

☞ 기타 「개별주택가격 검증 및 의견청취」 규정 참조

### 7. 비주거용 개별부동산가격의 결정 및 공시 기한

☞ 「개별주택가격 결정 및 공시 기한」 규정 참조

## Ⅲ 비주거용 집합부동산가격의 조사·산정 및 공시 등

### 1. 비주거용 집합부동산가격의 공시 등

(1) 서

① 국토교통부장관은 비주거용 집합부동산에 대하여 매년 공시기준일 현재의 적정가격(이하 "비주거용 집합부동산가격"이라 한다)을 조사·산정하여 중앙부동산가격공시위원회의 심의를 거쳐 공시할 수 있다(법 제22조 제1항 전단). 이 경우 시장·군수 또는 구청장(☞조문체계상 시장·군수·구청장이 아니라 국토교통부장관으로 변경하는 것이 타당하다 사료된다.)은 비주거용 집합부동산가격을 결정·공시한 경우에는 이를 관계행정기관 등에 제공하여야 한다(법 제22조 제1항 후단).

② 행정안전부장관 또는 국세청장이 그 대상·시기 등에 대하여 미리 국토교통부장관과 협의한 후(後) 비주거용 집합부동산의 가격을 별도로 결정·고시하는 경우에는 해당 비주거용 집합부동산의 비주거용 개별부동산가격을 결정·공시하지 아니한다(법 제22조 제2항·영 제65조).

(2) 비주거용 집합부동산가격의 공시기준일 : 공동주택가격 규정 참조

(3) 비주거용 집합부동산가격의 산정 및 공시 : 공동주택가격 규정 참조

### 2. 비주거용 집합부동산 소유자 등의 의견청취 : 공동주택가격 규정 참조

### 3. 공시기준일을 다르게 할 수 있는 비주거용 집합부동산 : 공동주택가격 규정 참조

### 4. 비주거용 집합부동산가격 조사·산정의 기준 : 공동주택가격 규정 참조

5. **비주거용 집합부동산가격 조사·산정의 절차 : 공동주택가격 규정 참조**

   국토교통부장관은 비주거용 집합부동산가격을 조사·산정할 때에는 부동산원 또는 감정평가법인등에게 의뢰한다(법 제22조 제7항).

6. **비주거용 집합부동산가격의 정정사유 : 공동주택가격 규정 참조**

## Ⅳ 비주거용 부동산가격공시의 효력

① 비주거용 표준부동산가격은 국가·지방자치단체 등이 그 업무와 관련하여 비주거용 개별부동산가격을 산정하는 경우에 그 기준이 된다(법 제23조 제1항).(감평 2024)
② 비주거용 개별부동산가격 및 비주거용 집합부동산가격은 비주거용 부동산시장에 가격정보를 제공하고, 국가·지방자치단체 등이 과세 등의 업무와 관련하여 비주거용 부동산의 가격을 산정하는 경우에 그 기준으로 활용될 수 있다(법 제23조 제2항).

| 구 분 | | 공시주체 | 감정평가법인등 | 한국부동산원 |
|---|---|---|---|---|
| 토지 | ① 표준지공시지가 | 국토교통부장관 | 조사·평가 | × |
| | ② 개별공시지가 | 시장·군수·구청장 | 타당성 검증 | × |
| 단독주택 | ① 표준주택가격 | 국토교통부장관 | × | 조사·산정 |
| | ② 개별주택가격 | 시장·군수·구청장 | × | 타당성 검증 |
| 공동주택 | 공동주택가격 | 국토교통부장관 | × | 조사·산정 |
| | ☞ 단, 아파트, 연립주택(연면적 165㎡ 이상)에 대해 국세청장이 결정·고시하는 경우는 제외 | | | |
| 비주거용 일반부동산 | ① 표준부동산가격 | 국토교통부장관 | 조사·산정 | 조사·산정 |
| | ② 개별부동산가격 | 시장·군수·구청장 | 타당성 검증 | 타당성 검증 |
| | ☞ 단, 개별부동산가격은 행정안전부장관 또는 국세청장이 별도 결정·고시하는 경우는 제외 | | | |
| 비주거용 집합부동산 | 집합부동산가격 | 국토교통부장관 | 조사·산정 | 조사·산정 |
| | ☞ 단, 행정안전부장관 또는 국세청장이 별도 결정·고시하는 경우는 제외 | | | |

| | | |
|---|---|---|
| 표준지공시지가<br>(국장) | ① 표준지공시지가의 공시기준일은 1월 1일로 한다.<br>② 다만, <u>국토교통부장관</u>은 표준지공시지가 조사·평가인력 등을 고려하여 부득이하다고 인정하는 경우에는 <u>일부 지역</u>을 <u>지정</u>하여 해당 지역에 대한 <u>공시기준일을 따로 정할 수 있다.</u> | |
| 개별공시지가 | ① <u>시장·군수 또는 구청장</u>은 <u>매년 5월 31일까지</u> 개별공시지가를 결정·공시하여야 한다.<br>② 공시기준일을 다르게 할 수 있는 토지 : 다른 기준일 및 공시 기한<br>　ⓐ 1월 1일부터 6월 30일까지의 사이에 분할·합병 등이 발생한 토지<br>　　: 그 해 7월 1일 기준 ⇒ 그 해 10월 31일까지 결정·공시<br>　ⓑ 7월 1일부터 12월 31일까지의 사이에 분할·합병 등이 발생한 토지<br>　　: 다음 해 1월 1일 기준 ⇒ 다음 해 5월 31일까지 결정·공시 | |
| 단독주택 | 표준주택가격(국장) | |
| | ☞ <u>일부지역</u> 다른 공시기준일 : <u>표준지공시지가</u> 규정과 동일 | |
| | 개별주택가격 | |
| | ① <u>시장·군수 또는 구청장</u>은 <u>매년 4월 30일까지</u> 개별주택가격을 결정·공시하여야 한다.<br>② 공시기준일을 다르게 할 수 있는 <u>단독주택</u> : 다른 기준일 및 공시 기한<br>　ⓐ 1월 1일부터 5월 31일까지 사이 사유 발생 단독주택<br>　　: 그 해 6월 1일 기준 ⇒ 그 해 9월 30일까지 결정·공시<br>　ⓑ 6월 1일부터 12월 31일까지 사이 사유 발생 토지<br>　　: 다음 해 1월 1일 기준 ⇒ 다음 해 4월 30일까지 결정·공시 | |
| 공동주택가격(국장) | ☞ <u>일부지역</u> 다른 공시기준일 : <u>표준지공시지가</u> 규정과 동일<br>☞ 공시기준일을 다르게 할 수 있는 <u>공동주택</u> : 개별주택가격 규정과 동일 | |
| 비주거용<br>일반부동산 | 비주거용 표준부동산가격(국장) | |
| | ☞ <u>일부지역</u> 다른 공시기준일 : <u>표준지공시지가</u> 규정과 동일 | |
| | 비주거용 개별부동산가격 | |
| | ☞ 공시기준일을 다르게 할 수 있는 <u>비주거용 일반부동산</u> : 개별주택가격 규정과 동일 | |
| 비주거용<br>집합부동산가격<br>(국장) | ☞ <u>일부지역</u> 다른 공시기준일 : <u>표준공시지가</u> 규정과 동일<br>☞ 공시기준일을 다르게 할 수 있는 <u>비주거용 집합부동산</u> : 개별주택가격 규정과 동일 | |

# CHAPTER 05 > 부동산가격공시위원회

## I 중앙부동산가격공시위원회

### 1. 심의사항

다음 각 호의 사항을 심의하기 위하여 국토교통부장관 소속으로 중앙부동산가격공시위원회(이하 이 조에서 "위원회"라 한다)를 둔다(법 제24조 제1항). (심의사항 : ⓐ 표준지·표준주택·공동주택·비주거용표준부동산·비주거용집합부동산 – 선정 및 관리지침·가격·이의신청, ⓑ 부동산공시가격이 적정가격을 반영하기 위한 계획 수립, ⓒ 국토교통부장관이 심의에 부치는 사항)

1. 부동산 가격공시 관계 법령의 제정·개정에 관한 사항 중 국토교통부장관이 심의에 부치는 사항
2. 표준지의 선정 및 관리지침
3. 조사·평가된 표준지공시지가
4. 표준지공시지가에 대한 이의신청에 관한 사항(감평 2013·2014)
5. 표준주택의 선정 및 관리지침
6. 조사·산정된 표준주택가격
7. 표준주택가격에 대한 이의신청에 관한 사항(감평 2014)
8. 공동주택의 조사 및 산정지침
9. 조사·산정된 공동주택가격
10. 공동주택가격에 대한 이의신청에 관한 사항(감평 2014)
11. 비주거용 표준부동산의 선정 및 관리지침
12. 조사·산정된 비주거용 표준부동산가격
13. 비주거용 표준부동산가격에 대한 이의신청에 관한 사항
14. 비주거용 집합부동산의 조사 및 산정 지침(감평 2023)
15. 조사·산정된 비주거용 집합부동산가격
16. 비주거용 집합부동산가격에 대한 이의신청에 관한 사항
17. 법 제26조의2(부동산공시가격이 적정가격을 반영하기 위한 계획 수립 등)에 따른 계획 수립에 관한 사항(감평 2014)
18. 그 밖에 부동산정책에 관한 사항 등 국토교통부장관이 심의에 부치는 사항(감평 2014)

### 2. 위원회 구성

① 위원회는 위원장을 포함한 20명 이내의 위원으로 구성하고(법 제24조 제2항), (감평 2016) 위원회를 구성할 때에는 성별을 고려하여야 한다(영 제71조 제1항).

② 위원회의 <u>위원장</u>은 <u>국토교통부 제1차관</u>이 된다(법 제24조 제3항).(감평 2016)
③ <u>위원회의 위원</u>은 대통령령(영 제71조 제2항 ; 기획재정부·행정안전부·농림축산식품부·보건복지부·국토교통부)으로 정하는 <u>중앙행정기관의 장이 지명하는 6명 이내의 공무원</u>과 다음 각 호의 어느 하나에 해당하는 사람 중 <u>국토교통부장관</u>이 <u>위촉</u>하는 사람이 된다(법 제24조 제4항).(감평 2016)
  1. 「고등교육법」에 따른 대학에서 토지·주택 등에 관한 이론을 가르치는 조교수 이상으로 재직하고 있거나 재직하였던 사람
  2. 판사, 검사, 변호사 또는 감정평가사의 자격이 있는 사람
  3. 부동산가격공시 또는 감정평가 관련 분야에서 <u>10년 이상 연구 또는 실무경험이 있는 사람</u>

### 3. 위원장·부위원장·위원

① 중앙부동산가격공시위원회의 위원장(이하 "위원장"이라 한다)은 중앙부동산가격공시위원회를 <u>대표</u>하고, 중앙부동산가격공시위원회의 <u>업무를 총괄</u>한다(영 제71조 제3항).
② <u>위원장은 위원회의 회의를 소집</u>하고 <u>그 의장이 된다</u>(영 제71조 제4항).(감평 2016)
③ 위원회에 <u>부위원장 1명</u>을 두며, 부위원장은 위원 중 <u>위원장이 지명하는 사람</u>이 된다(영 제71조 제5항).
④ 부위원장은 위원장을 보좌하고 위원장이 부득이한 사유로 직무를 수행할 수 없을 때에 그 직무를 대행한다(영 제71조 제6항).
⑤ 위원장 및 부위원장이 모두 부득이한 사유로 직무를 수행할 수 없을 때에는 위원장이 미리 지명한 위원이 그 직무를 대행한다(영 제71조 제7항).
⑥ 위원회의 위원 중 공무원이 아닌 위원에게는 예산의 범위에서 <u>수당과 여비를 지급할 수 있다</u>(영 제71조 제10항).
⑦ 위원회의 운영에 필요한 세부적인 사항은 <u>위원회의 의결</u>을 거쳐 <u>위원장이 정한다</u>(영 제71조 제11항).
⑧ <u>공무원이 아닌 위원의 임기는 2년으로 하되, 한차례 연임할 수 있다</u>(법 제24조 제5항).(감평 2016)

### 4. 위원회 회의

① <u>위원장</u>은 <u>위원회의 회의를 소집</u>할 때에는 <u>개회 3일 전까지 의안을 첨부</u>하여 위원에게 <u>개별 통지</u>하여야 한다(영 제71조 제8항).(감평 2016)
② 위원회의 회의는 재적위원 과반수의 출석으로 개의(開議)하고, 출석위원 과반수의 찬성으로 의결한다(영 제71조 제4항).

### 5. 기타

국토교통부장관은 필요하다고 인정하면 <u>위원회의 심의에 부치기 전에 미리 관계 전문가의 의견</u>을 듣거나 <u>조사·연구를 의뢰</u>할 수 있다(법 제24조 제6항).

# Ⅱ 시·군·구부동산가격공시위원회

## 1. 심의사항

다음 각 호의 사항을 심의하기 위하여 시장·군수 또는 구청장 소속으로 시·군·구부동산가격공시위원회를 둔다(법 제25조 제1항). (심의사항 : ① 개별공시지가 · 개별주택가격 · 비주거용 개별부동산가격 결정 · 이의신청, ② 시장 · 군수 · 구청장이 심의에 부치는 사항)

1. 개별공시지가의 결정에 관한 사항
2. 개별공시지가에 대한 이의신청에 관한 사항(감평 2000)
3. 개별주택가격의 결정에 관한 사항
4. 개별주택가격에 대한 이의신청에 관한 사항(감평 2014)
5. 비주거용 개별부동산가격의 결정에 관한 사항
6. 비주거용 개별부동산가격에 대한 이의신청에 관한 사항
7. 그 밖에 시장·군수 또는 구청장이 심의에 부치는 사항

## 2. 구성

① 시·군·구부동산가격공시위원회는 위원장 1명을 포함한 10명 이상 15명 이하의 위원으로 구성하며, 성별을 고려하여야 한다(영 제74조 제1항).

② 시·군·구부동산가격공시위원회 위원장은 부시장·부군수 또는 부구청장이 된다(영 제74조 제2항 전단). 이 경우 부시장·부군수 또는 부구청장이 2명 이상이면 시장·군수 또는 구청장이 지명하는 부시장·부군수 또는 부구청장이 된다(영 제74조 제2항 후단).

③ 시·군·구부동산가격공시위원회 위원은 시장·군수 또는 구청장이 지명하는 6명 이내의 공무원과 다음 각 호의 어느 하나에 해당하는 사람 중에서 시장·군수 또는 구청장이 위촉하는 사람이 된다(영 제74조 제3항).

1. 부동산 가격공시 또는 감정평가에 관한 학식과 경험이 풍부하고 해당 지역의 사정에 정통한 사람
2. 시민단체(「비영리민간단체 지원법」 제2조에 따른 비영리민간단체를 말한다)에서 추천한 사람

# CHAPTER 06 보칙

## I 공시보고서의 제출 등

① **정부**는 표준지공시지가, 표준주택가격 및 공동주택가격의 주요사항에 관한 보고서를 매년 정기국회의 개회 전(前)까지 국회에 제출하여야 한다(법 제26조 제1항).(감평 2002·2014)(매년 1월말까지 국회에 제출해야 한다, ×)
② 국토교통부장관은 표준지공시지가, 표준주택가격, 공동주택가격, 비주거용 표준부동산가격 및 비주거용 집합부동산가격을 공시하는 때에는 부동산의 시세 반영률, 조사·평가 및 산정 근거 등의 자료를 국토교통부령으로 정하는 바에 따라 인터넷 홈페이지 등에 공개하여야 한다(법 제26조 제2항).

## II 적정가격 반영을 위한 계획 수립 등

① **국토교통부장관**은 부동산공시가격이 적정가격을 반영하고 부동산의 유형·지역 등에 따른 균형성을 확보하기 위하여 부동산의 시세 반영률의 목표치를 설정하고, 이를 달성하기 위하여 대통령령으로 정하는 바(영 제14조의2)에 따라 계획을 수립하여야 한다(법 제26조의2 제1항).
② 제1항에 따른 계획을 수립하는 때에는 부동산 가격의 변동 상황, 지역 간의 형평성, 해당 부동산의 특수성 등 제반사항을 종합적으로 고려하여야 한다(법 제26조의2 제2항).
③ 국토교통부장관이 제1항에 따른 계획을 수립하는 때에는 관계 행정기관과의 협의를 거쳐 공청회를 실시하고, 중앙부동산가격공시위원회의 심의를 거쳐야 한다(법 제26조의2 제3항).
④ 국토교통부장관, 시장·군수 또는 구청장은 부동산공시가격을 결정·공시하는 경우 제1항에 따른 계획에 부합하도록 하여야 한다(법 제26조의2 제4항).

## III 공시가격정보체계의 구축 및 관리

① **국토교통부장관**은 토지, 주택 및 비주거용 부동산의 공시가격과 관련된 정보를 효율적이고 체계적으로 관리하기 위하여 공시가격정보체계를 구축·운영할 수 있다(법 제27조 제1항).
② **국토교통부장관**은 공시가격정보체계를 구축하기 위하여 필요한 경우 관계 기관에 자료를 요청할 수 있다. 이 경우 관계 기관은 정당한 사유가 없으면 그 요청을 따라야 한다(법 제27조 제2항).
③ 공시가격정보체계에는 다음 각 호의 정보가 포함되어야 한다(영 제75조 제1항).
  1. 법에 따라 공시되는 가격에 관한 정보

2. 제1호에 따른 공시대상 부동산의 특성에 관한 정보
3. 그 밖에 부동산공시가격과 관련된 정보

## Ⅳ 회의록의 공개

① 중앙부동산가격공시위원회 및 시·군·구부동산가격공시위원회 심의의 일시·장소·안건·내용·결과 등이 기록된 회의록은 3개월의 범위에서 대통령령으로 정하는 기간(영 제75조의2 제1항; 3개월)이 지난 후에는 대통령령으로 정하는 바(영 제75조의2 제2항 및 제3항)에 따라 인터넷 홈페이지 등에 공개하여야 한다(법 제27조의2 본문).

② 다만, 공익을 현저히 해할 우려가 있거나 심의의 공정성을 침해할 우려가 있다고 인정되는 이름, 주민등록번호 등 대통령령으로 정하는 개인 식별 정보(영 제75조의2 제4항; 이름 · 주민등록번호 · 주소 및 직위 등 특정인임을 식별할 수 있는 정보를 말한다.)에 관한 부분의 경우에는 그러하지 아니하다(법 제27조의2 단서).

## Ⅴ 업무위탁

① 국토교통부장관은 다음 각 호의 업무를 부동산원에 위탁할 수 있다(법 제28조 제1항).
  1. 다음 각 목의 업무 수행에 필요한 부대업무
     가. 표준지공시지가의 조사·평가
     나. 표준주택가격의 조사·산정
     다. 공동주택가격의 조사·산정
     라. 비주거용 표준부동산가격의 조사·산정
     마. 비주거용 집합부동산가격의 조사·산정
  2. 표준지공시지가, 표준주택가격, 공동주택가격, 비주거용 표준부동산가격 및 비주거용 집합부동산가격에 관한 도서·도표 등 작성·공급
  3. 토지가격비준표, 주택가격비준표 및 비주거용 부동산가격비준표의 작성·제공
  4. 부동산 가격정보 등의 조사
  5. 공시가격정보체계의 구축 및 관리
  6. 제1호부터 제5호까지의 업무와 관련된 업무로서 대통령령으로 정하는 업무(영 제76조 제1항; 제1호부터 제5호까지의 업무와 관련된 교육 및 연구를 말한다.)

② 국토교통부장관은 제1항에 따라 그 업무를 위탁할 때에는 예산의 범위에서 필요한 경비를 보조할 수 있다(법 제28조 제2항).

## Ⅵ 벌칙 적용에서 공무원 의제

다음 각 호의 어느 하나에 해당하는 사람은 「형법」 제129조부터 제132조까지의 규정(수뢰죄·사전수뢰죄·제삼자뇌물제공죄·수뢰후부정처사죄·사후수뢰죄·알선수뢰죄)을 적용할 때에는 <u>공무원</u>으로 본다(법 제30조).

1. 법 제28조제1항(국토교통부장관의 부동산원에의 업무 위탁)에 따라 업무를 위탁받은 기관의 <u>임직원</u>
2. <u>중앙부동산가격공시위원회의 위원</u> 중 <u>공무원이 아닌 위원</u>

제 4 편

# 국유재산법

제01장 총 칙
제02장 총괄청
제03장 국유재산관리기금
제04장 행정재산
제05장 일반재산
제06장 개 발
제07장 지식재산 관리·처분의 특례
제08장 대장(臺帳)과 보고
제09장 보칙 및 벌칙

# CHAPTER 01 총칙

## I. 목적

이 법은 국유재산에 관한 기본적인 사항을 정함으로써 국유재산의 적정한 보호와 효율적인 관리·처분을 목적으로 한다(법 제1조).

## II. 정의

### 1. 국유재산★

"**국유재산**"이란 국가의 부담, 기부채납이나 법령 또는 조약에 따라 국가 소유로 된 법 제5조(국유재산의 범위)제1항 각 호의 재산을 말한다(법 제2조 제1호).(감평 2000·2009·2011)

### 2. 기부채납(寄附採納)

"**기부채납**"이란 국가 외(外)의 자가 법 제5조(국유재산의 범위)제1항 각 호에 해당하는 재산의 소유권을 무상으로 국가에 이전하여 국가가 이를 취득하는 것을 말한다(법 제2조 제2호).(감평 2024)

### 3. 관리

"**관리**"란 국유재산의 취득·운용과 유지·보존을 위한 모든 행위를 말한다(법 제2조 제3호).

### 4. 처분

"**처분**"이란 매각, 교환, 양여, 신탁, 현물출자 등의 방법으로 국유재산의 소유권이 국가 외(外)의 자에게 이전되는 것을 말한다(법 제2조 제4호).

### 5. 관리전환

"**관리전환**"이란 일반회계와 특별회계·기금 간 또는 서로 다른 특별회계·기금 간에 국유재산의 관리권을 넘기는 것을 말한다(법 제2조 제5호).(감평 1999)

> ☞ (ⅰ) ① 국가의 회계는 일반회계와 특별회계로 구분한다(국가재정법 제4조 제1항). ② 일반회계는 조세수입 등을 주요 세입으로 하여 국가의 일반적인 세출에 충당하기 위하여 설치하고, 특별회계는 국가에서 특정한 사업을 운영하고자 할 때, 특정한 자금을 보유하여 운용하고자 할 때, 특정한 세입으로 특정한 세출에 충당함으로써 일반회계와 구분하여 회계처리할 필요가 있을 때에 법률로써 설치한다(국가재정법 제4조 제2항·제3항).

(ⅱ) ① <u>기금</u>은 국가가 <u>특정한 목적</u>을 위하여 <u>특정한 자금</u>을 신축적으로 운용할 필요가 있을 때에 한정하여 <u>법률</u>로써 설치한다(국가재정법 제5조 제1항). ② <u>기금</u>은 <u>세입세출예산에 의하지 아니하고 운용할 수 있다</u>(국가재정법 제5조 제2항).

### 6. 정부출자기업체

"<u>정부출자기업체</u>"란 정부가 출자하였거나 출자할 기업체로서 <u>대통령령으로 정하는 기업체</u>(영 제2조: 한국자산관리공사, 한국농수산식품유통공사, 한국방송공사, 인천국제공항공사, 한국부동산원, 중소기업은행, 한국농어촌공사, 한국도로공사, 한국전력공사, 한국조폐공사, 한국철도공사, 한국토지주택공사 등)를 말한다(법 제2조 제6호).

### 7. 사용허가

"<u>사용허가</u>"란 <u>행정재산</u>을 <u>국가 외(外)</u>의 자가 일정 기간 <u>유상</u>이나 <u>무상</u>으로 <u>사용·수익</u>할 수 있도록 허용하는 것을 말한다(법 제2조 제7호).

### 8. 대부계약

"<u>대부계약</u>"이란 <u>일반재산</u>을 <u>국가 외(外)</u>의 자가 일정 기간 <u>유상</u>이나 <u>무상</u>으로 <u>사용·수익</u>할 수 있도록 체결하는 계약을 말한다(법 제2조 제8호).

### 9. 변상금★

"<u>변상금</u>"이란 <u>사용허가나 대부계약 없이 국유재산을 사용·수익</u>하거나 <u>점유한 자</u>(사용허가나 대부계약 기간이 끝난 후(後) 다시 사용허가나 대부계약 없이 국유재산을 계속 사용·수익하거나 점유한 자를 포함한다. 이하 "<u>무단점유자</u>"라 한다)에게 <u>부과</u>하는 <u>금액</u>을 말한다(법 제2조 제9호). (감평 2000·2004·2019·2024)

### 10. 총괄청

"<u>총괄청</u>"이란 <u>기획재정부장관</u>을 말한다(법 제2조 제10호). (감평 2019·2024)

### 11. 중앙관서의 장등

"<u>중앙관서의 장등</u>"이란 「국가재정법」 제6조에 따른 중앙관서의 장(이하 "<u>중앙관서의 장</u>"이라 한다)과 제42조제1항에 따라 <u>일반재산</u>의 관리·처분에 관한 사무를 <u>위임·위탁받은 자</u>를 말한다(법 제2조 제11호).

## Ⅲ. 국유재산 관리·처분의 기본원칙

국가는 <u>국유재산</u>을 <u>관리·처분</u>할 때에는 다음 각 호의 <u>원칙</u>을 지켜야 한다(법 제3조).
  1. <u>국가전체의 이익</u>에 부합되도록 할 것
  2. <u>취득</u>과 <u>처분</u>이 <u>균형</u>을 이룰 것(감평 2012)
  3. <u>공공가치</u>와 <u>활용가치</u>를 고려할 것
  3의2. <u>경제적 비용</u>을 고려할 것
  4. <u>투명하고 효율적인 절차</u>를 따를 것(감평 2018)

## Ⅳ 다른 법률과의 관계

국유재산의 관리와 처분에 관하여는 다른 법률에 특별한 규정이 있는 경우를 제외하고는 이 법에서 정하는 바에 따른다(법 제4조 본문). 다만, 다른 법률의 규정이 제2장(총괄청)에 저촉되는 경우에는 이 법에서 정하는 바에 따른다(법 제4조 단서).

## Ⅴ 국유재산의 범위★

① 국유재산의 범위는 다음 각 호와 같다(법 제5조 제1항).
 1. 부동산과 그 종물(從物)(감평 2009)
 2. 선박(감평 2019), 부표(浮標), 부잔교(浮棧橋), 부선거(浮船渠) 및 항공기와 그들의 종물(감평 2009)
 3. 「정부기업예산법」 제2조에 따른 정부기업[이하 "정부기업(기업형태로 운영하는 우편사업, 우체국예금사업, 양곡관리사업 및 조달사업)"이라 한다]이나 정부시설에서 사용하는 기계와 기구 중 대통령령으로 정하는 것(영 제3조 : 기관차・전차・객차(客車)・화차(貨車)・기동차(汽動車) 등 궤도차량을 말한다.)
 4. 지상권(감평 2019·2024), 지역권, 전세권(감평 2024), 광업권(감평 2019·2024), 그 밖에 이에 준하는 권리
 5. 「자본시장과 금융투자업에 관한 법률」 제4조에 따른 증권(이하 "증권"이라 한다)
 6. 다음 각 목의 어느 하나에 해당하는 권리(이하 "지식재산"이라 한다)
    가. 「특허법」・「실용신안법」・「디자인보호법」 및 「상표법」에 따라 등록된 특허권(감평 2019), 실용신안권, 디자인권 및 상표권(감평 2012·2016)
    나. 「저작권법」에 따른 저작권(감평 2019), 저작인접권(저작권법에서는 저작인접권으로 이러한 실연자를 보호하고 있다. 저작인접권상 실연자의 권리로서 "성명표시권・동일성유지권・복제권・대여권・공연권・방송권・전송권" 등을 부여하고 있다.) 및 데이터베이스제작자의 권리 및 그 밖에 같은 법에서 보호되는 권리로서 같은 법 제53조(저작권의 등록) 및 제112조(한국저작권위원회의 설립)제1항에 따라 한국저작권위원회에 등록된 권리(이하 "저작권등"이라 한다)
    다. 「식물신품종 보호법」 제2조제4호에 따른 품종보호권(감평 2009·2022) [☞ "품종보호권"이란 「식물품종보호법」에 따라 품종보호를 받을 수 있는 권리를 가진 자에게 주는 권리를 말한다. 품종보호권은 품종보호 원부에 설정 등록을 함으로써 발생하고, 품종보호권의 존속기간은 20년(과수와 임목은 25년)으로 한다.]
    라. 가목부터 다목까지의 규정에 따른 지식재산 외(外)에 「지식재산 기본법」 제3조제3호에 따른 지식재산권. 다만, 「저작권법」에 따라 등록되지 아니한 권리는 제외한다.
② 제1항제3호의 기계와 기구로서 해당 기업이나 시설의 폐지와 함께 포괄적으로 용도폐지된 것은 해당 기업이나 시설이 폐지된 후(後)에도 국유재산으로 한다(법 제5조 제2항). (감평 2024)

> **암기** 국유재산의 범위(부/용→궤/항/선→증/지)
> 1. **부**동산 + 종물
> 2. **용**익권 : 지상권·지역권·전세권·광업권 등
> 3. **궤**도차량(정부기업·정부시설에서 사용)
> 4. **항**공기·**선**박(+부표 등) + 종물
> 5. **증**권
> 6. **지**식재산(등록 要) : 특허권·실용신안권·디자인권·상표권
>              + 저작권등 + 품종보호권 + 기타 지식재산권

## VI 국유재산의 구분과 종류

### 1. 국유재산의 구분★

국유재산은 그 용도에 따라 행정재산과 일반재산으로 구분한다(법 제6조 제1항).(감평 2012·2014)(형상에 따라 구분한다.×) 행정재산은 공용재산·공공용재산·기업용재산·보존용재산으로 구분되고(법 제6조 제2항).(감평 2012·2025) "일반재산"은 행정재산 외(外)의 모든 국유재산을 말한다(법 제6조 제3항).(감평 2018)

### 2. 행정재산의 종류★

**(1) 공용재산**

① 공용재산이란 "국가가 직접 사무용·사업용 또는 공무원의 주거용[직무 수행을 위하여 필요한 경우로서 「대통령령으로 정하는 경우(영 제4조 제2항)」로 한정한다]으로 사용하거나 「대통령령으로 정하는 기한(영 제4조 제1항 : 국가가 행정재산으로 사용하기로 결정한 날부터 5년이 되는 날을 말한다.)」까지 사용하기로 결정한 재산"말한다(법 제6조 제2항 제1호).(감평 2009·2012·2014·2018·2022)

② 여기서 「대통령령으로 정하는 경우(영 제4조 제2항)」란 다음 각 호의 어느 하나에 해당하는 목적으로 사용하거나 사용하려는 경우를 말한다(영 제4조 제2항).

1. 대통령 관저(감평 2015)
2. 국무총리, 「국가재정법」 제6조제1항 및 제2항에 따른 독립기관(독립기관이라 함은 국회·대법원·헌법재판소 및 중앙선거관리위원회를 말한다. : 국가재정법 제6조 제1항) 및 중앙관서의 장이 사용하는 공관(감평 2018)
3. 「국방·군사시설 사업에 관한 법률」 제2조제1호에 따른 국방·군사시설 중 주거용으로 제공되는 시설
4. 원래의 근무지와 다른 지역에서 근무하게 되는 사람 또는 인사명령에 의하여 지역을 순환하여 근무하는 사람에게 제공되는 주거용 시설
5. 비상근무에 종사하는 사람에게 제공되는 해당 근무지의 구내 또는 이와 인접한 장소에 설치된 주거용 시설(감평 2014·2018)
6. 그 밖에 해당 재산의 위치, 용도 등에 비추어 직무상 관련성이 있다고 인정되는 주거용 시설

### (2) 공공용재산

공공용재산이란 "국가가 직접 공공용으로 사용하거나 「대통령령으로 정하는 기한(영 제4조 제1항 : 국가가 행정재산으로 사용하기로 결정한 날부터 5년이 되는 날을 말한다.)」까지 사용하기로 결정한 재산"을 말한다(법 제6조 제2항 제2호).

### (3) 기업용재산

① 기업용재산이란 "정부기업이 직접 사무용·사업용 또는 그 기업에 종사하는 직원의 주거용[직무수행을 위하여 필요한 경우로서 대통령령으로 정하는 경우(영 제4조 제3항 : 비상/순/직 - 비상근무자·순환근무자·직무관련성)로 한정한다]으로 사용하거나 「대통령령으로 정하는 기한(영 제4조 제1항 : 정부기업이 행정재산으로 사용하기로 결정한 날부터 5년이 되는 날을 말한다.)」까지 사용하기로 결정한 재산을 말한다(법 제6조 제2항 제3호). (감평 2012·2015·2018)

② 여기서 「대통령령으로 정하는 경우」란 다음 각 호의 어느 하나에 해당하는 목적으로 사용하거나 사용하려는 경우를 말한다(영 제4조 제3항). (감평 2018)

1. 원래의 근무지와 다른 지역에서 근무하게 되는 사람 또는 인사명령에 의하여 지역을 순환하여 근무하는 사람에게 제공되는 주거용 시설
2. 비상근무에 종사하는 사람에게 제공되는 해당 근무지의 구내 또는 이와 인접한 장소에 설치된 주거용 시설
3. 그 밖에 해당 재산의 위치, 용도 등에 비추어 직무상 관련성이 있다고 인정되는 주거용 시설

### (4) 보존용 재산

보존용재산이란 "법령이나 그 밖의 필요에 따라 국가가 보존하는 재산(영 제4조 제4항)"을 말한다(법 제6조 제2항 제4호). (감평 2011·2014·2018)

> ▶암기 행정재산의 종류(공/공/기/보)
> 1. 공용재산[국가⇒사무/사업/주거(높은 분 → 군사 + 비상/순/직)]
>    (1) 사무용
>    (2) 사업용
>    (3) 주거용 [대통령 관저·국무총리 등 공관 + 군사시설 + 비상근무자·순환근무자·직무관련성]]
> 2. 공공용 재산(국가⇒공공용으로 사용)
> 3. 기업용 재산[정부기업⇒사무/사업/주거(비상/순/직)]
>    (1) 사무용
>    (2) 사업용
>    (3) 주거용(비상근무자·순환근무자·직무관련성)
> 4. 보존용 재산(국가가 보존할 필요가 있다고 총괄청이 결정한 재산)

## 3. 기타

행정재산의 사용 또는 보존 여부는 총괄청이 중앙관서의 장의 의견을 들어 결정한다(영 제4조 제5항). (감평 2018)

## Ⅶ. 국유재산의 보호 ★

① 누구든지 이 법 또는 다른 법률에서 정하는 절차와 방법에 따르지 아니하고는 <u>국유재산을 사용</u>하거나 <u>수익</u>하지 못한다(법 제7조 제1항).
② <u>행정재산</u>은「민법」제245조에도 불구하고 <u>시효취득(時效取得)의 대상이 되지 아니한다</u>(법 제7조 제2항). (감평 1999·2000·2010·2011·2013·2015·2020·2021·2022·2025)(모든 국유재산은 시효취득의 대상이 되지 아니한다. ×)

> ◆ 민법 제245조(점유로 인한 부동산소유권의 취득기간)
> ① <u>20년간 소유의 의사로 평온, 공연하게 부동산을 점유하는 자는 등기함으로써 그 소유권을 취득한다.</u>
> ② <u>부동산의 소유자로 등기한 자가 10년간 소유의 의사로 평온, 공연하게 선의이며 과실 없이 그 부동산을 점유한 때에는 소유권을 취득한다.</u>

## Ⅷ. 국유재산 사무의 총괄과 관리 ★

① <u>총괄청</u>은 <u>국유재산</u>에 관한 <u>사무를 총괄</u>하고 그 <u>국유재산</u>(제3항에 따라 중앙관서의 장이 관리·처분하는 국유재산은 <u>제외</u>한다)을 <u>관리·처분</u>한다(법 제8조 제1항). (감평 2000)
② <u>총괄청</u>은 <u>일반재산</u>을 <u>보존용재산</u>으로 <u>전환</u>하여 <u>관리</u>할 수 있다(법 제8조 제2항). (감평 2011·2012·2015·2018·2019·2020·2022·2024)
③ ⓐ <u>중앙관서의 장</u>은「국가재정법」<u>제4조</u>에 따라 설치된 <u>특별회계</u> 및 같은 법 <u>제5조</u>에 따라 설치된 <u>기금</u>에 속하는 <u>국유재산</u>과 법 제40조(용도폐지)제2항 각 호에 따른 <u>재산</u>(중앙관서의 장이 행정재산에 대해 용도폐지를 한 때에는 그 재산을 지체 없이 총괄청에 인계하여야 하나, 예외적으로 총괄청에 인계하지 아니하는 국유재산)을 관리·처분한다(법 제8조 제3항). (감평 2000)
ⓑ <u>총괄청</u>은 중앙관서의 장으로부터 법 제8조제3항의 <u>일반재산</u>의 관리·처분에 관한 사무의 <u>일부를 위탁받</u>을 수 있으며, (감평 2016, 2020) 필요한 경우 <u>위탁하는 중앙관서의 장과 협의를 거쳐 특별법</u>에 따라 설립된 법인으로서 <u>대통령령</u>으로 정하는 자(영 제38조 제4항 : 한국자산관리공사)에게 위탁받은 사무를 <u>재위탁</u>할 수 있다(법 제42조 제2항). (감평 2002)
④ <u>중앙관서의 장</u>은 법 제8조 제3항 <u>외(外)</u>의 <u>국유재산</u>을 <u>행정재산</u>으로 <u>사용</u>하려는 경우에는 <u>총괄청의 승인을 받아야 한다</u>(법 제8조 제4항). 총괄청이 <u>사용승인</u>을 할 때 법 <u>제40조의2</u>(우선사용예약)에 따른 <u>우선사용예약</u>을 <u>고려</u>하여야 한다(법 제8조 제5항).
⑤ ⓐ 이 법에 따른 <u>총괄청</u>의 <u>행정재산의 관리·처분</u>에 관한 사무는 그 일부를 <u>대통령령</u>(영 제4조의3)으로 정하는 바에 따라 <u>중앙관서의 장에게 위임</u>할 수 있다(법 제8조 제6항).
ⓑ <u>총괄청</u>은 법 제8조제6항에 따라 다음 각 호의 사무를 중앙관서의 장에게 <u>위임</u>한다(영 제4조의3 제1항).
 1. <u>기부채납</u>에 따른 <u>재산</u>의 <u>취득</u>에 관한 사무(감평 2025)
 2. <u>행정재산</u>〔공용재산 중 법 제5조제1항제1호(부동산과 그 종물)에 따른 재산은 <u>제외</u>한다〕의 <u>매입</u> 등에 따른 취득에 관한 사무

3. 「국방·군사시설 사업에 관한 법률」 제2조제1호에 따른 **국방·군사시설**의 **취득**에 관한 사무
4. **행정재산**의 **관리**(취득에 관한 사무는 제외한다)에 관한 사무
5. **용도**가 **폐지**된 **행정재산**[법 제5조제1항제1호(부동산과 그 종물)에 따른 재산은 제외한다]의 **처분**에 관한 사무
6. 그 밖에 총괄청이 행정재산의 효율적인 관리·처분을 위하여 필요하다고 인정하여 지정하는 사무

## IX 사용 승인 철회 등

① **총괄청**은 중앙관서의 장이 총괄청의 승인을 받은 **행정재산**에 대하여 다음 각 호의 어느 하나에 해당하는 경우에는 **국유재산정책심의위원회**의 **심의**를 거쳐 그 사용 승인을 **철회**할 수 있다(법 제8조의2 제1항).
  1. 다른 국가기관의 **행정목적**을 달성하기 위하여 **우선적**으로 **필요한 경우**
  2. 국유재산 관리상황에 관한 **중앙관서의 장등 보고**나 **중앙관서의 장등**의 재산 관리상황과 유휴 행정재산 현황에 대한 **총괄청**의 **감사 결과 위법**하거나 **부당한 재산관리**가 인정되는 경우
  3. 제1호 및 제2호의 경우 **외(外)**에 감사원의 **감사 결과 위법**하거나 **부당한 재산관리**가 인정되는 등 **사용 승인의 철회**가 불가피하다고 인정되는 경우(감평 2025)
② **총괄청**은 **사용 승인 철회**를 하려면 **미리** 그 내용을 중앙관서의 장에게 알려 **의견을 제출할 기회**를 주어야 한다(법 제8조의2 제2항).
③ **중앙관서의 장**은 **사용 승인**이 **철회**된 경우에는 해당 **행정재산**을 지체 없이 **총괄청**에 **인계**하여야 한다(법 제8조의2 제3항 전단). 이 경우 인계된 재산은 **용도**가 **폐지**된 것으로 **본다**(법 제8조의2 제3항 후단).(감평 2012)(위법한 재산관리로 사용승인이 철회되어 인계된 행정재산도 그 용도가 폐지되는 것은 아니다.×)

## X 국유재산종합계획

### 1. 국유재산종합계획의 수립 절차
① **총괄청**은 **다음 연도**의 국유재산의 관리·처분에 관한 계획의 작성을 위한 **지침**을 **매년 4월 30일까지** 중앙관서의 장에게 **통보**하여야 한다(법 제9조 제1항).(감평 2019·2023)
② **중앙관서의 장**은 총괄청의 **지침**에 따라 국유재산의 관리·처분에 관한 **다음 연도**의 **계획**을 작성하여 **매년 6월 30일까지** 총괄청에 **제출**하여야 한다(법 제9조 제2항).
③ **총괄청**은 중앙관서의 장이 **제출**한 계획을 종합조정하여 수립한 **국유재산종합계획**을 국무회의의 **심의**를 거쳐 **대통령의 승인**을 받아 **확정**하고, **회계연도 개시 120일 전까지 국회**에 **제출**하여야 한다(법 제9조 제3항).
④ 국유재산종합계획을 **변경**하는 경우에는 제3항을 **준용**한다(법 제9조 제5항).

⑤ <u>총괄청</u>은 국유재산종합계획을 <u>확정</u>하거나 <u>변경</u>한 경우에는 <u>중앙관서의 장에게 알리고</u>, <u>변경</u>한 경우에는 지체 없이 <u>국회</u>에 <u>제출</u>하여야 한다(법 제9조 제6항).

## 2. 반기별 집행계획의 수립·제출

<u>중앙관서의 장</u>은 <u>확정된 국유재산종합계획</u>의 <u>반기별 집행계획</u>을 <u>수립</u>하여 <u>해당 연도 1월 31일까지</u> 총괄청에 <u>제출</u>하여야 한다(법 제9조 제7항).

## 3. 국유재산종합계획에 포함할 사항

국유재산종합계획에는 다음 각 호의 사항이 포함되어야 한다(법 제9조 제4항).
1. 국유재산을 효율적으로 관리·처분하기 위한 <u>중장기적인 국유재산 정책방향</u>
2. <u>대통령령</u>으로 정하는 국유재산 <u>관리·처분의 총괄 계획</u>(영 제5조)
   가. 국유재산의 <u>취득</u>에 관한 계획
   나. 국유재산의 <u>처분</u>에 관한 계획
   다. 법 제8조제4항(중앙관서의 장은 국유재산을 행정재산으로 사용하려는 경우 총괄청의 승인을 받아야 한다.)에 따른 <u>행정재산의 사용에 관한 계획</u>
   라. 법 제57조(일반재산의 개발)에 따른 <u>일반재산의 개발에 관한 계획</u>
   마. 그 밖에 국유재산의 <u>사용허가, 대부</u> 등 관리에 관한 계획
3. 국유재산 <u>처분의 기준</u>에 관한 사항
4. 「국유재산특례제한법(국유재산 사용료 감면 등 국유재산특례와 그 제한에 관한 사항을 규정한 법)」 제8조(국유재산특례 종합계획의 수립)에 따른 <u>국유재산특례 종합계획</u>에 관한 사항
5. 제1호부터 제4호까지의 규정에 따른 사항 <u>외(外)</u>에 <u>국유재산의 관리·처분에 관한 중요한 사항</u>

## 4. 독립기관의 장과의 사전 협의 및 의견 청취

① <u>총괄청</u>이 <u>국유재산종합계획을 수립</u>하는 경우에는 「국가재정법」 제6조제1항에 따른 독립기관의 장(이하 "<u>독립기관의 장</u>"이라 한다)의 <u>의견</u>을 최대한 존중하여야 하며, 국유재산 정책운용 등에 따라 불가피하게 조정이 필요한 때에는 해당 독립기관의 장과 <u>미리 협의</u>하여야 한다(법 제9조 제8항).
② <u>총괄청</u>은 독립기관의 장과의 <u>협의</u>에도 불구하고 <u>독립기관의 계획</u>을 <u>조정</u>하려는 때에는 <u>국무회의에서</u> 해당 <u>독립기관의 장의 의견</u>을 들어야 하며, <u>총괄청</u>이 그 <u>계획</u>을 <u>조정</u>한 때에는 그 규모 및 이유, 조정에 대한 <u>독립기관의 장의 의견</u>을 국유재산종합계획과 함께 <u>국회</u>에 <u>제출</u>하여야 한다(법 제9조 제9항).

# XI 국유재산의 취득

① <u>국가</u>는 국유재산의 매각대금과 비축 필요성 등을 고려하여 <u>국유재산의 취득을 위한 재원</u>을 확보하도록 노력하여야 한다(법 제10조 제1항).
② <u>중앙관서의 장</u>이 「국가재정법」 제4조에 따라 설치된 <u>특별회계</u>와 같은 법 제5조에 따라 설치된 <u>기금</u>의 <u>재원</u>으로 <u>공용재산</u> 용도의 토지나 건물을 매입하려는 경우에는 <u>총괄청과 협의</u>하여야 한다(법 제10조 제2항).

## XII 사권 설정의 제한★★

### 1. 사권이 설정된 재산의 취득 금지
① 사권(私權)이 설정된 재산은 그 사권이 소멸된 후(後)가 아니면 국유재산으로 취득하지 못한다(법 제11조 제1항 본문).
② 다만, 판결에 따라 취득하는 경우에는 그러하지 아니하다(법 제11조 제1항 단서).(감평 2002·2010·2011·2015·2019·2020)

### 2. 사권 설정 금지
① 국유재산에는 사권을 설정하지 못한다(법 제11조 제2항 본문).(감평 2004·2009)
② 다만, 일반재산에 대하여 다음 각 호의 어느 하나에 해당하는 경우에는 그러하지 아니하다(법 제11조 제2항 단서·영 제6조).(감평 2011·2012·2019·2022·2023)
  1. 다른 법률 또는 확정판결(재판상 화해 등 확정판결과 같은 효력을 갖는 것을 포함한다)에 따라 일반재산에 사권(私權)을 설정하는 경우(감평 2011·2012·2019·2021·2023)
  2. 일반재산의 사용 및 이용에 지장이 없고 재산의 활용가치를 높일 수 있는 경우로서 중앙관서의 장등이 필요하다고 인정하는 경우(감평 2022)

☞ 행정재산에 대하여는 사권을 설정할 수 없다.(○)(법 제11조 제2항 본문)
☞ 확정판결에 의한 경우에는 일반재산에 대하여 사권을 설정할 수 있다.(○)(법 제11조 제2항 및 영 제6조 제1호)
☞ 행정재산이라도 판결에 따라 사권을 설정하는 것은 허용된다.(×/일반재산만 가능하다.) (법 제11조 제2항 및 영 제6조 제1호)
☞ 중앙관서의 장등이 필요하다고 인정하는 경우에는 보존용재산에 사권을 설정할 수 있다.(×/보존용재산은 행정재산이므로 사권 설정을 할 수 없다.) (법 제11조 제2항 및 영 제6조 제2호)

> **암기** 국유재산과 사권
> 1. 사권이 설정된 재산을 ⇒ 국유재산으로 취득
>    (1) 원칙 : 사권이 소멸된 후가 아니면 취득 불가
>    (2) 예외 : 판결에 의한 취득 가
> 2. 국유재산에 ⇒ 사권을 설정
>    (1) 원칙 : 불가
>    (2) 예외 : 일반재산(행정재산×)은 예외적으로 가능(다른 법률 또는 확정판결/중앙관서의 장등이 인정)

# XIII 소유자 없는 부동산의 처리★

## 1. 소유자 없는 부동산의 취득
총괄청이나 중앙관서의 장은 소유자 없는 부동산을 국유재산으로 취득한다(법 제12조 제1항). (감평 1999·2009·2011·2012·2024)

## 2. 공고 절차 등
① 총괄청이나 중앙관서의 장은 소유자 없는 부동산을 국유재산으로 취득할 경우에는 대통령령(영 제7조 제1항·제2항)으로 정하는 바에 따라 6개월 이상의 기간을 정하여 그 기간에 정당한 권리자나 그 밖의 이해관계인이 이의를 제기할 수 있다는 뜻을 공고하여야 한다(법 제12조 제2항). (감평 1999·2000·2009) (1년 이상의 기간을 정하여 ×)

② 총괄청이나 중앙관서의 장은 소유자 없는 부동산을 취득하려면 이의 기간에 이의가 없는 경우에만 공고를 하였음을 입증하는 서류를 첨부하여 「공간정보의 구축 및 관리 등에 관한 법률」에 따른 지적소관청에 소유자 등록을 신청할 수 있다(법 제12조 제3항). (감평 1999)

## 3. 등기일로부터 10년간 처분 금지
① 소유자 없는 부동산을 국유재산으로 취득한 경우 그 국유재산은 등기일부터 10년간은 처분을 하여서는 아니 된다(법 제12조 제4항 본문). (감평 1999·2002·2009·2020) (등기일로부터 20년간 처분할 수 없다. ×)

② 다만, 다음 각 호의 어느 하나에 해당하는 경우에는 그러하지 아니하다(법 제12조 제4항 단서·영 제7조 제3항).
  1. 해당 국유재산이 「공익사업을 위한 토지 등의 취득 및 보상에 관한 법률」에 따른 공익사업에 필요하게 된 경우(감평 2009) (취득한 국유재산은 당해 국유재산이 토지보상법에 의한 공익사업에 필요하게 된 경우 그 취득일부터 10년간은 이를 매각할 수 없다. ×)
  2. 해당 국유재산을 매각하여야 하는 불가피한 사유가 있는 경우로서 법 제9조제4항제3호(국유재산종합계획에 포함할 사항 : 국유재산 처분의 기준에 관한 사항)에 따른 기준에서 정한 경우

☞ 소유자 없는 부동산을 국유재산으로 취득한 경우, 토지보상법에 의한 공익사업에 필요하게 된 경우라도 그 등기일부터 10년간은 처분할 수 없다. (×/ 원칙적으로 10년간 처분할 없으나 공익사업에 필요한 경우에는 처분할 수 있다.)(법 제12조 제4항 및 영 제7조 제3항 제1호)

## XIV. 기부채납

### 1. 서

총괄청이나 중앙관서의 장(특별회계나 기금에 속하는 국유재산으로 기부받으려는 경우만 해당한다)은 법 제5조(국유재산의 범위)제1항 각 호의 재산을 국가에 기부하려는 자가 있으면 대통령령(영 제8조 제1항·제2항)으로 정하는 바에 따라 받을 수 있다(법 제13조 제1항).

### 2. 기부채납을 할 수 없는 경우★

#### (1) 서

총괄청이나 중앙관서의 장은 국가에 기부하려는 재산이 「기부에 조건이 붙은 경우」 또는 「국가가 관리하기 곤란하거나 필요하지 아니한 것인 경우(영 제8조 제3항)」에는 받아서는 아니 된다(법 제13조 제2항 본문). (감평 2002·2009·2011)

#### (2) 기부에 조건이 붙은 것으로 보지 않는 경우

다음 각 호의 어느 하나에 해당하는 경우에는 기부에 조건이 붙은 것으로 보지 아니한다(법 제13조 제2항 단서).

1. 행정재산으로 기부하는 재산에 대하여 기부자, 그 상속인, 그 밖의 포괄승계인에게 무상으로 사용허가하여 줄 것을 조건으로 그 재산을 기부하는 경우(감평 2010·2011·2025)
2. 행정재산의 용도를 폐지하는 경우 그 용도에 사용될 대체시설을 제공한 자, 그 상속인, 그 밖의 포괄승계인이 그 부담한 비용의 범위에서 법 제55조제1항제3호(일반재산을 양여할 수 있는 경우 : 대통령령으로 정하는 행정재산을 용도폐지하는 경우 그 용도에 사용될 대체시설을 제공한 자 또는 그 상속인, 그 밖의 포괄승계인에게 그 부담한 비용의 범위에서 용도폐지된 재산을 양여하는 경우)에 따라 용도폐지된 재산을 양여할 것을 조건으로 그 대체시설을 기부하는 경우

#### (3) 국가가 관리하기 곤란하거나 필요하지 아니한 것인 경우

「국가가 관리하기 곤란하거나 필요하지 아니한 것인 경우」란 다음 각 호의 어느 하나에 해당하는 경우를 말한다(영 제8조 제3항).

1. 「행정재산으로 기부하는 재산에 대하여 기부자, 그 상속인, 그 밖의 포괄승계인에게 무상으로 사용허가하여 줄 것을 조건으로 그 재산을 기부하는 경우」는 기부에 조건이 붙은 것으로 보지 않는데, 이 경우 무상 사용허가 기간이 지난 후(後)에도 해당 중앙관서의 장이 직접 사용하기 곤란한 경우
2. 재산가액 대비 유지·보수 비용이 지나치게 많은 경우(감평 2011·2021)
3. 그 밖에 국가에 이익이 없는 것으로 인정되는 경우(감평 2011)

#### (4) 기타

기부를 조건으로 건물이나 그 밖의 영구시설물을 축조하는 경우에는 총괄청이나 중앙관서의 장은 사용허가를 하기 전(前)에 기부 등에 관한 계약을 체결하거나 이행각서를 받아야 한다(영 제8조 제4항).

> **암기** 기부채납할 수 없는 경우

1. 관리 곤란 or 불필요
   (1) 무상사용허가 조건으로 행정재산으로 기부하는 경우에
      ⇒ 무상사용허가 기간 경과 後에도 중앙관서의 장이 직접 사용이 곤란한 경우
   (2) 유지·보수 비용이 지나치게 많은 경우
   (3) 국가에 이익이 없는 경우
2. 기부에 조건을 붙인 경우

> **암기** 조건으로 보지 않는 것 (무상→대체)
(1) 기부자 등 무상사용허가 조건 ⇒ 행정재산으로 기부
(2) 용도폐지된 행정재산 양여조건 ⇒ 대체시설 기부 (부담한 비용 범위 內)

# XV 등기·등록 등

## 1. 등기·등록 등 의무
총괄청이나 중앙관서의 장은 국유재산을 취득한 경우 대통령령으로 정하는 바에 따라(영 제9조 제1항: 그 소관에 속하게 된 날부터 60일 이내에) 지체 없이 등기·등록, 명의개서(名義改書), 그 밖의 권리보전에 필요한 조치를 하여야 한다(법 제14조 제1항).

## 2. 국유재산의 권리자 명의 : 국(國) ★
① 등기·등록이나 명의개서가 필요한 국유재산인 경우 그 권리자의 명의는 국(國)으로 하되 소관 중앙관서의 명칭을 함께 적어야 한다(법 제14조 제2항 본문). (감평 2002·2009·2011·2024)
② 다만, 대통령령으로 정하는 법인(영 제9조 제3항: 「자본시장과 금융투자업에 관한 법률」에 따라 설립된 한국예탁결제원)에 증권을 예탁(預託)하는 경우에는 권리자의 명의를 그 법인(한국예탁결제원)으로 할 수 있다(법 제14조 제2항 단서).

## 3. 국유재산이 지적공부와 불일치 하는 경우
① 중앙관서의 장등은 국유재산이 지적공부와 일치하지 아니하는 경우 「공간정보의 구축 및 관리 등에 관한 법률」에 따라 등록전환, 분할·합병 또는 지목변경 등 필요한 조치를 하여야 한다(법 제14조 제3항 전단).
② 이 경우 「공간정보의 구축 및 관리 등에 관한 법률」 제106조(수수료 등)에 따른 수수료는 면제한다(법 제14조 제3항 후단).

## XVI. 증권의 보관·취급

① 총괄청이나 중앙관서의 장등은 증권을 한국은행이나 대통령령으로 정하는 법인(영 제10조 제1항 : 은행법에 따른 은행·한국예탁결제원)(이하 "한국은행등"이라 한다)으로 하여금 보관·취급하게 하여야 한다(법 제15조 제1항). (감평 2023)
② 한국은행등은 증권의 보관·취급에 관한 장부를 갖추어 두고 증권의 수급을 기록하여야 한다(법 제15조 제2항 전단). 이 경우 장부와 수급의 기록은 전산자료로 대신할 수 있다(법 제15조 제2항 후단).
③ 한국은행등은 증권의 수급에 관한 보고서 및 계산서를 작성하여 총괄청과 감사원에 제출하되, 감사원에 제출하는 수급계산서에는 증거서류를 붙여야 한다(법 제15조 제3항).
④ 한국은행등은 증권의 수급에 관하여 감사원의 검사를 받아야 한다(법 제15조 제4항).
⑤ 한국은행등은 증권의 보관·취급과 관련하여 국가에 손해를 끼친 경우에는 「민법」과 「상법」에 따라 그 손해를 배상할 책임을 진다(법 제15조 제5항).

## XVII. 국유재산의 관리전환

① 국유재산의 관리전환은 다음 각 호의 방법에 따른다(법 제16조 제1항).
  1. 일반회계와 특별회계·기금 간에 관리전환을 하려는 경우 : 총괄청과 해당 특별회계·기금의 소관 중앙관서의 장 간의 협의
  2. 서로 다른 특별회계·기금 간에 관리전환을 하려는 경우 : 해당 특별회계·기금의 소관 중앙관서의 장 간의 협의
② 협의가 성립되지 아니하는 경우 총괄청은 다음 각 호의 사항을 고려하여 소관 중앙관서의 장을 결정한다(법 제16조 제2항). (감평 1999)
  1. 해당 재산의 관리 상황 및 활용 계획
  2. 국가의 정책목적 달성을 위한 우선 순위

## XVIII. 유상 관리전환 등

### 1. 유상 관리전환 등 원칙
국유재산을 관리전환하거나 서로 다른 회계·기금 간에 그 사용을 하도록 하는 경우에는 유상으로 하여야 한다(법 제17조 본문). (감평 1999·2004)

### 2. 무상으로 관리전환 등을 할 수 있는 경우
다음 각 호의 어느 하나에 해당하는 경우에는 무상으로 할 수 있다(법 제17조 단서).
  1. 직접 도로, 하천, 항만, 공항, 철도, 공유수면, 그 밖의 공공용으로 사용하기 위하여 필요한 경우(감평 2020)

2. 다음 각 목의 어느 하나에 해당하는 사유로 총괄청과 중앙관서의 장 또는 중앙관서의 장 간에 무상으로 관리전환하기로 합의하는 경우
   가. 관리전환하려는 국유재산의 감정평가에 드는 비용이 해당 재산의 가액(價額)에 비하여 과다할 것으로 예상되는 경우(감평 2013)
   나. 상호교환의 형식으로 관리전환하는 경우로서 유상으로 관리전환하는 데에 드는 예산을 확보하기가 곤란한 경우
   다. 특별회계 및 기금에 속하는 일반재산의 효율적인 활용을 위하여 필요한 경우로서 국유재산정책심의위원회의 심의를 거친 경우

### 3. 재산가액의 결정

#### (1) 유상 관리전환

유상 관리전환을 하는 경우 해당 재산가액은 다음 각 호의 구분에 따른 방법으로 결정한다(영 제12조 제1항).

1. 증권 : 영 제43조(상장증권의 예정가격) 및 영 제44조(비상장증권의 예정가격)를 준용하여 산출한 가액
2. 증권 외의 국유재산 : 「감정평가 및 감정평가사에 관한 법률」에 따른 감정평가법인등(이하 "감정평가법인등"라 한다) 중 하나의 감정평가법인등이 평가한 가액(감평 1999)(둘 이상의 감정평가법인등이 평가한 가액×)

#### (2) 무상 관리전환

무상 관리전환을 할 경우 해당 재산가액은 국유재산의 대장에 기록된 가격(이하 "대장가격"이라 한다)으로 한다(영 제12조 제2항).(감평 1999)

## XIX 영구시설물의 축조 금지

### 1. 영구시설물의 축조 금지 원칙

국가 외(外)의 자는 국유재산에 건물, 교량 등 구조물과 그 밖의 영구시설물을 축조하지 못한다(법 제18조 제1항 본문).

### 2. 영구시설물 축조가 가능한 경우

다음 각 호의 어느 하나에 해당하는 경우에는 국가 외(外)의 자도 국유재산에 영구시설물을 축조할 수 있다(제18조 제1항 단서).

1. 기부를 조건으로 축조하는 경우(감평 1999·2021·2023)
2. 다른 법률에 따라 국가에 소유권이 귀속되는 공공시설을 축조하는 경우
3. 지방자치단체나 「지방공기업법」에 따른 지방공기업(이하 "지방공기업"이라 한다)이 「사회기반시설에 대한 민간투자법」 제2조제1호의 사회기반시설 중 주민생활을 위한 문화시설, 생활체육시설 등 기획재정부령으로 정하는 사회기반시설을 해당 국유재산 소관 중앙관서의 장과 협의를 거

쳐 총괄청의 승인을 받아 축조하는 경우
4. 법 제59조의2(민간참여 개발 : 총괄청은 5년 이상 활용되지 아니한 일반재산 등을 민간사업자와 공동으로 개발할 수 있다.)에 따라 개발하는 경우
5. 그 밖에 국유재산의 사용 및 이용에 지장이 없고 국유재산의 활용가치를 높일 수 있는 경우로서 대부계약의 사용목적을 달성하기 위하여 중앙관서의 장등이 필요하다고 인정하는 경우
6. 매각대금을 나누어 내고 있는 일반재산으로서 대통령령으로 정하는 경우(영 제13조의2)

### 3. 원상회복의 이행보증조치

영구시설물의 축조를 허용하는 경우에는 대통령령(영 제13조)으로 정하는 기준 및 절차에 따라 그 영구시설물의 철거 등 원상회복에 필요한 비용의 상당액에 대하여 이행을 보증하는 조치를 하게 하여야 한다(법 제18조 제2항).

## XX 국유재산에 관한 법령의 협의★

각 중앙관서의 장은 국유재산의 관리·처분에 관련된 법령을 제정·개정하거나 폐지하려면 그 내용에 관하여 총괄청 및 감사원과 협의하여야 한다(법 제19조).(감평 2012·2021)(법령을 제정·개정·폐지하려면 총괄청 또는 감사원과 협의하여야 한다,×)

## XXI 직원의 행위 제한★

① 국유재산에 관한 사무에 종사하는 직원은 그 처리하는 국유재산을 취득하거나 자기의 소유재산과 교환하지 못한다(법 제20조 제1항 본문). 다만, 해당 총괄청이나 중앙관서의 장의 허가를 받은 경우에는 그러하지 아니하다(법 제20조 제1항 단서).(감평 2000·2002·2023)
② 제1항을 위반한 행위는 무효로 한다(법 제20조 제2항).(감평 2000·2011·2013)(국유재산에 관한 사무에 종사하는 직원이 해당 총괄청의 장의 허가 없이 그 처리하는 국유재산을 자기의 소유재산과 교환했다면 총괄청의 장은 이를 취소하여야 한다,×)

# CHAPTER 02 총괄청

## I. 총괄청의 감사 등 ★

① 총괄청은 중앙관서의 장등에 해당 국유재산의 관리상황에 관하여 보고하게 하거나 자료를 제출하게 할 수 있다(법 제21조 제1항). (감평 2000·2004·2019)
② 중앙관서의 장은 소관 행정재산 중 유휴 행정재산(영 제14조 제1항 : 행정재산으로 사용되지 아니하거나 사용할 필요가 없게 된 재산을 말한다.) 현황을 매년 1월 31일까지 총괄청에 보고하여야 한다(법 제21조 제2항). (감평 2004)
③ 총괄청은 중앙관서의 장등의 재산 관리상황과 유휴 행정재산 현황을 감사(監査)하거나 그 밖에 필요한 조치를 할 수 있다(법 제21조 제3항). (감평 2004)

## II. 총괄청의 용도폐지 요구 등 ★

① 총괄청은 중앙관서의 장에게 그 소관에 속하는 국유재산의 용도를 폐지하거나 변경할 것을 요구할 수 있으며 그 국유재산을 관리전환하게 하거나 총괄청에 인계하게 할 수 있다(법 제22조 제1항). (감평 2000·2019)
② 총괄청은 제1항의 조치를 하려면 미리 그 내용을 중앙관서의 장에게 통보하여 의견을 제출할 기회를 주어야 한다(법 제22조 제2항).
③ 총괄청은 중앙관서의 장이 정당한 사유 없이 제1항에 따른 용도폐지 등을 이행하지 아니하는 경우에는 직권으로 용도폐지 등을 할 수 있다(법 제22조 제3항). (감평 2000)
④ 제3항에 따라 직권으로 용도폐지된 재산은 법 제8조의2(사용 승인 철회 등)에 따라 행정재산의 사용 승인이 철회된 것으로 본다(법 제22조 제4항).

## III. 용도폐지된 재산의 처리

총괄청은 용도를 폐지함으로써 일반재산으로 된 국유재산에 대하여 필요하다고 인정하는 경우에는 그 처리방법을 지정하거나 이를 인계받아 직접 처리할 수 있다(법 제23조). (감평 2000)

## Ⅳ 중앙관서의 장의 지정★

총괄청은 국유재산의 관리·처분에 관한 소관 중앙관서의 장이 없거나 분명하지 아니한 국유재산에 대하여 그 소관 중앙관서의 장을 지정한다(법 제24조). (감평 2000·2004·2010·2011·2019)

## Ⅴ 총괄사무의 위임 및 위탁

총괄청은 대통령령으로 정하는 바(영 제16조 제1항)에 따라 이 법에서 규정하는 총괄에 관한 사무의 일부를 조달청장 또는 지방자치단체의 장에게 위임하거나 정부출자기업체 또는 특별법에 따라 설립된 법인으로서 대통령령으로 정하는 자(영 제16조 제2항 ; 한국자산관리공사)에게 위탁할 수 있다(법 제25조). (감평 2000)

## Ⅵ 국유재산정책심의위원회

① 국유재산의 관리·처분에 관한 다음 각 호의 사항을 심의하기 위하여 총괄청에 국유재산정책심의위원회(이하 "위원회"라 한다)를 둔다(법 제26조 제1항).
  1. 국유재산의 중요 정책방향에 관한 사항
  2. 국유재산과 관련한 법령 및 제도의 개정·폐지에 관한 중요 사항
  2의2. 행정재산의 사용 승인 철회에 관한 사항
  3. 국유재산종합계획의 수립 및 변경에 관한 중요 사항
  4. 법 제16조(국유재산의 관리전환)제2항에 따른 소관 중앙관서의 장의 지정 및 법 제22조(총괄청의 용도폐지 요구 등)제3항에 따른 직권 용도폐지에 관한 사항
  4의2. 법 제17조제2호다목에 따른 무상 관리전환에 관한 사항
  4의3. 국유재산관리기금의 관리·운용에 관한 사항
  5. 일반재산의 개발에 관한 사항
  6. 일반재산의 현물출자에 관한 중요 사항
  6의2. 「국유재산특례제한법」 제6조에 따른 국유재산특례의 신설등 및 같은 법 제7조에 따른 국유재산특례의 점검·평가에 관한 사항
  7. 그 밖에 국유재산의 관리·처분 업무와 관련하여 총괄청이 중요하다고 인정한 사항
② 위원회는 위원장을 포함한 20명 이내의 위원으로 구성한다(법 제26조 제2항).
③ 위원회의 위원장은 기획재정부장관이 되고, 위원은 관계 중앙행정기관의 소속 공무원과 국유재산 분야에 학식과 경험이 풍부한 사람 중에서 기획재정부장관이 임명 또는 위촉한다. 이 경우 공무원이 아닌 위원의 정수는 전체 위원 정수의 과반수가 되어야 한다(법 제26조 제3항).
④ 위원회를 효율적으로 운영하기 위하여 위원회에 분야별 분과위원회를 둘 수 있다(법 제26조 제4항 전단). 이 경우 분과위원회의 심의는 위원회의 심의로 본다(법 제26조 제4항 후단).
⑤ 제1항부터 제4항까지에서 규정한 사항 외에 위원회 및 분과위원회의 조직과 운영 등에 필요한 사항은 대통령령(영 제17조 · 영 제18조)으로 정한다(법 제26조 제5항).

# CHAPTER 03 > 국유재산관리기금

## I. 국유재산관리기금의 설치

국유재산의 원활한 수급과 개발 등을 통한 국유재산의 효용을 높이기 위하여 <u>국유재산관리기금</u>을 <u>설치한다</u>(법 제26조의2).

## II. 국유재산관리기금의 조성

<u>국유재산관리기금</u>은 다음 각 호의 <u>재원</u>으로 <u>조성한다</u>(법 제26조의3).
1. <u>정부</u>의 <u>출연금</u> 또는 <u>출연재산</u>
2. 다른 회계 또는 다른 기금으로부터의 <u>전입금</u>
3. 법 제26조의4(자금의 차입)에 따른 <u>차입금</u>(감평 2014)
4. 다음 각 목의 어느 하나에 해당하는 <u>총괄청 소관 일반재산</u>(증권은 제외한다)과 관련된 <u>수입금</u>
   가. <u>대부료, 변상금</u> 등 재산관리에 따른 수입금
   나. <u>매각, 교환</u> 등 처분에 따른 수입금
5. <u>총괄청 소관 일반재산</u>에 대한 법 제57조(일반재산의 개발)의 <u>개발</u>에 따른 관리·처분 수입금
6. 제1호부터 제5호까지의 규정에 따른 재원 <u>외(外)</u>에 <u>국유재산관리기금의 관리·운용에 따른 수입금</u>

## III. 자금의 차입

① <u>총괄청</u>은 <u>국유재산관리기금</u>의 관리·운용을 위하여 필요한 경우에는 <u>위원회의 심의</u>를 거쳐 <u>국유재산관리기금의 부담</u>으로 금융회사 등이나 <u>다른 회계</u> 또는 <u>다른 기금</u>으로부터 <u>자금</u>을 <u>차입</u>할 수 있다(법 제26조의4 제1항).(감평 2019)
② <u>총괄청</u>은 국유재산관리기금의 운용을 위하여 필요할 때에는 <u>국유재산관리기금의 부담</u>으로 자금을 <u>일시차입</u>할 수 있다(법 제26조의4 제2항). 이 경우 <u>일시차입금</u>은 <u>해당 회계연도 내에 상환</u>하여야 한다(법 제26조의4 제3항).

## Ⅳ 국유재산관리기금의 용도

① **국유재산관리기금**은 다음 각 호의 어느 하나에 해당하는 용도에 사용한다(제26조의5 제1항).
  1. **국유재산의 취득**에 필요한 비용의 지출(감평 2014)
  2. **총괄청 소관 일반재산의 관리·처분**에 필요한 비용의 지출(감평 2014)
  3. 법 제26조의4(자금의 차입)에 따른 **차입금의 원리금 상환**
  4. 법 제26조의6(국유재산관리기금의 관리·운용)에 따른 국유재산관리기금의 관리·운용에 필요한 **위탁료** 등의 지출
  5. 법 제42조(관리·처분 사무의 위임·위탁)제1항에 따른 **총괄청 소관 일반재산** 중 부동산의 관리·처분에 관한 **사무의 위임·위탁**에 필요한 **귀속금** 또는 **위탁료** 등의 지출
  6. 법 제57조(일반재산의 개발)에 따른 **개발**에 필요한 비용의 지출
  7. 「국가재정법」 제13조(회계·기금 간 여유재원의 전입·전출)에 따른 **다른 회계 또는 다른 기금으로의 전출금**
  8. 제1호부터 제7호까지의 규정에 따른 용도 외에 **국유재산관리기금의 관리·운용에 필요한 비용**의 지출

② **국유재산관리기금**에서 **취득한 재산**은 **일반회계** 소속으로 한다(제26조의5 제2항). (감평 2014) (**특별회계 ×**)

## Ⅴ 국유재산관리기금의 관리·운용

① **국유재산관리기금**은 **총괄청**이 **관리·운용**한다(법 제26조의6 제1항).
② **총괄청**은 **국유재산관리기금**의 관리·운용에 관한 사무중 다음 각 호의 사무를 「한국자산관리공사 설립 등에 관한 법률」에 따른 **한국자산관리공사**(이하 "한국자산관리공사"라 한다)에 **위탁**할 수 있다(제26조의6 제2항·영 제18조의2).
  1. 국유재산관리기금의 **관리·운용에 관한 회계** 사무
  2. 국유재산관리기금의 **결산보고서 작성**에 관한 사무(감평 2014)
  3. 법 제57조제1항(일반재산의 개발)에 따라 **국유재산관리기금의 재원으로 개발**하는 사업에 관한 사무
  4. 국유재산관리기금의 **여유자금 운용**에 관한 사무
  5. 그 밖에 총괄청이 국유재산관리기금의 관리·운용에 관하여 필요하다고 인정하는 사무

# CHAPTER 04 > 행정재산

## I. 처분의 제한

### 1. 행정재산 처분 금지 원칙 및 예외

① <u>행정재산</u>은 <u>처분하지 못한다</u>(법 제27조 제1항 본문).
② 다만, 다음 각 호의 어느 하나에 해당하는 경우에는 <u>교환</u>하거나 <u>양여</u>할 수 있다(법 제27조 제1항 단서).(감평 2020)(행정재산은 사유재산과 교환할 수 없다.×)
  1. <u>공유(公有)</u> 또는 <u>사유재산</u>과 <u>교환</u>하여 그 <u>교환</u>받은 재산을 <u>행정재산</u>으로 <u>관리</u>하려는 경우(감평 2012·2020)
  2. <u>대통령령으로 정하는 행정재산</u>(영 제19조 제2항)을 <u>직접 공용</u>이나 <u>공공용</u>으로 <u>사용</u>하려는 <u>지방자치단체</u>에 <u>양여</u>하는 경우(감평 2009)

> **▶암기** 행정재산의 교환·양여
> 1. 교환 : 교환 받은 재산을 행정재산으로 관리하려는 경우
> 2. 양여 : 행정재산을 직접 공용이나 공공용으로 사용하려는 지방자치단체에 양여

### 2. 일반재산 규정 준용

#### (1) 교환

법 제27조 제1항 제1호에 따라 <u>행정재산</u>을 <u>교환</u>하는 경우에는 <u>법 제54조</u>(일반재산의 교환)<u>제2항부터 제4항까지를 준용</u>하고(법 제27조 제2항), <u>영 제57조</u>(일반재산의 교환)를 <u>준용</u>한다(영 제19조 제1항). 이 경우 "<u>일반재산</u>"을 "<u>행정재산</u>"으로 본다.

#### (2) 양여

법 제27조 제1항 제2호에 따라 <u>행정재산</u>을 <u>양여</u>하는 경우에는 <u>법 제55조</u>(일반재산의 양여)<u>제2항·제3항</u>을 <u>준용</u>하고(법 제27조 제2항), <u>영 제59조</u>(일반재산 양여 시의 특약등기)를 <u>준용</u>한다(영 제19조 제1항). 이 경우 "<u>일반재산</u>"을 "<u>행정재산</u>"으로 본다.

## II. 국유재산책임관의 임명 등

① <u>중앙관서의 장</u>은 소관 국유재산의 관리·처분 업무를 효율적으로 수행하기 위하여 그 관서의 <u>고위공무원으로서 기획 업무를 총괄하는 직위에 있는 자</u>를 <u>국유재산책임관</u>으로 <u>임명하여야 한다</u>(법 제27조의 2 제1항).(감평 2019)

② <u>국유재산책임관</u>의 업무는 다음 각 호와 같다(법 제27조의2 제2항).
  1. <u>총괄청</u>의 「국유재산 관리·처분에 관한 계획 작성 지침」에 따른 <u>소관 국유재산의 관리·처분에 관한 계획</u>과 확정된 <u>국유재산종합계획의 반기별 집행계획</u>에 관한 업무
  2. <u>국유재산관리운용보고</u>에 관한 업무
  3. 제1호 및 제2호에 따른 업무 <u>외(外)</u>에 국유재산 관리·처분 업무와 관련하여 <u>대통령령</u>(조문에서 위임한 사항을 규정한 하위법령이 없다.)으로 정하는 업무
③ <u>국유재산책임관</u>의 <u>임명</u>은 중앙관서의 장이 소속 관서에 설치된 <u>직위</u>를 <u>지정</u>하는 것으로 <u>갈음</u>할 수 있다(법 제27조의2 제3항).(감평 2021)

## Ⅲ 행정재산 관리사무의 위임

### 1. 소속 공무원

① <u>중앙관서의 장</u>은 <u>소속 공무원</u>에게 그 소관에 속하는 <u>행정재산의 관리에 관한 사무를 위임</u>할 수 있다(법 제28조 제1항).(감평 2014)

② <u>중앙관서의 장</u>은 <u>위임을 받은 공무원의 사무의 일부</u>를 <u>분장</u>하는 공무원을 둘 수 있다(법 제28조 제2항).(감평 2014)

③ <u>중앙관서의 장</u>은 그 소속 공무원에게 <u>행정재산</u> 관리에 관한 사무를 <u>위임</u>하거나 <u>분장</u>하게 한 경우에는 그 뜻을 <u>감사원</u>에 <u>통지</u>하여야 한다(영 제20조 제1항).(감평 2014)

### 2. 다른 중앙관서의 장의 소속 공무원

<u>중앙관서의 장</u>은 <u>다른 중앙관서의 장의 소속 공무원</u>에게 그 소관에 속하는 <u>행정재산의 관리에 관한 사무를 위임</u>할 수 있다(법 제28조 제3항). 이 경우 위임받을 공무원 및 직위와 위임할 사무의 범위에 관하여 <u>해당 중앙관서의 장의 의견</u>을 들어 <u>위임</u>하고, 그 <u>사실</u>을 <u>감사원에 통지</u>하여야 한다(영 제20조 제2항).

### 3. 지방자치단체의 장 또는 그 소속 공무원

<u>중앙관서의 장</u>은 그 소관에 속하는 행정재산의 관리에 관한 사무의 <u>일부</u>를 <u>지방자치단체의 장</u>이나 그 소속 공무원에게 <u>위임</u>할 수 있다(법 제28조 제4항). 이 경우 위임받을 공무원 및 직위와 위임할 사무의 범위에 관하여 <u>해당 지방자치단체를 감독하는 중앙관서의 장의 의견</u>을 들어 위임하고, 그 사실을 <u>감사원</u>에 <u>통지</u>하여야 한다(영 제20조 제3항).

### 4. 기타

<u>행정재산 관리사무의 위임</u>은 중앙관서의 장이 <u>해당 기관에 설치된 직위</u>를 <u>지정</u>함으로써 <u>갈음</u>할 수 있다(법 제28조 제5항).

# Ⅳ 행정재산의 관리위탁

**(1) 서**

① 중앙관서의 장은 행정재산을 효율적으로 관리하기 위하여 필요하면 국가기관 외(外)의 자에게 그 재산의 관리를 위탁(이하 "관리위탁"이라 한다)할 수 있다(법 제29조 제1항). (감평 2017)

② 행정재산의 관리위탁을 받은 자는 미리 해당 중앙관서의 장의 승인을 받아 위탁받은 재산의 일부를 사용·수익하거나 다른 사람에게 사용·수익하게 할 수 있다(법 제29조 제2항). (감평 2022)

**(2) 관리위탁 기간 등**

① 관리위탁의 기간은 5년 이내로 하되, 다음 각 호의 어느 하나에 해당하는 경우를 제외하고는 5년을 초과하지 아니하는 범위에서 종전의 관리위탁을 갱신할 수 있다(영 제22조 제1항).

   1. 관리위탁한 재산을 국가나 지방자치단체가 직접 공용이나 공공용으로 사용하기 위하여 필요한 경우
   2. 관리위탁을 받은 자(이하 "관리수탁자"라 한다)가 관리위탁을 받을 자격을 갖추지 못하게 된 경우
   3. 관리수탁자가 관리위탁 조건을 위반한 경우
   4. 관리위탁이 필요하지 아니하게 된 경우

② 관리수탁자가 미리 해당 중앙관서의 장의 승인을 받아 위탁받은 재산의 일부를 사용·수익하거나 다른 사람에게 사용·수익하게 하려는 경우에는 관리위탁 기간 내(內)에서 하여야 한다(영 제22조 제2항).

**(3) 관리위탁 재산의 관리**

① 관리수탁자는 선량한 관리자로서의 주의의무를 다하여 공익목적에 맞게 위탁받은 재산을 관리하여야 하며, 그 재산에 손해가 발생한 경우에는 지체 없이 소관 중앙관서의 장에 보고하여야 한다(영 제23조 제1항).

② 관리수탁자는 위탁받은 재산의 원형이 변경되는 대규모의 수리 또는 보수를 하려면 소관 중앙관서의 장의 승인을 받아야 한다(영 제23조 제2항 본문). 다만, 긴급한 경우에는 필요한 최소한의 조치를 한 후(後) 지체 없이 그 내용을 중앙관서의 장에게 보고하여야 한다(영 제23조 제2항 단서).

**(4) 관리현황에 대한 보고 등**

① 관리수탁자는 위탁받은 재산의 연간 관리현황을 다음 연도 1월 31일까지 해당 중앙관서의 장에게 보고하여야 한다(영 제25조 제1항). (감평 2015)

② 중앙관서의 장은 필요한 경우 관리위탁 재산의 관리현황을 확인·조사하거나 관리수탁자가 보고하도록 할 수 있다(영 제25조 제2항).

## V 사용허가★

### 1. 행정재산의 사용허가
중앙관서의 장은 다음 각 호의 범위에서만 행정재산의 사용허가를 할 수 있다(법 제30조 제1항).(감평 1999·2002·2009·2000·2021)
1. 공용·공공용·기업용 재산 : 그 용도나 목적에 장애가 되지 아니하는 범위(감평 2014·2025)
2. 보존용재산 : 보존목적의 수행에 필요한 범위(감평 2021)

### 2. 다른 사람에게 사용·수익하게 할 수 있는 경우
① 행정재산의 사용허가를 받은 자는 그 재산을 다른 사람에게 사용·수익하게 하여서는 아니 된다(법 제30조 제2항 본문).
② 위 ①에도 불구하고 다음 각 호의 어느 하나에 해당하는 경우에는 중앙관서의 장의 승인을 받아 다른 사람에게 사용·수익하게 할 수 있다(법 제30조 제2항 단서).(감평 2017) 다만, 중앙관서의 장은 사용·수익이 그 용도나 목적에 장애가 되거나 원상회복이 어렵다고 인정되면 승인하여서는 아니 된다(법 제30조 제3항).
　1. 기부를 받은 재산에 대하여 사용허가를 받은 자가 그 재산의 기부자이거나 그 상속인, 그 밖의 포괄승계인인 경우(감평 2009)
　2. 지방자치단체나 지방공기업이 행정재산에 대하여 사회기반시설로 사용·수익하기 위한 사용허가를 받은 후(後) 이를 지방공기업 등 대통령령으로 정하는 기관(영 제26조 제3항 : 지방공기업, 공공기관, 공익법인, 사회적기업, 협동조합, 사회적협동조합, 자활기업, 마을기업 등)으로 하여금 사용·수익하게 하는 경우
③ 전대받는 자의 사용·수익기간은 전대하는 자의 사용허가기간의 남은 기간을 초과할 수 없다(영 제26조 제2항).

### 3. 사용허가를 받은 재산에 대한 시설
행정재산의 사용허가를 받은 자가 그 재산에 대하여 유지·보수 외의 시설을 설치하려는 때에는 그 경비조서를 갖추어 소관 중앙관서의 장의 승인(총괄청의 허가×)을 받아야 한다(시행규칙 제19조 제1항).(감평 2024)

## VI 사용허가의 방법★

### 1. 일반경쟁
① 행정재산을 사용허가하려는 경우에는 그 뜻을 공고하여 일반경쟁에 부쳐야 한다(법 제31조 제1항 본문). 다만, 사용허가의 목적·성질·규모 등을 고려하여 필요하다고 인정되면 대통령령으로 정하는 바(영 제27조 제2항·제3항)에 따라 참가자의 자격을 제한하거나 참가자를 지명하여 경쟁에 부치거나 수의(隨意)의 방법으로 할 수 있다(법 제31조 제1항 단서).(감평 2010·2015·2017)

② <u>경쟁입찰</u>은 <u>1개 이상의 유효한 입찰</u>이 있는 경우 <u>최고가격</u>으로 <u>응찰</u>한 자를 <u>낙찰자</u>로 한다(영 제27조 제1항). (감평 2020) (2개 이상×)

③ <u>중앙관서의 장</u>은 <u>행정재산</u>에 대하여 <u>일반경쟁입찰</u>을 두 번 실시하여도 낙찰자가 없는 재산에 대하여는 <u>세 번째 입찰부터 최초 사용료 예정가격의 100분의 20</u>을 최저한도로 하여 <u>매회 100분의 10의 금액만큼 그 예정가격을 낮추는 방법</u>으로 조정할 수 있다(영 제27조 제5항). (감평 2015·2023) (비교 ; 일반재산 처분의 경우에는 100분의 50을 최저한도로 한다.)

## 2. 지명경쟁·제한경쟁

<u>행정재산</u>이 다음 각 호의 어느 하나에 해당하는 경우에는 <u>제한경쟁</u>이나 <u>지명경쟁의 방법</u>으로 <u>사용허가</u>를 받을 자를 결정할 수 있다(영 제27조 제2항).

1. 토지의 용도 등을 고려할 때 <u>해당 재산에 인접한 토지의 소유자를 지명</u>하여 <u>경쟁에 부칠 필요가</u> 있는 경우(감평 2025)
2. <u>수의의 방법</u>에 따른 <u>사용허가의 신청이 경합</u>하는 경우
3. 그 밖에 <u>재산의 위치·형태·용도</u> 등이나 <u>계약의 목적·성질</u> 등으로 보아 <u>사용허가 받는 자의 자격을 제한하거나 지명할 필요</u>가 있는 경우

## 3. 수의의 방법

<u>행정재산</u>이 다음 각 호의 어느 하나에 해당하는 경우에는 <u>수의의 방법</u>으로 <u>사용허가</u>를 받을 자를 결정할 수 있다(영 제27조 제3항).

1. <u>주거용</u>으로 <u>사용허가</u>를 하는 경우(감평 2004·2012·2014·2016·2017·2021)
2. <u>경작용</u>으로 <u>실경작자에게 사용허가</u>를 하는 경우(감평 2004·2022·2024)
3. <u>외교상</u> 또는 <u>국방상</u>의 이유로 사용·수익 행위를 <u>비밀리</u>에 할 필요가 있는 경우(감평 2004)
4. <u>천재지변</u>이나 그 밖의 부득이한 사유가 발생하여 <u>재해 복구나 구호의 목적</u>으로 사용허가를 하는 경우(감평 2004)

4의2. <u>사회기반시설</u>로 <u>사용</u>하려는 <u>지방자치단체</u>나 <u>지방공기업</u>에 사용허가를 하는 경우

5. 법 제34조(사용료의 감면)제1항 또는 다른 법률에 따라 <u>사용료 면제의 대상이 되는 자에게 사용허가</u>를 하는 경우
6. <u>국가와 재산을 공유</u>하는 자에게 <u>국가의 지분에 해당하는 부분</u>에 대하여 <u>사용허가를 하는 경우</u>
7. 국유재산의 관리·처분에 지장이 없는 경우로서 사용목적이나 계절적 요인 등을 고려하여 <u>6개월 미만의 사용허가</u>를 하는 경우
8. <u>두 번에 걸쳐 유효한 입찰</u>이 성립되지 아니한 경우(감평 2004·2020)
9. 그 밖에 재산의 위치·형태·용도 등이나 계약의 목적·성질 등으로 보아 <u>경쟁입찰에 부치기 곤란</u>하다고 인정되는 경우

## 4. 준용

<u>행정재산</u>의 <u>사용허가</u>에 관하여는 이 법에서 정한 것을 제외하고는 「<u>국가를 당사자로 하는 계약에 관한 법률</u>(민법×)」의 규정을 <u>준용</u>한다(법 제31조 제3항). (감평 2012·2018·2021·2024)

> **정리**
>
> ◆ 행정재산 사용허가1 : 제한경쟁·지명경쟁 可 (인/수→필요)
> 1. 인접한 토지 소유자를 지명하여 경쟁에 부칠 필요가 있는 경우
> 2. 수의의 방법에 따른 사용허가 신청이 경합
> 3. 사용허가 받는 자의 자격을 제한하거나 지명할 필요가 있는 경우

> **정리**
>
> ◆ 행정재산 사용허가2 : 수의의 방법 可 《경/주→비밀/천재→사/면→6개월에/2번/공유/곤란》
> 1. 경작용(실경작자에게 사용허가)
> 2. 주거용
> 3. 비밀리에 할 필요(외교상·국방상 이유)
> 4. 천재지변(재해복구나 구호의 목적)
> 5. 사회기반시설로 사용(지방자치단체나 지방공기업에 사용허가)
> 6. 사용료 면제 대상자
> 7. 6개월 미만 사용허가
> 8. 두 번에 걸친 유찰(일반경쟁입찰 : 세 번째 입찰부터 최초 사용료 예정가격의 20%을 최저한도로 10%씩 감액 조정 可)
> 9. 국가와 재산을 공유하는 자 → 국가 지분 사용허가
> 10. 경쟁입찰에 부치는 것이 곤란

# Ⅶ 사용료

## 1. 사용료 징수방법

### (1) 원칙 : 매년 사용료 징수

행정재산을 사용허가한 때에는 대통령령으로 정하는 요율(料率)과 산출방법(영 제29조)에 따라 매년 사용료를 징수한다(법 제32조 제1항 본문).(감평 2014·2015)

### (2) 일시 통합 징수 : 연간 사용료 20만원 이하

① 연간 사용료가 20만원 이하인 경우에는 사용허가기간의 사용료를 일시에 통합 징수할 수 있다(법 제32조 제1항 단서·영 제30조 제4항).

② 사용료를 일시에 통합 징수하는 경우에 사용허가기간 중의 사용료가 증가 또는 감소되더라도 사용료를 추가로 징수하거나 반환하지 아니한다(법 제32조 제4항).

### (3) 분할 징수 : 연간 사용료 50만원 초과

① 연간 사용료가 50만원을 초과하는 경우에는 연 12회 이내에서 나누어 내게 할 수 있다(법 제32조 제2항 전단·영 제30조 제5항).(감평 2000·2016)(연 6회 이내× : 구법에서는 연 6회 이내였으나 개정됨) 이 경우 남은 금액에 대해서는 시중은행의 1년 만기 정기예금의 평균 수신금리를 고려하여 총괄청

이 고시하는 이자율(이하 "고시이자율"이라 한다)을 적용하여 <u>산출한 이자</u>를 붙여야 한다(영 제30조 제5항).

② 또한, 이 경우 **연간 사용료가 1천만원 이상**인 경우에는 사용허가(허가를 갱신하는 경우를 포함한다)할 때에 그 허가를 받는 자에게 <u>연간 사용료의 100분의 50</u>에 해당하는 금액의 범위에서 <u>보증금을 예치</u>하게 하거나 <u>이행보증조치</u>를 하도록 하여야 한다(법 제32조 제2항 후단·영 제30조 제6항). (감평 2016)

> **◆ 행정재산 사용료**
> 1. 매년 사용료 징수 : 선납 원칙
> 2. 연간 사용료 20만원 이하 : 사용허가기간의 사용료를 일시 통합 징수 可
> 3. 연간 사용료 50만원 초과 : 연 <u>12회</u> 이내 분할 징수 可 + 단, 고시이자율 가산
> 4. 연간 사용료 1천만원 이상 : 분할납부시 - 연간 사용료 50% 범위에서 보증금 예치 要

## 2. 사용료 산출방법

① **연간 사용료**는 해당 재산가액에 <u>1천분의 50 이상의 요율</u>을 곱한 금액으로 하되, 월 단위, 일 단위 또는 시간 단위로 계산할 수 있다(영 제29조 제1항).

② **사용료**를 계산할 때 해당 **재산가액**은 다음 각 호의 방법으로 산출한다(영 제29조 제2항 전단). 이 경우 <u>제1호, 제2호 및 제3호 본문</u>에 따른 재산가액은 허가기간 동안 <u>연도마다</u> 결정하고, <u>제3호 단서</u>에 따른 재산가액은 <u>감정평가일부터 3년 이내</u>에만 적용할 수 있다(영 제29조 제2항 후단). (감정평가일로부터 1년 이내에만 적용할 수 있다, ×)

1. <u>토지</u> : 사용료 산출을 위한 재산가액 결정 당시의 개별공시지가(「부동산 가격공시에 관한 법률」 제10조에 따른 <u>해당 토지의 개별공시지가</u>로 하며, 해당 토지의 개별공시지가가 없으면 같은 법 제8조(표준지공시지가의 적용)에 따른 <u>공시지가를 기준</u>으로 하여 산출한 금액을 말한다. 이하 같다)를 <u>적용</u>한다. (감평 2002)
2. <u>주택</u> : 사용료 산출을 위한 재산가액 결정 당시의 주택가격으로서 다음 각 목의 구분에 따른 가격으로 한다.
   가. 단독주택 : 「부동산 가격공시에 관한 법률」 제17조에 따라 공시된 해당 주택의 **개별주택가격**
   나. 공동주택 : 「부동산 가격공시에 관한 법률」 제18조에 따라 공시된 해당 주택의 **공동주택가격**
   다. 개별주택가격 또는 공동주택가격이 <u>공시되지 아니한 주택</u> : 「지방세법」 제4조제1항 단서에 따른 <u>시가표준액</u>
3. <u>그 외의 재산</u> : 「지방세법」 제4조제2항에 따른 <u>시가표준액</u>으로 한다. 다만, 해당 시가표준액이 <u>없는 경우</u>에는 <u>하나의 감정평가법인등의 평가액</u>을 적용한다. (둘 이상의 감정평가법인등의 평가액 ×)

③ 국유재산인 <u>토지의 공중 또는 지하 부분</u>을 사용허가하는 경우의 사용료는 제1항에 따라 산출된 <u>사용료</u>에 그 공간을 사용함으로 인하여 <u>토지의 이용이 저해되는 정도에 따른 적정한 비율</u>을 곱하여 산정한 금액으로 한다(영 제29조 제4항).

④ <u>사용료</u>는 <u>공개</u>하여야 하며, <u>그 공개한 사용료 미만으로 응찰한 입찰서는 무효</u>로 한다(영 제29조 제5항).

⑤ <u>경쟁입찰로 사용허가를 하는 경우 첫해의 사용료는 최고입찰가로 결정</u>하고, (감평 2016) <u>2차 연도 이후 기간</u>(사용허가를 갱신하지 아니한 사용허가기간 중으로 한정한다)의 <u>사용료</u>는 다음의 계산식에 따라 산출한다(영 제29조 제6항).

$$
(\text{입찰로 결정된 첫해의 사용료}) \times \frac{(\text{제2항에 따라 산출한 해당 연도의 재산가액})}{(\text{입찰 당시의 재산가액})}
$$

⑥ <u>보존용재산</u>을 <u>사용허가</u>하는 경우에 <u>재산의 유지·보존을 위하여 관리비가 특히 필요할 때에는 사용료에서 그 관리비 상당액을 뺀 나머지 금액을 징수</u>할 수 있다(영 제29조 제7항).(감평 2016·2025) 이 경우 해당 <u>보존용재산이 훼손</u>되었을 때에는 <u>공제된 관리비 상당액을 추징</u>한다(영 제29조 제8항).

### 3. 사용료의 납부시기 등

① <u>법 제32조</u>(행정재산 사용료)<u>제1항 및 법 제65조의9</u>(지식재산의 사용료)<u>제1항에 따른 사용료는 선납</u>하여야 한다(영 제30조 제1항).(감평 2000·2014)(행정재산을 사용허가한 때에는 징수하는 사용료는 선납하여야 한다, ○)

② <u>사용료의 납부기한은 사용허가를 한 날부터 60일 이내</u>로 하되, <u>사용·수익을 시작하기 전(前)</u>으로 한다(영 제30조 제2항 본문). 다만, 중앙관서의 장은 부득이한 사유로 납부기한까지 사용료를 납부하기 곤란하다고 인정될 때에는 납부기한을 따로 정할 수 있다(영 제30조 제2항 단서).

③ 제1항 및 제2항에도 불구하고 <u>천재지변</u>이나 「재난 및 안전관리 기본법」 제3조제1호의 <u>재난, 경기침체, 대량실업</u> 등으로 인한 경영상의 부담을 완화하기 위해 <u>총괄청</u>이 대상과 기간을 정하여 <u>고시</u>하는 경우에는 해당 기간에 납부기한이 도래하거나 납부고지된 <u>사용료</u>를 <u>고시</u>로 정하는 바에 따라 <u>1년의 범위</u>에서 <u>미루어 내게 할 수 있다</u>(영 제30조 제3항).

## Ⅷ 사용료의 조정

<u>중앙관서의 장은 동일인</u>(상속인이나 그 밖의 포괄승계인은 피승계인과 동일인으로 본다)이 같은 <u>행정재산</u>을 사용허가기간 내에서 <u>1년을 초과하여 계속 사용·수익하는 경우로서 「대통령령으로 정하는 경우</u>(영 제31조)」에는 <u>사용료를 조정</u>할 수 있다(법 제33조 제1항).(감평 2010·2022)(동일인이 행정재산을 6개월을 초과하여 계속 사용·수익하는 경우로서 대통령령으로 정하는 경우에는 사용료를 조정할 수 있다, ×)

## Ⅸ 사용료의 감면★

① <u>중앙관서의 장</u>은 다음 각 호의 어느 하나에 해당하면 대통령령으로 정하는 바에 따라 그 <u>사용료를 면제</u>할 수 있다(법 제34조 제1항).

1. <u>행정재산으로 할 목적으로 기부를 받은 재산</u>에 대하여 <u>기부자나 그 상속인, 그 밖의 포괄승계인에게 사용허가하는 경우</u>(감평 2004·2018·2020) : <u>사용료 총액이 기부받은 재산의 가액이 될 때까지</u> 면

제할 수 있되, 그 기간은 <u>20년</u>을 넘을 수 없다(영 제32조 제1항). 다만, "<u>지식재산</u>"의 <u>사용료 면제기간은 20년</u>으로 한다(영 제32조 제2항).(감평 2022)(상표권의 사용료를 면제하는 경우 그 면제기간은 5년 이내로 한다.×)

1의2. <u>건물 등을 신축하여 기부채납</u>을 하려는 자가 <u>신축기간</u>에 그 <u>부지를 사용</u>하는 경우(감평 2017·2020)

2. <u>행정재산</u>을 <u>직접 공용·공공용</u> 또는 비영리 공익사업용으로 사용하려는 <u>지방자치단체</u>에 사용허가하는 경우(감평 2010·2012·2016·2020·2021) : <u>지방자치단체</u>는 <u>사용료</u>를 <u>면제</u>받으려면 그 재산의 <u>취득계획</u>을 중앙관서의 장에게 제출하여야 한다(영 제32조 제5항). 이 경우 <u>취득계획</u>을 제출받은 중앙관서의 장이 사용료를 면제하려는 경우 <u>그 사용허가 기간은 1년을 초과해서는 아니 된다</u>(영 제32조 제6항).

3. <u>행정재산</u>을 <u>직접 비영리 공익사업용</u>으로 사용하려는 <u>대통령령으로 정하는 공공단체</u>에 사용허가하는 경우(영 제33조 : 법령에 따라 정부가 자본금의 전액을 출자하는 법인, 법령에 따라 정부가 기본재산의 전액을 출연하는 법인)(감평 2020)

② <u>사용허가</u>를 받은 행정재산을 <u>천재지변</u>이나 「<u>재난 및 안전관리 기본법</u>」 제3조제1호의 <u>재난</u>으로 사용하지 못하게 되면 <u>그 사용하지 못한 기간</u>에 대한 <u>사용료를 면제할 수 있다</u>(법 제34조 제2항).(감평 2020·2021)

③ 중앙관서의 장은 행정재산의 형태·규모·내용연수 등을 고려하여 <u>활용성이 낮거나 보수가 필요한 재산 등 대통령령으로 정하는 행정재산</u>(영 제32조 제7항)을 사용허가하는 경우에는 대통령령으로 정하는 바에 따라 <u>사용료</u>를 <u>감면</u>할 수 있다(법 제34조 제3항).

> ▶암기 행정재산 사용료 면제가 가능한 경우(신/기한⇒지방/공공⇒천재)
> 1. 건물 <u>신</u>축 기부채납 ⇒ 신축기간에 부지 사용
> 2. 행정재산 <u>기</u>부자 등에게 사용허가(사용료 총액이 기부받은 재산의 가액이 될 때까지 면제할 수 있되, 그 기간은 20년을 넘을 수 없다. 단, 지식재산의 사용료 면제기간은 20년으로 한다.)
> 3. <u>지방</u>자치단체 : 행정재산을 직접 공용·공공용·비영리 공익사업용으로 사용
> 4. <u>공공</u>단체(정부 <u>전액</u> 출자·출연) : 행정재산을 직접 비영리 공익사업용으로 사용
> 5. <u>천재</u>지변 ⇒ <u>사용하지 못한 기간</u>

# X 사용허가기간★

## 1. 사용허가기간 : 5년 이내

① <u>행정재산</u>의 <u>사용허가기간</u>은 <u>5년 이내</u>로 한다(법 제35조 제1항 본문).(감평 1999·2000·2004·2016)

② 다만, 법 제34조제1항제1호(사용료의 감면 : 행정재산으로 할 목적으로 기부를 받은 재산에 대하여 기부자나 그 상속인, 그 밖의 포괄승계인에게 사용허가하는 경우)의 경우에는 <u>사용료의 총액</u>이 <u>기부를 받은 재산의 가액에 이르는 기간</u> 이내로 한다(법 제35조 제1항 단서).(감평 2016·2021·2025)(행정재산으로 할 목적으로 기부를 받은 재산의 상속인에게 사용허가를 하는 경우 사용허가기간은 5년 이내로 한다.×)

## 2. 사용허가 갱신

① 행정재산의 <u>사용허가기간</u>이 끝난 재산에 대하여 <u>대통령령으로 정하는 경우</u>(영 제34조)를 <u>제외</u>하고

는 **5년**을 초과하지 아니하는 범위에서 종전의 **사용허가**를 **갱신할 수 있다**(법 제35조 제2항 본문). (감평 1999·2004·2002·2010) 다만, **수의의 방법**으로 **사용허가**를 할 수 있는 경우가 **아니면 1회만 갱신할 수 있다**(법 제35조 제2항 단서). (감평 2012·2022) (수의의 방법으로 사용허를 할 수 있는 경우에는 1회만 갱신할 수 있다. ×)

② 행정재산의 **사용허가**에 대해서 **갱신받으려는 자**는 **허가기간**이 끝나기 **1개월 전**에 **중앙관서의 장에게 신청**하여야 한다(법 제35조 제3항). (감평 2010·2023)

## XI 사용허가의 취소와 철회 ★

### 1. 행정재산 사용허가 취소·철회 사유

**중앙관서의 장**은 행정재산의 **사용허가**를 받은 자가 다음 각 호의 어느 하나에 해당하면 그 **허가를 취소하거나 철회할 수 있다**(법 제36조 제1항). (감평 2000·2002) (허가를 반드시 취소 또는 철회해야 한다. ×)

1. 거짓 진술을 하거나 <u>부실한 증명서류</u>를 제시하거나 그 밖에 **부정한 방법**으로 **사용허가**를 받은 경우(감평 2017)
2. 사용허가 받은 재산을 법 제30조제2항을 **위반**하여 **다른 사람에게 사용·수익하게 한 경우**
3. 해당 재산의 **보존**을 게을리하였거나 그 **사용목적을 위배**한 경우(감평 2009·2017·2018·2024·2025)
4. 납부기한까지 **사용료**를 **납부**하지 아니하거나 법 제32조제2항 후단(사용료 : 연간 사용료가 1천만원 이상인 경우 사용허가를 받은 자에게 보증금을 예치하거나 이행보증조치하도록 하여야 한다.)에 따른 **보증금 예치**나 **이행보증조치**를 하지 아니한 경우(감평 2017)
5. 중앙관서의 장의 **승인 없이** 사용허가를 받은 재산의 **원래 상태를 변경**한 경우(감평 2010·2017)

> ▶암기  행정재산 사용허가 취소·철회 사유(부정한/다른 사람→목/사/상태)
> 1. **부정한** 방법으로 사용허가 받은 경우(부실한 증명서류 제시)
> 2. **다른 사람**에게 사용·수익하게 한 경우(중앙관서의 장 승인 ×)
> 3. 사용**목적** 위배 or 보존을 게을리
> 4. **사용료**(미납 또는 보증금 미예치)
> 5. 원래 **상태** 변경(중앙관서의 장 승인 ×)

### 2. 국가나 지방자치단체가 직접 공용이나 공공용으로 사용하기 위해 필요한 경우

① **중앙관서의 장**은 **사용허가한** 행정재산을 **국가**나 **지방자치단체**가 직접 공용이나 공공용으로 사용하기 위하여 필요하게 된 경우에는 그 **허가를 철회할 수 있다**(법 제36조 제2항). (감평 2000·2010·2021·2022) (그 허가를 취소할 수 있다. ×)

② 이 경우 그 철회로 인하여 해당 **사용허가를 받은 자**에게 **손실이 발생**하면 **그 재산을 사용할 기관**은 다음 각 호의 보상액을 **보상한다**(법 제36조 제3항·영 제35조).
   1. **사용허가 철회 당시를 기준**으로 아직 남은 허가기간에 해당하는 시설비 또는 시설의 이전(수목의 옮겨심기를 포함한다. 이하 이 조에서 같다)에 필요한 경비

2. 사용허가 철회에 따라 시설을 이전하거나 새로운 시설을 설치하게 되는 경우 그 기간 동안 영업을 할 수 없게 됨으로써 발생하는 손실에 대한 평가액

### 3. 사용허가 취소·철회 사실 통보

중앙관서의 장은 사용허가를 취소하거나 철회한 경우에 그 재산이 기부를 받은 재산으로서 중앙관서의 장의 승인을 받아 다른 사람에게 사용·수익하게 한 경우에는 그 사용·수익자에게 취소 또는 철회 사실을 알려야 한다(법 제36조 제4항).

## XII 청문 ★

중앙관서의 장은 행정재산의 사용허가를 취소하거나 철회하려는 경우에는 청문을 하여야 한다(법 제37조). (감평 2000·2009·2017·2018·2020·2021·2023)

## XIII 원상회복

사용허가를 받은 자는 허가기간이 끝나거나 사용허가가 취소 또는 철회된 경우에는 그 재산을 원래 상태대로 반환하여야 한다(법 제38조 본문). 다만, 중앙관서의 장이 미리 상태의 변경을 승인한 경우에는 변경된 상태로 반환할 수 있다(법 제38조 단서). (감평 2023·2024)

## XIV 관리 소홀에 대한 제재 : 가산금

① 행정재산의 사용허가를 받은 자가 그 행정재산의 관리를 소홀히 하여 재산상의 손해를 발생하게 한 경우에는 사용료 외(外)에 그 사용료를 넘지 아니하는 범위에서 가산금을 징수할 수 있다(법 제39조). (감평 2010·2016)
② 가산금은 사용허가할 때에 정하여야 한다(영 제36조 제1항).
③ 가산금은 해당 중앙관서의 장 또는 법 제28조(행정재산 관리사무의 위임)에 따라 위임을 받은 자가 징수한다(영 제36조 제2항).
④ 가산금을 징수할 때에는 그 금액, 납부기한, 납부장소와 가산금의 산출 근거를 명시하여 문서로 고지하여야 한다(영 제36조 제3항).
⑤ 가산금의 납부기한은 고지한 날부터 60일 이내로 한다(영 제36조 제4항).

## XV 용도폐지★

① 중앙관서의 장은 행정재산이 다음 각 호의 어느 하나에 해당하는 경우에는 지체 없이 그 용도를 폐지하여야 한다(법 제40조 제1항).
  1. 행정목적으로 사용되지 아니하게 된 경우
  2. 행정재산으로 사용하기로 결정한 날부터 5년이 지난 날까지 행정재산으로 사용되지 아니한 경우
     (감평 2009·2014·2015·2018·2020·2021)
  3. 법 제57조(일반재산의 개발)에 따라 개발하기 위하여 필요한 경우

② 중앙관서의 장은 제1항에 따라 용도폐지를 한 때에는 그 재산을 지체 없이 총괄청에 인계하여야 한다(법 제40조 제2항 본문). 다만, 다음 각 호의 어느 하나에 해당하는 재산은 그러하지 아니하다(법 제40조 제2항 단서).
  1. 관리전환, 교환 또는 양여의 목적으로 용도를 폐지한 재산
  2. 법 제5조제1항제2호(국유재산의 범위 : 선박, 부표, 부잔교, 부선거 및 항공기와 그들의 종물)의 재산
  3. 공항·항만 또는 산업단지에 있는 재산으로서 그 시설운영에 필요한 재산
  4. 총괄청이 그 중앙관서의 장에게 관리·처분하도록 하거나 다른 중앙관서의 장에게 인계하도록 지정한 재산

③ 중앙관서의 장은 용도폐지한 행정재산으로서 철거 또는 폐기할 필요가 있는 건물, 시설물, 기계 및 기구가 있으면 이를 지체 없이 철거 또는 폐기하고 총괄청에 인계하여야 한다(영 제37조 제2항).

> ▶암기 행정재산 용도폐지 사유(개발/목적× ⇒ 5년)
> 1. 일반재산으로 개발
> 2. 행정목적 사용×
> 3. 행정재산 사용 결정 → 5년 → 행정재산 사용×

## XVI 우선사용예약

① 중앙관서의 장은 행정재산이 용도폐지된 경우 장래의 행정수요에 대비하기 위하여 해당 재산에 대하여 법 제8조제4항(국유재산 사무의 총괄과 관리 : 중앙관서의 장은 특별회계 및 기금에 속하는 국유재산 외(外)의 국유재산을 행정재산으로 사용하려는 경우 총괄청의 승인을 받아야 한다.)에 따른 사용승인을 우선적으로 해 줄 것(이하 "우선사용예약"이라 한다)을 용도폐지된 날부터 1개월 이내에 대통령령으로 정하는 바에 따라 총괄청에 신청할 수 있다(법 제40조의2 제1항).

② 총괄청은 제1항에 따른 신청을 받은 경우 중앙관서의 장이 제출한 사업계획 및 다른 기관의 행정수요 등을 고려하여 우선사용예약을 승인할 수 있다(법 제40조의2 제2항).

③ 중앙관서의 장이 제2항에 따라 우선사용예약을 승인받은 날부터 3년 이내에 총괄청으로부터 법 제8조제4항에 따른 사용승인을 받지 아니한 경우에는 그 우선사용예약은 효력을 잃는다(법 제40조의2 제3항).

# CHAPTER 05 일반재산

## 제1절 통칙

### I. 처분 등

① <u>일반재산</u>은 <u>대부</u> 또는 <u>처분</u>할 수 있다(법 제41조 제1항). (감평 1999·2014·2015·2016·2018·2019)
② <u>중앙관서의 장등</u>은 <u>국가의 활용계획이 없는</u> 건물이나 그 밖의 시설물이 다음 각 호의 어느 하나에 해당하는 경우에는 <u>철거</u>할 수 있다(법 제41조 제2항).
  1. 구조상 공중의 안전에 미치는 <u>위험</u>이 <u>중대한 경우</u>
  2. 재산가액에 비하여 <u>유지·보수 비용이 과다한 경우</u>(감평 2018)
  3. 위치, 형태, 용도, 노후화 등의 사유로 <u>철거가 불가피하다고 중앙관서의 장등이 인정하는 경우</u>

### II. 관리·처분 사무의 위임·위탁

#### 1. 총괄청

**(1) 총괄청의 일반재산 관리·처분 사무의 위임·위탁**

<u>총괄청</u>은 <u>소관 일반재산</u>의 <u>관리·처분</u>에 관한 사무의 <u>일부</u>를 <u>총괄청 소속 공무원</u>, <u>중앙관서의 장 또는 그 소속 공무원</u>, <u>지방자치단체의 장 또는 그 소속 공무원</u>에게 <u>위임</u>하거나 <u>정부출자기업체, 금융기관, 투자매매업자·투자중개업자</u> 또는 <u>특별법에 따라 설립된 법인으로서 대통령령으로 정하는 자</u>(ⓐ 영 제38조 제3항 : 한국자산관리공사 – 국세물납에 따라 취득한 일반재산·용도폐지되어 총괄청에 인계된 재산 등에 대한 관리·처분에 관한 사무, ⓑ 영 제38조 제5항 : 한국자산관리공사 또는 한국토지주택공사 – 개발하려는 일반재산의 관리·처분에 관한 사무·이미 처분된 소관 일반재산 처분과 관련된 소송업무)에게 <u>위탁</u>할 수 있다(법 제42조 제1항). (감평 2002)

**(2) 총괄청의 수탁 및 위탁받은 일반재산의 재위탁**

<u>총괄청</u>은 중앙관서의 장으로부터 법 제8조제3항의 <u>일반재산의 관리·처분에 관한 사무의 일부를 위탁받을 수 있으며</u>, (감평 2016, 2020) 필요한 경우 <u>위탁하는 중앙관서의 장과 협의를 거쳐 특별법에 따라 설립된 법인으로서 대통령령으로 정하는 자</u>(영 제38조 제4항 ; 한국자산관리공사)에게 위탁받은 사무를 <u>재위탁</u>할 수 있다(법 제42조 제2항). (감평 2002)

### 2. 중앙관서의 장 : 개발을 위한 위탁

중앙관서의 장이 소관 특별회계나 기금에 속하는 일반재산을 법 제59조(위탁 개발)에 따라 개발하려는 경우에는 법 제42조 제1항을 준용하여 위탁할 수 있다(법 제42조 제3항). (감평 2002)

### 3. 중앙관서의 장등 : 일반재산 관리·처분 사무 위임·위탁

중앙관서의 장과 법 제42조 제1항에 따라 위임받은 기관이 일반재산을 관리·처분하는 경우에는 법 제28조(행정재산 관리사무의 위임 ; 중앙관서의 장은 대통령령으로 정하는 바에 따라 소속 공무원·다른 중앙관서의 장의 소속 공무원·지방자치단체의 장이나 그 소속 공무원에게 그 소관에 속하는 행정재산의 관리에 관한 사무를 위임할 수 있다) 및 법 제29조(행정재산 관리위탁 ; 중앙관서의 장은 행정재산을 효율적으로 관리하기 위하여 필요하면 국가기관 외(外)의 자에게 그 재산의 관리를 위탁할 수 있다)를 준용한다(법 제42조 제4항). (감평 2002)

### 4. 총괄청과 중앙관서의 장 : 위임·위탁의 철회

법 제42조 제1항 및 제4항에 따라 일반재산의 관리·처분에 관한 사무를 위임이나 위탁한 총괄청이나 중앙관서의 장은 위임이나 위탁을 받은 자가 해당 사무를 부적절하게 집행하고 있다고 인정되거나 일반재산의 집중적 관리 등을 위하여 필요한 경우에는 그 위임이나 위탁을 철회할 수 있다(법 제42조 제5항). (감평 2002)

### 5. 대부료 등의 귀속

법 제42조 제1항 및 제4항에 따라 위임이나 위탁을 받아 관리·처분한 일반재산 중 대통령령으로 정하는 재산(영 제39조 제1항 ; 부동산과 그 종물, 증권)의 대부료, 매각대금, 개발수입 또는 변상금은 「국가재정법」 제17조와 「국고금관리법」 제7조에도 불구하고 위임이나 위탁을 받은 자에게 귀속시킬 수 있다(법 제42조 제6항).

## III 일반재산 처분계약의 방법

### 1. 서

① 일반재산을 처분하는 계약을 체결할 경우에는 그 뜻을 공고하여 일반경쟁에 부쳐야 한다(법 제43조 제1항 본문). 다만, 계약의 목적·성질·규모 등을 고려하여 필요하다고 인정되면 「대통령령으로 정하는 바(영 제40조)」에 따라 참가자의 자격을 제한하거나 참가자를 지명하여 경쟁에 부치거나 수의계약으로 할 수 있으며, 증권인 경우에는 「대통령령으로 정하는 방법(영 제41조)」에 따를 수 있다(법 제43조 제1항 단서).

② 제1항에 따라 경쟁에 부치는 경우 공고와 절차에 관하여는 법 제31조제2항(행정재산 사용허가의 방법)을 준용한다(법 제43조 제2항).

### 2. 경쟁입찰

경쟁입찰은 1개 이상의 유효한 입찰이 있는 경우 최고가격으로 응찰한 자를 낙찰자로 한다(영 제40조 제1항). (2개 이상×) (☞ 예정가격 이상의 유효한 입찰이 성립한 경우에 한하여 그 중 최고가격으로 입찰한 자를 낙찰자로 결정한다.)

### 3. 제한경쟁·지명경쟁

일반재산이 다음 각 호의 어느 하나에 해당하는 경우에는 제한경쟁이나 지명경쟁의 방법으로 처분할 수 있다(영 제40조 제2항).

1. 토지의 용도 등을 고려할 때 해당 재산에 인접한 토지의 소유자를 지명하여 경쟁에 부칠 필요가 있는 경우
2. 농경지의 경우에 특별자치시장·특별자치도지사·시장·군수 또는 구청장(자치구의 구청장을 말한다. 이하 같다)이 인정하는 실경작자를 지명하거나 이들을 입찰에 참가할 수 있는 자로 제한하여 경쟁에 부칠 필요가 있는 경우(☞ 영 제27조 제3항 제2호 ; 행정재산 사용허가에서는 「경작용으로 실경작자에게 사용허가를 하는 경우」 수의계약으로 가능하다.)
3. 법 제49조(용도를 지정한 매각)에 따라 용도를 지정하여 매각하는 경우
4. 제3항에 따른 수의계약 신청이 경합하는 경우

### 4. 수의계약

① 일반재산이 다음 각 호의 어느 하나에 해당하는 경우에는 수의계약으로 처분할 수 있다(영 제40조 제3항 전단). 이 경우 처분가격은 예정가격 이상으로 한다(영 제40조 제3항 후단).

1. 외교상 또는 국방상의 이유로 비밀리에 처분할 필요가 있는 경우
2. 천재지변이나 그 밖의 부득이한 사유가 발생하여 재해 복구나 구호의 목적으로 재산을 처분하는 경우
3. 해당 재산을 양여받거나 무상으로 대부받을 수 있는 자에게 그 재산을 매각하는 경우
4. 지방자치단체가 직접 공용 또는 공공용으로 사용하는 데에 필요한 재산을 해당 지방자치단체에 처분하는 경우
5. 공공기관이 직접 사무용 또는 사업용으로 사용하는 데에 필요한 재산을 해당 공공기관에 처분하는 경우
6. 법 제78조(은닉재산의 자진반환자 등에 관한 특례)에 따라 국유재산을 국가에 반환한 자에게 매각하는 경우
7. 국가와 국가 외의 자가 공유하고 있는 국유재산을 해당 공유지분권자에게 매각하는 경우
8. 정부출자기업체의 주주 등 출자자에게 해당 기업체의 지분증권을 매각하는 경우(감평 2019)
9. 국유지개발목적회사의 주주 등 출자자에게 해당 회사의 지분증권을 매각하는 경우
10. 「근로복지기본법」 제2조제4호에 따른 우리사주조합에 가입한 자(이하 이 조에서 "우리사주조합원"이라 한다)에게 정부출자기업체의 지분증권을 매각하는 경우. 이 경우 우리사주조합원이 이미 소유한 지분증권과 수의계약으로 취득할 지분증권의 합계는 해당 정부출자기업체의 지분증권 발행 총수의 100분의 20을 초과하지 아니하여야 한다(영 제40조 제5항).
11. 두 번에 걸쳐 유효한 입찰이 성립되지 아니하거나 뚜렷하게 국가에 유리한 가격으로 계약할 수 있는
12. 경우 재산의 위치·형태·용도 등이나 계약의 목적·성질 등으로 보아 경쟁에 부치기 곤란한 경우

② 사실상 또는 소송상 분쟁의 우려 등으로 인하여 수의의 방법으로 계약하기 곤란하다고 인정되는 재산은 경쟁입찰의 방법으로 처분하여야 한다(영 제40조 제6항).

> ◎ 정리
>
> ◆ 일반재산 처분 : 수의의 방법 可
> 1. 비밀리에 할 필요(외교상·국방상 이유)
> 2. 천재지변(재해복구나 구호의 목적)
> 3. 지방자치단체(직접 공용 또는 공공용으로 사용)
> 4. 공공기관(직접 사무용 또는 사업용으로 사용)
> 5. 출자자(정부출자기업체·국유지개발목적회사의 주주 등 출자자에게 해당 기업체의 지분증권을 매각)
> 6. 은닉재산 자진반환자 등(자진 반환, 재판상 화해)
> 7. 우리사주조합원에게 정부출자기업체의 지분증권을 매각하는 경우
> 8. 정부출자기업체의 출자자에게 해당 기업체의 지분증권을 매각하는 경우
> 9. 두 번에 걸친 유찰(일반경쟁입찰 : 세 번째 입찰부터 최초 매각 예정가격의 50%을 최저한도로 매회 10%씩 감액 可)
> 10. 뚜렷하게 국가에 유리한 가격으로 계약할 수 있는 경우
> 11. 공유지분권자에게 매각하는 경우
> 12. 경쟁에 부치기 곤란한 경우

# Ⅳ 처분재산의 가격결정

## 1. 서

일반재산의 처분가격은 대통령령으로 정하는 바에 따라 시가(時價)를 고려하여 결정한다(법 제44조). (감평 2023)

## 2. 처분재산의 예정가격

① 증권을 제외한 일반재산을 처분할 때에는 시가를 고려하여 해당 재산의 예정가격을 결정하여야 한다. 이 경우 예정가격의 결정방법은 다음 각 호와 같다(영 제42조 제1항).
  1. 대장가격이 3천만원 이상인 경우(제2호의 경우는 제외한다) : 두 개의 감정평가법인등의 평가액을 산술평균한 금액(감평 2004, 2016)
  2. 대장가격이 3천만원 미만인 경우나 지방자치단체 또는 공공기관에 처분하는 경우 : 하나의 감정평가법인등의 평가액(감평 2012·2014·2017·2020·2022)
② 제1항에 따른 감정평가법인등의 평가액은 평가일부터 1년이 지나면 적용할 수 없다(영 제42조 제2항).(감평 2004·2017·2022)(3년이 지나면 적용할 수 없다.×)
③ 중앙관서의 장등은 일반재산에 대하여 일반경쟁입찰을 두번 실시하여도 낙찰자가 없는 경우에는 세 번째 입찰부터 최초 매각 예정가격의 100분의50을 최저한도로 하여 매회 100분의10의 금액만큼 그 예정가격을 낮출 수 있다(영 제42조 제3항).(감평 2023)(비교 : 행정재산 사용허가의 경우에는 100분의 20을 최저한도로 한다.)

④ 일반재산을 법 제45조(개척·매립·간척·조림을 위한 예약)에 따라 개척·매립·간척 또는 조림하거나 그 밖에 정당한 사유로 점유하고 개량한 자에게 해당 재산을 매각하는 경우에는 매각 당시의 개량한 상태의 가격에서 개량비 상당액을 뺀 금액을 매각대금으로 한다(영 제42조 제5항 본문). 다만, 매각을 위한 평가일 현재 개량하지 아니한 상태의 가액이 개량비 상당액을 빼고 남은 금액을 초과하는 경우에는 그 가액 이상으로 매각대금을 결정하여야 한다(영 제42조 제5항 단서).

⑤ 법 제55조(일반재산의 양여)제1항제1호(대통령령으로 정하는 일반재산을 직접 공용이나 공공용으로 사용하려는 지방자치단체에 양여하는 경우) 및 제4호(국가가 보존·활용할 필요가 없고 대부·매각이나 교환이 곤란하여 대통령령으로 정하는 재산을 양여하는 경우)에 따라 양여하는 경우에는 영 제42조 제1항에도 불구하고 대장가격을 재산가격으로 한다(영 제42조 제8항).(감평 2022)

⑥ 「공익사업을 위한 토지 등의 취득 및 보상에 관한 법률」에 따른 공익사업에 필요한 일반재산을 해당 사업의 사업시행자에게 처분하는 경우에는 영 제42조 제1항에도 불구하고 해당 법률에 따라 산출한 보상액을 일반재산의 처분가격으로 할 수 있다(영 제42조 제9항).

⑦ 다음 각 호의 어느 하나에 해당하는 국유지를 법 제43조 제1항 본문에 따른 일반경쟁입찰의 방법으로 처분하는 경우에는 영 제42조 제1항에도 불구하고 해당 국유지의 개별공시지가를 예정가격으로 할 수 있다(영 제42조 제10항).

   1. 일단(一團)의 토지[경계선이 서로 맞닿은 일반재산(국가와 국가 外의 자가 공유한 토지는 제외한다)인 일련(一連)의 토지를 말한다. 이하 같다] 면적이 100제곱미터 이하인 국유지(특별시·광역시에 소재한 국유지는 제외한다)
   2. 일단의 토지 대장가격이 1천만원 이하인 국유지(감평 2022)

## 3. 지식재산의 처분에 관한 예정가격

지식재산을 처분할 때의 예정가격은 다음 각 호의 방법으로 결정한 금액으로 한다(영 제42조의2 제1항).(감평 2017)

1. 해당 지식재산 존속기간 중의 사용료 또는 대부료 추정 총액
2. 감정평가법인등이 평가한 금액(제1호에 따라 예정가격을 결정할 수 없는 경우로 한정한다). 이 경우 감정평가법인등이 평가한 금액은 평가일부터 1년이 지나면 적용할 수 없다(영 제42조의2 제2항).

## 4. 상장증권의 예정가격

① 상장법인이 발행한 주권을 처분할 때에는 그 예정가격은 다음 각 호의 어느 하나에 해당하는 가격 이상으로 한다(영 제43조 제1항).

   1. 평가기준일 전 1년 이내의 최근에 거래된 30일간의 증권시장에서의 최종 시세가액을 가중산술평균하여 산출한 가액으로 하되,(감평 2017) 거래 실적이 있는 날이 30일 미만일 때에는 거래된 날의 증권시장의 최종 시세가액을 가중산술평균한 가액과 제44조(비상장증권의 예정가격)제1항의 방법에 따른 가액을 고려하여 산출한 가격.
   2.3.4. (생략)

## 5. 비상장증권의 예정가격

비상장법인이 발행한 지분증권을 처분할 때에는 그 예정가격은 기획재정부령으로 정하는 산출방식에 따라 비상장법인의 자산가치, 수익가치 및 상대가치를 고려하여 산출한 가격 이상으로 한다(영 제44조 제1항 본문).(감평 2017) 다만, 기획재정부령으로 정하는 경우에는 수익가치 또는 상대가치를 고려하지 아니할 수 있다(영 제44조 제1항 단서).

## 6. 예정가격의 공개

예정가격은 공개하여야 한다(영 제45조 본문). 다만, 지분증권을 처분하는 경우에는 공개하지 아니할 수 있다(영 제45조 단서).

## V 개척·매립·간척·조림을 위한 예약

### 1. 일반재산의 개척 등을 위한 예약

① 일반재산은 개척·매립·간척 또는 조림 사업을 시행하기 위하여 그 사업의 완성을 조건으로 대부·매각 또는 양여를 예약할 수 있다(법 제45조 제1항).(감평 2016·2018) 이 경우 예약기간은 계약일부터 10년 이내로 정해야 하고(영 제48조 제1항 본문), 예약을 한 자는 계약일부터 1년 이내에 그 사업을 시작하여야 한다(영 제48조 제2항). 다만, 해당 중앙관서의 장은 천재지변이나 그 밖의 부득이한 사유가 있는 경우에만 총괄청과 협의하여 5년의 범위에서 예약기간을 연장할 수 있다(영 제48조 제1항 단서).

② 예약 상대방은 그 사업기간 중 예약된 재산 또는 사업의 기성부분(旣成部分)을 무상으로 사용하거나 수익할 수 있다(법 제45조 제2항).

③ 중앙관서의 장등이 그 재산의 매각이나 양여를 예약하려는 경우에는 총괄청과 협의하여야 한다(법 제45조 제5항).(감평 2018)

### 2. 예약의 해제·해지

① 예약 상대방이 지정된 기한까지 사업을 시작하지 아니하거나 그 사업을 완성할 수 없다고 인정되면 그 예약을 해제하거나 해지할 수 있다(법 제45조 제3항).

② ⓐ 예약을 해제하거나 해지하는 경우에 사업의 일부가 이미 완성된 때에는 공익상 지장이 없다고 인정되는 경우에만 그 기성부분의 전부 또는 일부를 예약 상대방에게 대부·매각 또는 양여할 수 있다(법 제45조 제4항). ⓑ 이 경우 양여하는 일반재산의 가액은 해당 사업에 투자된 금액을 초과하지 못하고(영 제49조 제1항), 일반재산의 가액은 해당 사업의 전부가 완성된 경우에는 해당 공사의 준공 당시의 가격을 기준으로 하고, 일부가 완성된 경우에는 예약의 해제 또는 해지 당시의 가격을 기준으로 한다(영 제49조 제2항).

## 제2절 대부

### I 대부기간

1. **일반재산의 대부기간★**
   ① 일반재산의 대부기간은 다음 각 호의 기간 이내로 한다(법 제46조 제1항 본문). 다만, 법 제18조제1항 단서(국가 외의 자는 국유재산에 영구시설물을 축조하지 못하지만, 기부를 조건으로 축조하는 경우 및 다른 법률에 따라 국가에 소유권이 귀속되는 공공시설을 축조하는 경우등에는 영구시설물을 축조할 수 있다.)에 따라 <u>영구시설물을 축조하는 경우에는 10년 이내</u>로 한다(법 제46조 제1항 단서). (감평 2017)
   1. <u>조림을 목적으로 하는 토지와 그 정착물</u> : 20년 (감평 2010·2014·2020·2022)(영농 목적×)
   2. <u>대부 받은 자의 비용으로 시설을 보수하는 건물</u> : 10년. 다만, 다음 어느 하나의 경우로 한정한다(영 제50조 제1항).
      가. <u>준공 후 20년</u>이 지난 건물로서 원활한 사용을 위하여 <u>보수가 필요한 경우</u>
      나. 「시설물의 안전 및 유지관리에 관한 특별법 시행령」 제12조에 따른 <u>시설물의 안전등급 기준</u>이 같은 영 별표 8에 따른 <u>C등급 이하</u>인 건물로서 안전관리를 위하여 <u>보수가 필요한 경우</u>
      다. <u>천재지변</u>이나 그 밖의 재해 등으로 인하여 <u>파손된 건물로서 별도의 보수가 필요한 경우</u>
   3. 제1호 및 제2호 외(外)의 토지와 그 정착물 : 5년
   4. 그 밖의 재산 : 1년
   ② 법 제58조(신탁개발) 및 법 제59조의2(민간참여 개발)에 따라 <u>개발</u>된 <u>일반재산의 대부기간은 30년 이내</u>로 할 수 있으며, <u>20년의 범위</u>에서 <u>한 차례만 연장할 수 있다</u>(법 제46조 제4항). (감평 2024·2025) (대부기간은 20년 이내×)

> ▶암기 일반재산의 대부기간
> 1. 부동산
>    (1) 5년 이내
>    (2) 10년 이내
>        가. 국가 외의 자가 국유재산에 <u>영구시설물을 축조하는 경우</u>
>            a. 기부를 조건으로 축조하는 경우
>            b. 다른 법률에 따라 국가에 소유권이 귀속되는 공공시설을 축조하는 경우
>        나. <u>대부 받은 자의 비용으로 시설물을 보수</u>하는 건물 : 보수가 필요(준공 후 20년 경과/안전등급 C등급 이하/천재지변으로 파손)
>    (3) 20년 이내 : <u>조림</u>을 목적으로 하는 토지와 그 정착물
> 2. 그 밖의 재산 : 1년 이내
> 3. 개발된 일반재산 : 30년 이내 (20년 범위에서 한 차례 연장 可)

## 2. 대부계약의 갱신

① 대부기간이 끝난 재산에 대하여 「대통령령으로 정하는 경우(영 제50조 제2항)」를 제외하고는 그 대부기간을 초과하지 아니하는 범위에서 종전의 대부계약을 갱신할 수 있다(법 제46조 제2항 본문). 다만, 수의계약의 방법으로 대부할 수 있는 경우가 아니면 1회만 갱신할 수 있다(법 제46조 제2항 단서).(감평 2017·2023)(수의계약의 방법으로 대부할 때에는 1회만 갱신할 수 있다.×)

② 여기서 「대통령령으로 정하는 경우」란 다음 각 호의 어느 하나에 해당하는 경우를 말한다(영 제50조 제2항).
   1. 대부재산을 국가나 지방자치단체가 행정재산의 용도로 사용하기 위하여 필요한 경우
   2. 법 제36조제1항 각 호(행정재산 사용허가 취소·철회 사유)의 어느 하나에 해당하는 경우
   3. 대부계약 조건을 위반한 경우

③ 대부계약 갱신을 받으려는 자는 대부기간이 끝나기 1개월 전(前)에 중앙관서의 장등에 신청하여야 한다(법 제46조 제3항).(감평 2016)

## 3. 대부료 면제

일반재산의 관리·처분에 관한 사무를 위임·위탁받은 자가 해당 일반재산의 대부료를 면제하려는 경우에는 미리 총괄청의 승인을 받아야 한다(영 제50조 제3항).

## 4. 행정재산 사용허가 규정 준용

① 대부계약의 방법 등에 관하여는 행정재산과 관련된 영 제27조(사용허가의 방법)(감평 2017)·영 제28조(사용허가부)·영 제29조(사용료율과 사용료 산출방법)제1항부터 제6항까지·영 제30조(사용료의 납부시기 등)·영 제31조조(사용료의 조정)·영 제32조(사용료의 감면)제5항부터 제7항까지·영 제33조(공공단체의 범위)·제34조(사용허가의 갱신 등)제2항 및 영 제35조(사용허가 철회로 인한 손실보상)를 준용한다(영 제51조 전단).

② 이 경우 "행정재산"은 "일반재산"으로, "사용허가"는 "대부계약"으로, "사용허가부"는 "대부계약부"로, "사용료"는 "대부료"로 본다(영 제51조 후단).

# II 대부료, 계약의 해제 등

① 일반재산의 대부의 제한, 대부료, 대부료의 감면 및 대부계약의 해제나 해지 등에 관하여는 행정재산과 관련된 법 제30조(사용허가)제2항, 법 제31조(사용허가의 방법)제1항·제2항, 법 제32조(사용료), 법 제33조(사용료의 조정), 법 제34조(사용료의 감면)제1항제2호·제3호, 같은 조 제2항·제3항, 법 제36조(사용허가의 취소와 철회) 및 법 제38조(원상회복)를 준용한다(법 제47조 제1항).

② 제1항에도 불구하고 대부료에 관하여는 대통령령으로 정하는 바(영 제51조의2)에 따라 연간 대부료의 전부 또는 일부를 대부보증금으로 환산하여 받을 수 있다(법 제47조 제2항).(감평 2017)(중앙관서의 장 등은 연간 대부료의 일부를 대부보증금으로 환산하여 받아야 한다.×)

③ 중앙관서의 장등은 대부기간이 만료되거나 대부계약이 해제 또는 해지된 경우에는 제2항에 따른 대부보증금을 반환하여야 한다(법 제47조 제3항 전단). 이 경우 대부받은 자가 내지 아니한 대부료, 공

과금 등이 있으면 이를 제외하고 반환하여야 한다(법 제47조 제3항 후단).

## Ⅲ 상호점유에 따른 대부료 감면

① 중앙관서의 장은 국가가 타인의 재산을 점유하는 동시에 해당 재산 소유자는 일반재산을 점유(이하 "상호 점유"라 한다)하는 경우 대통령령(영 제51조의3)으로 정하는 바에 따라 해당 재산 소유자에게 점유 중인 일반재산의 대부료를 감면할 수 있다(법 제47조의2).

② 제1항에 따라 중앙관서의 장이 대부료를 감면하려는 경우에는 상호 점유하고 있는 사유재산을 행정재산으로 보아 그에 대하여 영 제29조(행정재산 사용료율과 사용료 산출방법)에 따라 사용료액을 계산할 경우 산출되는 금액을 한도로 감면할 수 있다(영 제51조의3).

## 제3절 매각

# I 매각

### 1. 매각할 수 없는 경우

일반재산은 다음 각 호의 어느 하나에 해당하는 경우 외(外)에는 매각할 수 있다(법 제48조 제1항).

1. 중앙관서의 장이 행정목적으로 사용하기 위하여 그 재산에 대하여 법 제8조제4항에 따른 행정재산의 사용 승인이나 관리전환을 신청한 경우
2. 「국토의 계획 및 이용에 관한 법률」등 다른 법률에 따라 그 처분이 제한되는 경우(감평 2021·2025)
3. 장래 행정목적의 필요성 등을 고려하여 국유재산종합계획의 처분기준에서 정한 처분제한 대상에 해당하는 경우
4. 국가가 관리할 필요가 있다고 총괄청이나 중앙관서의 장이 지정하는 경우(영 제52조 제1항)
   가. 법 제57조(일반재산의 개발)에 따른 개발이 필요한 재산(영 제52조 제1항 제1호)
   나. 장래의 행정수요에 대비하기 위하여 비축할 필요가 있는 재산(영 제52조 제1항 제2호)
   다. 사실상 또는 소송상 분쟁이 진행 중이거나 예상되는 등의 사유로 매각을 제한할 필요가 있는 재산(영 제52조 제1항 제3호)

### 2. 총괄청과 협의가 필요한 경우

중앙관서의 장이 소관 특별회계나 기금에 속하는 일반재산 중(中) 다음 각 호의 일반재산을 매각하려는 경우에는 총괄청과 협의하여야 한다(법 제48조 제2항).(감평 2014)

1. 공용재산으로 사용 후(後) 용도폐지된 토지나 건물(영 제52조 제2항 제1호)
2. 일단의 토지 면적이 3천제곱미터를 초과하는 재산(영 제52조 제2항 제2호)(감평 2014)

### 3. 국토교통부장관과 협의가 필요한 경우

중앙관서의 장등은 다음 각 호의 어느 하나에 해당하는 국유지를 매각하려는 경우에는 우선적으로 장기공공임대주택(「공공주택 특별법」 제2조제1호의2에 따른 공공건설임대주택으로서 임대의무기간이 10년 이상인 임대주택을 말한다)의 용도로 필요한지에 관하여 국토교통부장관과 협의하여야 한다(영 제52조 제4항).

1. 용도폐지된 군부대, 교도소 및 학교의 부지
2. 일단의 토지 면적이 1만제곱미터를 초과하는 토지

### 4. 총괄청의 승인을 받아야 하는 경우

총괄청으로부터 일반재산의 관리·처분에 관한 사무를 위임·위탁받은 자는 해당 일반재산이 영 제40조제3항(수의계약으로 처분할 수 있는 경우)제3호부터 제5호까지, 제12호 및 같은 항 제18호자목에 해당하여 수의계약의 방법으로 매각하려는 경우에는 미리 총괄청의 승인을 받아야 한다(영 제52조 제3항).

> **정리**
>
> ◆ 일반재산 매각과 협의·승인
>
> 1. 협의
>    (1) 총괄청
>        가. <u>공용재산</u>으로 사용 후 용도폐지된 토지나 건물
>        나. 일단의 토지 면적이 <u>3천제곱미터</u>를 초과하는 재산
>    (2) 국토교통부장관(임대의무기간이 10년 이상인 공공건설임대주택용도로 필요한지 여부)
>        가. <u>용도폐지된 군부대</u>, 교도소 및 학교의 부지
>        나. 일단의 토지 면적이 <u>1만제곱미터</u>를 초과하는 토지
> 2. 승인(총괄청)
>    <u>수의계약 방법으로</u> 매각 할 수 있는 경우 중 일부

## II 용도를 지정한 매각 ★

① <u>일반재산</u>을 <u>매각</u>하는 경우에는 <u>대통령령으로</u> 정하는 바에 따라 <u>매수자</u>에게 <u>그 재산의 용도와 그 용도에 사용하여야 할 기간</u>을 정하여 매각할 수 <u>있다</u>(법 제49조). (감평 2014·2018)

② <u>용도를 지정하여 매각하는 경우</u>에는 그 재산의 <u>매각일부터 10년 이상</u> 지정된 용도로 활용하여야 한다 (영 제53조 제1항). (감평 2010·2012·2024·2025)

③ <u>총괄청</u>은 필요하다고 인정하는 경우에는 <u>용도를 지정하여 매각한 재산의 관리상황에 관하여 보고</u>를 받거나 <u>자료의 제출을 요구</u>할 수 있고, <u>소속 공무원</u>에게 그 관리상황을 감사하게 하거나 그 밖에 필요한 조치를 할 수 있다(영 제53조 제2항).

④ <u>용도를 지정하여 매각하는 경우</u>에는 법 <u>제52조제3호</u>(매각계약의 해제 ; 용도를 지정하여 매각한 경우에 매수자가 지정된 날짜가 지나도 그 용도에 사용하지 아니하거나 지정된 용도에 제공한 후 지정된 기간에 그 용도를 폐지한 경우)의 사유가 발생하면 해당 매매계약을 해제한다는 내용의 <u>특약등기</u>를 하여야 한다(영 제53조 제3항).

## III 매각대금의 납부

### 1. 매각대금의 납부

<u>일반재산의 매각대금</u>은 <u>계약 체결일부터 60일의 범위</u>에서 중앙관서의 장등이 정하는 기한까지 <u>전액</u>을 내야 한다(법 제50조 제1항 본문·영 제54조 제1항 분문).

### 2. 매각대금 납부기한 연장

다음 각 호의 경우에는 <u>매각대금 납부기간</u>을 <u>연장</u>할 수 있다(법 제50조 제1항 단서·영 제54조 제2항).

1. <u>천재지변</u>이나 「재난 및 안전관리기본법」 제3조제1호에 따른 <u>재난</u>으로 매수인에게 책임을 물을 <u>수 없는</u> 사고가 발생한 경우

2. 국가의 필요에 따라 국가가 매각재산을 일정 기간 계속하여 점유·사용할 목적으로 재산인도일과 매각대금의 납부기간을 계약 시에 따로 정하는 경우

## 3. 매각대금 분할납부

### (1) 서

일반재산의 매각대금을 한꺼번에 납부하도록 하는 것이 곤란하다고 인정되어 「대통령령으로 정하는 경우(영 제55조 제1항·제2항·제3항·제4항)」에는 1년 만기 정기예금 금리수준을 고려하여 「대통령령으로 정하는 이자(영 제55조 제5항 ; 매각대금 잔액에 고시이자율을 적용하여 산출한 이자를 말한다.)」를 붙여 20년 이내에 걸쳐 나누어 내게 할 수 있다(법 제50조 제2항).

### (2) 분할납부 기간

1) 3년 이내 기간

매각대금이 500만원을 초과하고 3천만원 이하인 경우에는 그 매각대금을 3년 이내의 기간에 걸쳐 나누어 내게 할 수 있다(영 제55조 제1항). (감평 2010)

2) 5년 이내 기간

다음 각 호의 어느 하나에 해당하는 경우에는 매각대금을 5년 이내의 기간에 걸쳐 나누어 내게 할 수 있다(영 제55조 제2항).

1. 매각대금이 3천만원을 초과하는 경우(영 제55조 제2항 제1호)(감평 2024)
2. 영 제33조(공공단체의 범위 ; 법령에 따라 정부가 자본금 또는 기본재산 전액을 출연하는 법인)에 따른 공공단체가 직접 비영리공익사업용으로 사용하려는 재산을 해당 공공단체에 매각하는 경우(영 제55조 제2항 제2호)(☞ 영 제56조 ; 매각대금 완납 전 소유권이전등기 가능 사유에 해당한다.)
3. 「도시 및 주거환경정비법」에 따른 재개발사업을 시행하기 위한 정비구역에 있는 토지로서 시·도지사가 재개발사업의 시행을 위하여 정하는 기준에 해당하는 사유건물로 점유·사용되고 있는 토지를 재개발사업 사업시행계획인가 당시의 점유·사용자로부터 그 권리·의무를 승계한 자에게 매각하는 경우(☞ 영 제56조 ; 매각대금 완납 전 소유권이전등기 가능 사유에 해당한다.)
4. 「전통시장 및 상점가 육성을 위한 특별법」에 따른 시장정비사업 시행구역의 토지 중 사유건물로 점유·사용되고 있는 토지를 그 점유·사용자에게 매각하는 경우(☞ 영 제56조 ; 매각대금 완납 전 소유권이전등기 가능 사유에 해당한다.)
5. 「벤처기업육성에 관한 특별법」에 따라 벤처기업집적시설의 개발 또는 설치와 그 운영을 위하여 필요한 토지를 벤처기업집적시설의 설치·운영자에게 매각하는 경우(☞ 영 제56조 ; 매각대금 완납 전 소유권이전등기 가능 사유에 해당한다.)
6. 「산업기술단지 지원에 관한 특례법」에 따른 산업기술단지의 조성에 필요한 토지를 사업시행자에게 매각하는 경우(☞ 영 제56조 ; 매각대금 완납 전 소유권이전등기 가능 사유에 해당한다.)
7. 국가가 매각재산을 일정기간 계속하여 점유·사용하는 경우(영 제55조 제2항 제8호)(☞ 영 제56조 ; 매각대금 완납 전 소유권이전등기 가능 사유에 해당하지 않는다. - 감평 2024)

3) 10년 이내 기간

다음 각 호의 어느 하나에 해당하는 경우에는 **매각대금**을 **10년 이내의 기간**에 걸쳐 나누어 내게 할 수 있다(영 제55조 제3항).

1. 「농지법」에 따른 **농지**로서 국유지를 **실경작자에게 매각**하는 경우(영 제55조 제3항 제1호)
2. **소상공인**이 경영하는 업에 **직접 사용하기 위한 재산**을 **그 소상공인에게 매각**하는 경우(영 제55조 제3항 제6호)
3. 「도시개발법」에 따른 **도시개발구역에 있는 토지**로서 **도시개발사업에 필요한 토지**를 **해당 사업의 시행자에게 매각**하는 경우(영 제55조 제3항 제2호)
4. **지방자치단체**에 그 지방자치단체가 다음 각 목의 용도로 사용하려는 재산을 매각하는 경우(영 제55조 제3항 제3호)(☞ 영 제56조 ; 매각대금 완납 전 소유권이전등기 가능 사유에 해당한다.)
   가. **직접 공용 또는 공공용으로 사용**
   나. 법 제18조 제1항 제3호에 따른 **사회기반시설로 사용**
   다. 「산업입지 및 개발에 관한 법률」에 따른 산업단지의 조성을 위하여 사용
   라. 「국민여가활성화기본법」 제3조제2호에 따른 여가시설의 조성을 위하여 사용

4) 20년 이내 기간

다음 각 호의 어느 하나에 해당하는 경우에는 **매각대금**을 **20년 이내의 기간**에 걸쳐 나누어 내게 할 수 있다(영 제55조 제4항).

1. 「도시 및 주거환경정비법」에 따른 **재개발사업**을 시행하기 위한 **정비구역에 있는 토지**로서 **시·도지사**가 재개발사업의 시행을 위하여 정하는 기준에 해당하는 **사유건물로 점유·사용되고 있는 토지**를 **재개발사업 시행인가** 당시의 **점유·사용자에게 매각**하는 경우(☞ 영 제56조 ; 매각대금 완납 전 소유권이전등기 가능 사유에 해당한다.)
2. 다음 각 목의 어느 하나에 해당하는 경우로서 **국무회의의 심의**를 거쳐 **대통령의 승인**을 받은 경우
   가. 일반재산의 매각이 **인구의 분산을 위한 정착사업**에 필요하다고 인정되는 경우
   나. **천재지변**이나 「재난 및 안전관리기본법」 제3조제1호에 따른 **재난**으로 인하여 일반재산의 매각이 부득이하다고 인정되는 경우

# Ⅳ 소유권의 이전 등★

① **일반재산**을 매각하는 경우 해당 **매각재산의 소유권 이전**은 **매각대금이 완납된 후(後)**에 하여야 한다(법 제51조 제1항). (감평 2010·2020·2021·2024)

② 제1항에도 불구하고 법 제50조제2항(매각대금 분할납부)에 따라 **매각대금**을 **나누어 내게 하는 경우**로서 **공익사업의 원활한 시행 등을 위하여 소유권의 이전이 불가피하여 대통령령으로 정하는 경우**(영 제56조)에는 **매각대금이 완납되기 전(前)**에 **소유권을 이전할 수 있다**(법 제51조 제2항 전단). (감평 2010) 이 경우 저당권 설정 등 채권의 확보를 위하여 필요한 조치를 취하여야 한다(법 제51조 제2항 후단). (감평 2023)

## Ⅴ 매각계약의 해제

일반재산을 매각한 경우에 다음 각 호의 어느 하나에 해당하는 사유가 있으면 그 계약을 해제할 수 있다(법 제52조).

1. 매수자가 매각대금을 체납한 경우(감평 2013·2023·2024)
2. 매수자가 거짓 진술을 하거나 부실한 증명서류를 제시하거나 그 밖의 부정한 방법으로 매수한 경우(감평 2013)
3. 용도를 지정하여 매각한 경우에 매수자가 지정된 날짜가 지나도 그 용도에 사용하지 아니하거나 지정된 용도에 제공한 후(後) 지정된 기간에 그 용도를 폐지한 경우(감평 2013)

> ▶암기  일반재산 매각계약의 해제사유 (부/체→용도지정)
> 1. 부정한 방법으로 매수(거짓 진술·부실한 증명서류 제시)
> 2. 매각대금 체납
> 3. 용도를 지정하여 매각(해당 용도 미사용 or 지정된 기간에 용도 폐지)

## Ⅵ 건물 등의 매수

일반재산의 매각계약이 해제된 경우 그 재산에 설치된 건물이나 그 밖의 물건을 중앙관서의 장이 법 제44조(처분재산의 가격결정 : 일반재산의 처분가격은 대통령령으로 정하는 바에 따라 시가를 고려하여 결정한다.)에 따라 결정한 가격으로 매수할 것을 알린 경우 그 소유자는 정당한 사유 없이 그 매수를 거절하지 못한다(법 제53조).

## 제4절 교환

## I 일반재산의 교환

### 1. 교환이 가능한 경우

다음 각 호의 어느 하나에 해당하는 경우에는 일반재산인 토지·건물, 그 밖의 토지의 정착물, 동산과 공유(公有) 또는 사유재산인 토지·건물, 그 밖의 토지의 정착물, 동산을 교환할 수 있다(법 제54조 제1항).

1. 행정재산 사용 : 국가가 직접 행정재산으로 사용하기 위하여 필요한 경우(감평 1999·2002·2021)
2. 소규모 일반재산 : 소규모 일반재산을 한 곳에 모아 관리함으로써 재산의 효용성을 높이기 위하여 필요한 경우(감평 2025)
3. 다른 방법 처분 곤란 : 일반재산의 가치와 이용도를 높이기 위하여 필요한 경우로서 매각등 다른 방법으로 해당 재산의 처분이 곤란한 경우
4. 상호 점유 : 상호 점유를 하고 있고 「해당 재산 소유자가 사유토지만으로는 진입·출입이 곤란한 경우」 또는 「국가의 점유로 인하여 해당 사유재산의 효용이 현저하게 감소된 경우」로 인하여 점유 중인 일반재산과 교환을 요청한 경우(영 제57조 제4항)

> **◎ 정리**
>
> ◆ 일반재산 : 교환의 가능한 경우(행정/상호간 → 소규모/곤란)
> 1. 국가가 직접 행정재산으로 사용하기 위해 필요한 경우
> 2. 상호 점유 → 해당 재산 소유자가 사유토지만으로 진입·출입이 곤란한 경우 등
> 3. 소규모 일반재산을 한 곳에 모아 관리(재산의 효용성을 높이기 위하여 필요한 경우)
> 4. 매각 등 다른 방법으로 재산 처분이 곤란(일반재산의 가치와 이용도를 높이기 위하여 필요한 경우)

### 2. 교환 조건 : 서로 유사한 재산

교환하는 재산은 「공유재산(公有財産)과 교환하는 경우」 또는 「새로운 관사를 취득하기 위하여 노후화된 기존 관사와 교환하는 경우」 외(外)에는 서로 유사한 재산이어야 하고(영 제57조 제1항), (감평 1999·2002) 서로 유사한 재산의 교환은 다음 각 호의 어느 하나에 해당하는 경우로 한다(영 제57조 제2항).

1. 토지를 토지와 교환하는 경우
2. 건물을 건물과 교환하는 경우
3. 양쪽 또는 어느 한 쪽의 재산에 건물(공작물을 포함한다)이 있는 토지인 경우에 주된 재산(그 재산의 가액이 전체 재산가액의 2분의 1 이상인 재산을 말한다)이 서로 일치하는 경우
4. 동산(動産)을 동산과 교환하는 경우

### 3. 쌍방 가격이 같지 않은 경우★

일반재산을 교환할 때 쌍방의 가격이 같지 아니하면 그 차액을 금전으로 대신 납부하여야 한다(법 제54조 제3항).(감평 1999·2002·2014·2019)(그 차액을 금전이나 증권으로 대신 납부하여야 한다.×)

### 4. 감사원 보고★

중앙관서의 장등은 일반재산을 교환하려면 그 내용을 감사원에 보고하여야 한다(법 제54조 제4항).(감평 1999·2002·2010·2020)(기획재정부장관에게 보고하여야 한다.×)

## II 교환이 불가능한 경우

중앙관서의 장등은 일반재산이 다음 각 호의 어느 하나에 해당하는 경우에는 교환해서는 아니 된다(영 제57조 제3항 본문). 다만, 제3호 또는 제4호에 해당하는 일반재산이 영 제57조 제4항 각 호의 어느 하나(ⓐ 해당 재산 소유자가 사유토지만으로는 진입·출입이 곤란한 경우, ⓑ 국가의 점유로 인하여 해당 사유재산의 효용이 현저하게 감소된 경우, ⓒ 2016년 3월 2일 전부터 사유재산 소유자가 소유한 건물로 점유·사용되고 있는 일반재산인 토지로서 해당 토지의 향후 행정재산으로서의 활용가능성이 현저하게 낮은 경우)에 해당하는 경우에는 그러하지 아니하다(영 제57조 제3항 단서).

1. 「국토의 계획 및 이용에 관한 법률」, 그 밖의 법률에 따라 그 처분이 제한되는 경우
2. 장래에 도로·항만·공항 등 공공용 시설로 활용할 수 있는 재산으로서 보존·관리할 필요가 있는 경우
3. 교환으로 취득하는 재산에 대한 구체적인 사용계획 없이 교환하려는 경우
4. 한쪽 재산의 가격이 다른 쪽 재산 가격의 4분의 3(법 제54조제1항제2호)(교환할 수 있는 경우 : 소규모 일반재산을 한 곳에 모아 관리함으로써 재산의 효용성을 높이기 위하여 필요한 경우)에 따른 교환인 경우에는 2분의 1을 말한다) 미만인 경우.(감평 1999·2002) 다만, 교환 대상 재산이 공유(公有)재산인 경우는 제외한다.
5. 교환한 후 남는 국유재산의 효용이 뚜렷하게 감소되는 경우
6. 교환 상대방에게 건물을 신축하게 하고 그 건물을 교환으로 취득하려는 경우
7. 그 밖에 법 제9조제4항제3호(국유재산종합계획에 포함될 사항 : 국유재산 처분의 기준에 관한 사항)에 따른 처분기준에서 정한 교환제한대상에 해당하는 경우

## 제5절 양여

### I. 양여가 가능한 경우

일반재산은 다음 각 호의 어느 하나에 해당하는 경우에는 양여할 수 있다(법 제55조 제1항).

1. 대통령령으로 정하는 일반재산 [영 제58조 제1항 : (제1호) 국가 사무에 사용하던 재산을 그 사무를 이관받은 지방자치단체가 계속하여 그 사무에 사용하는 일반재산, (제2호 이하 생략) ] 을 직접 공용이나 공공용으로 사용하려는 지방자치단체에 양여하는 경우

2. 지방자치단체나 대통령령으로 정하는 공공단체 [영 제58조 제2항 : 법령에 따라 정부가 자본금의 전액을 출자하는 법인, 법령에 따라 정부가 기본재산의 전액을 출연하는 법인] 가 유지·보존비용을 부담한 공공용재산이 용도폐지됨으로써 일반재산이 되는 경우에 해당 재산을 그 부담한 비용의 범위에서 해당 지방자치단체나 공공단체에 양여하는 경우

3. 대통령령으로 정하는 행정재산 [영 제58조 제3항 : (제1호) 「공익사업을 위한 토지 등의 취득 및 보상에 관한 법률」 제20조에 따라 사업인정을 받은 공익사업의 사업지구에 편입되는 행정재산, (제2호) 군사시설 이전 등 대규모 국책사업을 수행하기 위하여 용도폐지가 불가피한 행정재산] 을 용도폐지하는 경우 그 용도에 사용될 대체시설을 제공한 자 또는 그 상속인, 그 밖의 포괄승계인에게 그 부담한 비용의 범위에서 용도폐지된 재산을 양여하는 경우

4. 국가가 보존·활용할 필요가 없고 대부·매각이나 교환이 곤란하여 대통령령으로 정하는 재산 [영 제58조 제5항 : (제1호) 국가 외(外)의 자가 소유하는 토지에 있는 국가 소유의 건물(부대시설을 포함한다), 이 경우 양여받는 상대방은 그 국가 소유의 건물이 있는 토지의 소유자로 한정한다.(감평 2012) (제2호) 국가 행정 목적의 원활한 수행 등을 위하여 국무회의의 심의를 거쳐 대통령의 승인을 받아 양여하기로 결정한 일반재산] 을 양여하는 경우

> ⊙ 정리
>
> ◆ 일반재산 : 양여가 가능한 경우(지방/비용→대체/곤란)
> 1. 지방자치단체에 양여 : 직접 공용이나 공공용으로 사용하려는 지방자치단체
> 2. 지방자치단체나 공공단체(정부 전액 출자 법인)에 양여 : 유지·보존비용을 부담한 공공용재산이 용도폐지됨에 따라 일반재산이 되는 경우 해당 재산을 해당 지방자치단체나 공공단체에 양여(부담한 비용의 범위 內)
> 3. 행정재산을 용도폐지하는 경우 대체시설을 제공한 자 등에게 용도폐지된 재산을 양여하는 경우(부담한 비용의 범위 內)
> 4. 대부·매각·교환이 곤란하여 양여한 경우

## II 총괄청과의 사전 협의

① 중앙관서의 장등은 일반재산을 양여하려면 총괄청과 협의하여야 한다(법 제55조 제3항 본문). 이 경우 양여의 목적·조건과 그 재산의 가격 및 양여받을 자가 부담한 경비의 명세를 명백히 하여야 한다(영 제58조 제6항).

② 다만, 대통령령으로 정하는 가액(영 제58조 제7항 : 500억원) 이하의 일반재산을 법 제55조제1항제3호에 따라 양여하는 경우에는 그러하지 아니하다(법 제55조 제3항 단서).(감평 2010)

## III 총괄청의 사전 승인

일반재산의 관리·처분에 관한 사무를 위임·위탁받은 자가 해당 일반재산을 양여하려는 경우에는 미리 총괄청의 승인을 받아야 한다(영 제58조 제8항).

## IV 10년 내 양여목적과 달리 사용된 경우 : 특약등기

① 법 제55조제1항제1호에 따라 양여한 재산이 10년 내에 양여목적과 달리 사용된 때에는 그 양여를 취소할 수 있다(법 제55조 제2항).

② 법 제55조제1항제1호에 따라 양여하는 경우에는 법 제55조제2항의 사유가 발생하면 그 양여계약을 해제한다는 내용의 특약등기를 하여야 한다(영 제59조).

# CHAPTER 06 개발

## I 개발

① ⓐ <u>일반재산</u>은 국유재산관리기금의 운용계획에 따라 **국유재산관리기금의 재원**으로 **개발**하거나 **법 제58조**(신탁개발)·**법 제59조**(위탁개발) 및 **법 제59조의2**(민간참여 개발)에 따라 **개발**하여 **대부·분양**할 수 있다(법 제57조 제1항).(감평 2025)
ⓑ **개발**은 **분양형, 대부형 및 혼합형**(분양형과 대부형을 혼합한 형태를 말한다)으로 할 수 있다(영 제60조 제1항).
② 제1항의 **개발**이란 다음 각 호의 행위를 말한다(법 제57조 제2항).
  1. 「건축법」 제2조에 따른 **건축, 대수선, 리모델링** 등의 행위
  2. 「공공주택 특별법」, 「국토의 계획 및 이용에 관한 법률」, 「도시개발법」, 「도시 및 주거환경정비법」, 「산업입지 및 개발에 관한 법률」, 「주택법」, 「택지개발촉진법」 및 그 밖에 대통령령으로 정하는 법률(영 제60조 제2항)에 따라 **토지를 조성하는 행위**
③ 제2항제2호에 따른 **개발**은 법 제59조(위탁개발)에 따라 **위탁** 개발하는 경우에 **한정**한다(법 제57조 제3항).
④ 제1항에 따라 **일반재산**을 **개발**하는 경우에는 다음 각 호의 사항을 고려하여야 한다(법 제57조 제4항).
  1. 세입수입의 증대 등 **재정관리의 건전성**(감평 2012)
  2. 공공시설의 확보 등 **공공의 편익성**(감평 2012)
  3. 주변환경의 개선 등 **지역발전의 기여도**(감평 2012)
  4. 제1호부터 제3호까지의 규정에 따른 사항 외에 <u>국가 행정목적 달성을 위한 필요성</u>

## II 신탁 개발

### 1. 서★

<u>일반재산</u>은 **부동산신탁**을 취급하는 **신탁업자**에게 **신탁**하여 **개발**할 수 있다(법 제58조 제1항).(감평 2010·2012) 중앙관서의 장등이 신탁 개발하려는 경우에는 기획재정부령으로 정하는 바에 따라 **신탁계약**을 체결하여야 한다(영 제61조).

### 2. 총괄청과의 협의

<u>중앙관서의 장</u>이 소관 특별회계나 기금에 속하는 **일반재산**을 **신탁** 개발하려는 경우에는 <u>신탁업자의 선정, 신탁기간, 신탁보수, 자금차입의 한도, 시설물의 용도</u> 등에 대하여 **총괄청과 협의**하여야 한다(법 제58조 제2항 전단). 협의된 사항 중 <u>대통령령으로 정하는 중요 사항</u>(영 제61조 제3항 ; 신탁업자의 선정,

신탁기간, 신탁보수, 자금차입의 한도, 시설물의 용도, 시설물의 용도)을 변경하려는 경우에도 또한 같다(법 제58조 제2항 후단).

### 3. 총괄청의 승인

총괄청으로부터 일반재산의 관리·처분에 관한 사무를 위임·위탁받은 자가 신탁 개발하려는 경우에는 신탁업자의 선정, 신탁기간, 신탁보수, 자금차입의 한도, 시설물의 용도 등에 대하여 총괄청의 승인을 받아야 한다(법 제58조 제3항 전단). 승인받은 사항 중 대통령령으로 정하는 중요 사항(영 제61조 제3항 : 신탁업자의 선정, 신탁기간, 신탁보수, 자금차입의 한도, 시설물의 용도, 시설물의 용도)을 변경하려는 경우에도 또한 같다(법 제58조 제3항 후단).

## Ⅲ 위탁 개발

### 1. 서

총괄청 또는 중앙관서의 장으로부터 일반재산의 관리·처분에 관한 사무를 위탁받은 자(이하 이 조에서 "수탁자"라 한다)는 위탁받은 일반재산을 개발할 수 있다(법 제59조 제1항).

### 2. 승인 절차

① 수탁자가 위탁 개발을 하려는 경우에는 위탁기간, 위탁보수, 자금차입의 한도, 시설물의 용도 등에 대하여 총괄청이나 중앙관서의 장의 승인을 받아야 한다(법 제59조 제2항 전단). 이 경우 수탁자는 위탁기간, 위탁보수, 자금차입의 한도, 시설물의 용도, 토지이용계획 등을 포함하는 위탁개발사업계획을 수립하여야 한다(영 제63조 제1항).

② 승인받은 사항 중 대통령령으로 정하는 중요 사항(영 제63조 제3항 : 위탁기간, 위탁보수, 자금차입의 한도, 시설물의 용도, 개발의 종류, 토지이용계획)을 변경하려는 경우에도 또한 같다(법 제59조 제2항 후단).

### 3. 협의 절차

① 중앙관서의 장이 위탁 개발을 승인하려는 경우에는 총괄청과 협의하여야 한다(법 제59조 제3항 전단). 이 경우 중앙관서의 장은 위탁개발사업계획을 총괄청에 제출하여야 한다(영 제63조 제2항).

② 협의된 사항 중 대통령령으로 정하는 중요 사항(영 제63조 제3항 : 위탁기간, 위탁보수, 자금차입의 한도, 시설물의 용도, 개발의 종류, 토지이용계획)을 변경하려는 경우에도 또한 같다(법 제59조 제3항 후단).

### 4. 위탁 개발 수익의 국가귀속 방법 등

① 수탁자가 위탁 개발한 재산의 소유권은 국가로 귀속된다(영 제64조 제1항).
② 수탁자는 위탁기간 중 매년 말일을 기준으로 위탁사무의 계산을 하고, 발생한 수익을 총괄청이나 중앙관서의 장에 내야 한다(영 제64조 제2항).

### 5. 기타

위탁 개발한 재산의 대부·분양·관리의 방법은 법 제43조(일반재산 처분 계약의 방법)·법 제44조(처분재산의 가격 결정)·법 제46조(일반재산의 대부기간) 및 법 제47조(대부료, 계약의 해제 등)에도 불구하고 수탁자가 총괄청이나 중앙관서의 장과 협의하여 정할 수 있다(법 제59조 제5항).

## Ⅳ 민간참여 개발

### 1. 서★

① 총괄청은 다음 각 호의 어느 하나에 해당하는 일반재산을 「대통령령으로 정하는 민간사업자(영 제64조의2)」와 공동으로 개발할 수 있다(법 제59조의2 제1항).(감평 2010)
  1. 5년 이상 활용되지 아니한 재산(감평 2019·2021·2023)
  2. 국유재산정책심의위원회의 심의를 거쳐 개발이 필요하다고 인정되는 재산

② 여기서 「대통령령으로 정하는 민간사업자」란 다음 각 호에 해당하는 자를 제외(除外)한 법인(외국법인을 포함한다)을 말한다(영 제64조의2).(감평 2010)
  1. 국가, 지방자치단체 및 공공기관
  2. 특별법에 따라 설립된 공사 또는 공단

### 2. 국유지개발목적회사의 사업비 조달 제한

국유지개발목적회사는 다음 각 호에 해당하는 자로부터 총사업비의 100분의 30을 초과하여 사업비를 조달하여서는 아니 된다(법 제59조의2 제3항).
  1. 「공공기관의 운영에 관한 법률」에 따른 공공기관
  2. 특별법에 따라 설립된 각종 공사 또는 공단

### 3. 기타

① 국유지개발목적회사와 자산관리회사에 관하여 이 법에서 정하는 사항 외에는 「상법」에서 정하는 바에 따른다(법 제59조의2 제4항).
② 총괄청은 국유재산관리기금운용계획에서 정한 범위 외(外)에 국가에 부담이 되는 계약을 체결하려는 경우에는 미리 국회의 의결을 얻어야 한다(법 제59조의2 제5항).
③ 총괄청은 민간참여 개발이 완료되고 출자목적이 달성된 경우 기획재정부장관이 정하는 바에 따라 출자한 지분을 회수하여야 한다(법 제59조의2 제6항).

## 제7절 현물출자

### I. 현물출자를 할 수 있는 경우 ★

정부는 다음 각 호의 어느 하나에 해당하는 경우에는 일반재산을 현물출자할 수 있다(법 제60조). (감평 2013) (행정재산과 일반재산을 현물출자 할 수 있다. ×)
1. 정부출자기업체를 새로 설립하려는 경우(감평 2015·2021)
2. 정부출자기업체의 고유목적사업을 원활히 수행하기 위하여 자본의 확충이 필요한 경우
3. 정부출자기업체의 운영체제와 경영구조의 개편을 위하여 필요한 경우(감평 2019)

### II. 현물출자 절차

① 정부출자기업체는 정부로 부터 현물출자를 받으려는 때에는 다음 각 호의 서류를 붙여 관계 법령에 따라 해당 정부출자기업체의 업무를 관장하는 행정기관의 장(이하 "주무기관의 장"이라 한다)에게 신청하여야 한다(법 제61조 제1항).
  1. 현물출자의 필요성
  2. 출자재산의 규모와 명세
  3. 출자재산의 가격평가서
  4. 재무제표 및 경영현황
  5. 사업계획서
② 주무기관의 장이 출자신청을 받은 때에는 현물출자의 적정성을 검토한 후 제1항 각 호의 서류와 현물출자의견서를 붙여 총괄청에 현물출자를 요청하여야 한다(법 제61조 제2항).
③ 총괄청이 현물출자를 요청받은 경우에는 현물출자계획서를 작성하여 국무회의의 심의를 거쳐 대통령의 승인을 받아야 한다(법 제61조 제3항).

### III. 출자가액 산정

① 정부가 현물출자하는 경우에 일반재산의 출자가액은 법 제44조(처분재산의 가격결정 ; 일반재산의 처분가격은 대통령령으로 정하는 바에 따라 시가(時價)를 고려하여 결정한다.)에 따라 산정한다(법 제62조 본문).
② 다만, 지분증권의 산정가액이 액면가에 미달하는 경우에는 그 지분증권의 액면가에 따른다(법 제62조 단서). (감평 2023)

## Ⅳ 출자재산 등의 수정

총괄청은 평가기준일부터 출자일까지의 기간에 **현물출자 대상재산**이 멸실·훼손 등으로 **변동**된 경우에는 **출자재산**이나 **출자가액을 수정**할 수 있다(법 제63조 전단). 이 경우 해당 **주무기관의 장**은 현물출자 대상재산의 변동 사실을 지체 없이 **총괄청**에 알려야 한다(법 제63조 후단).

# CHAPTER 07 > 지식재산 관리·처분의 특례(2012. 12. 18. 신설)

## Ⅰ 지식재산의 사용허가등

### 1. 다른 사람에게 사용·수익 可 : 승인 要

① 지식재산의 사용허가 또는 대부(이하 "사용허가등"이라 한다)를 받은 자는 법 제30조제2항 본문(행정재산의 사용허가를 받은 자는 다른 사람에게 사용·수익하게 하여서는 아니 된다.) 및 법 제47조제1항(일반재산의 대부의 제한과 관련하여서는 법 제30조 제2항을 준용한다.)에도 불구하고 해당 중앙관서의 장등의 승인을 받아 그 지식재산을 다른 사람에게 사용·수익하게 할 수 있다(법 제65조의7 제1항).(감평 2022)

② 지식재산의 사용허가등을 받은 자가 다른 사람에게 사용·수익하게 하는 경우 해당 사용·수익기간은 사용허가등을 받은 자의 사용허가등 기간의 남은 기간을 초과할 수 없다(영 제67조의6 제1항).

③ 중앙관서의 장등은 승인신청서를 제출받은 경우 "사용허가등을 받은 자가 사용·수익자로부터 받을 사용대가"가 해당 지식재산의 사용료 또는 대부료를 초과할 때에는 승인을 하지 아니할 수 있다(영 제67조의6 제3항).

### 2. 저작물의 변형·변경·개작 可 : 승인 要

저작권등의 사용허가등을 받은 자는 해당 지식재산을 관리하는 중앙관서의 장등의 승인를 받아 그 저작물의 변형, 변경 또는 개작을 할 수 있다(법 제65조의7 제2항).(감평 2016·2022)

## Ⅱ 지식재산의 사용허가등의 방법

### 1. 사용허가등의 방법 : 수의의 방법 원칙

중앙관서의 장등은 지식재산의 사용허가등을 하려는 경우에는 법 제31조 제1항 본문(행정재산을 사용허가하려는 경우에는 그 뜻을 공고하여 일반경쟁에 부쳐야 한다.) 및 법 제47조 제1항(일반재산의 대부의 제한, 대부료, 대부료의 감면 및 대부계약의 해제나 해지 등에 관하여는 제31조 제1항을 준용한다.)에도 불구하고 수의(隨意)의 방법으로 하되, 다수에게 일시에 또는 여러 차례에 걸쳐 할 수 있다(법 제65조의8 제1항).(감평 2016)

### 2. 다른 사람의 이용 방해 금지

지식재산의 사용허가등을 받은 자는 다른 사람의 이용을 방해하여서는 아니 된다(법 제65조의8 제2항). 이를 위반하여 다른 사람의 이용을 방해한 자에 대하여 중앙관서의 장등은 사용허가등을 철회할 수 있다(법 제65조의8 제3항).

### 3. 특정인에 대한 사용허가등 : 일반경쟁 要

① 중앙관서의 장등은 법 제65조의11 제1항(지식재산의 사용허가등 기간 : 지식재산의 사용허가기간 또는 대부기간은 5년 이내에서 대통령령으로 정한다.)에 따른 사용허가등의 기간 동안 신청자 외(外)에 사용허가등을 받으려는 자가 없거나 지식재산의 효율적인 관리를 위하여 특히 필요하다고 인정하는 경우에는 특정인에 대하여만 사용허가등을 할 수 있다(법 제65조의8 제4항 전단).

② 이 경우 일반경쟁에 부쳐야 한다(법 제65조의8 제4항 후단). 다만, 일반경쟁입찰을 두 번 실시하여도 낙찰자가 없는 재산에 대해서는 수의(隨意)의 방법으로 사용허가등을 할 수 있다(영 제67조의7).

## III 지식재산의 사용료 등

① 지식재산의 사용허가등을 한 때에는 법 제32조제1항(행정재산을 사용허가한 때에는 대통령령으로 정하는 요율과 산출방법에 따라 매년 사용료를 징수한다. 다만, 연간 사용료가 대통령령으로 정하는 금액 이하인 경우에는 사용허가기간의 사용료를 일시에 통합 징수할 수 있다.) 및 법 제47조제1항(일반재산의 대부료와 관련하여 법 제32조를 준용한다.)에도 불구하고 해당 지식재산으로부터의 매출액 등을 고려하여 대통령령으로 정하는 사용료 또는 대부료(영 제67조의8)를 징수한다(법 제65조의9 제1항).

② 동일인(상속인이나 그 밖의 포괄승계인은 피승계인과 동일인으로 본다)이 같은 지식재산을 계속 사용·수익하는 경우에는 법 제33조(사용료의 조정 : 중앙관서의 장은 동일인이 사용허가기간 내에서 1년을 초과하여 계속 사용·수익하는 경우로서 대통령령으로 정하는 경우에는 사용료를 조정할 수 있다.) 및 법 제47조제1항(일반재산의 대부료와 관련하여 법 제33조를 준용한다.)은 적용하지 아니한다(법 제65조의9 제2항).

## IV 지식재산 사용료 또는 대부료의 감면

중앙관서의 장등은 법 제34조제1항(행정재산 사용료의 면제 사유) 및 법 제47조제1항(일반재산 대부료의 감면과 관련하여 법 제34조를 준용한다.)에서 정한 사항 외(外)에 다음 각 호의 어느 하나에 해당하는 경우에는 대통령령으로 정하는 바(영 제67조의9 제1항)에 따라 그 사용료 또는 대부료를 감면할 수 있다(법 제65조의10).

1. 「농업·농촌 및 식품산업 기본법」에 따른 농업인과 「수산업·어촌 발전 기본법」에 따른 어업인의 소득 증대, 「중소기업기본법」에 따른 중소기업의 수출 증진(감평 2016), 「중소기업창업 지원법」에 따른 창업기업·재창업기업에 대한 지원 및 「벤처기업육성에 관한 특별법」에 따른 벤처기업의 창업 촉진, 그 밖에 이에 준하는 국가시책을 추진하기 위하여 중앙관서의 장등이 필요하다고 인정하는 경우 : 면제

2. 그 밖에 지식재산을 공익적 목적으로 활용하기 위하여 중앙관서의 장등이 필요하다고 인정하는 경우 : 감면 (영 제67조의9 제2항 : ⓐ 지방자치단체에 사용허가등을 하는 경우 - 면제, ⓑ 그 밖의 경우 : 사용료등의 100분의 50)

# Ⅴ 지식재산의 사용허가등 기간

## 1. 사용허가등 기간

① 법 제35조(행정재산의 사용허가기간) 또는 법 제46조(일반재산의 대부기간)에도 불구하고 지식재산의 사용허가기간 또는 대부기간은 5년 이내에서 대통령령(영 제67조의10 : 3년 이내로 한다, 단, 상표권은 5년 이내로 한다.)으로 정한다(법 제65조의11 제1항). (감평 2016)

② 지식재산(상표권은 제외한다)의 사용허가등의 기간은 3년 이내로 한다(영 제67조의10 제1항). 다만, 상표권의 사용허가등의 기간은 5년 이내로 한다(영 제67조의10 제3항).

## 2. 사용허가등 기간 연장

지식재산(상표권은 제외한다)의 사용허가등의 기간은 3년 이내로 하지만, 다음 각 호의 어느 하나에 해당하는 경우에는 그 사용허가등의 기간을 다음 각 호의 구분에 따른 기간만큼 연장할 수 있다. 이 경우에도 최초의 사용허가등의 기간과 연장된 사용허가등의 기간을 합산한 기간은 5년을 초과하지 못한다(영 제67조의10 제2항). (감평 2022)

1. 해당 지식재산을 실시하는 데에 필요한 준비기간이 1년 이상 걸리는 경우 : 그 준비기간
2. 해당 지식재산의 존속기간이 계약일부터 4년 이내에 만료되는 경우 : 그 존속기간 만료 시까지의 남은 기간

## 3. 사용허가등 갱신

사용허가기간 또는 대부기간이 끝난 지식재산에 대하여는 3년(상표권은 5년)을 초과하지 아니하는 범위에서 종전의 사용허가등을 갱신할 수 있다(법 제65조의11 제2항 본문). 다만, 법 제65조의8제4항(특정인에 대한 사용허가등)에 따른 사용허가등의 경우에는 이를 한 번만 갱신할 수 있다(법 제65조의11 제2항 단서).

# Ⅵ 저작권의 귀속 등

① 중앙관서의 장등은 국가 외(外)의 자와 저작물 제작을 위한 계약을 체결하는 경우 그 결과물에 대한 저작권 귀속에 관한 사항을 계약내용에 포함하여야 한다(법 제65조의12 제1항).

② 중앙관서의 장등이 국가 외(外)의 자와 공동으로 창작하기 위한 계약을 체결하는 경우 그 결과물에 대한 저작권은 법 제11조제1항 본문(사권 설정의 제한 ; 사권이 설정된 재산은 그 사권이 소멸된 후가 아니면 국유재산으로 취득하지 못한다.)에도 불구하고 공동으로 소유하며, 별도의 정함이 없으면 그 지분은 균등한 것으로 한다(법 제65조의12 제2항 본문). 다만, 그 결과물에 대한 기여도 및 국가안전보장, 국방, 외교관계 등 계약목적물의 특수성을 고려하여 협의를 통하여 저작권의 귀속주체 또는 지분율 등을 달리 정할 수 있다(법 제65조의12 제2항 단서).

③ 중앙관서의 장등은 제1항 및 제2항에 따른 계약을 체결하는 경우 그 결과물에 대한 저작권의 전부를 국가 외(外)의 자에게 귀속시키는 내용의 계약을 체결하여서는 아니 된다(법 제65조의12 제3항).

# CHAPTER 08 > 대장(臺帳)과 보고

## I 대장과 실태조사

① <u>중앙관서의 장등</u>은 법 제6조(국유재산의 구분과 종류)에 따른 구분과 종류에 따라 <u>그 소관에 속하는 국유재산의 대장·등기사항증명서와 도면</u>을 갖추어 두어야 한다(법 제66조 제1항 전단). (감평 2013) 이 경우 <u>국유재산의 대장</u>은 <u>전산자료</u>로 대신할 수 있다(법 제66조 제1항 후단). (감평 2013)

② <u>중앙관서의 장등</u>은 <u>매년</u> 그 소관에 속하는 국유재산의 실태를 조사하여 제1항의 <u>대장</u>을 정비하여야 한다(법 제66조 제2항).

③ <u>총괄청</u>은 <u>중앙관서별</u>로 <u>국유재산</u>에 관한 <u>총괄부(總括簿)</u>를 갖추어 두어 그 상황을 명백히 하여야 한다(법 제66조 제4항 전단). 이 경우 <u>총괄부</u>는 <u>전산자료로 대신할 수 있다</u>(법 제66조 제4항 후단). (감평 2013) (총괄부는 전산자료로 대신할 수 없다, ×)

④ <u>총괄청, 중앙관서의 장</u> 또는 법 제28조(행정재산 관리사무의 위임), 법 제29조(행정재산 관리위탁), 법 제42조(일반재산의 관리·처분사무의 위임·위탁)제1항·제3항에 따라 <u>관리사무를 위임받은 공무원</u>이나 <u>위탁받은 자</u>가 국유재산의 관리·처분을 위하여 필요하면 <u>등기소, 그 밖의 관계 행정기관의 장</u>에게 <u>무료</u>로 필요한 서류의 열람과 등사 또는 그 등본, 초본 또는 등기사항증명서의 교부를 청구할 수 있다(법 제66조 제5항). (감평 2013) (수수료를 납부하여야 한다, ×)

## II 타인 토지 등에 출입

<u>중앙관서의 장등</u> 또는 법 제25조에 따라 <u>총괄사무를 위임·위탁받은 자의 직원</u>은 그 위임·위탁 사무의 수행이나 <u>법 제66조</u>(대장과 실태조사)제2항에 따른 <u>실태조사</u>를 위하여 필요한 경우 <u>다른 사람의 토지 등에 출입</u>할 수 있다(법 제67조 제1항).

## III 국유재산관리운용보고서

① <u>중앙관서의 장</u>은 그 소관에 속하는 <u>국유재산</u>에 관하여 <u>국유재산관리운용보고서</u>를 작성하여 <u>다음 연도 2월 말일까지</u> 총괄청에 <u>제출</u>하여야 한다(법 제69조 제1항 전단).

② <u>총괄청</u>은 <u>국유재산관리운용보고서를 통합</u>하여 <u>국유재산관리운용「총」보고서</u>를 <u>작성</u>하여야 한다(법 제69조 제2항).

③ 총괄청은 국유재산관리운용「총」보고서를 다음 연도 4월 10일까지 감사원에 제출하여 검사를 받아야 한다(법 제69조 제3항).

④ 총괄청은 제3항에 따라 감사원의 검사를 받은 국유재산관리운용「총」보고서와 감사원의 검사보고서를 다음 연도 5월 31일까지 국회에 제출하여야 한다(법 제69조 제4항). (감평 2013)

## Ⅳ 멸실 등의 보고

중앙관서의 장등은 그 소관에 속하는 국유재산이 멸실되거나 철거된 경우에는 지체 없이 그 사실을 총괄청과 감사원에 보고하여야 한다(법 제70조).

## Ⅴ 적용 제외

국방부장관이 관리하는 법 제5조제1항제2호 [선박, 부표(浮標), 부잔교(浮棧橋), 부선거(浮船渠) 및 항공기와 그들의 종물] 의 재산과 그 밖에 중앙관서의 장이 총괄청과 협의하여 정하는 재산은 법 제68조부터 법 제70조까지의 규정(국유재산의 가격평가, 국유재산관리운용보고서, 국유재산 멸실 등의 보고)을 적용하지 아니한다(법 제71조). (감평 2013)

# CHAPTER 09 > 보칙 및 벌칙

## I. 변상금의 징수

### 1. 변상금의 징수액 ★

**중앙관서의 장등**은 **무단점유자**에 대하여 그 재산에 대한 **사용료나 대부료의 100분의 120**에 상당하는 **변상금을 징수한다**(법 제72조 제1항 본문).(감평 2000·2004·2019) 이 경우 **점유한 기간**이 **1회계연도를 초과**할 때에는 각 회계연도별로 산출한 변상금을 **합산한 금액**으로 한다(영 제71조 제1항).

### 2. 변상금을 징수하지 않는 경우

다음 각 호의 어느 하나에 해당하는 경우에는 **변상금을 징수하지 아니한다**(법 제72조 제1항 단서).

1. **등기사항증명서**나 그 밖의 **공부(公簿)**상의 명의인을 **정당한 소유자**로 믿고 **적절한 대가를 지급**하고 권리를 취득한 자(취득자의 상속인이나 승계인을 포함한다)의 재산이 취득 후에 국유재산으로 밝혀져 국가에 귀속된 경우
2. 국가나 지방자치단체가 재해대책 등 **불가피한 사유**로 일정 기간 국유재산을 점유하게 하거나 사용·수익하게 한 경우

### 3. 변상금 징수를 미루거나 나누어 내게 할 수 있는 경우

**(1) 서**

**변상금**은 무단점유를 하게 된 경위(經緯), 무단점유지의 용도 및 해당 무단점유자의 경제적 사정 등을 고려하여 **대통령령**(영 제71조 제2항·제3항)으로 정하는 바에 따라 **5년의 범위에서 징수를 미루거나 나누어 내게 할 수 있다**(법 제72조 제2항).

**(2) 변상금 징수를 미룰 수 있는 경우 : 1년 이내 범위**

**중앙관서의 장등**은 **무단점유자**가 다음 각 호의 어느 하나에 해당하는 경우에는 **변상금의 최초 납부기한부터 1년의 범위**에서 그 징수를 미룰 수 있다(영 제71조 제2항).

1. **재해나 도난으로 재산에 심한 손실을 입은 경우**(감평 2019)
2. **무단점유자** 또는 **그 동거 가족**의 **질병이나 중상해로 장기 치료**가 필요한 경우
3. 「국민기초생활 보장법」 제2조제2호에 따른 **수급자인 경우**
4. 그 밖에 제1호 및 제2호에 준하는 사유로 인정되는 경우

**(3) 변상금을 나누어 내게 할 수 있는 경우 : 50만원 초과 + 3년 이내 기간**

중앙관서의 장등은 **변상금이 50만원을 초과**하는 경우에는 **변상금 잔액**에 고시이자율을 적용하여

산출한 이자를 붙이는 조건으로 3년 이내의 기간에 걸쳐 나누어 내게 할 수 있다(영 제71조 제3항 전단). 이 경우 나누어 낼 변상금의 납부일자와 납부금액을 함께 통지하여야 한다(영 제71조 제3항 후단).

## Ⅱ 연체료 등의 징수

### 1. 연체료의 징수 절차★

① 중앙관서의 장등은 국유재산의 사용료, 관리소홀에 따른 가산금, 대부료, 매각대금, 교환자금 및 변상금(징수를 미루거나 나누어 내는 경우 이자는 제외한다)이 납부기한까지 납부되지 아니한 경우 대통령령(영 제72조)으로 정하는 바에 따라 연체료를 징수할 수 있다(법 제73조 제1항 전단).(감평 2000)

② 이 경우 연체료 부과대상이 되는 연체기간은 납기일부터 60개월을 초과할 수 없다(법 제73조 제1항 후단).(감평 2015·2019)

### 2. 세무서장 등에게 위임하여 징수 可

중앙관서의 장등은 국유재산의 사용료, 관리소홀에 따른 가산금, 대부료, 변상금 및 연체료가 납부기한까지 납부되지 아니한 경우에는 다음 각 호의 방법에 따라「국세징수법」제10조(독촉 : 관할 세무서장은 납세자가 국세를 지정납부기한까지 완납하지 아니한 경우 지정납부기한이 지난 후 10일 이내에 체납된 국세에 대한 독촉장을 발급하여야 한다.)와 같은 법의 체납처분에 관한 규정을 준용하여 징수할 수 있다(법 제73조 제2항).(감평 2000)

1. 중앙관서의 장(일반재산의 경우 관리·처분에 관한 사무를 위임받은 자를 포함한다. 이하 이 호에서 같다)은 직접 또는 관할 세무서장이나 지방자치단체의 장(이하 "세무서장등"이라 한다)에게 위임하여 징수할 수 있다. 이 경우 관할 세무서장등은 그 사무를 집행할 때 위임한 중앙관서의 장의 감독을 받는다.
2. 일반재산의 관리·처분에 관한 사무를 위탁받은 자는 관할 세무서장등에게 징수하게 할 수 있다.

## Ⅲ 도시관리계획의 협의 등

### 1. 총괄청이나 중앙관서의 장과 사전 협의

중앙관서의 장이나 지방자치단체의 장은 국유재산에 대하여「국토의 계획 및 이용에 관한 법률」에 따라 도시관리계획을 결정·변경하거나 다른 법률에 따라 이용 및 보전에 관한 제한을 하는 경우 대통령령(영 제72조의2 제1항)으로 정하는 바에 따라 미리 해당 국유재산을 소관하는 총괄청이나 중앙관서의 장과 협의하여야 한다(법 제73조2 제1항).

### 2. 개발행위에 관한 인·허가 등을 하려는 자에게 의견 제출

중앙관서의 장등(다른 법령에 따라 국유재산의 관리·처분에 관한 사무를 위임 또는 위탁받은 자를 포함한다)은 「국토의 계획 및 이용에 관한 법률」 제65조제3항(개발행위에 따른 공공시설 등의 귀속 : 특별시장·광역시장·특별자치시장·특별자치도지사·시장 또는 군수는 공공시설의 귀속에 관한 사항이 포함된 개발행위허가를 하려면 미리 해당 공공시설이 속한 관리청의 의견을 들어야 한다) 또는 그 밖의 법률에 따라 국유재산인 공공시설의 귀속에 관한 사항이 포함된 개발행위에 관한 인·허가등을 하려는 자에게 의견을 제출하려는 경우에는 사전검토 의견과 함께 기획재정부령으로 정하는 서류를 첨부하여 총괄청과 미리 협의하여야 한다(법 제73조의2 제2항·영 제72조의2 제2항).

### 3. 도시관리계획의 변경 요청

총괄청이나 중앙관서의 장등은 국유재산을 효율적으로 관리하고 그 활용도를 높이기 위하여 필요하다고 인정하는 경우 「국토의 계획 및 이용에 관한 법률」에 따른 도시관리계획의 입안권자에게 해당 도시관리계획의 변경을 요청할 수 있다(법 제73조의2 제3항).

## Ⅳ 소멸시효

### 1. 소멸시효 기간

이 법에 따라 금전의 급부를 목적으로 하는 국가의 권리는 5년간 행사하지 아니하면 시효의 완성으로 소멸한다(법 제73조의3 제1항).

### 2. 소멸시효 중단

① 국유재산의 사용료, 관리소홀에 따른 가산금, 대부료, 변상금 및 연체료에 대한 징수권의 소멸시효는 다음 각 호의 사유로 인하여 중단된다(법 제73조의3 제2항).
  1. 납부고지(감평 2025)
  2. 독촉(감평 2025)
  3. 교부청구(감평 2025)
  4. 압류(감평 2025)
② 중단된 소멸시효는 다음 각 호의 어느 하나의 기간이 지난 때부터 새로 진행한다(법 제73조의3 제3항).
  1. 납부고지나 독촉에 따른 납입기간
  2. 교부청구 중의 기간
  3. 압류해제까지의 기간
③ 소멸시효는 다음 각 호의 어느 하나에 해당하는 기간에는 진행되지 아니한다(법 제73조의3 제4항).
  1. 이 법에 따른 분납기간, 징수유예기간
  2. 「국세징수법」에 따른 압류·매각의 유예기간
  3. 「국세징수법」 제25조에 따른 사해행위 취소소송이나 「민법」 404조에 따른 채권자대위 소송을 제기하여 그 소송이 진행 중인 기간(소송이 각하·기각 또는 취소된 경우에는 시효정지의 효력이 없다)

## 3. 기타

이 법에 따라 금전의 급부를 목적으로 하는 국가의 권리의 소멸시효에 관하여 이 법에 특별한 규정이 있는 것을 제외하고는 「민법」과 「국가재정법」에 따른다(법 제73조2 제5항).

## Ⅴ 불법시설물의 철거★

정당한 사유 없이 국유재산을 점유하거나 이에 시설물을 설치한 경우에는 중앙관서의 장등은 「행정대집행법」을 준용하여 철거하거나 그 밖에 필요한 조치를 할 수 있다(법 제74조).(감평 2015·2019)

## Ⅵ 과오납금 반환 가산금

국가는 과오납된 국유재산의 사용료, 대부료, 매각대금 또는 변상금을 반환하는 경우에는 과오납된 날의 다음 날부터 반환하는 날까지의 기간에 대하여 대통령령으로 정하는 이자(영 제73조 : 고시이자율을 적용하여 산출한 이자를 말한다.)를 가산하여 반환한다(법 제75조).(감평 2015)

## Ⅶ 정보공개

총괄청은 국유재산의 효율적인 관리와 처분을 위하여 보유·관리하고 있는 정보를 정보통신망을 활용한 정보공개시스템을 통하여 공표하여야 한다(법 제76조 제1항).

## Ⅷ 은닉재산 등의 신고

### 1. 서

은닉된 국유재산이나 소유자 없는 부동산을 발견하여 정부에 신고한 자에게는 대통령령으로 정하는 바에 따라 보상금을 지급할 수 있다(법 제77조 제1항).

### 2. 보상

(1) 지방자치단체 외(外)의 자 : 보상금 지급

① 지방자치단체 외(外)의 자가 발견하여 신고한 은닉재산등의 국가귀속이 확정되었을 때에는 그 신고자에게 해당 재산가격의 100분의 10의 범위에서 보상금을 지급한다(영 제76조 제1항).

② 이 경우 보상금은 3천만원을 한도로 하되, 은닉재산등의 종류별 보상률과 최고 금액은 기획재정부령으로 정한다(영 제76조 제2항).

### (2) 지방자치단체 : 양여 or 보상금 지급

① 지방자치단체가 은닉된 국유재산이나 소유자 없는 부동산을 발견하여 신고한 경우에는 대통령령으로 정하는 바에 따라 그 재산가격의 2분의 1의 범위에서 그 지방자치단체에 국유재산을 양여하거나 보상금을 지급할 수 있다(법 제77조 제2항).(감평 2015)

② 지방자치단체에 보상하려는 경우에는 다음 각 호의 구분에 따라 재산을 양여할 수 있다(영 제76조 제3항).

1. 은닉재산을 발견·신고한 경우 : 총괄청이 지정하는 재산으로서 지방자치단체가 신고한 해당 재산 가격의 100분의 30을 넘지 아니하는 금액에 상당하는 재산을 양여
2. 다음 각 목의 어느 하나에 해당하는 소유자 없는 부동산을 발견·신고한 경우 : 총괄청이 지정하는 재산으로서 지방자치단체가 신고한 해당 재산 가격의 100분의 15를 넘지 않는 금액에 상당하는 재산을 양여
    가. 공공용재산(폐쇄도로와 폐하천을 포함한다) 외에 처음부터 등기부 등본 또는 지적공부에 등기 또는 등록된 사실이 없는 재산
    나. 공유수면 매립 등으로 조성된 토지의 이해관계인이 없어 소유권 취득 절차를 밟지 아니한 재산

### (3) 신고자가 둘 이상인 경우

은닉재산등을 신고한 자가 둘 이상인 경우에는 먼저 신고한 자에게 보상금을 지급한다(영 제76조 제4항 본문). 다만, 신고한 면적이 서로 다른 경우에는 나중에 신고한 자에게도 잔여분에 한정하여 보상금을 지급할 수 있다(영 제76조 제4항 단서).

## 3. 은닉된 국유재산

보상금의 지급 또는 양여의 대상이 되는 은닉된 국유재산은 등기부 등본 또는 지적공부에 국가 외(外)의 자의 명의로 등기 또는 등록되어 있고, 국가가 그 사실을 인지하지 못하고 있는 국유재산으로 한다(영 제75조 제1항).

## 4. 소유자 없는 부동산

보상금의 지급 또는 양여의 대상이 되는 소유자 없는 부동산은 등기부 등본 또는 지적공부에 등기 또는 등록된 사실이 없는 재산이거나 그 밖에 소유자를 확인할 수 없는 재산으로서 국가가 그 사실을 인지하지 못하고 있는 재산으로 한다(영 제75조 제2항 본문). 다만, 공공용재산은 제외한다(영 제75조 제2항 단서).

## 5. 조달청장에 신고

① 은닉재산등의 신고는 기획재정부령으로 정하는 바에 따라 조달청장에게 하여야 한다(영 제75조 제3항).

② 조달청장은 기획재정부령으로 정하는 바에 따라 은닉재산등 처리대장을 갖추어 두고 이에 필요한 사항을 적어야 한다(영 제75조 제4항).

## IX 은닉재산의 자진반환자 등에 관한 특례

① 은닉된 국유재산을 선의(善意)로 취득한 후(後) 그 재산을 다음 각 호의 어느 하나에 해당하는 원인으로 국가에 반환한 자에게 같은 재산을 매각하는 경우에는 대통령령(영 제77조)으로 정하는 바에 따라 반환의 원인별로 차등을 두어 그 매각대금을 이자 없이 12년 이하에 걸쳐 나누어 내게 하거나 매각 가격에서 8할 이하의 금액을 뺀 잔액을 그 매각대금으로 하여 전액을 한꺼번에 내게 할 수 있다(법 제78조).(감평 2015)
  1. 자진 반환(감평 2015)
  2. 재판상의 화해
② 매각의 대상이 되는 은닉된 국유재산은 등기부 등본 또는 지적공부에 국가 외(外)의 자의 명의로 등기 또는 등록된 국유재산으로 한다(영 제77조 제1항).

## X 변상책임

법 제28조(행정재산 관리사무의 위임)에 따라 국유재산의 관리에 관한 사무를 위임받은 자가 고의나 중대한 과실로 그 임무를 위반한 행위를 함으로써 그 재산에 대하여 손해를 끼친 경우에는 변상의 책임이 있다(법 제79조 제1항).(감평 2013)(경미한 과실×)

## XI 벌칙

법 제7조 제1항(누구든지 이 법 또는 다른 법률에서 정하는 절차와 방법에 따르지 아니하고는 국유재산을 사용하거나 수익하지 못한다.)을 위반하여 행정재산을 사용하거나 수익한 자는 2년 이하의 징역 또는 2천만원 이하의 벌금에 처한다(법 제82조).(감평 2013)

> ☞ 국유재산법에서 정하는 절차와 방법에 따르지 아니하고 일반재산을 사용하거나 수익한 자는 2년이하의 징역 또는 2천만원 이하의 벌금에 처한다. (×/일반재산 ⇒ 행정재산)(감평 2013)

제 **5** 편

# 공간정보의 구축 및 관리 등에 관한 법률
(약칭 : 공간정보관리법)

**제01장 총 칙**

**제02장 측량 : 지적측량**

**제3-1장 지적(地籍) : 토지의 등록**

**제3-2장 지적(地籍) : 지적공부(地籍公簿)**

**제3-3장 지적(地籍) : 토지의 이동 신청 및 지적정리 등)**

# CHAPTER 01 > 총칙

## I 목적

이 법은 측량의 기준 및 절차와 지적공부(地籍公簿)·부동산종합공부(不動産綜合公簿)의 작성 및 관리 등에 관한 사항을 규정함으로써 국토의 효율적 관리 및 국민의 소유권 보호에 기여함을 목적으로 한다(법 제1조).

## II 정의

### 1. 측량

"측량"이란 공간상에 존재하는 일정한 점들의 위치를 측정하고 그 특성을 조사하여 도면 및 수치로 표현하거나 도면상의 위치를 현지(現地)에 재현하는 것을 말하며, 측량용 사진의 촬영, 지도의 제작 및 각종 건설사업에서 요구하는 도면작성 등을 포함한다(법 제2조 제1호).

### 2. 기본측량

"기본측량"이란 모든 측량의 기초가 되는 공간정보를 제공하기 위하여 국토교통부장관이 실시하는 측량을 말한다(법 제2조 제2호).

### 3. 공공측량

"공공측량"이란 다음 각 목의 측량을 말한다(법 제2조 제3호).

가. 국가, 지방자치단체, 그 밖에 대통령령으로 정하는 기 관(영 제2조 : 공공기관, 지방공사, 지방공단 등)이 관계 법령에 따른 사업 등을 시행하기 위하여 기본측량을 기초로 실시하는 측량

나. 가목 외의 자가 시행하는 측량 중 공공의 이해 또는 안전과 밀접한 관련이 있는 측량으로서 대통령령으로 정하는 측량(영 제3조)

### 4. 지적측량

**(1) 의의**

"지적측량"이란 토지를 지적공부에 등록하거나 지적공부에 등록된 경계점을 지상에 복원하기 위하여 필지의 경계 또는 좌표와 면적을 정하는 측량을 말하며, 지적확정측량 및 지적재조사측량을 포함한다(법 제2조 제4호).(감평 2017)

### (2) 지적확정측량

"지적확정측량"이란 법 제86조제1항(도시개발사업 등 시행지역의 토지이동 신청에 관한 특례 : 도시개발사업 등의 시행자는 그 사업의 착수·변경 및 완료 사실을 지적소관청에 신고하여야 한다.)에 따른 도시개발사업·농어촌정비사업·토지개발사업 등이 끝나 토지의 표시를 새로 정하기 위하여 실시하는 지적측량을 말한다(법 제2조 제4호의2). (감평 2021)

### (3) 지적재조사측량

"지적재조사측량"이란「지적재조사에 관한 특별법(토지의 실제 현황과 일치하지 아니하는 지적공부의 등록사항을 바로 잡고, 종이에 구현된 지적을 디지털 지적으로 전환하기 위한 특별법)」에 따른 지적재조사사업에 따라 토지의 표시를 새로 정하기 위하여 실시하는 지적측량을 말한다(법 제2조 제4호의3).

## 5. 일반측량

"일반측량"이란 기본측량, 공공측량 및 지적측량 외(外)의 측량을 말한다(법 제2조 제6호). (감평 2021)

> ◆ 측량의 종류
> 1. 기본측량(국토교통부장관) : 모든 측량의 기초가 되는 측량
> 2. 공공측량(국가·지방자치단체·공공기관 등) : 기본측량을 기초로 측량
> 3. 지적측량 : 지적공부 관련 측량·지적확정측량(도시개발사업)·지적재조사측량(지적재조사특별법)
> 4. 일반측량 : 기본측량·공공측량·지적측량 이외(以外)의 측량

## 6. 측량기준점

"측량기준점"이란 측량의 정확도를 확보하고 효율성을 높이기 위하여 특정 지점을 법 제6조(측량기준)에 따라 측량기준에 따라 측정하고 좌표 등으로 표시하여 측량 시에 기준으로 사용되는 점을 말한다(법 제2조 제7호).

## 7. 지적소관청

"지적소관청"이란 지적공부를 관리하는 특별자치시장, 시장[㉠「제주도특별자치도 설치 및 국제자유도시 조성을 위한 특별법」 제10조에 따른 행정시의 시장(제주자치도의 관할구역에는 지방자치단체가 아닌 시(행정시)를 둔다.)을 포함하며, ㉡「지방자치법」 제3조제3항(특별시·광역시 및 특별자치시가 아닌 인구 50만 이상의 시에는 자치구가 아닌 구를 둘 수 있다.)에 따라 자치구가 아닌 구를 두는 시의 시장은 제외한다]·군수 또는 구청장(자치구가 아닌 구의 구청장을 포함한다)을 말한다(법 제2조 제18호). (감평 2021·2023) (자치구를 둔 시의 시장도 지적소관청에 포함된다, ×) (☞ 지적소관청은 특별자치시장·시장·군수·구청장이다. 다만, 시장과 구청장이 함께 있는 경우에는 구청장이 지적소관청에 해당한다.)

## 8. 지적공부

"지적공부"란 토지대장, 임야대장, 공유지연명부, 대지권등록부, 지적도, 임야도 및 경계점좌표등록부 등 지적측량 등을 통하여 조사된 토지의 표시와 해당 토지의 소유자 등을 기록한 대장 및 도면(정보처리시스템을 통하여 기록·저장된 것을 포함한다)을 말한다(법 제2조 제19호). (감평 2017)

### 9. 연속지적도

"연속지적도"란 지적측량을 하지 아니하고 전산화된 지적도 및 임야도 파일을 이용하여, 도면상 경계점들을 연결하여 작성한 도면으로서 측량에 활용할 수 없는 도면을 말한다(법 제2조 제19호의2). (감평 2021)

### 10. 부동산종합공부

"부동산종합공부"란 토지의 표시와 소유자에 관한 사항, 건축물의 표시와 소유자에 관한 사항, 토지의 이용 및 규제에 관한 사항, 부동산의 가격에 관한 사항 등 부동산에 관한 종합정보를 정보관리체계를 통하여 기록·저장한 것을 말한다(법 제2조 제19호의3).

### 11. 토지의 표시

"토지의 표시"란 지적공부에 토지의 소재·지번(地番)·지목(地目)·면적·경계 또는 좌표를 등록한 것을 말한다(법 제2조 제20호).

### 12. 필지

"필지"란 대통령령으로 정하는 바에 따라 구획되는 토지의 등록단위를 말한다(법 제2조 제21호).

### 13. 지번

"지번"이란 필지에 부여하여 지적공부에 등록한 번호를 말한다(법 제2조 제22호).

### 14. 지번부여지역

"지번부여지역"이란 지번을 부여하는 단위지역으로서 동·리 또는 이에 준하는 지역을 말한다(법 제2조 제23호).

### 15. 지목

"지목"이란 토지의 주된 용도에 따라 토지의 종류를 구분하여 지적공부에 등록한 것을 말한다(법 제2조 제24호). (감평 2023)

### 16. 경계점

"경계점"이란 필지를 구획하는 선의 굴곡점으로서 지적도나 임야도에 도해(圖解) 형태로 등록하거나 경계점좌표등록부에 좌표 형태로 등록하는 점을 말한다(법 제2조 제25호). (감평 2017)

### 17. 경계

"경계"란 필지별로 경계점들을 직선으로 연결하여 지적공부에 등록한 선을 말한다(법 제2조 제26호). (감평 2023)

### 18. 면적

"면적"이란 지적공부에 등록한 필지의 수평면상 넓이를 말한다(법 제2조 제27호). (감평 2009)

### 19. 토지의 이동

"토지의 이동(異動)"이란 토지의 표시를 새로 정하거나 변경 또는 말소하는 것을 말한다(법 제2조 제28호). (감평 2021·2022) (소유자의 주소 변경은 토지의 이동에 해당하지 않는다. ○)

### 20. 신규등록

"신규등록"이란 새로 조성된 토지와 지적공부에 등록되어 있지 아니한 토지를 지적공부에 등록하는 것을 말한다(법 제2조 제29호).

### 21. 등록전환

"등록전환"이란 임야대장 및 임야도에 등록된 토지를 토지대장 및 지적도에 옮겨 등록하는 것을 말한다(법 제2조 제30호). (감평 2017·2023) (임야→토지○/토지→임야×)

### 22. 분할

"분할"이란 지적공부에 등록된 1필지를 2필지 이상으로 나누어 등록하는 것을 말한다(법 제2조 제31호).

### 23. 합병

"합병"이란 지적공부에 등록된 2필지 이상을 1필지로 합하여 등록하는 것을 말한다(법 제2조 제32호).

### 24. 지목변경

"지목변경"이란 지적공부에 등록된 지목을 다른 지목으로 바꾸어 등록하는 것을 말한다(법 제2조 제33호).

### 25. 축척변경

"축척변경"이란 지적도에 등록된 경계점의 정밀도를 높이기 위하여 작은 축척을 큰 축척으로 변경하여 등록하는 것을 말한다(법 제2조 제34호). (감평 2002·2017·2023)
(작은 축척 → 큰 축척 : 6,000분의 1 축척을 600분의 1 축척으로 변경하는 것 등)

☞ 축척은 지표 상의 실제 거리를 지도 상에 줄여 나타낸 비율을 말한다. 대축척 지도는 좁은 지역을 자세히 표현한 지도로, 건물의 위치·토지 이용·도로망 등이 잘 나타나 있다. 소축척 지도는 넓은 지역을 간략히 표현한 지도로, 국가나 도시의 위치를 파악할 때 유리하다.

# CHAPTER 02 > 측량 : 지적측량

## I 지적측량의 실시 등

다음 각 호의 어느 하나에 해당하는 경우에는 **지적측량**을 하여야 한다(법 제23조 제1항).
1. 법 제7조제1항제3호(측량기준점 : 지적기준점)에 따른 **지적기준점**을 정하는 경우(중개 2022)
2. 법 제25조(지적측량성과의 검사)에 따라 **지적측량성과를 검사하는 경우**
3. 다음 각 목의 어느 하나에 해당하는 경우로서 측량을 할 필요가 있는 경우
   가. 법 제74조(지적공부의 전부 또는 일부가 멸실되거나 훼손된 경우에는 지체 없이 이를 복구하여야 한다.)에 따라 **지적공부를 복구**하는 경우(감평 2012)
   나. 법 제77조(신규등록 신청)에 따라 토지를 **신규등록**하는 경우
   다. 법 제78조(등록전환 신청)에 따라 토지를 **등록전환**하는 경우(감평 2012)
   라. 법 제79조(분할 신청)에 따라 토지를 **분할**하는 경우(감평 2012)(합병 ×)
   마. 법 제82조(바다로 된 토지의 등록말소 신청)에 따라 **바다가 된 토지의 등록을 말소**하는 경우(중개 2022)
   바. 법 제83조(축척 변경)에 따라 **축척을 변경**하는 경우(감평 2012)
   사. 법 제84조(등록사항의 정정)에 따라 지적공부의 **등록사항을 정정**하는 경우(중개 2022)
   아. 법 제86조(도시개발사업 등 시행지역의 토지이동 신청에 관한 특례)에 따른 **도시개발사업 등의 시행지역에서 토지의 이동**이 있는 경우
   자. 「지적재조사에 관한 특별법」에 따른 **지적재조사사업에 따라 토지의 이동**이 있는 경우
4. **경계점을 지상에 복원**하는 경우(감평 2012, 중개 2022)
5. 그 밖에 **대통령령으로 정하는 경우** [영 제18조(지적현황측량) : 지상건축물 등의 현황을 지적도 및 임야도에 등록된 경계와 대비하여 표시하는 데에 필요한 경우를 말한다.] (중개 2021·2022)

> **정리**
>
> ◆ 지적측량을 해야 하는 경우(법 제23조 제1항 및 영 제18조)
> (기준점/성과검사→현황/복원/복구)⇒(토지이동 : 신규등록, 등록전환, 분할, 합병, 지목변경, 축척변경, 바다로 된 토지의 등록말소, 등록사항 정정)
> 1. **지적기준점**을 정하는 경우
> 2. **지적측량성과를 검사**하는 경우
> 3. **지적현황측량** : 지상건축물 등의 현황을 지적도 및 임야도에 등록된 경계와 대비하여 표시하는 데에 필요한 경우
> 4. **경계점을 지상에 복원**하는 경우
> 5. 지적공부의 멸실·훼손으로 **지적공부를 복구**하는 경우
> 6. **토지의 이동**(합병·자목변경)
>    (1) 토지를 **신규등록**하는 경우

(2) 토지를 등록전환하는 경우
(3) 토지를 분할하는 경우
(4) 바다가 된 토지의 등록을 말소하는 경우
(5) 축척을 변경하는 경우
(6) 지적공부의 등록사항을 정정하는 경우
(7) 도시개발사업 등의 시행지역에서 토지의 이동이 있는 경우
(8) 지적재조사사업에 따라 토지의 이동이 있는 경우

## II 토지의 이동에 따른 면적 등의 결정방법

### 1. 합병

합병에 따른 경계·좌표 또는 면적은 따로 지적측량을 하지 아니하고 다음 각 호의 구분에 따라 결정한다(법 제26조 제1항).

1. 합병 후 필지의 경계 또는 좌표 : 합병 전 각 필지의 경계 또는 좌표 중 합병으로 필요 없게 된 부분을 말소하여 결정
2. 합병 후 필지의 면적 : 합병 전 각 필지의 면적을 합산하여 결정

### 2. 등록전환·분할

(1) 서

등록전환이나 분할에 따른 변석을 정할 때 오차가 발생하는 경우 그 오차의 허용 범위 및 처리방법 등에 필요한 사항은 대통령령(영 제19조)으로 정한다(법 제26조 제2항).

(2) 등록전환을 하는 경우 : 영 제19조 제1항 제1호

임야대장의 면적과 등록전환될 면적의 차이가 「영 제19조 제1항 제1호 가목」의 계산식에 따른 허용범위 이내인 경우에는 등록전환될 면적을 등록전환 면적으로 결정하고, 허용범위를 초과하는 경우에는 임야대장의 면적 또는 임야도의 경계를 지적소관청이 직권으로 정정하여야 한다(영 제19조 제1항 제1호 나목). (중개 2020)

(3) 토지를 분할하는 경우 : 영 제19조 제1항 제2호

분할 전후 면적의 차이가 「영 제19조 제1항 제2호 가목」의 계산식에 따른 허용범위 이내인 경우에는 그 오차를 분할 후의 각 필지의 면적에 따라 나누고, 허용범위를 초과하는 경우에는 지적공부(地籍公簿)상의 면적 또는 경계를 정정하여야 한다(영 제19조 제1항 제2호 나목).

# Ⅲ 지적위원회

## 1. 중앙지적위원회

### (1) 심의·의결 사항

다음 각 호의 사항을 심의·의결하기 위하여 국토교통부에 중앙지적위원회를 둔다(법 제28조 제1항).

1. 지적 관련 정책 개발 및 업무 개선 등에 관한 사항(중개 2020)
2. 지적측량기술의 연구·개발 및 보급에 관한 사항(중개 2020)
3. 법 제29조(지적측량의 적부심사 등)제6항에 따른 지적측량 적부심사(適否審査)에 대한 재심사(再審査)(중개 2019)
4. 법 제39조(측량기술자)에 따른 측량기술자 중 지적분야 측량기술자(이하 "지적기술자"라 한다)의 양성에 관한 사항(중개 2019·2020)
5. 법 제42조(측량기술자의 업무정지 등)에 따른 지적기술자의 업무정지 처분 및 징계요구에 관한 사항(중개 2018·2020)

### (2) 구성

① 법 제28조(지적위원회)제1항에 따른 중앙지적위원회(이하 "중앙지적위원회"라 한다)는 위원장 1명과 부위원장 1명을 포함하여 5명 이상 10명 이하의 위원으로 구성한다(영 제20조 제1항).
② 위원장은 국토교통부의 지적업무 담당 국장이, 부위원장은 국토교통부의 지적업무 담당 과장이 된다(영 제20조 제2항).
③ 위원장 및 부위원장을 제외한 위원의 임기는 2년으로 한다(영 제20조 제43항).

### (3) 회의

① 중앙지적위원회 위원장은 회의를 소집하고 그 의장이 된다(영 제21조 제1항).
② 위원장이 부득이한 사유로 직무를 수행할 수 없을 때에는 부위원장이 그 직무를 대행하고, 위원장 및 부위원장이 모두 부득이한 사유로 직무를 수행할 수 없을 때에는 위원장이 미리 지명한 위원이 그 직무를 대행한다(영 제21조 제2항).
③ 중앙지적위원회의 회의는 재적위원 과반수의 출석으로 개의(開議)하고, 출석위원 과반수의 찬성으로 의결한다(영 제21조 제3항).(중개 2023)
④ 중앙지적위원회는 관계인을 출석하게 하여 의견을 들을 수 있으며, 필요하면 현지조사를 할 수 있다(영 제21조 제4항).(중개 2018·2023)
⑤ 위원장이 중앙지적위원회의 회의를 소집할 때에는 회의 일시·장소 및 심의 안건을 회의 5일 전까지 각 위원에게 서면으로 통지하여야 한다(영 제21조 제5항).(중개 2023)
⑥ 위원이 재심사 시 그 측량 사안에 관하여 관련이 있는 경우에는 그 안건의 심의 또는 의결에 참석할 수 없다(영 제21조 제6항).

## 2. 지방지적위원회

법 제29조(지적측량의 적부심사 등)에 따른 **지적측량**에 대한 **적부심사** 청구사항을 **심의·의결**하기 위하여 특별시·광역시·특별자치시·도 또는 특별자치도(이하 "**시·도**"라 한다)에 **지방지적위원회**를 둔다(법 제28조 제2항). (중개 2018)

# Ⅳ 지적측량의 적부심사 등

## 1. 지적측량 적부심사의 청구

### (1) 시·도지사를 거쳐 지방지적위원회에 청구

<u>토지소유자, 이해관계인</u> 또는 <u>지적측량수행자</u>는 <u>지적측량성과</u>에 대하여 <u>다툼</u>이 있는 경우에는 심사청구서에 다음 각 호의 구분에 따른 서류를 첨부하여 관할 <u>시·도지사</u>를 거쳐 <u>지방지적위원회</u>에 지적측량 적부심사를 <u>청구</u>할 수 있다(법 제29조 제1항·영 제24조 제1항). (중개 2018)

1. <u>토지소유자 또는 이해관계인</u> : 지적측량을 의뢰하여 발급받은 <u>지적측량성과</u>
2. <u>지적측량수행자</u>(지적측량수행자 소속 지적기술자가 청구하는 경우만 해당한다) : 직접 실시한 <u>지적측량성과</u>

### (2) 지방지적위원회에 회부

<u>지적측량 적부심사청구</u>를 받은 <u>시·도지사</u>는 <u>30일 이내</u>에 다음 각 호의 사항을 <u>조사</u>하여 지방지적위원회에 <u>회부</u>하여야 한다(법 제29조 제2항). (중개 2021) (지적소관청이 조사하여 지방지적위원회에 회부하여야 한다. ×)

1. 다툼이 되는 지적측량의 경위 및 그 성과
2. 해당 토지에 대한 토지이동 및 소유권 변동 연혁
3. 해당 토지 주변의 측량기준점, 경계, 주요 구조물 등 <u>현황 실측도</u>(영 제24조 제2항 : 시·도지사는 현황 실측도를 작성하기 위하여 필요한 경우에는 관계 공무원을 지정하여 지적측량을 하게 할 수 있으며, 필요하면 지적측량수행자에게 그 소속 지적기술자를 참여시키도록 요청할 수 있다)

### (3) 지방지적위원회의 심의·의결

지적측량 적부심사청구를 회부받은 지방지적위원회는 그 <u>심사청구를 회부받은</u> 날부터 <u>60일 이내</u>에 <u>심의·의결</u>하여야 한다(법 제29조 제3항 본문). (중개 2021) (90일 이내 ×) 다만, 부득이한 경우에는 그 심의기간을 해당 지적위원회의 의결을 거쳐 <u>30일 이내</u>에서 <u>한 번만 연장</u>할 수 있다(법 제29조 제3항 단서).

### (4) 시·도지사에게 의결서 송부

① <u>지방지적위원회</u>는 <u>지적측량 적부심사</u>를 <u>의결</u>하였으면 <u>위원장과 참석위원 전원</u>이 <u>서명 및 날인</u>한 <u>지적측량 적부심사 의결서</u>를 지체 없이 <u>시·도지사</u>에게 <u>송부</u>하여야 한다(법 제29조 제4항·영 제25조 제1항).

② 시·도지사는 지방지적위원회의 의결서를 받은 후 해당 지적측량 적부심사 청구인 및 이해관계인이 재심사를 청구하지 아니하면 그 의결서 사본을 지적소관청에 보내야 한다(법 제29조 제9항). 이 경우 의결서 사본을 받은 지적소관청은 그 내용에 따라 지적공부의 등록사항을 정정하거나 측량성과를 수정하여야 한다(법 제29조 제10항).(감평 2011)

(5) 청구인 및 이해관계인에게 의결서 통지

① 시·도지사는 의결서를 받은 날부터 7일 이내에 지적측량 적부심사 청구인 및 이해관계인에게 그 의결서를 통지하여야 한다(법 제29조 제5항).(중개 2018·2021)

② 이 경우 시·도지사는 국토교통부장관을 거쳐 중앙지적위원회에 재심사를 청구할 수 있음을 서면으로 알려야 한다(영 제25조 제2항).

## 2. 재심사 청구

(1) 국토교통부장관을 거쳐 중앙지적위원회에 청구 : 90일 이내

① 의결서를 받은 자가 지방지적위원회의 의결에 불복하는 경우에는 그 의결서를 받은 날부터 90일 이내에 국토교통부장관을 거쳐 중앙지적위원회에 재심사를 청구할 수 있다(법 제29조 제6항).(중개 2018·2021) 이 경우 재심사청구서에 지방지적위원회의 지적측량 적부심사 의결서 사본을 첨부하여 국토교통부장관을 거쳐 중앙지적위원회에 제출하여야 한다(영 제26조 제1항).

② 재심사청구에 관하여는 심사청구의 규정을 준용한다. 이 경우 "시·도지사"는 "국토교통부장관"으로, "지방지적위원회"는 "중앙지적위원회"로 본다(법 제29조 제7항).

(2) 의결서의 송부

① 중앙지적위원회로부터 의결서를 받은 국토교통부장관은 그 의결서를 관할 시·도지사에게 송부하여야 한다(법 제29조 제8항).

② 시·도지사는 중앙지적위원회의 의결서를 받은 경우에는 그 의결서 사본에 지방지적위원회의 의결서 사본을 첨부하여 지적소관청에 보내야 한다(법 제29조 제9항). 이 경우 의결서 사본을 받은 지적소관청은 그 내용에 따라 지적공부의 등록사항을 정정하거나 측량성과를 수정하여야 한다(법 제29조 제10항).(감평 2011)

## 3. 특별자치시장에 대한 특례

특별자치시장은 지방지적위원회의 의결서를 받은 후 해당 지적측량 적부심사 청구인 및 이해관계인이 재심사를 청구하지 아니하거나, 중앙지적위원회의 의결서를 받은 경우에는 직접 그 내용에 따라 지적공부의 등록사항을 정정하거나 측량성과를 수정하여야 한다(법 제29조 제11항).

## 4. 지적측량 적부심사에 대한 재청구 不可

지방지적위원회의 의결이 있은 후 재심사 청구기간 내에 재심사를 청구하지 아니하거나, 중앙지적위원회의 의결이 있는 경우에는 해당 지적측량성과에 대하여 다시 지적측량 적부심사청구를 할 수 없다(법 제29조 제12항).

# CHAPTER 3-1 지적(地籍) : 토지의 등록

## I. 토지의 조사·등록 등★

① <u>국토교통부장관</u>은 <u>모든 토지</u>에 대하여 <u>필지별</u>로 <u>소재·지번·지목·면적·경계 또는 좌표</u> 등을 <u>조사·측량</u> 하여 <u>지적공부</u>에 <u>등록하여야 한다</u>(법 제64조 제1항).(감평 2017)(모든 토지-소/지/목//적/계/표-등록 의무 → 국토교통부장관)

② <u>지적공부</u>에 <u>등록</u>하는 <u>지번·지목·면적·경계 또는 좌표는</u> <u>토지의 이동</u>이 있을 때 <u>토지소유자</u>(법인이 아닌 사단이나 재단의 경우에는 그 대표자나 관리인을 말한다. 이하 같다)의 <u>신청</u>을 받아 <u>지적소관청</u>이 결정한다(법 제64조 제2항 본문). 다만, <u>신청이 없으면</u> <u>지적소관청</u>이 <u>직권</u>으로 <u>조사·측량</u>하여 <u>결정</u>할 수 있다(법 제64조 제2항 단서).(감평 2000·2017·2024, 중개 2021)(토지이동이 있을 때 토지소유자의 신청이 없으면 지적소관청이 직권으로 조사 · 측량하여 결정할 수 없다.×)

## II. 지상경계의 구분 등★

### 1. 서

<u>토지</u>의 <u>지상경계는</u> <u>둑, 담장</u>이나 그 밖에 구획의 목표가 될 만한 <u>구조물</u> 및 <u>경계점표지</u> 등으로 <u>구분</u>한다(법 제65조 제1항).(중개 2018, 2024)

### 2. 지상경계점등록부

<u>지적소관청</u>은 <u>토지의 이동</u>에 따라 <u>지상경계를 새로 정한 경우</u>(지적공부에 등록된 경계점을 지상에 복원하는 경우×)에는 다음 각 호의 사항을 등록한 <u>지상경계점등록부</u>를 작성·관리하여야 한다(법 제65조 제2항).(중개 2018·2019·2024)(토지 이동에 따라 지상경계를 새로 정한 경우에는 경계점좌표등록부를 작성를 작성 · 관리하여야 한다.×)

1. <u>토지의 소재</u>(감평 2019, 중개 2023·2024)
2. <u>지번</u>(감평 2019, 중개 2024)
3. <u>경계점 좌표</u>(경계점좌표등록부 시행지역에 한정한다)(중개 2024)
4. <u>경계점 위치 설명도</u>(감평 2019, 중개 2019)
5. 그 밖에 <u>국토교통부령</u>으로 정하는 사항(규칙 제60조 제2항)(감평 2019·중개 2019)
   가. 공부상 <u>지목</u>과 실제 토지이용 <u>지목</u>(중개 2023·2024)
   나. 경계점의 <u>사진 파일</u>(중개 2023·2024)
   다. 경계점<u>표지</u>의 종류 및 경계점 <u>위치</u>(중개 2023)

## 3. 지상 경계의 결정기준 등

① 법 제65조제1항에 따른 <u>지상 경계</u>의 <u>결정기준</u>은 다음 각 호의 구분에 따른다(영 제55조 제1항).(감평 2013·2016·2025, 중개 2021) [하단→차기(차이)/상단→깎기]

1. <u>연접</u>되는 토지 간에 <u>높낮이 차이가 없는</u> 경우 : <u>그 구조물 등의 중앙</u>

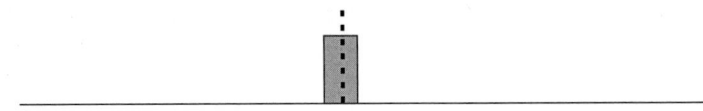

2. <u>연접</u>되는 토지 간에 <u>높낮이 차이가 있는</u> 경우 : <u>그 구조물 등의 하단부</u>

3. <u>도로·구거</u> 등의 토지에 <u>절토</u>(땅깎기)된 부분이 있는 경우 : 그 <u>경사면의 상단부</u>

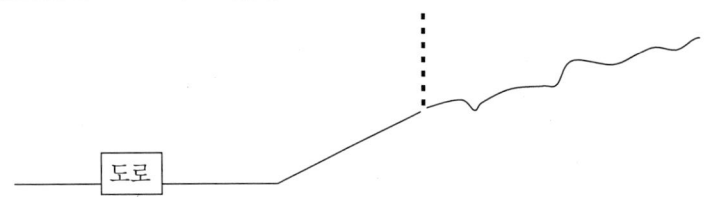

4. 토지가 <u>해면</u> 또는 <u>수면</u>에 접하는 경우 : <u>최대만조위</u>(바다에서 밀물로 인해 해안선에 물이 가득찬 상태) 또는 <u>최대만수위</u>(호소에 물이 가득찬 상태 : 물환경보전법 제2조 제14호)가 되는 선
5. 공유수면매립지의 토지 중 제방 등을 <u>토지에</u> 편입하여 등록하는 경우 : <u>바깥쪽 어깨부분</u>

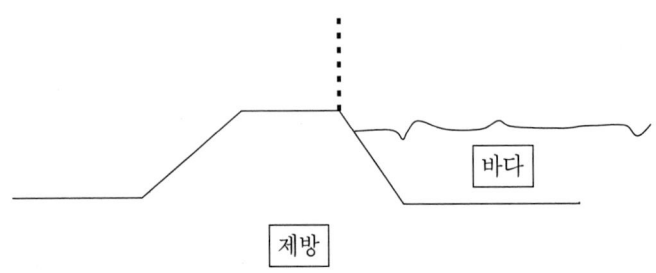

② 지상 경계의 구획을 형성하는 <u>구조물</u> 등의 <u>소유자가 다른</u> 경우에는 <u>제1항제1호부터 제3호까지의 규정</u>에도 불구하고 <u>그 소유권에 따라 지상 경계를 결정</u>한다(영 제55조 제2항).

# Ⅲ 지번의 부여 등★

## 1. 서

① 지번은 지적소관청이 지번부여지역별로 차례대로 부여한다(법 제66조 제1항). (감평 2017·2018·2023, 중개 2018)(지번은 국토교통부장관이 부여한다, ×)

② 지번(地番)은 아라비아숫자로 표기하되, 임야대장 및 임야도에 등록하는 토지의 지번은 숫자 앞에 "산"자를 붙인다(영 제56조 제1항). (감평 2000·2016·2018, 중개 2018)

③ 지번은 본번(本番)과 부번(副番)으로 구성하되, 본번과 부번 사이에 "-" 표시로 연결한다(영 제56조 제2항 전단). (중개 2018)

## 2. 지번변경

① 지적소관청은 지적공부에 등록된 지번을 변경할 필요가 있다고 인정하면 시·도지사나 대도시 시장의 승인을 받아 지번부여지역의 전부 또는 일부에 대하여 지번을 새로 부여할 수 있다(법 제66조 제2항). (감평 2004·2012·2018)

② 지적소관청은 지번을 변경하려면 지번변경 사유를 적은 승인신청서에 지번변경 대상지역의 지번·지목·면적·소유자에 대한 상세한 내용(이하 "지번등 명세"라 한다)을 기재하여 시·도지사 또는 대도시 시장에게 제출해야 하고, 시·도지사 또는 대도시 시장은 지번변경 사유 등을 심사한 후 그 결과를 지적소관청에 통지하여야 한다(영 제57조 제1항·제2항). (감평 2018)

## 3. 지번부여 방법 : 영 제56조 제3항

### (1) 서 : 영 제56조 제3항 제1호

지번은 북서에서 남동으로 순차적으로 부여해야 한다. [동(1)/서(2)/남(3)/북(4)] → (4/2→3/1) (감평 2000·2012·2016·2018, 중개 2018)

### (2) 신규등록·등록전환 : 영 제56조 제3항 제2호

신규등록 및 등록전환의 경우에는 그 지번부여지역에서 인접토지의 본번에 부번을 붙여서 지번을 부여해야 한다. 다만, 다음 어느 하나에 해당하는 경우에는 그 지번부여지역의 최종 본번의 다음 순번부터 본번으로 하여 순차적으로 지번을 부여할 수 있다. (감평 2000, 중개 2024) [① 원칙 : 인접토지 본번 기준 → 부번 부여/ ② 예외(최종/여러/멀) ⇒ 최종 본번 기준 → 본번 부여]

1. 대상토지가 그 지번부여지역의 최종 지번의 토지에 인접하여 있는 경우
2. 대상토지가 이미 등록된 토지와 멀리 떨어져 있어서 등록된 토지의 본번에 부번을 부여하는 것의 불합리한 경우
3. 대상토지가 여러 필지로 되어 있는 경우(감평 2012·2016)

### (3) 분할 : 영 제56조 제3항 제3호

① 분할의 경우에는 분할 후의 필지 중 1필지의 지번은 분할 전의 지번으로 하고, 나머지 필지의 지번은 본번의 최종 부번 다음 순번으로 부번을 부여해야 한다. (중개 2018)

② 이 경우 주거·사무실 등의 건축물이 있는 필지에 대해서는 분할 전의 지번을 우선하여 부여하여야 한다.(감평 1999·2000·2016)(분할 : 건축물이 있는 지번 → 우선 부여 의무)

(4) 합병 : 영 제56조 제3항 제4호
① 합병의 경우에는 합병 대상 지번 중 선순위의 지번을 그 지번으로 하되, 본번으로 된 지번이 있을 때에는 본번 중 선순위의 지번을 합병 후의 지번으로 해야 한다.(본번 중 선순위 지번)
② 이 경우 토지소유자가 합병 전의 필지에 주거·사무실 등의 건축물이 있어서 그 건축물이 위치한 지번을 합병 후의 지번으로 신청할 때에는 그 지번을 합병 후의 지번으로 부여하여야 한다.(감평 2000·2014·2016, 중개 2019)(합병 : 신청한 때 ⇒ 건축물이 있는 지번 → 우선 부여)

(5) 지적확정측량 실시 지역에서 새로운 지번 부여 : 영 제56조 제3항 제5호
지적확정측량을 실시한 지역의 각 필지에 지번을 새로 부여하는 경우에는 다음 각 호의 지번을 제외한 본번으로 부여해야 한다. 다만, 부여할 수 있는 종전 지번의 수가 새로 부여할 지번의 수보다 적을 때에는 블록 단위로 하나의 본번을 부여한 후 필지별로 부번을 부여하거나, 그 지번부여지역의 최종 본번 다음 순번부터 본번으로 하여 차례로 지번을 부여할 수 있다.
1. 지적확정측량을 실시한 지역의 종전의 지번과 지적확정측량을 실시한 지역 밖에 있는 본번이 같은 지번이 있을 때에는 그 지번
2. 지적확정측량을 실시한 지역의 경계에 걸쳐 있는 지번

## 4. 도시개발사업 등 : 영 제56조 제4항

법 제86조(도시개발사업 등 시행지역의 토지이동 신청에 관한 특례)에 따른 도시개발사업 등이 준공되기 전(前)에 사업시행자가 지번부여 신청을 하면 국토교통부령으로 정하는 바에 따라 지번을 부여할 수 있다.(감평 2012)

> 【감평 2009년 : 분할】
> 공간정보관리법령상 동일한 지번부여지역 내에서 지번이 77인 토지를 3필지로 분할하고자 하는 경우 분할되는 필지의 지번은?(단, 최종지번이 1000이며, 77의 최종 부번은 3임)(77, 77-4, 77-5)
> ☞ 분할 후의 필지 중 1필지의 지번은 분할 전의 지번인 77이 된다. 그리고 나머지 필지의 지번은 본번의 최종 부번 다음 순번으로 부번을 부여하므로, 77-3의 다음 순번인 77-4와 77-5가 된다.
>
> 【감평 2014년 : 합병】
> 공간정보관리법령상 '6-1, 7-2, 8-3, 10, 11'의 지번이 각각 부여되어 있는 인접한 나대지들을 하나로 합병할 경우 부여하여야 할 지번은?(10)
> ☞ 합병 대상 지번 중 선순위 지번은 6-1번지이다. 그런데, 본번으로 된 지번이 10과 11이 있다. 따라서 본번 중 선순위의 지번인 10이 합병 후 지번이 된다(영 제56조 제3항 제4호).

# Ⅳ 지목의 종류★★★

## 1. 서

<u>지목</u>은 전·답·과수원·<u>목장용지</u>·임야·광천지·염전·대(垈)·공장용지·학교용지·주차장·<u>주유소용지</u>·<u>창고용지</u>·도로·<u>철도용지</u>·제방(堤防)·하천·구거(溝渠)·유지(溜池)·양어장·<u>수도용지</u>·공원·<u>체육용지</u>·유원지·<u>종교용지</u>·사적지·묘지·잡종지로 구분하여 정한다(법 제67조 제1항). (감평 2009·2019)

## 2. 지목의 설정방법

① 지목의 설정은 다음 각 호의 방법에 따른다(영 제59조 제1항).

1. <u>필지마다 하나의 지목을 설정할 것</u>(감평 2017·2024, 중개 2024)
2. <u>1필지</u>가 <u>둘 이상의 용도</u>로 활용되는 경우에는 <u>주된 용도</u>에 따라 <u>지목</u>을 <u>설정</u>할 것(감평 2015·2021, 중개 2024)

② 토지가 <u>일시적</u> 또는 <u>임시적</u>인 용도로 사용될 때에는 <u>지목을 변경하지 아니한다</u>(영 제59조 제2항). (감평 2009·2015·2023, 중개 2024)

## 3. 지목의 구분 : 영 제58조

### (1) 전

<u>물을 상시적으로 이용하지 않고</u> 곡물·원예작물(과수류는 제외한다)·<u>약초</u>·<u>뽕나무</u>·<u>닥나무</u>(뽕나무과에 속하는 낙엽관목)·묘목·<u>관상수</u>(보고 즐기기 위해 가꾸는 나무) 등의 식물을 <u>주로 재배하는 토지</u>와 <u>식용(食用)</u>으로 죽순을 <u>재배하는 토지</u>(감평 2014·2017·2021, 중개 2024)

### (2) 답

<u>물을 상시적으로 직접 이용하여</u> 벼·연(蓮)·미나리·왕골(쪼갠 줄기를 건조하여 자리 · 방석 · 모자 등을 만들고, 속은 건조하여 신 · 바구니 · 노끈 등을 만든다.) 등의 식물을 주로 <u>재배</u>하는 토지(감평 2011·2020, 중개 2018·2019·2024)

### (3) 과수원

사과·배·밤·호두·귤나무 등 <u>과수류를 집단적으로 재배</u>하는 토지와 <u>이에 접속된 저장고 등 부속시설물의 부지</u>. (감평 2013) 다만, <u>주거용 건축물의 부지는 "대"로 한다</u>. (감평 2012·2014, 중개 2022)

### (4) 목장용지

다음 각 목의 토지. 다만, <u>주거용 건축물의 부지는 "대"로 한다</u>. (감평 2018·2021)

가. <u>축산업</u> 및 <u>낙농업</u>을 하기 위하여 <u>초지를 조성한 토지</u>

나. 「축산법」에 따른 <u>가축을 사육하는 축사 등의 부지</u>

다. 가목 및 나목의 <u>토지와 접속된 부속시설물의 부지</u>(감평 2013)

(5) 임야

　산림 및 원야(原野)(자연적으로 난 풀과 관목(灌木) 이 섞여 있는 초원이나 황무지를 말한다.)를 이루고 있는 수림지(樹林地)·죽림지·암석지·자갈땅·모래땅·습지·황무지 등의 토지(감평 1999·2011, 중개 2020)

(6) 광천지(鑛泉地)

　지하에서 온수·약수·석유류 등이 용출되는 용출구(湧出口)와 그 유지(維持)에 사용되는 부지. 다만, 온수·약수·석유류 등을 일정한 장소로 운송하는 송수관·송유관 및 저장시설의 부지는 제외한다.(감평 2016·2018, 중개 2018·2020·2022·2023)

(7) 염전

　바닷물을 끌어들여 소금을 채취하기 위하여 조성된 토지와 이에 접속된 제염장(製鹽場) 등 부속시설물의 부지. 다만, 천일제염 방식으로 하지 아니하고 동력으로 바닷물을 끌어들여 소금을 제조하는 공장시설물의 부지는 제외한다.(감평 2013, 중개 2021)

(8) 대(垈) (사/주보는 → 문화/점포 → 택지)

　가. 영구적 건축물 중 주거·사무실·점포와 박물관·극장·미술관 등 문화시설과 이에 접속된 정원 및 부속시설물의 부지(감평 2017)

　나. 「국토의 계획 및 이용에 관한 법률」 등 관계 법령에 따른 택지조성공사가 준공된 토지(감평 2013)

(9) 공장용지

　가. 제조업을 하고 있는 공장시설물의 부지

　나. 「산업집적활성화 및 공장설립에 관한 법률」 등 관계 법령에 따른 공장부지 조성공사가 준공된 토지

　다. 가목 및 나목의 토지와 같은 구역에 있는 의료시설 등 부속시설물의 부지(감평 2012·2013, 중개 2023)

(10) 학교용지

　학교의 교사(校舍)와 이에 접속된 체육장 등 부속시설물의 부지(감평 2017·2022)

(11) 주차장

　자동차 등의 주차에 필요한 독립적인 시설을 갖춘 부지와 주차전용 건축물 및 이에 접속된 부속시설물의 부지. 다만, 다음 각 목의 어느 하나에 해당하는 시설의 부지는 제외한다.

　가. 「주차장법」 제2조(정의) 제1호(주차장) 가목(노상주차장) 및 다목(부설주차장 : 건축물, 골프연습장, 그 밖에 주차수요를 유발하는 시설에 부대하여 설치된 주차장)에 따른 노상주차장 및 부설주차장(「주차장법」 제19조제4항에 따라 시설물의 부지 인근에 설치된 부설주차장은 제외한다)(감평 2012)

　나. 자동차 등의 판매 목적으로 설치된 물류장 및 야외전시장(감평 2018·2022)

(12) 주유소용지

　다음 각 목의 토지. 다만, 자동차·선박·기차 등의 제작 또는 정비공장 안에 설치된 급유·송유시설 등의 부지는 제외한다.(감평 2014·2023, 중개 2021)

가. 석유·석유제품, 액화석유가스, 전기 또는 수소 등의 판매를 위하여 일정한 설비를 갖춘 시설물의 부지

　　나. 저유소(貯油所) 및 원유저장소의 부지와 이에 접속된 부속시설물의 부지(중개 2021)

### ⒀ 창고용지

물건 등을 보관하거나 저장하기 위하여 독립적으로 설치된 보관시설물의 부지와 이에 접속된 부속시설물의 부지(감평 2017·중개 2020)

### ⒁ 도로

다음 각 목의 토지. 다만, 아파트·공장 등 단일 용도의 일정한 단지 안에 설치된 통로 등은 제외한다.(감평 2018)

　　가. 일반 공중(公衆)의 교통 운수를 위하여 보행이나 차량운행에 필요한 일정한 설비 또는 형태를 갖추어 이용되는 토지(중개 2020)

　　나. 「도로법」 등 관계 법령에 따라 도로로 개설된 토지(중개 2020)

　　다. 고속도로의 휴게소 부지(감평 2017·2020·2023, 중개 2020)

　　라. 2필지 이상에 진입하는 통로로 이용되는 토지(중개 2020)

### ⒂ 철도용지

교통 운수를 위하여 일정한 궤도 등의 설비와 형태를 갖추어 이용되는 토지와 이에 접속된 역사(驛舍)·차고·발전시설 및 공작창(工作廠)(철도 차량 등 철도 용품의 제조, 수리를 담당하는 기관이다.) 등 부속시설물의 부지(중개 2020·2022)

### ⒃ 제방

조수·자연유수(自然流水)·모래·바람 등을 막기 위하여 설치된 방조제(밀려드는 조수로 인한 해를 막기 위하여 바닷가에 쌓은 둑)·방수제·방사제(물속의 모래가 항만으로 밀려드는 것을 막기 위해 쌓은 둑)·방파제(파도나 해일 따위를 막기 위하여 항만에 쌓아올린 둑) 등의 부지(감평 2016·2020, 중개 2024)

### ⒄ 하천

자연의 유수(流水)가 있거나 있을 것으로 예상되는 토지(감평 2011·2012·2015·2016·2018·2020, 중개 2018·2023)

### ⒅ 구거

용수(用水) 또는 배수(排水)를 위하여 일정한 형태를 갖춘 인공적인 수로·둑 및 그 부속시설물의 부지와 자연의 유수(流水)가 있거나 있을 것으로 예상되는 소규모 수로부지(감평 2011·2016·2022, 중개 2018·2019·2021)

### ⒆ 유지(溜池)

물이 고이거나 상시적으로 물을 저장하고 있는 댐·저수지·소류지(沼溜地)·호수·연못 등의 토지와 연·왕골 등이 자생하는 배수가 잘 되지 아니하는 토지(감평 2011·2016, 중개 2019·2021)(왕골 등을 재배하는 배수가 잘 되지 아니하는 토지×)

⑳ 양어장

육상에 인공으로 조성된 수산생물의 번식 또는 양식을 위한 시설을 갖춘 부지와 이에 접속된 부속시설물의 부지(감평 2011·2015, 중개 2018·2019)

㉑ 수도용지

물을 정수하여 공급하기 위한 취수·저수·도수(導水)·정수·송수 및 배수 시설의 부지 및 이에 접속된 부속시설물의 부지(중개 2022)

㉒ 공원

일반 공중의 보건·휴양 및 정서생활에 이용하기 위한 시설을 갖춘 토지로서「국토의 계획 및 이용에 관한 법률」에 따라 공원 또는 녹지로 결정·고시된 토지(중개 2018·2021·2023)

㉓ 체육용지

국민의 건강증진 등을 위한 체육활동에 적합한 시설과 형태를 갖춘 종합운동장·실내체육관·야구장·골프장·스키장·승마장·경륜장 등 체육시설의 토지와 이에 접속된 부속시설물의 부지. (중개 2018) 다만, 체육시설로서의 영속성과 독립성이 미흡한 정구장·골프연습장·실내수영장 및 체육도장과 유수(流水)를 이용한 요트장 및 카누장 등의 토지는 제외한다.

㉔ 유원지

일반 공중의 위락·휴양 등에 적합한 시설물을 종합적으로 갖춘 수영장·유선장(遊船場)·낚시터·어린이놀이터·동물원·식물원·민속촌·경마장·야영장 등의 토지와 이에 접속된 부속시설물의 부지. (중개 2019·2020) 다만, 이들 시설과의 거리 등으로 보아 독립적인 것으로 인정되는 숙식시설 및 유기장(遊技場)(오락으로 하는 놀이나 운동을 할 수 있도록 시설을 갖추어 놓은 곳)의 부지와 하천·구거 또는 유지[공유(公有)인 것으로 한정한다]로 분류되는 것은 제외한다.

㉕ 종교용지

일반 공중의 종교의식을 위하여 예배·법요·설교·제사 등을 하기 위한 교회·사찰·향교 등 건축물의 부지와 이에 접속된 부속시설물의 부지(감평 2017, 중개 2023)

㉖ 사적지

국가유산으로 지정된 역사적인 유적·고적·기념물 등을 보존하기 위하여 구획된 토지. 다만, 학교용지·공원·종교용지 등 다른 지목으로 된 토지에 있는 유적·고적·기념물 등을 보호하기 위하여 구획된 토지는 제외한다.(감평 2011·2014, 중개 2022)

㉗ 묘지

사람의 시체나 유골이 매장된 토지,「도시공원 및 녹지 등에 관한 법률」에 따른 묘지공원으로 결정·고시된 토지 및「장사 등에 관한 법률」에 따른 봉안시설과 이에 접속된 부속시설물의 부지. 다만, 묘지의 관리를 위한 건축물의 부지는 "대"로 한다.(감평 2012·2014·2020·2022)

⑳ 잡종지

다음 각 목의 토지. 다만, 원상회복을 조건으로 돌을 캐내는 곳 또는 흙을 파내는 곳으로 허가된 토지는 제외한다.(감평 2015·2022)

가. 갈대밭, 실외에 물건을 쌓아두는 곳, 돌을 캐내는 곳, 흙을 파내는 곳, 야외시장 및 공동우물 (감평 1999·중개 2020·2024)

나. 변전소(발전소에서 보내 오는 전기의 전압을 높이거나 낮추어서 알맞은 전압으로 바꾸어 보내는 곳), 송신소(무선 전신, 전화 또는 라디오 방송, 텔레비전 방송의 전기 신호를 변조된 전파로서 발사하는 곳), 수신소(무선 통신에서, 송신소의 전파를 수신하는 곳) 및 송유시설 등의 부지(감평 1999·2024, 중개 2020·2024)

다. 여객자동차터미널, 자동차운전학원 및 폐차장 등 자동차와 관련된 독립적인 시설물을 갖춘 부지(중개 2020)

라. 공항시설 및 항만시설 부지(중개 2020·2024)

마. 도축장, 쓰레기처리장 및 오물처리장 등의 부지(중개 2020·2024)

바. 그 밖에 다른 지목에 속하지 않는 토지

> **암기** 대(垈)
> 1. 대(垈)(사/주보는 → 문화/점포 → 택지)
>    (1) 영구적 건축물 중 주거·사무실·점포와 박물관·극장·미술관 등 문화시설과 이에 접속된 정원 및 부속시설물의 부지
>    (2) 「국토의 계획 및 이용에 관한 법률」 등 관계 법령에 따른 택지조성공사가 준공된 토지
> 2. 다른 지목
>    (1) 목장용지 : 주거용 건축물의 부지는 "대"로 한다.
>    (2) 과수원 : 주거용 건축물의 부지는 "대"로 한다.
>    (3) 묘지 . 묘지의 관리를 위한 건축물의 부지는 "대"로 한다.

> **암기** 잡종지 : 자동차를/마지막으로/보내고 받는 곳 → 쌓·캐·파 → 야/동/갈대
> 1. 자동차 등 부지 : 자동차(터미널·운전학원·폐차장), 공항시설·항만시설
> 2. 마지막 : 도축장·폐차장·쓰레기처리장·오물처리장
> 3. 보내고 받는 곳 : 송신소·수신소, 송유시설·변전소
> 4. 쌓고·캐고·파는 곳 : 실외에 물건을 쌓아두는 곳, 돌을 캐내는 곳·흙을 파내는 곳(원상회복조건 허가 토지×)
> 5. 야/동/갈대 : 야외시장·공동우물·갈대밭

◆ 공간정보관리법 시행규칙 제64조(지목의 표기방법)
지목을 지적도 및 임야도(이하 "지적도면"이라 한다)에 등록하는 때에는 다음의 부호로 표기하여야 한다. (① 원칙 : 지목의 첫 번째 글자로 표기, ② 예외 : 지목의 두 번째 글자로 표기)

| 지목 | 부호 | 지목 | 부호 |
|---|---|---|---|
| 전 | 전 | 철도용지 | 철(감평 2025) |
| 답 | 답 | 제 방 | 제(중개 2019) |
| 과 수 원 | 과 | 하 천 | 천(감평2025, 중개 2018·2019) |

| 목장용지 | 목(중개 2018) | 구 거 | 구 |
|---|---|---|---|
| 임 야 | 임 | 유 지 | 유 |
| 광천지 | 광(감평 2025, 중개 2019) | 양어장 | 양(감평 2024, 중개 2018) |
| 염 전 | 염 | 수도용지 | 수 |
| 대 | 대 | 공 원 | 공 |
| 공장용지 | 장(감평 2024·2025, 중개 2018·2019) | 체육용지 | 체 |
| 학교용지 | 학 | 유원지 | 원(감평 2024, 중개 2019) |
| 주차장 | 차(감평 2024, 중개 2018) | 종교용지 | 종 |
| 주유소용지 | 주(감평 2024) | 사적지 | 사 |
| 창고용지 | 창(감평 2025) | 묘 지 | 묘 |
| 도 로 | 도(중개 2019) | 잡종지 | 잡 |

▶암기 두 번째 글자로 표기하는 경우 : 장/차/천/원
공/주/하/유 ⇒ 공장용지/주차장/하천/유원지
장/차/천/원 ⇒ 공장용지/주차장/하천/유원지

## Ⅴ 면적의 단위 등

① 면적의 단위는 제곱미터로 한다(법 제68조 제1항).(감평 2009·2023)
② 면적의 결정은 다음 각 호의 방법에 따른다(영 제60조 제1항).
  1. 토지의 면적에 1제곱미터 미만의 끝수가 있는 경우 0.5제곱미터 미만일 때에는 버리고 0.5제곱미터를 초과하는 때에는 올리며, 0.5제곱미터일 때에는 구하려는 끝자리의 숫자가 0 또는 짝수이면 버리고 홀수이면 올린다.(감평 2009) 다만, 1필지의 면적이 1제곱미터 미만일 때에는 1제곱미터로 한다.
  2. 지적도의 축척이 600분의 1인 지역과 경계점좌표등록부에 등록하는 지역의 토지 면적은 제1호에도 불구하고 제곱미터 이하 한 자리 단위로 하되, 0.1제곱미터 미만의 끝수가 있는 경우 0.05제곱미터 미만일 때에는 버리고 0.05제곱미터를 초과할 때에는 올리며, 0.05제곱미터일 때에는 구하려는 끝자리의 숫자가 0 또는 짝수이면 버리고 홀수이면 올린다. 다만, 1필지의 면적이 0.1제곱미터 미만일 때에는 0.1제곱미터로 한다.(감평 2009, 중개 2019·2023)

> ▶암기 측량계산의 끝수 처리(미만·짝수(0) → 버리고/ 초과·홀수→올린다)
> 1. 원칙 : 1제곱미터 미만 끝수 처리(0.5제곱미터 기준)
> 2. 축척 600분의 1 지역 + 경계점좌표등록부 등록 지역 : 0.1제곱미터 미만 끝수 처리(0.05제곱미터 기준)

# CHAPTER 3-2 지적(地籍) : 지적공부(地籍公簿)

## I 지적공부의 보존 등

### 1. 지적공부 : 종이★

(1) 지적서고에 영구 보존

지적소관청은 해당 청사에 지적서고를 설치하고 그 곳에 지적공부(정보처리시스템을 통하여 기록·저장한 경우는 제외한다. 이하 이 항에서 같다)를 영구히 보존하여야 하며(중개 2020), 다음 각 호의 어느 하나에 해당하는 경우 외(外)에는 해당 청사 밖으로 지적공부를 반출할 수 없다(법 제69조 제1항).

1. 천재지변이나 그 밖에 이에 준하는 재난을 피하기 위하여 필요한 경우(중개 2021)
2. 관할 시·도지사 또는 대도시 시장의 승인을 받은 경우(감평 2004·2020, 중개 2020) (국토교통부장관의 승인×)

(2) 지적서고의 설치기준 등

지적서고는 지적사무를 처리하는 사무실과 연접(連接)하여 설치하여야 한다(법 제69조 제4항·규칙 제65조 제1항).(중개 2018·2020·2021)

### 2. 지적공부 : 정보처리시스템★

① 지적공부를 정보처리시스템을 통하여 기록·저장한 경우 관할 시·도지사, 시장·군수 또는 구청장은 그 지적공부를 지적정보관리체계에 영구히 보존하여야 한다(법 제69조 제2항).(감평 2018·2019·2020, 중개 2021)

② 국토교통부장관은 보존하여야 하는 지적공부가 멸실되거나 훼손될 경우를 대비하여 지적공부를 복제하여 관리하는 정보관리체계를 구축하여야 한다(법 제69조 제3항).(감평 2019)

## II 지적정보 전담 관리기구의 설치

국토교통부장관은 지적공부의 효율적인 관리 및 활용을 위하여 지적정보 전담 관리기구를 설치·운영한다(법 제70조 제1항).(감평 2019)(설치·운영할 수 있다.×)

# Ⅲ. 토지대장 등의 등록사항

## 1. 토지대장과 임야대장★

토지대장과 임야대장에는 다음 각 호의 사항을 등록하여야 한다(법 제71조 제1항).

1. 토지의 소재(감평 2011·2014)
2. 지번(감평 2014)
3. 지목(감평 2011·2014·2015, 중개 2024)
4. 면적(감평 2011·2015, 중개 2024)
5. 소유자의 성명 또는 명칭, 주소 및 주민등록번호(국가, 지방자치단체, 법인, 법인 아닌 사단이나 재단 및 외국인의 경우에는 「부동산등기법」 제49조(부동산등기용등록번호의 부여절차)에 따라 부여된 등록번호를 말한다. 이하 같다)(감평 2013·2014·2024)
6. 그 밖에 국토교통부령으로 정하는 사항(규칙 제68조 제2항)
   가. 토지의 고유번호(각 필지를 서로 구별하기 위하여 필지마다 붙이는 고유한 번호를 말한다. 이하 같다)(감평 2014)
   나. 지적도 또는 임야도의 번호(감평 2013)와 필지별 토지대장 또는 임야대장의 장번호 및 축척(감평 2011)
   다. 토지의 이동사유(감평 2013)
   라. 토지소유자가 변경된 날과 그 원인(중개 2020)
   마. 토지등급 또는 기준수확량등급과 그 설정·수정 연월일 [구 지방세법 시행령에 토지등급 결정에 관한 규정이 있었으나 1995년 12월 30일 개정된 지방세법 시행령(대통령령 제14878호)에서 삭제되었고, 현재는 개별공시지가를 이용하여 과세하고 있다.]
   바. 개별공시지가와 그 기준일(감평 2002·2012·2013·2019)
   사. 그 밖에 국토교통부장관이 정하는 사항

> **암기** 토지대장·임야대장 : 등록사항
> 1. 소/지/목 + 면적 : 소재·지번·지목 + 면적
> 2. 소유자 → 번호/이동 → 개/축/등급
>    (1) 소유자(성명·명칭·주소·주민번호·등록번호 + 변경된 날과 그 원인)
>    (2) 번호(토지의 고유번호·필지별 토지대장 또는 임야대장의 장번호·지적도 또는 임야도의 번호)
>    (3) 토지 이동사유
>    (4) 개별공시지가(그 기준일)
>    (5) 축척
>    (6) 토지등급·기준수확량등급

## 2. 공유지연명부 : 소유자 2인 이상★

토지대장과 임야대장에 소유자가 둘 이상이면 공유지연명부에 다음 각 호의 사항을 등록하여야 한다(법 제71조 제2항).

1. 토지의 소재(감평 2014·2018, 중개 2018)

2. 지번(감평 2002·2014·2018, 중개 2021·2024)
3. 소유권 지분(감평 2002·2015·2018·2022, 중개 2018·2021·2024)
4. 소유자의 성명 또는 명칭, 주소 및 주민등록번호(감평 2014·2018)
5. 그 밖에 **국토교통부령**으로 정하는 사항(규칙 제68조 제3항)
   가. 토지의 고유번호(감평 2014·2022, 중개 2018)
   나. 필지별 공유지연명부의 장번호(감평 2022)(지적도면의 번호×)
   다. 토지소유자가 변경된 날과 그 원인(감평 2022·2024, 중개 2018·2020·2021)

> ▶암기 공유지연명부 : 등록사항(지목×, 면적×)
> 1. 소/지 + 지분 : 소재·지번 + 소유권 지분
> 2. 소유자→번호
>    (1) 소유자(성명·명칭·주소·주민번호·등록번호 + 변경된 날과 그 원인)
>    (2) 번호(토지의 고유번호·필지별 공유지연명부의 장번호) (지적도 또는 임야도의 번호×)

### 3. 대지권등록부 : 대지권등기가 있는 경우★

토지대장이나 임야대장에 등록하는 토지가 「부동산등기법」에 따라 대지권등기가 되어 있는 경우에는 대지권등록부에 다음 각 호의 사항을 등록하여야 한다(법 제71조 제3항).

1. 토지의 소재(감평 2019, 중개 2018·2022)
2. 지번(감평 2019, 중개 2021·2022)
3. 대지권 비율(감평 2002·2019, 중개 2018·2022·2024)
4. 소유자의 성명 또는 명칭, 주소 및 주민등록번호(감평 2019, 중개 2021)
5. 그 밖에 **국토교통부령**으로 정하는 사항(규칙 제68조 제4항)
   가. 토지의 고유번호(중개 2018·2021)
   나. 전유부분(專有部分)의 건물표시(감평 2002·2015, 중개 2022)
   다. 건물의 명칭(중개 2022·2024)
   라. 집합건물별 대지권등록부의 장번호(중개 2022)
   마. 토지소유자가 변경된 날과 그 원인(중개 2018·2020·2021·2022)
   바. 소유권 지분(감평 2002, 중개 2018·2021·2022)

> ▶암기 대지권등록부 : 등록사항(지목×, 면적×)
> 1. 소/지 + 지분 : 소재·지번 + 소유권 지분
> 2. 소유자→번호→건물→대지권 비율
>    (1) 소유자(성명·명칭·주소·주민번호·등록번호 + 변경된 날과 그 원인)
>    (2) 번호(토지의 고유번호·집합건물별 대지권등록부의 장번호)
>    (3) 건물(건물의 명칭·전유부분의 건물표시)
>    (4) 대지권 비율

- ☞ 공유지연명부와 대지권등록부에 지목을 등록한다. (×/지목은 토지대장 · 임야대장 · 지적도 · 임야도에 등록한다.)
- ☞ 토지대장·임야대장·공유지연명부·대지권등록부에 모두 토지의 고유번호를 등록한다. (○)
- ☞ 토지대장·임야대장·공유지연명부·대지권등록부에 모두 토지의 소재·지번·소유자의 성명 또는 명칭·주소 및 주민등록번호를 등록한다. (○)
- ☞ 토지대장·임야대장·공유지연명부·대지권등록부에 모두 토지소유자가 변경된 날과 그 원인을 등록한다. (○)(중개 2020)

## Ⅳ. 지적도 등의 등록사항★

### 1. 등록사항

지적도 및 임야도에는 다음 각 호의 사항을 등록하여야 한다(법 제72조).

1. 토지의 소재(감평 2011·2020, 중개 2021)
2. 지번(감평 2002·2011)
3. 지목(감평 2002·2011·2020)
4. 경계(감평 2002)
5. 그 밖에 국토교통부령으로 정하는 사항(규칙 제69조 제2항)
   - 가. 지적도면의 색인도(중개 2018)(인접도면의 연결 순서를 표시하기 위하여 기재한 도표와 번호를 말한다)
   - 나. 지적도면의 제명 및 축척(감평 2011)
   - 다. 도곽선(圖廓線)과 그 수치(감평 2020, 중개 2021·2024)
   - 라. 좌표에 의하여 계산된 경계점 간의 거리(경계점좌표등록부를 갖춰 두는 지역으로 한정한다)
   - 마. 삼각점 및 지적기준점의 위치(감평 2020, 중개 2021·2024)
   - 바. 건축물 및 구조물 등의 위치(감평 2002·2013·2015, 중개 2018·2021)
   - 사. 그 밖에 국토교통부장관이 정하는 사항

> **▶암기** 지적도·임야도 : 등록사항(소유자×, 면적×, 번호×)
> 1. 소/지/목 + 경계 : 소재·지번·지목 + 경계
> 2. 도/색→축척/점→건축물/거리
>    (1) 도곽선과 그 수치
>    (2) 지적도면의 색인도
>    (3) 지적도면의 제명 및 축척
>    (4) 삼각점 및 지적기준점의 위치
>    (5) 건축물 및 구조물 등의 위치
>    (6) 좌표에 의하여 계산된 경계점 간의 거리

☞ 지적도와 임야도에 토지의 **면적**을 등록한다. (×/면적은 토지대장·임야대장에 등록한다.)
☞ 토지대장·임야대장·공유지연명부·대지권등록부·지적도·임야도에 모두 **토지의 고유번호**를 등록한다. (×/지적도와 임야도에는 토지의 고유번호를 등록하지 않는다.)
☞ 토지대장·임야대장·공유지연명부·대지권등록부·지적도·임야도에 모두 **토지의 소재**와 **지번**을 등록한다. (○)

## 2. 지적도면의 축척

지적도면의 <u>축척</u>은 다음 각 호의 구분에 따른다(규칙 제69조 제6항).

1. 지적도(7종) : 1/500, 1/600, 1/1000, 1/1200, 1/2400, 1/3000, 1/6000 (중개 2018·2024)
2. 임야도(2종) : 1/3000, 1/6000 (중개 2021·2024)

| 지적도(7종) | 1/500 | ×2 | 1/1000 |
|---|---|---|---|
| | 1/600 | ×2 | 1/1200 ⇒ 1/2400 |
| | 1/3000 | ×2 | 1/6000 |
| 임야도(2종) | 1/3000 | ×2 | 1/6000 |

# Ⅴ 경계점좌표등록부의 등록사항

① <u>지적소관청</u>은 법 제86조(도시개발사업 등 시행지역의 토지이동 신청에 관한 특례)에 따른 <u>도시개발사업</u> 등에 따라 <u>새로이 지적공부에 등록하는</u> 토지에 대하여는 다음 각 호의 사항을 등록한 <u>경계점좌표등록부를 작성하고 갖춰 두어야 한다</u>(법 제73조). (감평 2015)

1. 토지의 소재(감평 2025)
2. <u>지번</u>(감평 2002·2012, 중개 2024)
3. <u>좌표</u>(감평 2002)
4. 그 밖에 <u>국토교통부령</u>으로 정하는 사항(규칙 제71조 제3항)
    가. <u>토지의 고유번호</u>(감평 2023·2025, 중개 2024)
    나. <u>지적도면의 번호</u>(감평 2023·2025, 중개 2024)
    다. 필지별 경계점좌표등록부의 장번호
    라. <u>부호 및 부호도</u>(감평 2015·2025)(☞ 경계점좌표등록부에는 해당 토지의 경계점마다 번호를 부여하고 좌표를 표시하며, 경계점을 연결한 선을 표시한다. 경계점마다 부여한 번호를 「부호」라고 하고, 경계점을 연결한 선을 그림으로 표시한 것을 「부호도」라고 한다.)

② <u>경계점좌표등록부를 갖춰 두는 토지</u>는 <u>지적확정측량</u> 또는 <u>축척변경을 위한 측량</u>을 실시하여 <u>경계점을 좌표로 등록한 지역의 토지</u>로 한다(규칙 제71조 제2항).

☞ 경계점좌표등록부에 토지의 면적과 지목을 등록한다. (×/면적은 토지대장·임야대장에 등록하고, 지목은 토지대장·임야대장·지적도·임야도·지상경계점등록부에 등록한다.)
☞ 소유자는 경계점좌표등록부·지상경계점등록부 등록사항이 아니다. (O)

> **암기** 경계점좌표등록부 : 등록사항(도시개발사업 – 새로 지적공부에 등록하는 토지)
> 1. 소재·지번(소/지) + 좌표
> 2. 번호와 부호
>    (1) 토지의 고유번호·경계점좌표등록부의 장번호·지적도면의 번호
>    (2) 부호 및 부호도

## VI 지적공부의 복구 ★

① **지적소관청**(지적공부를 정보처리시스템을 통해 지적정보관리체계에 보존하는 경우에는 시·도지사, 시장·군수 또는 구청장)은 지적공부의 전부 또는 일부가 멸실되거나 훼손된 경우에는 대통령령으로 정하는 바에 따라 **지체 없이** 이를 복구하여야 한다(법 제74조).(감평 2019, 중개 202)(국토교통부장관이 복구해야 한다. ×)

② **지적소관청**이 지적공부를 복구할 때에는 멸실·훼손 당시의 지적공부와 가장 부합된다고 인정되는 관계 자료에 따라 **토지의 표시에 관한 사항**을 복구하여야 한다(영 제61조 제1항 본문). 다만, **소유자에 관한 사항**은 부동산등기부나 법원의 확정판결에 따라 복구하여야 한다(영 제61조 제1항 단서).(감평 2018, 중개 2020)

## VII 지적공부의 열람 및 등본 발급 ★

지적공부를 열람하거나 그 등본을 발급받으려는 자는 해당 지적소관청에 그 열람 또는 발급을 신청하여야 한다(법 제75조 제1항 본문). 다만, 정보처리시스템을 통하여 기록·저장된 지적공부(지적도 및 임야도는 제외한다)를 열람하거나 그 등본을 발급받으려는 경우에는 특별자치시장, 시장·군수 또는 구청장이나 읍·면·동의 장에게 신청할 수 있다(법 제75조 제1항 단서).(감평 2018, 중개 2019)

# Ⅷ 지적전산자료의 이용 등★

## 1. 지적전산자료 이용 신청
지적공부에 관한 전산자료(연속지적도를 포함하며, 이하 "지적전산자료"라 한다)를 이용하거나 활용하려는 자는 다음 각 호의 구분에 따라 국토교통부장관, 시·도지사 또는 지적소관청에 지적전산자료를 신청하여야 한다(법 제76조 제1항). (감평 2004)
1. 전국 단위의 지적전산자료 : 국토교통부장관, 시·도지사 또는 지적소관청
2. 시·도 단위의 지적전산자료 : 시·도지사 또는 지적소관청
3. 시·군·구(자치구가 아닌 구를 포함한다) 단위의 지적전산자료 : 지적소관청 (감평 2018)

## 2. 관계 중앙행정기관의 심사
① ⓐ 지적전산자료를 신청하려는 자는 대통령령(영 제62조)으로 정하는 바에 따라 지적전산자료의 이용 또는 활용 목적 등에 관하여 미리 관계 중앙행정기관의 심사를 받아야 한다(법 제76조 제2항 본문). (감평 2020) (중앙지적위원회의 심사×)
ⓑ 다만, 중앙행정기관의 장, 그 소속 기관의 장 또는 지방자치단체의 장이 신청하는 경우에는 그러하지 아니하다(법 제76조 제2항 단서). (감평 2018·2019)
② 다음 각 호의 어느 하나에 해당하는 경우에는 관계 중앙행정기관의 심사를 받지 아니할 수 있다(법 제76조 제3항).
1. 토지소유자가 자기 토지에 대한 지적전산자료를 신청하는 경우
2. 토지소유자가 사망하여 그 상속인이 피상속인의 토지에 대한 지적전산자료를 신청하는 경우
3. 「개인정보 보호법」 제2조제1호에 따른 개인정보를 제외한 지적전산자료를 신청하는 경우

## 3. 사용료 납부
지적전산자료의 이용 또는 활용에 관한 승인을 받은 자는 국토교통부령으로 정하는 사용료를 내야 한다(영 제62조 제6항 본문). 다만, 국가나 지방자치단체에 대해서는 사용료를 면제한다(영 제62조 제6항 단서).

# Ⅸ 부동산종합공부

## 1. 부동산종합공부의 관리 및 운영
① 지적소관청은 부동산의 효율적 이용과 부동산과 관련된 정보의 종합적 관리·운영을 위하여 부동산종합공부를 관리·운영한다(법 제76조의2 제1항). (감평 2020, 중개 2021)
② 지적소관청은 부동산종합공부를 영구히 보존하여야 하며, (감평 2014) 부동산종합공부의 멸실 또는 훼손에 대비하여 이를 별도로 복제하여 관리하는 정보관리체계를 구축하여야 한다(법 제76조의2 제2항). (중개 2021)

## 2. 부동산종합공부의 등록사항 등★

지적소관청은 부동산종합공부에 다음 각 호의 사항을 등록하여야 한다(법 제76조의3).

1. 토지의 표시와 소유자에 관한 사항 : 이 법에 따른 지적공부의 내용(감평 2014, 중개 2019·2022)
2. 건축물의 표시와 소유자에 관한 사항(토지에 건축물이 있는 경우만 해당한다) : 「건축법」 제38조(건축물대장)에 따른 건축물대장의 내용(중개 2019·2021·2022)
3. 토지의 이용 및 규제에 관한 사항(감평 2014, 중개 2019·2022) : 「토지이용규제 기본법」 제10조(토지이용계획확인서의 발급 등)에 따른 토지이용계획확인서의 내용
4. 부동산의 가격에 관한 사항 : 「부동산 가격공시에 관한 법률」 제10조(개별공시지가의 결정·공시 등)에 따른 개별공시지가, 같은 법 제16조(표준주택가격의 조사·산정 및 공시 등), 제17조(개별주택가격의 결정·공시 등) 및 제18조(공동주택가격의 조사·산정 및 공시 등)에 따른 개별주택가격 및 공동주택가격 공시내용(중개2022)
5. 그 밖에 부동산의 효율적 이용과 부동산과 관련된 정보의 종합적 관리·운영을 위하여 필요한 사항으로서 대통령령으로 정하는 사항 [영 제62조의2 : 부동산등기법 제48조(권리등기사항 : 순/목/원/접수/권리자)에 따른 부동산의 권리에 관한 사항을 말한다.] (중개 2021·2022)

## 3. 부동산종합공부의 열람 및 증명서 발급★

부동산종합공부를 열람하거나 부동산종합공부 기록사항의 전부 또는 일부에 관한 증명서(이하 "부동산종합증명서"라 한다)를 발급받으려는 자는 지적소관청이나 읍·면·동의 장에게 신청할 수 있다(법 제76조의4 제1항). (감평 2014·2020, 중개 2021)

## 4. 부동산종합공부의 등록사항 정정

부동산종합공부의 등록사항 정정에 관하여는 법 제84조 [등록사항의 정정 : (제1항) 토지소유자는 지적공부의 등록사항에 잘못이 있음을 발견하면 지적소관청에 그 정정을 신청할 수 있다. (제2항) 지적소관청은 지적공부의 등록사항에 잘못이 있음을 발견하면 직권으로 조사·측량하여 정정할 수 있다.] 를 준용한다(법 제76조의5).

> **참고** 부동산종합공부 : 등록사항(토/건(세력)→규제→권리/가격)
> 1. 토지의 표시와 소유자에 관한 사항 : 지적공부의 내용
> 2. 건축물의 표시와 소유자에 관한 사항(토지에 건축물이 있는 경우) : 건축물대장의 내용
> 3. 토지의 이용 및 규제에 관한 사항 : 토지이용계획확인원의 내용
> 4. 부동산의 권리에 관한 사항 : 부동산등기법상 권리등기사항(순/목/원/접수/권리자)
> 5. 부동산 가격에 관한 사항 : 개별공시지가·개별주택가격·공동주택가격의 공시내용

# CHAPTER 3-3 지적(地籍) : 토지의 이동 신청 및 지적정리 등)

## I 신규등록 신청

토지소유자는 신규등록할 토지가 있으면 그 사유가 발생한 날부터 60일 이내에 신규등록 사유를 적은 신청서에 국토교통부령으로 정하는 서류(규칙 제81조 : 법원의 확정판결서 정본 또는 사본, 「공유수면 관리 및 매립에 관한 법률」에 따른 준공검사확인증 사본 등)를 첨부하여 지적소관청에 신규등록을 신청하여야 한다(법 제77조·영 제63조).(감평 2017·2023)(90일 이내×)

## II 등록전환 신청

### 1. 서

토지소유자는 등록전환할 토지가 있으면 대통령령으로 정하는 바(영 제64조)에 따라 그 사유가 발생한 날부터 60일 이내에 지적소관청에 등록전환을 신청하여야 한다(법 제78조).

### 2. 등록전환을 신청할 수 있는 경우

등록전환을 신청할 수 있는 경우는 다음 각 호와 같다(영 제64조 제1항).
1. 「산지관리법」에 따른 산지전용허가·신고, 산지일시사용허가·신고(감평 2024), 「건축법」에 따른 건축허가·신고(감평 2024) 또는 그 밖의 관계 법령에 따른 개발행위 허가 등을 받은 경우
2. 대부분의 토지가 등록전환되어 나머지 토지를 임야도에 계속 존치하는 것이 불합리한 경우(감평 2024)
3. 임야도에 등록된 토지가 사실상 형질변경되었으나 지목변경을 할 수 없는 경우(감평 2009)
4. 도시·군관리계획선에 따라 토지를 분할하는 경우(감평 2024)

> ☞ 실무상 지목이 임야이면서도 토지대장과 지적도에 등재된 토지를 「토임(土林)」 또는 「토지임야」라고 한다. 즉, 토임은 지적법상 등록전환되어 토지대장과 지적도에 등록되어 있는 임야를 말한다.

## III 분할 신청

① 다음 각 호의 사유로 토지를 분할하려면 토지소유자는 지적소관청에 분할을 신청하여야 한다(법 제79조 제1항·영 제65조 제1항 본문). 다만, 관계 법령에 따라 해당 토지에 대한 분할이 개발행위 허가 등의 대상인 경우에는 개발행위 허가 등을 받은 이후(以後)에 분할을 신청할 수 있다(영 제65조 제1항 단서).

1. 소유권이전, 매매 등을 위하여 필요한 경우
2. 토지이용상 불합리한 지상 경계를 시정하기 위한 경우

② 토지소유자는 지적공부에 등록된 1필지의 일부가 형질변경 등으로 용도가 변경된 경우에는 용도가 변경된 날부터 60일 이내에 지적소관청에 토지의 분할을 신청하여야 한다(법 제79조 제2항). 이 경우 분할 사유를 적은 신청서에 지목변경 신청서도 함께 제출해야 한다(영 제65조 제2항).

## Ⅳ 합병 신청★

### 1. 서

① 토지소유자는 토지를 합병하려면 대통령령(영 제66조)으로 정하는 바에 따라 지적소관청에 합병을 신청하여야 한다(법 제80조 제1항). 토지의 합병을 신청할 때에는 합병 사유를 적은 신청서를 지적소관청에 제출하여야 한다(영 제66조 제1항).

② 토지소유자는 「주택법」에 따른 공동주택의 부지, 도로, 제방, 하천, 구거, 유지, 그 밖에 대통령령으로 정하는 토지(영 제66조 제2항 : 공장용지·학교용지·철도용지·수도용지·공원·체육용지 등 다른 지목의 토지를 말한다)로서 합병하여야 할 토지가 있으면 그 사유가 발생한 날부터 60일 이내에 지적소관청에 합병을 신청하여야 한다(법 제80조 제2항).

### 2. 합병신청을 할 수 없는 경우

다음 각 호의 어느 하나에 해당하는 경우에는 합병 신청을 할 수 없다(법 제80조 제3항·영 제66조 제3항).

1. 합병하려는 토지의 지번부여지역(중개 2024), 지목(중개 2024) 또는 소유자(중개 2024)가 서로 다른 경우(감평 2010·2017·2022·2023)
2. 합병하려는 토지에 다음 각 목의 등기 외(外)의 등기가 있는 경우
    가. 소유권·지상권·전세권 또는 임차권의 등기(감평 2010)
    나. 승역지(承役地 : 편익을 제공하는 토지)에 대한 지역권의 등기
    다. 합병하려는 토지 전부에 대한 등기원인(登記原因) 및 그 연월일과 접수번호가 같은 저당권의 등기
    라. 합병하려는 토지 전부에 대한 「부동산등기법」 제81조(신탁등기의 등기사항)제1항 각 호의 등기사항이 동일한 신탁등기
3. 합병하려는 토지의 지적도 및 임야도의 축척이 서로 다른 경우(감평 2010, 중개 2024)
4. 합병하려는 각 필지가 서로 연접하지 않은 경우(감평 2010)

4. 합병하려는 토지의 지적도 및 임야도의 축척이 서로 다른 경우(감평 2010, 중개 2024)
5. 합병하려는 각 필지가 서로 연접하지 않은 경우(감평 2010)
6. 합병하려는 토지가 등기된 토지와 등기되지 아니한 토지인 경우
7. 합병하려는 각 필지의 지목은 같으나 일부 토지의 용도가 다르게 되어 법 제79조(분할신청)제2항(토지소유자는 지적공부에 등록된 1필지의 일부가 형질변경 등으로 용도가 변경된 경우에는 용도가 변경된 날부터 60일 이내에 지적소관청에 토지의 분할을 신청하여야 한다.)에 따른 분할대상 토지인 경우.(감평 2010) 다만, 합병 신청과 동시에 토지의 용도에 따라 분할 신청을 하는 경우는 제외한다.
8. 합병하려는 토지의 소유자별 공유지분이 다른 경우(감평 2010·2022, 중개 2024)

9. 합병하려는 토지가 <u>구획정리, 경지정리 또는 축척변경을 시행하고 있는</u> 지역의 토지와 그 지역 밖의 토지인 경우(감평 2022)
10. 합병하려는 <u>토지 소유자</u>의 <u>주소</u>가 서로 다른 경우. 다만, 영 제66조 제1항(토지소유자는 토지의 합병을 신청할 때에는 합병 사유를 적은 신청서를 지적소관청에 제출하여야 한다.)에 따른 신청을 접수받은 <u>지적소관청</u>이 「전자정부법」 제36조제1항에 따른 <u>행정정보의 공동이용</u>을 통하여 다음 각 목의 사항을 확인(신청인이 주민등록표 초본 확인에 동의하지 않는 경우에는 해당 자료를 첨부하도록 하여 확인)한 결과 <u>토지 소유자가 동일인임을 확인할 수 있는 경우는 제외</u>한다.
   가. 토지등기사항증명서
   나. 법인등기사항증명서(신청인이 법인인 경우만 해당한다)
   다. 주민등록표 초본(신청인이 개인인 경우만 해당한다)

> **◎ 정리**
>
> ◆ 합병할 수 <u>없는</u> 경우 ≪다른 경우 - 다른 토지 - 연접× - 합병 가능 등기≫
>
> ≪다른 경우1 : 지번/지목/축척/일부 용도≫
> 1. 합병하려는 토지의 <u>지번부여지역, 지목</u>이 서로 다른 경우
> 2. 합병하려는 토지의 <u>지적도 및 임야도의 축척</u>이 서로 다른 경우
> 3. <u>일부 토지 용도</u>가 다른 경우(합병하려는 각 필지의 지목은 같으나 일부 토지의 용도가 다르게 되어 분할대상 토지인 경우, 다만, 합병 신청과 동시에 토지의 용도에 따라 분할 신청을 하는 경우는 제외한다.)
>
> ≪다른 경우2 : 소유자/지분/주소≫
> 4. 합병하려는 토지의 <u>소유자</u>가 서로 다른 경우
> 5. 합병하려는 토지의 <u>소유자별 공유지분</u>이 다른 경우
> 6. 합병하려는 <u>토지 소유자의 주소</u>가 서로 다른 경우[단, 지적소관청이 행정정보의 공동이용을 통하여 「토지등기사항증명서, 법인등기사항증명서(법인), 주민등록표 초본(개인)」을 확인한 결과 토지 소유자가 동일임인을 확인할 수 있는 경우는 제외]
>
> ≪다른 토지 : 등기/축척변경 등≫
> 7. 합병하려는 토지가 <u>등기된</u> 토지와 <u>등기되지 아니한</u> 토지인 경우
> 8. 합병하려는 토지가 <u>구획정리, 경지정리 또는 축척변경</u>을 시행하고 있는 지역의 토지와 그 지역 밖의 토지인 경우
>
> ≪연접×≫
> 9. 합병하려는 <u>각 필지가 서로 연접하지 않은 경우</u>

> **◎ 정리**
>
> ◆ 합병할 수 있는 경우 ≪등기 ; 용익권/저당권/신탁등기≫
> 1. <u>소유권·지상권·전세권·지역권</u>(승역지 ; 편익제공 토지) <u>또는 임차권</u>의 등기
> 2. 합병하려는 <u>토지 전부</u>에 대한 <u>등기원인(登記原因)</u> 및 그 연월일과 접수번호가 <u>같은 저당권의 등기</u>
> 3. 합병하려는 <u>토지 전부</u>에 대하여 <u>등기사항이 동일한 신탁등기</u>

# Ⅴ 지목변경 신청

## 1. 서
토지소유자는 지목변경을 할 토지가 있으면 대통령령(영 제67조)으로 정하는 바에 따라 그 사유가 발생한 날부터 60일 이내에 지적소관청에 지목변경을 신청하여야 한다(법 제81조).(감평 2021·2023)(30일 이내×)

## 2. 지목변경을 신청할 수 있는 경우
지목변경을 신청할 수 있는 경우는 다음 각 호와 같다(영 제67조 제1항).
1. 「국토의 계획 및 이용에 관한 법률」 등 관계 법령에 따른 토지의 형질변경 등의 공사가 준공된 경우
2. 토지나 건축물의 용도가 변경된 경우(감평 2024)
3. 법 제86조(도시개발사업 등 시행지역의 토지이동 신청에 관한 특례)에 따른 도시개발사업 등의 원활한 추진을 위하여 사업시행자가 공사 준공 전(前)에 토지의 합병을 신청하는 경우

# Ⅵ 바다로 된 토지의 등록말소 신청★

① 지적소관청은 지적공부에 등록된 토지가 지형의 변화 등으로 바다로 된 경우로서 원상(原狀)으로 회복될 수 없거나 다른 지목의 토지로 될 가능성이 없는 경우에는 지적공부에 등록된 토지소유자에게 지적공부의 등록말소 신청을 하도록 통지하여야 한다(법 제82조 제1항).(감평 2017, 중개 2019)

② 지적소관청은 제1항에 따른 토지소유자가 통지를 받은 날부터 90일 이내에 등록말소 신청을 하지 아니하면 직권으로 그 지적공부의 등록사항을 말소하여야 한다(법 제82조 제2항·영 제68조 제1항).(감평 2017·2024, 중개 2019)(60일 이내×→ 등록전환 신청 · 합병 신청 · 분할 신청 · 지목변경 신청은 60일 이내이나, 바다로 된 토지의 등록말소 신청은 90일 이내이다.)

③ 지적소관청은 제2항에 따라 말소한 토지가 지형의 변화 등으로 다시 토지가 된 경우에는 토지로 회복등록을 할 수 있다(법 제82조 제3항). 이 경우 지적소관청은 그 지적측량성과 및 등록말소 당시의 지적공부 등 관계 자료에 따라 회복등록을 하여야 한다(영 제68조 제2항).(중개 2019)

④ 지적공부의 등록사항을 말소하거나 회복등록하였을 때에는 그 정리 결과를 토지소유자 및 해당 공유수면의 관리청에 통지하여야 한다(영 제68조 제3항).(중개 2019)

# Ⅶ 축척변경

## 1. 축척변경위원회

### (1) 서

축척변경에 관한 사항을 심의·의결하기 위하여 지적소관청에 축척변경위원회를 둔다(법 제83조 제1항).(중개 2022)(비교 : 국토교통부에 중앙지적위원회를 두고, 시·도에 지방지적위원회를 둔다.)

### (2) 축척변경위원회의 구성

① 축척변경위원회는 5명 이상 10명 이하의 위원으로 구성하되, 위원의 2분의 1 이상을 토지소유자로 하여야 한다(영 제79조 제1항 전단).(중개 2019·2021) 이 경우 그 축척변경 시행지역의 토지소유자가 5명 이하일 때에는 토지소유자 전원을 위원으로 위촉하여야 한다(영 제79조 제1항 후단). (중개 2019·2021)
② 위원장은 위원 중에서 지적소관청이 지명한다(영 제79조 제2항).(중개 2021·2022)
③ 위원은 다음 각 호의 사람 중에서 지적소관청이 위촉한다(영 제79조 제3항).
  1. 해당 축척변경 시행지역의 토지소유자로서 지역 사정에 정통한 사람(중개 2019)
  2. 지적에 관하여 전문지식을 가진 사람

### (3) 축척변경위원회의 기능

축척변경위원회는 지적소관청이 회부하는 다음 각 호의 사항을 심의·의결한다(영 제80조).
1. 축척변경 시행계획에 관한 사항
2. 지번별 제곱미터당 금액의 결정과 청산금의 산정에 관한 사항
3. 청산금의 이의신청에 관한 사항
4. 그 밖에 축척변경과 관련하여 지적소관청이 회의에 부치는 사항

### (4) 축척변경위원회의 회의

① 축척변경위원회의 회의는 지적소관청이 영 제80조 각 호의 어느 하나에 해당하는 사항을 축척변경위원회에 회부하거나 위원장이 필요하다고 인정할 때에 위원장이 소집한다(영 제81조 제1항).
② 축척변경위원회의 회의는 위원장을 포함한 재적위원 과반수의 출석으로 개의(開議)하고, 출석위원 과반수의 찬성으로 의결한다(영 제81조 제2항).(중개 2019)
③ 위원장은 축척변경위원회의 회의를 소집할 때에는 회의일시·장소 및 심의안건을 회의 개최 5일 전까지 각 위원에게 서면으로 통지하여야 한다(영 제81조 제3항).

## 2. 축척변경 사유

지적소관청은 지적도가 다음 각 호의 어느 하나에 해당하는 경우에는 토지소유자의 신청 또는 지적소관청의 직권으로 일정한 지역을 정하여 그 지역의 축척을 변경할 수 있다(법 제83조 제2항).

1. 잦은 토지의 이동으로 1필지의 규모가 작아서 소축척으로는 지적측량성과의 결정이나 토지의 이동에 따른 정리를 하기가 곤란한 경우
2. 하나의 지번부여지역에 서로 다른 축척의 지적도가 있는 경우(감평 2000·2023)
3. 그 밖에 지적공부를 관리하기 위하여 필요하다고 인정되는 경우

### 3. 축척변경 요건★

#### (1) 동의(3/2)+의결+승인 : 要

지적소관청은 축척변경을 하려면 축척변경 시행지역의 토지소유자 3분의 2 이상의 동의를 받아 축척변경위원회의 의결을 거친 후 시·도지사 또는 대도시 시장의 승인을 받아야 한다(법 제83조 제3항 본문).(감평 2000·2002·2004·2017·2021·2023·2025)

#### (2) 의결+승인 : 不要

다음 각 호의 어느 하나에 해당하는 경우에는 축척변경위원회의 의결 및 시·도지사 또는 대도시 시장의 승인 없이 축척변경을 할 수 있다(법 제83조 제3항 단서).

1. 합병하려는 토지가 축척이 다른 지적도에 각각 등록되어 있어 축척변경을 하는 경우(감평 2002·2017·2023)
2. 법 제86조(도시개발사업 등 시행지역의 토지이동 신청에 관한 특례)에 따른 도시개발사업 등의 시행지역에 있는 토지로서 그 사업 시행에서 제외된 토지의 축척변경을 하는 경우(감평 2023, 중개 2024)

### 4. 축척변경 절차

#### (1) 토지소유자의 축척변경 신청

축척변경을 신청하는 토지소유자는 축척변경 사유를 적은 신청서에 토지소유자 3분의 2 이상의 동의서를 첨부하여 지적소관청에 제출하여야 한다(영 제69조·규칙 제85조).(중개 2022)

#### (2) 지적소관청의 축척변경 승인신청

① 지적소관청은 축척변경을 할 때에는 축척변경 사유를 적은 승인신청서에 다음 각 호의 서류를 첨부하여 시·도지사 또는 대도시 시장에게 제출하여야 한다(영 제70조 제1항 전단). 이 경우 시·도지사 또는 대도시 시장은 「전자정부법」에 따른 행정정보의 공동이용을 통하여 축척변경 대상지역의 지적도를 확인하여야 한다(영 제70조 제1항 후단).
  1. 축척변경의 사유
  2. 지번등 명세
  3. 토지소유자 3분의 2 이상의 동의서
  4. 축척변경위원회의 의결서 사본
  5. 그 밖에 축척변경 승인을 위하여 시·도지사 또는 대도시 시장이 필요하다고 인정하는 서류

② 축척변경 승인신청을 받은 시·도지사 또는 대도시 시장은 축척변경 사유 등을 심사한 후 그 승인 여부를 지적소관청에 통지하여야 한다(영 제70조 제2항).(감평 2002)

### (3) 축척변경 시행공고·축척변경을 위한 측량 실시 등

1) 축척변경 시행공고와 경계점표지 설치
   ① <u>지적소관청</u>은 시·도지사 또는 대도시 시장으로부터 **축척변경 승인**을 받았을 때에는 지체 없이 다음 각 호의 사항을 <u>20일 이상 공고</u>(15일 이상 공고×)하여야 한다(영 제71조 제1항).(감평 2000·2023, 중개 2024)
   1. 축척변경의 <u>목적</u>, 시행지역 및 시행기간(중개 2020)
   2. 축척변경의 시행에 관한 **세부계획**(중개 2020)
   3. 축척변경의 시행에 따른 <u>청산방법</u>(중개 2020)
   4. 축척변경의 시행에 따른 <u>토지소유자 등의 협조에 관한 사항</u>(중개 2020)(시행자 선정에 관한 사항×)
   ② <u>축척변경 시행공고</u>는 시·군·구(자치구가 아닌 구를 포함한다) 및 축척변경 시행지역 <u>동·리</u>의 <u>게시판</u>에 주민이 볼 수 있도록 게시하여야 한다(영 제71조 제2항).
   ③ 축척변경 시행지역의 <u>토지소유자</u> 또는 <u>점유자</u>는 <u>시행공고가 된 날</u>(이하 "<u>시행공고일</u>"이라 한다) 부터 <u>30일 이내</u>에 시행공고일 현재 <u>점유</u>하고 있는 <u>경계</u>에 국토교통부령으로 정하는 <u>경계점표지</u>를 <u>설치</u>하여야 한다(영 제71조 제3항).(감평 2000·2025)

2) 토지의 표시 등
   ① <u>지적소관청</u>은 축척변경 시행지역의 <u>각 필지별</u> 지번·지목·면적·경계 또는 좌표를 새로 정하여야 한다(영 제72조 제1항).
   ② <u>지적소관청</u>이 축척변경을 위한 <u>측량</u>을 할 때에는 <u>토지소유자</u> 또는 <u>점유자</u>가 설치한 <u>경계점표지</u>를 <u>기준</u>으로 새로운 축척에 따라 <u>면적·경계</u> 또는 <u>좌표</u>를 정하여야 한다(영 제72조 제2항).

3) 축척변경 지번별 조서의 작성
   <u>지적소관청</u>은 <u>축척변경</u>에 관한 <u>측량</u>을 <u>완료</u>하였을 때에는 <u>시행공고일 현재의 지적공부상의 면적</u>과 <u>측량 후의 면적</u>을 비교하여 그 변동사항을 표시한 <u>축척변경 지번별 조서</u>를 작성하여야 한다(영 제73조).(중개 2022)(축척변경 신청일 현재의 지적공부상의 면적과…×)

4) 지적공부정리 등의 정지
   ① 지적소관청은 <u>축척변경 시행기간 중(中)</u>에는 <u>축척변경 시행지역</u>의 <u>지적공부정리</u>와 <u>경계복원측량</u>〔영 제71조제3항(축척변경 시행지역의 토지소유자 또는 점유자는 시행공고일부터 30일 이내에 시행공고일 현재 점유하고 있는 경계에 국토교통부령으로 정하는 경계점표지를 설치하여야 한다.)에 따른 경계점표지의 설치를 위한 경계복원측량은 제외한다〕을 <u>축척변경 확정공고일까지</u> <u>정지</u>하여야 한다(영 제74조 본문).(감평 2000, 중개 2019)
   ② 다만, <u>축척변경위원회의 의결</u>이 있는 경우에는 그러하지 아니하다(영 제74조 단서).

### (4) 청산금 : 별도 목차

### (5) 축척변경의 확정공고 : 별도 목차

## 5. 청산금

### (1) 청산금의 산정

① **지적소관청**은 축척변경에 관한 **측량**을 한 결과 **측량 전(前)**에 비하여 **면적의 증감**이 있는 경우에는 그 **증감면적**에 대하여 **청산**을 하여야 한다(영 제75조 제1항 본문). 다만, **다음 각 호의 어느 하나에 해당하는 경우에는 그러하지 아니하다**(영 제75조 제1항 단서).
 1. **필지별 증감면적**이 영 **제19조제1항제2호가목**(토지를 분할하는 경우 면적 오차의 허용범위 계산식)에 따른 **허용범위 이내**인 경우. 다만, **축척변경위원회의 의결**이 있는 경우는 **제외**한다.
 2. **토지소유자 전원**이 **청산**하지 아니하기로 **합의**하여 **서면**으로 **제출**한 경우(중개 2024)

② 청산을 할 때에는 **축척변경위원회의 의결**을 거쳐 **지번별**로 **제곱미터당 금액**(이하 "지번별 제곱미터당 금액"이라 한다)을 정하여야 한다(영 제75조 제2항 전단). 이 경우 **지적소관청**은 **시행공고일 현재를 기준**으로 그 축척변경 시행지역의 토지에 대하여 지번별 제곱미터당 금액을 **미리 조사**하여 축척변경위원회에 **제출**하여야 한다(영 제75조 제2항 후단).

③ **청산금**은 **축척변경 지번별 조서**의 필지별 증감면적에 **지번별 제곱미터당 금액**을 곱하여 산정한다(영 제75조 제3항).

④ 지적소관청은 **청산금을 산정**하였을 때에는 **청산금 조서**(축척변경 지번별 조서에 필지별 청산금 명세를 적은 것을 말한다)를 작성하고, 청산금이 결정되었다는 뜻을 축척변경 시행지역 **동·리의 게시판**에 주민이 볼 수 있도록 **게시**하는 방법으로 **15일 이상 공고**하여 **일반인**이 **열람**할 수 있게 하여야 한다(영 제75조 제4항).

⑤ 청산금을 산정한 결과 **증가된** 면적에 대한 청산금의 합계와 **감소된** 면적에 대한 청산금의 합계에 **차액**이 생긴 경우 **초과액**은 그 **지방자치단체**(「제주특별자치도 설치 및 국제자유도시 조성을 위한 특별법」 제10조제2항에 따른 행정시의 경우에는 해당 행정시가 속한 **특별자치도**를 말하고, 「지방자치법」 제3조제3항에 따른 자치구가 아닌 구의 경우에는 해당 구가 속한 **시**를 말한다. 이하 이 항에서 같다)의 **수입**으로 하고, **부족액**은 그 **지방자치단체**가 **부담**한다(영 제75조 제5항).

### (2) 청산금의 납부고지 등

① **지적소관청**은 **청산금의 결정**을 공고한 날부터 **20일 이내**에 **토지소유자**에게 **청산금**의 **납부고지** 또는 **수령통지**를 하여야 한다(영 제76조 제1항).(중개 2018·2022)

② **청산금의 납부고지를 받은 자**는 그 **고지**를 받은 날부터 **6개월 이내**에 청산금을 **지적소관청**에 내야 한다(영 제76조 제2항).(감평 2002, 중개 2018)

③ **지적소관청**은 **청산금의 수령통지**를 한 날부터 **6개월 이내**에 청산금을 **지급하여야 한다**(영 제76조 제3항).(중개 2018)

④ **지적소관청**은 청산금을 지급받을 자가 행방불명 등으로 받을 수 없거나 받기를 거부할 때에는 그 청산금을 **공탁할 수 있다**(영 제76조 제4항).(중개 2018)

⑤ 지적소관청은 청산금을 내야 하는 자가 청산금에 대한 **이의신청 기간** 내에 청산금에 관한 이의신청을 하지 아니하고 **청산금 납부고지를 받은 날부터 6개월 이내**(3개월 이내×)에 내에 청산금을 내지 아니하면 「**지방행정제재·부과금의 징수 등에 관한 법률**」에 따라 **징수**할 수 있다(영 제76조 제5항).(중개 2024)

### (3) 청산금에 관한 이의신청

① 납부고지되거나 수령통지된 청산금에 관하여 이의가 있는 자는 납부고지 또는 수령통지를 받은 날부터 1개월 이내에 지적소관청에 이의신청을 할 수 있다(영 제77조 제1항). (중개 2018·2022·2024)

② 이의신청을 받은 지적소관청은 1개월 이내에 축척변경위원회의 심의·의결을 거쳐 그 인용(認容) 여부를 결정한 후 지체 없이 그 내용을 이의신청인에게 통지하여야 한다(영 제77조 제2항). (중개 2022)

## 6. 축척변경의 확정공고

① 청산금의 납부 및 지급이 완료되었을 때에는 지적소관청은 지체 없이 축척변경의 확정공고를 하여야 하고(영 제78조 제1항), (중개 2020·2022·2024) 축척변경의 확정공고에는 다음 각 호의 사항이 포함되어야 한다(규칙 제92조 제1항).

  1. 토지의 소재 및 지역명(중개 2023·2024)
  2. 축척변경 지번별 조서(중개 2023·2024)
  3. 청산금 조서(중개 2023·2024)
  4. 지적도의 축척(중개 2023·2024)

② 지적소관청은 축척변경 확정공고를 하였을 때에는 지체 없이 축척변경에 따라 확정된 사항을 지적공부에 등록하여야 한다(영 제78조 제2항). 지적공부에 등록하는 때에는 다음 각 호의 기준에 따라야 한다(규칙 제92조 제1항).

  1. 토지대장은 확정공고된 축척변경 지번별 조서에 따를 것
  2. 지적도는 확정측량 결과도 또는 경계점좌표에 따를 것

③ 축척변경 시행지역의 토지는 축척변경 확정공고일에 토지의 이동이 있는 것으로 본다(영 제78조 제3항).

# Ⅷ 등록사항의 정정★

## 1. 신청에 의한 정정

토지소유자는 지적공부의 등록사항에 잘못이 있음을 발견하면 지적소관청에 그 정정을 신청할 수 있다(법 제84조 제1항). 이 경우 정정으로 인접 토지의 경계가 변경되는 경우에는 다음 각 호의 어느 하나에 해당하는 서류를 지적소관청에 제출하여야 한다(법 제84조 제3항).

1. 인접 토지소유자의 승낙서
2. 인접 토지소유자가 승낙하지 아니하는 경우에는 이에 대항할 수 있는 확정판결서 정본(正本)

## 2. 직권 정정

① 지적소관청은 지적공부의 등록사항에 잘못이 있음을 발견하면 직권으로 조사·측량하여 정정할 수 있다(법 제84조 제2항). (감평 2021·중개 2019)

② 지적공부의 등록사항에 잘못이 있는지를 직권으로 조사·측량하여 정정할 수 있는 경우는 다음 각 호와 같다(영 제82조 제1항).

1. 토지이동정리 결의서의 내용과 다르게 정리된 경우(감평 2021, 중개 2024)
2. 지적도 및 임야도에 등록된 필지가 면적의 증감 없이 경계의 위치만 잘못된 경우(감평 2016, 중개 2019·2024)(면적증감이 있는 경우×)
3. 1필지가 각각 다른 지적도나 임야도에 등록되어 있는 경우로서 지적공부에 등록된 면적과 측량한 실제면적은 일치하지만 지적도나 임야도에 등록된 경계가 서로 접합되지 않아 지적도나 임야도에 등록된 경계를 지상의 경계에 맞추어 정정하여야 하는 토지가 발견된 경우(감평 2011)
4. 지적공부의 작성 또는 재작성 당시 잘못 정리된 경우(감평 2011·2021, 중개 2019·2024)
5. 지적측량성과와 다르게 정리된 경우(감평 2011·2021)
6. 지방지적위원회 또는 중앙지적위원회의 의결에 따라 지적공부의 등록사항을 정정하여야 하는 경우(중개 2024)
7. 지적공부의 등록사항이 잘못 입력된 경우(감평 2021, 중개 2024)
8. 「부동산등기법」제37조제2항(합필 제한 ; 합필의 등기를 할 수 없는 경우에 해당하는 경우 등기관은 등기의 신청을 각하하고 지체 없이 그 사유를 지적소관청에 알려야 한다.)에 따른 통지가 있는 경우(지적소관청의 착오로 잘못 합병한 경우만 해당한다)
9. 법률 제2801호 지적법개정법률 부칙 제3조(면적단위에 대한 경과조치 ; 이 법 시행당시 종전의 규정에 의하여 토지대장 또는 임야대장에 등록된 면적단위는 「평방미터」단위로 환산등록될 때까지 종전의 례에 의하여 함께 사용한다. / 구지적법 제7조 ① 지적은 「평」을 단위로 하여 이를 정한다. ,② 평의 10분의 1을 홉, 홉의 10분의 1을 작이라 칭한다.)에 따른 면적 환산이 잘못된 경우(감평 2011)

### 3. 정정의 기준이 되는 서류

① 지적소관청이 등록사항을 정정할 때 그 정정사항이 토지소유자에 관한 사항인 경우에는 등기필증, 등기완료통지서, 등기사항증명서 또는 등기관서에서 제공한 등기전산정보자료에 따라 정정하여야 한다(법 제84조 제4항 본문).

② 다만, 미등기 토지에 대하여 토지소유자의 성명 또는 명칭, 주민등록번호, 주소 등에 관한 사항의 정정을 신청한 경우로서 그 등록사항이 명백히 잘못된 경우에는 가족관계 기록사항에 관한 증명서에 따라 정정하여야 한다(법 제84조 제4항 단서).

---

◆ 등록사항 직권 정정
1. 다르게 정리(토지이동정리 결의서·지적측량성과)
2. 잘못(잘못 정리·잘못 입력·면적 환산)
3. 경계 정정(면적 증감 없이→ 경계 위치 잘못, 면적은 일치하나 → 경계 접합×)
4. 의결(지적위원회)
5. 등기관 통지(지적소관청의 착오로 잘못 합병된 경우)

## IX 행정구역의 명칭변경 등

① 행정구역의 명칭이 변경되었으면 지적공부에 등록된 토지의 소재는 새로운 행정구역의 명칭으로 변경된 것으로 본다(법 제85조 제1항). (감평 2016·2023)
② 지번부여지역의 일부가 행정구역의 개편으로 다른 지번부여지역에 속하게 되었으면 지적소관청은 새로 속하게 된 지번부여지역의 지번을 부여하여야 한다(법 제85조 제2항).

## X 도시개발사업 등 시행지역의 토지이동 신청에 관한 특례

① ⓐ「도시개발법」에 따른 도시개발사업, 「농어촌정비법」에 따른 농어촌정비사업, 「그 밖에 대통령령으로 정하는 토지개발사업(영 제83조 제1항)」의 시행자는 그 사업의 착수·변경 및 완료 사실을 그 사유가 발생한 날부터 15일 이내에 지적소관청에 신고하여야 한다(법 제86조 제1항·영 제83조 제2항). (중개 2019·2020) (중개 2023 : 「지적재조사에 관한 특별법」에 따른 지적재조사사업의 시행자는 그 사업의 착수·변경 및 완료사실을 지적소관청에 신고하여야 한다, ×)
ⓑ 여기서 「그 밖에 대통령령으로 정하는 토지개발사업」이란 다음 각 호의 사업을 말한다(영 제83조 제1항).
1. 「주택법」에 따른 주택건설사업(감평 1999)
2. 「택지개발촉진법」에 따른 택지개발사업(감평 1999·중개 2023)
3. 「공공주택 특별법」에 따른 공공주택지구조성사업(중개 2023)
4. 「도시 및 주거환경정비법」에 따른 정비사업(감평 1999, 중개 2019·2023)
5. 「지역 개발 및 지원에 관한 법률」에 따른 지역개발사업(중개 2023)
6. 「공유수면 관리 및 매립에 관한 법률」에 따른 매립사업(감평 1999)

② 제1항에 따른 사업과 관련하여 토지의 이동이 필요한 경우에는 해당 사업의 시행자가 지적소관청에 토지의 이동을 신청하여야 한다(법 제86조 제2항). 다만, 그 신청대상지역이 환지(換地)를 수반하는 경우에는 토지의 이동 신청은 사업완료 신고로써 이를 갈음할 수 있다(영 제83조 제3항). (중개 2019)
③ 제2항에 따른 토지의 이동은 토지의 형질변경 등의 공사가 준공된 때에 이루어진 것으로 본다(법 제86조 제3항).
④ 제1항에 따라 사업의 착수 또는 변경의 신고가 된 토지의 소유자가 해당 토지의 이동을 원하는 경우에는 해당 사업의 시행자에게 그 토지의 이동을 신청하도록 요청하여야 하며, 요청을 받은 시행자는 해당 사업에 지장이 없다고 판단되면 지적소관청에 그 이동을 신청하여야 한다(법 제86조 제4항).
⑤ 「주택법」에 따른 주택건설사업의 시행자가 파산 등의 이유로 토지의 이동 신청을 할 수 없을 때에는 그 주택의 시공을 보증한 자 또는 입주예정자 등이 신청할 수 있다(영 제83조 제4항).

## XI 신청의 대위★

다음 각 호의 어느 하나에 해당하는 자는 이 법에 따라 토지소유자가 하여야 하는 신청을 대신할 수 있다(법 제87조 본문). 다만, 법 제84조(등록사항의 정정)에 따른 등록사항 정정 대상 토지는 제외한다(법 제87조 단서).

1. 공공사업 등에 따라 학교용지·도로·철도용지·제방·하천·구거·유지·수도용지 등의 지목으로 되는 토지인 경우 : 해당 사업의 시행자(감평 2013·2020·2024)
2. 국가나 지방자치단체가 취득하는 토지인 경우 : 해당 토지를 관리하는 행정기관의 장 또는 지방자치단체의 장(감평 2013·2020)
3. 「주택법」에 따른 공동주택의 부지인 경우 : 「집합건물의 소유 및 관리에 관한 법률」에 따른 관리인(관리인이 없는 경우에는 공유자가 선임한 대표자) 또는 해당 사업의 시행자(감평 2013·2020)
4. 「민법」 제404조(채권자대위권)에 따른 채권자(감평 2013·2020)


## XII 토지소유자의 정리★

### 1. 신규등록
신규등록하는 토지의 소유자는 지적소관청이 직접 조사하여 등록한다(법 제88조 제1항 단서). (감평 2010·2016, 중개 2018·2022)

### 2. 등록된 토지소유자의 변경
① 지적공부에 등록된 토지소유자의 변경사항은 등기관서에서 등기한 것을 증명하는 등기필증, 등기완료통지서, 등기사항증명서 또는 등기관서에서 제공한 등기전산정보자료에 따라 정리한다(법 제88조 제1항 본문). (중개 2022)

② 다만, 등기부에 적혀 있는 토지의 표시가 지적공부와 일치하지 아니하면 제1항에 따라 토지소유자를 정리할 수 없다(법 제88조 제3항 전단). (중개 2018) 이 경우 토지의 표시와 지적공부가 일치하지 아니하다는 사실을 관할 등기관서에 통지하여야 한다(법 제88조 제3항 후단). (감평 2010)

### 3. 총괄청·중앙관서의 장의 소유자없는 부동산의 소유자 등록 신청
「국유재산법」에 따른 총괄청이나 중앙관서의 장이 「국유재산법」 제12조제3항에 따라 소유자 없는 부동산에 대한 소유자 등록을 신청하는 경우 지적소관청은 지적공부에 해당 토지의 소유자가 등록되지 아니한 경우에만 등록할 수 있다(법 제88조 제2항). (감평 2010·2016, 중개 2018)

### 4. 지적공부와 부동산등기부의 불일치에 따른 조치
지적소관청은 필요하다고 인정하는 경우에는 관할 등기관서의 등기부를 열람하여 지적공부와 부동산등기부가 일치하는지 여부를 조사·확인하여야 하며, (감평 2010, 중개 2018) 일치하지 아니하는 사항을 발견하면 등기사항증명서 또는 등기관서에서 제공한 등기전산정보자료에 따라 지적공부를 직권으로 정리하거나, 토지소유자나 그 밖의 이해관계인에게 그 지적공부와 부동산등기부가 일치하게 하는 데에 필요한 신청 등을 하도록 요구할 수 있다(법 제88조 제4항).

### 5. 등기부 등 열람 등에 따른 수수료

지적소관청 소속 공무원이 지적공부와 부동산등기부의 부합 여부를 확인하기 위하여 등기부를 열람하거나, 등기사항증명서의 발급을 신청하거나, 등기전산정보자료의 제공을 요청하는 경우 그 수수료는 무료로 한다(법 제88조 제5항). (감평 2016, 중개 2018)

## XIII 토지표시변경에 관한 등기촉탁★

① 지적소관청은 법 제64조제2항(토지이동이 있는 경우 : 지번·지목·경계·좌표의 결정)(신규등록은 제외한다), 법 제66조제2항(등록된 지번을 변경할 필요가 있는 경우 → 새로운 지번 부여), 법 제82조(바다로 된 토지의 등록말소 및 회복등록), 법 제83조제2항(축척 변경), 법 제84조제2항(지적소관청이 지적공부 등록사항에 잘못 있음을 발견 → 직권 정정) 또는 제85조제2항(행정구역 개편에 따른 지번 부여)에 따른 사유로 토지의 표시 변경에 관한 등기를 할 필요가 있는 경우에는 지체 없이 관할 등기관서에 그 등기를 촉탁하여야 한다(법 제89조 제1항 전단). (감평 2010·2015, 중개 2019·2024)

② 이 경우 등기촉탁은 국가가 국가를 위하여 하는 등기로 본다(법 제89조 제1항 후단).

> ▶암기 토지의 표시변경 등기 촉탁(바다/이동→지/축/정정)
> 1. 바다로 된 토지 : 바다로 된 토지의 등록말소 및 회복등록
> 2. 토지이동이 있는 경우 : 단, 신규등록은 제외한다.
> 3. 지번 부여(변경 필요·행정구역 개편)
>    (1) 등록된 지번을 변경할 필요가 있어서 새로운 지번을 부여한 경우
>    (2) 지번부여지역의 일부가 행정구역의 개편으로 다른 지번부여지역에 속하게 되어 새로 속하게 된 지번부여지역의 지번을 부여한 경우
> 4. 축척 변경
> 5. 직권 정정(지적공부 등록사항에 잘못이 있음을 발견하여 직권으로 조사·측량하여 정정한 경우)

## XIV 지적공부의 정리 등

① 지적소관청은 지적공부가 다음 각 호의 어느 하나에 해당하는 경우에는 지적공부를 정리하여야 한다(영 제84조 제1항 전단). 이 경우 이미 작성된 지적공부에 정리할 수 없을 때에는 새로 작성하여야 한다(영 제84조 제1항 전단).
  1. 지번을 변경하는 경우
  2. 지적공부를 복구하는 경우
  3. 신규등록·등록전환·분할·합병·지목변경 등 토지의 이동이 있는 경우 (중개 2019)

② 지적소관청은 제1항에 따른 토지의 이동이 있는 경우에는 토지이동정리 결의서를 작성하여야 하고(중개 2019), 토지소유자의 변동 등에 따라 지적공부를 정리하려는 경우에는 소유자정리 결의서를 작성하여야 한다(영 제84조 제2항).
③ 등록사항 정정 대상토지에 대한 대장을 열람하게 하거나 등본을 발급하는 때에는 "등록사항 정정 대상토지"라고 적은 부분을 흑백의 반전(反轉)으로 표시하거나 붉은색으로 적어야 한다(규칙 제94조 제2항).(중개 2020)

## XV. 해당 토지 소유자에 대한 지적정리 등의 통지

① ⓐ 법 제64조제2항 단서(토지이동시 지적소관청이 직권으로 조사·측량하여 결정한 경우), 법 제66조제2항(지적소관청이 지번을 새로 부여한 경우), 법 제74조(지적소관청이 멸실·훼손된 지적공부를 복구한 경우), 법 제82조제2항(지적소관청이 직권으로 바다로 된 토지 등록말소한 경우), 법 제84조제2항(지적소관청이 직권으로 지적공부 등록사항 정정한 경우), 법 제85조제2항(행정구역 개편으로 다른 지번부여지역에 속하게 되어 지적소관청이 지번을 새로 부여한 경우), 법 제86조제2항(도시개발사업 시행자가 지적소관청에 토지이동 신청을 한 경우), 법 제87조(신청의 대위) 또는 제89조(등기촉탁)에 따라 지적소관청이 지적공부에 등록하거나 지적공부를 복구 또는 말소하거나 등기촉탁을 하였으면 해당 토지소유자에게 통지하여야 한다(법 제90조 본문).
ⓑ 이 경우 지적소관청이 토지소유자에게 지적정리 등을 통지해야 하는 시기는 다음 각 호의 구분에 따른다(영 제85조).
(제1호) 토지의 표시에 관한 변경등기가 필요한 경우 : 그 등기완료의 통지서를 접수한 날부터 15일 이내(중개 2023)
(제2호) 토지의 표시에 관한 변경등기가 필요하지 아니한 경우 : 지적공부에 등록한 날부터 7일 이내(중개 2023)
② 다만, 통지받을 자의 주소나 거소를 알 수 없는 경우에는 국토교통부령으로 정하는 바에 따라 일간신문, 해당 시·군·구의 공보 또는 인터넷홈페이지에 공고하여야 한다(법 제90조 단서).

## XVI. 연속지적도의 관리 등

① 국토교통부장관은 연속지적도의 관리 및 정비에 관한 정책을 수립·시행하여야 한다(법 제90조의2 제1항).
② 지적소관청은 지적도·임야도에 등록된 사항에 대하여 토지의 이동 또는 오류사항을 정비한 때에는 이를 연속지적도에 반영하여야 한다(법 제90조의2 제2항).
③ 국토교통부장관은 제2항에 따른 지적소관청의 연속지적도 정비에 필요한 경비의 전부 또는 일부를 지원할 수 있다(법 제90조의2 제3항).
④ ⓐ 국토교통부장관은 연속지적도를 체계적으로 관리하기 위하여 대통령령(영 제85조의2)으로 정하는 바에 따라 연속지적도 정보관리체계를 구축·운영할 수 있다(법 제90조의2 제4항).

ⓑ **국토교통부장관**은 "연속지적도 정보관리체계"의 구축·운영을 위해 다음 각 호의 업무를 수행할 수 있다(영 제85조의2 제1항).
1. 연속지적도 정보관리체계의 구축·운영에 관한 연구개발 및 기술지원
2. 연속지적도 정보관리체계의 표준화 및 고도화
3. 연속지적도 정보관리체계를 이용한 정보의 공동 활용 촉진
4. 연속지적도를 이용·활용하는 법인, 단체 또는 기관 간의 상호 연계·협력 및 공동사업의 추진 지원
5. 그 밖에 연속지적도 정보관리체계의 구축·운영을 위하여 필요한 사항

⑤ ⓐ **국토교통부장관** 또는 **지적소관청**은 제2항에 따른 연속지적도의 관리·정비 및 제4항에 따른 연속지적도 정보관리체계의 구축·운영에 관한 업무를 「대통령령으로 정하는 법인, 단체 또는 기관」에 위탁할 수 있다(법 제90조의2 제5항 전단). 이 경우 위탁관리에 필요한 경비의 전부 또는 일부를 지원할 수 있다(법 제90조의2 제5항 후단).

ⓑ 여기서 「대통령령으로 정하는 법인, 단체 또는 기관」이란 다음 각 호의 어느 하나에 해당하는 법인, 단체 또는 기관을 말한다(영 제85조의3 제1항).
1. **한국국토정보공사**
2. 법 제90조의2제2항에 따른 연속지적도의 관리·정비 업무 또는 같은 조 제4항에 따른 연속지적도 정보관리체계의 구축·운영에 관한 업무의 수행에 필요한 전문인력과 장비를 갖추고 있다고 인정되어 **국토교통부장관**이 **고시**하는 법인, 단체 또는 기관

제 **6** 편

# 부동산등기법

제01장 총 칙
제02장 등기소와 등기관
제03장 등기부 등
제4-1장 등기절차 : 총칙
제4-2장 등기절차 : 표시에 관한 등기
제4-3장 등기절차 : 권리에 관한 등기
제05장 이 의

# CHAPTER 01 > 총칙

## I. 목적

이 법은 부동산등기(不動産登記)에 관한 사항을 규정함을 목적으로 한다(법 제1조).

## II. 정의

### 1. 등기부

"등기부"란 전산정보처리조직에 의하여 입력·처리된 등기정보자료를 대법원규칙으로 정하는 바에 따라 편성한 것을 말한다(법 제2조 제1호).

### 2. 등기부부본자료

"등기부부본자료"(登記簿副本資料)란 등기부와 동일한 내용으로 보조기억장치에 기록된 자료를 말한다(법 제2조 제2호).

### 3. 등기기록

"등기기록"이란 1필의 토지 또는 1개의 건물에 관한 등기정보자료를 말한다(법 제2조 제3호).

### 4. 등기필정보

"등기필정보"(登記畢情報)란 등기부에 새로운 권리자가 기록되는 경우에 그 권리자를 확인하기 위하여 등기관이 작성한 정보를 말한다(법 제2조 제4호).

## III. 등기할 수 있는 권리 등 ★

등기는 부동산의 표시(表示)와 다음 각 호의 어느 하나에 해당하는 권리의 보존, 이전, 설정, 변경, 처분의 제한 또는 소멸에 대하여 한다(법 제3조). (감평 2004·2009·2019)
1. 소유권(所有權)
2. 지상권(地上權)
3. 지역권(地役權)
4. 전세권(傳貫權)

5. 저당권(抵當權)
6. 권리질권(權利質權)(감평 2009)
7. 채권담보권(債權擔保權)
8. 임차권(賃借權)(감평 2009)

> ☞ 유치권은 부동산물권이므로 등기할 수 있다.(×/등기할 수 없다.)(감평 2009·2019)
> ☞ 부동산등기법상 부동산등기의 대상이 되는 권리는 총 **8종**이다.(○)(감평 2004)
> ☞ 부동산물권 중 **점유권**과 **유치권**은 등기할 수 없다.(○)(감평 2019)

## Ⅳ 권리의 순위 ★

① 같은 부동산에 관하여 등기한 권리의 순위는 법률에 다른 규정이 없으면 <u>등기한 순서</u>에 따른다(법 제4조 제1항).(감평 2002·2004·2009·2017)

② <u>등기의 순서</u>는 등기기록 중 <u>같은 구(區)</u>에서 한 등기 상호간에는 <u>순위번호</u>에 따르고, <u>다른 구</u>에서 한 등기 상호간에는 <u>접수번호</u>에 따른다(법 제4조 제2항).(감평 2002·2004·2009·2017, 중개 2020)〔同/순 ⇒ 異(별)/접〕

## Ⅴ 부기등기의 순위 ★

① <u>부기등기(附記登記)</u>의 순위는 <u>주등기(主登記)</u>의 순위에 따른다(법 제5조 본문).(감평 2002·2004·2009) 다만, <u>같은 주등기</u>에 관한 <u>부기등기 상호간의 순위</u>는 <u>그 등기 순서</u>에 따른다(법 제5조 단서).(감평 2002·2004·2009·2017)

② 등기관이 부기등기를 할 때에는 그 부기등기가 어느 등기에 기초한 것인지 알 수 있도록 주등기 또는 부기등기의 <u>순위번호</u>에 <u>가지번호</u>를 붙여서 하여야 한다(규칙 제2조).(중개 2021)

## Ⅵ 등기신청의 접수시기 및 등기의 효력발생시기 ★

① 등기신청은 <u>대법원규칙으로 정하는 등기신청정보</u>(규칙 제3조 제1항)가 <u>전산정보처리조직에 저장된 때</u> <u>접수</u>된 것으로 본다(법 제6조 제1항).(감평 2017·2022)

② 등기관이 등기를 마친 경우 그 등기는 <u>접수한 때</u>부터 <u>효력</u>을 발생한다(법 제6조 제2항).(감평 2012·2017·2022, 중개 2019)

# CHAPTER 02 > 등기소와 등기관

## 1. 관할등기소

① 등기사무는 부동산의 소재지를 관할하는 지방법원, 그 지원(支院) 또는 등기소(이하 "등기소"라 한다)에서 담당한다(법 제7조 제1항).

② 부동산이 여러 등기소의 관할구역에 걸쳐 있을 때에는 대법원규칙(규칙 제5조)으로 정하는 바에 따라 각 등기소를 관할하는 상급법원의 장이 관할 등기소를 지정한다(법 제7조 제2항).(감평 2025)

## 2. 관련 사건의 관할에 관한 특례

### (1) 법 제7조 제1항

① 법 제7조(관할등기소)에도 불구하고 관할등기소가 다른 여러 개의 부동산과 관련하여 「등기목적과 등기원인이 동일」하거나 「그 밖에 대법원규칙으로 정하는 등기신청」이 있는 경우에는 그 중 하나의 관할등기소에서 해당 신청에 따른 등기사무를 담당할 수 있다(법 제7조의2 제1항).(감평 2025)

② 법 제7조의2제1항에 따라 관할 등기소가 다른 여러 개의 부동산과 관련하여 그 중 하나의 관할 등기소에 그 등기를 신청할 수 있는 "등기목적과 등기원인이 동일한 등기신청"은 다음 각 호의 신청으로 한다(규칙 제163조 제1항).

1. 동일한 채권에 관하여 여러 개의 부동산에 관한 권리를 목적으로 하는 저당권설정(이하 "공동저당"이라 한다)등기의 신청
2. 여러 개의 부동산에 관한 전세권설정 또는 전전세 등기의 신청
3. 제1호 및 제2호의 등기에 대한 이전·변경·말소등기의 신청
4. 그 밖에 동일한 등기원인을 증명하는 정보에 따라 등기목적과 등기 원인이 동일한 등기의 신청

③ 법 제7조의2제1항에 따라 관할 등기소가 다른 여러 개의 부동산과 관련하여 그 중 하나의 관할 등기소에 그 등기를 신청할 수 있는 "그 밖에 대법원규칙으로 정하는 등기신청"이란 다음 각 호의 신청을 말한다(규칙 제163조 제2항).

1. 소유자가 다른 여러 부동산에 대한 규칙 제163조 제1항 제1호 및 제2호 등기의 신청
2. 제1호의 등기에 대한 이전·변경·말소등기의 신청
3. 공동저당 목적으로 새로 추가되는 부동산이 종전에 등기한 부동산과 다른 등기소의 관할에 속하는 경우에는 종전의 등기소에 추가되는 부동산에 대한 저당권설정등기의 신청

③ 공동저당 일부의 소멸 또는 변경의 신청은 소멸 또는 변경되는 부동산의 관할 등기소 중 한 곳에 신청할 수 있다(규칙 제163조 제3항).

### (2) 법 제7조 제2항

① 법 제7조(관할등기소)에도 불구하고 법 제11조(등기사무의 처리)제1항에 따른 등기관이 당사자의 신청이나 직권에 의한 등기를 하고 법 제71조(요역지지역권의 등기사항), 법 제78조(공동저당의 등기) 제4항〔법 제72조(전세권 등의 등기사항)제2항에서 준용하는 경우를 포함한다〕 또는 대법원규칙으로 정하는 바에 따라 다른 부동산에 대하여 등기를 하여야 하는 경우에는 그 부동산의 관할 등기소가 다른 때에도 해당 등기를 할 수 있다(법 제7조의2 제2항).

② 제7조의2제2항에 따라 등기관이 다른 부동산에 대하여 처리하여야 하는 등기 사건은 다음 각 호와 같다(규칙 제163조의3).

1. 법 제71조(요역지지역권의 등기사항)제1항 및 제4항에 따른 승역지와 다른 등기소의 관할에 속하는 요역지에 대한 등기
2. 법 제78조(공동저당의 등기)제4항〔법 제72조(전세권 등의 등기사항)제2항에서 준용하는 경우를 포함한다〕에 따라 다른 등기소의 관할에 속하는 종전 부동산에 대한 등기
3. 멸실한 토지와 다른 등기소의 관할에 속하는 부동산이 함께 소유권 외의 권리의 목적인 경우로서 규칙 제84조(토지멸실등기)제2항 또는 제3항에 따른 등기
4. 대지권의 목적인 토지가 다른 등기소의 관할에 속하는 경우로서 규칙 제89조(대지권의 목적인 토지의 등기기록 : 대지권이라는 뜻의 등기) 및 규칙 제93조(대지권의 변경)에 따른 등기
5. 공동담보의 일부 소멸 또는 변경의 등기를 하는 부동산과 다른 등기소의 관할에 속하는 종전 부동산에 대한 규칙 제136조(공동담보의 일부의 소멸 또는 변경)제1항에 따른 등기
6. 그 밖에 제1호부터 제5호까지와 유사한 경우로서 신청 또는 직권에 의한 등기를 하고 다른 등기소의 관할에 속하는 부동산에 대해서도 하여야 하는 등기

### 3. 상속·유증 사건의 관할에 관한 특례

① 법 제7조(관할등기소)에도 불구하고 상속 또는 유증으로 인한 등기신청의 경우에는 부동산의 관할 등기소가 아닌 등기소도 그 신청에 따른 등기사무를 담당할 수 있다(법 제7조의3 제1항).(감평 2025)

② 법 제7조의3제1항에 따라 부동산의 관할 등기소가 아닌 등기소에도 그 등기를 신청할 수 있는 경우는 다음 각 호와 같다(규칙 제164조 제1항).

1. 상속 또는 유증으로 인한 소유권이전등기를 신청하는 경우
2. 상속으로 인한 소유권이전등기가 마쳐진 후(後) 다음 각 목에 해당하는 사유가 있는 경우 그 사유를 원인으로 해당 등기를 신청하는 경우
   가. 법정상속분에 따라 상속등기를 마친 후에 상속재산 협의분할(조정분할·심판분할을 포함한다)등이 있는 경우
   나. 상속재산 협의분할에 따라 상속등기를 마친 후에 그 협의를 해제(다시 새로운 협의분할을 한 경우를 포함한다)한 경우
   다. 상속포기신고를 수리하는 심판 또는 상속재산 협의분할계약을 취소하는 재판 등이 있는 경우

③ 관공서가 법 제96조(관공서가 등기명의인 등을 갈음하여 촉탁할 수 있는 등기) 및 법 제99조(수용으로 인한 등기)제2항에 따른 등기를 촉탁하는 경우에는 법 제7조의3제1항을 적용하지 아니한다(규칙 제164조 제2항).

## 4. 관할의 위임

대법원장은 어느 등기소의 관할에 속하는 사무를 다른 등기소에 위임하게 할 수 있다(법 제8조).(감평 2025)(지방법원장×)

## 5. 등기사무의 정지 등

① 대법원장은 다음 각 호의 어느 하나에 해당하는 경우로서 등기소에서 정상적인 등기사무의 처리가 어려운 경우에는 기간을 정하여 등기사무의 정지를 명령하거나 대법원규칙(규칙 제6조의3)으로 정하는 바에 따라 등기사무의 처리를 위하여 필요한 처분을 명령할 수 있다(법 제10조 제1항).
  1. 「재난 및 안전관리 기본법」 제3조제1호의 재난이 발생한 경우
  2. 정전 또는 정보통신망의 장애가 발생한 경우
  3. 그 밖에 제1호 또는 제2호에 준하는 사유가 발생한 경우

② 대법원장은 대법원규칙(규칙 제6조의2)으로 정하는 바에 따라 제1항의 명령에 관한 권한을 법원행정처장 또는 지방법원장에게 위임할 수 있다(법 제10조 제2항).

## 6. 등기사무의 처리

① 등기관은 접수번호의 순서에 따라 등기사무를 처리하여야 한다(법 제11조 제3항).(감평 2024)

② 등기관이 등기사무를 처리한 때에는 등기사무를 처리한 등기관이 누구인지 알 수 있는 조치를 하여야 한다(법 제11조 제4항).(감평 2024)

③ 전산정보처리조직에 의한 등기사무처리의 지원, 등기부의 보관·관리 및 등기정보의 효율적인 활용을 위하여 법원행정처에 등기정보중앙관리소(이하 "중앙관리소"라 한다)를 둔다(규칙 제9조 제1항).

# CHAPTER 03 > 등기부 등

## I. 등기부의 종류 등 ★

### 1. 등기부의 구분

등기부는 **토지등기부(土地登記簿)**와 **건물등기부(建物登記簿)**로 **구분**한다(법 제14조 제1항). (감평 2018·2019) (집합건물등기부×)

### 2. 등기부 등의 보존

**(1) 등기부**

① **등기부**는 **영구(永久)**히 **보존**하여야 한다(법 제14조 제2항). (감평 2017·2019·2024, 중개 2022)

② **등기부의 보관·관리 장소는 중앙관리소**로 한다(규칙 제10조 제1항). (감평 2019) 또한, **폐쇄등기부**에 **보관·관리 장소도 중앙관리소**로 한다(규칙 제10조 제2항).

**(2) 신탁원부·공동담보(전세)목록·도면·매매목록**

① **신탁원부, 공동담보(전세)목록, 도면 및 매매목록**은 **보조기억장치**에 **저장**하여 **보존**하여야 한다(규칙 제18조 본문). (감평 2016) 이 경우 **서면**으로 작성되어 등기소에 제출된 **도면**은 이를 **전자적 이미지정보**로 변환하여 보존한다(규칙 제18조 단서).

② ⓐ 법 제24조제1항제2호(등기신청의 방법 : 전자신청)에 따라 등기가 이루어진 경우 그 **신청정보** 및 **첨부정보**는 **보조기억장치**에 저장하여 보존하여야 한다(규칙 제19조 제1항).
ⓑ 또한, 법 제24조제1항제2호(등기신청의 방법 : 전자신청)에 따른 등기신청이 취하된 경우 그 **취하정보**는 **보조기억장치**에 저장하여 보존하여야 한다(규칙 제19조 제2항).
ⓒ 전자신청에 의한 보조기억장치에 저장한 **신청정보·첨부정보·취하정보**의 보존기간은 **5년**으로 하고(감평 2016), 해당 연도의 다음 해부터 기산한다(규칙 제19조 제3항).

### 3. 반출 금지

**(1) 등기부**

**등기부**는 **대법원규칙**으로 정하는 장소(규칙 제10조 : 법원행정처에 두는 등기정보중앙관리소)에 **보관·관리**하여야 하며, **전쟁·천재지변**이나 **그 밖에 이에 준하는 사태**를 피하기 위한 경우 **외(外)**에는 그 장소 밖으로 옮기지 못한다(법 제14조 제3항). (감평 2002·2019, 중개 2022)

**(2) 등기부의 부속서류**

**등기부의 부속서류**는 **전쟁·천재지변**이나 **그 밖에 이에 준하는 사태**를 피하기 위한 경우 **외(外)**에는 등기소 밖으로 옮기지 못한다(법 제14조 제4항 본문).

(3) 신청서나 그 밖의 부속서류

신청서나 그 밖의 부속서류에 대하여는 법원의 명령 또는 촉탁(囑託)이 있거나 법관이 발부한 영장에 의하여 압수하는 경우에는 그러하지 아니하다(법 제14조 제4항 단서). (감평 2017·2018·2019)

☞ 법원의 명령에 의한 신청서나 그 밖의 부속서류의 송부 등에 관한 업무처리지침 제2조(신청서나 그 밖의 부속서류) : 법원의 명령 또는 촉탁에 의하여 법원에 송부하거나, 영장에 의하여 수사기관이 압수할 수 있는 신청서나 그 밖의 부속서류는 등기신청서 및 등기신청의 부속서류 또는 이와 동일시 할 수 있는 등기신청취하서 등이며, 등기의 일부로 보는 도면, 신탁원부, 공동담보(전세)목록, 공장(광업)재단목록은 이에 포함되지 아니한다(등기예규 제1548호, 시행 2014. 11. 21.).

4. 부동산고유번호

① 등기기록을 개설할 때에는 1필의 토지 또는 1개의 건물마다 부동산고유번호를 부여하고 이를 등기기록에 기록하여야 한다(규칙 제12조 제1항).
② 구분건물에 대하여는 전유부분마다 부동산고유번호를 부여한다(규칙 제12조 제2항). (감평 2024, 중개 2021)

## II 물적 편성주의

① 등기부를 편성할 때에는 1필의 토지 또는 1개의 건물에 대하여 1개의 등기기록을 둔다(법 제15조 제1항 본문). 다만, 1동의 건물을 구분한 건물에 있어서는 1동의 건물에 속하는 전부에 대하여 1개의 등기기록을 사용한다(법 제15조 제1항 단서). (감평 2009·2017·2019·2024)
② 등기기록에는 부동산의 표시에 관한 사항을 기록하는 표제부와 소유권에 관한 사항을 기록하는 갑구(甲區) 및 소유권 외(外)의 권리에 관한 사항을 기록하는 을구(乙區)를 둔다(법 제15조 제2항). (감평 2010·2106) 구분건물등기기록에는 1동의 건물에 대한 표제부를 두고 전유부분마다 표제부, 갑구, 을구를 둔다(규칙 제14조 제1항). (감평 2009)

## III 등기부부본자료의 작성

① 등기관이 등기를 마쳤을 때에는 등기부부본자료를 작성하여야 한다(법 제16조). (감평2018, 중개 2022)
② 등기부부본자료는 전산정보처리조직으로 작성하여(규칙 제15조 제1항) 법원행정처장이 지정하는 장소에 보관하여야 하며(규칙 제15조 제1항), 등기부와 동일하게 관리하여야 한다(규칙 제15조 제3항).

## Ⅳ 등기부의 손상과 복구

① 등기부의 전부 또는 일부가 손상되거나 손상될 염려가 있을 때에는 **대법원장**은 대법원규칙으로 정하는 바에 따라 등기부의 복구·손상방지 등 필요한 처분을 명령할 수 있다(법 제17조 제1항).
② **대법원장**은 대법원규칙으로 정하는 바에 따라 제1항의 처분명령에 관한 권한을 법원행정처장 또는 지방법원장에게 위임할 수 있다(법 제17조 제2항).

## Ⅴ 부속서류의 손상 등 방지처분

등기부의 부속서류가 손상·멸실(滅失)의 염려가 있을 때에는 **대법원장**은 그 방지를 위하여 필요한 처분을 명령할 수 있다(법 제18조 제1항).(감평 2018)(법원행정처장×, 지방법원장×)

## Ⅵ 등기사항의 열람과 증명 ★

① 누구든지 수수료를 내고 대법원규칙으로 정하는 바에 따라 등기기록에 기록되어 있는 사항의 전부 또는 일부의 열람(閱覽)과 이를 증명하는 등기사항증명서의 발급을 청구할 수 있다(법 제19조 제1항 본문). 다만, 등기기록의 부속서류에 대하여는 이해관계 있는 부분만 열람을 청구할 수 있다(법 제19조 제1항 단서).(감평 2017)
② 등기기록의 열람 및 등기사항증명서의 발급 청구는 관할 등기소가 아닌 등기소에 대하여도 할 수 있다(법 제19조 제2항).(감평 2018·2019)
③ 신탁원부, 공동담보(전세)목록, 도면 또는 매매목록은 그 사항의 증명도 함께 신청하는 뜻의 표시가 있는 경우에만 등기사항증명서에 이를 포함하여 발급한다(규칙 제30조 제2항).
④ 구분건물에 대한 등기사항증명서의 발급에 관하여는 1동의 건물의 표제부와 해당 전유부분에 관한 등기기록을 1개의 등기기록으로 본다(규칙 제30조 제3항).
⑤ 등기신청이 접수된 부동산에 관하여는 등기관이 그 등기를 마칠 때까지 등기사항증명서를 발급하지 못한다. 다만, 그 부동산에 등기신청사건이 접수되어 처리 중에 있다는 뜻을 등기사항증명서에 표시하여 발급할 수 있다(규칙 제30조 제4항).

## Ⅶ 등기기록의 폐쇄

① 등기관이 등기기록에 등기된 사항을 새로운 등기기록에 옮겨 기록한 때에는 종전 등기기록을 **폐쇄(閉鎖)**하여야 한다(법 제20조 제1항).(감평 2000, 중개 2022)
② 폐쇄한 등기기록은 영구히 보존하여야 한다(법 제20조 제2항).(감평 2019)

③ <u>폐쇄한 등기기록</u>에 관하여는 법 제19조(등기사항의 열람과 증명)를 <u>준용한다</u>(법 제20조 제3항). (감평 2024, 중개 2021) (폐쇄한 등기기록의 열람 및 등기사항증명서의 발급은 관할 등기소가 아닌 등기소에 청구할 수 없다. ×) (폐쇄된 등기기록에 대해서는 등기사항의 열람은 가능하지만 등기사항증명서의 발급은 청구할 수 없다. ×)

## Ⅷ 중복등기기록의 정리

① 등기관이 <u>같은 토지</u>에 관하여 <u>중복하여 마쳐진 등기기록</u>을 발견한 경우에는 <u>대법원규칙</u>(규칙 제33조부터 규칙 제40조까지 규정)으로 정하는 바에 따라 **중복등기기록 중 어느 하나의 등기기록을 폐쇄**하여야 한다(법 제21조 제1항). (감평 2000) 중복등기기록의 정리는 <u>실체의 권리관계에 영향을 미치지 아니한다</u>(규칙 제33조 제2항). (감평 2017)

② 법 제21조 제1항에 따라 폐쇄된 등기기록의 <u>소유권의 등기명의인</u> 또는 <u>등기상 이해관계인</u>은 <u>대법원규칙</u>으로 정하는 바에 따라 그 토지가 폐쇄된 등기기록의 소유권의 등기명의인의 소유임을 증명하여 <u>폐쇄된 등기기록의 부활을 신청</u>할 수 있다(법 제21조 제2항).

# 4-1 등기절차 : 총칙

## I 신청주의

① 등기는 <u>당사자의 신청</u> 또는 <u>관공서의 촉탁</u>에 따라 한다(법 제22조 제1항 본문). (감평 2002·2018) 다만, 법률에 다른 규정이 있는 경우에는 그러하지 아니하다(법 제22조 제1항 단서).

② ⓐ <u>촉탁</u>에 따른 등기절차는 법률에 다른 규정이 없는 경우에는 <u>신청에 따른 등기에 관한 규정을 준용</u>한다(법 제22조 제2항). (중개 2024)
ⓑ 관공서가 촉탁정보 및 첨부정보를 적은 서면을 제출하는 방법으로 등기촉탁을 하는 경우에는 <u>우편으로 그 촉탁서를 제출할 수 있다</u>(규칙 제155조 제1항). (중개 2024)

③ 등기를 하려고 하는 자는 대법원규칙으로 정하는 바에 따라 <u>수수료</u>를 내야 한다(법 제22조 제3항).

## II 등기신청인

### 1. 공동신청 원칙

등기는 법률에 다른 규정이 없는 경우에는 <u>등기권리자(登記權利者)와 등기의무자(登記義務者)가 공동으로 신청한다</u>(법 제23조 제1항). (감평 2012)

### 2. 공동신청의 예외 : 단독신청★★★

**(1) 소유권보존등기**

<u>소유권보존등기</u>(所有權保存登記) 또는 <u>소유권보존등기의 말소등기</u>(抹消登記)는 <u>등기명의인으로 될 자</u> 또는 <u>등기명의인이 단독으로 신청</u>한다(법 제23조 제2항). (감평 2012·2013·2018·2022·2025, 중개 2024)

**(2) 포괄승계**

<u>상속</u>, <u>법인의 합병</u>, 그 밖에 대법원규칙으로 정하는 <u>포괄승계</u> [규칙 제42조 ; (제1호) 법인의 분할로 인하여 분할 전 법인이 소멸하는 경우, (제2호) 법령에 따라 법인이나 단체의 권리·의무를 포괄승계하는 경우] 에 따른 등기는 <u>등기권리자가 단독으로 신청한다</u>(법 제23조 제3항). (감평 2002·2010·2018·2020·2021, 중개 2021·2024) (유증도 단독신청한다, ×) (법인의 합병으로 인한 포괄승계에 따른 등기를 신청하는 경우 등기권리자와 등기의무자가 공동으로 등기신청을 해야한다, ×)

**(3) 판결에 의한 등기**

<u>등기절차의 이행 또는 인수를 명하는 판결에 의한 등기</u>는 <u>승소한 등기권리자 또는 등기의무자가 단

독으로 신청하고, (중개 2018·2019) 공유물을 분할하는 판결에 의한 등기는 등기권리자 또는 등기의무자가 단독으로 신청한다(법 제23조 제4항). (감평 2002·2009·2012·2013·2018·2021·2025)

### (4) 부동산표시 변경·경정 등기

부동산표시의 변경이나 경정(更正)의 등기는 소유권의 등기명의인이 단독으로 신청한다(법 제23조 제5항). (감평 2012·2013·2016·2018)

### (5) 등기명의인표시 변경·경정 등기

등기명의인표시의 변경이나 경정의 등기는 해당 권리의 등기명의인이 단독으로 신청한다(법 제23조 제6항). (감평 2010·2013, 중개 2022·2024)

### (6) 신탁등기

① 신탁재산에 속하는 부동산의 신탁등기는 수탁자(受託者)가 단독으로 신청한다(법 제23조 제7항). (감평 2002·2016·2018·2020, 중개 2018·2022)(위탁자×)

② 수탁자가 「신탁법」 제3조제5항(수탁자는 신탁행위로 달리 정한 바가 없으면 신탁 목적의 달성을 위하여 필요한 경우에는 수익자의 동의를 받아 타인에게 신탁재산에 대하여 신탁을 설정할 수 있다.)에 따라 타인에게 신탁재산에 대하여 신탁을 설정하는 경우 해당 신탁재산에 속하는 부동산에 관한 권리이전등기에 대하여는 새로운 신탁의 수탁자를 등기권리자로 하고 원래 신탁의 수탁자를 등기의무자로 한다(법 제23조 제8항 전단). (감평 2012) 이 경우 해당 신탁재산에 속하는 부동산의 신탁등기는 새로운 신탁의 수탁자가 단독으로 신청한다(법 제23조 제8항 후단).

### (7) 가등기

① 가등기권리자는 가등기의무자의 승낙이 있거나 가등기를 명하는 법원의 가처분명령(假處分命令)이 있을 때에는 단독으로 가등기를 신청할 수 있다(법 제89조). (감평 2000·2010·2014·2025, 중개 2020·2021·2022)

② 가등기명의인은 단독으로 가등기의 말소를 신청할 수 있다(법 제93조 제1항). (감평 2000·2013·2014, 중개 2020·2021·2022)

③ 가등기의무자 또는 가등기에 관하여 등기상 이해관계 있는 자는 가등기명의인의 승낙을 받아 단독으로 가등기의 말소를 신청할 수 있다(법 제93조 제2항). (감평 2000, 중개 2018·2020)

### (8) 수용으로 인한 소유권이전등기

수용으로 인한 소유권이전등기는 등기권리자가 단독으로 신청할 수 있다(법 제99조 제1항). (감평 2002·2004·2011·2019, 2020, 중개 2019·2020·2021·2024)

### (9) 멸실등기

① 토지가 멸실된 경우에는 그 토지 소유권의 등기명의인은 그 사실이 있는 때부터 1개월 이내에 멸실등기를 신청하여야 한다(법 제39조). (감평 2016)

② 건물이 멸실된 경우에는 그 건물 소유권의 등기명의인은 그 사실이 있는 때부터 1개월 이내에 멸실등기를 신청하여야 한다(법 제43조 제1항 전단). (감평 2012·2018)

③ 존재하지 아니하는 건물에 대한 등기가 있을 때에는 그 소유권의 등기명의인은 지체 없이 그 건물의 멸실등기를 신청하여야 한다(법 제44조 제1항).(감평 2002·2009·2011·2012·2018, 중개 2020)(1개월 이내×)

⑽ 사망 등으로 인한 권리의 소멸과 말소등기

등기명의인인 사람의 사망 또는 법인의 해산으로 권리가 소멸한다는 약정이 등기되어 있는 경우에 사람의 사망 또는 법인의 해산으로 그 권리가 소멸하였을 때에는, 등기권리자는 그 사실을 증명하여 단독으로 해당 등기의 말소를 신청할 수 있다(법 제55조).(감평 2013)

⑾ 등기의무자의 소재불명과 말소등기

① 등기권리자가 등기의무자의 소재불명으로 인하여 공동으로 등기의 말소를 신청할 수 없을 때에는 「민사소송법」에 따라 공시최고(公示催告)를 신청할 수 있다(법 제56조 제1항).(감평 2013, 중개 2020)

② 제1항의 경우에 제권판결(除權判決)이 있으면 등기권리자가 그 사실을 증명하여 단독으로 등기의 말소를 신청할 수 있다(법 제56조 제2항).(중개 2020)

> ▶암기 단독신청(가/수/사망→보/상/판결→실/신/표시/최고)
> 1. 가등기 : ⓐ 가등기 신청 : 가등기권리자의 단독 신청(가등기의무자의 승낙 or 법원의 가처분명령)
>   ⓑ 가등기 말소 신청
>   ㉠ 가등기명의인 단독 신청,
>   ㉡ 가등기의무자 or 등기상 이해관계자 : 가등기명의인의 승낙 要
> 2. 수용 : 등기권리자 단독 신청
> 3. 사망 : 사망·법인해산으로 인한 권리 소멸 약정 등기 有→ 등기권리자 단독 신청
> 4. 소유권보존등기(말소)
> 5. 상속 : 상속·합병·기타 포괄승계(유증×)
> 6. 판결
> 7. 멸실등기 : 1개월 이내 신청 의무
> 8. 신탁등기 : 수탁자 단독 신청
> 9. 표시 변경·경정등기
>   ⓐ 부동산표시 변경·경정등기 : 소유권의 등기명의인 단독 신청
>   ⓑ 등기명의인표시 변경·경정등기 : 해당 권리의 등기명의인 단독 신청
> 10. 등기의주자 소재불명 : 공시최고 신청 → 제권판결에 따라 단독 말소 신청 可

## Ⅲ 등기신청의 방법 및 취하

### 1. 등기신청의 방법

(1) 서

등기는 등기소에 출석하여 서면을 제출하는 방법 또는 전산정보처리조직을 이용하는 방법으로 신청한다(법 제24조 제1항).

(2) 방문신청 : 등기소에 출석하여 서면을 제출하는 방법
① 등기신청은 신청인 또는 그 대리인(代理人)이 등기소에 출석하여 신청정보 및 첨부정보를 적은 서면을 제출하는 방법으로 할 수 있다(법 제24조 제1항 제1호 본문).
② 다만, 대리인이 변호사나 법무사인 경우에는 대법원규칙으로 정하는 사무원을 등기소에 출석하게 하여 그 서면을 제출할 수 있다(법 제24조 제1항 제1호 단서).

(3) 전자신청 : 전산정보처리조직을 이용하는 방법
① 등기신청은 전산정보처리조직을 이용[이동통신단말장치에서 사용되는 애플리케이션(Application)을 통하여 이용하는 경우를 포함한다]하여 신청정보 및 첨부정보를 보내는 방법으로 할 수 있다. 이 경우 전자신청이 가능한 등기유형에 관한 사항과 전자신청의 방법은 대법원규칙으로 정한다(법 제24조 제1항 제2호).
② 전자신청은 당사자가 직접 하거나 자격자대리인이 당사자를 대리하여 한다(규칙 제67조 제1항 본문). 다만, 법인 아닌 사단이나 재단은 전자신청을 할 수 없으며(감평 2024), 외국인의 경우에는 다음 각 호의 어느 하나에 해당하는 요건을 갖추어야 한다(규칙 제67조 제1항 단서).(중개 2018)
  1. 「출입국관리법」에 따른 외국인등록
  2. 「재외동포의 출입국과 법적 지위에 관한 법률」에 따른 국내거소신고

2. 등기신청의 취하
① 등기신청의 취하는 등기관이 등기를 마치기 전(前)까지 할 수 있다(규칙 제51조 제1항).(감평 2014)
② 방문신청에 의해 등기신청을 한 경우에는 신청인 또는 그 대리인이 등기소에 출석하여 취하서를 제출하는 방법으로 취하하고, 전자신청으로 등기신청을 한 경우에는 전산정보처리조직을 이용하여 취하정보를 전자문서로 등기소에 송신하는 방법으로 취하한다(규칙 제51조 제2항).

## Ⅳ 신청정보의 제공방법 등★

1. 원칙

등기의 신청은 1건당 1개의 부동산에 관한 신청정보를 제공하는 방법으로 하여야 한다(법 제25조 본문).(중개 2018)

2. 일괄신청
① 다음 각 호 어느 하나에 해당하는 경우에는 여러 개의 부동산에 관한 신청정보를 일괄하여 제공하는 방법으로 할 수 있다(법 제25조 단서·규칙 제47조 제1항).(「같은 등기소의 관할 내에 있는 여러 개」 → 「여러 개」로 개정됨) (일괄신청은 같은 등기소의 관할 내에 있는 여러 개 부동산에 대해서만 가능하다.×)
  1. 등기목적과 등기원인이 동일한 경우(감평 2010·2014, 중개 2018)(등기원인이 다를 때에도 신청정보를 일괄하여 제공하는 방법으로 등기신청할 수 있다.×)

2. 같은 채권의 담보를 위하여 소유자가 다른 여러 개의 부동산에 대한 저당권설정등기를 신청하는 경우
3. 법 제97조(공매처분으로 인한 등기의 촉탁) 각 호의 등기를 촉탁하는 경우
4. 「민사집행법」 제144조(매각대금 지급 뒤의 조치) 제1항 각 호의 등기를 촉탁하는 경우

② 같은 등기소에 동시에 여러 건의 등기신청을 하는 경우에 첨부정보의 내용이 같은 것이 있을 때에는 먼저 접수되는 신청에만 그 첨부정보를 제공하고, 다른 신청에는 먼저 접수된 신청에 그 첨부정보를 제공하였다는 뜻을 신청정보의 내용으로 등기소에 제공하는 것으로 그 첨부정보의 제공을 갈음할 수 있다(규칙 제47조 제2항).

## Ⅴ 법인 아닌 사단 등의 등기신청★★

① 종중(宗中), 문중(門中), 그 밖에 대표자나 관리인이 있는 법인 아닌 사단(社團)이나 재단(財團)에 속하는 부동산의 등기에 관하여는 그 사단이나 재단을 등기권리자 또는 등기의무자로 한다(법 제26조 제1항).(감평 2002·2014·2018·2020·2022·2024·2025, 중개 2020·2021)(그 사단이나 재단의 대표자를 등기권리자 또는 등기의무자로 한다, ×)

② 제1항의 등기는 그 사단이나 재단의 명의로 그 대표자나 관리인이 신청한다(법 제26조 제2항).(중개 2021)

③ 법인 아닌 사단이나 재단이 신청인인 경우에는 그 대표자나 관리인의 성명, 주소 및 주민등록번호를 신청정보의 내용으로 등기소에 제공하여야 한다(규칙 제43조 제2항).

④ 종중, 문중, 그 밖에 대표자나 관리인이 있는 법인 아닌 사단이나 재단이 등기를 신청하는 경우에는 다음 각 호의 정보를 첨부정보로서 등기소에 제공하여야 한다(규칙 제48조).
  1. 정관이나 그 밖의 규약
  2. 대표자나 관리인임을 증명하는 정보. 다만, 등기되어 있는 대표자나 관리인이 신청하는 경우에는 그러하지 아니하다.
  3. 「민법」 제276조제1항(총유물의 관리, 처분과 사용, 수익 : 총유물의 관리 및 처분은 사원총회의 결의에 의한다.)의 결의가 있음을 증명하는 정보(법인 아닌 사단이 등기의무자인 경우로 한정한다)
  4. 대표자나 관리인의 주소 및 주민등록번호를 증명하는 정보

⑤ 법인 아닌 사단이나 재단 명의의 등기를 할 때에는 그 대표자나 관리인의 성명, 주소 및 주민등록번호를 함께 기록하여야 한다(법 제48조 제3항).(감평 2024, 중개 2018)

⑥ 등기관은 등기를 마치면 등기필정보를 등기명의인이 된 신청인에게 통지한다(규칙 제108조 제1항 본문). 이 경우 법인 아닌 사단이나 재단의 대표자나 관리인이 신청한 경우에는 그 대표자나 관리인에게 등기필정보를 통지한다(규칙 제108조 제2항).(감평 2024).

⑦ 규칙 제60조(인감증명의 제출)에 따라 인감증명을 제출하여야 하는 자가 법인 아닌 사단이나 재단인 경우에는 그 대표자나 관리인의 인감증명을 제출하여야 한다(규칙 제61조 제1항).

⑧ 전자신청은 당사자가 직접 하거나 자격자대리인이 당사자를 대리하여 한다(규칙 제67조 제1항 본문). 다만, 법인 아닌 사단이나 재단은 전자신청을 할 수 없다(규칙 제67조 제1항 단서).(감평 2024)

## Ⅵ 포괄승계인에 의한 등기신청 : 상속인에 의한 등기★

등기원인이 발생한 후(後)에 등기권리자 또는 등기의무자에 대하여 상속이나 그 밖의 포괄승계가 있는 경우에는 상속인이나 그 밖의 포괄승계인이 그 등기를 신청할 수 있다(법 제27조).(감평 2014, 중개 2018·2020·2022)

## Ⅶ 채권자대위권에 의한 등기신청★

① 채권자는 「민법」 제404조(채권자대위권 : 채권자는 자기의 채권을 보전하기 위하여 채무자의 권리를 행사할 수 있다.)에 따라 채무자를 대위(代位)하여 등기를 신청할 수 있다(법 제28조 제1항).(감평 2014·2018·2020·2025)
② 등기관이 대위신청에 의하여 등기를 할 때에는 대위자의 성명 또는 명칭, 주소 또는 사무소 소재지 및 대위원인을 기록하여야 한다(법 제28조 제2항).
③ 「채권자대위권」에 의한 등기를 신청하는 경우에는 다음 각 호의 사항을 신청정보의 내용으로 등기소에 제공하고, 대위원인을 증명하는 정보를 첨부정보로서 등기소에 제공하여야 한다(규칙 제50조).(중개 2020)
   1. 피대위자의 성명(또는 명칭), 주소(또는 사무소 소재지) 및 주민등록번호(또는 부동산등기용등록번호)
   2. 신청인이 대위자라는 뜻
   3. 대위자의 성명(또는 명칭)과 주소(또는 사무소 소재지)
   4. 대위원인

## Ⅷ 신청의 각하★

등기관은 다음 각 호의 어느 하나에 해당하는 경우에만 이유를 적은 결정으로 신청을 각하(却下)하여야 한다(법 제29조 본문). 다만, 신청의 잘못된 부분이 보정(補正)될 수 있는 경우로서 신청인이 등기관이 보정을 명한 날의 다음 날까지 그 잘못된 부분을 보정하였을 때에는 그러하지 아니하다(법 제29조 단서).
1. 사건이 그 등기소의 관할이 아닌 경우(감평 2002·2025)
2. 「사건이 등기할 것이 아닌 경우(규칙 제52조)」(감평 2015)
   (1) 등기능력 없는 물건 또는 권리에 대한 등기를 신청한 경우
   (2) 법령에 근거가 없는 특약사항의 등기를 신청한 경우
   (3) 구분건물의 전유부분과 대지사용권의 분리처분 금지에 위반한 등기를 신청한 경우(중개 2024)
   (4) 농지를 전세권설정의 목적으로 하는 등기를 신청한 경우(중개 2019·2024)
   (5) 저당권을 피담보채권과 분리하여 양도하거나, 피담보채권과 분리하여 다른 채권의 담보로 하는 등기를 신청한 경우(중개 2019)

⑹ <u>일부지분</u>에 대한 <u>소유권보존등기</u>를 신청한 경우(중개 2019)
  ⑺ <u>공동상속인</u> 중 <u>일부가</u> 자신의 상속지분만에 대한 <u>상속등기</u>를 신청한 경우(중개 2019·2024)
  ⑻ 관공서 또는 법원의 <u>촉탁</u>으로 실행되어야 할 등기를 <u>신청</u>한 경우(중개 2018·2019·2024)
  ⑼ 이미 보존등기된 부동산에 대하여 <u>다시 보존등기</u>를 신청한 경우
  ⑽ 그 밖에 신청취지 자체에 의하여 <u>법률상 허용될 수 없음이 명백한 등기</u>를 신청한 경우

3. <u>신청할 권한</u>이 없는 자가 신청한 경우(감평 2012)
4. 법 제24조 제1항 제1호〔등기신청의 방법 : 신청인 또는 그 대리인(代理人)이 등기소에 출석하여 신청정보 및 첨부정보를 적은 서면을 제출하는 방법〕에 따라 등기를 신청할 때에 <u>당사자나 그 대리인이 출석</u>하지 아니한 경우
5. <u>신청정보의 제공</u>이 대법원규칙으로 정한 방식에 맞지 아니한 경우(감평 2002)
6. <u>신청정보의 부동산 또는 등기의 목적인 권리의 표시가 등기기록과 일치하지 아니한 경우</u>(감평 2002·2012)
7. <u>신청정보의 등기의무자의 표시가 등기기록과 일치하지 아니한 경우</u>.(감평 2012)(등기권리자의 표시×) 다만, 다음 각 목의 어느 하나에 해당하는 경우는 제외한다.
   가. 법 제27조(포괄승계인에 의한 등기신청 : 등기원인이 발생한 후에 등기권리자 또는 등기의무자에 대하여 상속이나 그 밖의 포괄승계가 있는 경우에는 상속인이나 그 밖의 포괄승계인이 그 등기를 신청할 수 있다.)에 따라 <u>포괄승계인</u>이 <u>등기신청</u>을 하는 경우
   나. <u>신청정보</u>와 <u>등기기록</u>의 <u>등기의무자가 동일인임을 대법원규칙</u>(규칙 제52조의2)으로 정하는 바에 따라 확인할 수 있는 경우 [☞ 규칙 제52조의2(등기의무자의 동일성 판단 기준) : 신청정보의 등기의무자의 표시에 관한 사항 중 주민등록번호(또는 부동산등기용등록번호)는 등기기록과 일치하고 주소(또는 사무소 소재지)가 일치하지 아니하는 경우에도 주소를 증명하는 정보에 의해 등기의무자의 등기기록상 주소가 신청정보상의 <u>주소로 변경</u>된 사실이 확인되어 등기의무자의 동일성이 인정되는 경우에는 법 제29조제7호나목에 따라 신청을 각하하지 아니한다.]
8. <u>신청정보와 등기원인을 증명하는 정보</u>가 일치하지 아니한 경우(감평 2012)
9. 등기에 필요한 <u>첨부정보</u>를 제공하지 아니한 경우(감평 2002, 2012)
10. <u>취득세</u>〔「지방세법」제20조의2(이 규정은 「법률 제13427호, 2015. 7. 24., 일부개정」으로 삭제됨)에 따라 분할납부하는 경우에는 등기하기 이전에 분할납부하여야 할 금액을 말한다〕, <u>등록면허세</u>(등록에 대한 등록면허세만 해당한다) 또는 <u>수수료</u>를 내지 아니하거나 등기신청과 관련하여 다른 법률에 따라 부과된 의무를 이행하지 아니한 경우
11. <u>신청정보 또는 등기기록의 부동산의 표시가 토지대장·임야대장 또는 건축물대장과 일치하지 아니한 경우</u>(감평 2002)

> ☞ <u>등기관이 등기를 마친 후(後)</u> 그 등기가 법 제29조(신청의 각하) 제1호(사건이 그 등기소의 관할이 아닌 경우) 또는 제2호(사건이 등기할 것이 아닌 경우)에 해당된 것임을 발견하였을 때에는 <u>등기권리자, 등기의무자</u>와 <u>등기상 이해관계 있는 제3자</u>에게 <u>1개월 이내의 기간</u>을 정하여 <u>그 기간에 이의를 진술</u>하지 아니하면 <u>등기를 말소한다는 뜻을 통지</u>하여야 하고, 해당 기간 이내에 이의를 진술한 자가 없거나 이의를 각하한 경우에는 등기관이 <u>직권</u>으로 등기를 <u>말소</u>한다(법 제58조).

> **정리**
>
> ◆ 등기신청 각하사유
> (i) 불출석→ 관할/권 + 신청정보→/첨부/취득
> 1. **불출석**
> 2. **관할**×(등기를 마친 後 발견된 경우 직권 말소 要)
> 3. 신청 **권한**×
> 4. **신청정보**(등/대/원/칙)
>    (1) **등기기록**과 불일치(표시 : 부동산 · 권리 · 등기의무자)
>    (2) **대장**과 불일치(표시 : 부동산)
>    (3) 등기**원**인을 증명하는 정보와 불일치
>    (4) 대법원규**칙** 방식에 맞지 않는 경우
> 5. **첨부**정보×
> 6. **취득**세(+등록면허세·수수료)×
> 7. 부동산표시 : **등기기록**과 **대장**의 불일치
> (ii) 사건이 등기할 것이 아닌 경우(등기를 마친 後 발견된 경우 직권 말소 要)
>
> ≪능력없는/특약사항→상속/불허≫
> 1. **등기능력 없는** 물건 또는 권리
> 2. 법령에 근거 없는 **특약사항**
> 3. 일부 **상속**지분 등기
> 4. 법률상 **허용**될 수 없음이 명백
>
> ≪농지/분리처분→촉탁/보존≫
> 5. **농지**를 **전세권설정등기** 목적으로 하는 등기
> 6. **분리처분**(전유부분과 대지사용권 분리처분 금지 · 저당권과 피담보채권의 분리 양도)
> 7. **촉탁**으로 실행되어야 할 등기를 신청
> 8. **보존등기**(일부지분에 대한 보존등기 · 다시 보존등기)

# IX. 등기완료의 통지

등기관이 등기를 마쳤을 때에는 대법원규칙으로 정하는 바에 따라 <u>신청인</u> 등에게 그 사실을 알려야 <u>한다</u>(법 제30조). (감평 2017)

# X. 행정구역의 변경

① <u>행정구역</u> 또는 그 명칭이 변경되었을 때에는 등기기록에 기록된 행정구역 또는 그 명칭에 대하여 **변경등기**가 있는 것으로 **본다**(법 제31조). (감평 2011·2018)
② 행정구역 또는 그 명칭이 변경된 경우에 등기관은 **직권**으로 부동산의 **표시변경등기** 또는 **등기명의인의 주소변경등기**를 할 수 있다(규칙 제54조).

## XI 등기의 경정

① 등기관이 등기를 마친 후(後) 그 등기에 착오(錯誤)나 빠진 부분이 있음을 발견하였을 때에는 지체 없이 그 사실을 등기권리자와 등기의무자에게 알려야 하고, 등기권리자와 등기의무자가 없는 경우에는 등기명의인에게 알려야 한다(법 제32조 제1항 본문). 다만, 등기권리자, 등기의무자 또는 등기명의인이 각 2인 이상인 경우에는 그 중 1인에게 통지하면 된다(법 제32조 제1항 단서).(감평 2016)

② 등기관이 등기의 착오나 빠진 부분이 등기관의 잘못으로 인한 것임을 발견한 경우에는 지체 없이 그 등기를 직권으로 경정하여야 한다(법 제32조 제2항 본문).(감평 2011·2016) 다만, 등기상 이해관계 있는 제3자가 있는 경우에는 제3자의 승낙이 있어야 한다(법 제32조 제2항 단서).

③ 등기관이 경정등기를 하였을 때에는 그 사실을 등기권리자, 등기의무자 또는 등기명의인에게 알려야 한다(법 제32조 제3항 전단). 등기권리자, 등기의무자 또는 등기명의인이 각 2인 이상인 경우에는 그 중 1인에게 통지하면 된다(법 제32조 제3항 후단).(감평 2016)

④ 채권자대위권에 의하여 등기가 마쳐진 때에는 제1항 및 제3항의 통지를 그 채권자에게도 하여야 한다(법 제32조 제4항 전단). 이 경우 제1항 단서를 준용한다(법 제32조 제4항 후단).

> ☞ (ⅰ) 등기와 실체관계가 불일치하게 된 원인이 등기 후(後) 후발적으로 발생하여 이를 시정하는 경우 이를 협의의 변경등기라 하고(감평 2011), 등기 당시 처음부터 원시적으로 착오·누락에 의하여 불일치가 생긴 경우 이를 시정하는 등기를 경정등기라고 한다.
> (ⅱ) 말소등기는 기존의 등기사항의 전부가 실체관계와 부합하지 아니하여 그 등기사항의 전부를 등기부로부터 소멸시키기 위하여 하는 등기를 말한다.(감평 2011) 그 부합하지 않게 된 원인이 원시적이든 후발적이든 상관하지 않는다. 따라서 등기의 일부가 실체관계와 부합하지 아니하는 경우에 이를 실체관계와 부합하도록 시정하는 변경등기와 구별된다.

## XII 새 등기기록에의 이기

등기기록에 기록된 사항이 많아 취급하기에 불편하게 되는 등 합리적 사유로 등기기록을 옮겨 기록할 필요가 있는 경우에 등기관은 현재 효력이 있는 등기만을 새로운 등기기록에 옮겨 기록할 수 있다(법 제33조).(감평 2018)

# CHAPTER 4-2 등기절차 : 표시에 관한 등기

## 제1절 토지의 표시에 관한 등기

### I 등기사항

등기관은 토지 등기기록의 표제부에 다음 각 호의 사항을 기록하여야 한다(법 제34조). (표/접+원인→소/지/목→면적)

1. 표시번호(순위번호 ×)
2. 접수연월일 (접수번호 ×)
3. 소재와 지번(地番)
4. 지목(地目)
5. 면적
6. 등기원인(감평 2023) (표제부에 등기목적을 기록해야 한다. ×)

### II 토지표시변경등기의 신청★

토지의 분할, 합병이 있는 경우와 법 제34조의 등기사항(표/접+원인→소/지/목→면적 ; 표시번호, 접수연월일, 등기원인, 소재와 지번(地番), 지목(地目), 면적)에 변경이 있는 경우에는 그 토지 소유권의 등기명의인은 그 사실이 있는 때부터 1개월 이내에 그 등기를 신청하여야 한다(법 제35조). (감평 2011·2014·2020·2021·2023)

### III 직권에 의한 표시변경등기

① 등기관이 지적(地籍)소관청으로부터 「공간정보의 구축 및 관리 등에 관한 법률」 제88조제3항(토지소유자의 정리 ; 등기부에 적혀 있는 토지의 표시가 지적공부와 일치하지 아니하면 토지소유자를 정리할 수 없다. 이 경우 토지의 표시와 지적공부가 일치하지 아니하다는 사실을 관할 등기관서에 통지하여야 한다.)의 통지를 받은 경우에 법 제35조(변경등기의 신청 ; 토지의 분할, 합병이 있는 경우와 토지의 표시에 관한 등기사항에 변경이 있는 경우에는 그 토지 소유권의 등기명의인은 그 사실이 있는 때부터 1개월 이내에 그 등기를 신청하여야 한다.)의 기간 이내에 등기명의인으로부터 등기신청이 없을 때에는 그 통지서의 기재내용에 따른 변경의 등기를 직권으로 하여야 한다(법 제36조 제1항). (감평 2014)

② 제1항의 등기를 하였을 때에는 <u>등기관</u>은 지체 없이 그 사실을 <u>지적소관청과 소유권의 등기명의인</u>에게 알려야 한다(법 제36조 제2항 본문).(감평 2021) 다만, <u>등기명의인이 2인 이상인 경우에는 그 중 1인에게 통지</u>하면 된다(법 제36조 제2항 단서).(감평 2014)

## Ⅳ. 합필 제한

① <u>합필(合筆)</u>하려는 토지에 <u>다음 각 호의 등기 외(外)</u>의 권리에 관한 등기가 있는 경우에는 <u>합필의 등기를 할 수 없다</u>(법 제37조 제1항).
  1. <u>소유권·지상권·전세권·임차권 및 승역지(承役地 : 편익제공지)에 하는 지역권의 등기</u>
  2. <u>합필하려는 모든 토지</u>에 있는 <u>등기원인 및 그 연월일과 접수번호가 동일한 저당권</u>에 관한 등기
  3. <u>합필하려는 모든 토지</u>에 있는 신탁등기의 등기사항이 <u>동일한 신탁등기</u>
② <u>등기관</u>이 제1항을 위반한 등기의 신청을 <u>각하</u>하면 지체 없이 그 사유를 <u>지적소관청에 알려야 한다</u>(법 제37조 제2항).

## Ⅴ. 토지멸실등기의 신청

<u>토지가 멸실된 경우</u>에는 그 토지 소유권의 <u>등기명의인</u>은 <u>그 사실이 있는 때부터 1개월</u> 이내에 그 등기를 신청하여야 한다(법 제39조).(감평 2016·2021)

## 제2절 건물의 표시에 관한 등기

# I 등기사항

1. **건물 등기기록 표제부**(표/접+원인→소/지→건물/번호)

   등기관은 건물 등기기록의 표제부에 다음 각 호의 사항을 기록하여야 한다(법 제40조 제1항).

   1. 표시번호(순위번호 ×)
   2. 접수연월일(접수번호 ×)
   3. 소재, 지번 및 건물명칭(건축물대장에 건물명칭이 기재되어 있는 경우만 해당한다. 이하 이 조에서 같다) 및 번호. 다만, 같은 지번 위에 1개의 건물만 있는 경우에는 건물번호는 기록하지 아니한다. (중개 2020)
   4. 건물의 종류, 구조와 면적. 부속건물이 있는 경우에는 부속건물의 종류, 구조와 면적도 함께 기록한다.
   5. 등기원인
   6. 도면의 번호[같은 지번 위에 여러 개의 건물이 있는 경우와 「집합건물의 소유 및 관리에 관한 법률」 제2조제1호의 구분소유권(區分所有權)의 목적이 되는 건물(이하 "구분건물"이라 한다)인 경우로 한정한다](감평 2022·2024)(등기관은 구분건물인 경우 건물 등기기록의 표제부에 도면의 번호를 기록하여야 한다,○)

   ◆ 집합건물의 소유 및 관리에 관한 법률(이하 집합건물법) 제1조(건물의 구분소유)
   1동의 건물 중 구조상 구분된 여러 개의 부분이 독립한 건물로서 사용될 수 있을 때에는 그 각 부분은 이 법에서 정하는 바에 따라 각각 소유권의 목적으로 할 수 있다.

2. **구분건물과 대지권 등기**

   ① 등기할 건물이 구분건물(區分建物)인 경우에 등기관은 1동 건물의 등기기록의 표제부에는 소재와 지번, 건물명칭 및 번호를 기록하고 전유부분의 등기기록의 표제부에는 건물번호를 기록하여야 한다(법 제40조 제2항). (중개 2020)

   ② 구분건물에 「집합건물의 소유 및 관리에 관한 법률」 제2조제6호의 대지사용권(垈地使用權)으로서 건물과 분리하여 처분할 수 없는 것[이하 "대지권"(垈地權)이라 한다]이 있는 경우에는 등기관은 1동 건물의 등기기록의 표제부에 대지권의 목적인 토지의 표시에 관한 사항을 기록하고 「전유부분의 등기기록의 표제부」에는 대지권의 표시에 관한 사항을 기록하여야 한다(법 제40조 제3항). (중개 2023)

   ③ 등기관이 대지권등기를 하였을 때에는 직권으로 「대지권의 목적인 토지의 등기기록」에 소유권, 지상권, 전세권 또는 임차권이 「대지권이라는 뜻」을 기록하여야 한다(법 제40조 제4항). (감평 2018, 중개 2018)(등기관이 대지권등기를 하였을 경우 건축물대장 소관청의 촉탁으로 대지권의 목적인 토지의 등기기록에 소유권, 지역권, 전세권 또는 임차권이 대지권이라는 뜻을 기록하여야 한다,×)

④ 「대지권의 목적인 토지의 등기기록」에 「대지권이라는 뜻의 등기」를 한 경우로서 그 토지 등기기록에 소유권보존등기나 소유권이전등기 외(外)의 소유권에 관한 등기 또는 소유권 외(外)의 권리에 관한 등기가 있을 때에는 등기관은 그 건물의 등기기록 중 전유부분 표제부에 토지 등기기록에 「별도의 등기가 있다는 뜻」을 기록하여야 한다(규칙 제90조).

◆ 집합건물법 제2조(정의) 제6호
"대지사용권"이란 구분소유자가 전유부분을 소유하기 위하여 건물의 대지에 대하여 가지는 권리를 말한다.

## II 건물표시변경등기의 신청★

### 1. 1개월 이내 등기 신청

건물의 분할, 구분, 합병이 있는 경우와 법 제40조(건물표시에 관한 등기 사항 : 표/접+원인→소/지→건물/번호)의 등기사항에 변경이 있는 경우에는 그 건물 소유권의 등기명의인은 그 사실이 있는 때부터 1개월 이내에 그 등기를 신청하여야 한다(법 제41조 제1항).(감평 2012·2020, 중개 2018)

### 2. 구분건물

① 구분건물로서 표시등기만 있는 건물에 관하여는 법 제65조(소유권보존등기의 신청인) 각 호의 어느 하나에 해당하는 자가 건물표시변경등기를 신청하여야 한다(법 제41조 제2항).

② 구분건물로서 그 대지권의 변경이나 소멸이 있는 경우에는 구분건물의 소유권의 등기명의인은 1동의 건물에 속하는 다른 구분건물의 소유권의 등기명의인을 대위하여 그 등기를 신청할 수 있다(법 제41조 제3항).(감평 2014·2018·2023, 중개 2018·2020·2023)

③ 건물이 구분건물인 경우에 그 건물의 등기기록 중 1동 표제부에 기록하는 등기사항에 관한 변경등기는 그 구분건물과 같은 1동의 건물에 속하는 다른 구분건물에 대하여도 변경등기로서의 효력이 있다(법 제41조 제4항).(감평 2012·2023)

## III 합병 제한

① 합병하려는 건물에 다음 각 호의 등기 외(外)의 권리에 관한 등기가 있는 경우에는 합병의 등기를 할 수 없다(법 제42조 제1항).
  1. 소유권·전세권 및 임차권의 등기(감평 2014)
  2. 합병하려는 모든 건물에 있는 등기원인 및 그 연월일과 접수번호가 동일한 저당권에 관한 등기(중개 2018)(甲건물을 乙건물에 합병하는 경우 甲건물에만 저당권등기가 존재하는 경우에도 건물합병등기가 허용된다. ×)
  3. 합병하려는 모든 건물에 있는 법 제81조(신탁등기의 등기사항) 제1항 각 호의 등기사항이 동일한 신탁등기

② 등기관이 제1항을 위반한 등기의 신청을 각하하면 지체 없이 그 사유를 건축물대장 소관청에 알려야 한다(법 제42조 제2항).(중개 2018)

## Ⅳ 멸실등기1 : 건물이 멸실된 경우★

① 건물이 멸실된 경우에는 그 건물 소유권의 등기명의인은 그 사실이 있는 때부터 1개월 이내에 그 등기를 신청하여야 한다(법 제43조 제1항 전단).(감평 2012·2018) 이 경우 구분건물로서 표시등기만 있는 건물에 관하여는 법 제65조(소유권보존등기의 신청인) 각 호의 어느 하나에 해당하는 자가 건물의 멸실등기를 신청하여야 한다(법 제43조 제1항 후단·법 제41조 제2항).
② 제1항의 경우 그 소유권의 등기명의인이 1개월 이내에 멸실등기를 신청하지 아니하면 그 건물대지의 소유자가 건물 소유권의 등기명의인을 대위하여 그 등기를 신청할 수 있다(법 제43조 제2항).(중개 2022)
③ 구분건물로서 그 건물이 속하는 1동 전부가 멸실된 경우에는 그 구분건물의 소유권의 등기명의인은 1동의 건물에 속하는 다른 구분건물의 소유권의 등기명의인을 대위하여 1동 전부에 대한 멸실등기를 신청할 수 있다(법 제43조 제3항).(감평 2012·2024)

## Ⅴ 멸실등기2 : 건물의 부존재 ★

① 존재하지 아니하는 건물에 대한 등기가 있을 때에는 그 소유권의 등기명의인은 지체 없이 그 건물의 멸실등기를 신청하여야 한다(법 제44조 제1항).(감평 2002·2009·2011·2012·2018, 중개 2020)(1개월 이내×)
② 그 소유권의 등기명의인이 멸실등기를 신청하지 아니하면 그 건물대지의 소유자가 건물 소유권의 등기명의인을 대위하여 그 등기를 신청할 수 있다(법 제44조 제2항).
③ 구분건물로서 그 건물이 속하는 1동 전부가 부존재하는 경우에는 그 구분건물의 소유권의 등기명의인은 1동의 건물에 속하는 다른 구분건물의 소유권의 등기명의인을 대위하여 1동 전부에 대한 멸실등기를 신청할 수 있다(법 제44조 제3항).

## Ⅵ 멸실등기3 : 소유권 외(外)의 권리가 등기되어 있는 건물

① 소유권 외(外)의 권리가 등기되어 있는 건물에 대한 멸실등기의 신청이 있는 경우에 등기관은 그 권리의 등기명의인에게 1개월 이내의 기간을 정하여 그 기간까지 이의(異議)를 진술하지 아니하면 멸실등기를 한다는 뜻을 알려야 한다(법 제45조 제1항 본문).(중개 2024 : 소유권 외의 권리가 등기되어 있는 일반건물에 대해 멸실등기를 신청한 경우 각하사유에 해당한다.×) 다만, 건축물대장에 건물멸실의 뜻이 기록되어 있거나 소유권 외(外)의 권리의 등기명의인이 멸실등기에 동의한 경우에는 그러하지 아니하다(법 제45조 제1항 단서).

② 제1항 본문의 경우에는 법 제58조제2항부터 제4항까지(등기의 직권말소 : 직권말소사유에 해당함을 발견한 경우 등기권리자·등기의무자·등기상 이해관계인에게 이의를 진술하지 않으면 등기를 말소한다는 뜻을 통지해야 하고, 통지받을 자의 주소 등을 알 수 없으면 이를 공고하여야 한다, 직권말소에 대하여 이의를 진술한 자가 있으면 그 이의에 대해 결정해야 하고, 이의를 진술한 자가 없거나 이의를 각하한 경우에는 등기를 직권으로 말소해야 한다.)를 준용한다(법 제45조 제2항).

## Ⅶ 구분건물의 표시에 관한 등기

① 1동의 건물에 속하는 구분건물 중 일부만에 관하여 소유권보존등기를 신청하는 경우에는 나머지 구분건물의 표시에 관한 등기를 동시에 신청하여야 한다(법 제46조 제1항).(감평 2018·2023·2024, 중개 2023)
② 제1항의 경우에 구분건물의 소유자는 1동에 속하는 다른 구분건물의 소유자를 대위하여 그 건물의 표시에 관한 등기를 신청할 수 있다(법 제46조 제2항).(중개 2022)
③ 구분건물이 아닌 건물로 등기된 건물에 접속하여 구분건물을 신축한 경우에 그 신축건물의 소유권보존등기를 신청할 때에는 구분건물이 아닌 건물을 구분건물로 변경하는 건물의 표시변경등기를 동시에 신청하여야 한다(법 제46조 제3항 전단). 이 경우 제2항을 준용한다(법 제46조 제3항 후단).

## Ⅷ 규약상 공용부분의 등기와 규약폐지에 따른 등기

① 「집합건물의 소유 및 관리에 관한 법률」 제3조제4항에 따른 공용부분(共用部分)이라는 뜻의 등기는 소유권의 등기명의인이 신청하여야 한다(법 제47조 제1항 전단). 이 경우 공용부분인 건물에 소유권 외(外)의 권리에 관한 등기가 있을 때에는 그 권리의 등기명의인의 승낙이 있어야 한다(법 제47조 제1항 후단).
② 공용부분이라는 뜻을 정한 규약을 폐지한 경우에 공용부분의 취득자는 지체 없이 소유권보존등기(소유권이전등기×)를 신청하여야 한다(법 제47조 제2항).(중개 2020·2023)

> ◆ 집합건물법 제3조(공용부분)
> ① 여러 개의 전유부분으로 통하는 복도, 계단, 그 밖에 구조상 구분소유자 전원 또는 일부의 공용(共用)에 제공되는 건물부분은 구분소유권의 목적으로 할 수 없다.
> ② 법 제1조(건물의 구분소유) 또는 법 제1조의2(상가건물의 구분소유)에 규정된 건물부분과 부속의 건물은 규약으로써 공용부분으로 정할 수 있다.
> ③ 법 제1조(건물의 구분소유) 또는 법 제1조의2(상가건물의 구분소유)에 규정된 건물부분의 전부 또는 부속건물을 소유하는 자는 공정증서(公正證書)로써 제2항의 규약에 상응하는 것을 정할 수 있다.
> ④ 제2항과 제3항의 경우에는 공용부분이라는 취지를 등기하여야 한다.

# CHAPTER 4-3 등기절차 : 권리에 관한 등기

## 제1절 통칙

### I. 등기사항

① 등기관이 갑구 또는 을구에 권리에 관한 등기를 할 때에는 다음 각 호의 사항을 기록하여야 한다(법 제48조 제1항).
  1. 순위번호
  2. 등기목적(감평 2020)
  3. 접수연월일 및 접수번호(감평 2013)
  4. 등기원인 및 그 연월일
  5. 권리자(감평 2013·2020)
     (1) 권리자에 관한 사항을 기록할 때에는 권리자의 성명 또는 명칭 외에 주민등록번호 또는 부동산등기용등록번호와 주소 또는 사무소 소재지를 함께 기록하여야 한다(법 제48조 제2항).
     (2) 권리자가 2인 이상인 경우에는 권리자별 지분을 기록하여야 하고 등기할 권리가 합유(合有)인 때에는 그 뜻을 기록하여야 한다(법 제48조 제4항). (감평 2020)(총유×)

② 법 제26조(법인 아닌 사단 등의 등기신청)에 따라 법인 아닌 사단이나 재단 명의의 등기를 할 때에는 그 대표자나 관리인의 성명, 주소 및 주민등록번호를 함께 기록하여야 한다(법 제48조 제3항). (감평 2024, 중개 2018)

> ▶암기 필요적 권리 등기사항(수목원× ⇒ 순/목/원의 → 접수/권리자)
> 1. 순위번호
> 2. 등기목적
> 3. 등기원인 및 그 연월일
> 4. 접수번호 및 그 연월일
> 5. 권리자

## Ⅱ 부동산등기용등록번호의 부여절차

① 부동산등기용등록번호(이하 "등록번호"라 한다)는 다음 각 호의 방법에 따라 부여한다(법 제49조 제1항).
  1. 국가·지방자치단체·국제기관 및 외국정부의 등록번호는 국토교통부장관이 지정·고시한다. (감평 2021·2023)
  2. 주민등록번호가 없는 재외국민의 등록번호는 대법원 소재지 관할 등기소의 등기관이 부여하고, 법인의 등록번호는 주된 사무소(회사의 경우에는 본점, 외국법인의 경우에는 국내에 최초로 설치 등기를 한 영업소나 사무소를 말한다) 소재지 관할 등기소의 등기관이 부여한다.
  3. 법인 아닌 사단이나 재단 및 국내에 영업소나 사무소의 설치 등기를 하지 아니한 외국법인의 등록번호는 시장(「제주특별자치도 설치 및 국제자유도시 조성을 위한 특별법」 제10조제2항에 따른 행정시의 시장을 포함하며, 「지방자치법」 제3조제3항에 따라 자치구가 아닌 구를 두는 시의 시장은 제외한다), 군수 또는 구청장(자치구가 아닌 구의 구청장을 포함한다)이 부여한다. (감평 2024)
  4. 외국인의 등록번호는 체류지(국내에 체류지가 없는 경우에는 대법원 소재지에 체류지가 있는 것으로 본다)를 관할하는 지방출입국·외국인관서의 장이 부여한다.

> **◆ 부동산등기용등록번호**
> 1. 국토교통부장관 : 국가·지방자치단체·국제기관 및 외국정부
> 2. 시장·군수·구청장(자치구가 아닌 구의 구청장 포함)
>    (1) 법인 아닌 사단이나 재단
>    (2) 국내에 등기를 하지 않은 외국법인
> 3. 체류지 관할 지방출입국·외국인관서의 장 : 외국인
> 4. 등기관
>    (1) 대법원 소재 등기소 등기관 : 주민번호 없는 재외국민
>    (2) 주된 사무소 관할 등기소 등기관 : 법인

## Ⅲ 등기필정보

### 1. 등기권리자에 대한 등기필정보 통지

**(1) 원칙**

등기관이 새로운 권리에 관한 등기를 마쳤을 때에는 다음 각 호의 구분에 따른 방법으로 등기필정보를 작성하여 등기권리자에게 통지하여야 한다(법 제50조 제1항 본문·규칙 제107조). (중개 2019)
  1. 방문신청의 경우 : 등기필정보를 적은 서면(이하 "등기필정보통지서"라 한다)을 교부하는 방법.
  2. 전자신청의 경우 : 전산정보처리조직을 이용하여 송신하는 방법. 다만, 관공서가 등기권리자를 위하여 등기를 촉탁한 경우 그 관공서의 신청으로 등기필정보통지서를 교부할 수 있다.

**(2) 예외**

다음 각 호의 어느 하나에 해당하는 경우에는 등기필정보의 통지를 하지 아니한다(법 제50조 제1항 단서).

1. 등기권리자가 등기필정보의 통지를 원하지 아니하는 경우(규칙 제109조 제1항 ; 이 경우 등기신청할 때에 그 뜻을 신청정보의 내용으로 하여야 한다.)
2. 국가 또는 지방자치단체가 등기권리자인 경우(감평 2021)
3. 대법원 규칙으로 정하는 경우(규칙 제109조 제2항)
    (1) 등기필정보를 전산정보처리조직으로 통지받아야 할 자가 수신이 가능한 때부터 3개월 이내에 전산정보처리조직을 이용하여 수신하지 않은 경우
    (2) 등기필정보통지서를 수령할 자가 등기를 마친 때부터 3개월 이내에 그 서면을 수령하지 않은 경우
    (3) 법 제23조제4항(등기신청인 ; 등기절차의 이행 또는 인수를 명하는 판결에 의한 등기는 승소한 등기권리자 또는 등기의무자가 단독으로 신청하고, 공유물을 분할하는 판결에 의한 등기는 등기권리자 또는 등기의무자가 단독으로 신청한다.)에 따라 승소한 등기의무자가 등기신청을 한 경우(중개 2019)
    (4) 법 제28조(채권자대위권에 의한 등기신청)에 따라 등기권리자를 대위하여 등기신청을 한 경우
    (5) 법 제66조제1항(미등기부동산의 처분제한의 등기와 직권보존 ; 등기관이 미등기부동산에 대하여 법원의 촉탁에 따라 소유권의 처분제한의 등기를 할 때에는 직권으로 소유권보존등기를 하고, 처분제한의 등기를 명하는 법원의 재판에 따라 소유권의 등기를 한다는 뜻을 기록하여야 한다.)에 따라 등기관이 직권으로 소유권보존등기를 한 경우(중개 2019)

**2. 등기의무자의 등기필정보 제공**

① 등기권리자와 등기의무자가 공동으로 권리에 관한 등기를 신청하는 경우에 신청인은 그 신청정보와 함께 등기의무자의 등기필정보를 등기소에 제공하여야 한다(법 제50조 제2항 전단).
② 승소한 등기의무자가 단독으로 권리에 관한 등기를 신청하는 경우에도 또한 같다(법 제50조 제2항 후단).(중개 2019)

## Ⅳ 등기필정보가 없는 경우

① 등기필정보를 분실한 경우에는 관할등기소에서 재교부를 하지 않는다(중개 2019). 등기필정보를 분실한 경우 등 등기의무자의 등기필정보가 없을 때에는 등기의무자 또는 그 법정대리인(이하 "등기의무자등"이라 한다)이 등기소에 출석하여 등기관으로부터 등기의무자등임을 확인받아야 한다(법 제51조 본문).
② 다만, 등기신청인의 대리인(변호사나 법무사만을 말한다)이 등기의무자등으로부터 위임받았음을 확인한 경우 또는 신청서(위임에 의한 대리인이 신청하는 경우에는 그 권한을 증명하는 서면을 말한다) 중 등기의무자등의 작성부분에 관하여 공증(公證)을 받은 경우에는 그러하지 아니하다(법 제51조 단서).

# Ⅴ 부기로 하는 등기 ★

등기관이 다음 각 호의 등기를 할 때에는 <u>부기로 하여야 한다</u>(법 제52조 본문). 다만, <u>제5호</u>(권리의 변경이나 경정의 등기)의 등기는 <u>등기상 이해관계 있는 제3자의 승낙이 없는 경우에는</u> 그러하지 아니하다(법 제52조 단서).

1. <u>등기명의인표시</u>의 <u>변경</u>이나 <u>경정</u>의 등기(감평 2011·2013·2015·2022)
2. <u>소유권 외(外)</u>의 권리의 <u>이전등기</u>(감평 2013·2015·2022)
3. <u>소유권 외(外)</u>의 권리를 <u>목적</u>으로 하는 <u>권리</u>에 관한 등기(감평 2011·2022, 중개 2019) (전세권을 목적으로 하는 저당권설정등기○)(저당권에 대한 권리질권의 등기○)(☞ 민법 제348조(저당채권에 대한 질권과 부기등기) : 저당권으로 담보한 채권을 질권의 목적으로 한 때에는 그 저당권등기에 질권의 부기등기를 하여야 그 효력이 저당권에 미친다.)
4. <u>소유권 외(外)</u>의 권리에 대한 <u>처분제한</u> 등기(감평 2015·2022)(소유권에 관한 가처분등기! ✕)
5. <u>권리의 변경</u>이나 <u>경정</u>의 등기(감평 2011·2021, 중개 2019·2020·2021)(등기관이 권리의 변경이나 경정의 등기를 할 때에는 등기상 이해관계 있는 제3자의 승낙이 없는 경우에도 부기로 하여야 한다. ✕ / 전세금을 증액하는 전세권변경등기는 등기상 이해관계있는 제3자의 승낙 또는 이에 대항할 수 있는 재판의 등본이 없으면 부기등기가 아닌 주등기로 해야 한다. ○)
6. 법 제53조의 <u>환매특약등기</u>(감평 2011·2013·2015·2024, 중개 2019)
7. 법 제54조의 <u>권리소멸약정등기</u>(감평 2013·2015)
8. 법 제67조제1항 후단의 <u>공유물 분할금지의 약정등기</u>(중개 2022)
   (☞ 법 제67조(소유권의 일부이전) 제1항 ; 등기관이 소유권의 일부에 관한 이전등기를 할 때에는 이전되는 지분을 기록하여야 한다. 이 경우 등기원인에 민법 제268조 제1항 단서의 약정이 있을 때에는 그 약정에 관한 사항도 기록하여야 한다.)
   (☞ 민법 제268조(공유물의 분할청구) 제1항 ; 공유자는 공유물의 분할을 청구할 수 있다. 그러나 5년내의 기간으로 분할하지 아니할 것을 약정할 수 있다.)
9. 그 밖에 <u>대법원규칙</u>(규칙 제82조·규칙 118조·규칙 제135조)으로 정하는 등기
   (1) <u>일부 말소 회복등기</u> : 말소된 등기에 대한 회복 신청을 받아 등기관이 등기를 회복할 때에는 <u>회복의 등기를 한 후(後)</u> 다시 <u>말소된 등기와 같은 등기</u>를 하여야 한다(규칙 118조 본문).(감평 2013·2022)(말소회복등기는 부기등기로 해야 한다. ✕) 다만, <u>등기전체가 아닌 일부 등기사항만 말소된 것</u>일 때에는 부기에 의하여 말소된 등기사항만 다시 등기한다(규칙 118조 단서).
   (2) <u>공동저당 등기</u>에서 공동담보 목적으로 <u>새로운 부동산을 추가하는 등기를 하는 경우</u> [규칙 제135조 제4항 ; 공동담보 목적으로 새로 추가되는 부동산의 등기기록에는 그 등기의 끝부분에 공동담보라는 뜻을 기록하고 종전에 등기한 부동산의 등기기록에는 해당 등기에 부기등기로 그 뜻을 기록하여야 한다.(중개 2021)]
   (3) <u>법 제38조</u> [합필의 특례 ; 이해관계인의 승낙이 있으면 토지합병절차를 마친 後 토지합필등기를 하기 전에 합병된 토지 중 어느 토지에 관하여 소유권이전등기가 된 경우에는 합필 후의 토지를 공유(共有)로 하는 합필등기를 신청할 수 있고, 합필등기 제한 사유에 해당하는 권리에 관한 등기가 된 경우에는 그 권리의 목적물을 합필 후의 토지에 관한 지분으로 하는 합필등기를 신청할 수 있다.] 에 따른 <u>합필 특례</u>에 따른 등기를 하는 경우(규칙 제82조 ; 합필등기를 마친 후 종전 토지의 소유권의 등기를 공유지분으로 변경하는 등기를 부기로 하여야 한다.)
   (4) <u>신탁재산</u>에 속하는 부동산의 거래에 관한 <u>주의사항의 등기</u> : 신탁재산이 소유권인 경우 등기관은 법 제81조(신탁등기의 등기사항)제1항에 따라 신탁재산에 속하는 부동산의 거래에 관한 <u>주의사항</u>을 신탁등기에 부기등기로 기록하여야 한다(규칙 제139조의4 제1항).

> **암기** 부기등기(소유권 外→변·경→약정)
> 1. **소유권 외(外)**의 권리(이/권→처분제한)
>    (1) **소유권 외(外)**의 권리의 **이전등기**
>    (2) **소유권 외(外)**의 권리를 목적으로 하는 **권리에 관한 등기**
>    (3) **소유권 외(外)**의 권리에 대한 **처분제한의 등기**
> 2. **변경·경정** 등기(부동산표시×)
>    (1) 권리(등기상 이해관계 있는 제3자의 승낙 要)
>    (2) 등기명의인표시
> 3. **약정**(환/금/소)
>    (1) **환**매특약등기
>    (2) 공유물 분할**금**지 약정등기
>    (3) 권리**소**멸약정등기
> 4. 대법원 규칙
>    (1) **일부** 말소회복등기(전부 말소회복등기×)
>    (2) 공동담보 목적으로 새로운 부동산 추가
>    (3) 합필 특례에 따른 등기
>    (4) **신탁재산**이 소유권인 경우 : **신탁재산**에 속하는 부동산의 거래에 관한 **주의사항**

## Ⅵ 환매특약의 등기

등기관이 **환매특약의 등기**를 할 때에는 다음 각 호의 사항을 기록하여야 한다(법 제53조 본문).(감평 2009) 다만, **제3호는 등기원인**에 그 사항이 정하여져 있는 경우에만 기록한다(법 제53조 단서).
1. 매수인이 지급한 **대금**(감평 2023, 중개 2021·2022)
2. 매매비용(감평 2020·2021, 중개 2021·2022)
3. 환매기간(중개 2022·2024)

## Ⅶ 권리소멸약정의 등기

등기원인에 권리의 소멸에 관한 약정이 있을 경우 신청인은 그 약정에 관한 등기를 신청할 수 있다(법 제54조).(감평 2013·2020·2023)

## Ⅷ 등기의 말소

① 등기의 말소를 신청하는 경우에 그 말소에 대하여 등기상 이해관계 있는 제3자가 있을 때에는 제3자의 승낙이 있어야 한다(법 제57조 제1항).(감평 2023)

② 제1항에 따라 등기를 말소할 때에는 등기상 이해관계 있는 제3자 명의의 등기는 등기관이 직권으로 말소한다(법 제57조 제2항).

> ☞ 등기상 이해관계 있는 제3자란 말소등기를 함으로써 손해를 입을 우려가 있는 등기상의 권리자로서 그 손해를 입을 우려가 있다는 것이 등기부 기재에 의하여 형식적으로 인정되는 자이고, 그 제3자가 승낙의무를 부담하는지 여부는 그 제3자가 말소등기권리자에 대한 관계에서 그 승낙을 하여야 할 실체법상의 의무가 있는지 여부에 의하여 결정된다(대법원 2005다43753 판결).

## IX 말소등기의 회복

① 말소된 등기의 회복(回復)을 신청하는 경우에 등기상 이해관계 있는 제3자가 있을 때에는 그 제3자의 승낙이 있어야 한다(법 제59조). (감평 2013)
② 말소된 등기에 대한 회복 신청을 받아 등기관이 등기를 회복할 때에는 회복의 등기를 한 후(後) 다시 말소된 등기와 같은 등기를 하여야 한다(규칙 제118조 본문). 다만, 등기전체가 아닌 일부 등기사항만 말소된 것일 때에는 부기에 의하여 말소된 등기사항만 다시 등기한다(규칙 제118조 단서). (감평 2011) (등기상 이해관계 없는 경우의 등기사항 전부의 말소회복등기는 부기등기로 해야 한다. ×)

◎ 정리
◆ 등기상 이해관계있는 제3자의 승낙을 要하는 경우(말소/회복→부/착)
1. 말소등기 : 등기의 말소를 신청하는 경우에 그 말소에 대하여 등기상 이해관계 있는 제3자가 있을 때에는 제3자의 승낙이 있어야 한다(법 제57조 제1항).
2. 말소회복등기 : 말소된 등기의 회복(回復)을 신청하는 경우에 등기상 이해관계 있는 제3자가 있을 때에는 그 제3자의 승낙이 있어야 한다(법 제59조).
3. 권리의 변경·경정 등기 : 부기등기로 하는 경우(법 제52조 단서)
4. 등기관 착오로 인한 직권 경정등기 : 등기관이 등기의 착오나 빠진 부분이 등기관의 잘못으로 인한 것임을 발견한 경우에는 지체 없이 그 등기를 직권으로 경정하여야 한다(법 제32조 제2항 본문). 다만, 등기상 이해관계 있는 제3자가 있는 경우에는 제3자의 승낙이 있어야 한다(법 제32조 제2항 단서).

## X 직권에 의한 등기의 말소

① 등기관이 등기를 마친 후(後) 그 등기가 법 제29조(신청의 각하) 제1호(사건이 그 등기소의 관할이 아닌 경우) 또는 제2호(사건이 등기할 것이 아닌 경우)에 해당된 것임을 발견하였을 때에는 등기권리자, 등기의무자와 등기상 이해관계 있는 제3자에게 1개월 이내의 기간을 정하여 그 기간에 이의를 진술하지 아니하면 등기를 말소한다는 뜻을 통지하여야 한다(법 제58조 제1항). (감평 2015·2024) (등기관이 등기를 마친 후 그 등기가 신청할 권한이 없는 자가 신청한 것임을 발견한 때에는 등기를 직권말소한다는 뜻을 통지하여야 한다. ×)

② 제1항의 경우 통지를 받을 자의 주소 또는 거소(居所)를 알 수 없으면 제1항의 통지를 갈음하여 제1항의 기간 동안 등기소 게시장에 이를 게시하거나 대법원 인터넷등기소에 게시하는 방법으로 공고하여야 한다(법 제58조 제2항·규칙 제117조 제2항).

③ 등기관은 제1항의 말소에 관하여 이의를 진술한 자가 있으면 그 이의에 대한 결정을 하여야 한다(법 제58조 제3항).

④ 등기관은 제1항의 기간 이내에 이의를 진술한 자가 없거나 이의를 각하한 경우에는 제1항의 등기를 직권으로 말소하여야 한다(법 제58조 제4항).(감평 2015)(「사건이 그 등기소의 관할이 아닌 경우」 또는 「사건이 등기할 것이 아닌 경우」에는 등기관이 직권으로 말소할 수 있다.○) 이 경우 말소등기를 할 때에는 그 사유와 등기연월일을 기록하여야 한다(규칙 제117조 제3항).

## XI 대지사용권의 취득

① 구분건물을 신축한 자가 「집합건물의 소유 및 관리에 관한 법률」 제2조제6호(대지사용권"이란 구분소유자가 전유부분을 소유하기 위하여 건물의 대지에 대하여 가지는 권리를 말한다.)의 대지사용권을 가지고 있는 경우에 대지권에 관한 등기를 하지 아니하고 구분건물에 관하여만 소유권이전등기를 마쳤을 때에는 현재의 구분건물의 소유명의인과 공동으로 대지사용권에 관한 이전등기를 신청할 수 있다(법 제60조 제1항).

② 구분건물을 신축하여 양도한 자가 그 건물의 대지사용권을 나중에 취득하여 이전하기로 약정한 경우에는 제1항을 준용한다(법 제60조 제2항).

③ 제1항 및 제2항에 따른 등기는 대지권에 관한 등기와 동시에 신청하여야 한다(법 제60조 제3항).

## XII 구분건물의 등기기록에 대지권등기가 되어 있는 경우

① 대지권을 등기한 후(後)에 한 건물의 권리에 관한 등기는 대지권에 대하여 동일한 등기로서 효력이 있다(법 제61조 제1항 본문). 다만, 그 등기에 건물만에 관한 것이라는 뜻의 부기가 되어 있을 때에는 그러하지 아니하다(법 제61조 제1항 단서).(감평 2013)

> ☞ (ⅰ) 건물 등기기록에 대지권의 등기를 한 경우에 건물에 관하여 소유권보존등기와 소유권이전등기 外의 소유권에 관한 등기(압류 등기) 또는 소유권 外의 권리에 관한 등기(임차권, 전세권)가 있을 때에는 그 등기에 건물만에 관한 것이라는 뜻을 기록하여야 한다(규칙 제92조 제1항 본문). 다만, 그 등기가 저당권에 관한 등기로서 대지권에 대한 등기와 등기원인, 그 연월일과 접수번호가 같은 것일 때에는 그러하지 아니하다(규칙 제92조 제1항 단서).
> (ⅱ) 대지권등기가 되어 있는 집합건물의 경우 대지권인 공유지분에는 용익물권인 전세권을 설정할 수 없고 전유부분만에 대하여 전세권 설정등기를 하게 된다. 이 경우 전세권등기에 부기등기로 건물만에 관한 것이라는 뜻의 등기를 등기관이 직권으로 기록하게 된다.

② 대지권에 대한 등기로서의 효력이 있는 등기와 대지권의 목적인 토지의 등기기록 중 해당 구에 한 등기의 순서는 접수번호에 따른다(법 제61조 제2항).(감평 2002, 중개 2018)
③ 대지권이 등기된 구분건물의 등기기록에는 건물만에 관한 소유권이전등기 또는 저당권설정등기, 그 밖에 이와 관련이 있는 등기를 할 수 없다(법 제61조 제3항).(감평 2024, 중개 2018)
④ 토지의 소유권이 대지권인 경우에 대지권이라는 뜻의 등기가 되어 있는 토지의 등기기록에는 소유권이전등기, 저당권설정등기, 그 밖에 이와 관련이 있는 등기를 할 수 없다(법 제61조 제4항).(중개 2018)
⑤ 지상권, 전세권 또는 임차권이 대지권인 경우에는 제4항을 준용한다(법 제61조 제5항).

## XIII 소유권변경 사실의 통지

등기관이 다음 각 호의 등기를 하였을 때에는 지체 없이 그 사실을 토지의 경우에는 지적소관청에, 건물의 경우에는 건축물대장 소관청에 각각 알려야 한다(법 제62조).

1. 소유권의 보존 또는 이전(감평 2010)
2. 소유권의 등기명의인표시의 변경 또는 경정(감평 2010, 중개 2020)
3. 소유권의 변경 또는 경정(감평 2010·2023)
4. 소유권의 말소 또는 말소회복(감평 2010)

◆ 소유권변경 사실 통지 : 지적소관청·건축물대장 소관청
  1. 소유권 : 보존·이전·변경·경정·말소·말소회복
  2. 소유권의 등기명의인표시 : 변경·경정
☞ 부동산표시 ×
☞ 농익한 토지에 중복하여 등기된 것을 발견한 경우 ×(감평 2010)

## XIV 과세자료의 제공

등기관이 소유권의 보존 또는 이전의 등기[가등기(假登記)를 포함한다]를 하였을 때에는 대법원규칙으로 정하는 바에 따라 지체 없이 그 사실을 부동산 소재지 관할 세무서장에게 통지하여야 한다(법 제63조).

## 제2절 소유권에 관한 등기

### I 소유권보존등기의 등기사항★

등기관이 소유권보존등기를 할 때에는 법 제48조제1항제4호(등기사항 : 등기원인 및 그 연월일)에도 불구하고 등기원인과 그 연월일을 기록하지 아니한다(법 제64조). (감평 2016·2020·2023, 중개 2018·2019·2020·2022)

### II 소유권보존등기의 신청인★

미등기의 토지 또는 건물에 관한 소유권보존등기는 다음 각 호의 어느 하나에 해당하는 자가 신청할 수 있다(법 제65조). (감평 2011·2024)

1. 토지대장, 임야대장 또는 건축물대장에 최초의 소유자로 등록되어 있는 자 또는 그 상속인, 그 밖의 포괄승계인(감평 2011·2014, 중개 2022)
2. 확정판결에 의하여 자기의 소유권을 증명하는 자(감평 2011·2014)
3. 수용(收用)으로 인하여 소유권을 취득하였음을 증명하는 자(감평 2011·2014·2023, 중개 2022)
4. 특별자치도지사, 시장, 군수 또는 구청장(자치구의 구청장을 말한다)의 확인에 의하여 자기의 소유권을 증명하는 자(건물의 경우로 한정한다)(감평 2011·2014, 중개 2018·2019·2022)

> ▶암기 미등기 부동산에 관한 소유권보존등기 신청인 (대/판/수/건)
> 1. 대장 : 대장에 최초 소유자 등록된 자(+ 상속인·포괄승계인)
> 2. 판결 : 확정판결에 의해 소유권 증명
> 3. 수용 : 수용으로 소유권 취득
> 4. 건물 : 특별자치도지사·시장·군수·구청장의 확인에 의해 소유권 증명

### III 미등기부동산의 처분제한의 등기와 직권보존★

등기관이 미등기부동산에 대하여 법원의 촉탁에 따라 소유권의 처분제한의 등기를 할 때에는 직권으로 소유권보존등기를 하고, 처분제한의 등기를 명하는 법원의 재판에 따라 소유권의 등기를 한다는 뜻을 기록하여야 한다(법 제66조 제1항). (감평 2016, 중개 2018·2019·2020·2022)

## Ⅳ 소유권의 일부이전

① 등기관이 <u>소유권의 일부</u>에 관한 이전등기를 할 때에는 <u>이전되는 지분</u>을 <u>기록</u>하여야 한다(법 제67조 제1항 전단). (감평 2016, 중개 2020) 이 경우 등기원인에 「<u>민법</u>」 <u>제268조제1항 단서의 약정</u>(공유물 분할청구 금지 약정 ; 5년 내의 기간으로 분할하지 아니할 수 있다는 약정)이 있을 때에는 그 약정에 관한 사항도 기록하여야 한다(법 제67조 제1항 후단). (중개 2020)

② 제1항 후단의 <u>공유물 분할청구 금지 약정의 변경등기</u>는 <u>공유자 전원</u>이 <u>공동</u>으로 <u>신청</u>하여야 한다(법 제67조 제2항). (중개 2021)

## Ⅴ 거래가액의 등기

등기관이 「부동산 거래신고 등에 관한 법률」 제3조제1항(부동산 거래의 신고 ; 거래당사자는 부동산의 매매계약 등을 체결한 경우 그 실제 거래가격 등에 관한 사항을 거래계약의 체결일부터 30일 이내에 그 권리의 대상인 부동산 등의 소재지를 관할하는 시장·군수 또는 구청장에게 공동으로 신고하여야 한다.)에서 정하는 <u>계약</u>을 <u>등기원인</u>으로 한 <u>소유권이전등기</u>를 하는 경우에는 <u>대법원규칙</u>(규칙 제124조 제2항)으로 정하는 바에 따라 <u>거래가액</u>을 <u>기록</u>한다(법 제68조). (중개 2022)

## 제3절 용익권(用益權)에 관한 등기

### I 지상권의 등기사항

① 지상권자는 타인의 토지에 건물 기타 공작물이나 수목을 소유하기 위하여 그 토지를 사용할 권리가 있다(민법 제279조).
② 등기관이 지상권설정의 등기를 할 때에는 법 제48조(권리 등기사항 : 순위번호, 등기목적, 등기원인 및 그 연월일, 접수연월일 및 접수번호, 권리자)에서 규정한 사항 외(外)에 다음 각 호의 사항을 기록하여야 한다(법 제69조 본문). 다만, 제3호부터 제5호까지는 등기원인에 그 약정이 있는 경우에만 기록한다(법 제69조 단서).
  1. 지상권설정의 목적(예 : 철근콘크리트조 건물의 소유, 수목의 소유)
  2. 범위(감평 2017)(예 : 토지의 전부)(중개 2023 : 1필 토지 전부에 지상권설정등기를 하는 경우, 지상권 설정의 범위를 기록하지 않는다. ×)
  3. 존속기간(중개 2024)
  4. 지료와 지급시기(감평 2022)
  5. 「민법」 제289조의2제1항 후단의 약정(구분지상권 : 지하 또는 지상의 공간은 상하의 범위를 정하여 건물 기타 공작물을 소유하기 위한 지상권의 목적으로 할 수 있다. 이 경우 설정행위로써 지상권의 행사를 위하여 토지의 사용을 제한할 수 있다.)
  6. 지상권설정의 범위가 토지의 일부인 경우에는 그 부분을 표시한 도면의 번호(중개 2020)
③ 지상권설정의 범위가 부동산의 일부인 경우에는 그 부분을 표시한 지적도를 첨부정보로서 등기소에 제공하여야 한다(규칙 제126조). (중개 2020)

### II 지역권의 등기사항

1. 승역지지역권의 등기사항
   ① 지역권자는 일정한 목적을 위하여 타인의 토지를 자기토지의 편익에 이용하는 권리가 있다(민법 제291조). 편익제공지를 승역지(承役地)라 하고, 편익필요지를 요역지(要役地)라 한다.
   ② 등기관이 승역지의 등기기록에 지역권설정의 등기를 할 때에는 법 제48조제1항제1호부터 제4호까지(권리 등기사항 : 순위번호, 등기목적, 등기원인 및 그 연월일, 접수연월일 및 접수번호, /권리자×)에서 규정한 사항 외(外)에 다음 각 호의 사항을 기록하여야 한다(법 제70조 본문). 다만, 제4호는 등기원인에 그 약정이 있는 경우에만 기록한다(법 제70조 단서).
      1. 지역권설정의 목적(예 : 토지의 통행)
      2. 범위(감평 2022)(예 : 토지의 전부, 동측 50㎡)
      3. 요역지
      4. 「민법」 제292조제1항 단서(부종성 : 지역권은 요역지소유권에 부종하여 이전하며 또는 요역지에 대한 소유

권이외의 권리의 목적이 된다. 그러나 다른 약정이 있는 때에는 그 약정에 의한다.), 제297조제1항 단서(용수지역권 ; 용수승역지의 수량이 요역지 및 승역지의 수요에 부족한 때에는 그 수요정도에 의하여 먼저 가용에 공급하고 다른 용도에 공급하여야 한다. 그러나 설정행위에 다른 약정이 있는 때에는 그 약정에 의한다.) 또는 제298조(승역지소유자의 의무와 승계 ; 계약에 의하여 승역지소유자가 자기의 비용으로 지역권의 행사를 위하여 공작물의 설치 또는 수선의 의무를 부담한 때에는 승역지소유자의 특별승계인도 그 의무를 부담한다.)의 <u>약정</u>

  5. <u>승역지의 일부</u>에 지역권설정의 등기를 할 때에는 <u>그 부분을 표시한 도면의 번호</u>

## 2. 요역지지역권의 등기사항

① 등기관이 <u>승역지</u>에 <u>지역권설정의 등기</u>를 하였을 때에는 <u>직권</u>으로 <u>요역지</u>의 <u>등기기록</u>에 다음 각 호의 사항을 기록하여야 한다(법 제71조 제1항).(중개 2020)

  1. 순위번호  2. 등기목적  3. 승역지
  4. 지역권설정의 목적  5. 범위  6. 등기연월일

② 등기관이 <u>승역지</u>에 <u>지역권변경</u> 또는 <u>말소의 등기</u>를 하였을 때에는 <u>직권</u>으로 <u>요역지</u>의 <u>등기기록</u>에 <u>변경</u> 또는 <u>말소</u>의 등기를 하여야 한다(법 제71조 제4항).


# Ⅲ 전세권 등의 등기사항★

## 1. 전세권·전전세권 등기사항

① <u>전세권자</u>는 전세금을 지급하고 타인의 부동산을 점유하여 그 부동산의 용도에 좇아 사용·수익하며, 그 부동산 전부에 대하여 후순위권리자 기타 채권자보다 전세금의 우선변제권을 받을 권리가 있다(민법 제303조 제1항).

② 등기관이 <u>전세권설정</u>이나 <u>전전세(轉傳貰)</u>의 등기를 할 때에는 <u>법 제48조</u>(권리 등기사항 ; 순위번호, 등기목적, 등기원인 및 그 연월일, 접수연월일 및 접수번호, 권리자)에서 규정한 사항 <u>외(外)</u>에 다음 각 호의 사항을 기록하여야 한다(법 제72조 제1항 본문). 다만, <u>제3호부터 제5호까지는 등기원인에 그 약정이 있는 경우에만</u> 기록한다(법 제72조 제1항 단서).

  1. <u>전세금 또는 전전세금</u>(중개 2021·2022)
  2. <u>범위</u>(감평 2009)(예, 주택 2층 중 동쪽 50㎡)
  3. <u>존속기간</u>(감평 2022, 중개 2021)
  4. <u>위약금</u> 또는 배상금(감평 2017, 중개 2024)
  5. 「민법」 제306조 단서의 약정(전세권의 양도, 임대등 ; 전세권자는 전세권을 타인에게 양도 또는 담보로 제공할 수 있고 그 존속기간내에서 그 목적물을 타인에게 전전세 또는 임대할 수 있다. 그러나 설정행위로 이를 금지한 때에는 그러하지 아니하다.)
  6. <u>전세권설정이나 전전세의 범위가 부동산의 일부인 경우에는 그 부분을 표시한 도면의 번호</u>(중개 2021·2022)

③ 전세권설정 또는 전전세의 범위가 <u>부동산의 일부</u>인 경우에는 그 부분을 표시한 <u>지적도</u>나 <u>건물도면</u>을 <u>첨부정보</u>로서 등기소에 제공하여야 한다(규칙 제128조 제2항).

☞ 건물의 일부에 대한 전세권도 등기할 수 있다.(○)(감평 2009)
☞ 건물소유권의 공유지분 일부에 대하여는 전세권설정등기를 할 수 없다.(○)(중개 2021)

2. 전세금반환채권의 일부양도에 따른 전세권 일부이전등기★
   ① 등기관이 전세금반환채권의 일부 양도를 원인으로 한 전세권 일부이전등기를 할 때에는 양도액을 기록한다(법 제73조 제1항).(감평 2017·2021, 중개 2021)
   ② 전세권 일부이전등기의 신청은 전세권의 존속기간의 만료 전(前)에는 할 수 없다(법 제73조 제2항 본문).(중개 2020) 다만, 존속기간 만료 전이라도 해당 전세권이 소멸하였음을 증명하여 신청하는 경우에는 그러하지 아니하다(법 제73조 제2항 단서).

## Ⅳ 임차권 등의 등기사항★

① 임대차는 당사자일방이 상대방에게 목적을 사용, 수익하게 할 것을 약정하고, 상대방이 이에 대하여 차임을 지급할 것을 약정함으로써 그 효력이 생긴다(민법 제618조).
② 등기관이 임차권 설정 또는 임차물 전대(轉貸)의 등기를 할 때에는 법 제48조(권리 등기사항 : 순위번호, 등기목적, 등기원인 및 그 연월일, 접수연월일 및 접수번호, 권리자)에서 규정한 사항 외(外)에 다음 각 호의 사항을 기록하여야 한다(법 제74조 본문). 다만, 제3호부터 제6호까지는 등기원인에 그 사항이 있는 경우에만 기록한다(법 제74조 단서).

1. 차임(借賃)(감평 2020)(중개 2023 : 차임이 없이 보증금의 지급만을 내용으로 하는 채권적전세의 경우, 임차권설정등기기록에 차임 및 임차보증금을 기록하지 않는다.×)
2. 범위
3. 차임지급시기(감평 2020·중개 2020·2024)
4. 존속기간.(감평 2020) 다만, 처분능력 또는 처분권한 없는 임대인에 의한 「민법」제619조 [처분능력 또는 권한없는 자가 임대차를 할 경우 그 임대차는 일정 기간(단기임대차기간 : 10년, 5년, 3년, 6월)을 넘지 못한다.]의 단기임대차인 경우에는 그 뜻도 기록한다.
5. 임차보증금(감평 2020)
6. 임차권의 양도 또는 임차물의 전대에 대한 임대인의 동의
7. 임차권설정 또는 임차물전대의 범위가 부동산의 일부인 때에는 그 부분을 표시한 도면의 번호

> 암기 용익권 : 필요적 등기사항(순/목/원의 → 접수/권리자)
> 1. 지상권(목/범/도) : 지상권설정의 목적, 범위, 도면의 번호
> 2. 지역권(승역지 : 권리자×)(목/범/도 + 요역지) : 지역권설정의 목적, 범위, 도면의 번호 + 요역지
> 3. 전세권(전/범/도) : 전세금(전전세금), 범위, 도면의 번호
> 4. 임차권(차/범/도) : 차임, 범위, 도면의 번호

## 제4절 담보권에 관한 등기

### I. 저당권의 등기사항★

**1. 저당권등기**

① 저당권자는 채무자 또는 제삼자의 점유를 이전하지 아니하고 채무의 담보로 제공한 부동산에 대하여 다른 채권자보다 자기채권의 우선변제를 받을 권리가 있다(민법 제356조).

② 등기관이 저당권설정의 등기를 할 때에는 법 제48조(권리 등기사항 : 순위번호, 등기목적, 등기원인 및 그 연월일, 접수연월일 및 접수번호, 권리자)에서 규정한 사항 외(外)에 다음 각 호의 사항을 기록하여야 한다(법 제75조 제1항 본문). 다만, 제3호부터 제8호까지는 등기원인에 그 약정이 있는 경우에만 기록한다(법 제75조 제1항 단서).

1. 채권액(감평 2013)
2. 채무자의 성명 또는 명칭과 주소 또는 사무소 소재지
3. 변제기(辨濟期)(감평 2013·2015·2022, 중개 2018·2019)(근저당권설정등기 신청서에 변제기 및 이자를 기재하여야 한다, ×)
4. 이자 및 그 발생기·지급시기(감평 2013)
5. 원본(元本) 또는 이자의 지급장소(중개 2024)
6. 채무불이행(債務不履行)으로 인한 손해배상에 관한 약정
7. 「민법」 제358조 단서의 약정(저당권의 효력의 범위 : 저당권의 효력은 저당부동산에 부합된 물건과 종물에 미친다. 그러나 법률에 특별한 규정 또는 설정행위에 다른 약정이 있으면 그러하지 아니하다.)
8. 채권의 조건(감평 2013)

**2. 근저당권등기**

① 저당권은 그 담보할 채무의 최고액만을 정하고 채무의 확정을 장래에 보류하여 이를 설정할 수 있다(민법 제357조 전단). 이 경우에는 그 확정될 때까지의 채무의 소멸 또는 이전은 저당권에 영향을 미치지 아니한다(민법 제357조 후단).

② 등기관은 저당권의 내용이 근저당권(根抵當權)인 경우에는 법 제48조(권리 등기사항 : 순위번호, 등기목적, 등기원인 및 그 연월일, 접수연월일 및 접수번호, 권리자)에서 규정한 사항 외(外)에 다음 각 호의 사항을 기록하여야 한다(법 제75조 제2항 본문). 다만, 제3호 및 제4호는 등기원인에 그 약정이 있는 경우에만 기록한다(법 제75조 제2항 단서).

1. 채권의 최고액(감평 2017·2023)
2. 채무자의 성명 또는 명칭과 주소 또는 사무소 소재지(중개 2023 : 채무자의 주민등록번호를 등기기록에 기록하여야 한다, ×)
3. 「민법」 제358조 단서의 약정(저당권의 효력의 범위 : 저당권의 효력은 저당부동산에 부합된 물건과 종물에 미친다. 그러나 법률에 특별한 규정 또는 설정행위에 다른 약정이 있으면 그러하지 아니하다.)
4. 존속기간(중개 2018·2020·2022)(근저당권의 존속기간은 등기할 수 없다, ×)

☞ 근저당권 등기에서 피담보채권의 변제기는 등기사항에 해당한다. (×/저당권 등기에서는 변제기를 등기원인에 약정이 있는 경우 등기사항에 해당한다. 그러나 근저당권 등기에서는 변제기를 등기사항으로 규정하고 있지 않다.)(중개 2020)

> **암기** 저당권·근저당권 필요적 등기사항(순/목/원의 → 접수/권리자)

≪채권/채무≫
1. 저당권 : 채권액·채무자
2. 근저당권 : 채권최고액·채무자

> **암기** 저당권 임의적 등기사항(장/손의 → 변/이/조/범)
1. 지급장소(원본 or 이자)
2. 손해배상 약정(채무불이행으로 인한 손해배상에 관한 약정)
3. 변제기
4. 이자(발생기·지급시기)
5. 채권의 조건
6. 저당권의 효력의 범위에 관한 다른 약정(저당부동산에 부합된 물건과 종물에 대한 효력)

> **암기** 근저당권 임의적 등기사항(존속 → 범위)
1. 존속기간
2. 근저당권의 효력의 범위에 관한 다른 약정(저당부동산에 부합된 물건과 종물에 대한 효력)

## II 저당권부채권에 대한 질권 등의 등기사항

### 1. 저당권에 대한 권리질권의 등기

등기관이 「민법」 제348조(저당채권에 대한 질권과 부기등기 : 저당권으로 담보한 채권을 질권의 목적으로 한 때에는 그 저당권등기에 질권의 부기등기를 하여야 그 효력이 저당권에 미친다.)에 따라 <u>저당권부채권(抵當權附債權)</u>에 대한 <u>질권의 등기</u>를 할 때에는 <u>법 제48조에서 규정한 사항 외(外)</u>에 다음 각 호의 사항을 <u>기록하여야 한다</u>(법 제76조 제1항).(중개 2020)

1. <u>채권액</u> 또는 <u>채권최고액</u>(중개 2018)(저당권부 채권에 대한 질권을 설정함에 있어서 채권최고액은 등기할 수 없다. ×)
2. <u>채무자</u>의 성명 또는 명칭과 주소 또는 사무소 소재지
3. <u>변제기와 이자의 약정</u>이 있는 경우에는 그 내용(감평 2015)

### 2. 저당권에 대한 채권담보권의 등기

등기관이 「동산·채권 등의 담보에 관한 법률」 제37조(채권담보권에 관하여는 그 성질에 반하지 아니하는 범위에서 민법 제348조를 준용한다.)에서 <u>준용</u>하는 「<u>민법」 제348조</u>(저당채권에 대한 질권과 부기등기 : 저당권으로 담

된 채권을 질권의 목적으로 한 때에는 그 저당권등기에 질권의 부기등기를 하여야 그 효력이 저당권에 미친다.)에 따른 **채권담보권의 등기**를 할 때에는 **법 제48조에서 정한 사항 외(外)**에 다음 각 호의 사항을 기록하여야 한다(법 제76조 제2항).

1. 채권액 또는 채권최고액
2. 채무자의 성명 또는 명칭과 주소 또는 사무소 소재지
3. 변제기와 이자의 약정이 있는 경우에는 그 내용

> ▶암기 저당권에 대한 **권리질권** 등기 및 **채권담보권** 등기(순/목/원의 → 접수/권리자)
> 1. 필요적 기재사항(채권/채무) : ① 채권액(채권최고액), ② 채무자
> 2. 임의적 기재사항(변/이) : 변제기와 이자의 약정

## Ⅲ 공동저당

### 1. 공동저당의 등기 ★

① 등기관이 **동일한 채권**에 관하여 **여러 개의 부동산에 관한 권리를 목적으로 하는** 저당권설정의 등기를 할 때에는 각 부동산의 등기기록에 그 부동산에 관한 권리가 다른 부동산에 관한 권리와 **함께 저당권의 목적**으로 **제공**된 뜻을 기록하여야 한다(법 제78조 제1항).(감평 2015, 중개 2024)

② 등기관은 제1항의 경우에 부동산이 **5개 이상**일 때에는 **공동담보목록**을 **작성**하여야 한다(법 제78조 제2항).(감평 2011·2017·2023, 중개 2019·2021)(3개 이상일 때 공동담보목록 작성×) 이 경우 공동담보목록은 전자적으로 작성하여야 하며, 1년마다 그 번호를 새로 부여하여야 한다(규칙 제133조 제2항).(중개 2021)

③ **공동담보목록**은 **등기기록의 일부**로 본다(법 제78조 제3항).

④ 등기관이 1개 또는 여러 개의 부동산에 관한 권리를 목적으로 하는 **저당권설정의 등기를 한 후(後)** 동일한 채권에 대하여 다른 1개 또는 여러 개의 부동산에 관한 권리를 목적으로 하는 저당권설정의 등기를 할 때에는 그 등기와 종전의 등기에 각 부동산에 관한 권리가 함께 저당권의 목적으로 제공된 뜻을 기록하여야 한다(법 제78조 제4항 전단).(중개 2021) 이 경우 제2항 및 제3항을 준용한다(법 제78조 제4항 후단).

### 2. 공동저당의 대위등기

① 등기관이 「민법」 제368조(공동저당과 대가의 배당, 차순위자의 대위) 제2항 후단의 **대위등기**를 할 때에는 **법 제48조**(권리 등기사항 : 순위번호, 등기목적, 등기원인 및 그 연월일, 접수연월일 및 접수번호, 권리자)에서 규정한 사항 **외(外)**에 다음 각 호의 사항을 기록하여야 한다(법 제80조 제1항).(중개 2019)

1. 매각 부동산(소유권 외의 권리가 저당권의 목적일 때에는 그 권리를 말한다)
2. 매각대금(중개 2021)
3. 선순위 저당권자가 변제받은 금액(중개 2021)

② 제1항의 등기에는 법 제75조(저당권의 등기사항)를 **준용**한다(법 제80조 제2항).

> **암기** 공동저당 대위등기 필요적 기재사항(순/목/원의 → 접수/권리자)

≪선순위 변제금액 → 매각(부/대)≫
1. <u>선순위</u> 저당권자가 <u>변제</u>받은 <u>금액</u>
2. 매각 부동산
3. 매각대금

☞ 공동저당 부동산 중 일부의 매각대금을 먼저 배당하여 경매부동산의 후순위 저당권자가 대위등기를 할 때에는 법 제48조에서 규정한 사항 <u>외(外)</u>에 「<u>선순위</u> 저당권자가 <u>변제</u>받은 <u>금액·매각 부동산·매각대금</u>」을 기록하여야 한다.

◆ 민법 제368조(공동저당과 대가의 배당, 차순위자의 대위)
① 동일한 채권의 담보로 수개의 부동산에 저당권을 설정한 경우에 그 부동산의 경매대가를 <u>동시에 배당</u>하는 때에는 <u>각부동산의 경매대가에 비례</u>하여 그 채권의 분담을 정한다.
② 전항의 저당부동산중 일부의 경매대가를 <u>먼저 배당</u>하는 경우에는 그 대가에서 <u>그 채권전부의 변제</u>를 받을 수 있다. 이 경우에 그 경매한 부동산의 <u>차순위저당권자</u>는 선순위저당권자가 전항의 규정에 의하여 <u>다른 부동산의 경매대가에서 변제를 받을 수 있는 금액의 한도</u>에서 <u>선순위자</u>를 <u>대위</u>하여 <u>저당권을 행사</u>할 수 있다.

# Ⅳ 기타

## 1. 피담보채권이 금액을 목적으로 하지 아니하는 경우

등기관이 <u>일정한 금액을 목적으로 하지 아니하는 채권</u>을 담보하기 위한 저당권설정의 등기를 할 때에는 그 <u>채권의 평가액을 기록하여야 한다</u>(법 제77조). (감평 2015, 중개 2019)

## 2. 채권일부의 양도 또는 대위변제로 인한 저당권 일부이전등기의 등기사항

등기관이 <u>채권의 일부에 대한 양도 또는 대위변제(代位辨濟)</u>로 인한 <u>저당권 일부이전등기</u>를 할 때에는 법 <u>제48조</u>(권리 등기사항 : 순위번호, 등기목적, 등기원인 및 그 연월일, 접수연월일 및 접수번호, 권리자)에서 규정한 사항 <u>외(外)</u>에 <u>양도액</u> 또는 <u>변제액</u>을 기록하여야 한다(법 제79조). (감평 2015·2023, 중개 2019·2021)

# 제5절 신탁에 관한 등기

## I. 신탁등기의 등기사항

① 등기관이 신탁등기를 할 때에는 다음 각 호의 사항을 기록한 신탁원부(信託原簿)를 작성하고, 등기기록에는 법 제48조(권리 등기사항 : 순위번호, 등기목적, 등기원인 및 그 연월일, 접수연월일 및 접수번호, 권리자)에서 규정한 사항 외(外)에 그 신탁원부의 번호 및 신탁재산에 속하는 부동산의 거래에 관한 주의사항(규칙 제139조의4 : 신탁재산이 소유권인 경우 등기관은 "이 부동산에 관하여 임대차 등의 법률행위를 하는 경우에는 등기사항증명서 뿐만 아니라 등기기록의 일부인 신탁원부를 통하여 신탁의 목적, 수익자, 신탁재산의 관리 및 처분에 관한 신탁 조항 등을 확인할 필요가 있음" 이라는 주의사항을 신탁등기에 부기등기로 기록하여야 한다.)을 기록하여야 한다(법 제81조 제1항).

1. 위탁자(委託者), 수탁자 및 수익자(受益者)의 성명 및 주소(법인인 경우에는 그 명칭 및 사무소 소재지를 말한다)
2. 수익자를 지정하거나 변경할 수 있는 권한을 갖는 자를 정한 경우에는 그 자의 성명 및 주소(법인인 경우에는 그 명칭 및 사무소 소재지를 말한다)
3. 수익자를 지정하거나 변경할 방법을 정한 경우에는 그 방법
4. 수익권의 발생 또는 소멸에 관한 조건이 있는 경우에는 그 조건
5. 신탁관리인이 선임된 경우에는 신탁관리인의 성명 및 주소(법인인 경우에는 그 명칭 및 사무소 소재지를 말한다)
6. 수익자가 없는 특정의 목적을 위한 신탁인 경우에는 그 뜻
7. 「신탁법」 제3조제5항(신탁의 설정 : 수탁자는 신탁행위로 달리 정한 바가 없으면 신탁 목적의 달성을 위하여 필요한 경우에는 수익자의 동의를 받아 타인에게 신탁재산에 대하여 신탁을 설정할 수 있다.)에 따라 수탁자가 타인에게 신탁을 설정하는 경우에는 그 뜻
8. 「신탁법」 제59조제1항 [유언대용신탁 : 다음 각 호의 어느 하나에 해당하는 신탁의 경우에는 위탁자가 수익자를 변경할 권리를 갖는다. 다만, 신탁행위로 달리 정한 경우에는 그에 따른다. (제1호) 수익자가 될 자로 지정된 자가 위탁자의 사망 시에 수익권을 취득하는 신탁, (제2호) 수익자가 위탁자의 사망 이후에 신탁재산에 기한 급부를 받는 신탁] 에 따른 유언대용신탁인 경우에는 그 뜻
9. 「신탁법」 제60조 [수익자연속신탁 : 신탁행위로 수익자가 사망한 경우 그 수익자가 갖는 수익권이 소멸하고 타인이 새로 수익권을 취득하도록 하는 뜻을 정할 수 있다. 이 경우 수익자의 사망에 의하여 차례로 타인이 수익권을 취득하는 경우를 포함한다.] 에 따른 수익자연속신탁인 경우에는 그 뜻
10. 「신탁법」 제78조 [수익증권의 발행 : 신탁행위로 수익권을 표시하는 수익증권을 발행하는 뜻을 정할 수 있다.] 에 따른 수익증권발행신탁인 경우에는 그 뜻
11. 「공익신탁법」에 따른 공익신탁인 경우에는 그 뜻
12. 「신탁법」 제114조제1항 [유한책임신탁의 설정 : 신탁행위로 수탁자가 신탁재산에 속하는 채무에 대하여 신탁재산만으로 책임지는 신탁(이하 "유한책임신탁" 이라 한다)을 설정할 수 있다. 이 경우 유한책임신탁의 등기를 하여야 그 효력이 발생한다] 에 따른 유한책임신탁인 경우에는 그 뜻
13. 신탁의 목적

14. 신탁재산의 관리, 처분, 운용, 개발, 그 밖에 **신탁 목적의 달성을 위하여 필요한 방법**
15. **신탁종료의 사유**
16. 그 밖의 신탁 조항

② **신탁원부는 등기기록의 일부로 본다**(법 제81조 제3항).

## Ⅱ 신탁등기의 신청방법

### 1. 동시신청
**신탁등기의 신청**은 해당 부동산에 관한 **권리의 설정등기, 보존등기, 이전등기** 또는 **변경등기**의 신청과 **동시**에 하여야 한다(법 제82조 제1항).(감평 2012)

### 2. 대위등기 신청
① **수익자**나 **위탁자**는 **수탁자**를 **대위**하여 **신탁등기**를 신청할 수 있다(법 제82조 제2항 전단).(감평 2012·2025, 중개 2020·2022) 이 경우에는 **동시신청 규정**(법 제82조 제1항)을 **적용하지 않는다**(법 제82조 제2항 후단).(감평 2021·중개 2021)(수익자가 수탁자를 대위하여 신탁등기를 신청한 경우에는 해당 부동산에 관한 권리의 설정등기의 신청과 동시에 하여야 한다,×)

② **등기관**은 제1항에 따른 **대위등기**의 신청에 의하여 등기할 때에는 「**대위자**의 성명 또는 명칭, 주소 또는 사무소 소재지」 및 「**대위원인**」을 기록하여야 한다(법 제82조 제3항).

### 3. 일괄신청과 하나의 순위번호 사용
① **신탁등기의 신청**은 해당 **신탁**으로 인한 **권리의 이전** 또는 **보존**이나 **설정등기**의 신청과 함께 **1건의 신청정보로 일괄**하여 하여야 한다(규칙 제139조 제1항).

② 이 경우 **권리의 이전** 또는 **보존**이나 **설정등기**와 함께 **신탁등기**를 할 때에는 **하나의 순위번호**를 사용하여야 한다(규칙 제139조 제3항).

## Ⅲ 신탁의 합병·분할 등에 따른 신탁등기의 신청

① **신탁의 합병 또는 분할**로 인하여 **하나의 신탁재산**에 속하는 부동산에 관한 권리가 **다른 신탁의 신탁재산에 귀속**되는 경우 **신탁등기의 말소등기** 및 새로운 **신탁등기의 신청**은 신탁의 합병 또는 분할로 인한 **권리변경등기의 신청**과 **동시**에 하여야 한다(법 제82조의2 제1항).

② 여러 개의 신탁을 인수한 수탁자가 하나의 신탁재산에 속하는 부동산에 관한 권리를 다른 신탁의 **신탁재산에 귀속**시키는 경우 **신탁등기**의 신청방법에 관하여는 제1항을 준용한다(법 제82조의2 제2항).

## Ⅳ 수탁자의 임무 종료에 의한 등기

다음 각 호의 어느 하나에 해당하여 수탁자의 임무가 종료된 경우 신수탁자는 단독으로 신탁재산에 속하는 부동산에 관한 권리이전등기를 신청할 수 있다(법 제83조).(감평 2025)

1. 「신탁법」 제12조 제1항 각 호[수탁자의 임무 종료 : (제1호) 수탁자가 사망한 경우, (제2호) 수탁자가 금치산선고 또는 한정치산선고를 받은 경우, (제3호) 수탁자가 파산선고를 받은 경우, (제4호) 법인인 수탁자가 합병 외의 사유로 해산한 경우] 의 어느 하나에 해당하여 수탁자의 임무가 종료된 경우
2. 「신탁법」 제16조제1항(수탁자의 해임에 의한 임무 종료 : 위탁자와 수익자는 합의하여 또는 위탁자가 없으면 수익자 단독으로 언제든지 수탁자를 해임할 수 있다.)에 따라 수탁자를 해임한 경우(중개 2020)
3. 「신탁법」 제16조제3항(수탁자의 해임에 의한 임무 종료 : 수탁자가 그 임무에 위반된 행위를 하거나 그 밖에 중요한 사유가 있는 경우 위탁자나 수익자는 법원에 수탁자의 해임을 청구할 수 있다.)에 따라 법원이 수탁자를 해임한 경우
4. 「공익신탁법」 제27조 [신탁법상의 권한 : 법무부장관이 직권으로 행사할 수 있는 권한 - (제1호) 수탁자가 그 임무에 위배되는 행위를 하거나 그 밖의 중요한 사유가 있는 경우 수탁자를 해임할 권한, (제2호) 수탁자의 임무가 종료된 경우 신수탁자를 선임할 권한] 에 따라 법무부장관이 직권으로 공익신탁의 수탁자를 해임한 경우

## Ⅴ 수탁자가 여러 명인 경우

① 수탁자가 여러 명인 경우 등기관은 신탁재산이 합유인 뜻을 기록하여야 한다(법 제84조 제1항).(감평 2012·2021·2025, 중개 2020)(공유×)
② 여러 명의 수탁자 중 1인이 법 제83조(수탁자의 임무 종료에 의한 등기) 각 호의 어느 하나의 사유로 그 임무가 종료된 경우 다른 수탁자는 단독으로 권리변경등기를 신청할 수 있다(법 제84조 제2항 전단). 이 경우 다른 수탁자가 여러 명일 때에는 그 전원이 공동으로 신청하여야 한다(법 제84조 제2항 후단).(감평 2025)

## Ⅵ 신탁재산에 관한 등기신청의 특례

다음 각 호의 어느 하나에 해당하는 경우 수탁자는 단독으로 해당 신탁재산에 속하는 부동산에 관한 권리변경등기를 신청할 수 있다(법 제84조의2).
1. 「신탁법」 제3조(신탁의 설정)제1항제3호에 따라 신탁을 설정하는 경우
2. 「신탁법」 제34조(이익에 반하는 행위의 금지)제2항 각 호의 어느 하나에 해당하여 다음 각 목의 어느 하나의 행위를 하는 것이 허용된 경우
   가. 수탁자가 신탁재산에 속하는 부동산에 관한 권리를 고유재산에 귀속시키는 행위
   나. 수탁자가 고유재산에 속하는 부동산에 관한 권리를 신탁재산에 귀속시키는 행위
   다. 여러 개의 신탁을 인수한 수탁자가 하나의 신탁재산에 속하는 부동산에 관한 권리를 다른 신탁의 신탁재산에 귀속시키는 행위

3. 「신탁법」 제90조(신탁의 합병 : 수탁자가 동일한 여러 개의 신탁은 1개의 신탁으로 할 수 있다.) 또는 제94조 [신탁의 분할 및 분할합병 ; 신탁재산 중 일부를 분할하여 수탁자가 동일한 새로운 신탁의 신탁재산으로 할 수 있다, 신탁재산 중 일부를 분할하여 수탁자가 동일한 다른 신탁과 합병(이하 "분할합병" 이라 한다)할 수 있다.] 에 따라 <u>수탁자가 신탁을 합병, 분할 또는 분할합병</u>하는 경우

## Ⅶ. 촉탁에 의한 신탁변경등기

① <u>법원</u>은 다음 각 호의 어느 하나에 해당하는 <u>재판</u>을 한 경우 지체 없이 <u>신탁원부 기록의 변경등기</u>를 <u>등기소</u>에 <u>촉탁</u>하여야 한다(법 제85조 제1항).
  1. <u>수탁자 해임의 재판</u>(감평 2021, 중개 2024)
  2. <u>신탁관리인의 선임</u> 또는 <u>해임</u>의 재판(감평 2022)
  3. <u>신탁 변경의 재판</u>(중개 2021)

② <u>법무부장관</u>은 다음 각 호의 어느 하나에 해당하는 경우 지체 없이 <u>신탁원부 기록의 변경등기</u>를 <u>등기소</u>에 <u>촉탁</u>하여야 한다(법 제85조 제2항).
  1. <u>수탁자</u>를 <u>직권</u>으로 <u>해임</u>한 경우
  2. <u>신탁관리인</u>을 <u>직권</u>으로 <u>선임</u>하거나 <u>해임</u>한 경우
  3. <u>신탁내용의 변경</u>을 명한 경우

③ <u>등기관</u>이 제1항제1호(수탁자 해임의 재판) 및 제2항제1호(법무부장관이 수탁자를 직권으로 해임한 경우)에 따라 <u>법원</u> 또는 <u>주무관청</u>의 <u>촉탁</u>에 의하여 <u>수탁자 해임</u>에 관한 <u>신탁원부 기록의 변경등기</u>를 하였을 때에는 <u>직권</u>으로 <u>등기기록에 수탁자 해임의 뜻을 부기</u>하여야 한다(법 제85조 제3항).

## Ⅷ. 직권에 의한 신탁변경등기

등기관이 신탁재산에 속하는 부동산에 관한 권리에 대하여 다음 각 호의 어느 하나에 해당하는 등기를 할 경우 <u>직권</u>으로 그 부동산에 관한 <u>신탁원부 기록의 변경등기</u>를 하여야 한다(법 제85조의2).
1. <u>수탁자의 변경</u>으로 인한 <u>이전등기</u>(중개 2021)
2. 여러 명의 수탁자 중 <u>1인의 임무 종료</u>로 인한 <u>변경등기</u>(중개 2022)
3. <u>수탁자인 등기명의인</u>의 성명 및 주소(법인인 경우에는 그 명칭 및 사무소 소재지를 말한다)에 관한 <u>변경등기 또는 경정등기</u>

## IX 신탁변경등기의 신청

수탁자는 법 제85조(촉탁에 의한 신탁변경등기) 및 법 제85조의2(직권에 의한 신탁변경등기)에 해당하는 경우를 제외하고 법 제81조 제1항 각 호(신탁등기의 등기사항 : 신탁원부 기재사항)이 변경되었을 때에는 지체 없이 신탁원부 기록의 변경등기를 신청하여야 한다(법 제86조).

## X 신탁등기의 말소★

### 1. 동시신청

① 신탁재산에 속한 권리가 이전, 변경 또는 소멸됨에 따라 신탁재산에 속하지 아니하게 된 경우 신탁등기의 말소신청은 신탁된 권리의 이전등기, 변경등기 또는 말소등기의 신청과 동시에 하여야 한다(법 제87조 제1항).(감평 2012, 중개 2020)

② 신탁종료로 인하여 신탁재산에 속한 권리가 이전 또는 소멸된 경우에는 제1항을 준용한다(법 제87조 제2항).

### 2. 수탁자 단독 신청 可

신탁등기의 말소등기는 수탁자가 단독으로 신청할 수 있다(법 제87조 제3항).(감평 2025, 중개 2020)(위탁자 단독×)

### 3. 대위등기 신청

수익자나 위탁자는 수탁자를 대위하여 신탁등기의 말소등기를 신청할 수 있고, 이 경우 등기관은 「대위자의 성명 또는 명칭, 주소 또는 사무소 소재지」 및 「대위원인」을 기록하여야 한다(법 제87조 제4항).(감평 2021)(수익자나 위탁자는 수탁자를 대위하여 신탁등기의 말소등기를 신청할 수 없다.×)

## 제6절 가등기

### I 가등기의 대상

가등기는 법 제3조(등기할 수 있는 권리 등) 각 호의 어느 하나에 해당하는 권리의 설정, 이전, 변경 또는 소멸의 청구권(請求權)을 보전(保全)하려는 때에 한다(법 제88조 전단).(감평 2009·2000) 그 청구권이 시기부(始期附) 또는 정지조건부(停止條件附)일 경우나 그 밖에 장래에 확정될 것인 경우에도 같다(법 제88조 후단).(감평 2000·2014·2024, 중개 2018·2019·2020)

> ☞ 부동산등기법령상 가등기는 그 청구권이 시기부 또는 해제조건부인 때에도 할 수 있다. (×/해제조건부 ⇒ 정지조건부)(법 제88조 후단)(감평 2000)
> ☞ 부동산물권변동을 목적으로 하는 채권적 청구권도 가등기의 형식으로 등기할 수 있다. (○)(감평 2009)
> ☞ 근저당권 채권최고액의 변경등기청구권을 보전하기 위해 가등기를 할 수 있다.(○)(중개 2021)
> ☞ 임차권을 정지조건부로 설정하는 청구권을 보전하려는 경우에도 가등기를 할 수 있다.(○)(감평 2024)

### II 가등기의 신청방법

① 가등기권리자는 법 제23조 제1항(공동신청 원칙)에도 불구하고 가등기의무자의 승낙이 있거나 가등기를 명하는 법원의 가처분명령(假處分命令)이 있을 때에는 단독으로 가등기를 신청할 수 있다(법 제89조).(감평 2000·2010·2014·2021, 중개 2020)
② 법 제89조에 따라 가등기권리자가 단독으로 가등기를 신청하는 경우에는 가등기의무자의 승낙이나 가처분명령이 있음을 증명하는 정보를 첨부정보로서 등기소에 제공하여야 한다(규칙 제145조 제2항).(감평 2010)

### III 가등기를 명하는 가처분명령

① 법 제89조(가등기의 신청방법)의 가등기를 명하는 가처분명령은 부동산의 소재지를 관할하는 지방법원이 가등기권리자의 신청으로 가등기 원인사실의 소명이 있는 경우에 할 수 있다(법 제90조 제1항).(감평 2021·중개 2020)(가등기권리자의 주소지를 관할하는 지방법원×)
② 제1항의 신청을 각하한 결정에 대하여는 즉시항고(卽時抗告)를 할 수 있다(법 제90조 제2항).(감평 2021)
③ 제2항의 즉시항고에 관하여는 「비송사건절차법」을 준용한다(법 제90조 제3항).

## Ⅳ 가등기에 의한 본등기의 순위

① 가등기에 의한 본등기(本登記)를 한 경우 본등기의 순위는 가등기의 순위에 따른다(법 제91조).(감평 2002·2004·2014·2021)
② 가등기를 한 후 본등기의 신청이 있을 때에는 가등기의 순위번호를 사용하여 본등기를 하여야 한다(규칙 제146조).(중개 2021)

## Ⅴ 가등기에 의하여 보전되는 권리를 침해하는 가등기 이후 등기의 직권말소

### 1. 서

① 등기관은 가등기에 의한 본등기를 하였을 때에는 대법원규칙으로 정하는 바에 따라 가등기 이후(以後)에 된 등기로서 가등기에 의하여 보전되는 권리를 침해하는 등기를 직권으로(등기상이해관계인의 신청에 의하여×) 말소하여야 한다(법 제92조 제1항).(감평 2014)
② 등기관이 제1항에 따라 가등기 이후의 등기를 말소하였을 때에는 지체 없이 그 사실을 말소된 권리의 등기명의인에게 통지하여야 한다(법 제92조 제2항).

### 2. 소유권이전등기청구권보전 가등기 : 규칙 제147조

등기관이 소유권이전등기청구권보전 가등기에 의하여 소유권이전의 본등기를 한 경우에는 법 제92조제1항에 따라 가등기 후 본등기 전에 마쳐진 등기 중 다음 각 호의 등기를 제외하고는 모두 직권으로 말소한다(규칙 제147조 제1항).

1. 해당 가등기상 권리를 목적으로 하는 가압류등기나 가처분등기(중개 2021·2022)
2. 가등기 전(前)에 마쳐진 가압류에 의한 강제경매개시결정등기
3. 가등기 전(前)에 마쳐진 담보가등기, 전세권 및 저당권에 의한 임의경매개시결정등기
4. 가등기권자에게 대항할 수 있는 주택임차권등기, 주택임차권설정등기, 상가건물임차권등기, 상가건물임차권설정등기(이하 "주택임차권등기등"이라 한다)

> ☞ 주택임대차보호법 및 상가건물임대차보호법
> (ⅰ) 주택임대차는 그 등기(登記)가 없는 경우에도 임차인(賃借人)이 주택의 인도(引渡)와 주민등록을 마친 때에는 그 다음 날부터 제삼자에 대하여 효력이 생기고(주임법 제3조 제1항), 상가임대차는 그 등기가 없는 경우에도 임차인이 건물의 인도와 사업자등록을 신청하면 그 다음 날부터 제3자에 대하여 효력이 생긴다(상임법 제3조 제1항).
> (ⅱ) 임대차가 끝난 후 보증금이 반환되지 아니한 경우 임차인은 임차주택의 소재지를 관할하는 지방법원·지방법원지원 또는 시·군 법원에 임차권등기명령을 신청할 수 있고, 임차권등기명령의 집행에 따른 임차권등기를 마치면 대항력은 그대로 유지된다(주임법 제3조의3 제1항·제5항 및 상임법 제6조 제1항제5항).

(iii) ① 법원의 임차권등기명령에 의한 등기를 「주택임차권등기」・「상가건물임차권등기」라고 한다. 이 경우 등기목적은 「주택임차권」・「상가건물임차권」이고, 등기원인은 「법원의 임차권등기명령」이 된다. ② 임대차계약에 의한 등기를 「주택임차권설정등기」・「상가건물임차권설정등기」라고 한다. 이 경우 등기목적은 「임차권설정」이고, 등기원인은 「설정계약」이 된다.

## VI 가등기의 말소★

① <u>가등기명의인</u>은 법 제23조 제1항(공동신청 원칙)에도 불구하고 <u>단독</u>으로 <u>가등기</u>의 말소를 신청할 수 있다(법 제93조 제1항). (감평 2000·2013·2014, 중개 2020)

② <u>가등기의무자</u> 또는 <u>가등기에 관하여 등기상 이해관계 있는 자</u>는 법 제23조 제1항(공동신청 원칙)에도 불구하고 <u>가등기명의인의 승낙을 받아</u> <u>단독</u>으로 <u>가등기의 말소</u>를 신청할 수 있다(법 제93조 제2항). (감평 2000·2021, 중개 2018·2020)

## 제7절 가처분에 관한 등기

### I 가처분등기 이후의 등기 등의 말소

① 「민사집행법」 제305조 제3항(가처분의 방법: 가처분으로 부동산의 양도나 저당을 금지한 때에는 법원은 등기부에 그 금지한 사실을 기입하게 하여야 한다.)에 따라 권리의 이전, 말소 또는 설정등기청구권을 보전하기 위한 처분금지가처분등기가 된 후(後) 가처분채권자가 가처분채무자를 등기의무자로 하여 권리의 이전, 말소 또는 설정의 등기를 신청하는 경우에는, 대법원규칙으로 정하는 바에 따라 그 가처분등기 이후(以後)에 된 등기로서 가처분채권자의 권리를 침해하는 등기의 말소를 단독으로 신청할 수 있다(법 제94조 제1항). (가처분등기 이후에 된 등기로서 가처분채권자의 권리를 침해하는 등기는 등기관이 직권말소 한다, ×)

② 등기관이 제1항의 신청에 따라 가처분등기 이후(以後)의 등기를 말소할 때에는 직권으로 그 가처분등기도 말소하여야 한다(법 제94조 제2항 전단). 가처분등기 이후의 등기가 없는 경우로서 가처분채무자를 등기의무자로 하는 권리의 이전, 말소 또는 설정의 등기만을 할 때에도 또한 같다(법 제94조 제2항 후단). (가처분등기 이후에 된 등기로서 가처분채권자의 권리를 침해하는 등기를 말소할 때에는 등기관은 그 가처분등기를 직권 말소한다, ○)

③ 등기관이 제1항의 신청에 따라 가처분등기 이후의 등기를 말소하였을 때에는 지체 없이 그 사실을 말소된 권리의 등기명의인에게 통지하여야 한다(법 제94조 제3항).

### II 가처분에 따른 소유권 외의 권리 설정등기

등기관이 법 제94조(가처분등기 이후의 등기 등의 말소)제1항에 따라 가처분채권자 명의의 소유권 외(外)의 권리 설정등기를 할 때에는 그 등기가 가처분에 기초한 것이라는 뜻을 기록하여야 한다(법 제95조).

## 제8절 관공서가 촉탁하는 등기 등

### I 관공서가 등기명의인 등을 갈음하여 촉탁할 수 있는 등기

관공서가 체납처분(滯納處分)으로 인한 압류등기(押留登記)를 촉탁하는 경우에는 등기명의인 또는 상속인, 그 밖의 포괄승계인을 갈음하여 부동산의 표시, 등기명의인의 표시의 변경, 경정 또는 상속, 그 밖의 포괄승계로 인한 권리이전(權利移轉)의 등기를 함께 촉탁할 수 있다(법 제96조).(중개 2024)

### II 공매처분으로 인한 등기의 촉탁

관공서가 공매처분(公賣處分)을 한 경우에 등기권리자의 청구를 받으면 지체 없이 다음 각 호의 등기를 등기소에 촉탁하여야 한다(법 제97조).
1. 공매처분으로 인한 권리이전의 등기(중개 2020)
2. 공매처분으로 인하여 소멸한 권리등기(權利登記)의 말소
3. 체납처분에 관한 압류등기 및 공매공고등기의 말소

### III 관공서의 촉탁에 따른 등기

① 국가 또는 지방자치단체가 등기권리자인 경우에는 국가 또는 지방자치단체는 등기의무자의 승낙을 받아 해당 등기를 지체 없이 등기소에 촉탁하여야 한다(법 제98조 제1항).(감평 2002)
② 국가 또는 지방자치단체가 등기의무자인 경우에는 국가 또는 지방자치단체는 등기권리자의 청구에 따라 지체 없이 해당 등기를 등기소에 촉탁하여야 한다(법 제98조 제2항).(감평 2010)

### IV 수용으로 인한 등기★

1. 수용으로 인한 소유권이전등기

    (1) 서
    ① 수용으로 인한 소유권이전등기는 법 제23조제1항(공동신청 원칙)에도 불구하고 등기권리자가 단독으로 신청할 수 있다(법 제99조 제1항).(감평 2002·2004·2011·2019, 2020, 중개 2019·2020)
    ② 등기권리자는 제1항의 신청을 하는 경우에 등기명의인이나 상속인, 그 밖의 포괄승계인을 갈음하여 부동산의 표시 또는 등기명의인의 표시의 변경, 경정 또는 상속, 그 밖의 포괄승계로 인한

소유권이전의 등기를 신청할 수 있다(법 제99조 제2항).(감평 2019)

③ 국가 또는 지방자치단체가 제1항의 등기권리자인 경우에는 국가 또는 지방자치단체는 지체 없이 제1항과 제2항의 등기를 등기소에 촉탁하여야 한다(법 제99조 제3항).(감평 2004)

### (2) 직권 말소 대상

① 등기관이 수용으로 인한 소유권이전등기를 하는 경우 그 부동산의 등기기록 중 소유권, 소유권 외의 권리, 그 밖의 처분제한에 관한 등기가 있으면 그 등기를 직권으로 말소하여야 한다(법 제99조 제4항 본문).(감평 2019, 중개 2018)

② 다만, 그 부동산을 위하여 존재하는 지역권의 등기 또는 토지수용위원회의 재결(裁決)로써 존속(存續)이 인정된 권리의 등기는 그러하지 아니하다(법 제99조 제4항 단서).(감평 2019, 중개 2019·2020)

## 2. 수용으로 인한 소유권 외(外) 권리의 이전등기

부동산에 관한 소유권 외(外)의 권리의 수용으로 인한 권리이전등기에 관하여는 「수용으로 인한 소유권이전등기 규정(법 제99조 제1항·제2항·제3항·제4항)」을 준용한다(법 제99조 제5항).(감평 2019) [부동산에 관한 소유권 외(外)의 권리의 수용으로 인한 권리이전등기에 관하여 수용으로 인한 소유권이전등기 규정이 적용되지 않는다.×]

# CHAPTER 05 > 이의

## Ⅰ 이의신청과 그 관할★

등기관의 결정 또는 처분에 이의가 있는 자는 그 결정 또는 처분을 한 등기관이 속한 지방법원(이하 이 장에서 "관할 지방법원"이라 한다)에 이의신청을 할 수 있다(법 제100조).(감평 2000·2019, 중개 2020)

## Ⅱ 이의절차★

법 제100조에 따른 이의신청(이하 이 장에서 "이의신청"이라 한다)은 대법원규칙으로 정하는 바에 따라 결정 또는 처분을 한 등기관이 속한 등기소에 이의신청서를 제출하거나 전산정보처리조직을 이용하여 이의신청정보를 보내는 방법으로 한다(법 제101조).(감평 2017·2019, 중개 2023)(민사소송법이 정하는 바에 따라×)(지방법원에 이의신청서를 제출×)

## Ⅲ 새로운 사실에 의한 이의 금지★

새로운 사실이나 새로운 증거방법을 근거로 이의신청을 할 수는 없다(법 제102조).(감평 2016·2017·2023·2025, 중개 2020·2023)

## Ⅳ 등기관의 조치★

① 등기관은 이의가 이유 있다고 인정하면 그에 해당하는 처분을 하여야 한다(법 제103조 제1항).(감평 2016·2025)
② 등기관은 이의가 이유 없다고 인정하면 이의신청일부터 3일 이내에 의견을 붙여 이의신청서 또는 이의신청정보를 관할 지방법원에 보내야 한다(법 제103조 제2항).(감평 2000·2017·2023·2025, 중개 2020)(7일 이내×)
③ 등기를 마친 후(後)에 이의신청이 있는 경우에는 3일 이내에 의견을 붙여 이의신청서 또는 이의신청정보를 관할 지방법원에 보내고 등기상 이해관계 있는 자에게 이의신청 사실을 알려야 한다(법 제103조 제3항).

## Ⅴ 집행 부정지★

이의에는 <u>집행정지(執行停止)</u>의 효력이 <u>없다</u>(법 제104조). (감평 2000·2016·2017·2023·2024·2025, 중개 2020·2023)(중개 2023 : 등기관의 처분에 대한 이의신청이 있더라도 그 부동산에 대한 다른 등기신청은 수리된다.○)

## Ⅵ 이의에 대한 결정과 항고★

① <u>관할 지방법원</u>은 <u>이의</u>에 대하여 <u>이유를 붙여 결정</u>을 하여야 한다(법 제105조 제1항 전단). 이 경우 <u>이의가 이유 있다</u>고 <u>인정</u>하면 <u>등기관</u>에게 그에 해당하는 <u>처분</u>을 <u>명령</u>하고 그 뜻을 <u>이의신청인</u>과 <u>등기상 이해 관계 있는 자</u>에게 알려야 한다(법 제105조 제1항 후단). (감평 2025)
② 제1항의 <u>결정</u>에 대하여는 「<u>비송사건절차법</u>」에 따라 <u>항고</u>할 수 있다(법 제105조 제2항). (감평 2000·2016·2019)

## Ⅶ 처분 전(前)의 가등기 및 부기등기의 명령

① <u>관할 지방법원</u>은 <u>이의신청</u>에 대하여 <u>결정하기 전(前)</u>에 등기관에게 <u>가등기</u> 또는 <u>이의가 있다는 뜻의 부기등기</u>를 명령할 수 있다(법 제106조). (감평 2019·2025)(이의신청에 대하여 결정한 후×)
② 이 경우 <u>가등기 또는 부기등기</u>는 등기관이 관할 지방법원으로부터 <u>이의신청에 대한 기각결정</u>(각하, 취하를 포함한다)의 <u>통지</u>를 받았을 때에 <u>말소</u>한다(규칙 제162조).

## Ⅷ 관할 법원의 명령에 따른 등기

등기관이 관할 지방법원의 명령에 따라 등기를 할 때에는 명령을 한 지방법원, 명령의 연월일 및 명령에 따라 등기를 한다는 뜻을 기록하여야 한다(법 제107조).

## Ⅸ 송달

<u>송달</u>에 대하여는 「<u>민사소송법</u>」을 <u>준용</u>하고, <u>이의의 비용</u>에 대하여는 「<u>비송사건절차법</u>」을 <u>준용</u>한다(법 제108조). (감평 2019·2023)

제 **7** 편

# 동산·채권 등의 담보에 관한 법률
## (약칭 : 동산채권담보법)

제01장 총 칙
제02장 동산담보권
제03장 채권담보권
제04장 담보등기
제05장 지식재산권의 담보에 관한 특례

# CHAPTER 01 > 총칙

## I 목적

이 법은 동산·채권·지식재산권을 목적으로 하는 담보권과 그 등기 또는 등록에 관한 사항을 규정하여 자금조달을 원활하게 하고 거래의 안전을 도모하며 국민경제의 건전한 발전에 이바지함을 목적으로 한다(법 제1조).

## II 정의

### 1. 담보약정

"담보약정"은 양도담보 등 명목을 묻지 아니하고 이 법에 따라 동산·채권·지식재산권을 담보로 제공하기로 하는 약정을 말한다(법 제2조 제1호).

### 2. 동산담보권

"동산담보권"은 담보약정에 따라 동산(여러 개의 동산 또는 장래에 취득할 동산을 포함한다)을 목적으로 등기한 담보권을 말한다(법 제2조 제2호).(감평 2024)

### 3. 채권담보권

"채권담보권"은 담보약정에 따라 금전의 지급을 목적으로 하는 지명채권(여러 개의 채권 또는 장래에 발생할 채권을 포함한다)을 목적으로 등기한 담보권을 말한다(법 제2조 제3호).

### 4. 지식재산권담보권

"지식재산권담보권"은 담보약정에 따라 특허권, 실용신안권, 디자인권, 상표권, 저작권, 반도체집적회로의 배치설계권 등 지식재산권[법률에 따라 질권(質權)을 설정할 수 있는 경우로 한정한다. 이하 같다]을 목적으로 그 지식재산권을 규율하는 개별 법률에 따라 등록한 담보권을 말한다(법 제2조 제4호).

### 5. 담보권설정자

"담보권설정자"는 이 법에 따라 동산·채권·지식재산권에 담보권을 설정한 자를 말한다. 다만, 동산·채권을 담보로 제공하는 경우에는 법인(상사법인, 민법법인, 특별법에 따른 법인, 외국법인을 말한다. 이하 같다) 또는 「부가가치세법」에 따라 사업자등록을 한 사람으로 한정한다(법 제2조 제5호).

### 6. 담보권자

"담보권자"는 이 법에 따라 <u>동산·채권·지식재산권</u>을 목적으로 하는 <u>담보권을 취득한 자</u>를 말한다(법 제2조 제6호).

### 7. 담보등기

"<u>담보등기</u>"는 <u>이 법</u>에 따라 <u>동산·채권을 담보로 제공</u>하기 위하여 이루어진 <u>등기</u>를 말한다(법 제2조 제7호). (지식재산권×)

### 8. 담보등기부 ★

"<u>담보등기부</u>"는 전산정보처리조직에 의하여 입력·처리된 등기사항에 관한 <u>전산정보자료</u>를 <u>담보권설정자별</u>로 <u>저장한 보조기억장치</u>(자기디스크, 자기테이프, 그 밖에 이와 유사한 방법으로 일정한 등기사항을 기록·보존할 수 있는 전자적 정보저장매체를 포함한다. 이하 같다)를 말하고, <u>동산담보등기부</u>와 <u>채권담보등기부</u>로 <u>구분</u>한다(법 제2조 제8호).

### 9. 채무자 등

"채무자 등"은 <u>채무자</u>, 담보목적물의 <u>물상보증인(物上保證人)</u>, 담보목적물의 <u>제3취득자</u>를 말한다(법 제2조 제9호).

### 10. 이해관계인

"이해관계인"은 채무자 등과 담보목적물에 대한 권리자로서 <u>담보등기부에 기록되어 있거나 그 권리를 증명한 자</u>, <u>압류 및 가압류 채권자</u>, <u>집행력 있는 정본(正本)에 의하여 배당을 요구한 채권자</u>를 말한다(법 제2조 제10호).

### 11. 등기필정보

"<u>등기필정보</u>"는 <u>담보등기부</u>에 <u>새로운 권리자가 기록</u>되는 경우 <u>그 권리자를 확인</u>하기 위하여 지방법원, 그 지원 또는 등기소에 근무하는 법원서기관, 등기사무관, 등기주사 또는 등기주사보 중에서 지방법원장(등기소의 사무를 지원장이 관장하는 경우에는 지원장을 말한다)이 지정하는 사람(이하 "<u>등기관</u>"이라 한다)이 <u>작성한 정보</u>를 말한다(법 제2조 제11호).

# CHAPTER 02 > 동산담보권

## I. 동산담보권의 목적물

### 1. 서
법인 또는 「부가가치세법」에 따라 사업자등록을 한 사람(이하 "법인 등"이라 한다)이 담보약정에 따라 동산을 담보로 제공하는 경우에는 담보등기를 할 수 있다(법 제3조 제1항).

### 2. 여러 개의 동산·장래에 취득할 동산
여러 개의 동산(장래에 취득할 동산을 포함한다)이더라도 목적물의 종류, 보관장소, 수량을 정하거나 그 밖에 이와 유사한 방법으로 특정할 수 있는 경우에는 이를 목적으로 담보등기를 할 수 있다(법 제3조 제2항).

### 3. 담보등기를 할 수 없는 것★
다음 각 호의 어느 하나에 해당하는 경우에는 이를 목적으로 하여 담보등기를 할 수 없다(법 제3조 제3항). (① 등기·등록된 동산, ② 증권이 작성된 동산, ③ 무기명채권증서 등)

1. 「선박등기법」에 따라 등기된 선박, (감평 2019) 「자동차 등 특정동산 저당법」에 따라 등록된 건설기계·자동차·항공기·소형선박, 「공장 및 광업재단 저당법」에 따라 등기된 기업재산, 그 밖에 다른 법률에 따라 등기되거나 등록된 동산
2. 화물상환증, 선하증권, 창고증권이 작성된 동산(감평 2015·2016·2019·2023)
3. 무기명채권증서 등 대통령령으로 정하는 증권(영 제2조)
   (1) 무기명채권증서(감평 2019)
   (2) 「자산유동화에 관한 법률」 제2조제4호에 따른 유동화증권(감평 2019)
   (3) 「자본시장과 금융투자업에 관한 법률」 제4조에 따른 증권

☞ **무기명채권** : 특정의 채권자가 지정되지 않고 증권의 소지인에게 변제하여야 하는 증권적 채권을 말한다. 무기명채권이란 채권자가 표시되지 않는 채권으로서 무기명수표나 양도성예금증서(CD), 무기명채권(공/사채) 등을 들 수 있다. 채권자가 채권에 명시되어 있지 않고 단지 적법한 절차에 의하여 소지하고 있을 경우 채무자가 그 사람을 채권자로 인정하고 돈을 내주어야 한다.

☞ (ⅰ) **"자산유동화"** 라 함은 "유동화전문회사가 자산보유자로부터 유동화자산을 양도받아 이를 기초로 유동화증권을 발행하고, 당해 유동화자산의 관리·운용·처분에 의한 수익이나 차입금 등으로 유동화증권의 원리금 또는 배당금을 지급하는 일련의 행위 등"을 말한다. (ⅱ) **"유동화자산"**이라 함은 자산유동화의 대상이 되는 채권·부동산 기타의 재산권을 말한다. (ⅲ) **"유동화증권"**이라 함은 유동화자산을 기초로 하여 자산유동화계획에 따라 발행되는 출자증권·사채·수익증권 기타의 증권 또는 증서를 말한다.

☞ "증권"이란 내국인 또는 외국인이 발행한 금융투자상품으로서 투자자가 취득과 동시에 지급한 금전등 외에 어떠한 명목으로든지 추가로 지급의무를 부담하지 아니하는 것을 말한다.

## II 담보권설정자의 사업자등록 말소와 동산담보권의 효력

담보권설정자의 사업자등록이 말소된 경우에도 이미 설정된 동산담보권의 효력에는 영향을 미치지 아니한다(법 제4조). (감평 2016·2023·2025)

## III 근담보권

① 동산담보권은 그 담보할 채무의 최고액만을 정하고 채무의 확정을 장래에 보류하여 설정할 수 있다(법 제5조 제1항 전단). 이 경우 그 채무가 확정될 때까지 채무의 소멸 또는 이전은 이미 설정된 동산담보권에 영향을 미치지 아니한다(법 제5조 제1항 후단).
② 제1항의 경우 채무의 이자는 최고액 중에 포함된 것으로 본다(법 제5조 제2항). (감평 2022)

## IV 동산담보권을 설정하려는 자의 명시의무

동산담보권을 설정하려는 자는 담보약정을 할 때 다음 각 호의 사항을 상대방에게 명시하여야 한다(법 제6조).
1. 담보목적물의 소유 여부
2. 담보목적물에 관한 다른 권리의 존재 유무

## V 담보등기의 효력

① 약정에 따른 동산담보권의 득실변경(得失變更)은 담보등기부에 등기를 하여야 그 효력이 생긴다(법 제7조 제1항). (감평 2022·2023)
② 동일한 동산에 설정된 동산담보권의 순위는 등기의 순서에 따른다(법 제7조 제2항).
③ 동일한 동산에 관하여 담보등기부의 등기와 인도(「민법」에 규정된 간이인도, 점유개정, 목적물반환청구권의 양도를 포함한다)가 행하여진 경우에 그에 따른 권리 사이의 순위는 법률에 다른 규정이 없으면 그 선후(先後)에 따른다(법 제7조 제3항). (감평 2022)

## Ⅵ. 동산담보권의 내용

담보권자는 채무자 또는 제3자가 제공한 담보목적물에 대하여 다른 채권자보다 자기채권을 우선변제받을 권리가 있다(법 제8조).

## Ⅶ. 동산담보권의 불가분성

담보권자는 채권 전부를 변제받을 때까지 담보목적물 전부에 대하여 그 권리를 행사할 수 있다(법 제9조). (감평 2016)

## Ⅷ. 동산담보권 효력의 범위

동산담보권의 효력은 담보목적물에 부합된 물건과 종물(從物)에 미친다. 다만, 법률에 다른 규정이 있거나 설정행위에 다른 약정이 있으면 그러하지 아니하다(법 제10조). (감평 2016·2020)

## Ⅸ. 과실에 대한 효력

동산담보권의 효력은 담보목적물에 대한 압류 또는 법 제25조제2항(담보목적물의 점유 ; 담보권자가 담보권을 실행하기 위하여 필요한 경우에는 채무자 등에게 담보목적물의 인도를 청구할 수 있다.)의 인도 청구가 있은 후(後)에 담보권설정자가 그 담보목적물로부터 수취한 과실(果實) 또는 수취할 수 있는 과실에 미친다(법 제11조). (감평 2023·2025)

## Ⅹ. 피담보채권의 범위

동산담보권은 원본(原本), 이자, 위약금, 담보권실행의 비용, 담보목적물의 보존비용 및 채무불이행 또는 담보목적물의 흠으로 인한 손해배상의 채권을 담보한다(법 제12조 본문). 다만, 설정행위에 다른 약정이 있는 경우에는 그 약정에 따른다(법 제12조 단서).

## Ⅺ. 동산담보권의 양도

동산담보권은 피담보채권과 분리하여 타인에게 양도할 수 없다(법 제13조). (감평 2016·2020·2025)

## XII 물상대위

동산담보권은 담보목적물의 매각, 임대, 멸실, 훼손 또는 공용징수 등으로 인하여 담보권설정자가 받을 금전이나 그 밖의 물건에 대하여도 행사할 수 있다(법 제14조 전단). 이 경우 그 지급 또는 인도 전(前)에 압류하여야 한다(법 제14조 후단).(감평 2022)

## XIII 담보목적물이 아닌 재산으로부터의 변제

① 담보권자는 담보목적물로부터 변제를 받지 못한 채권이 있는 경우에만 채무자의 다른 재산으로부터 변제를 받을 수 있다(법 제15조 제1항).
② 제1항은 담보목적물보다 먼저 다른 재산을 대상으로 하여 배당이 실시되는 경우에는 적용하지 아니한다. 다만, 다른 채권자는 담보권자에게 그 배당금액의 공탁을 청구할 수 있다(법 제15조 제2항).

## XIV 물상보증인의 구상권

타인의 채무를 담보하기 위한 담보권설정자가 그 채무를 변제하거나 동산담보권의 실행으로 인하여 담보목적물의 소유권을 잃은 경우에는 「민법」의 보증채무에 관한 규정에 따라 채무자에 대한 구상권이 있다(법 제16조).

## XV 담보목적물에 대한 현황조사 및 담보목적물의 보충

① 담보권설정자는 정당한 사유 없이 담보권자의 담보목적물에 대한 현황조사 요구를 거부할 수 없다(법 제17조 전단). 이 경우 담보목적물의 현황을 조사하기 위하여 약정에 따라 전자적으로 식별할 수 있는 표지를 부착하는 등 필요한 조치를 할 수 있다(법 제17조 후단).
② 담보권설정자에게 책임이 있는 사유로 담보목적물의 가액(價額)이 현저히 감소된 경우에는 담보권자는 담보권설정자에게 그 원상회복 또는 적당한 담보의 제공을 청구할 수 있다(법 제17조 제2항).

## XVI 제3취득자의 비용상환청구권

담보목적물의 제3취득자가 그 담보목적물의 보존·개량을 위하여 필요비 또는 유익비를 지출한 경우에는 「민법」 제203조(점유자의 상환청구권) 제1항(필요비의 상환청구) 또는 제2항(유익비의 상환청구)에 따라 담보권자가 담보목적물을 실행하고 취득한 대가에서 우선하여 상환받을 수 있다(법 제18조).

## XVII. 담보목적물 반환청구권

① 담보권자는 담보목적물을 점유한 자에 대하여 담보권설정자에게 반환할 것을 청구할 수 있다(법 제19조 제1항).
② 담보권자가 담보목적물을 점유할 권원(權原)이 있거나 담보권설정자가 담보목적물을 반환받을 수 없는 사정이 있는 경우에 담보권자는 담보목적물을 점유한 자에 대하여 자신에게 담보목적물을 반환할 것을 청구할 수 있다(법 제19조 제2항).
③ 제1항 및 제2항에도 불구하고 점유자가 그 물건을 점유할 권리가 있는 경우에는 반환을 거부할 수 있다(법 제19조 제3항).

## XVIII. 담보목적물의 방해제거청구권 및 방해예방청구권

담보권자는 동산담보권을 방해하는 자에게 방해의 제거를 청구할 수 있고, 동산담보권을 방해할 우려가 있는 행위를 하는 자에게 방해의 예방이나 손해배상의 담보를 청구할 수 있다(법 제20조). (감평 2025)

## XIX. 동산담보권의 실행방법

① 담보권자는 자기의 채권을 변제받기 위하여 담보목적물의 경매를 청구할 수 있다(법 제21조 제1항). (감평 2020)
② 정당한 이유가 있는 경우 담보권자는 담보목적물로써 직접 변제에 충당하거나 담보목적물을 매각하여 그 대금을 변제에 충당할 수 있다(법 제21조 제2항 본문). 다만, 선순위권리자(담보등기부에 등기되어 있거나 담보권자가 알고 있는 경우로 한정한다)가 있는 경우에는 그의 동의를 받아야 한다(법 제21조 제2항 단서).

## XX. 담보권 실행을 위한 경매절차

① 법 제21조제1항(동산담보권의 실행방법 ; 담보권자는 자기의 채권을 변제받기 위하여 담보목적물의 경매를 청구할 수 있다.)에 따른 경매절차는 「민사집행법」 제264조(담보권 실행을 위한 부동산에 대한 경매신청 ; 담보권을 실행하기 위한 경매신청시 담보권을 증명하는 서류를 내야 한다.), 제271조(담보권 실행을 위한 유체동산에 대한 경매 ; 유체동산을 목적으로 하는 담보권 실행을 위한 경매는 채권자가 그 목적물을 제출하거나 그 목적물의 잠유자가 압류를 승낙한 때에 개시한다.) 및 제272조(준용규정 ; 유체동산에 대한 강제집행 규정을 준용한다.)를 준용한다(법 제22조 제1항).
② 담보권설정자가 담보목적물을 점유하는 경우에 경매절차는 압류에 의하여 개시한다(법 제22조 제2항). (감평 2020)

## XXI 담보목적물의 직접 변제충당·담보목적물 매각 대금 변제충당

① 담보권자가 담보목적물로써 직접 변제에 충당하거나 담보목적물을 매각하여 그 대금을 변제에 충당하기 위해서는 그 채권의 변제기 후(後)에 동산담보권 실행의 방법을 채무자등과 담보권자가 알고 있는 이해관계인에게 통지하고, 그 통지가 채무자 등과 담보권자가 알고 있는 이해관계인에게 도달한 날부터 1개월이 지나야 한다(법 제23조 제1항 본문). 다만, 담보목적물이 멸실 또는 훼손될 염려가 있거나 가치가 급속하게 감소될 우려가 있는 경우에는 그러하지 아니하다(법 제23조 제1항 단서).

② 제1항의 통지에는 피담보채권의 금액, 담보목적물의 평가액 또는 예상매각대금, 담보목적물로써 직접 변제에 충당하거나 담보목적물을 매각하려는 이유를 명시하여야 한다(법 제23조 제2항).

③ 담보권자는 담보목적물의 평가액 또는 매각대금(이하 "매각대금 등"이라 한다)에서 그 채권액을 뺀 금액(이하 "청산금"이라 한다)을 채무자 등에게 지급하여야 한다. 이 경우 담보목적물에 선순위의 동산담보권 등이 있을 때에는 그 채권액을 계산할 때 선순위의 동산담보권 등에 의하여 담보된 채권액을 포함한다(법 제23조 제3항).

④ 담보권자가 담보목적물로써 직접 변제에 충당하는 경우 청산금을 채무자 등에게 지급한 때에 담보목적물의 소유권을 취득한다(법 제23조 제4항).

⑤ 다음 각 호의 구분에 따라 정한 기간 내에 담보목적물에 대하여 경매가 개시된 경우에는 담보권자는 직접 변제충당 등의 절차를 중지하여야 한다(법 제23조 제5항).
  1. 담보목적물을 직접 변제에 충당하는 경우 : 청산금을 지급하기 전(前) 또는 청산금이 없는 경우 제1항의 기간이 지나기 전(前)
  2. 담보목적물을 매각하여 그 대금을 변제에 충당하는 경우 : 담보권자가 제3자와 매매계약을 체결하기 전(前)

> ☞ 「청산금을 지급하기 전(前)」 또는 「청산금이 없는 경우에는 직접변제충당 통지가 채무자 등과 담보권자가 알고 있는 이해관계인에게 도달한 날부터 1개월이 지나기 전(前)」에 담보목적물에 대하여 경매가 개시된 경우에는 담보권자는 직접 변제충당 절차를 중지하여야 한다(법 제23조 제5항 제1호).
> ☞ 「담보권자가 제3자와 매매계약을 체결하기 전(前)」에 담보목적물에 대하여 경매가 개시된 경우에는 담보권자는 담보목적물을 매각하여 그 대금을 변제에 충당하는 절차를 중지하여야 한다(법 제23조 제5항 제2호).

## XXII 담보목적물 취득자 등의 지위

법 제21조제2항(동산담보권의 실행방법 ; 정당한 이유가 있는 경우 담보권자는 담보목적물로써 직접 변제에 충당하거나 담보목적물을 매각하여 그 대금을 변제에 충당할수 있다.)에 따른 동산담보권의 실행으로 담보권자나 매수인이 담보목적물의 소유권을 취득하면 그 담보권자의 권리와 그에 대항할 수 없는 권리는 소멸한다(법 제24조).

## XXIII 담보목적물의 점유

① 담보권자가 담보목적물을 점유한 경우에는 피담보채권을 전부 변제받을 때까지 담보목적물을 유치할 수 있다(법 제25조 제1항 본문). 다만, 선순위권리자에게 대항하지 못한다(법 제25조 제1항 단서). (감평 2022)
② 담보권자가 담보권을 실행하기 위하여 필요한 경우에는 채무자 등에게 담보목적물의 인도를 청구할 수 있다(법 제25조 제2항).
③ 담보권자가 담보목적물을 점유하는 경우에 담보권자는 선량한 관리자의 주의로 담보목적물을 관리하여야 한다(법 제25조 제3항).
④ 제3항의 경우에 담보권자는 담보목적물의 과실을 수취하여 다른 채권자보다 먼저 그 채권의 변제에 충당할 수 있다(법 제25조 제4항 본문). 다만, 과실이 금전이 아닌 경우에는 법 제21조(동산담보권의 실행방법)에 따라 그 과실을 경매하거나 그 과실로써 직접 변제에 충당하거나 그 과실을 매각하여 그 대금으로 변제에 충당할 수 있다(법 제25조 제4항 단서).

## XXIV 후순위권리자의 권리행사

① 후순위권리자는 법 제23조(담보목적물의 직접 변제충당 등의 절차)제3항에 따라 채무자 등이 받을 청산금에 대하여 그 순위에 따라 청산금이 지급될 때까지 그 권리를 행사할 수 있고, 담보권자는 후순위권리자가 요구하는 경우에는 청산금을 지급하여야 한다(법 제26조 제1항).
② 법 제21조제2항(동산담보권의 실행방법 ; 정당한 이유가 있는 경우 담보권자는 담보목적물로써 직접 변제에 충당하거나 담보목적물을 매각하여 그 대금을 변제에 충당할 수 있다.)에 따른 동산담보권 실행의 경우에 후순위권리자는 법 제23조(담보목적물의 직접 변제충당 등의 절차)제5항 각 호의 구분에 따라 정한 기간 전까지 담보목적물의 경매를 청구할 수 있다(법 제26조 제2항 본문). 다만, 그 피담보채권의 변제기가 되기 전(前)에는 법 제23조제1항의 기간에만 경매를 청구할 수 있다(법 제26조 제2항 단서).
③ 후순위권리자는 제1항의 권리를 행사할 때에는 그 피담보채권의 범위에서 그 채권의 명세와 증서를 담보권자에게 건네주어야 한다(법 제26조 제3항).
④ 담보권자가 제3항의 채권 명세와 증서를 받고 후순위권리자에게 청산금을 지급한 때에는 그 범위에서 채무자 등에 대한 청산금 지급채무가 소멸한다(법 제26조 제4항).
⑤ 제1항의 권리행사를 막으려는 자는 청산금을 압류하거나 가압류하여야 한다(법 제26조 제5항).

## XXV 매각대금 등의 공탁

① 담보목적물의 매각대금 등이 압류되거나 가압류된 경우 또는 담보목적물의 매각대금 등에 관하여 권리를 주장하는 자가 있는 경우에 담보권자는 그 전부 또는 일부를 담보권설정자의 주소(법인인 경

우에는 본점 또는 주된 사무소 소재지를 말한다. 이하 같다)를 관할하는 법원에 공탁할 수 있다(담보권자의 주소를 관할하는 법원에 공탁할 수 있다. ×). 이 경우 담보권자는 공탁사실을 즉시 담보등기부에 등기되어 있거나 담보권자가 알고 있는 이해관계인과 담보목적물의 매각대금 등을 압류 또는 가압류하거나 그에 관하여 권리를 주장하는 자에게 통지하여야 한다(법 제27조 제1항 후단).

② 담보목적물의 매각대금 등에 대한 압류 또는 가압류가 있은 후(後)에 제1항에 따라 담보목적물의 매각대금 등을 공탁한 경우에는 채무자 등의 공탁금출급청구권이 압류되거나 가압류된 것으로 본다(법 제27조 제2항).

③ 담보권자는 공탁금의 회수를 청구할 수 없다(법 제27조 제3항).(감평 2025)(담보권자는 공탁금 회수 청구할 수 있다. ×)

## XXVI 변제와 실행 중단

① 동산담보권의 실행의 경우에 채무자 등은 법 제23조(담보목적물의 직접 변제충당 등의 절차)제5항 각 호의 구분에 따라 정한 기간까지 피담보채무액을 담보권자에게 지급하고 담보등기의 말소를 청구할 수 있다(법 제28조 제1항 전단). 이 경우 담보권자는 동산담보권의 실행을 즉시 중지하여야 한다(법 제28조 제1항 후단).

② 제1항에 따라 동산담보권의 실행을 중지함으로써 담보권자에게 손해가 발생하는 경우에 채무자 등은 그 손해를 배상하여야 한다(법 제28조 제2항).(감평 2020)

## XXVII 공동담보와 배당, 후순위자의 대위

① 동일한 채권의 담보로 여러 개의 담보목적물에 동산담보권을 설정한 경우에 그 담보목적물의 매각대금을 동시에 배당할 때에는 각 담보목적물의 매각대금에 비례하여 그 채권의 분담을 정한다(법 제29조 제1항).

② 제1항의 담보목적물 중 일부의 매각대금을 먼저 배당하는 경우에는 그 대가에서 그 채권 전부를 변제받을 수 있다(법 제29조 제2항 전단). 이 경우 경매된 동산의 후순위담보권자는 선순위담보권자가 다른 담보목적물의 동산담보권 실행으로 변제받을 수 있는 금액의 한도에서 선순위담보권자를 대위(代位)하여 담보권을 행사할 수 있다(법 제29조 제2항 후단).

③ 담보권자가 법 제21조제2항(동산담보권의 실행방법 : 정당한 이유가 있는 경우 담보권자는 담보목적물로써 직접 변제에 충당하거나 담보목적물을 매각하여 그 대금을 변제에 충당할 수 있다.)에 따라 동산담보권을 실행하는 경우에는 제1항과 제2항을 준용한다(법 제29조 제3항 본문). 다만, 제1항에 따라 각 담보목적물의 매각대금을 정할 수 없는 경우에는 법 제23조(담보목적물의 직접 변제충당 등의 절차)제2항에 따른 통지에 명시된 각 담보목적물의 평가액 또는 예상매각대금에 비례하여 그 채권의 분담을 정한다(법 제29조 제3항 단서).

## XXVIII 이해관계인의 가처분신청 등

① <u>이해관계인</u>은 담보권자가 <u>위법</u>하게 동산담보권을 실행하는 경우에 <u>담보권설정자</u>의 <u>주소지를 관할하는 법원</u>에 법 제21조제2항(동산담보권의 실행방법 ; 정당한 이유가 있는 경우 담보권자는 담보목적물로써 직접 변제에 충당하거나 담보목적물을 매각하여 그 대금을 변제에 충당할 수 있다.)에 따른 <u>동산담보권 실행의 중지 등 필요한 조치를</u> 명하는 <u>가처분</u>을 <u>신청</u>할 수 있다(법 제30조 제1항).
② <u>법원</u>은 제1항의 신청에 대한 결정을 하기 전에 <u>이해관계인에게 담보를 제공하게 하거나 제공하지 아니하고 집행을 일시 정지</u>하도록 명하거나 <u>담보권자에게 담보를 제공하고 그 집행을 계속</u>하도록 명하는 등 <u>잠정처분</u>을 할 수 있다(법 제30조 제2항).
③ 담보권 실행을 위한 경매에 대하여 <u>이해관계인</u>은 「민사집행법」에 따라 <u>이의신청</u>을 할 수 있다(법 제30조 제3항).


## XXIX 동산담보권 실행에 관한 약정

① <u>담보권자</u>와 <u>담보권설정자</u>는 이 법에서 정한 실행절차와 <u>다른 내용의 약정</u>을 할 수 있다(법 제31조 제1항 본문). 다만, <u>법 제23조 제1항</u>(담보목적물의 직접 변제충당 등의 절차 ; 담보권자가 담보목적물로써 직접 변제에 충당하거나 담보목적물을 매각하여 그 대금을 변제에 충당하기 위해서는 그 채권의 변제기 후에 동산담보권 실행의 방법을 채무자 등과 담보권자가 알고 있는 이해관계인에게 통지하고, 그 통지가 채무자 등과 담보권자가 알고 있는 이해관계인에게 도달한 날부터 1개월이 지나야 한다.)에 따른 통지가 없거나 통지 후 <u>1개월</u>이 지나지 아니한 경우에도 <u>통지 없이</u> 담보권자가 담보목적물을 처분하거나 <u>직접 변제에 충당</u>하기로 하는 <u>약정은 효력이 없다</u>(법 제31조 제1항 단서).
② <u>제1항 본문의 약정</u>에 의하여 <u>이해관계인의 권리를 침해하지 못한다</u>(법 제31조 제2항).


## XXX 담보목적물의 선의취득

이 법에 따라 동산담보권이 설정된 <u>담보목적물</u>의 <u>소유권·질권</u>을 <u>취득</u>하는 경우에는 「<u>민법</u>」 <u>제249조부터 제251조까지의 규정</u>(선의취득, 도품·유실물에 대한 특례)을 <u>준용</u>한다(법 제32조).


## XXXI 준용규정

<u>동산담보권</u>에 관하여는 「<u>민법</u>」 <u>제331조</u>(질권의 목적물 ; 질권은 양도할 수 없는 물건을 목적으로 하지 못한다.) 및 <u>제369조</u>(부종성 ; 저당권으로 담보한 채권이 시효의 완성 기타 사유로 인하여 소멸한 때에는 저당권도 소멸한다.)를 <u>준용</u>한다(법 제33조).

# CHAPTER 03 > 채권담보권

## I. 채권담보권의 목적

① 법인 등이 담보약정에 따라 금전의 지급을 목적으로 하는 지명채권을 담보로 제공하는 경우에는 담보등기를 할 수 있다(법 제34조 제1항). (감평 2017)

② 여러 개의 채권(채무자가 특정되었는지 여부를 묻지 아니하고 장래에 발생할 채권을 포함한다)이더라도 채권의 종류, 발생 원인, 발생 연월일을 정하거나 그 밖에 이와 유사한 방법으로 특정할 수 있는 경우에는 이를 목적으로 하여 담보등기를 할 수 있다(법 제34조 제2항). (감평 2017)

## II. 담보등기의 효력

① 약정에 따른 채권담보권의 득실변경은 담보등기부에 등기한 때에 지명채권의 채무자(이하 "제3채무자"라 한다) 외(外)의 제3자에게 대항할 수 있다(법 제35조 제1항).

② 담보권자 또는 담보권설정자(채권담보권 양도의 경우에는 그 양도인 또는 양수인을 말한다)는 제3채무자에게 법 제52조(담보등기부의 열람 및 증명서의 발급)의 등기사항증명서를 건네주는 방법으로 그 사실을 통지하거나 제3채무자가 이를 승낙하지 아니하면 제3채무자에게 대항하지 못한다(법 제35조 제2항).

③ 동일한 채권에 관하여 담보등기부의 등기와 「민법」 제349조(지명채권에 대한 질권의 대항요건) 또는 제450조(지명채권양도의 대항요건) 제2항에 따른 통지 또는 승낙이 있는 경우에 담보권자 또는 담보의 목적인 채권의 양수인은 법률에 다른 규정이 없으면 제3채무자 외(外)의 제3자에게 등기와 그 통지의 도달 또는 승낙의 선후(先後)에 따라 그 권리를 주장할 수 있다(법 제35조 제3항).

④ 제2항의 통지, 승낙에 관하여는 「민법」 제451조(승낙, 통지의 효과) 및 제452조(양도통지와 금반언)를 준용한다(법 제35조 제4항).

## III. 채권담보권의 실행

① 담보권자는 피담보채권의 한도에서 채권담보권의 목적이 된 채권을 직접 청구할 수 있다(법 제36조 제1항). (감평 2017)

② 채권담보권의 목적이 된 채권이 피담보채권보다 먼저 변제기에 이른 경우에는 담보권자는 제3채무자에게 그 변제금액의 공탁을 청구할 수 있다(법 제36조 제2항 전단). (감평 2017) 이 경우 제3채무자가 변제금액을 공탁한 후에는 채권담보권은 그 공탁금에 존재한다(법 제36조 제2항 후단).

③ 담보권자는 제1항 및 제2항에 따른 채권담보권의 실행방법 외에 「민사집행법」에서 정한 집행방법으로 채권담보권을 실행할 수 있다(법 제36조 제3항).(감평 2017)

## Ⅳ 준용규정

채권담보권에 관하여는 그 성질에 반하지 아니하는 범위에서 동산담보권에 관한 제2장과 「민법」 제348조(저당채권에 대한 질권과 부기등기) 및 제352조(질권설정자의 권리처분제한)를 준용한다(법 제37조).

# CHAPTER 04 > 담보등기

## I. 등기할 수 있는 권리

담보등기는 동산담보권이나 채권담보권의 설정, 이전, 변경, 말소 또는 연장에 대하여 한다(법 제38조).

## II. 관할 등기소

① "등기사무"는 대법원장이 지정·고시하는 지방법원, 그 지원 또는 등기소에서 취급한다(법 제39조 제1항).
② 등기사무에 등기사무에 관하여는 제1항에 따라 대법원장이 지정·고시한 지방법원, 그 지원 또는 등기소 중 담보권설정자의 주소를 관할하는 지방법원, 그 지원 또는 등기소를 관할 등기소로 한다(법 제39조 제2항).
③ 대법원장은 어느 등기소의 관할에 속하는 사무를 다른 등기소에 위임할 수 있다(법 제39조 제3항).(감평 2016)

## III. 등기사무의 처리

① 등기사무는 등기관이 처리한다(법 제40조 제1항).
② 등기관은 접수번호의 순서에 따라 전산정보처리조직에 의하여 담보등기부에 등기사항을 기록하는 방식으로 등기사무를 처리하여야 한다(법 제40조 제2항).
③ 등기관이 등기사무를 처리할 때에는 대법원규칙으로 정하는 바에 따라 등기관의 식별부호를 기록하는 등 등기사무를 처리한 등기관을 확인할 수 있는 조치를 하여야 한다(법 제40조 제3항).

## IV. 등기신청인

① 담보등기는 법률에 다른 규정이 없으면 등기권리자와 등기의무자가 공동으로 신청한다(법 제41조 제1항).(감평 2018)
② 등기명의인 표시의 변경 또는 경정(更正)의 등기는 등기명의인 단독으로 신청할 수 있다(법 제41조 제2항).(감평 2024)

③ 판결에 의한 등기는 <u>승소한 등기권리자 또는 등기의무자</u> <u>단독</u>으로 신청할 수 있고, <u>상속</u>이나 <u>그 밖의 포괄승계</u>로 인한 등기는 <u>등기권리자 단독</u>으로 신청할 수 있다(법 제41조 제3항). (감평 2021·2024)

## Ⅴ 등기신청의 방법

<u>담보등기</u>는 다음 각 호의 어느 하나에 해당하는 방법으로 신청한다(법 제42조).
1. <u>방문신청</u> : <u>신청인</u> 또는 그 <u>대리인</u>이 <u>등기소에 출석</u>하여 서면으로 신청. 다만, 대리인이 변호사 또는 법무사[법무법인, 법무법인(유한), 법무조합, 법무사법인 또는 법무사법인(유한)을 포함한다]인 경우에는 대법원규칙으로 정하는 사무원을 등기소에 출석하게 하여 등기를 신청할 수 있다.
2. <u>전자신청</u> : 대법원규칙으로 정하는 바에 따라 <u>전산정보처리조직을 이용하여 신청</u>

## Ⅵ 등기신청에 필요한 서면 또는 전자문서 및 신청서의 기재사항 및 방식

① <u>담보등기</u>를 신청할 때에는 다음 각 호의 <u>서면</u> 또는 <u>전자문서</u>(이하 "서면 등"이라 한다)를 <u>제출</u> 또는 <u>송신</u>하여야 한다(법 제43조 제1항).
  1. 대법원규칙으로 정하는 방식에 따른 <u>신청서</u>
  2. <u>등기원인을 증명하는 서면 등</u>
  3. 등기원인에 대하여 <u>제3자의 허가, 동의</u> 또는 승낙이 필요할 때에는 이를 증명하는 서면 등
  4. <u>대리인</u>이 등기를 신청할 때에는 그 권한을 증명하는 서면 등
  5. 그 밖에 당사자의 특정 등을 위하여 대법원규칙으로 정하는 서면 등
② 제1항제1호에 따른 신청서에는 다음 각 호의 사항을 기록하고 <u>신청인이 기명날인</u>하거나 <u>서명</u> 또는 「전자서명법」 제2조제2호에 따른 <u>전자서명</u>을 하여야 한다(법 제43조 제2항).
  1. 법 제47조(등기부의 작성 및 기록사항)제2항(담보등기부에 기록할 사항)제1호부터 제9호까지의 규정에서 정한 사항
  2. 대리인이 등기를 신청할 경우 <u>대리인의 성명</u>[대리인이 법무법인, 법무법인(유한), 법무조합, 법무사법인 또는 법무사법인(유한)인 경우에는 그 명칭을 말한다], 주소(법인이나 조합인 경우는 본점 또는 주된 사무소를 말한다)
  3. 등기권리자와 등기의무자가 <u>공동으로 신청</u>하는 경우 및 <u>승소한 등기의무자가 단독</u>으로 등기를 신청하는 경우에 <u>등기의무자의 등기필정보</u>. 다만, 최초 담보권설정등기의 경우에는 기록하지 아니한다.
  4. 등기소의 표시
  5. 연월일

## Ⅶ 신청수수료

담보등기부에 등기를 하려는 자는 대법원규칙으로 정하는 바에 따라 수수료를 내야 한다(법 제44조).

## Ⅷ 등기신청의 접수

① 등기신청은 등기의 목적, 신청인의 성명 또는 명칭, 그 밖에 대법원규칙으로 정하는 등기신청정보가 전산정보처리조직에 전자적으로 기록된 때에 접수된 것으로 본다(법 제45조 제1항).(감평 2022)
② 등기관이 등기를 마친 경우 그 등기는 접수한 때부터 효력을 발생한다(법 제45조 제2항).(감평 2018·2022)

## Ⅸ 신청의 각하

등기관은 다음 각 호의 어느 하나에 해당하는 경우에만 이유를 적은 결정으로써 신청을 각하하여야 한다(법 제46조 본문). 다만, 신청의 잘못된 부분이 보정(補正)될 수 있는 경우에 신청인이 당일 이를 보정하였을 때에는 그러하지 아니하다(법 제46조 단서).
1. 사건이 그 등기소의 관할이 아닌 경우
2. 사건이 등기할 것이 아닌 경우
3. 권한이 없는 자가 신청한 경우
4. 방문신청의 경우 당사자나 그 대리인이 출석하지 아니한 경우
5. 신청서가 대법원규칙으로 정하는 방식에 맞지 아니한 경우
6. 신청서에 기록된 사항이 첨부서면과 들어맞지 아니한 경우
7. 신청서에 필요한 서면 등을 첨부하지 아니한 경우
8. 신청의 내용이 이미 담보등기부에 기록되어 있던 사항과 일치하지 아니한 경우
9. 법 제44조(신청수수료)에 따른 신청수수료를 내지 아니하거나 등기신청과 관련하여 다른 법률에 따라 부과된 의무를 이행하지 아니한 경우

## Ⅹ 등기부의 작성 및 기록사항

① 담보등기부는 담보목적물인 동산 또는 채권의 등기사항에 관한 전산정보자료를 전산정보처리조직에 의하여 담보권설정자별로 구분하여 작성한다(법 제47조 제1항).
② 담보등기부에 기록할 사항은 다음 각 호와 같다(법 제47조 제2항).
   1. 담보권설정자의 성명, 주소 및 주민등록번호(법인인 경우에는 상호 또는 명칭, 본점 또는 주된 사무소 및 법인등록번호를 말한다)(법 제47조 제2항 제1호)

2. <u>채무자</u>의 성명과 주소(법인인 경우에는 상호 또는 명칭 및 본점 또는 주된 사무소를 말한다)
3. <u>담보권자</u>의 성명, 주소 및 주민등록번호(법인인 경우에는 상호 또는 명칭, 본점 또는 주된 사무소 및 법인등록번호를 말한다)
3의2. <u>담보권설정자</u>나 <u>담보권자</u>가 <u>주민등록번호가 없는 재외국민</u>이거나 <u>외국인</u>인 경우에는 「부동산등기법」제49조제1항제2호 또는 제4호에 따라 부여받은 <u>부동산등기용등록번호</u>
4. <u>담보권설정자</u>나 채무자 또는 <u>담보권자</u>가 <u>외국법인</u>인 경우 국내의 영업소 또는 사무소. 다만, 국내에 영업소 또는 사무소가 없는 경우에는 대법원규칙으로 정하는 사항
5. 담보등기의 <u>등기원인 및 그 연월일</u>
6. 담보등기의 <u>목적물인 동산, 채권을 특정하는 데 필요한 사항</u>으로서 대법원규칙으로 정한 사항
7. <u>피담보채권액</u> 또는 <u>그 최고액</u>
8. <u>법 제10조 단서</u>(동산담보권 효력의 범위 ; 동산담보권의 효력은 담보목적물에 부합된 물건과 종물(從物)에 미친다, 다만, 법률에 다른 규정이 있거나 설정행위에 다른 약정이 있으면 그러하지 아니하다,) 또는 <u>법 제12조 단서</u>(피담보채권의 범위 ; 동산담보권은 원본(原本), 이자, 위약금, 담보권실행의 비용, 담보목적물의 보존비용 및 채무불이행 또는 담보목적물의 흠으로 인한 손해배상의 채권을 담보한다, 다만, 설정행위에 다른 약정이 있는 경우에는 그 약정에 따른다,)의 <u>약정</u>이 있는 경우 그 약정
9. <u>담보권의 존속기간</u>
10. <u>접수번호</u>
11. <u>접수연월일</u>

## XI 등기필정보의 통지

등기관이 담보권의 <u>설정</u> 또는 <u>이전등기</u>를 마쳤을 때에는 <u>등기필정보</u>를 <u>등기권리자</u>에게 <u>통지</u>하여야 한다(법 제48조 본문). 다만, <u>최초 담보권설정등기</u>의 경우에는 <u>담보권설정자</u>에게도 <u>등기필정보</u>를 <u>통지</u>하여야 한다(법 제48조 단서).

## XII 담보권의 존속기간 및 <u>연장</u>등기

① 이 법에 따른 <u>담보권의 존속기간은 5년을 초과할 수 없다</u>(법 제49조 제1항 본문). 다만, <u>5년을 초과하지 않는 기간</u>으로 이를 <u>갱신할 수 있다</u>(법 제49조 제1항 단서). (감평 2018)
② 담보권설정자와 담보권자는 제1항의 <u>존속기간을 갱신하려면</u> 그 만료 <u>전(前)</u>에 <u>연장등기를 신청</u>하여야 한다(법 제49조 제2항). (감평 2024)
③ <u>연장등기</u>를 위하여 담보등기부에 다음 사항을 기록하여야 한다(법 제49조 제3항).
  1. <u>존속기간을 연장하는 취지</u>
  2. <u>연장 후(後)의 존속기간</u>
  3. <u>접수번호</u>
  4. <u>접수연월일</u>

## XIII 말소등기

① 담보권설정자와 담보권자는 다음 각 호의 어느 하나에 해당하는 경우에 말소등기를 신청할 수 있다 (법 제50조 제1항).
  1. 담보약정의 취소, 해제 또는 그 밖의 원인으로 효력이 발생하지 아니하거나 효력을 상실한 경우
  2. 담보목적물인 동산이 멸실되거나 채권이 소멸한 경우(감평 2024)
  3. 그 밖에 담보권이 소멸한 경우
② 말소등기를 하기 위하여 담보등기부에 다음 각 호의 사항을 기록하여야 한다(법 제50조 제2항).
  1. 담보등기를 말소하는 취지. 다만, 담보등기의 일부를 말소하는 경우에는 그 취지와 말소등기의 대상
  2. 말소등기의 등기원인 및 그 연월일
  3. 접수번호
  4. 접수연월일

## XIV 등기의 경정 등

① 담보등기부에 기록된 사항에 오기(誤記)나 누락(漏落)이 있는 경우 담보권설정자 또는 담보권자는 경정등기를 신청할 수 있다(법 제51조 제1항 본문). 다만, 오기나 누락이 등기관의 잘못으로 인한 경우에는 등기관이 직권으로 경정할 수 있다(법 제51조 제1항 단서).
② 담보등기부에 기록된 담보권설정자의 법인등기부상 상호, 명칭, 본점 또는 주된 사무소(이하 "상호 등"이라 한다)가 변경된 경우 담보등기를 담당하는 등기관은 담보등기부의 해당 사항을 직권으로 변경할 수 있다(법 제51조 제2항).
③ 제2항의 직권변경을 위하여 담보권설정자의 법인등기를 담당하는 등기관은 담보권설정자의 상호 등에 대한 변경등기를 마친 후 지체 없이 담보등기를 담당하는 등기관에게 이를 통지하여야 한다(법 제51조 제3항).

## XV 담보등기부의 열람 및 증명서의 발급

① 누구든지 수수료를 내고 등기사항을 열람하거나 그 전부 또는 일부를 증명하는 서면의 발급을 청구할 수 있다(법 제52조 제1항).
② 등기부의 열람 또는 발급의 범위 및 방식, 수수료에 관하여는 대법원규칙으로 정한다(법 제52조 제2항).

## XVI. 이의신청 등

① 등기관의 결정 또는 처분에 이의가 있는 자는 관할 지방법원에 이의신청을 할 수 있다(법 제53조 제1항).
② 제1항에 따른 이의신청서는 등기소에 제출한다(법 제53조 제2항).
③ 제1항의 이의신청은 집행정지의 효력이 없다(법 제53조 제3항).(감평 2018)

## XVII. 이의신청 사유의 제한

새로운 사실이나 새로운 증거방법을 근거로 제53조에 따른 이의신청을 할 수 없다(법 제54조).

## XVIII. 등기관의 조치

① 등기관은 이의가 이유 있다고 인정하면 그에 해당하는 처분을 하여야 한다(법 제55조 제1항).
② 등기관은 이의가 이유 없다고 인정하면 3일 이내에 의견서를 붙여 사건을 관할 지방법원에 송부하여야 한다(법 제55조 제2항).
③ 등기를 완료한 후(後)에 이의신청이 있는 경우 등기관은 다음 각 호의 구분에 따른 당사자에게 이의신청 사실을 통지하고, 제2항의 조치를 하여야 한다(법 제55조 제3항).
  1. 제3자가 이의신청한 경우 : 담보권설정자 및 담보권자
  2. 담보권설정자 또는 담보권자가 이의신청한 경우 : 그 상대방

## XIX. 이의에 대한 결정과 항고

① 관할 지방법원은 이의에 대하여 이유를 붙인 결정을 하여야 한다(법 제56조 제1항 전단). 이 경우 이의가 이유 있다고 인정하면 등기관에게 그에 해당하는 처분을 명하고 그 뜻을 이의신청인 및 법 제55조(등기관의 조치)제3항의 당사자에게 통지하여야 한다(법 제56조 제1항 후단).
② 제1항의 결정에 대하여는 「비송사건절차법」에 따라 항고할 수 있다(법 제56조 제1항).

## XX. 준용규정

담보등기에 관하여는 이 법에 특별한 규정이 있는 경우를 제외하고는 그 성질에 반하지 아니하는 범위에서 「부동산등기법」을 준용한다(법 제57조).

# CHAPTER 05 > 지식재산권의 담보에 관한 특례

## I 지식재산권담보권 등록

① 지식재산권자가 약정에 따라 동일한 채권을 담보하기 위하여 2개 이상의 지식재산권을 담보로 제공하는 경우에는 특허원부, 저작권등록부 등 그 지식재산권을 등록하는 공적(公的) 장부(이하 "등록부"라 한다)에 이 법에 따른 담보권을 등록할 수 있다(법 제58조 제1항).
② 제1항의 경우에 담보의 목적이 되는 지식재산권은 그 등록부를 관장하는 기관이 동일하여야 하고, 지식재산권의 종류와 대상을 정하거나 그 밖에 이와 유사한 방법으로 특정할 수 있어야 한다(법 제58조 제2항).

## II 등록의 효력

① 약정에 따른 지식재산권담보권의 득실변경은 그 등록을 한 때에 그 지식재산권에 대한 질권의 득실변경을 등록한 것과 동일한 효력이 생긴다(법 제59조 제1항).
② 동일한 지식재산권에 관하여 이 법에 따른 담보권 등록과 그 지식재산권을 규율하는 개별 법률에 따른 질권등록이 이루어진 경우에 그 순위는 법률에 다른 규정이 없으면 그 선후에 따른다(법 제59조 제2항).

## III 지식재산권담보권자의 권리행사

담보권자는 지식재산권을 규율하는 개별 법률에 따라 담보권을 행사할 수 있다(법 제60조).

## IV 준용규정

지식재산권담보권에 관하여는 그 성질에 반하지 아니하는 범위에서 동산담보권에 관한 제2장과 「민법」 제352조(질권설정자의 권리처분제한 ; 질권설정자는 질권자의 동의없이 질권의 목적된 권리를 소멸하게 하거나 질권자의 이익을 해하는 변경을 할 수 없다.)를 준용한다(법 제61조 본문). 다만, 법 제21조제2항 [동산담보권의 실행방법 ; 정당한 이유가 있는 경우 담보권자는 담보목적물로써 직접 변제에 충당하거나 담보목적물을 매각하여 그 대금을 변제에 충당할 수 있다. 다만, 선순위권리자(담보등기부에 등기되어 있거나 담보권자가 알고 있는 경우로 한정한다)가 있는 경우에는 그의 동의를 받아야 한다.] 과 지식재산권에 관하여 규율하는 개별 법률에서 다르게 정한 경우에는 그러하지 아니하다(법 제61조 단서).

제 **8** 편

# 건축법

제01장 총 칙
제02장 건축물의 건축
제03장 건축물의 대지와 도로
제04장 건축물의 구조 및 재료 등
제05장 지역 및 지구의 건축물
제06장 특별건축구역 등
제07장 건축협정
제08장 결합건축 : 용적률 거래제도
제09장 보 칙

# CHAPTER 01 총칙

## I. 목적

건축법은 건축물의 대지·구조·설비 기준 및 용도 등을 정하여 건축물의 안전·기능·환경 및 미관을 향상시킴으로써 공공복리의 증진에 이바지하는 것을 목적으로 한다(법 제1조).

## II. 정의

### 1. 대지

"대지(垈地)"란 「공간정보의 구축 및 관리 등에 관한 법률」에 따라 각 필지(筆地)로 나눈 토지를 말한다(법 제2조 제1항 제1호 본문).

### 2. 건축물★

"건축물"이란 토지에 정착(定着)하는 공작물 중 지붕과 기둥 또는 벽이 있는 것과 이에 딸린 시설물, 지하나 고가(高架)의 공작물에 설치하는 사무소·공연장·점포·차고·창고, 그 밖에 대통령령(조문에서 위임한 사항을 규정한 하위법령이 없다.)으로 정하는 것을 말한다(법 제2조 제1항 제2호). (중개 2017)

### 3. 건축물의 용도

"건축물의 용도"란 건축물의 종류를 유사한 구조, 이용 목적 및 형태별로 묶어 분류한 것을 말한다(법 제2조 제1항 제3호). (감평 2012)

### 4. 건축설비★

"건축설비"란 건축물에 설치하는 전기·전화 설비, 초고속 정보통신 설비, 지능형 홈네트워크 설비, 가스·급수·배수(配水 ; 물을 급수구역 내의 모든 수요자에게 물을 분배하는 일)·배수(排水 ; 필요없는 물을 다른 장소로 빼어 버리는 일)·환기·난방·냉방·소화(消火)·배연(排煙 ; 연기를 밖으로 배출시키는 것) 및 오물처리의 설비, 굴뚝, 승강기, 피뢰침, 국기 게양대, 공동시청 안테나, 유선방송 수신시설, 우편함, 저수조(貯水槽), 방범시설, 그 밖에 국토교통부령(조문에서 위임한 사항을 규정한 하위법령이 없다.)으로 정하는 설비를 말한다. (감평 2016)

### 5. 지하층★

"지하층"이란 건축물의 바닥이 지표면 아래에 있는 층으로서 바닥에서 지표면까지 평균높이가 해당 층 높이의 2분의 1 이상인 것을 말한다(법 제2조 제1항 제5호). (감평 2002·2004·2012·2014·2016·2021·2022)

## 6. 거실

"**거실**"이란 건축물 안에서 거주, 집무, 작업, 집회, 오락, 그 밖에 이와 유사한 목적을 위하여 사용되는 방을 말한다(법 제2조 제1항 제6호). (감평 2021)

## 7. 주요구조부★

"**주요구조부**"란 내력벽(耐力壁 ; 건축물에서 지붕의 무게나 위층 구조물의 무게를 견디어 내거나 힘을 전달하기 위해 만든 건축물의 주요 구조부 중 하나로 공간을 수직으로 구획하는 벽을 말한다.), 기둥, 바닥, 보, 지붕틀(지붕을 잇기 위해 만든 뼈대) 및 주계단(主階段)을 말한다(법 제2조 제1항 제7호 본문). 다만, 사이 기둥(기둥과 기둥 사이가 너무 멀어서 칸막이벽을 치거나 벽 바탕재를 건너 댈 수 없을 때 기둥 사이에 세우는 기둥), 최하층 바닥, 작은 보, 차양(遮陽 ; 햇볕을 가리거나 비가 들이치는 것을 막기 위하여 처마 끝에 덧붙이는 좁은 지붕), 옥외 계단, 그 밖에 이와 유사한 것으로 건축물의 구조상 중요하지 아니한 부분은 제외한다(법 제2조 제1항 제7호 단서). (감평 2014)
(주요구조부 : 내/기/바닥/보여/주/지!)

## 8. 대수선★ : 증축×·개축×·재축×

① "**대수선**"이란 건축물의 기둥, 보, 내력벽, 주계단 등의 구조나 외부 형태를 수선·변경하거나 증설하는 것으로서 「대통령령으로 정하는 것(영 제3조의2)」을 말한다(법 제2조 제1항 제9호). (중개 2020)

② 여기서 「대통령령으로 정하는 것」이란 다음 각 호의 어느 하나에 해당하는 것으로서 증축·개축 또는 재축에 해당하지 아니하는 것을 말한다(영 제3조의2). (주택 경계벽 · 방화벽 → 면적 규정 없음)

1. 내력벽을 증설 또는 해체하거나 그 벽면적을 30제곱미터 이상 수선 또는 변경하는 것(감평 2000, 중개 2017·2024)
2. 기둥을 증설 또는 해체하거나 세 개 이상 수선 또는 변경하는 것(중개 2024)
3. 보를 증설 또는 해체하거나 세 개 이상 수선 또는 변경하는 것(감평 2000, 중개 2024)
4. 지붕틀(한옥의 경우에는 지붕틀의 범위에서 서까래는 제외한다)을 증설 또는 해체하거나 세 개 이상 수선 또는 변경하는 것(감평 2000)
5. 방화벽 또는 방화구획을 위한 바닥 또는 벽을 증설 또는 해체하거나 수선 또는 변경하는 것(감평 2000)
6. 주계단·피난계단 또는 특별피난계단을 증설 또는 해체하거나 수선 또는 변경하는 것(감평 2000·2014, 중개 2024)
7. 다가구주택의 가구 간 경계벽 또는 다세대주택의 세대 간 경계벽을 증설 또는 해체하거나 수선 또는 변경하는 것(중개 2024)
8. 건축물의 외벽에 사용하는 마감재료를 증설 또는 해체하거나 벽면적 30제곱미터 이상 수선 또는 변경하는 것

| 주요구조부 | 대수선 |
|---|---|
| 바닥 | × |
| 기둥 | 증설·해체·<u>세 개 이상 수선</u> 또는 변경 |
| 보 | 증설·해체·<u>세 개 이상 수선</u> 또는 변경 |
| 지붕틀 | 증설·해체·<u>세 개 이상 수선</u> 또는 변경 |
| 주계단 | ① <u>주계단</u> : 증설·해체·<u>수선</u> 또는 변경 |
| × | ② 피난계단 : 증설·해체·<u>수선</u> 또는 변경 |
| | ③ 특별피난계단 : 증설·해체·<u>수선</u> 또는 변경 |
| 내력벽 | ① <u>내력벽</u> : 증설·해체·<u>30제곱미터 이상 수선</u> 또는 변경 |
| 벽 : 내/외/경/방<br>내/외 → 30<br>내/방 →신고 | ② <u>외벽</u>에 사용하는 마감재료 : 증설·해체·<u>30제곱미터 이상</u> 수선 또는 변경 |
| | ③ 다가구(세대)주택 내(內) <u>경계벽</u> : 증설·해체·수선 또는 변경 |
| | ④ <u>방화벽</u>(방화구획)을 위한 <u>바닥</u> 또는 벽 : 증설·해체·수선 또는 변경 |

> **정리**
>
> ◆ 대수선 中 건축「신고」사항(수선)(영 제11조제2항)(벽 : 내력벽·방화벽 : 내/방 → 신고)
> 1. <u>기둥</u>을 세 개 이상 <u>수선</u>하는 것
> 2. <u>보</u>를 세 개 이상 <u>수선</u>
> 3. <u>지붕틀</u>을 세 개 이상 <u>수선</u>하는 것
> 4. <u>주계단·피난계단</u> 또는 특별피난계단을 <u>수선</u>하는 것
> 5. <u>내력벽</u>의 면적을 30제곱미터 이상 <u>수선</u>하는 것
> 6. <u>방화벽</u> 또는 방화구획을 위한 바닥 또는 벽을 <u>수선</u>하는 것

## 9. 리모델링★

"<u>리모델링</u>"이란 건축물의 <u>노후화를 억제</u>하거나 <u>기능 향상</u> 등을 위하여 <u>대수선</u>하거나 건축물의 일부를 <u>증축</u> 또는 <u>개축</u>하는 행위를 말한다(법 제2조 제1항 제10호). (감평 2012·2016) (리모델링 : 대수선→증/개)

## 10. 건축★

### (1) 서

"<u>건축</u>"이란 건축물을 <u>신축</u>·<u>증축</u>·<u>개축</u>·<u>재축</u>(再築)하거나 건축물을 <u>이전</u>하는 것을 말한다(법 제2조 제1항 제8호). (감평 2016, 중개 2020) (건축 : 신/이/→증/개/재)

### (2) 신축

"<u>신축</u>"이란 <u>건축물이 없는 대지</u>(기존 건축물이 해체되거나 멸실된 대지를 포함한다)에 <u>새로 건축물을 축조</u>(築造)하는 것[부속건축물만 있는 대지에 새로 주된 건축물을 축조하는 것을 포함하되, <u>개축</u>(改築) 또는 <u>재축</u>(再築)하는 것은 <u>제외</u>한다]을 말한다(영 제2조 제1호).

### (3) 증축

"**증축**"이란 기존 건축물이 있는 대지에서 건축물의 건축면적, 연면적, 층수 또는 높이를 늘리는 것을 말한다(영 제2조 제2호).(감평 2014, 중개 2020)(면적·층수·높이↑)

> ☞ ( i ) 건축면적 : 건축물의 외벽의 중심선으로 둘러싸인 부분의 수평투영면적으로 한다(영 제119조 제1항 제2호).
> ( ii ) 바닥면적 : 건축물의 각층 또는 그 일부로서 벽, 기둥, 그 밖에 이와 비슷한 구획의 중심선으로 둘러싸인 부분의 수평투영면적으로 한다(영 제119조 제1항 제3호).
> ( iii ) 연면적 : 하나의 건축물 각 층의 바닥면적의 합계로 한다(영 제119조 제1항 제4호).

### (4) 개축 : 해체 ○

"**개축**"이란 기존 건축물의 전부 또는 일부[내력벽·기둥·보·지붕틀(영 제2조 제16호에 따른 한옥의 경우에는 지붕틀의 범위에서 서까래는 제외한다) 중 셋 이상이 포함되는 경우를 말한다]를 해체하고 그 대지에 종전과 같은 규모의 범위에서 건축물을 다시 축조하는 것을 말한다(영 제2조 제3호). (감평 2014·2024)

### (5) 재축 : 재해 멸실

"**재축**"이란 건축물이 천재지변이나 그 밖의 재해(災害)로 멸실된 경우 그 대지에 다음 각 목의 요건을 모두 갖추어 다시 축조하는 것을 말한다(영 제2조 제4호).(감평 2014·2024)

가. 연면적 합계는 종전 규모 이하로 할 것(감평 2024, 중개 2020)

나. 동(棟)수, 층수 및 높이는 다음의 어느 하나에 해당할 것

　1) 동수, 층수 및 높이가 모두 종전 규모 이하일 것
　2) 동수, 층수 또는 높이의 어느 하나가 종전 규모를 초과하는 경우에는 해당 동수, 층수 및 높이가 「건축법」, 이 영 또는 건축조례(이하 "법령등"이라 한다)에 모두 적합할 것

### (6) 이전 : 해체 ×

"**이전**"이란 건축물의 주요구조부를 해체하지 아니하고 같은 대지의 다른 위치로 옮기는 것을 말한다(영 제2조 제5호).(감평 2014·2021·2024, 중개 2020)

## 11. 결합건축

"**결합건축**"이란 법 제56조(건축물의 용적률)에 따른 용적률을 개별 대지마다 적용하지 아니하고, 2개 이상의 대지를 대상으로 통합적용하여 건축물을 건축하는 것을 말한다(법 제2조 제1항 제8의2호).

> ☞ **결합건축**은 개별 필지 단위로 용적률을 적용하던 기존의 법 적용 상식에서 벗어나, 공동으로 개발할 필지 상호 간의 용적률을 결합(합산)하여 필지 소유자 상호 간에 필요한 만큼 용적률을 거래하여 이용할 수 있도록 하는 제도이다. 즉, 대지별로 적용되는 용적률 기준을 건축주간 자율협의를 통해 대지간 조정할 수 있도록 하는 제도이다. 이를 소위 용적률 거래제도라고도 한다.

## 12. 도로

① "**도로**"란 보행과 자동차 통행이 가능한 너비 **4미터 이상의 도로**〔지형적으로 **자동차 통행이 불가능**한 경우와 **막다른 도로**의 경우에는 「**대통령령으로 정하는 구조와 너비의 도로**(영 제3조의3)」〕로서 다음 각 호의 어느 하나에 해당하는 **도로**나 그 **예정도로**를 말한다(법 제2조 제1항 제11호). (중개 2017)

1. 「국토의 계획 및 이용에 관한 법률」, 「도로법」, 「사도법」, 그 밖의 관계 법령에 따라 **신설** 또는 변경에 관한 **고시**가 된 도로
2. **건축허가** 또는 **신고** 시에 특별시장·광역시장·특별자치시장·도지사·특별자치도지사(이하 "**시·도지사**"라 한다) 또는 시장·군수·구청장(자치구의 구청장을 말한다. 이하 같다)이 **위치**를 **지정**하여 공고한 도로

② 여기서 「**대통령령으로 정하는 구조와 너비의 도로**」란 다음 각 호의 어느 하나에 해당하는 도로를 말한다(영 제3조의3).

1. 특별자치시장·특별자치도지사 또는 시장·군수·구청장이 지형적 조건으로 인하여 **차량 통행**을 위한 **도로의 설치**가 곤란하다고 인정하여 그 **위치를 지정·공고**하는 구간의 너비 **3미터 이상**(길이가 10미터 미만인 **막다른 도로**인 경우에는 너비 2미터 이상)인 도로
2. 제1호에 해당하지 아니하는 **막다른 도로**로서 그 도로의 **너비**가 그 길이에 따라 각각 **다음 표에 정하는 기준 이상**인 도로

| 막다른 도로의 길이 | 도로의 너비 |
|---|---|
| 10미터 미만 | 2미터 |
| 10미터 이상 35미터 미만 | 3미터 |
| 35미터 이상 | 6미터(도시지역이 아닌 읍·면지역은 4미터) |

☞ '막다른 도로'의 구조와 너비는 '막다른 도로'가 "도로"에 해당하는지 여부를 판단하는 기준이 된다. (○/법 제2조 제1항 제11호·영 제3조의3)(중개 2017 기출)

☞ 지형적으로 **자동차 통행이 불가능**한 경우와 **막다른 도로**의 경우에는 건축법상 도로가 될 수 없다. (×)

## 13. 건축주

"**건축주**"란 건축물의 건축·대수선·용도변경, 건축설비의 설치 또는 공작물의 축조(이하 "건축물의 건축 등"이라 한다)에 관한 공사를 발주하거나 현장 관리인을 두어 스스로 그 공사를 하는 자를 말한다(법 제2조 제1항 제12호). (감평 2012)

## 14. 설계자

"**설계자**"란 자기의 책임(보조자의 도움을 받는 경우를 포함한다)으로 **설계도서를 작성**하고 그 설계도서에서 의도하는 바를 **해설**하며, 지도하고 **자문**에 응하는 자를 말한다(법 제2조 제1항 제13호).

## 15. 공사감리자

"**공사감리자**"란 자기의 책임(보조자의 도움을 받는 경우를 포함한다)으로 이 법으로 정하는 바에 따라 건축물, 건축설비 또는 공작물이 **설계도서의 내용대로 시공되는지를 확인**하고, 품질관리·공사관리·안전관리 등에 대하여 **지도·감독**하는 자를 말한다(법 제2조 제1항 제15호).

### 16. 공사시공자

"공사시공자"란 「건설산업기본법」 제2조제4호에 따른 건설공사를 하는 자를 말한다(법 제2조 제1항 제16호).

### 17. 관계전문기술자

① "관계전문기술자"란 건축물의 구조·설비 등 건축물과 관련된 전문기술자격을 보유하고 설계와 공사감리에 참여하여 설계자 및 공사감리자와 협력하는 자를 말한다(법 제2조 제1항 제17호).

② 건축법 시행령 제91조의3(관계전문기술자와의 협력)에서 일정한 경우 관계전문기술자(기술사법에 따라 등록한 각종 기술사 등)의 협력을 받도록 규정하고 있다.

### 18. 특별건축구역

"특별건축구역"이란 조화롭고 창의적인 건축물의 건축을 통하여 도시경관의 창출, 건설기술 수준 향상 및 건축 관련 제도개선을 도모하기 위하여 건축법 또는 관계 법령에 따라 일부 규정을 적용하지 아니하거나 완화 또는 통합하여 적용할 수 있도록 특별히 지정하는 구역을 말한다(법 제2조 제1항 제18호).

### 19. 고층건축물 ★

(1) 고층건축물 : 30층×4 =120m

"고층건축물"이란 층수가 30층 이상이거나 높이가 120미터 이상인 건축물을 말한다(법 제2조 제1항 제19호). (감평 2012·2016·2021·2022, 중개 2017·2020)

(2) 초고층 건축물 : 50층×4 =200m

"초고층 건축물"이란 층수가 50층 이상이거나 높이가 200미터 이상인 건축물을 말한다(영 제2조 제15호). (감평 2021)

(3) 준초고층 건축물

"준초고층 건축물"이란 고층건축물 중 초고층 건축물이 아닌 것을 말한다(영 제2조 제15의2호).

### 20. 부속건축물

"부속건축물"이란 같은 대지에서 주된 건축물과 분리된 부속용도의 건축물로서 주된 건축물을 이용 또는 관리하는 데에 필요한 건축물을 말한다(영 제2조 제12호).

### 21. 발코니

"발코니"란 건축물의 내부와 외부를 연결하는 완충공간으로서 전망이나 휴식 등의 목적으로 건축물 외벽에 접하여 부가적(附加的)으로 설치되는 공간을 말한다(영 제2조 제14호 전단). 이 경우 주택에 설치되는 발코니로서 국토교통부장관이 정하는 기준에 적합한 발코니는 필요에 따라 거실·침실·창고 등의 용도로 사용할 수 있다(영 제2조 제14호 후단).

※ 출처 : 서울특별시 도시계획국 - 서울시 도시계획용어사전(발코니, 베란다, 테라스)

### 28. 한옥

"한옥"이란 「한옥 등 건축자산의 진흥에 관한 법률」 제2조제2호에 따른 한옥("한옥"이란 주요 구조가 기둥·보 및 한식지붕틀로 된 목구조로서 우리나라 전통양식이 반영된 건축물 및 그 부속건축물을 말한다.)을 말한다(영 제2조 제16호).

### 29. 다중이용 건축물★ : 바닥면적 합계 5천제곱미터 이상 or 16층 이상

"다중이용 건축물"이란 다음 각 목의 어느 하나에 해당하는 건축물을 말한다(영 제2조 제17호). [16 or 5천(문/집→종/판→여/병/관)]

가. 다음의 어느 하나에 해당하는 용도로 쓰는 바닥면적의 합계가 5천제곱미터 이상인 건축물
  1) 문화 및 집회시설(동물원 및 식물원은 제외한다)(감평 2025)
  2) 종교시설(감평 2025, 중개 2018)
  3) 판매시설(중개 2018)
  4) 운수시설 중 여객용 시설(중개 2018)
  5) 의료시설 중 종합병원(감평 2025, 중개 2018)(요양병원×)
  6) 숙박시설 중 관광숙박시설(중개 2018)(관광 휴게시설×, 일반숙박시설×)

나. 16층 이상인 건축물(감평 2024)(16층 이상인 건축물은 그 용도에 관계없이 "다중이용 건축물" 이다.○)

### 30. 특수구조 건축물

① "특수구조 건축물"이란 다음 각 목의 어느 하나에 해당하는 건축물을 말한다(영 제2조 제18호).

  가. 한쪽 끝은 고정되고 다른 끝은 지지(支持)되지 아니한 구조로 된 보·차양 등이 외벽(외벽이 없는 경우에는 외곽 기둥을 말한다)의 중심선으로부터 3미터 이상 돌출된 건축물(중개 2021)

  나. 기둥과 기둥 사이의 거리(기둥의 중심선 사이의 거리를 말하며, 기둥이 없는 경우에는 내력벽과 내력벽의 중심선 사이의 거리를 말한다. 이하 같다)가 20미터 이상인 건축물(감평 2024, 중개 2021)(15미터×)

  다. 무량판 구조(보가 없이 바닥판·기둥으로 구성된 구조를 말한다. 이하 같다)를 가진 건축물로서 무량판 구조인 어느 하나의 층에 수직으로 배치된 주요구조부의 전체 단면적에서 보가 없이 배치된 기둥의 전체 단면적이 차지하는 비율이 4분의 1 이상인 건축물

라. <u>특수한 설계·시공·공법</u> 등이 필요한 건축물로서 국토교통부장관이 정하여 고시하는 구조로 된 건축물

② <u>특수구조 건축물</u>은 건축법의 일부 규정을 적용할 때 대통령령으로 정하는 바에 따라 <u>강화</u> 또는 <u>변경</u>하여 <u>적용</u>할 수 있다(법 제6조의2). (중개 2021)(특수구조건축물은 건축물 내진등급의 설정에 관한 규정을 강화하여 적용할 수 있다.○)

③ <u>특수구조 건축물</u>을 건축하거나 대수선하려는 건축주(영 제32조제3항에 따라 구조 안전의 확인 방법이 달리 적용되는 건축주는 제외한다)는 <u>착공신고를 하기 전</u>에 <u>허가권자</u>에게 해당 건축물의 <u>구조 안전</u>에 관하여 <u>지방건축위원회</u>의 <u>심의</u>를 신청하여야 한다(영 제6조의3 제2항 전단). (중개 2021)(건축허가 신청전에×)

## III 건축물의 용도

건축물의 용도는 다음과 같이 구분하되, 각 용도에 속하는 건축물의 <u>세부 용도</u>는 <u>대통령령</u>(영 제3조의5 ; 별표 1 – 용도별 건축물의 종류)으로 정한다(법 제2조 제2항).

1. <u>단독주택</u>(단독주택, 다중주택, 다가구주택, 공관)
2. <u>공동주택</u>(아파트, 연립주택, 다세대주택, 기숙사)
3. <u>제1종 근린생활시설</u>
4. <u>제2종 근린생활시설</u>
5. <u>문화 및 집회시설</u>(집회장, 관람장, 동물원, 식물원, 공연장·집회장으로서 제2종 근린생활시설에 해당하지 아니하는 것)
6. <u>종교시설</u>(종교집회장으로서 제2종 근린생활시설에 해당하지 아니하는 것)
7. <u>판매시설</u>(도매시장, 소매시장, 상점)
8. <u>운수시설</u>(여객자동차터미널, 철도시설, 공항시설, 항만시설)
9. <u>의료시설</u>(병원, 격리병원) (☞ 의원은 1종 근생에 해당하고, 동물병원은 2종 근생에 해당한다)
10. <u>교육연구시설</u>(학교, 교육원, 직업훈련소, 학원, 연구소) (☞ 제2종 근린생활시설에 해당하는 것은 제외한다.)
11. <u>노유자</u>(老幼者 : 노인 및 어린이) <u>시설</u>(어린이집, 아동복지시설, 노인복지시설)
12. <u>수련시설</u>
13. <u>운동시설</u>(탁구장·체육도장·테니스장·체력단련장·에어로빅장·볼링장·당구장·실내낚시터·골프연습장·놀이형시설 등으로서 제1종 및 제2종 근린생활시설에 해당하지 아니하는 것)
14. <u>업무시설</u>(㉠ 공공업무시설 : 제1종 근린생활시설에 해당하지 아니하는 것, ㉡ 일반업무시설 : 금융업소·사무소·소개업소·출판사·신문사 등으로서 제1종 및 제2종 근린생활시설에 해당하지 않는 것, 업무를 주로 하는 오피스텔)
15. <u>숙박시설</u>(㉠ 일반숙박시설, ㉡ 생활숙박시설, ㉢ 관광숙박시설, ㉣ 제2종 근린생활시설에 해당하지 아니하는 다중생활시설)
16. <u>위락</u>(慰樂)<u>시설</u>(유흥주점, 무도장, 무도학원, 카지노영업소, 제2종 근린생활시설에 해당하지 아니하는 단란주점)
17. <u>공장</u>

18. 창고시설
19. 위험물 저장 및 처리 시설
20. 자동차 관련 시설(주차장, 세차장, 폐차장, 검사장, 매매장, 정비공장, 운전학원 및 정비학원)
21. 동물 및 식물 관련 시설(축사, 가축시설, 도축장, 도계장, 작물 재배사, 종묘배양시설) (☞ 동·식물원은 문화 및 집회시설에 해당한다.)
22. 자원순환 관련 시설(하수 등 처리시설, 고물상, 폐기물재활용시설, 폐기물 처분시설)
23. 교정(矯正)시설
24. 국방·군사 시설
25. 방송통신시설(방송국, 전신전화국, 촬영소, 통신용 시설, 데이터센터)
26. 발전시설(발전소로 사용되는 건축물로서 제1종 근린생활시설에 해당하지 아니하는 것)
27. 묘지 관련 시설(화장시설, 봉안당, 묘지와 자연장지에 부수되는 건축물, 동물화장시설, 동물전용 납골시설)
28. 관광 휴게시설(야외음악당, 야외극장, 어린이회관, 관망탑, 휴게소)
29. 장례시설(장례식장, 동물 전용의 장례식장)
30. 야영장 시설

## IV 적용 제외

1. **건축법을 적용하지 아니하는 건축물★**

   다음 각 호의 어느 하나에 해당하는 건축물에는 건축법을 적용하지 아니한다(법 제3조 제1항).
   1. 「문화유산의 보존 및 활용에 관한 법률」에 따른 지정문화유산이나 임시지정문화유산(감평 2010·2019, 중개 2017) 또는 「자연유산의 보존 및 활용에 관한 법률」에 따라 지정된 천연기념물등이나 임시지정천연기념물, 임시지정명승, 임시지정시·도자연유산, 임시자연유산자료
   2. 철도나 궤도의 선로 부지(敷地)에 있는 다음 각 목의 시설
      가. 운전보안시설(중개 2017·2019)
      나. 철도 선로의 위나 아래를 가로지르는 보행시설(중개 2019)
      다. 플랫폼(감평 2010·2019, 중개 2019)
      라. 해당 철도 또는 궤도사업용 급수(給水)·급탄(給炭) 및 급유(給油) 시설(중개 2019)
   3. 고속도로 통행료 징수시설(감평 2010·2016·2019, 중개 2017)
   4. 컨테이너를 이용한 간이창고(「산업집적활성화 및 공장설립에 관한 법률」 제2조제1호에 따른 공장의 용도로만 사용되는 건축물의 대지에 설치하는 것으로서 이동이 쉬운 것만 해당된다)(감평 2019, 중개 2017)
   5. 「하천법」에 따른 하천구역 내(內)의 수문조작실(감평 2019, 중개 2017)

> **암기** 건축법 적용 제외 : 창/수의 → 천연·문화·명승/철/통
1. 간이 창고(컨테이너 - 공장용도 대지)
2. 수문조작실
3. 천연(지정된 천연기념물등 · 임시지정천연기념물)
4. 문화유산(지정/임시지정)
5. 명승(임시지정명승, 임시지정시 · 도유산, 임시자연유산자료)
6. 철도나 궤도의 선로 부지(보안/보행/플랫폼/급)
7. 통행료 징수시설

☞ 고속도로 통행료 징수시설을 대수선하려는 자는 시장·군수·구청장의 허가를 받아야 한다.(×)(법 제3조 제1항 제3호 : 고속도로 통행료 징수시설에 대해서는 건축법을 적용하지 아니한다.)(감평 2016)

# V 건축위원회

## 1. 건축위원회 설치

### (1) 서

국토교통부장관, 시·도지사 및 시장·군수·구청장은 다음 각 호의 사항을 조사·심의·조정 또는 재정(이하 이 조에서 "심의등"이라 한다)하기 위하여 각각 건축위원회를 두어야 한다(법 제4조 제1항). (감평 2013)

1. 건축법과 조례의 제정·개정 및 시행에 관한 중요 사항
2. 건축물의 건축등과 관련된 분쟁의 조정 또는 재정에 관한 사항. 다만, 시·도지사 및 시장·군수·구청장이 두는 건축위원회는 제외한다.
3. 건축물의 건축등과 관련된 민원에 관한 사항. 다만, 국토교통부장관이 두는 건축위원회는 제외한다.
4. 건축물의 건축 또는 대수선에 관한 사항
5. 다른 법령에서 건축위원회의 심의를 받도록 규정한 사항

### (2) 중앙건축위원회

국토교통부에 두는 건축위원회(이하 "중앙건축위원회"라 한다)는 다음 각 호의 사항을 조사·심의·조정 또는 재정(이하 "심의등"이라 한다)한다(영 제5조 제1항).

1. 법 제23조(건축물의 설계)제4항에 따른 표준설계도서의 인정에 관한 사항
2. 건축물의 건축·대수선·용도변경, 건축설비의 설치 또는 공작물의 축조(이하 "건축물의 건축등"이라 한다)와 관련된 분쟁의 조정 또는 재정에 관한 사항
3. 법과 이 영의 제정·개정 및 시행에 관한 중요 사항
4. 다른 법령에서 중앙건축위원회의 심의를 받도록 한 경우 해당 법령에서 규정한 심의사항

5. 그 밖에 <u>국토교통부장관</u>이 <u>중앙건축위원회의 심의</u>가 필요하다고 인정하여 회의에 부치는 사항

### (3) 지방건축위원회

<u>특별시·광역시·특별자치시·도·특별자치도</u>(이하 "시·도"라 한다) 및 <u>시·군·구</u>(자치구를 말한다. 이하 같다)에 두는 건축위원회(이하"<u>지방건축위원회</u>"라 한다)는 다음 각 호의 사항에 대한 <u>심의 등</u>을 한다(영 제5조의5 제1항).

1. 법 제46조(건축선의 지정)제2항에 따른 <u>건축선(建築線)의 지정</u>에 관한 사항
2. <u>법</u> 또는 이 영에 따른 <u>조례</u>(해당 지방자치단체의 장이 발의하는 조례만 해당한다)의 <u>제정·개정</u> 및 <u>시행</u>에 관한 중요 사항
3. 다중이용 건축물 및 특수구조 건축물의 <u>구조안전</u>에 관한 사항
4. <u>다른 법령</u>에서 지방건축위원회의 심의를 받도록 한 경우 해당 법령에서 규정한 심의사항
5. 특별시장·광역시장·특별자치시장·도지사 또는 특별자치도지사(이하 "시·도지사"라 한다) 및 시장·군수·구청장이 도시 및 건축 환경의 체계적인 관리를 위하여 필요하다고 인정하여 지정·공고한 지역에서 <u>건축조례</u>로 정하는 건축물의 건축등에 관한 것으로서 시·도지사 및 시장·군수·구청장이 지방건축위원회의 <u>심의</u>가 필요하다고 인정한 사항. 이 경우 심의 사항은 시·도지사 및 시장·군수·구청장이 건축 계획, 구조 및 설비 등에 대해 심의 기준을 정하여 공고한 사항으로 한정한다.

## 2. 전문위원회의 설치

### (1) 전문위원회의 종류★

<u>국토교통부장관</u>, 시·도지사 및 시장·군수·구청장은 건축위원회의 심의등을 효율적으로 수행하기 위하여 필요하면 자신이 설치하는 <u>건축위원회</u>에 다음 각 호의 <u>전문위원회</u>를 <u>두어</u> 운영할 수 있다(법 제4조 제2항).

1. <u>건축분쟁전문위원회</u>(<u>국토교통부</u>에 <u>설치</u>하는 건축위원회에 <u>한정</u>한다)(감평 2013)
2. <u>건축민원전문위원회</u>(<u>시·도 및 시·군·구</u>에 설치하는 건축위원회에 <u>한정</u>한다)(중개 2019)
3. 건축계획·건축구조·건축설비 등 <u>분야별 전문위원회</u>

### (2) 전문위원회의 심의등

① <u>전문위원회</u>는 <u>건축위원회</u>가 <u>정하는</u> 사항에 대하여 <u>심의등</u>을 한다(법 제4조 제3항).(감평 2013)
② <u>전문위원회</u>의 <u>심의등</u>을 거친 사항은 <u>건축위원회</u>의 <u>심의등</u>을 거친 것으로 <u>본다</u>(법 제4조 제4항).(감평 2013)

# CHAPTER 02 > 건축물의 건축

## I 건축 관련 입지와 규모의 사전결정

### 1. 사전결정 신청과 사전결정 통지★

① 법 제11조(건축허가)에 따른 건축허가 대상 건축물을 건축하려는 자는 건축허가를 신청하기 전(前)에 허가권자에게 그 건축물의 건축에 관한 다음 각 호의 사항에 대한 사전결정을 신청할 수 있다(법 제10조 제1항).
  1. 해당 대지에 건축하는 것이 이 법이나 관계 법령에서 허용되는지 여부(감평 2014)
  2. 이 법 또는 관계 법령에 따른 건축기준 및 건축제한, 그 완화에 관한 사항 등을 고려하여 해당 대지에 건축 가능한 건축물의 규모(감평 2018)
  3. 건축허가를 받기 위하여 신청자가 고려하여야 할 사항(중개 2017)

② 사전결정을 신청하는 자(이하 "사전결정신청자"라 한다)는 건축위원회 심의와 「도시교통정비 촉진법」에 따른 교통영향평가서의 검토를 동시에 신청할 수 있다(법 제10조 제2항). (감평 2014·2018, 중개 2017)

③ 허가권자는 제1항과 제2항에 따른 신청을 받으면 입지, 건축물의 규모, 용도 등을 사전결정한 후(後) 사전결정 신청자에게 알려야 한다(법 제10조 제4항). (중개 2017)

④ 사전결정신청자는 사전결정을 통지받은 날부터 2년 이내에 법 제11조(건축허가)에 따른 건축허가를 신청하여야 하며, 이 기간에 건축허가를 신청하지 아니하면 사전결정의 효력이 상실된다(법 제10조 제9항). (감평 2014·2017·2018, 중개 2017) (2년 이내 건축허가 신청을 해야 한다, ○ ⇒ 건축허가를 받아야 한다, ×, 착공신고를 해야 한다, ×)

### 2. 허가·신고·협의 간주★

① 사전결정신청자가 사전결정 통지를 받은 경우에는 다음 각 호의 허가를 받거나 신고 또는 협의를 한 것으로 본다(법 제10조 제6항). (감평 2014·2018·2020) [하/개→농·산물-전용]
  1. 「하천법」에 따른 하천점용허가(감평 2018·2020, 중개 2022)
  2. 「국토의 계획 및 이용에 관한 법률」에 따른 개발행위허가(감평 2014·2020, 중개 2022)
  3. 「농지법」에 따른 농지전용허가·신고 및 협의(감평 2020, 중개 2022)
  4. 「산지관리법」에 따른 산지전용허가와 산지전용신고, 산지일시사용허가·신고. 다만, 보전산지인 경우에는 도시지역만 해당된다. (감평 2020, 중개 2022) (보전산지인 경우에는 도시지역 외만 해당한다, ×)

② 허가권자는 제6항 각 호의 어느 하나에 해당되는 내용이 포함된 사전결정을 하려면 미리 관계 행정기관의 장과 협의하여야 하며, 협의를 요청받은 관계 행정기관의 장은 요청받은 날부터 15일

이내에 의견을 제출하여야 한다(법 제10조 제7항).

③ 관계 행정기관의 장이 제7항에서 정한 기간(「민원 처리에 관한 법률」 제20조제2항에 따라 회신기간을 연장한 경우에는 그 연장된 기간을 말한다) 내에 의견을 제출하지 아니하면 협의가 이루어진 것으로 본다(법 제10조 제8항).

### 3. 소규모 환경영향평가★

허가권자는 사전결정이 신청된 건축물의 대지면적이 「환경영향평가법」에 따른 소규모 환경영향평가 대상사업인 경우 환경부장관이나 지방환경관서의 장과 소규모 환경영향평가에 관한 협의를 하여야 한다(법 제10조 제3항). (감평 2014·2018)

> ☞ (ⅰ) 환경영향평가는 "전략환경영향평가"·"환경영향평가"·"소규모 환경영향평가"로 구분된다.
> (ⅱ) "전략환경영향평가"란 환경에 영향을 미치는 계획을 수립할 때에 환경보전계획과의 부합 여부 확인 및 대안의 설정·분석 등을 통하여 환경적 측면에서 해당 계획의 적정성 및 입지의 타당성 등을 검토하여 국토의 지속가능한 발전을 도모하는 것을 말한다.
> (ⅲ) "환경영향평가"란 환경에 영향을 미치는 실시계획·시행계획 등의 허가·인가·승인·면허 또는 결정 등(이하 "승인등"이라 한다)을 할 때에 해당 사업이 환경에 미치는 영향을 미리 조사·예측·평가하여 해로운 환경영향을 피하거나 제거 또는 감소시킬 수 있는 방안을 마련하는 것을 말한다.
> (ⅳ) "소규모 환경영향평가"란 환경보전이 필요한 지역이나 난개발(亂開發)이 우려되어 계획적 개발이 필요한 지역에서 개발사업을 시행할 때에 입지의 타당성과 환경에 미치는 영향을 미리 조사·예측·평가하여 환경보전방안을 마련하는 것을 말한다.

## Ⅱ 건축허가

### 1. 건축물의 건축·대수선에 대한 허가★

① 건축물을 건축하거나 대수선하려는 자는 특별자치시장·특별자치도지사 또는 시장·군수·구청장의 허가를 받아야 한다(법 제11조 제1항 본문). (중개 2020) (국장×, 도지사×)

② 층수가 21층 이상이거나 연면적의 합계가 10만 제곱미터 이상인 건축물의 건축(연면적의 10분의 3 이상을 증축하여 층수가 21층 이상으로 되거나 연면적의 합계가 10만 제곱미터 이상으로 되는 경우를 포함한다)을 특별시나 광역시에 건축하려면 특별시장이나 광역시장의 허가를 받아야 한다(법 제11조 제1항 단서·영 제8조 제1항 본문). (감평 2017·2019·2021, 중개 2020) 다만, 다음 각 호의 어느 하나에 해당하는 건축물의 건축은 제외한다(영 제8조 제1항 단서).

1. 공장(감평 2016·2017)
2. 창고
3. 지방건축위원회의 심의를 거친 건축물(특별시 또는 광역시의 건축조례로 정하는 바에 따라 해당 지방건축위원회의 심의사항으로 할 수 있는 건축물에 한정하며, 초고층 건축물은 제외한다)

- ☞ 건축법령상 건축허가권자는 특별시장, 광역시장, 특별자치시장, 특별자치도지사, 시장·군수·구청장이다. (○)(법 제4조의4 제1항)(감평 2010)
- ☞ 광역시에 연면적의 합계가 20만제곱미터인 공장을 건축하려면 광역시장의 허가를 받아야 한다. (×)(법 제11조 제1항 단서 및 영 제8조 제1항 제1호 : 층수가 21층 이상이거나 연면적 합계가 10만 제곱미터 이상인 건축물의 건축은 특별시장 또는 광역시장의 허가를 받아야 하나, 공장·창고·지방건축위원회의 심의를 거친 건축물은 제외된다.)(감평 2017)
- ☞ 층수가 21층 이상이거나 연면적의 합계가 10만 제곱미터 이상인 건축물의 건축은 특별시장 또는 광역시장의 허가를 받아야 한다. (○)(법 제11조 제1항, 영 제8조 제1항 본문)(감평 2019)
- ☞ A광역시 B구에서 20층의 연면적 합계가 5만제곱미터인 허가대상 건축물을 신축하는 경우 A광역시장에게 건축허가를 받아야 한다. (×/B구청장에게 건축허가를 받아야 한다.)(법 제11조 제1항 본문 및 시행령 제8조 제1항 : 건축물을 건축하거나 대수선하려는 자는 특별자치시장·특별자치도지사 또는 시장·군수·구청장의 허가를 받아야 한다. 다만, 층수가 21층 이상이거나 연면적의 합계가 10만 제곱미터 이상인 건축물의 건축은 특별시장 또는 광역시장의 허가를 받아야 한다.)

## 2. 도지사의 승인을 요하는 경우★

시장·군수는 다음 각 호의 어느 하나에 해당하는 건축물의 건축을 허가하려면 미리 건축계획서와 국토교통부령으로 정하는 건축물의 용도, 규모 및 형태가 표시된 기본설계도서를 첨부하여 도지사의 승인을 받아야 한다(법 제11조 제2항).

1. 층수가 21층 이상이거나 연면적의 합계가 10만 제곱미터 이상인 건축물. 다만, 도시환경, 광역교통 등을 고려하여 해당 도의 조례로 정하는 건축물은 제외한다.
2. 자연환경이나 수질을 보호하기 위하여 도지사가 지정·공고한 구역에 건축하는 3층 이상 또는 연면적의 합계가 1천제곱미터 이상인 건축물로서 아래 용도에 해당하는 건축물(영 제8조 제3항)(감평 2019·2022)

    (1) 공동주택(감평 2022·2025)
    (2) 제2종 근린생활시설(일반음식점만 해당한다)(감평 2022·2025)
    (3) 업무시설(일반업무시설만 해당한다)(감평 2022·2025)(공공업무시설×)
    (4) 숙박시설(감평 2019·2022·2025)
    (5) 위락시설(감평 2022·2025)

3. 주거환경이나 교육환경 등 주변 환경을 보호하기 위하여 필요하다고 인정하여 도지사가 지정·공고한 구역에 건축하는 위락시설 및 숙박시설에 해당하는 건축물(감평 2021)

- ☞ 자연환경을 보호하기 위하여 도지사가 지정·공고한 구역에 건축하는 3층의 숙박시설에 대하여 시장·군수가 건축허가를 하려면 도지사의 승인을 받아야 한다. (○)(법 제11조 제2항 제2호)(감평 2019)
- ☞ 주거환경이나 교육환경 등 주변 환경을 보호하기 위하여 도지사가 필요하다고 인정하여 지정·공고한 구역에 건축하는 위락시설에 해당하는 건축물의 건축을 시장·군수가 허가하려면 도지사의 승인을 받아야 한다. (○)(법 제11조 제2항 제3호)(감평 2021)

| 시장·군수의 건축허가시 <u>도지사</u>의 승인을 요하는 경우 | |
|---|---|
| 21 or 10<br>(특별시장이나 광역시장의 허가 要) | 층수가 <u>21층 이상</u>이거나<br>→ 연면적의 합계가 <u>10만 제곱미터 이상</u>인 건축물 |
| 도지사가 지정·공고한 구역<br>(자/수한 + 주/교 → 보호 목적) | ¶ <u>자연환경이나 수질 보호 목적(3층 or 천)</u><br>① 3층 이상 또는 연면적 합계가 1천 제곱미터 이상<br>② <u>위락시설·숙박시설</u><br>　+ 공동주택·일반음식점(2종근생)·일반업무시설 |
| | ¶ 주거환경이나 교육환경 등 주변환경 보호 목적 :<br>　<u>위락시설·숙박시설</u> |

## 3. 건축허가를 하지 아니할 수 있는 경우★

① <u>허가권자</u>는 법 제11조(건축허가) 제1항에 따른 <u>건축허가</u>를 하고자 하는 때에 「<u>건축기본법</u>」 제25조(한국건축규정의 공고 등 : 국토교통부장관은 건축물 관련 규정을 통합한 한국건축규정을 공고할 수 있다.)에 따른 <u>한국건축규정의 준수 여부를 확인</u>하여야 한다(법 제11조 제4항 본문).

② 다만, 다음 각 호의 어느 하나에 해당하는 경우에는 이 법이나 다른 법률에도 불구하고 <u>건축위원회의 심의를 거쳐 건축허가를 하지 아니할 수 있다</u>(법 제11조 제4항 단서).

　1. <u>위락시설</u>이나 <u>숙박시설</u>에 해당하는 건축물의 건축을 허가하는 경우 해당 대지에 건축하려는 건축물의 용도·규모 또는 형태가 <u>주거환경이나 교육환경 등 주변 환경을 고려할 때 부적합</u>하다고 인정되는 경우(감평 2012·2016·2017·2021)

　2. 「국토의 계획 및 이용에 관한 법률」 제37조제1항 제4호(용도지구의 지정 : 방재지구 – 풍수해, 산사태, 지반의 붕괴, 그 밖의 재해를 예방하기 위하여 필요한 지구)에 따른 <u>방재지구</u> 및 「자연재해대책법」 제12조제1항(자연재해위험개선지구의 지정 등 : 시장·군수·구청장은 상습침수지역, 산사태위험지역 등 지형적인 여건 등으로 인하여 재해가 발생할 우려가 있는 지역을 자연재해위험개선지구로 지정·고시한다.)에 따른 <u>자연재해위험개선지구</u> 등 <u>상습적으로 침수되거나 침수가 우려되는 대통령령으로 정하는 지역</u>(영 제9조의2 : 국토계획법에 따른 방재지구, 자연재해대책법에 따른 자연재해위험개선지구, 기타 허가권자가 상습적으로 침수되거나 침수가 우려된다고 인정하여 지정·고시하는 지역)에 건축하려는 건축물에 대하여 일부 공간에 거실을 설치하는 것이 <u>부적합</u>하다고 인정되는 경우

☞ 위락시설에 해당하는 건축물을 허가하는 경우 건축물의 용도·규모가 주거환경 등 주변 환경을 고려할 때 부적합하다고 인정되면 건축위원회의 심의를 거쳐 건축허가를 하지 않을 수 있다.(O)(법 제11조 제4항 제1호)(감평 2012·2016·2017·2021)

※ 건축위원회의 심의를 거쳐 건축허가를 하지 아니할 수 있는 경우 : 부적합
1. <u>위락시설·숙박시설</u>의 건축허가 : <u>주거환경·교육환경</u> 등 주변환경에 <u>부적합</u>한 경우
2. 방재지구·자연재해위험개선지구 등 상습적으로 <u>침수</u>되거나 침수 우려되는 대통령령으로 정하는 지역 : 일부 공간에 거실을 설치하는 것이 <u>부적합</u>한 경우

| ≪위락시설·숙박시설에 대한 건축 제한≫ ||
|---|---|
| ¶ 건축위원회의 <u>심의</u>를 거쳐 <u>건축허가</u>를 하지 아니할 수 있는 경우 ||
| (주/교 → 부적합) | 주거환경·<u>교</u>육환경 등 주변환경에 <u>부적합</u>한 경우 |
| ¶ 시장·군수의 건축허가시 <u>도지사의</u> 승인을 요하는 경우 ||
| 도지사가 지정·공고한 구역<br>(자/수한 + 주/교 → 보호 목적) | ¶ <u>자</u>연환경이나 <u>수</u>질 보호 목적(3층 or 천) |
| | ¶ <u>주</u>거환경이나 <u>교</u>육환경 등 주변환경 보호 목적 |

### 4. 허가·신고 의제 ★

법 제11조(건축허가) 제1항에 따른 <u>건축허가를 받으면</u> 다음 각 호의 허가 등을 받거나 <u>신고를 한 것으로 보며</u>, <u>공장건물</u>의 경우에는 「산업집적활성화 및 공장설립에 관한 법률」 제13조의2(인가·허가 등의 의제)와 제14조(공장의 건축허가)에 따라 관련 법률의 <u>인·허가등</u>이나 허가등을 받은 것으로 <u>본다</u>(법 제11조 제5항).

1. 법 제20조(가설건축물)제3항에 따른 <u>공사용 가설건축물의 축조신고</u>
2. 법 제83조(옹벽 등의 공작물에의 준용)에 따른 <u>공작물의 축조신고</u>
3. 「국토의 계획 및 이용에 관한 법률」에 따른 <u>개발행위허가</u>(감평 2015)
4. 「국토의 계획 및 이용에 관한 법률」에 따른 <u>도시·군계획시설사업의 시행자의 지정</u>과 <u>도시·군계획시설사업 실시계획의 인가</u>
5. 「산지관리법」에 따른 <u>산지전용허가</u>와 산지전용신고, 산지일시사용허가·신고. 다만, 보전산지인 경우에는 <u>도시지역</u>만 해당된다.
6. 「사도법」에 따른 <u>사도(私道)개설허가</u>
7. 「농지법」에 따른 <u>농지전용허가·신고 및 협의</u>(감평 2015)
8. 「도로법」에 따른 <u>도로관리청이 아닌 자에 대한 도로공사 시행의 허가</u>, <u>도로와 다른 시설의 연결 허가</u>
9. 「도로법」에 따른 <u>도로의 점용 허가</u>(감평 2017)
10. 「하천법」에 따른 <u>하천점용 등의 허가</u>(감평 2015)
11. 「하수도법」에 따른 <u>배수설비(配水設備)의 설치신고</u>
12. 「하수도법」에 따른 <u>개인하수처리시설의 설치신고</u>
13. 「수도법」에 따라 <u>수도사업자가 지방자치단체인 경우</u> 그 지방자치단체가 정한 <u>조례</u>에 따른 <u>상수도 공급신청</u>
14. 「전기안전관리법」에 따른 <u>자가용전기설비 공사계획의 인가 또는 신고</u>
15. 「물환경보전법」에 따른 <u>수질오염물질 배출시설 설치의 허가나 신고</u>
16. 「대기환경보전법」에 따른 <u>대기오염물질 배출시설설치의 허가나 신고</u>(감평 2015)
17. 「소음·진동관리법」에 따른 <u>소음·진동 배출시설 설치의 허가나 신고</u>
18. 「가축분뇨의 관리 및 이용에 관한 법률」에 따른 <u>배출시설 설치허가나 신고</u>
19. 「자연공원법」에 따른 <u>행위허가</u>(감평 2019)

20. 「도시공원 및 녹지 등에 관한 법률」에 따른 도시공원의 점용허가
21. 「토양환경보전법」에 따른 특정토양오염관리대상시설의 신고
22. 「수산자원관리법」에 따른 행위의 허가
23. 「초지법」에 따른 초지전용(초지를 초지 외(外)의 목적으로 사용하는 것)의 허가 및 신고

## 5. 허가취소사유 ★

허가권자는 법 제11조(건축허가)제1항에 따른 허가를 받은 자가 다음 각 호의 어느 하나에 해당하면 허가를 취소하여야 한다(법 제11조 제7항 본문).(감평 2012) 다만, 제1호에 해당하는 경우로서 정당한 사유가 있다고 인정되면 1년의 범위에서 공사의 착수기간을 연장할 수 있다(법 제11조 제7항 단서).(감평 2021)

1. 허가를 받은 날부터 2년(「산업집적활성화 및 공장설립에 관한 법률」에 따라 공장의 신설·증설 또는 업종변경의 승인을 받은 공장은 3년) 이내에 공사에 착수하지 아니한 경우(감평 2016·2021)
2. 제1호의 기간 이내에 공사에 착수하였으나 공사의 완료가 불가능하다고 인정되는 경우(감평 2012)
3. 법 제21조(착공신고 등)에 따른 착공신고 전(前)에 경매 또는 공매 등으로 건축주가 대지의 소유권을 상실한 때부터 6개월이 지난 이후 공사의 착수가 불가능하다고 판단되는 경우

## 6. 건축위원회 심의 효력 상실

건축위원회의 심의를 받은 자가 심의결과를 통지 받은 날부터 2년 이내에 건축허가를 신청하지 아니하면 건축위원회 심의의 효력이 상실된다(법 제11조 제10항).(감평 2016)(건축허가를 받지 아니하면×/1년 이내×)

## 7. 대지의 소유권을 확보하지 않아도 되는 경우

건축허가를 받으려는 자는 해당 대지의 소유권을 확보하여야 한다(법 제11조 제11항 본문). 다만, 다음 각 호의 어느 하나에 해당하는 경우에는 그러하지 아니하다(법 제11조 제11항 단서).

1. 건축주가 대지의 소유권을 확보하지 못하였으나 그 대지를 사용할 수 있는 권원을 확보한 경우. 다만, 분양을 목적으로 하는 공동주택은 제외한다.(감평 2021·중개 2017)
2. 건축주가 「건축물의 노후화 또는 구조안전 문제 등 대통령령으로 정하는 사유(영 제9조의3 제1항)」로 건축물을 신축·개축·재축 및 리모델링을 하기 위하여 건축물 및 해당 대지의 공유자 수의 100분의 80 이상의 동의를 얻고 동의한 공유자의 지분 합계가 전체 지분의 100분의 80 이상인 경우
3. 건축주가 건축허가를 받아 주택과 주택 외(外)의 시설을 동일 건축물로 건축하기 위하여 「주택법」 제21조(대지의 소유권 확보 등)를 준용한 대지 소유 등의 권리 관계를 증명한 경우. 다만, 「주택법」 제15조(사업계획의 승인)제1항 각 호 외의 부분 본문에 따른 대통령령으로 정하는 호수(주택법 시행령 제27조 제1항 : 단독주택 - 30호, 공동주택 - 30세대) 이상으로 건설·공급하는 경우에 한정한다.
4. 건축하려는 대지에 포함된 국유지 또는 공유지에 대하여 허가권자가 해당 토지의 관리청이 해당 토지를 건축주에게 매각하거나 양여할 것을 확인한 경우(중개 2017)
5. 건축주가 집합건물의 공용부분을 변경하기 위하여 「집합건물의 소유 및 관리에 관한 법률」 제15조제1항(공용부분의 변경 : 공용부분의 변경에 관한 사항은 관리단집회에서 구분소유자의 3분의 2 이상 및 의결권의 3분의 2 이상의 결의로써 결정한다.)에 따른 결의가 있었음을 증명한 경우(중개 2017)
6. 건축주가 집합건물을 재건축하기 위하여 「집합건물의 소유 및 관리에 관한 법률」 제47조(재건축 결의 : 구분소유자의 5분의 4 이상 및 의결권의 5분의 4 이상의 결의)에 따른 결의가 있었음을 증명한 경우

## Ⅲ 건축 공사현장 안전관리 예치금 등

### 1. 서
건축허가를 받은 자는 건축물의 건축공사를 중단하고 장기간 공사현장을 방치할 경우 공사현장의 미관 개선과 안전관리 등 필요한 조치를 하여야 한다(법 제13조 제1항).

### 2. 안전관리 예치금 : 연면적 1천제곱미터 이상 → 건축공사비의 1퍼센트 內
허가권자는 연면적이 1천제곱미터 이상인 건축물(「주택도시기금법」에 따른 주택도시보증공사가 분양보증을 한 건축물, 「건축물의 분양에 관한 법률」에 따른 분양보증이나 신탁계약을 체결한 건축물은 제외한다)로서 해당 지방자치단체의 조례로 정하는 건축물에 대하여는 착공신고를 하는 건축주(「한국토지주택공사법」에 따른 한국토지주택공사 또는 「지방공기업법」에 따라 건축사업을 수행하기 위하여 설립된 지방공사는 제외한다)에게 장기간 건축물의 공사현장이 방치되는 것에 대비하여 미리 미관 개선과 안전관리에 필요한 비용(대통령령으로 정하는 보증서(영 제10조의2 : 보험회사 발행 보증보험증권, 은행이 발행한 지급보증서, 건설산업기본법에 따른 공제조합이 발행한 보증서, 자본시장법상 상장증권 등)를 포함하며, 이하 "예치금"이라 한다)을 건축공사비의 1퍼센트의 범위에서 예치하게 할 수 있다(법 제13조 제2항). (중개 2019) (1천→1%)

> ☞ 허가권자는 연면적이 1천제곱미터 이상인 건축물로서 해당 지방자치단체의 조례로 정하는 건축물로서 해당 지방자치단체의 조례로 정하는 건축물에 대하여는 착공신고를 하는 건축주에게 장기간 건축물의 공사현장이 방치되는 것에 대비하여 미리 미관 개선과 안전관리에 필요한 비용을 건축공사비의 1퍼센트의 범위에서 예치하게 할 수 있다. (○) (법 제13조 제2항) (중개 2019)

### 3. 안전관리를 위한 개선명령
허가권자는 공사현장이 방치되어 도시미관을 저해하고 안전을 위해한다고 판단되면 건축허가를 받은 자에게 건축물 공사현장의 미관과 안전관리를 위한 다음 각 호의 개선을 명할 수 있다(법 제13조 제5항).
1. 안전울타리 설치 등 안전조치
2. 공사재개 또는 해체 등 정비

## Ⅳ 건축물 안전영향평가

### 1. 안전영향평가 실시 대상 건축물 ★
① 허가권자는 「초고층 건축물 등 대통령령으로 정하는 주요 건축물(영 제10조의3 제1항)」에 대하여 건축허가를 하기 전(前)에 건축물의 구조, 지반 및 풍환경(風環境) 등이 건축물의 구조안전과 인접 대지의 안전에 미치는 영향 등을 평가하는 건축물 안전영향평가(이하 "안전영향평가"라 한다)를 안전영향평가기관에 의뢰하여 실시하여야 한다(법 제13조의2 제1항). (감평 2018·2019·2022, 중개 2021)

Chap.2 건축물의 건축 **465**

② 여기서 「**초고층 건축물 등 대통령령으로 정하는 주요 건축물**」이란 다음 각 호의 어느 하나에 해당하는 건축물을 말한다(영 제10조의3 제1항).
  1. **초고층 건축물**(층수가 50층 이상이거나 높이가 200미터 이상인 건축물)
  2. 다음 각 목의 요건을 **모두 충족**하는 건축물(16+10)(감평 2018·2019·2022·2023)
      가. **연면적**(하나의 대지에 둘 이상의 건축물을 건축하는 경우에는 각각의 건축물의 연면적을 말한다)이 **10만 제곱미터 이상**일 것
      나. **16층 이상**일 것

  ☞ 층수가 15층이고 높이가 150미터인 연면적 10만 제곱미터의 건축물은 건축허가 전에 건축물 안전영향평가를 받아야 한다.(×)(영 제10조의3 제1항 제2호 ; 연면적 10만 제곱미터 이상이면서 16층 이상인 건축물만 해당된다. 따라서 15층이므로 안전영향평가 대상이 아니다.)

  ▶암기 [(특/광/도 : 21 or 10) ⇒ (안전영향평가 : 16 + 10) ⇒ (다중 : 16 or 5천(바닥)]
  ◆ 특별시장·광역시장의 허가/도지사의 승인
     ⇒ 21층 이상 or 연면적 합계 10만 제곱미터 이상(21 or 10)
  ◆ 안전영향평가 실시 대상 건축물
     ⇒ 초고층 건축물(50층 이상 or 200미터 이상)
     ⇒ 16층 이상 and 연면적 10만 제곱미터 이상(16 + 10)
  ◆ 다중이용건축물
     ⇒ 16층 이상 or 바닥면적 5천제곱미터 이상(16 or 5천)

## 2. 안전영향평가기관

① 허가권자로부터 안전영향평가를 의뢰받은 기관(이하 "**안전영향평가기관**"이라 한다)은 다음 각 호의 항목을 검토하여야 한다(법 제13조의2 제2항·영 제10조의3 제3항).
  1. 해당 건축물에 적용된 설계 기준 및 하중의 적정성(중개 2022)
  2. 해당 건축물의 하중저항시스템의 해석 및 설계의 적정성(중개 2022)
  3. 지반조사 방법 및 지내력(地耐力) 산정결과의 적정성(중개 2022)
  4. 굴착공사에 따른 지하수위 변화 및 지반 안전성에 관한 사항(중개 2022)
  5. 그 밖에 건축물의 안전영향평가를 위하여 국토교통부장관이 필요하다고 인정하는 사항
② **안전영향평가기관**은 안전영향평가를 의뢰받은 날부터 **30일 이내**에 안전영평평가 결과를 허가권자에게 제출하여야 한다(영 제10조의3 제4항 본문). 다만, **부득이한 경우**에는 **20일의 범위**에서 그 기간을 **한차례만 연장**할 수 있다(영 제10조의3 제4항 단서).(중개 2024)(기간을 연장할 수 없다.×)
③ 허가권자는 안전영향평가 결과를 제출받은 경우에는 지체 없이 안전영향평가를 의뢰한 자에게 그 내용을 통보하여야 한다(영 제10조의3 제6항).
④ 안전영향평가에 드는 비용은 안전영향평가를 의뢰한 자가 부담한다(영 제10조의3 제7항).

## 3. 건축위원회의 심의 등

① 안전영향평가 결과는 건축위원회의 심의를 거쳐 확정한다(법 제13조의2 제3항 전단).(감평 2022, 중개

2024)(도시계획위원회의 심의를 거쳐 확정한다.×) 이 경우 법 제4조의2(건축위원회의 건축 심의 등)에 따라 건축위원회의 심의를 받아야 하는 건축물은 <u>건축위원회 심의에 안전영향평가 결과를 포함</u>하여 <u>심의할 수 있다</u>(법 제13조의2 제3항 후단).

② 안전영향평가 대상 건축물의 건축주는 건축허가 신청 시 제출하여야 하는 <u>도서에 안전영향평가 결과를 반영</u>하여야 하며, 건축물의 계획상 반영이 곤란하다고 판단되는 경우에는 그 근거자료를 첨부하여 <u>허가권자에게 건축위원회의 재심의</u>를 요청할 수 있다(법 제13조의2 제4항).

③ <u>허가권자</u>는 법 제13조의2 제3항 및 제4항의 <u>심의 결과</u> 및 <u>안전영향평가 내용을 국토교통부령으로 정하는 방법</u>(규칙 제9조의2 제2항 : 해당 지방자치단체의 공보에 게시하는 방법)에 따라 <u>즉시 공개</u>하여야 한다(법 제13조의2 제6항). (중개 2024)

④ 안전영향평가를 실시하여야 하는 건축물이 <u>다른 법률</u>에 따라 구조안전과 인접 대지의 안전에 <u>미치는 영향 등을 평가 받은 경우에는 안전영향평가의 해당 항목을 평가 받은 것으로 본다</u>(법 제13조의2 제7항). (감평 2022, 중개 2024)(모든 항목×)

## Ⅴ 건축신고

### 1. 건축신고 사항★

법 제11조(건축허가)에 해당하는 <u>허가 대상 건축물</u>이라 하더라도 다음 각 호의 어느 하나에 해당하는 경우에는 <u>미리</u> 특별자치시장·특별자치도지사 또는 시장·군수·구청장에게 국토교통부령으로 정하는 바에 따라 <u>신고</u>를 하면 <u>건축허가</u>를 받은 것으로 <u>본다</u>(법 제14조 제1항).

1. <u>바닥면적의 합계가 85제곱미터 이내의 증축·개축 또는 재축</u>.(감평 2019) 다만, <u>3층 이상 건축물</u>인 경우에는 증축·개축 또는 재축하려는 부분의 바닥면적의 합계가 건축물 <u>연면적의 10분의 1 이내</u>인 경우로 한정한다.

2. 「국토의 계획 및 이용에 관한 법률」에 따른 <u>관리지역, 농림지역</u> 또는 <u>자연환경보전지역</u>에서 <u>연면적이 200제곱미터 미만</u>이고 <u>3층 미만</u>인 건축물의 <u>건축</u>. (3층 + 200 : 미만) 다만, 다음 어느 하나에 해당하는 구역에서의 <u>건축</u>은 <u>제외</u>한다.
   (1) 지구단위계획구역
   (2) 방재지구 등 재해취약지역으로서 <u>대통령령으로 정하는 구역</u>
      (영 제11조 제1항 : 방재지구 · 붕괴위험지역)

3. <u>연면적이 200제곱미터 미만</u>이고 <u>3층 미만</u>인 건축물의 <u>대수선</u>(감평 2012·2017, 중개 2018·2021)
   (3층 + 200 : 미만)

4. <u>주요구조부의 해체가 없는 등 대통령령으로 정하는 대수선</u>(영 제11조 제2항)
   (벽 : 내력벽 · 방화벽 : 내/방 → 신고)
   (1) <u>내력벽의 면적을 30제곱미터 이상 수선하는 것</u>(감평 2017·2023)(20제곱미터 이상×)
   (2) <u>방화벽</u> 또는 <u>방화구획</u>을 위한 바닥 또는 벽을 수선하는 것(중개 2018)
   (3) <u>기둥을 세 개 이상 수선하는 것</u>(감평 2023)

(4) <u>보를 세 개 이상 수선하는 것</u>(감평 2017)

(5) <u>지붕틀을 세 개 이상 수선하는 것</u>(감평 2023)

(6) <u>주계단·피난계단 또는 특별피난계단을 수선하는 것</u>(감평 2023)

5. 그 밖에 <u>소규모 건축물</u>로서 <u>대통령령으로 정하는 건축물의 건축</u>(영 제11조 제3항)

    (표준설계도서/3미터-증축/100제곱 이하/200-창고/400-축사/500-공장)

    (1) <u>연면적의 합계가 100제곱미터 이하</u>인 건축물(감평 2017, 중개 2018)

    (2) <u>건축물의 높이를 3미터 이하의 범위에서 증축하는 건축물</u>(감평 2017)

    (3) 법 제23조(건축물의 설계)제4항에 따른 <u>표준설계도서</u>(이하 "표준설계도서"라 한다)에 따라 건축하는 건축물로서 그 용도 및 규모가 주위환경이나 미관에 지장이 없다고 인정하여 <u>건축조례로 정하는 건축물</u>

    (4) 「국토의 계획 및 이용에 관한 법률」 제36조(용도지역의 지정)제1항제1호다목에 따른 <u>공업지역</u>, 같은 법 제51조(지구단위계획구역의 지정 등)제3항에 따른 <u>지구단위계획구역</u>(같은 법 시행령 제48조제10호에 따른 <u>산업·유통형</u>만 해당한다 : 註 – 국토계획법 시행령 제48조는 삭제되었고, 국토계획법 시행령 제42조의3(지구단위계획의 수립) 제1항 제10호에서 규정하고 있다.) 및 「산업입지 및 개발에 관한 법률」에 따른 <u>산업단지</u>에서 건축하는 <u>2층 이하</u>인 건축물로서 <u>연면적 합계 500제곱미터 이하인 공장</u>(별표 1 제4호너목에 따른 제조업소 등 <u>물품의 제조·가공을 위한 시설을 포함한다</u>)

    (5) 농업이나 수산업을 경영하기 위하여 <u>읍·면지역</u>(특별자치시장·특별자치도지사·시장·군수가 지역계획 또는 도시·군계획에 지장이 있다고 지정·공고한 구역은 제외한다)에서 <u>건축하는 연면적 200제곱미터 이하의 창고</u> 및 <u>연면적 400제곱미터 이하의 축사</u>, 작물재배사(作物栽培 舍), 종묘배양시설, 화초 및 분재 등의 온실

| 건축신고 | |
|---|---|
| 증축<br>개축<br>재축 | <u>바닥면적의 합계가 85제곱미터 이내의 증축·개축 또는 재축</u>★(국민주택규모)<br>(다만, <u>3층 이상 건축물</u>인 경우에는 증축·개축 또는 재축하려는 부분의 <u>바닥면적의 합계</u>가 건축물 <u>연면적의 10분의 1 이내</u>인 경우로 한정한다.) |
| 대수선 | 《연면적/층수》 <u>연면적이 200제곱미터 미만이고 3층 미만인 건축물</u>★(3층 + 200 : 미만)<br>《주요구조부 해체가 없는 대수선》(벽 : 내력벽·방화벽 : 내/방 → 신고)<br>1. <u>기둥을 세 개 이상 수선하는 것</u><br>2. <u>보를 세 개 이상 수선하는 것</u>★<br>3. <u>지붕틀을 세 개 이상 수선하는 것</u><br>4. <u>주계단·피난계단 또는 특별피난계단을 수선하는 것</u><br>5. <u>내력벽의 면적을 30제곱미터 이상 수선하는 것</u>★<br>6. <u>방화벽 또는 방화구획을 위한 바닥 또는 벽을 수선하는 것</u>☆ |
| 건축 | 《도시지역 外》 관리지역, 농림지역 또는 <u>자연환경보전</u>지역에서 <u>연면적이 200제곱미터 미만이고 3층 미만</u>인 건축물(단, 지구단위계획구역, 방재지구, 붕괴위험지역은 제외)(3층 + 200 : 미만)<br>《소규모 건축물 건축 : 이하》<br>(표준설계도서/3미터-증축/100제곱/200-창고/400-축사/500-공장)<br>1. <u>표준설계도서</u>에 따라 <u>건축하는 건축물</u>로서 그 용도 및 규모가 주위환경이나 미관에 |

        지장이 없다고 인정하여 <u>건축조례로 정하는 건축물</u>
     2. 건축물의 <u>높이를 3미터 이하</u>의 범위에서 <u>증축</u>하는 건축물★
     3. <u>연면적</u>의 합계가 <u>100제곱미터 이하</u>인 건축물★
     4. <u>농업</u>이나 <u>수산업</u>을 경영하기 위하여 <u>읍·면지역</u>에서 건축하는 <u>연면적 200제곱미터 이하</u>의 <u>창고</u> 및 <u>연면적 400제곱미터 이하의 축사</u>, <u>작물재배사</u>, <u>종묘배양시설</u>, <u>화초</u> 및 <u>분재</u> 등의 <u>온실</u>
     5. <u>공업지역</u>, <u>지구단위계획구역</u>, <u>산업단지</u>에서 건축하는 <u>2층 이하</u>인 건축물로서 <u>연면적 합계 500제곱미터 이하</u>인 <u>공장</u>

### 2. 공사 미착수에 따른 신고 효력 상실★

① <u>건축신고</u>를 한 자가 <u>신고일부터</u> <u>1년 이내</u>에 공사에 착수하지 아니하면 그 <u>신고의 효력은 없어진다</u> (법 제14조 제5항 본문). (감평 2012, 중개 2021) (2년 이내×)

② 다만, <u>건축주의 요청</u>에 따라 허가권자가 정당한 사유가 있다고 인정하면 <u>1년의 범위</u>에서 <u>착수기한</u>을 연장할 수 있다(법 제14조 제5항 단서).

> ☞ (ⅰ) 건축법 제11조 제7항 제1호 : <u>허가권자</u>는 「허가를 받은 날부터 <u>2년 이내</u>에 <u>공사</u>에 <u>착수</u>하지 아니한 경우(「산업집적활성화 및 공장설립에 관한 법률」에 따라 <u>공장</u>의 <u>신설·증설</u> 또는 <u>업종변경의 승인</u>을 받은 공장은 <u>3년 이내</u>)」에는 <u>허가를 취소하여야 한다</u>. 다만, 정당한 사유가 있다고 인정되면 <u>1년의 범위</u>에서 <u>공사의 착수기간을 연장</u>할 수 있다.
> (ⅱ) 건축법 제10조 제9항 : <u>사전결정신청자</u>는 사전결정을 통지받은 날부터 <u>2년 이내</u>에 <u>건축허가를 신청</u>하여야 하며, 이 기간에 <u>건축허가를 신청하지 아니하면</u> <u>사전결정의 효력이 상실된다</u>.
> (ⅲ) 건축법 제11조 제10항 : <u>건축위원회의 심의</u>를 받은 자가 심의 결과를 통지 받은 날부터 <u>2년 이내</u>에 <u>건축허가를 신청</u>하지 아니하면 <u>건축위원회 심의의 효력이 상실된다</u>.
> (ⅳ) 건축법 제18조 제4항 : <u>건축허가</u>나 <u>건축물의 착공</u>을 <u>제한</u>하는 경우 <u>제한기간</u>은 <u>2년 이내</u>로 한다. 다만, <u>1회</u>에 한하여 <u>1년 이내</u>의 범위에서 <u>제한기간</u>을 <u>연장</u>할 수 있다.

## Ⅵ 허가와 신고사항의 변경

① <u>건축주</u>가 건축허가를 받았거나 건축신고한 사항을 <u>변경</u>하려면 <u>변경하기 전(前)</u>에 <u>다음 각 호의 구분</u>에 따라 <u>허가권자의 허가</u>를 받거나 특별자치시장·특별자치도지사 또는 시장·군수·구청장에게 <u>신고</u>하여야 한다(법 제16조 제1항 본문·영 제12조 제1항).

1. <u>바닥면적의 합계가 85제곱미터를 초과하는 부분</u>에 대한 <u>신축·증축·개축</u>에 해당하는 변경인 경우에는 <u>허가</u>를 받고, <u>그 밖의 경우</u>에는 <u>신고</u>할 것
2. 법 제14조(건축신고)제1항 제2호(국토계획법에 따른 관리지역, 농림지역 또는 자연환경보전지역에서 연면적이 200제곱미터 미만이고 3층 미만인 건축물의 건축) 또는 제5호(그 밖에 소규모 건축물로서 대통령령(영 제11조 제3항)으로 정하는 건축물의 신축)에 따라 <u>신고로써 허가를 갈음</u>하는 건축물에 대하여는 변경 후 건축물의 연면적을 각각 <u>신고로써 허가를 갈음할 수 있는 규모</u>에서 변경하는 경우에는 제1호에도 불구하고 <u>신고할 것</u>

3. 건축주·설계자·공사시공자 또는 공사감리자(이하 "건축관계자"라 한다)를 변경하는 경우에는 신고할 것(감평 2017, 중개 2020·2021)

② 다만, 「신축·증축·개축·재축·이전·대수선 또는 용도변경」에 해당하지 아니하는 변경의 경우에는 변경에 따른 허가나 신고를 요하지 아니한다(법 제16조 제1항 단서·영 제12조 제2항).

☞ 건축허가를 받은 후 건축주를 변경하는 경우에는 신고하여야 한다. ( O )(법 제16조 제1항 및 영 제12조 제1항 제3호)(감평 2017)

## Ⅶ 건축허가 제한 등

### 1. 건축허가·착공의 제한

(1) 국토교통부장관의 제한

국토교통부장관은 국토관리를 위하여 특히 필요하다고 인정하거나 주무부장관이 국방, 「국가유산기본법」 제3조에 따른 국가유산의 보존, 환경보전 또는 국민경제를 위하여 특히 필요하다고 인정하여 요청하면 허가권자의 건축허가나 허가를 받은 건축물의 착공을 제한할 수 있다(법 제18조 제1항). (감평 2012, 중개 2021)

(2) 특별시장·광역시장·도지사의 제한

① 특별시장·광역시장·도지사는 지역계획이나 도시·군계획에 특히 필요하다고 인정하면 시장·군수·구청장의 건축허가나 허가를 받은 건축물의 착공을 제한할 수 있다(법 제18조 제2항). (중개 2020·2021·2024)

② 특별시장·광역시장·도지사는 제2항에 따라 시장·군수·구청장의 건축허가나 건축물의 착공을 제한한 경우 즉시 국토교통부장관에게 보고하여야 하며, 보고를 받은 국토교통부장관은 제한 내용이 지나치다고 인정하면 해제를 명할 수 있다(법 제18조 제6항). (중개 2024)(국장이 직권으로 해제하여야 한다. ×)

### 2. 제한기간

① 법 제18조 제1항이나 제2항에 따라 건축허가나 건축물의 착공을 제한하는 경우 제한기간은 2년 이내로 한다(법 제18조 제4항 본문). (중개 2021·2024)

② 다만, 1회에 한하여 1년 이내의 범위에서 제한기간을 연장할 수 있다(법 제18조 제4항 단서). (중개 2021·2024)

### 3. 절차

① 국토교통부장관이나 시·도지사(시장·군수·구청장×)는 건축허가나 건축허가를 받은 건축물의 착공을 제한하려는 경우에는 「토지이용규제 기본법」 제8조에 따라 주민의견을 청취한 후 건축위원회의 심의를 거쳐야 한다(법 제18조 제3항). (중개 2021·2024)(주민의견을 청취하거나 건축위원회의 심의를 거

쳐야 한다.×)

② 국토교통부장관이나 특별시장·광역시장·도지사는 건축허가나 건축물의 착공을 제한하는 경우 제한 목적·기간, 대상 건축물의 용도와 대상 구역의 위치·면적·경계 등을 상세하게 정하여 허가권자에게 통보하여야 하며, 통보를 받은 허가권자는 지체 없이 이를 공고하여야 한다(법 제18조 제5항). (중개 2021·2024)(국토교통부장관은 건축허가를 제한하는 경우 제한 목적·기간, 대상 건축물의 용도와 대상 구역의 위치·면적·경계를 지체없이 공고하여야 한다.×)

> ◆ 기간 경과에 따른 효력 상실 등
> ① 건축신고일부터 1년 이내에 공사 미착수 : 신고 효력 상실(단, 정당한 사유 있다고 인정되면 1년 범위에서 공사 착수기간 연장 可)
> ② 건축허가 받은 날로부터 2년 이내(공장은 3년 이내) 공사 미착수 : 필수적 허가 취소(단, 정당한 사유 있다고 인정되면 1년 범위에서 공사 착수기간 연장 可)
> ③ 사전결정 통지받은 날부터 2년 이내 건축허가 미신청 : 사전결정 효력 상실
> ④ 건축위원회 심의 결과 통지받은 날부터 2년 이내 건축허가 미신청 : 심의 효력 상실
> ⑤ 건축허가나 건축물의 착공을 제한하는 경우 제한기간 : 2년 이내(단, 1회에 한하여 1년 이내의 범위에서 제한기간 연장 可)

# Ⅷ 용도변경

## 1. 용도변경과 건축기준

건축물의 용도변경은 변경하려는 용도의 건축기준에 맞게 하여야 한다(법 제19조 제1항).

## 2. 사용승인 받은 건축물의 용도변경과 허가·신고★

법 제22조(건축물의 사용승인)에 따라 사용승인을 받은 건축물의 용도를 변경하려는 자는 다음 각 호의 구분에 따라 국토교통부령으로 정하는 바에 따라 특별자치시장·특별자치도지사 또는 시장·군수·구청장의 허가를 받거나 신고를 하여야 한다(법 제19조 제2항).

1. 허가 대상 : 법 제19조 제4항 각 호[(제1호) 자동차 관련 시설군, (제2호) 산업 등의 시설군, (제3호) 전기통신시설군, (제4호) 문화 및 집회시설군, (제5호) 영업시설군, (제6호) 교육 및 복지시설군, )제7호) 근린생활시설군, (제8호) 주거업무시설군, (제9호) 그 밖의 시설군)] 의 어느 하나에 해당하는 시설군(施設群)에 속하는 건축물의 용도를 상위군(각 호의 번호가 용도변경하려는 건축물이 속하는 시설군보다 작은 시설군을 말한다)에 해당하는 용도로 변경하는 경우(감평 2004·2014, 중개 2020)

2. 신고 대상 : 법 제19조 제4항 각 호의 어느 하나에 해당하는 시설군에 속하는 건축물의 용도를 하위군(각 호의 번호가 용도변경하려는 건축물이 속하는 시설군보다 큰 시설군을 말한다)에 해당하는 용도로 변경하는 경우(감평 2004·2014, 중개 2020)

## 3. 같은 시설군 안에서의 용도변경 : 건축물대장 기재내용 변경 신청

① 같은 시설군 안에서 용도를 변경하려는 자는 국토교통부령으로 정하는 바에 따라 특별자치시장·

특별자치도지사 또는 시장·군수·구청장에게 **건축물대장 기재내용의 변경을 신청**하여야 한다(법 제19조 제3항 본문). (감평 1999·2004)

② 다만, 다음 각 호의 어느 하나에 해당하는 **건축물 상호 간의 용도변경**의 경우에는 **건축물대장 기재내용의 변경을 신청**을 하지 않아도 된다(법 제19조 제3항 단서·영 제14조 제4항).

1. **별표 1의 같은 호**(1. 단독주택, 2. 공동주택, 3. 제1종 근린생활시설, 4. 제2종 근린생활시설, 5. 문화 및 집회시설, 6. 종교시설, 7. 판매시설, 8. 운수시설, 9. 의료시설, 10. 교육연구시설, 11. 노유자시설, 12. 수련시설, 13. 운동시설, 14. 업무시설, 15. 숙박시설, 16. 위락시설, 17. 공장, 18. 창고시설, 19. 위험물 저장 및 처리 시설, 20. 자동차 관련 시설, 21. 동물 및 식물 관련 시설, 22. 자원순환 관련 시설, 23. 교정시설, 23의2. 국방·군사 시설, 24. 방송통신시설, 25. 발전시설, 26. 묘지 관련 시설, 27. 관광 휴게시설, 28. 장례시설, 29. 야영장 시설)에 속하는 **건축물 상호 간의 용도변경**
2. 「국토의 계획 및 이용에 관한 법률」이나 그 밖의 관계 법령에서 정하는 **용도제한에 적합한 범위**에서 **제1종 근린생활시설**과 **제2종 근린생활시설** 상호 간의 용도변경

## 4. 시설군★

¶ 시설군 : 법 제19조 제4항 및 시행령 제14조 제5항

▶**암기** 시설군(9개) : 자/산/전/문(집회) ⇒ 영업/교육(복지) ⇒ 근린/주/기

1. **자**동차 관련 시설군(주차장·세차장·폐차장·검사장·매매장·정비공장·운전학원·정비학원·차고 및 주기장(駐機場) 등)
2. **산**업 등의 시설군(장례식에서/운수중계/창/공을 날아/묘지를/위/자하다.)
3. **전**기통신시설군
4. **문**화 및 집회시설군(종/위/관광)
5. **영업**시설군(숙박하며/운/다/판!)
6. **교육** 및 **복지**시설군
7. **근린**생활시설군
8. **주**거업무시설군
9. **그 밖의** 시설군

1. **자**동차 관련 시설군(주차장·세차장·폐차장·검사장·매매장·정비공장·운전학원·정비학원·차고 및 주기장(駐機場) 등)
2. **산**업 등의 시설군(장례식에서/운수중계/창/공을 날아/묘지를/위/자하다.)
   ① **장례시설**(장례식장, 동물전용의 장례식장)(감평 2004·2024)
   ② **운수시설**(여객자동차터미널·철도시설·공항시설·항만시설 등)(감평 2020)
   ③ **창고시설**(창고·하역장·물류터미널·집배송 시설)(감평 2004)
   ④ **공장**(감평 2020)
   ⑤ **묘지 관련 시설**(감평 2018)
   ⑥ **위**험물저장 및 처리시설
   ⑦ **자원순환 관련 시설**(감평 2020·2025)
3. **전**기통신시설군
   ① 방송통신시설(감평 2025)
   ② **발전시설**(감평 2018)
4. **문화 및 집회시설군**(종/위/관광)
   ① **문화 및 집회시설**(공연장·집회장·관람장·전시장·동물원·식물원·수족관 등)(감평 2004·2014)
   ② **종교시설**(감평 2020, 중개 2020)

③ <u>위락시설</u>(단란주점(2종 근생 제외)·유흥주점·유원시설업·무도장·무도학원·카지노영업소)(감평 2014)
④ <u>관광휴게시설</u>(감평 2014·2018)
5. <u>영업</u>시설군(숙박/운/다/판!)
① <u>숙박시설</u>(일반숙박시설·생활숙박시설·관광숙박시설·다중생활시설(2종 근생 제외))(감평 2014·2018, 중개 2020)
② <u>운동시설</u>(감평 2014·2024·2025)
③ 제2종 근린생활시설 중 <u>다중생활시설</u>
④ <u>판매시설</u>(감평 2014)
6. <u>교육 및 복지시설군</u>
① <u>교육연구시설</u>(감평 2014)
② <u>수련시설</u>(감평 2014·2020)
③ <u>의료시설</u>(감평 2014·2024·2025, 중개 2020)
④ 노유자시설(老幼者施設)
⑤ 야영장 시설
7. <u>근린생활시설군</u>
① 제1종 근린생활시설
② 제2종 근린생활시설(다중생활시설은 제외한다)(감평 2004)
8. <u>주거업무시설군</u>(감평 2004)
① <u>단독주택</u>
② <u>공동주택</u>
③ <u>업무시설</u>
④ <u>교정시설</u>(감평 2018·2024)
⑤ <u>국방·군사시설</u>(감평 2018·2025)
9. <u>그 밖의 시설군</u> : 동물 및 식물 관련 시설(축사·가축시설·도축장·도계장·작물 재배사·종묘배양시설·화초 및 분재 등의 온실/단, 동물원·식물원은 제외)

## IX 복수 용도의 인정

① <u>건축주</u>는 건축물의 용도를 복수로 하여 건축허가, 건축신고 및 용도변경 허가·신고 또는 건축물대장 기재내용의 변경 신청을 할 수 있다(법 제19조의2 제1항).

② <u>허가권자</u>는 제1항에 따라 신청한 복수의 용도가 이 법 및 관계 법령에서 정한 건축기준과 입지기준 등에 모두 적합한 경우에 한정하여 <u>국토교통부령으로 정하는 바에</u> 따라 복수 용도를 허용할 수 있다(법 제19조의2 제2항).

③ 복수 용도는 원칙적으로 <u>같은 시설군 내(內)</u>에서 허용할 수 있지만, 허가권자는 <u>지방건축위원회의 심의</u>를 거쳐 <u>다른 시설군의 용도간의</u> 복수 용도를 허용할 수 있다(규칙 제12조의3).(중개 2020)

# X 가설건축물

## 1. 가설건축물 건축에 대한 허가

① 도시·군계획시설 및 도시·군계획시설예정지에서 가설건축물을 건축하려는 자는 특별자치시장·특별자치도지사 또는 시장·군수·구청장의 허가를 받아야 한다(법 제20조 제1항).(감평 2021)

② 특별자치시장·특별자치도지사 또는 시장·군수·구청장은 해당 가설건축물의 건축이 다음 각 호의 어느 하나에 해당하는 경우가 아니면 제1항에 따른 허가를 하여야 한다(법 제20조 제2항).

1. 「국토의 계획 및 이용에 관한 법률」 제64조(도시·군계획시설 부지에서의 개발행위)에 위배되는 경우
2. 4층 이상인 경우
3. 구조, 존치기간, 설치목적 및 다른 시설 설치 필요성 등에 관하여 대통령령으로 정하는 기준(영 제15조)의 범위에서 조례로 정하는 바에 따르지 아니한 경우
4. 그 밖에 이 법 또는 다른 법령에 따른 제한규정을 위반하는 경우

> ◈ 건축법 시행령 제15조(가설건축물) 제1항
> 법 제20조제2항제3호에서 "대통령령으로 정하는 기준"이란 다음 각 호의 기준을 말한다.
> 1. 철근콘크리트조 또는 철골철근콘크리트조가 아닐 것
> 2. 존치기간은 3년 이내일 것. 다만, 도시·군계획사업이 시행될 때까지 그 기간을 연장할 수 있다.
> 3. 전기·수도·가스 등 새로운 간선 공급설비의 설치를 필요로 하지 아니할 것
> 4. 공동주택·판매시설·운수시설 등으로서 분양을 목적으로 건축하는 건축물이 아닐 것

## 2. 가설건축물 축조신고

① 법 제20조제1항(가설건축물 : 도시·군계획시설 및 도시·군계획시설예정지에서 가설건축물을 건축하려는 자는 허가를 받아야 한다.)에도 불구하고 「재해복구, 흥행, 전람회, 공사용 가설건축물 등 대통령령으로 정하는 용도의 가설건축물(영 제15조 제5항)」을 축조하려는 자는 특별자치시장·특별자치도지사 또는 시장·군수·구청장에게 신고한 후 착공하여야 한다(법 제20조 제3항).

② 여기서 「재해복구, 흥행, 전람회, 공사용 가설건축물 등 대통령령으로 정하는 용도의 가설건축물」이란 다음 각 호의 어느 하나에 해당하는 것을 말한다(영 제15조 제5항).

1. 재해가 발생한 구역 또는 그 인접구역으로서 특별자치시장·특별자치도지사 또는 시장·군수·구청장이 지정하는 구역에서 일시사용을 위하여 건축하는 것
2. 특별자치시장·특별자치도지사 또는 시장·군수·구청장이 도시미관이나 교통소통에 지장이 없다고 인정하는 가설흥행장, 가설전람회장, 농·수·축산물 직거래용 가설점포, 그 밖에 이와 비슷한 것
3. 공사에 필요한 규모의 공사용 가설건축물 및 공작물
4. 전시를 위한 견본주택이나 그 밖에 이와 비슷한 것(중개 2017·2019)
5. 특별자치시장·특별자치도지사 또는 시장·군수·구청장이 도로변 등의 미관정비를 위하여 지정·공고하는 구역에서 축조하는 가설점포(물건 등의 판매를 목적으로 하는 것을 말한다)로서 안전·방화 및 위생에 지장이 없는 것

6. 조립식 구조로 된 경비용으로 쓰는 가설건축물로서 연면적이 10제곱미터 이하인 것
7. 조립식 경량구조로 된 외벽이 없는 임시 자동차 차고
8. 도시지역 중 주거지역·상업지역 또는 공업지역에 설치하는 농업·어업용 비닐하우스로서 연면적이 100제곱미터 이상인 것(중개 2017)
9. 농업·어업용 고정식 온실 및 간이작업장, 가축양육실
10. 유원지, 종합휴양업 사업지역 등에서 한시적인 관광·문화행사 등을 목적으로 천막 또는 경량구조로 설치하는 것
11. 야외전시시설 및 촬영시설
12. 야외흡연실 용도로 쓰는 가설건축물로서 연면적이 50제곱미터 이하인 것(중개 2017)

### 3. 가설건축물에 대한 건축법 적용 배제

① 가설건축물에 대하여는 법 제38조(건축물대장)를 적용하지 아니한다(영 제15조 제2항).
② 다만, 특별자치시장·특별자치도지사 또는 시장·군수·구청장은 가설건축물의 건축을 허가하거나 축조신고를 받은 경우 국토교통부령으로 정하는 바에 따라 가설건축물대장에 이를 기재하여 관리하여야 한다(법 제20조 제6항). (감평 1999)

## XI 착공신고 등

### 1. 공사계획 신고

① 법 제11조(건축허가)·법 제14조(건축신고) 또는 법 제20조제1항(가설건축물 : 도시·군계획시설 및 도시·군계획시설예정지에서 가설건축물을 건축하려는 자는 특별자치시장·특별자치도지사 또는 시장·군수·구청장의 허가를 받아야 한다.)에 따라 허가를 받거나 신고를 한 건축물의 공사를 착수하려는 건축주는 국토교통부령으로 정하는 바에 따라 허가권자에게 공사계획을 신고하여야 한다(법 제21조 제1항 본문). (감평 2002) (가설건축물 축조신고를 한 건축물의 공사를 착수하려는 건축주는 허가권자에게 공사계획을 신고하여야 한다, ×)
② 공사계획을 신고하거나 변경신고를 하는 경우 해당 공사감리자(법 제25조(건축물의 공사감리)제1항에 따른 공사감리자를 지정한 경우만 해당된다)와 공사시공자가 신고서에 함께 서명하여야 한다(법 제21조 제2항). (감평 2002)
③ 건축허가를 받은 건축물의 건축주는 신고를 할 때에는 법 제15조제2항(건축주와의 계약 등 : 건축관계자 간의 책임에 관한 내용과 그 범위는 이 법에서 규정한 것 외에는 건축주와 설계자, 건축주와 공사시공자, 건축주와 공사감리자 간의 계약으로 정한다.)에 따른 각 계약서의 사본을 첨부하여야 한다(법 제21조 제6항).

### 2. 신고수리 여부 등에 대한 통지

① 허가권자는 착공신고를 받은 날부터 3일 이내에 신고수리 여부 또는 민원 처리 관련 법령에 따른 처리기간의 연장 여부를 신고인에게 통지하여야 한다(법 제21조 제3항).
② 허가권자가 착공신고를 받은 날부터 3일 이내에 신고수리 여부 또는 민원 처리 관련 법령에 따른 처리기간의 연장 여부를 신고인에게 통지하지 아니하면 그 기간이 끝난 날의 다음 날에 신고를 수리한 것으로 본다(법 제21조 제4항).

# XII 건축물의 사용승인

## 1. 건축물의 사용승인 신청

건축주가 법 제11조(건축허가)·법 제14조(건축신고) 또는 법 제20조제1항(가설건축물 : 도시·군계획시설 및 도시·군계획시설예정지에서 가설건축물을 건축하려는 자는 특별자치시장·특별자치도지사 또는 시장·군수·구청장의 허가를 받아야 한다.)에 따라 허가를 받았거나 신고를 한 건축물의 건축공사를 완료[하나의 대지에 둘 이상의 건축물을 건축하는 경우 동(棟)별 공사를 완료한 경우를 포함한다]한 후(後) 그 건축물을 사용하려면 법 제25조(건축물의 공사감리)제6항에 따라 공사감리자가 작성한 감리완료보고서(같은 조 제1항에 따른 공사감리자를 지정한 경우만 해당된다)와 국토교통부령으로 정하는 공사완료도서를 첨부하여 허가권자에게 사용승인을 신청하여야 한다(법 제22조 제1항). (건축주가 가설건축물 축조신고를 한 건축물의 건축공사를 완료한 후 그 건축물을 사용하려면 허가권자에게 사용승인을 신청하여야 한다.×)

## 2. 허가권자의 검사와 사용승인서 발급

허가권자는 사용승인신청을 받은 경우 국토교통부령으로 정하는 기간(규칙 제16조)에 다음 각 호의 사항에 대한 검사를 실시하고, 검사에 합격된 건축물에 대하여는 사용승인서를 내주어야 한다(법 제22조 제2항 본문). 다만, 해당 지방자치단체의 조례로 정하는 건축물은 사용승인을 위한 검사를 실시하지 아니하고 사용승인서를 내줄 수 있다(법 제22조 제2항 단서).

1. 사용승인을 신청한 건축물이 이 법에 따라 허가 또는 신고한 설계도서대로 시공되었는지의 여부
2. 감리완료보고서, 공사완료도서 등의 서류 및 도서가 적합하게 작성되었는지의 여부

## 3. 임시사용승인 등

① 건축주는 사용승인을 받은 후(後)가 아니면 건축물을 사용하거나 사용하게 할 수 없다(법 제22조 제3항 본문). 다만, 다음 각 호의 어느 하나에 해당하는 경우에는 그러하지 아니하다(법 제22조 제3항 단서).
   1. 허가권자가 법 제22조 제2항에 따른 기간 내에 사용승인서를 교부하지 아니한 경우
   2. 사용승인서를 교부받기 전(前)에 공사가 완료된 부분이 건폐율, 용적률, 설비, 피난·방화 등 국토교통부령으로 정하는 기준에 적합한 경우로서 기간을 정하여 대통령령으로 정하는 바(영 제17조)에 따라 임시로 사용의 승인을 한 경우

② 임시사용승인의 기간은 2년 이내로 한다(영 제17조 제4항 본문).(감평 1999) 다만, 허가권자는 대형 건축물 또는 암반공사 등으로 인하여 공사기간이 긴 건축물에 대하여는 그 기간을 연장할 수 있다(영 제17조 제4항 단서).

## 4. 다른 법률에 따른 검사 등 의제

① 건축주가 사용승인을 받은 경우에는 다음 각 호에 따른 사용승인·준공검사 또는 등록신청 등을 받거나 한 것으로 보며, 공장건축물의 경우에는 「산업집적활성화 및 공장설립에 관한 법률」 제14조의2에 따라 관련 법률의 검사 등을 받은 것으로 본다(법 제22조 제4항).
   1. 「하수도법」에 따른 배수설비(排水設備)의 준공검사 및 개인하수처리시설의 준공검사
   2. 「공간정보의 구축 및 관리 등에 관한 법률」에 따른 지적공부(地籍公簿)의 변동사항 등록신청

3. 「승강기 안전관리법」에 따른 **승강기 설치검사**
  4. 「에너지이용 합리화법」에 따른 **보일러 설치검사**
  5. 「전기안전관리법」에 따른 **전기설비의 사용전검사**
  6. 「정보통신공사업법」에 따른 **정보통신공사의 사용전검사**
  6의2. 「기계설비법」에 따른 **기계설비의 사용 전 검사**
  7. 「도로법」에 따른 **도로점용 공사의 준공확인**
  8. 「국토의 계획 및 이용에 관한 법률」에 따른 **개발 행위의 준공검사**
  9. 「국토의 계획 및 이용에 관한 법률」에 따른 **도시·군계획시설사업의 준공검사**
  10. 「물환경보전법」에 따른 **수질오염물질 배출시설의 가동개시의 신고**
  11. 「대기환경보전법」에 따른 **대기오염물질 배출시설의 가동개시의 신고**
② **허가권자**는 **사용승인**을 하는 경우 법 제22조 제4항 각 호의 어느 하나에 해당하는 내용이 포함되어 있으면 관계 행정기관의 장과 미리 **협의**하여야 한다(법 제22조 제5항).

## 5. 건축물대장 기재 사항

**특별시장** 또는 **광역시장**은 **사용승인**을 한 경우 지체 없이 그 사실을 **군수 또는 구청장**에게 알려서 **건축물대장**에 적게 하여야 한다(법 제22조 제6항 본문). 이 경우 **건축물대장**에는 **설계자**, **대통령령**으로 정하는 주요 공사의 **시공자**(영 제17조 제5항), **공사감리자**를 적어야 한다(법 제22조 제6항 단서).

# CHAPTER 03 > 건축물의 대지와 도로

## Ⅰ 대지의 안전 등

대지는 인접한 도로면보다 낮아서는 아니 된다(법 제40조 제1항 본문). 다만, 대지의 배수에 지장이 없거나 건축물의 용도상 방습(防濕)의 필요가 없는 경우에는 인접한 도로면보다 낮아도 된다(법 제40조 제1항 단서). (감평 2012)

## Ⅱ 대지의 조경 : 200제곱미터 이상인 대지★

① 면적이 200제곱미터 이상인 대지에 건축을 하는 건축주는 용도지역 및 건축물의 규모에 따라 해당 지방자치단체의 조례로 정하는 기준에 따라 대지에 조경이나 그 밖에 필요한 조치를 하여야 한다(법 제42조 제1항 본문). (감평 2004·2012, 중개 2020)

② 다만, 다음 각 호의 어느 하나에 해당하는 건축물에 대하여는 조경 등의 조치를 하지 아니할 수 있다(법 제42조 제1항 단서·영 제27조 제1항).
1. 녹지지역에 건축하는 건축물(감평 2012·2013·2020, 중개 2020)
2. 면적 5천 제곱미터 미만인 대지에 건축하는 공장(감평 2013·2017·2020, 중개 2020)
3. 연면적의 합계가 1천500제곱미터 미만인 공장(감평 2013)
4. 「산업집적활성화 및 공장설립에 관한 법률」에 따른 산업단지의 공장
5. 대지에 염분이 함유되어 있는 경우 또는 건축물 용도의 특성상 조경 등의 조치를 하기가 곤란하거나 조경 등의 조치를 하는 것이 불합리한 경우로서 건축조례로 정하는 건축물
6. 축사(감평 2013, 중개 2020)
7. 도시군계획시설 및 도시군계획시설예정지에서 허가를 받아 건축하는 가설건축물(감평 2020, 중개 2020)
8. 연면적의 합계가 1천500제곱미터 미만인 물류시설(주거지역 또는 상업지역에 건축하는 것은 제외한다)로서 국토교통부령으로 정하는 것(감평 2013·2020)
9. 「국토의 계획 및 이용에 관한 법률」에 따라 지정된 자연환경보전지역·농림지역 또는 관리지역(지구단위계획구역으로 지정된 지역은 제외한다)의 건축물
10. 다음 각 목의 어느 하나에 해당하는 건축물 중 건축조례로 정하는 건축물
    가. 「관광진흥법」에 따른 관광지 또는 관광단지에 설치하는 관광시설
    나. 「관광진흥법 시행령」에 따른 전문휴양업의 시설 또는 종합휴양업의 시설
    다. 「국토의 계획 및 이용에 관한 법률 시행령」에 따른 관광·휴양형 지구단위계획구역에 설치하는 관광시설

라. 「체육시설의 설치·이용에 관한 법률 시행령」 별표 1에 따른 골프장
③ 건축물의 옥상에 국토교통부장관이 고시하는 기준에 따라 조경이나 그 밖에 필요한 조치를 하는 경우에는 옥상부분 조경면적의 3분의 2에 해당하는 면적을 대지의 조경면적으로 산정할 수 있다.(감평 2004) 이 경우 조경면적으로 산정하는 면적은 법 제42조제1항에 따른 조경면적의 100분의 50을 초과할 수 없다(영 제27조 제3항).

> **◎정리**
>
> ◆ 조경 등의 조치를 하지 아니할 수 있는 건축물(영 제27조 제1항)
>
> 《지역》
> 1. 녹지지역에 건축하는 건축물
> 2. 자연환경보전지역·농림지역 또는 관리지역(지구단위계획구역으로 지정된 지역은 제외한다)의 건축물 ☆
>
> 《건축물》(공/물/가/축 : 미만)
> 3. 공장
>    (1) 대지 면적 : 5천제곱미터 미만
>    (2) 연면적 합계 : 1천500제곱미터 미만
>    (3) 산업단지 內
> 4. 물류시설(연면적 합계 1천500제곱미터 미만 : 단, 주거지역·상업지역 건축은 제외)
> 5. 가설건축물(허가 대상 가설건축물)
> 6. 축사
>
> 《건축조례》
> 7. 대지에 염분 함유(곤란/불합리)
> 8. 관광시설·휴양업 시설·골프장

# Ⅲ 공개공지등의 확보 ★

## 1. 공개공지 등 확보 의무

### (1) 공개공지 등 설치 의무 대상 지역

다음 각 호의 어느 하나에 해당하는 지역의 환경을 쾌적하게 조성하기 위하여 일반이 사용할 수 있도록 소규모 휴식시설 등의 공개 공지(空地 : 공터) 또는 공개 공간(이하 "공개공지등"이라 한다)을 설치하여야 한다(법 제43조 제1항).(감평 2017·2022)

1. 일반주거지역(감평 2025), 준주거지역(감평 2025) (전용주거지역×)
2. 상업지역(감평 2017·2022·2025)
3. 준공업지역(감평 2025)(전용공업지역×, 일반공업지역×)
4. 특별자치시장·특별자치도지사 또는 시장·군수·구청장이 도시화의 가능성이 크거나 노후 산업단지의 정비가 필요하다고 인정하여 지정·공고하는 지역(중개 2024)

(2) 공개공지 등 설치 의무 건축물

다음 각 호의 어느 하나에 해당하는 건축물의 대지에는 공개 공지 또는 공개 공간(이하 이 조에서 "공개공지등"이라 한다)을 설치해야 한다(영 제27조의2 제1항 전단). 이 경우 공개 공지는 필로티의 구조로 설치할 수 있다(영 제27조의2 제1항 후단).(감평 2017·2022, 중개 2024)

1. 문화 및 집회시설
2. 종교시설
3. 판매시설[「농수산물 유통 및 가격안정에 관한 법률」에 따른 농수산물유통시설은 제외한다(감평 2022, 중개 2023)]
4. 운수시설(여객용 시설만 해당한다).(중개 2023)
5. 업무시설 및 숙박시설로서 해당 용도로 쓰는 바닥면적의 합계가 5천 제곱미터 이상인 건축물(감평 2017·2022)(바닥면적 합계가 3천 제곱미터 이상×)
6. 그 밖에 다중이 이용하는 시설로서 건축조례로 정하는 건축물

(3) 공개공지 등 설치 면적 등

① 공개공지등의 면적은 대지면적의 100분의 10 이하의 범위에서 건축조례로 정한다(영 제27조의2 제2항 전단).(감평 2011·2017)(건축면적의 100분의 10이하 범위×) 이 경우 법 제42조(대지의 조경)에 따른 조경면적과 「매장유산 보호 및 조사에 관한 법률」에 따른 매장유산의 현지보존 조치 면적을 공개공지등의 면적으로 할 수 있다(영 제27조의2 제2항 후단).

② 공개공지등을 설치할 때에는 모든 사람들이 환경친화적으로 편리하게 이용할 수 있도록 긴 의자 또는 조경시설 등 건축조례로 정하는 시설을 설치해야 한다(영 제27조의2 제3항).(감평 2011, 중개 2024)

> ◎ 정리
>
> ◆ 공개공지등 설치 지역(법 제43조 제1항)
> 1. 주거지역(일반주거/준주거)(전용주거×)
> 2. 상업지역
> 3. 준공업지역(전용공업×, 일반공업×)
> 4. 지정·공고지역

> ◎ 정리
>
> ◆ 공개공지등을 설치해야 하는 건축물(문/집→종/판→여/업/숙 : 바닥면적 합계 5천제곱미터 이상)
> 1. 문화 및 집회시설
> 2. 종교시설
> 3. 판매시설(농수산물유통시설 제외)
> 4. 여객용 운수시설
> 5. 업무시설
> 6. 숙박시설

> [비교] 건축물 : 16층 or 5천제곱미터 이상 [문/집→종/판→여/병/관(숙)]
> 1. 문화 및 집회시설(동물원 및 식물원은 제외한다)
> 2. 종교시설
> 3. 판매시설
> 4. 여객용 운수시설
> 5. 의료시설 중 종합병원
> 6. 숙박시설 중 관광숙박시설(관광 휴게시설×)

### 2. 용적률·높이 제한의 완화 적용★

공개공지등을 설치하는 경우에는 다음 각 호의 범위에서 대지면적에 대한 공개공지등 면적 비율에 따라 법 제56조(건축물의 용적률) 및 제60조(건축물의 높이 제한)를 완화하여 적용한다(법 제43조 제2항·영 제27조의2 제4항 본문). 다만, 다음 각 호의 범위에서 건축조례로 정한 기준이 완화 비율보다 큰 경우에는 해당 건축조례로 정하는 바에 따른다(영 제27조의2 제4항 단서).

1. 법 제56조(건축물의 용적률)에 따른 용적률은 해당 지역에 적용하는 용적률의 1.2배 이하(감평 2011)
2. 법 제60조(가로구역별 높이제한)에 따른 높이 제한은 해당 건축물에 적용하는 높이기준의 1.2배 이하

### 3. 행위 제한★

누구든지 공개공지등에 물건을 쌓아놓거나 출입을 차단하는 시설을 설치하는 등 공개공지등의 활용을 저해하는 행위를 하여서는 아니 된다(법 제43조 제4항). (감평 2017, 중개 2024)

### 4. 기타★

① 공개공지등에는 연간 60일 이내의 기간 동안 건축조례로 정하는 바에 따라 주민들을 위한 문화행사를 열거나 판촉활동을 할 수 있다(영 제27조의2 제6항 본문). (감평 2011, 중개 2024) 다만, 울타리를 설치하는 등 공중이 해당 공개공지등을 이용하는데 지장을 주는 행위를 해서는 아니 된다(영 제27조의2 제6항 단서).
② 시·도지사 또는 시장·군수·구청장은 관할 구역 내 공개공지등에 대한 점검 등 유지·관리에 관한 사항을 해당 지방자치단체의 조례로 정할 수 있다(법 제43조 제3항).

## Ⅳ 대지와 도로의 관계★

① 건축물의 대지는 2미터 이상이 도로(자동차만의 통행에 사용되는 도로는 제외한다)에 접하여야 한다. 다만, 다음 각 호의 어느 하나에 해당하면 그러하지 아니하다(법 제44조 제1항).
  1. 해당 건축물의 출입에 지장이 없다고 인정되는 경우(감평 2012)
  2. 건축물의 주변에 대통령령으로 정하는 공지(영 제28조 제1항 : 광장, 공원, 유원지, 그 밖에 관계 법령에 따라 건축이 금지되고 공중의 통행에 지장이 없는 공지로서 허가권자가 인정한 것을 말한다.)가 있는 경우(감평 2017)
  3. 「농지법」에 따른 농막을 건축하는 경우

② <u>연면적의 합계가 2천 제곱미터</u>(공장인 경우에는 <u>3천 제곱미터</u>) 이상인 <u>건축물</u>(축사, 작물 재배사(作物栽培舍), 그 밖에 이와 비슷한 건축물로서 <u>건축조례로 정하는 규모의 건축물은 제외</u>한다)의 <u>대지</u>는 <u>너비 6미터 이상의 도로에 4미터 이상 접하여야 한다</u>(법 제44조 제2항·영 제28조 제2항).(감평 2017)

> **◆ 대지와 도로의 관계**(법 제44조·영 제28조)
> 1. 원칙 : 대지는 2미터 이상 도로(자동차전용 도로 제외)와 접해야 함.
> 2. 예외 : 2미터 이상 도로와 접하지 않아도 되는 경우
>    (1) 출입에 지장이 없는 경우
>    (2) 주변에 공지(광장, 공원, 유원지 등)가 있는 경우
>    (3) 농막을 건축하는 경우
> 3. 너비 6미터 이상 도로에 4미터 이상 접해야 하는 건축물
>    (1) 연면적 합계 2천 제곱미터 이상 건축물(축사, 작물재배사 제외)
>    (2) 연면적 합계 3천 제곱미터 이상인 공장

## Ⅴ 도로의 지정·폐지 또는 변경

### 1. 도로의 지정·공고

① <u>허가권자</u>는 법 제2조(정의)제1항제11호(도로)나목(건축허가 또는 신고 시에 시·도지사 또는 시장·군수·구청장이 위치를 지정하여 공고한 도로)에 따라 <u>도로의 위치를 지정·공고</u>하려면 국토교통부령으로 정하는 바에 따라 <u>그 도로에 대한 이해관계인의 동의를 받아야 한다</u>(법 제45조 제1항 본문).

② 다만, 다음 각 호의 어느 하나에 해당하면 <u>이해관계인의 동의를 받지 아니하고 건축위원회의 심의</u>를 거쳐 도로를 <u>지정</u>할 수 있다(법 제45조 제1항 단서).
   1. 허가권자가 이해관계인이 해외에 거주하는 등의 사유로 <u>이해관계인의 동의를 받기가 곤란</u>하다고 인정하는 경우
   2. 주민이 오랫 동안 통행로로 이용하고 있는 사실상의 통로로서 해당 <u>지방자치단체의 조례로 정하는 것인 경우</u>

### 2. 지정한 도로의 폐지·변경

① <u>허가권자</u>는 <u>지정한 도로를 폐지하거나 변경</u>하려면 <u>그 도로에 대한 이해관계인의 동의를 받아야 한다</u>(법 제45조 제2항 전단).(감평 2017)

② 그 도로에 편입된 토지의 소유자, 건축주 등이 허가권자에게 <u>지정된 도로의 폐지나 변경을 신청</u>하는 경우에도 또한 같다(법 제45조 제2항 후단).

# Ⅵ. 건축선의 지정★

## 1. 건축선의 의의

도로와 접한 부분에 건축물을 건축할 수 있는 선[이하 "건축선(建築線)"이라 한다]은 대지와 도로의 경계선으로 한다(법 제46조 제1항 본문).(감평 1999)

## 2. 소요 너비에 못 미치는 도로와 건축선

### (1) 중심선으로부터 소요 너비 2분의 1의 수평거리만큼 물러난 선

법 제2조 제1항 제11호에 따른 소요 너비(ⓐ 원칙 : 보행과 자동차 통행이 가능한 너비 4미터 이상, ⓑ 예외 : 차량통행이 불가능한 경우와 막다른 도로 - 너비 2미터·3미터·4미터·6미터 이상)에 못 미치는 너비의 도로인 경우에는 그 중심선으로부터 그 소요 너비의 2분의 1의 수평거리만큼 물러난 선을 건축선으로 한다(법 제46조 제1항 단서).(감평 1999, 중개 2023)

### (2) 도로 반대쪽에 경사지 등이 있는 경우

그 도로의 반대쪽에 경사지, 하천, 철도, 선로부지, 그 밖에 이와 유사한 것이 있는 경우에는 그 경사지 등이 있는 쪽의 도로경계선에서 소요 너비에 해당하는 수평거리의 선을 건축선으로 한다(법 제46조 제1항 단서).(감평 1999, 중개 2023)

## 3. 도로의 모퉁이 부분 건축선(가각전제 : 街角剪除)

너비 8미터 미만인 도로의 모퉁이에 위치한 대지의 도로모퉁이 부분의 건축선은 그 대지에 접한 도로경계선의 교차점으로부터 도로경계선에 따라 다음의 표에 따른 거리를 각각 후퇴한 두 점을 연결한 선으로 한다(법 제46조 제1항 단서·영 제31조 제1항).(감평 1999)

(단위 : 미터)

| 도로의 교차각 | 해당 도로의 너비 | 교차되는 도로의 너비 | |
|---|---|---|---|
| | 6 이상 8 미만 | 4 이상 6 미만 | |
| 90도 미만 | 4 | 3 | 6 이상 8 미만 |
| | 3 | 2 | 4 이상 6 미만 |
| 90도 이상 120도 미만 | 3 | 2 | 6 이상 8 미만 |
| | 2 | 2 | 4 이상 6 미만 |

## Ⅶ 건축선에 따른 건축제한★

① 건축물과 담장은 건축선의 수직면(垂直面)을 넘어서는 아니 된다(법 제47조 제1항 본문). 다만, 지표(地表) 아래 부분은 그러하지 아니하다(법 제47조 제1항 단서). (감평 1999·2012)

② 도로면으로부터 높이 4.5미터 이하에 있는 출입구, 창문, 그 밖에 이와 유사한 구조물은 열고 닫을 때 건축선의 수직면을 넘지 아니하는 구조로 하여야 한다(법 제47조 제2항). (감평 2017)

# CHAPTER 04 > 건축물의 구조 및 재료 등

## I 건축물의 구조 안전 확인 등★

### 1. 서

① 건축물은 고정하중(固定荷重), 적재하중(積載荷重), 적설하중(積雪荷重), 풍압(風壓), 지진, 그 밖의 진동 및 충격 등에 대하여 안전한 구조를 가져야 한다(법 제48조 제1항).(감평 2012·2020)

② 법 제11조제1항(건축허가 : 건축물을 건축하거나 대수선하려는 자는 특별자치시장·특별자치도지사 또는 시장·군수·구청장의 허가를 받아야 한다.)에 따른 건축물을 건축하거나 대수선하는 경우 건축물의 설계자는 국토교통부령(건축물의 구조기준 등에 관한 규칙)으로 정하는 구조기준 등에 따라 그 구조의 안전을 확인하여야 한다(법 제48조 제2항·영 제32조 제1항).

③ 지방자치단체의 장은 구조 안전 확인 대상 건축물에 대하여 허가등을 하는 경우 내진(耐震)성능 확보 여부를 확인하여야 한다(법 제48조 제3항).(감평 2020)

### 2. 착공신고시 구조 안전 확인서류를 제출해야 하는 건축물

건축물의 설계자가 구조 안전을 확인한 건축물 중 다음 각 호의 어느 하나에 해당하는 건축물의 건축주는 해당 건축물의 설계자로부터 구조 안전의 확인 서류를 받아 착공신고를 하는 때에 그 확인 서류를 허가권자에게 제출하여야 한다(영 제32조 제2항 본문). 다만, 표준설계도서에 따라 건축하는 건축물은 제외한다(영 제32조 제2항 단서).

1. 층수가 2층[주요구조부인 기둥과 보를 설치하는 건축물로서 그 기둥과 보가 목재인 목구조 건축물(이하 "목구조 건축물"이라 한다)의 경우에는 3층] 이상인 건축물

2. 연면적이 200제곱미터(목구조 건축물의 경우에는 500제곱미터) 이상인 건축물.(중개 2018) 다만, 창고, 축사, 작물 재배사는 제외한다.

3. 높이가 13미터 이상인 건축물(중개 2023)

4. 처마높이가 9미터 이상인 건축물(중개 2018·2023)

5. 기둥과 기둥 사이의 거리가 10미터 이상인 건축물(중개 2018·2023)

6. 건축물의 용도 및 규모를 고려한 중요도가 높은 건축물로서 국토교통부령으로 정하는 건축물

7. 국가적 문화유산으로 보존할 가치가 있는 건축물로서 국토교통부령으로 정하는 것

8. 영 제2조(정의) 제18호(특수구조 건축물) 가목 [한쪽 끝은 고정되고 다른 끝은 지지(支持)되지 아니한 구조로 된 보·차양 등이 외벽(외벽이 없는 경우에는 외곽 기둥을 말한다)의 중심선으로부터 3미터 이상 돌출된 건축물], 다목 [무량판 구조(보가 없이 바닥판·기둥으로 구성된 구조를 말한다, 이하 같다)를 가진 건축물로서 무량판 구조인 어느 하나의 층에 수직으로 배치된 주요구조부의 전체 단면적에서 보가 없이 배치된 기둥의 전체 단면적이 차지하는 비율이 4분의 1 이상인 건축물] 및 라목 [특수한 설계·시공·공법 등이 필요한 건축물로서 국토교통부장관이 정하여 고시하

는 구조로 된 건축물] 의 건축물 [☞ 나목 : 기둥과 기둥사이 거리 20미터 이상 ×]
9. 별표 1 제1호의 <u>단독주택</u>(단독주택, 다중주택, 다가구주택, 공관)(중개 2018) 및 같은 표 제2호의 <u>공동주택</u>(아파트, 연립주택, 다세대주택, 기숙사)(중개 2018)


## II 건축물 내진등급의 설정★

<u>국토교통부장관</u>은 <u>지진</u>으로부터 건축물의 구조 안전을 확보하기 위하여 건축물의 용도, 규모 및 설계구조의 중요도에 따라 <u>내진등급(耐震等級)</u>을 <u>설정</u>하여야 한다(법 제48조의2 제1항). (감평 2020)


## III 건축물의 내진능력 공개 : 사용승인을 받는 즉시★

다음 각 호의 어느 하나에 해당하는 건축물을 <u>건축하고자 하는 자</u>는 <u>사용승인을 받는 즉시</u> 건축물이 지진 발생 시에 견딜 수 있는 능력(이하 "<u>내진능력</u>"이라 한다)을 <u>공개</u>하여야 한다(법 제48조의3 제1항 본문). 다만, 법 제48조(구조내력 등)제2항에 따른 <u>구조안전 확인 대상 건축물</u>이 아니거나 내진능력 산정이 곤란한 건축물로서 <u>대통령령으로 정하는 건축물</u> [영 제32조의2 제1항 : (제1호) 창고, 축사, 작물 재배사 및 표준설계도서에 따라 건축하는 건축물로서 영 제32조 제2항 제1호 및 제3호부터 제9호까지 어느 하나에도 해당하지 아니하는 건축물, (제2호) 국토교통부령으로 정하는 소규모건축구조기준을 적용한 건축물] 은 공개하지 아니한다(법 제48조의3 제1항 단서).

1. 층수가 <u>2층</u>[주요구조부인 기둥과 보를 설치하는 건축물로서 그 기둥과 보가 목재인 목구조 건축물(이하 "<u>목구조 건축물</u>"이라 한다)의 경우에는 <u>3층</u>] <u>이상인</u> 건축물
2. <u>연면적이 200제곱미터</u>(목구조 건축물의 경우에는 <u>500제곱미터</u>) <u>이상인</u> 건축물(감평 2020)
3. 그 밖에 건축물의 규모와 중요도를 고려하여 <u>대통령령으로 정하는 건축물</u>(영 제32조의2 제2항 ; 영 제32조 제2항 제3호부터 제9호까지의 어느 하나에 해당하는 건축물 - 구조안전 확인 서류 제출대상 건축물)
   (1) <u>높이가 13미터 이상인</u> 건축물(중개 2024)
   (2) <u>처마높이가 9미터 이상인</u> 건축물(중개 2024)
   (3) <u>기둥과 기둥 사이의 거리가 10미터 이상인</u> 건축물(중개 2024)
   (4) 건축물의 용도 및 규모를 고려한 <u>중요도가 높은 건축물로서 국토교통부령</u>으로 정하는 건축물(중개 2024)
   (5) <u>국가적 문화유산</u>으로 보존할 가치가 있는 건축물로서 <u>국토교통부령</u>(문화체육관광부령×)으로 정하는 것(중개 2024)
   (6) 영 제2조(정의) 제18호(특수구조 건축물) <u>가목</u> [한쪽 끝은 고정되고 다른 끝은 지지(支持)되지 아니한 구조로 된 보 · 차양 등이 외벽(외벽이 없는 경우에는 외곽 기둥을 말한다)의 중심선으로부터 3미터 이상 돌출된 건축물] , <u>다목</u> [무량판 구조 (보가 없이 바닥판 · 기둥으로 구성된 구조를 말한다, 이하 같다)를 가진 건축물로서 무량판 구조인 어느 하나의 층에 수직으로 배치된 주요구조부의 전체 단면적에서 보가 없이 배치된 기둥의 전체 단면적이 차지하는 비율이 4분의 1 이상인 건축물] 및 <u>라목</u> [특수한 설계 · 시공 · 공법 등이 필요한 건축물로서 국토교통부장관이 정하여 고시하는 구조로 된 건축물] 의 건축물 [☞ 나목 : 기둥과 기둥사이 거리 20미터 이상 ×]

(7) 별표 1 제1호의 <u>단독주택</u>(단독주택, 다중주택, 다가구주택, 공관) 및 같은 표 제2호의 <u>공동주택</u>(아파트, 연립주택, 다세대주택, 기숙사)

> ▶암기 착공신고시 구조 안전 확인서류를 제출하여야 하는 건축물(영 제32조 제2항)
> ▶암기 사용승인 받는 즉시 내진능력 공개 대상 건축물(법 제48조의3 제1항·영 제32조의2 제2항)
>
> ≪층 – 연면적≫
> 1. 층수 : 2층 이상(목구조는 3층 이상)
> 2. 연면적 : 200제곱미터 이상(목구조 500제곱미터 이상)
>
> ≪처마 높이 – 기둥 사이 – 높이 : 9-10-13≫
> 3. 처마높이 : 처마높이가 9미터 이상인 건축물
> 4. 기둥 사이 : 기둥과 기둥 사이의 거리가 10미터 이상인 건축물
> 5. 높이 : 높이가 13미터 이상인 건축물
>
> ≪특수구조 건축물 – 주택≫
> 6. 특수구조 건축물(한쪽 고정 3미터 이상 돌출, 무량판구조, 특수한 공법등이 필요한 건축물)
> 7. 단독주택·공동주택
>
> ≪국토교통부령으로 정하는 건축물≫
> 8. (건축물의 용도 및 규모를 고려한) 중요도가 높은 건축물
> 9. 국가적 문화유산으로 보존할 가치가 있는 건축물

## Ⅳ. 건축물의 피난시설 및 용도제한 등

### 1. 피난시설 등의 설치

① <u>대통령령으로 정하는 용도 및 규모의 건축물과 그 대지에는</u> 국토교통부령으로 정하는 바에 따라 <u>복도, 계단, 출입구</u>, 그 밖의 피난시설과 <u>저수조(貯水槽)</u>, 대지 안의 피난과 소화에 필요한 통로를 설치하여야 한다(법 제49조 제1항).

② <u>법 제49조제1항</u>에 따라 <u>5층 이상</u> 또는 <u>지하 2층 이하인 층</u>에 설치하는 <u>직통계단</u>은 국토교통부령으로 정하는 기준에 따라 <u>피난계단</u> 또는 <u>특별피난계단</u>으로 <u>설치</u>하여야 한다(영 제35조 제1항 본문). (감평 2000)

③ <u>바닥면적의 합계가 3천 제곱미터 이상</u>인 공연장·집회장·관람장 또는 전시장을 <u>지하층</u>에 설치하는 경우에는 각실에 있는 자가 <u>지하층 각 층에서 건축물 밖으로 피난</u>하여 <u>옥외 계단 또는 경사로 등을 이용</u>하여 <u>피난층으로 대피</u>할 수 있도록 <u>천장이 개방된 외부공간을 설치</u>하여야 한다(영 제37조). (감평 2012)

④ <u>옥상광장</u> 또는 <u>2층 이상인 층</u>에 있는 <u>노대등</u>[노대(露臺)나 그 밖에 이와 비슷한 것을 말한다. 이하 같다]의 주위에는 <u>높이 1.2미터 이상의 난간</u>을 설치하여야 한다(영 제40조 제1항 본문). (감평 2004) 다만, 그 노대등에 출입할 수 없는 구조인 경우에는 그러하지 아니하다(영 제40조 제1항 단서).

⑤ <u>5층 이상인 층</u>이 제2종 근린생활시설 중 공연장·종교집회장·인터넷컴퓨터게임시설제공업소(해당 용도로 쓰는 바닥면적의 합계가 각각 300제곱미터 이상인 경우만 해당한다), 문화 및 집

회시설(전시장 및 동·식물원은 제외한다), 종교시설, 판매시설, 위락시설 중 주점영업 또는 장례시설의 용도로 쓰는 경우에는 피난 용도로 쓸 수 있는 광장을 옥상에 설치하여야 한다(영 제40조 제2항). (감평 2004)

⑥ 층수가 11층 이상인 건축물로서 11층 이상인 층의 바닥면적의 합계가 1만 제곱미터 이상인 건축물의 옥상에는 다음 각 호의 구분에 따른 공간을 확보하여야 한다(영 제40조 제4항).
  1. 건축물의 지붕을 평지붕으로 하는 경우 : 헬리포트를 설치하거나 헬리콥터를 통하여 인명 등을 구조할 수 있는 공간(감평 2004)
  2. 건축물의 지붕을 경사지붕으로 하는 경우 : 경사지붕 아래에 설치하는 대피공간

## 2. 소음방지를 위한 경계벽 및 바닥 설치

### (1) 서

대통령령으로 정하는 용도 및 규모의 건축물(영 제53조)에 대하여 가구·세대 등 간 소음 방지를 위하여 국토교통부령으로 정하는 바에 따라 경계벽 및 바닥을 설치하여야 한다(법 제49조 제4항). (감평 2015)

### (2) 국토교통부령으로 정하는 기준에 따라 경계벽을 설치해야 하는 건축물

다음 각 호의 어느 하나에 해당하는 건축물의 경계벽은 국토교통부령으로 정하는 기준에 따라 설치해야 한다(영 제53조 제1항).
  1. 단독주택 중 다가구주택의 각 가구 간(감평 2015) 또는 공동주택(기숙사는 제외한다)의 각 세대 간 경계벽【영 제2조제14호 후단("발코니"란 건축물의 내부와 외부를 연결하는 완충공간으로서 전망이나 휴식 등의 목적으로 건축물 외벽에 접하여 부가적(附加的)으로 설치되는 공간을 말한다. 이 경우 주택에 설치되는 발코니로서 국토교통부장관이 정하는 기준에 적합한 발코니는 필요에 따라 거실·침실·창고 등의 용도로 사용할 수 있다.)에 따라 거실·침실 등의 용도로 쓰지 아니하는 발코니 부분은 제외한다】
  2. 공동주택 중 기숙사의 침실, 의료시설의 병실(감평 2015), 교육연구시설 중 학교의 교실(도서관 열람실 간 ×) 또는 숙박시설의 객실(감평 2015) 간 경계벽
  3. 제1종 근린생활시설 중 산후조리원의 다음 각 호의 어느 하나에 해당하는 경계벽
     가. 임산부실 간 경계벽
     나. 신생아실 간 경계벽
     다. 임산부실과 신생아실 간 경계벽
  4. 제2종 근린생활시설 중 다중생활시설의 호실 간 경계벽(감평 2015)
  5. 노유자시설 중 「노인복지법」 제32조제1항제3호에 따른 노인복지주택(이하 "노인복지주택"이라 한다)의 각 세대 간 경계벽
  6. 노유자시설 중 노인요양시설의 호실 간 경계벽

### (3) 국토교통부령으로 정하는 기준에 따라 층간바닥을 설치해야 하는 건축물

다음 각 호의 어느 하나에 해당하는 건축물의 층간바닥(화장실의 바닥은 제외한다)은 국토교통부령으로 정하는 기준에 따라 설치해야 한다(영 제53조 제2항).
  1. 단독주택 중 다가구주택(감평 2024)

2. 공동주택(「주택법」 제15조에 따른 주택건설사업계획승인 대상은 제외한다)
   3. 업무시설 중 오피스텔(감평 2024)
   4. 제2종 근린생활시설 중 다중생활시설(감평 2024)
   5. 숙박시설 중 다중생활시설(감평 2024)

### 3. 차면시설의 설치

인접 대지경계선으로부터 직선거리 2미터 이내에 이웃 주택의 내부가 보이는 창문 등을 설치하는 경우에는 차면시설(遮面施設)을 설치하여야 한다(영 제55조). (감평 2012)

## Ⅴ 피난시설 등의 유지·관리에 대한 기술지원

국가 또는 지방자치단체는 건축물의 소유자나 관리자에게 법 제49조(건축물의 피난시설 및 용도제한 등)제1항 및 제2항에 따른 피난시설 등의 설치, 개량·보수 등 유지·관리에 대한 기술지원을 할 수 있다(법 제49조의2). (감평 2020)

## Ⅵ 고층건축물의 피난 및 안전관리

① 고층건축물에는 대통령령으로 정하는 바에 따라 피난안전구역을 설치하거나 대피공간을 확보한 계단을 설치하여야 한다(법 제50조의2 제1항 전단).
② 고층건축물에 설치된 피난안전구역·피난시설 또는 대피공간에는 국토교통부령으로 정하는 바에 따라 화재 등의 경우에 피난 용도로 사용되는 것임을 표시하여야 하다(법 제50조의2 제2항).

## Ⅶ 방화지구 안의 건축물

### 1. 내화구조

「국토의 계획 및 이용에 관한 법률」 제37조제1항제3호에 따른 방화지구(이하 "방화지구"라 한다) 안에서는 건축물의 주요구조부와 지붕·외벽을 내화구조(耐火構造)로 하여야 한다(법 제51조 제1항 본문). 다만, 다음 각 호의 경우에는 그 주요구조부 및 외벽을 내화구조로 하지 아니할 수 있다(법 제51조 제1항 단서·영 제58조).
   1. 연면적 30제곱미터 미만인 단층 부속건축물로서 외벽 및 처마면이 내화구조 또는 불연재료로 된 것
   2. 도매시장의 용도로 쓰는 건축물로서 그 주요구조부가 불연재료로 된 것

## 2. 불연재료

<u>방화지구 안의 공작물</u>로서 <u>간판, 광고탑</u>, 그 밖에 대통령령으로 정하는 공작물 중 <u>건축물의 지붕 위에 설치하는 공작물</u>이나 <u>높이 3미터 이상의 공작물</u>은 <u>주요부를 불연(不燃)재료</u>로 하여야 한다(법 제51조 제2항). (감평 2012) (방화지구 안에서 간판, 광고탑을 건축물의 지붕위에 설치하는 경우 그 높이가 3미터 미만인 경우에는 주요부를 불연재료로 하지 않아도 된다. × ⇒ 지붕 위에 설치하는 공작물은 높이와 상관없이 불연재료로 사용해야 한다.)

## Ⅷ 지하층

① 건축물에 설치하는 지하층의 구조 및 설비는 국토교통부령으로 정하는 기준에 맞게 하여야 한다(법 제53조 제1항).

② <u>단독주택, 공동주택 등 대통령령으로 정하는 건축물</u>(영 제63조의6 : 단독주택, 공동주택)의 <u>지하층</u>에는 <u>거실</u>을 설치할 수 <u>없다</u>(법 제53조 제2항 본문). 다만, 다음 각 호의 사항을 고려하여 해당 <u>지방자치단체의 조례</u>로 정하는 경우에는 그러하지 아니하다(법 제53조 제2항 단서).
  1. 침수위험 정도를 비롯한 지역적 특성
  2. 피난 및 대피 가능성
  3. 그 밖에 주거의 안전과 관련된 사항

## Ⅸ 건축물의 범죄예방★

① <u>국토교통부장관</u>은 범죄를 예방하고 안전한 생활환경을 조성하기 위하여 건축물, 건축설비 및 대지에 관한 <u>범죄예방 기준</u>을 정하여 <u>고시</u>할 수 있다(법 제53조의2 제1항).

② 다음 각 호의 어느 하나에 해당하는 건축물은 제1항의 <u>범죄예방 기준에 따라 건축하여야 한다</u>(법 제53조의2 제2항·영 제63조의7). (감평 2015)
  1. 다가구주택, <u>아파트</u>, 연립주택 및 다세대주택(감평 2015, 중개 2018)
  2. 제1종 근린생활시설 중 <u>일용품을 판매하는 소매점</u>(감평 2015, 중개 2018)
  3. 제2종 근린생활시설 중 <u>다중생활시설</u>(감평 2015, 중개 2018)
  4. <u>문화 및 집회시설</u>(동·식물원은 제외한다)
  5. <u>교육연구시설</u>(학교)(연구소 및 도서관은 제외한다)(중개 2018)
  6. <u>노유자시설</u>(감평 2015)
  7. <u>수련시설</u>(감평 2015)
  8. 업무시설 중 <u>오피스텔</u>
  9. 숙박시설 중 <u>다중생활시설</u>(중개 2018)

> **암기** 범죄예방 기준에 따라 건축해야 하는 건축물(영 제63조의2)

≪주거용≫
1. 다가구주택, 다세대주택, 연립주택, 아파트

≪기타≫ 오피스텔에 사는→ 노/교/수님→다중생활→소/문!
2. <u>오</u>피스텔
3. <u>노</u>유자시설
4. <u>교</u>육연구시설(연구소·도서관 제외)
5. <u>수</u>련시설
6. <u>다중생활</u>시설(2종 근생·숙박시설)
7. <u>소</u>매점(1종 근생)
8. <u>문</u>화 및 집회시설(동·식물원 제외)

# CHAPTER 05 > 지역 및 지구의 건축물

## Ⅰ 건축물의 건폐율 : 건축면적/대지면적(건/대)

대지면적에 대한 건축면적(대지에 건축물이 둘 이상 있는 경우에는 이들 건축면적의 합계로 한다)의 비율(이하 "건폐율"이라 한다)의 최대한도는 「국토의 계획 및 이용에 관한 법률」 제77조(용도지역의 건폐율)에 따른 건폐율의 기준에 따른다(법 제55조 본문). 다만, 건축법에서 기준을 완화하거나 강화하여 적용하도록 규정한 경우에는 그에 따른다(법 제55조 단서). (감평 2004)

## Ⅱ 건축물의 용적률 : 연면적/대지면적(연/대) ★

### 1. 서

대지면적에 대한 연면적(대지에 건축물이 둘 이상 있는 경우에는 이들 연면적의 합계로 한다)의 비율(이하 "용적률"이라 한다)의 최대한도는 「국토의 계획 및 이용에 관한 법률」 제78조(용도지역에서의 용적률)에 따른 용적률의 기준에 따른다(법 제56조 본문). (감평 2009) 다만, 이 법에서 기준을 완화하거나 강화하여 적용하도록 규정한 경우에는 그에 따른다(법 제56조 단서).

### 2. 연면적 산정방법

연면적은 하나의 건축물 각 층의 바닥면적의 합계로 하되, 용적률을 산정할 때에는 다음 각 호에 해당하는 면적은 제외한다(영 제119조 제1항 제4호). (감평 2002·2009)

1. 지하층의 면적(감평 2002·2009, 중개 2022·2023)
2. 지상층의 주차용(해당 건축물의 부속용도인 경우만 해당한다)으로 쓰는 면적(중개 2023)
3. 영 제34조(직통계단의 설치)제3항 및 제4항에 따라 초고층 건축물과 준초고층 건축물에 설치하는 피난안전구역의 면적
4. 영 제40조(옥상광장 등의 설치)제4항제2호에 따라 건축물의 경사지붕 아래에 설치하는 대피공간의 면적

> **▶암기** 용적률 산정 시 제외되는 면적(영 제119조 제1항 제4호)(지하/주차장→안전/대피)
> 1. 지하층 면적 ★
> 2. 지상층 주차장 면적(해당 건축물의 부속용도인 경우만 해당한다)
> 3. 피난안전구역(초고층건축물 or 준초고층건축물에 설치)
> 4. 대피공간(건축물의 경사지붕 아래에 설치)

## Ⅲ 건축물이 있는 대지의 분할 제한★

① 건축물이 있는 대지는 「대통령령으로 정하는 범위(영 제80조)」에서 해당 지방자치단체의 조례로 정하는 면적에 못 미치게 분할할 수 없다(법 제57조 제1항). 여기서 「대통령령으로 정하는 범위」란 다음 각 호의 어느 하나에 해당하는 규모 이상을 말한다(영 제80조).
   1. 주거지역 : 60제곱미터(감평 2009·2010)
   2. 상업지역 : 150제곱미터(감평 2009·2010)
   3. 공업지역 : 150제곱미터(감평 2009·2010)
   4. 녹지지역 : 200제곱미터(감평 2009·2010)
   5. 제1호부터 제4호까지의 규정에 해당하지 아니하는 지역 : 60제곱미터(감평 2009·2010)
② 건축물이 있는 대지는 법 제44조(대지와 도로의 관계), 법 제55조(건축물의 건폐율), 법 제56조(건축물의 용적률), 법 제58조(대지 안의 공지), 법 제60조(가로구역별 건축물의 높이 제한) 및 법 제61조(일조 등의 확보를 위한 건축물의 높이 제한)에 따른 기준에 못 미치게 분할할 수 없다(법 제57조 제2항).
③ 제1항과 제2항에도 불구하고 법 제77조의6(건축협정의 인가)에 따라 건축협정이 인가된 경우 그 건축협정의 대상이 되는 대지는 분할할 수 있다(법 제57조 제3항).

> **암기** 건축물이 있는 대지의 분할 제한(영 제80조)
> 1. 도시지역 : 60(주거) → 150(상업/공업) → 200(녹지)
> 2. 도시지역 外 : 60


## Ⅳ 가로구역별 건축물의 높이 제한★

### 1. 서

① 허가권자는 가로구역[街路區域 : 도로로 둘러싸인 일단(一團)의 지역을 말한다. 이하 같다]을 단위로 하여 대통령령으로 정하는 기준과 절차(영 제82조)에 따라 건축물의 높이를 지정·공고할 수 있다(법 제60조 제1항 본문).(감평 2011) 다만, 특별자치시장·특별자치도지사 또는 시장·군수·구청장은 가로구역의 높이를 완화하여 적용할 필요가 있다고 판단되는 대지에 대하여는 대통령령으로 정하는 바(영 제82조 제4항)에 따라 건축위원회의 심의를 거쳐 높이를 완화하여 적용할 수 있다(법 제60조 제1항 단서).
② 특별시장이나 광역시장은 도시의 관리를 위하여 필요하면 제1항에 따른 가로구역별 건축물의 높이를 특별시나 광역시의 조례로 정할 수 있다(법 제60조 제2항).(감평 2011)
③ 허가권자는 법 제60조 제1항 및 제2항에도 불구하고 일조(日照)·통풍 등 주변 환경 및 도시미관에 미치는 영향이 크지 않다고 인정하는 경우에는 건축위원회의 심의를 거쳐 이 법 및 다른 법률에 따른 가로구역의 높이 완화에 관한 규정을 중첩하여 적용할 수 있다(법 제60조 제4항).
④ 허가권자는 같은 가로구역에서 건축물의 용도 및 형태에 따라 건축물의 높이를 다르게 정할 수 있다(영 제82조 제3항).(감평 2015)

## 2. 고려사항

허가권자는 가로구역별로 건축물의 높이를 지정·공고할 때에는 다음 각 호의 사항을 고려하여야 한다(영 제82조 제1항).

1. 도시·군관리계획 등의 토지이용계획(감평 2019)
2. 해당 가로구역이 접하는 도로의 너비(감평 2019)
3. 해당 가로구역의 상·하수도 등 간선시설의 수용능력(감평 2015·2019)
4. 도시미관 및 경관계획(감평 2019)
5. 해당 도시의 장래 발전계획

## 3. 건축위원회의 심의·주민의견청취

허가권자는 영 제82조 제1항에 따라 가로구역별 건축물의 높이를 지정하려면 지방건축위원회의 심의를 거쳐야 한다(영 제82조 제2항 전단).(감평 2015) 이 경우 주민의 의견청취 절차 등은 「토지이용규제 기본법」 제8조(중앙행정기관의 장이나 지방자치단체의 장이 지역·지구 등을 지정·변경·해제하려면 대통령령으로 정하는 바에 따라 주민의 의견을 들어야 한다.)에 따른다(영 제82조 제2항 후단).

# Ⅴ 일조 등의 확보를 위한 건축물의 높이 제한

## 1. 정북방향의 인접대지경계선으로부터의 거리에 따른 높이 제한 : 하여야 한다.★

일조(日照) 등의 확보를 위하여, 전용주거지역이나 일반주거지역에서 건축물을 건축하는 경우에는 건축물의 각 부분을 정북(正北) 방향으로의 인접 대지경계선으로부터 다음 각 호의 범위에서 건축조례로 정하는 거리 이상을 띄어 건축하여야 한다(법 제61조 제1항·영 제86조 제1항).(감평 2011)(준주거지역 ×)

1. 높이 10미터 이하인 부분 : 인접 대지경계선으로부터 1.5미터 이상
2. 높이 10미터를 초과하는 부분 : 인접 대지경계선으로부터 해당 건축물 각 부분 높이의 2분의 1 이상

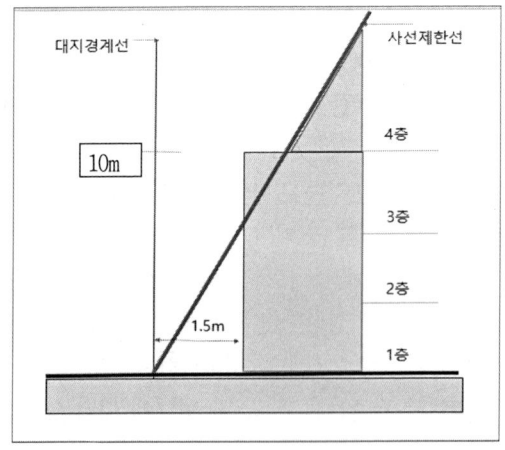

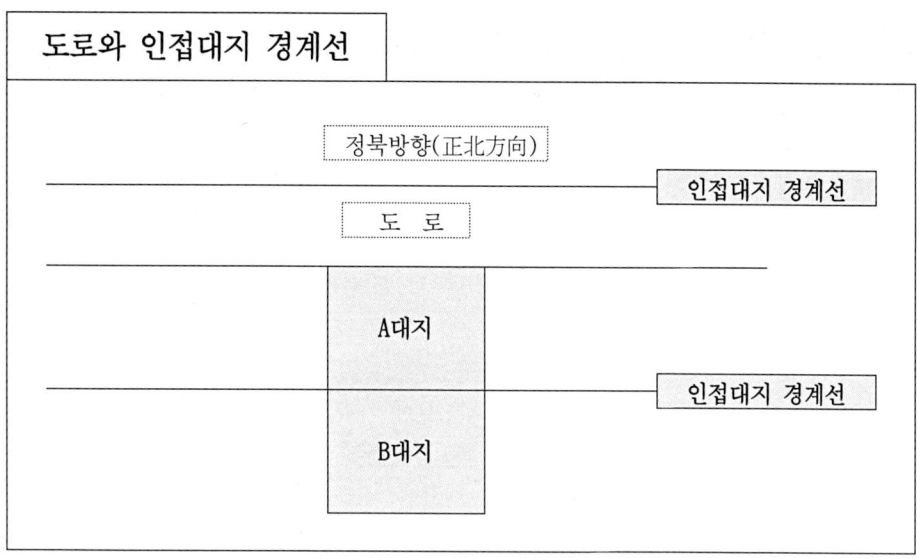

### 2. 공원·도로 등이 있는 경우 「인접 대지경계선」의 확정

「일조 등의 확보를 위한 건축물의 높이 제한」관련 규정을 적용할 때 건축물을 건축하려는 대지와 다른 대지 사이에 다음 각 호의 시설 또는 부지가 있는 경우에는 그 반대편의 대지경계선(공동주택은 인접 대지경계선과 그 반대편 대지경계선의 중심선)을 인접 대지경계선으로 한다(영 제86조 제6항).

1. 공원(「도시공원 및 녹지 등에 관한 법률」 제2조제3호에 따른 도시공원 중 지방건축위원회의 심의를 거쳐 허가권자가 공원의 일조 등을 확보할 필요가 있다고 인정하는 공원은 제외한다), 도로, 철도, 하천, 광장, 공공공지, 녹지, 유수지, 자동차 전용도로, 유원지
2. 다음 각 목에 해당하는 대지(건축물이 없는 경우로 한정한다)
   가. 너비(대지경계선에서 가장 가까운 거리를 말한다)가 2미터 이하인 대지
   나. 면적이 영 제80조(건축물이 있는 대지의 분할제한) 각 호에 따른 분할제한 기준 이하인 대지
3. 제1호 및 제2호 외에 건축이 허용되지 아니하는 공지

### 3. 공동주택 채광 등의 확보를 위한 높이 제한★

다음 각 호의 어느 하나에 해당하는 공동주택(일반상업지역과 중심상업지역에 건축하는 것은 제외한다)은 채광(採光) 등의 확보를 위하여 대통령령(영 제86조 제3항)으로 정하는 높이 이하로 하여야 한다(법 제61조 제2항). (감평 2015)

1. 인접 대지경계선 등의 방향으로 채광을 위한 창문 등을 두는 경우(감평 2011)
2. 하나의 대지에 두 동(棟) 이상을 건축하는 경우(감평 2011·2015)

# CHAPTER 06 > 특별건축구역 등

## I 특별건축구역의 지정

### 1. 특별건축구역으로 지정할 수 있는 경우

국토교통부장관 또는 시·도지사는 다음 각 호의 구분에 따라 도시나 지역의 일부가 특별건축구역으로 특례 적용이 필요하다고 인정하는 경우에는 특별건축구역을 지정할 수 있다(법 제69조 제1항).

1. 국토교통부장관이 지정하는 경우
   가. 국가가 국제행사 등을 개최하는 도시 또는 지역의 사업구역(감평 2018)
   나. 관계법령에 따른 국가정책사업으로서 대통령령으로 정하는 사업구역(영 제105조 제1항 : 도시개발구역, 택지개발사업구역, 경제자유구역, 공공주택지구, 혁신도시의 사업구역, 행정중심복합도시 사업구역, 국립아시아문화전당 건설사업구역, 지구단위계획구역 중 현상설계(懸賞設計) 등에 따른 창의적 개발을 위한 특별계획구역)

2. 시·도지사가 지정하는 경우
   가. 지방자치단체가 국제행사 등을 개최하는 도시 또는 지역의 사업구역(중개 2021)
   나. 관계법령에 따른 도시개발·도시재정비 및 건축문화 진흥사업으로서 건축물 또는 공간환경을 조성하기 위하여 대통령령으로 정하는 사업구역(영 제105조 제2항 : 도시개발구역, 택지개발사업구역, 경제자유구역, 정비구역, 재정비촉진구역, 국제자유도시 사업구역, 관광지·관광단지·관광특구, 문화지구, 지구단위계획구역 중 현상설계(懸賞設計) 등에 따른 창의적 개발을 위한 특별계획구역)
   다. 그 밖에 대통령령으로 정하는 도시 또는 지역의 사업구역(영 제105조 제3항 : 건축문화 진흥을 위하여 국토교통부령으로 정하는 건축물 또는 공간환경을 조성하는 지역 등)

### 2. 특별건축구역으로 지정할 수 없는 경우

다음 각 호의 어느 하나에 해당하는 지역·구역 등에 대하여는 법 제69조 제1항에도 불구하고 특별건축구역으로 지정할 수 없다(법 제69조 제2항). (암기 : 접/자/보/개)

1. 「개발제한구역의 지정 및 관리에 관한 특별조치법」에 따른 개발제한구역(감평 2018)
2. 「자연공원법」에 따른 자연공원(감평 2018)
3. 「도로법」에 따른 접도구역(감평 2018, 중개 2021)
4. 「산지관리법」에 따른 보전산지(감평 2018)

### 3. 군사기지 및 군사시설 보호구역 : 국방부장관과의 사전 협의

국토교통부장관 또는 시·도지사는 특별건축구역으로 지정하고자 하는 지역이 「군사기지 및 군사시설 보호법」에 따른 군사기지 및 군사시설 보호구역에 해당하는 경우에는 국방부장관과 사전에 협의하여야 한다(법 제69조 제3항). (감평 2019)

# II 특별건축구역의 건축물

특별건축구역에서 법 제73조【관계 법령의 적용 특례 : 특별건축구역에 건축하는 건축물에 대하여는 「법 제42조(대지의 조경), 법 제55조(건축물의 건폐율), 법 제56조(건축물의 용적률), 법 제58조(대지 안의 공지), 법 제60조(가로구역별 건축물의 높이 제한) 및 법 제61조(일조 등의 확보를 위한 건축물의 높이 제한)」을 적용하지 아니할 수 있다.】에 따라 건축기준 등의 특례사항을 적용하여 건축할 수 있는 건축물은 다음 각 호의 어느 하나에 해당되어야 한다(법 제70조).

1. 국가 또는 지방자치단체가 건축하는 건축물(중개 2021)
2. 「공공기관의 운영에 관한 법률」에 따른 공공기관 중 대통령령으로 정하는 공공기관(영 제106조 제1항 : 한국토지주택공사, 한국수자원공사, 한국도로공사, 한국철도공사, 한국관광공사, 한국농어촌공사, 국가철도공단)이 건축하는 건축물(감평 2019)(주택도시보증공사 ×)
3. 그 밖에 대통령령으로 정하는 용도·규모의 건축물(영 제106조 제2항 ; 별표3)로서 도시경관의 창출, 건설기술 수준향상 및 건축 관련 제도개선을 위하여 특례 적용이 필요하다고 허가권자가 인정하는 건축물

# III 특별건축구역의 지정절차 등

## 1. 특별건축구역의 지정 신청

중앙행정기관의 장, 법 제69조(특별건축구역의 지정)제1항 각 호의 사업구역을 관할하는 시·도지사 또는 시장·군수·구청장(이하 이 장에서 "지정신청기관"이라 한다)은 특별건축구역의 지정이 필요한 경우에는 중앙행정기관의 장 또는 시·도지사는 국토교통부장관에게, 시장·군수·구청장은 특별시장·광역시장·도지사에게 각각 특별건축구역의 지정을 신청할 수 있다(법 제71조 제1항).(감평 2019)

## 2. 직권에 의한 특별건축구역 지정 : 국토교통부장관 또는 시·도지사

① 국토교통부장관 또는 시·도지사는 필요한 경우 직권으로 특별건축구역을 지정할 수 있다(법 제71조 제6항 전단).
② 이 경우 법 제71조(특별건축구역의 지정절차 등) 제1항 각 호의 자료에 따라 특별건축구역 지정의 필요성, 타당성 및 공공성 등과 피난·방재 등의 사항을 검토하고 각각 중앙건축위원회 또는 시·도지사가 두는 건축위원회의 심의를 거쳐야 한다(법 제71조 제6항 후단).

## 3. 건축위원회의 심의

국토교통부장관 또는 특별시장·광역시장·도지사는 지정신청기관에 의한 특별건축구역의 지정신청이 접수된 경우에는 특별건축구역 지정의 필요성, 타당성 및 공공성 등과 피난·방재 등의 사항을 검토하고, 지정 여부를 결정하기 위하여 지정신청을 받은 날부터 30일 이내에 국토교통부장관이 지정신청을 받은 경우에는 국토교통부장관이 두는 건축위원회(이하 "중앙건축위원회"라 한다), 특별시장·광역시장·도지사가 지정신청을 받은 경우에는 각각 특별시장·광역시장·도지사가 두는 건축위원회의 심의를 거쳐야 한다(법 제71조 제4항).

### 4. 특별건축구역의 변경지정

① 지정신청기관은 특별건축구역 지정 이후(以後) 변경이 있는 경우 변경지정을 받아야 한다(법 제71조 제9항 전단). (감평 2019)

② 특별건축구역의 지정신청기관이 다음 각 호의 어느 하나에 해당하여 특별건축구역의 변경지정을 받으려는 경우에는 국토교통부령으로 정하는 자료를 갖추어 국토교통부장관 또는 특별시장·광역시장·도지사에게 변경지정 신청을 해야 한다(법 제71조 제9항 후단·영 제107조 제4항).

1. 특별건축구역의 범위가 10분의1(특별건축구역의 면적이 10만 제곱미터 미만인 경우에는 20분의 1) 이상 증가하거나 감소하는 경우
2. 특별건축구역의 도시·군관리계획에 관한 사항이 변경되는 경우(감평 2019)
3. 건축물의 설계, 공사감리 및 건축시공 등 발주방법이 변경되는 경우
4. 그 밖에 특별건축구역의 지정 목적이 변경되는 등 국토교통부령으로 정하는 경우

### 5. 도시·군관리계획의 결정 의제

특별건축구역을 지정하거나 변경한 경우에는 「국토의 계획 및 이용에 관한 법률」 제30조에 따른 도시·군관리계획의 결정(용도지역·지구·구역의 지정 및 변경은 제외한다)이 있는 것으로 본다(법 제71조 제11항). (중개 2021)

## Ⅳ 관계 법령의 적용 특례

특별건축구역에 건축하는 건축물에 대하여는 다음 각 호를 적용하지 아니할 수 있다(법 제73조 제1항).

1. 법 제42조(대지의 조경)(중개 2022), 법 제55조(건축물의 건폐율), 법 제56조(건축물의 용적률), 법 제58조(대지 안의 공지)(중개 2022), 법 제60조(가로구역별 건축물의 높이 제한) 및 법 제61조(일조 등의 확보를 위한 건축물의 높이 제한)
2. 「주택법」 제35조(주택건설기준 등) 중 대통령령(영 제109조 제1항)으로 정하는 규정

## Ⅴ 통합적용계획의 수립 및 시행

특별건축구역에서는 다음 각 호의 관계 법령의 규정에 대하여는 개별 건축물마다 적용하지 아니하고 특별건축구역 전부 또는 일부를 대상으로 통합하여 적용할 수 있다(법 제74조 제1항). [암기 : 공/주/미(美) → 통합]

1. 「문화예술진흥법」 제9조(건축물에 대한 미술작품의 설치 등)에 따른 건축물에 대한 미술작품의 설치
2. 「주차장법」 제19조(부설주차장의 설치·지정)에 따른 부설주차장의 설치(중개 2021)
3. 「도시공원 및 녹지 등에 관한 법률」에 따른 공원의 설치

# CHAPTER 07 > 건축협정

## I 건축협정의 체결

### 1. 건축협정이 가능한 지역 또는 구역

토지 또는 건축물의 「소유자」, 「지상권자」, 「그 밖에 해당 토지 또는 건축물에 이해관계가 있는 자로서 건축조례로 정하는 자 중 그 토지 또는 건축물 소유자의 동의를 받은 자」(이하 "소유자등"이라 한다)는 전원의 합의로 다음 각 호의 어느 하나에 해당하는 지역 또는 구역에서 건축물의 건축·대수선 또는 리모델링에 관한 협정(이하 "건축협정"이라 한다)을 체결할 수 있다(법 제77조의4 제1항·영 제110조의3 제1항). (중개 2020) (소유자 전원의 동의만 있으면 지상권자 반대하는 경우에도 건축협정을 체결할 수 있다. ×)

1. 「국토의 계획 및 이용에 관한 법률」에 따라 지정된 지구단위계획구역
2. 「도시 및 주거환경정비법」에 따른 주거환경개선사업을 시행하기 위하여 같은 법 제8조에 따라 지정·고시된 정비구역
3. 「도시재정비 촉진을 위한 특별법」 제2조제6호(존치지역이란 재정비촉진사업을 할 필요성이 적어 재정비촉진계획에 따라 존치하는 지역을 말한다.)에 따른 존치지역
4. 「도시재생 활성화 및 지원에 관한 특별법」에 따른 도시재생활성화지역
5. 그 밖에 시·도지사 및 시장·군수·구청장(이하 "건축협정인가권자"라 한다)이 도시 및 주거환경개선이 필요하다고 인정하여 해당 지방자치단체의 조례로 정하는 구역

### 2. 토지소유자가 1인인 경우

건축협정이 가능한 지역 또는 구역에서 둘 이상의 토지를 소유한 자가 1인인 경우에도 그 토지 소유자는 해당 토지의 구역을 건축협정 대상 지역으로 하는 건축협정을 정할 수 있다(법 제77조의4 제2항 전단). 이 경우 그 토지 소유자 1인을 건축협정 체결자로 본다(법 제77조의4 제2항 후단).

## II 건축협정의 인가

### 1. 건축협정의 인가와 건축위원회의 심의

① 협정체결자 또는 건축협정운영회의 대표자는 건축협정서를 작성하여 국토교통부령으로 정하는 바에 따라 해당 건축협정인가권자의 인가를 받아야 한다(법 제77조의6 제1항 전단).
② 이 경우 인가신청을 받은 건축협정인가권자는 인가를 하기 전(前)에 건축협정인가권자가 두는 건축위원회의 심의를 거쳐야 한다(법 제77조의6 제1항 후단).

## 2. 둘 이상의 특별자치시 또는 시·군·구에 걸치는 경우

① 건축협정 체결 대상 토지가 둘 이상의 특별자치시 또는 시·군·구에 걸치는 경우 건축협정 체결 대상 토지면적의 과반(過半)이 속하는 건축협정인가권자에게 인가를 신청할 수 있다(법 제77조의6 제2항 전단). (중개 2020)

② 이 경우 인가 신청을 받은 건축협정인가권자는 건축협정을 인가하기 전(前)에 다른 특별자치시장 또는 시장·군수·구청장과 협의하여야 한다(법 제77조의6 제2항 후단).

# Ⅲ 건축협정의 변경

협정체결자 또는 건축협정운영회의 대표자는 인가받은 건축협정 사항을 변경하려면 국토교통부령으로 정하는 바에 따라 변경인가를 받아야 한다(법 제77조의7 제1항 본문). (중개 2020)(인가받은 건축협정 사항을 변경하려면 신고하여야 한다. ×)

# Ⅳ 건축협정의 폐지

① 협정체결자 또는 건축협정운영회의 대표자는 건축협정을 폐지하려는 경우에는 협정체결자 과반수의 동의를 받아 국토교통부령으로 정하는 바에 따라 건축협정인가권자의 인가를 받아야 한다(법 제77조의9 제1항 본문). (중개 2020)(협정체결자 전원의 동의를 받아 ×)

② 다만, 법 제77조의13(건축협정에 따른 특례)에 따른 특례를 적용하여 착공신고를 한 경우에는 대통령령으로 정하는 기간이 지난(영 제110조의4 ; 착공신고를 한 날부터 20년을 말한다.) 후(後)에 건축협정의 폐지 인가를 신청할 수 있다(법 제77조의9 제1항 단서).

# Ⅴ 건축협정의 효력 및 승계

① 건축협정이 체결된 지역 또는 구역(이하 "건축협정구역"이라 한다)에서 건축물의 건축·대수선 또는 리모델링을 하거나 그 밖에 대통령령으로 정하는 행위(영 제110조의5)를 하려는 소유자등은 법 제77조의6(건축협정의 인가) 및 법 제77조의7(건축협정의 변경)에 따라 인가·변경인가된 건축협정에 따라야 한다(법 제77조의10 제1항).

② 건축협정이 공고된 후(後) 건축협정구역에 있는 토지나 건축물 등에 관한 권리를 협정체결자인 소유자등으로부터 이전받거나 설정받은 자는 협정체결자로서의 지위를 승계한다(법 제77조의10 제2항 본문). (중개 2020) 다만, 건축협정에서 달리 정한 경우에는 그에 따른다(법 제77조의10 제2항 단서).

# Ⅵ 건축협정에 따른 특례

## 1. 맞벽 건축

① 건축협정을 체결하여 법 제59조(맞벽 건축과 연결복도)제1항제1호에 따라 둘 이상의 건축물 벽을 맞벽으로 하여 건축하려는 경우 맞벽으로 건축하려는 자는 공동으로 법 제11조(건축허가)에 따른 건축허가를 신청할 수 있다(법 제77조의13 제1항).

② 이 경우 법 제17조(건축허가 등의 수수료), 법 제21조(착공신고), 법 제22조(건축물의 사용승인) 및 법 제25조(건축물의 공사감리)에 관하여는 개별 건축물마다 적용하지 아니하고 허가를 신청한 건축물 전부 또는 일부를 대상으로 통합하여 적용할 수 있다(법 제77조의13 제2항).

## 2. 건축협정구역의 전부 또는 일부를 대상으로 통합 적용

① 건축협정의 인가를 받은 건축협정구역에서 연접한 대지에 대하여는 다음 각 호의 관계 법령의 규정을 개별 건축물마다 적용하지 아니하고 건축협정구역의 전부 또는 일부를 대상으로 통합하여 적용할 수 있다(법 제77조의13 제3항).(중개 2017)

   1. 법 제42조에 따른 대지의 조경
   2. 법 제44조에 따른 대지와 도로와의 관계
   3. 법 제53조(건축물에 설치하는 지하층의 구조 및 설비는 국토교통부령으로 정하는 기준에 맞게 하여야 한다.)에 따른 지하층의 설치(중개 2017)
   4. 법 제55조에 따른 건폐율(중개 2017) [☞ 용적률× : 구 건축법에서는 용적률도 포함되어 있으나, 법률 제 13785호(2016. 7. 30. 시행)로 삭제되었다.]
   5. 「주차장법」에 따른 부설주차장의 설치(중개 2017)
   6. 「하수도법」에 따른 개인하수처리시설의 설치(중개 2017)

② 법 제77조의13 제3항에 따라 관계 법령의 규정을 적용하려는 경우에는 건축협정구역 전부 또는 일부에 대하여 조경 및 부설주차장에 대한 기준을 건축법 및 「주차장법」에서 정한 기준 이상으로 산정하여 적용하여야 한다(법 제77조의13 제4항).

## 3. 완화 적용

① 건축협정구역에 건축하는 건축물에 대하여는 법 제42조(대지의 조경), 법 제55조(건축물의 건폐율), 법 제56조(건축물의 용적률), 법 제58조(대지 안의 공지), 법 제60조(가로구역별 건축물의 높이 제한) 및 법 제61조(일조 등의 확보를 위한 건축물의 높이 제한)와 「주택법」 제35조(주택건설기준 등)를 대통령령으로 정하는 바에 따라 완화하여 적용할 수 있다(법 제77조의13 제6항 본문).

② 다만, 법 제56조(건축물의 용적률)를 완화하여 적용하는 경우에는 건축위원회의 심의와 「국토의 계획 및 이용에 관한 법률」 제113조에 따른 지방도시계획위원회의 심의를 통합하여 거쳐야 한다(법 제77조의13 제6항 단서).(중개 2023)(건폐율을 완화 적용하는 경우에는 건축위원회 심의와 지방도시계획위원회 심의를 통합하여 거쳐야 한다, ×)

# CHAPTER 08 > 결합건축 : 용적률 거래제도

## I 결합건축 대상지

### 1. 2개의 대지 : 결합건축을 할 수 있는 경우

다음 각 호의 어느 하나에 해당하는 지역에서 <u>대지간의 최단거리가 100미터 이내</u>의 범위에서 <u>대통령령으로 정하는 범위에 있는 2개의 대지</u>(영 제111조 제1항 ; 2개의 대지 모두가 동일한 지역에 속할 것 + 2개의 대지 모두가 너비 12미터 이상인 도로로 둘러싸인 하나의 구역 안에 있을 것)의 <u>건축주</u>가 <u>서로 합의</u>한 경우 <u>2개의 대지</u>를 대상으로 <u>결합건축</u>을 할 수 있다(법 제77조의15 제1항).

1. 「국토의 계획 및 이용에 관한 법률」에 따라 지정된 <u>상업지역</u>(중개 2022)
2. 「역세권의 개발 및 이용에 관한 법률」에 따라 지정된 <u>역세권개발구역</u>(중개 2022)
3. 「도시 및 주거환경정비법」에 따른 정비구역 중 <u>주거환경개선사업의 시행을 위한 구역</u>
4. 그 밖에 도시 및 주거환경 개선과 효율적인 토지이용이 필요하다고 <u>대통령령으로 정하는 지역</u> (영 제111조 제2항)
   (1) <u>건축협정구역</u>(중개 2022)
   (2) <u>특별건축구역</u>(중개 2022)(특별가로구역×)
   (3) <u>리모델링 활성화 구역</u>(중개 2022)
   (4) 「도시재생 활성화 및 지원에 관한 특별법」에 따른 <u>도시재생활성화지역</u>
   (5) 「한옥 등 건축자산의 진흥에 관한 법률」에 따른 <u>건축자산 진흥구역</u>

### 2. 3개 이상의 대지를 대상으로 결합건축 할 수 있는 경우

다음 각 호의 어느 하나에 해당하는 경우에는 법 제77조의15 제1항 각 호의 어느 하나에 해당하는 지역에서 <u>대통령령으로 정하는 범위에 있는 3개 이상 대지</u>(영 제111조 제3항 ; 대지 모두가 같은 지역에 속할 것 + 모든 대지 간 최단거리가 500미터 이내일 것)의 건축주 등이 <u>서로 합의</u>한 경우 <u>3개 이상의 대지를 대상</u>으로 <u>결합건축</u>을 할 수 있다(법 제77조의15 제2항).

1. <u>국가·지방자치단체</u> 또는 「공공기관의 운영에 관한 법률」에 따른 <u>공공기관</u>이 <u>소유 또는 관리하는 건축물</u>과 <u>결합건축하는 경우</u>
2. 「빈집 및 소규모주택 정비에 관한 특례법」에 따른 <u>빈집</u> 또는 「건축물관리법」에 따른 <u>빈 건축물</u>을 <u>철거</u>하여 그 대지에 <u>공원, 광장</u> 등 대통령령으로 정하는 시설(영 제111조 제4항 ; 공동이용시설)을 설치하는 경우
   (1) 공원, 녹지, 광장, 정원, 공지, 주차장, 놀이터 등 공동이용시설
   (2) 그 밖에 제1호의 시설과 비슷한 것으로서 건축조례로 정하는 시설

3. 그 밖에 대통령령으로 정하는 건축물(영 제111조 제5항: 공동이용건축물, 민간임대주택, 건축조례로 정하는 건축물)과 결합건축하는 경우
   (1) 마을회관, 마을공동작업소, 마을도서관, 어린이집 등 공동이용건축물
   (2) 공동주택 중 「민간임대주택에 관한 특별법」의 민간임대주택
   (3) 그 밖에 제1호 및 제2호의 건축물과 비슷한 것으로서 건축조례로 정하는 건축물

## II 결합건축의 절차

### 1. 건축허가 신청 시 결합건축협정서 제출

결합건축을 하고자 하는 건축주는 법 제11조(건축허가)에 따라 건축허가를 신청하는 때에는 다음 각 호의 사항을 명시한 결합건축협정서를 첨부하여야 하며 국토교통부령으로 정하는 도서를 제출하여야 한다(법 제77조의16 제1항).

1. 결합건축 대상 대지의 위치 및 용도지역(중개 2019)
2. 결합건축협정서를 체결하는 자(이하 "결합건축협정체결자"라 한다)의 성명, 주소 및 생년월일(법인, 법인 아닌 사단이나 재단 및 외국인의 경우에는 「부동산등기법」 제49조(등록번호의 부여절차)에 따라 부여된 등록번호를 말한다)(중개 2019)
3. 「국토의 계획 및 이용에 관한 법률」 제78조(용도지역에서의 용적률)에 따라 조례로 정한 용적률과 결합건축으로 조정되어 적용되는 대지별 용적률(중개 2019)
4. 결합건축 대상 대지별 건축계획서(중개 2019)

### 2. 도시·군계획사업에 편입된 대지가 있는 경우

허가권자는 「국토의 계획 및 이용에 관한 법률」에 따른 도시·군계획사업에 편입된 대지가 있는 경우에는 결합건축을 포함한 건축허가를 아니할 수 있다(법 제77조의16 제2항).

### 3. 건축위원회의 심의

① 허가권자는 결합건축을 포함한 건축허가를 하기 전에 건축위원회의 심의를 거쳐야 한다(법 제77조의16 제3항 본문).

② 다만, 결합건축으로 조정되어 적용되는 대지별 용적률이 「국토의 계획 및 이용에 관한 법률」에 따라 해당 대지에 적용되는 도시계획조례의 용적률의 100분의 20을 초과하는 경우에는 대통령령(영 제111조의2)으로 정하는 바에 따라 건축위원회 심의와 도시계획위원회 심의를 공동으로 하여 거쳐야 한다(법 제77조의16 제3항 단서).

## Ⅲ 결합건축의 관리

### 1. 결합건축 관리대장 작성·관리
허가권자는 결합건축을 포함하여 건축허가를 한 경우 국토교통부령으로 정하는 바에 따라 그 내용을 공고하고, 결합건축 관리대장을 작성하여 관리하여야 한다(법 제77조의17 제1항).

### 2. 협정체결 유지기간 : 최소 30년
결합건축협정서에 따른 협정체결 유지기간은 최소 30년으로 한다(법 제77조의17 제4항 본문). 다만, 결합건축협정서의 용적률 기준을 종전대로 환원하여 신축·개축·재축하는 경우에는 그러하지 아니하다(법 제77조의17 제4항 단서).

### 3. 결합건축협정서 폐지
결합건축협정서를 폐지하려는 경우에는 결합건축협정체결자 전원이 동의하여 허가권자에게 신고하여야 하며, 허가권자는 용적률을 이전받은 건축물이 멸실된 것을 확인한 후 결합건축의 폐지를 수리하여야 한다(법 제77조의17 제5항 전단). (과반 동의×/용적률을 이전한 건축물×)

# CHAPTER 09 보칙

## I. 감독

### 1. 명령·처분의 취소·변경 등

(1) 국토교통부장관의 명령

① 국토교통부장관은 시·도지사 또는 시장·군수·구청장이 한 명령이나 처분이 건축법이나 건축법에 따른 명령이나 처분 또는 조례에 위반되거나 부당하다고 인정하면 그 명령 또는 처분의 취소·변경, 그 밖에 필요한 조치를 명할 수 있다(법 제78조 제1항).

② 시·도지사 또는 시장·군수·구청장이 필요한 조치명령을 받으면 그 시정 결과를 국토교통부장관에게 지체 없이 보고하여야 한다(법 제78조 제3항).

(2) 특별시장·광역시장·도지사의 명령

① 특별시장·광역시장·도지사는 시장·군수·구청장이 한 명령이나 처분이 이 법 또는 이 법에 따른 명령이나 처분 또는 조례에 위반되거나 부당하다고 인정하면 그 명령이나 처분의 취소·변경, 그 밖에 필요한 조치를 명할 수 있다(법 제78조 제2항).

② 시장·군수·구청장이 필요한 조치명령을 받으면 그 시정 결과를 특별시장·광역시장·도지사에게 지체 없이 보고하여야 한다(법 제78조 제3항).

### 2. 건축위원회의 심의에 대한 취소·변경 등

국토교통부장관 및 시·도지사는 건축위원회의 심의 방법 또는 결과가 건축법 또는 건축법에 따른 명령이나 처분 또는 조례에 위반되거나 부당하다고 인정하면 그 심의 방법 또는 결과의 취소·변경, 그 밖에 필요한 조치를 할 수 있다(법 제78조 제5항 전단). 이 경우 심의에 관한 조사·시정명령 및 변경절차 등에 관하여는 대통령령으로 정한다(법 제78조 제5항 후단).

## II. 위반 건축물 등에 대한 조치 등

① 허가권자는 건축법 또는 건축법에 따른 명령이나 처분에 위반되는 대지나 건축물에 대하여 건축법에 따른 허가 또는 승인을 취소하거나 그 건축물의 건축주·공사시공자·현장관리인·소유자·관리자 또는 점유자(이하 "건축주등"이라 한다)에게 공사의 중지를 명하거나 상당한 기간을 정하여 그 건축물의 해체·개축·증축·수선·용도변경·사용금지·사용제한, 그 밖에 필요한 조치를 명할 수 있다(법 제79조 제1항).

② 허가권자는 제1항에 따라 허가나 승인이 취소된 건축물 또는 제1항에 따른 시정명령을 받고 이행하지 아니한 건축물에 대하여는 다른 법령에 따른 영업이나 그 밖의 행위를 허가·면허·인가·등록·지정 등을 하지 아니하도록 요청할 수 있다(법 제79조 제2항 본문). 다만, 허가권자가 기간을 정하여 그 사용 또는 영업, 그 밖의 행위를 허용한 주택과 대통령령으로 정하는 경우(영 제114조 : 바닥면적의 합계가 400제곱미터 미만인 축사와 바닥면적의 합계가 400제곱미터 미만인 농업용·임업용·축산업용 및 수산업용 창고를 말한다.)에는 그러하지 아니하다(법 제79조 제2항 단서).

③ 허가권자는 제1항에 따른 시정명령을 하는 경우 국토교통부령으로 정하는 바에 따라 건축물대장에 위반내용을 적어야 한다(법 제79조 제4항).

④ 허가권자는 이 법 또는 이 법에 따른 명령이나 처분에 위반되는 대지나 건축물에 대한 실태를 파악하기 위하여 조사를 할 수 있다(법 제79조 제5항).

## III 이행강제금

### 1. 이행강제금의 부과 ★

① 허가권자는 법 제79조(위반 건축물 등에 대한 조치 등)제1항에 따라 시정명령을 받은 후 시정기간 내에 시정명령을 이행하지 아니한 건축주등에 대하여는 그 시정명령의 이행에 필요한 상당한 이행기한을 정하여 그 기한까지 시정명령을 이행하지 아니하면 다음 각 호의 이행강제금을 부과한다(법 제80조 제1항 본문). (감평 1999·2009·2021) (이행강제금은 건축신고 대상 건축물에 부과할 수 없다. ×)

② 다만, 연면적(공동주택의 경우에는 세대 면적을 기준으로 한다)이 60제곱미터 이하인 주거용 건축물과 제2호 중 주거용 건축물로서 대통령령으로 정하는 경우(영 제115조의2 제1항 : 사용승인받지 않고 사용, 대지조경 규정 위반, 가로구역별 건축물 높이 제한 위반, 일조 등 확보를 위한 건축물 높이 제한 위반, 기타 건축조례로 정하는 경우)에는 다음 각 호의 어느 하나에 해당하는 금액의 2분의1의 범위에서 해당 지방자치단체의 조례로 정하는 금액을 부과한다(법 제80조 제1항 단서). (감평 2014)

  1. 건축물이 법 제55조(건축물의 건폐율)와 법 제56조(건축물의 용적률)에 따른 건폐율이나 용적률을 초과하여 건축된 경우 또는 허가를 받지 아니하거나 신고를 하지 아니하고 건축된 경우에는 「지방세법」에 따라 해당 건축물에 적용되는 1제곱미터의 시가표준액의 100분의50에 해당하는 금액에 위반면적을 곱한 금액 이하의 범위에서 위반 내용에 따라 대통령령(영 제115조의3 : 허가받지 아니하고 건축하는 경우 : 100분의 100, 용적률을 초과하여 건축하는 경우 : 100분의 90, 건폐율을 초과하여 건축하는 경우 : 100분의 80, 신고를 하지 아니하고 건축한 경우 : 100분의 70)으로 정하는 비율을 곱한 금액 (중개 2018)

  【☞ 허가×(100)→용적률 초과(90)→건폐율 초과(80)→신고×(70)】

  2. 건축물이 제1호 외(外)의 위반 건축물에 해당하는 경우에는 「지방세법」에 따라 그 건축물에 적용되는 시가표준액에 해당하는 금액의 100분의10의 범위에서 위반내용에 따라 대통령령으로 정하는 금액 (영 제115조의2 제2항 - 별표 15 : 이행강제금의 산정기준)

### 2. 이행강제금의 가중

① 허가권자는 「영리목적을 위한 위반이나 상습적 위반 등 대통령령으로 정하는 경우(영 제115조의3

제2항)」에 법 제80조 제1항에 따른 금액을 <u>100분의 100의 범위</u>에서 해당 지방자치단체의 <u>조례</u>로 정하는 바에 따라 <u>가중하여야 한다</u>(법 제80조 제2항). (감평 2023)(100분의 150의 범위×/가중 할 수 있다.×)

② 여기서 「<u>영리목적을 위한 위반</u>이나 <u>상습적 위반</u> 등 대통령령으로 정하는 경우」란 다음 각 호의 어느 하나에 해당하는 경우를 말한다(영 제115조의3 제2항 본문). 다만, <u>위반행위 후(後)</u> 소유권이 변경된 경우는 <u>제외</u>한다(영 제115조의3 제2항 단서).

1. <u>임대 등 영리</u>를 <u>목적</u>으로 법 제19조(건축기준에 맞게 용도변경을 해야 한다. 사용승인을 받은 건축물의 용도변경을 하려면 허가를 받거나 신고를 해야 한다.)를 위반하여 <u>용도변경</u>을 한 경우(위반면적이 50제곱미터를 초과하는 경우로 한정한다)
2. <u>임대 등 영리</u>를 목적으로 <u>허가나 신고 없이 신축</u> 또는 <u>증축</u>한 경우(위반면적이 50제곱미터를 초과하는 경우로 한정한다)
3. <u>임대 등 영리</u>를 목적으로 허가나 신고 없이 <u>다세대주택의 세대수</u> 또는 <u>다가구주택의 가구수</u>를 증가시킨 경우(5세대 또는 5가구 이상 증가시킨 경우로 한정한다)
4. <u>동일인</u>이 <u>최근 3년</u> 내에 <u>2회 이상</u> 법 또는 법에 따른 명령이나 처분을 위반한 경우(감평 2023)
5. 제1호부터 제4호까지의 규정과 비슷한 경우로서 <u>건축조례</u>로 정하는 경우

### 3. 이행강제금 부과 절차 ★

① <u>허가권자</u>는 <u>이행강제금</u>을 부과하기 전에 <u>이행강제금</u>을 부과·징수한다는 뜻을 미리 <u>문서로써 계고(戒告)</u>하여야 한다(법 제80조 제3항). (감평 1999·2009·2014·2021)

② <u>허가권자</u>는 이행강제금을 부과하는 경우 금액, 부과 사유, 납부기한, 수납기관, 이의제기 방법 및 이의제기 기관 등을 구체적으로 밝힌 <u>문서</u>로 하여야 한다(법 제80조 제4항).

③ <u>허가권자</u>는 최초의 시정명령이 있었던 날을 기준으로 하여 <u>1년</u>에 <u>2회 이내의 범위</u>에서 해당 <u>지방자치단체의 조례</u>로 정하는 <u>횟수만큼</u> 그 시정명령이 <u>이행될 때까지 반복</u>하여 이행강제금을 부과·징수할 수 있다(법 제80조 제5항). (감평 1999·2009·2021·2023)(1년에 5회 이내의 범위에서×)

④ <u>허가권자</u>는 <u>시정명령</u>을 받은 자가 <u>이를 이행</u>하면 새로운 <u>이행강제금의 부과를 즉시 중지</u>하되, <u>이미 부과된 이행강제금은 징수</u>하여야 한다(법 제80조 제6항). (감평 2009·2014·2021·2023)

⑤ <u>허가권자</u>는 이행강제금 부과처분을 받은 자가 <u>이행강제금을 납부기한</u>까지 내지 아니하면 「<u>지방행정제재·부과금의 징수 등에 관한 법률</u>」에 따라 <u>징수</u>한다(법 제80조 제7항). (감평 1999·2009·2014·2021)

## IV 이행강제금 부과에 관한 특례

<u>허가권자</u>는 법 제80조(이행강제금)에 따른 <u>이행강제금</u>을 다음 각 호에서 정하는 바에 따라 <u>감경</u>할 수 있다(법 제80조의2 제1항 본문). 다만, <u>지방자치단체의 조례</u>로 정하는 <u>기간까지</u> 위반내용을 <u>시정</u>하지 아니한 경우는 <u>제외</u>한다(법 제80조의2 제1항 단서).

1. 축사 등 농업용·어업용 시설로서 <u>500제곱미터</u>(「수도권정비계획법」 제2조제1호에 따른 <u>수도권 외(外)</u>의 지역에서는 <u>1천제곱미터</u>) 이하인 경우는 <u>5분의 1을 감경</u>

2. 그 밖에 위반 동기, 위반 범위 및 위반 시기 등을 고려하여 대통령령으로 정하는 경우(영 제115조의4 제1항)(제80조제2항에 해당하는 경우는 제외한다)에는 100분의 75의 범위에서 대통령령으로 정하는 비율(영 제115조의4 제2항)을 감경

## V 옹벽 등의 공작물 축조 신고★

### 1. 서

대지를 조성하기 위한 옹벽, 굴뚝, 광고탑, 고가수조(高架水槽), 지하 대피호, 그 밖에 이와 유사한 것으로서 대통령령(영 제118조 제1항)으로 정하는 공작물을 축조(건축물과 분리하여 축조하는 것을 말한다.)하려는 자는 대통령령으로 정하는 바(영 제118조)에 따라 특별자치시장·특별자치도지사 또는 시장·군수·구청장에게 신고하여야 한다(법 제83조 제1항·영 제118조 제1항 전단).(감평 2013, 중개 2020)

### 2. 신고대상 공작물

공작물을 축조할 때 특별자치시장·특별자치도지사 또는 시장·군수·구청장에게 신고를 해야 하는 공작물은 다음 각 호와 같다(영 제118조 제1항).

1. 높이 6미터를 넘는 굴뚝(감평 2013, 중개 2019)
2. 높이 4미터를 넘는 장식탑, 기념탑, 첨탑, 광고탑, 광고판, 그 밖에 이와 비슷한 것(감평 2013, 중개 2019)
3. 높이 8미터를 넘는 고가수조나 그 밖에 이와 비슷한 것(감평 2013)
4. 높이 2미터를 넘는 옹벽 또는 담장(중개 2019·2020)(건축허가를 받은 경우에도 해당 대지를 조성하기 위해 높이 5미터의 옹벽을 축조하려면 따로 공작물 축조신고를 하여야 한다, ×)
5. 바닥면적 30제곱미터를 넘는 지하대피호(중개 2019)
6. 높이 6미터를 넘는 골프연습장 등의 운동시설을 위한 철탑, 주거지역·상업지역에 설치하는 통신용 철탑(중개 2019), 그 밖에 이와 비슷한 것
7. 높이 8미터(위험을 방지하기 위한 난간의 높이는 제외한다) 이하의 기계식 주차장 및 철골 조립식 주차장(바닥면이 조립식이 아닌 것을 포함한다)으로서 외벽이 없는 것
8. 건축조례로 정하는 제조시설, 저장시설(시멘트사일로를 포함한다), 유희시설, 그 밖에 이와 비슷한 것
9. 건축물의 구조에 심대한 영향을 줄 수 있는 중량물로서 건축조례로 정하는 것
10. 높이 5미터를 넘는 「신에너지 및 재생에너지 개발·이용·보급 촉진법」 제2조제2호가목에 따른 태양에너지를 이용하는 발전설비와 그 밖에 이와 비슷한 것

# Ⅵ 면적·높이 및 층수의 산정

## 1. 서
건축물의 대지면적, 연면적, 바닥면적, 높이, 처마, 천장, 바닥 및 층수의 산정방법은 <u>대통령령</u>(영 제119조)으로 정한다(법 제84조).

## 2. 대지면적
① <u>대지면적</u>은 <u>대지의 수평투영면적</u>(하늘에서 아래로 내려다 보았을 때 보이는 면적을 말한다.)으로 한다(영 제119조 제1항 제1호 본문).

② 다만, 다음 각 목의 어느 하나에 해당하는 <u>면적</u>은 <u>제외</u>한다(영 제119조 제1항 제1호 단서).

  가. 법 제46조(건축선의 지정)제1항 단서(건축선 후퇴)에 따라 대지에 건축선이 정하여진 경우 : 그 건축선과 도로 사이의 대지면적(중개 2023 : 건축선이 후퇴하는 경우 건축선과 도로 사이의 대지면적은 건축물의 대지면적 산정시 제외한다, ○)

  나. 대지에 <u>도시·군계획시설인 도로·공원</u> 등이 있는 경우 : 그 도시·군계획시설에 포함되는 대지(「국토의 계획 및 이용에 관한 법률」제47조제7항(도시·군계획시설 부지의 매수 청구 : 매수 청구를 한 토지의 소유자가 개발행위허가를 받아 대통령령으로 정하는 건축물 또는 공작물을 설치할 수 있는 경우)에 따라 건축물 또는 공작물을 설치하는 도시·군계획시설의 부지는 <u>제외</u>한다)면적

## 3. 건축면적
① <u>건축면적</u>은 건축물의 <u>외벽</u>(외벽이 없는 경우에는 외곽 부분의 기둥으로 한다. 이하 이 호에서 같다)의 <u>중심선으로 둘러싸인</u> 부분의 <u>수평투영면적</u>으로 한다(영 제119조 제1항 제2호 본문).(감평 2004)

② 다만, 다음 각 목의 어느 하나에 해당하는 경우에는 해당 목에서 정하는 기준에 따라 산정한다(영 제119조 제1항 제2호 단서).

  가. 처마, 차양, 부연(附椽), 그 밖에 이와 비슷한 것으로서 <u>그 외벽의 중심선으로부터 수평거리 1미터 이상 돌출</u>된 부분이 있는 건축물의 건축면적은 <u>그 돌출된 끝부분으로부터</u> 다음의 구분에 따른 <u>수평거리를 후퇴한 선으로 둘러싸인</u> 부분의 <u>수평투영면적</u>으로 한다.(감평 2004)
    
    [☞ 사찰(4미터)→축사(3미터)→한옥(2미터)→기타(1미터)]

  1) 「전통사찰의 보존 및 지원에 관한 법률」에 따른 <u>전통사찰</u> : <u>4미터 이하</u>의 범위에서 외벽의 중심선까지의 거리

  2) <u>사료 투여, 가축 이동 및 가축 분뇨 유출 방지</u> 등을 위하여 처마, 차양, 부연, 그 밖에 이와 비슷한 것이 설치된 <u>축사</u> : <u>3미터 이하</u>의 범위에서 외벽의 중심선까지의 거리(두 동의 축사가 하나의 차양으로 연결된 경우에는 <u>6미터 이하</u>의 범위에서 축사 양 외벽의 중심선까지의 거리를 말한다)

  3) <u>한옥</u> : <u>2미터 이하</u>의 범위에서 <u>외벽의 중심선까지의 거리</u>(감평 2004)

  4) 「환경친화적자동차의 개발 및 보급 촉진에 관한 법률 시행령」에 따른 <u>충전시설</u>(그에 딸린 충전 전용 주차구획을 포함한다)의 <u>설치를 목적</u>으로 처마, 차양, 부연, 그 밖에 이와 비슷한 것이 설치된 <u>공동주택</u>(「주택법」에 따른 사업계획승인 대상으로 한정한다) : <u>2미터 이하</u>의 범위에서 외벽의 중심선까지의 거리

5) 그 밖의 건축물 : 1미터
나. 다음의 건축물의 건축면적은 국토교통부령으로 정하는 바에 따라 산정한다.
1) 태양열을 주된 에너지원으로 이용하는 주택(규칙 제43조 제1항 : 건축물의 외벽 중 내측 내력벽의 중심선을 기준으로 건축면적을 산정한다.)(감평 2004, 중개 2022)(외측 내력벽의 중심선 ×)
2) 창고 또는 공장 중 물품을 입출고하는 부위의 상부에 한쪽 끝은 고정되고 다른 쪽 끝은 지지되지 않는 구조로 설치된 돌출차양
3) 단열재를 구조체의 외기측에 설치하는 단열공법으로 건축된 건축물(규칙 제43조 제1항 : 건축물의 외벽 중 내측 내력벽의 중심선을 기준으로 건축면적을 산정한다.)

다. 다음의 경우에는 건축면적에 산입하지 않는다.
1) 지표면으로부터 1미터 이하에 있는 부분(창고 중 물품을 입출고하기 위하여 차량을 접안시키는 부분의 경우에는 지표면으로부터 1.5미터 이하에 있는 부분)(감평 2004)
2) 건축물 지상층에 일반인이나 차량이 통행할 수 있도록 설치한 보행통로나 차량통로
3) 지하주차장의 경사로(중개 2022)
4) 건축물 지하층의 출입구 상부(출입구 너비에 상당하는 규모의 부분을 말한다)
5) 생활폐기물 보관시설(음식물쓰레기, 의류 등의 수거시설을 말한다. 이하 같다)
6) 「장애인·노인·임산부 등의 편의증진 보장에 관한 법률 시행령」 별표 2의 기준에 따라 설치하는 장애인용 승강기, 장애인용 에스컬레이터, 휠체어리프트 또는 경사로

## 4. 바닥면적

① 바닥면적은 건축물의 각층 또는 그 일부로서 벽, 기둥, 그 밖에 이와 비슷한 구획의 중심선으로 둘러싸인 부분의 수평투영면적으로 한다(영 제119조 제1항 제3호 본문).
② 다만, 다음 각 목의 어느 하나에 해당하는 경우에는 각 목에서 정하는 바에 따른다(영 제119조 제1항 제3호 단서).
가. 벽·기둥의 구획이 없는 건축물은 그 지붕 끝부분으로부터 수평거리 1미터를 후퇴한 선으로 둘러싸인 수평투영면적으로 한다.(중개 2018)
나. 건축물의 노대등의 바닥은 난간 등의 설치 여부에 관계없이 노대등의 면적(외벽의 중심선으로부터 노대등의 끝부분까지의 면적을 말한다)에서 노대등이 접한 가장 긴 외벽에 접한 길이에 1.5미터를 곱한 값을 뺀 면적을 바닥면적에 산입한다.(중개 2018)
다. 필로티나 그 밖에 이와 비슷한 구조(벽면적의 2분의 1 이상이 그 층의 바닥면에서 위층 바닥 아래면까지 공간으로 된 것만 해당한다)의 부분은 그 부분이 공중의 통행이나 차량의 통행 또는 주차에 전용되는 경우와 공동주택의 경우에는 바닥면적에 산입하지 아니한다.(중개 2018)
라. 승강기탑(옥상 출입용 승강장을 포함한다), 계단탑, 장식탑, 다락[층고(層高)가 1.5미터(경사진 형태의 지붕인 경우에는 1.8미터) 이하인 것만 해당한다], 건축물의 내부에 설치하는 냉방설비 배기장치 전용 설치공간(각 세대나 실별로 외부 공기에 직접 닿는 곳에 설치하는 경우로서 1제곱미터 이하로 한정한다), 건축물의 외부 또는 내부에 설치하는 굴뚝, 더스트슈트(dust-chute : 건물 내부 각 층에 설치된 투입구에서 수직 통로를 통해 아래 수집구까지 낙하시키는 쓰레기처리 시설), 설비덕트(건축설비에 있어서 덕트란 주로 환기와 공기조화를 위해 사용되는 것을 말한다.), 그 밖에 이와 비슷한 것과 옥상·옥외 또는 지하에 설치하는 물탱크, 기름탱크, 냉각탑, 정화조, 도시가스 정압기, 그 밖에 이와 비슷한 것을 설치하기 위한 구조물과 건축물 간에 화물의 이동에 이용

되는 컨베이어벨트만을 설치하기 위한 구조물은 바닥면적에 산입하지 않는다.(감평 2004, 중개 2018)
마. 공동주택으로서 지상층에 설치한 기계실, 전기실, 어린이놀이터, 조경시설 및 생활폐기물 보관시설의 면적은 바닥면적에 산입하지 않는다.(중개 2020·2022)
바. 지하주차장의 경사로(지상층에서 지하 1층으로 내려가는 부분으로 한정한다)는 바닥면적에 산입하지 않는다.

## 5. 건축물의 높이 ★

① 건축물의 높이는 지표면으로부터 그 건축물의 상단까지의 높이[건축물의 1층 전체에 필로티(건축물을 사용하기 위한 경비실, 계단실, 승강기실, 그 밖에 이와 비슷한 것을 포함한다)가 설치되어 있는 경우에는 법 제60조(가로구역별 건축물의 높이 제한) 및 법 제61조제2항(일조 등의 확보를 위한 건축물의 높이 제한 : 공동주택 채광 등의 확보를 위한 높이 제한)을 적용할 때 필로티의 층고를 제외한 높이]로 한다(영 제119조 제1항 제5호 본문). (감평 2002, 2011, 2015, 중개 2020)

② 다만, 다음 각 목의 어느 하나에 해당하는 경우에는 각 목에서 정하는 바에 따른다(영 제119조 제1항 제5호 단서).

가. 가로구역 높이 제한 : 법 제60조(건축물의 높이 제한 ; 허가권자는 가로구역을 단위로 하여 대통령령으로 정하는 기준과 절차에 따라 건축물의 높이를 지정·공고할 수 있다.)에 따른 건축물의 높이는 전면도로의 중심선으로부터의 높이로 산정한다.(감평 2015) 다만, 전면도로가 다음의 어느 하나에 해당하는 경우에는 그에 따라 산정한다.

  1) 건축물의 대지에 접하는 전면도로의 노면에 고저차가 있는 경우에는 그 건축물이 접하는 범위의 전면도로부분의 수평거리에 따라 가중평균한 높이의 수평면을 전면도로면으로 본다.
  2) 건축물의 대지의 지표면이 전면도로보다 높은 경우에는 그 고저차의 2분의 1의 높이만큼 올라온 위치에 그 전면도로의 면이 있는 것으로 본다.(감평 2002)

나. 일조 등 확보를 위한 높이 제한 : 법 제61조(일조 등의 확보를 위한 건축물의 높이 제한)에 따른 건축물 높이를 산정할 때 건축물 대지의 지표면과 인접 대지의 지표면 간에 고저차가 있는 경우에는 그 지표면의 평균 수평면을 지표면으로 본다. (감평 2002) 다만, 법 제61조제2항에 따른 높이를 산정할 때 해당 대지가 인접 대지의 높이보다 낮은 경우에는 해당 대지의 지표면을 지표면으로 보고, 공동주택을 다른 용도와 복합하여 건축하는 경우에는 공동주택의 가장 낮은 부분을 그 건축물의 지표면으로 본다.

다. 옥탑 등이 있는 경우 : 건축물의 옥상에 설치되는 승강기탑(옥상 출입용 승강장을 포함한다)·계단탑·망루·장식탑·옥탑 등으로서 그 수평투영면적의 합계가 해당 건축물 건축면적의 8분의 1(「주택법」 제15조제1항에 따른 사업계획승인 대상인 공동주택 중 세대별 전용면적이 85제곱미터 이하인 경우에는 6분의 1) 이하인 경우로서 그 부분의 높이가 12미터를 넘는 경우에는 그 넘는 부분만 해당 건축물의 높이에 산입한다.(감평 2011)

라. 굴뚝이 있는 경우 : 지붕마루장식·굴뚝·방화벽의 옥상돌출부나 그 밖에 이와 비슷한 옥상돌출물과 난간벽(그 벽면적의 2분의 1 이상이 공간으로 되어 있는 것만 해당한다)은 그 건축물의 높이에 산입하지 아니한다.(감평 2002)

### 6. 층고(위→위)

① <u>층고</u>는 방의 <u>바닥구조체 윗면</u>으로부터 <u>위층 바닥구조체의 윗면</u>까지의 높이로 한다(영 제119조 제1항 제8호 본문).(중개 2020) (윗층 바닥구조체의 아랫면까지 ×)

② 다만, <u>한 방</u>에서 <u>층의 높이가 다른 부분이 있는 경우</u>에는 그 각 부분 높이에 따른 면적에 따라 <u>가중평균</u>한 높이로 한다(영 제119조 제1항 제8호 단서).

### 7. 층수

<u>층수</u>는 승강기탑(옥상 출입용 승강장을 포함한다), 계단탑, 망루, 장식탑, 옥탑, 그 밖에 이와 비슷한 건축물의 <u>옥상 부분</u>으로서 그 수평투영면적의 합계가 해당 건축물 건축면적의 <u>8분의 1</u>(「주택법」 제15조제1항에 따른 사업계획승인 대상인 공동주택 중 <u>세대별 전용면적이 85제곱미터 이하</u>인 경우에는 <u>6분의 1</u>) 이하인 것과 <u>지하층</u>은 건축물의 층수에 <u>산입하지 아니하고</u>(감평 2004), 층의 구분이 명확하지 아니한 건축물은 그 건축물의 높이 <u>4미터</u>마다 하나의 층으로 보고 그 층수를 산정하며(중개 2022), 건축물의 부분에 따라 그 층수가 다른 경우에는 그 중 <u>가장 많은 층수</u>를 그 <u>건축물의 층수</u>로 본다(영 제119조 제1항 제9호).(중개 2020)(그 중 가장 적은 층수를 그 건축물의 층수로 본다. ×)

### 8. 지하층 해당 여부 판단할 때의 지표면

「<u>지하층 해당 여부 판단할 때의 지표면</u>」은 <u>법 제2조제1항제5호</u>("지하층"이란 건축물의 바닥이 지표면 아래에 있는 층으로서 바닥에서 지표면까지 평균높이가 해당 층 높이의 2분의 1 이상인 것을 말한다.)에 따른 <u>지하층의 지표면</u>은 각 층의 주위가 접하는 <u>각 지표면 부분의 높이</u>를 그 지표면 부분의 수평거리에 따라 <u>가중평균한 높이</u>의 수평면을 지표면으로 산정한다(영 제119조 제1항 제10호).(감평 2004)

### 9. 지표면에 고저차가 있는 경우

건축물의 면적·높이 및 층수 등을 산정할 때 <u>지표면</u>(지하층 해당 여부를 판단할 때의 지표면은 제외)에 <u>고저차가 있는 경우</u>에는 <u>건축물의 주위가 접하는 각 지표면 부분의 높이</u>를 그 지표면 부분의 수평거리에 따라 <u>가중평균한 높이의 수평면</u>을 <u>지표면으로 본다</u>(영 제119조 제2항 전단).(감평 2002) 이 경우 그 고저차가 <u>3미터</u>를 넘는 경우에는 그 고저차 3미터 이내의 부분마다 그 지표면을 정한다(영 제119조 제2항 후단).

## VII 「행정대집행법」 적용의 특례

① 허가권자는 법 제11조(건축허가), 법 제14조(건축신고), 법 제41조(토지 굴착 부분에 대한 조치 등)와 법 제79조(위반 건축물 등에 대한 조치 등)제1항에 따라 필요한 조치를 할 때 다음 각 호의 어느 하나에 해당하는 경우로서 「행정대집행법」 제3조제1항과 제2항에 따른 <u>절차</u>(미리 문서로써 계고 등)에 의하면 그 <u>목적을 달성하기 곤란한</u> 때에는 <u>해당 절차를 거치지 아니하고 대집행할 수 있다</u>(법 제85조 제1항).(감평 2016)

1. <u>재해가 발생할 위험</u>이 절박한 경우(감평 2016)
2. <u>건축물의 구조 안전상</u> 심각한 문제가 있어 붕괴 등 <u>손괴의 위험이 예상</u>되는 경우(감평 2016)
3. <u>허가권자의 공사중지명령</u>을 받고도 따르지 아니하고 <u>공사를 강행</u>하는 경우(감평 2016)

4. 도로통행에 현저하게 지장을 주는 <u>불법건축물</u>인 경우(감평 2016)
5. 그 밖에 <u>공공의 안전 및 공익</u>에 매우 저해되어 신속하게 실시할 필요가 있다고 인정되는 경우로서 <u>대통령령으로 정하는 경우</u>(영 제119조의2 : 「대기환경보전법」에 따른 대기오염물질 또는 「물환경보전법」에 따른 수질오염물질을 배출하는 건축물로서 주변 환경을 심각하게 오염시킬 우려가 있는 경우를 말한다.)

② 제1항에 따른 <u>대집행</u>은 건축물의 관리를 위하여 <u>필요한 최소한도</u>에 그쳐야 한다(법 제85조 제2항).

## Ⅷ 청문

<u>허가권자</u>는 법 제79조(위반 건축물 등에 대한 조치 등)에 따라 <u>허가</u>나 <u>승인</u>을 <u>취소</u>하려면 <u>청문</u>을 실시하여야 한다(법 제86조).

## Ⅸ 건축분쟁전문위원회

### 1. 건축분쟁전문위원회 설치

건축등과 관련된 다음 각 호의 <u>분쟁</u>〔「건설산업기본법」 제69조(건설분쟁 조정위원회의 설치)에 따른 조정의 대상이 되는 분쟁은 <u>제외</u>한다. 이하 같다〕의 <u>조정(調停)</u> 및 <u>재정(裁定)</u>을 하기 위하여 <u>국토교통부</u>에 <u>건축분쟁전문위원회</u>(이하 "<u>분쟁위원회</u>"라 한다)를 <u>둔다</u>(법 제88조 제1항).(감평 2023) (건축관계자↔관계전문기술자↔인근주민/ 건축허가권자와의 분쟁 ×)

1. <u>건축관계자</u>(건축주, 설계자, 공사시공자 또는 공사감리자)와 해당 건축물의 건축등으로 피해를 입은 <u>인근주민</u>(이하 "인근주민"이라 한다) 간의 분쟁(중개 2017)
2. <u>관계전문기술자</u>와 <u>인근주민</u> 간의 분쟁(중개 2017·2021)
3. 건축관계자(건축주, 설계자, 공사시공자 또는 공사감리자)와 관계전문기술자 간의 분쟁
4. 건축관계자(건축주, 설계자, 공사시공자 또는 공사감리자) 간의 분쟁(중개 2017)
5. <u>인근주민</u> 간의 분쟁(중개 2017)
6. 관계전문기술자 간의 분쟁
7. 그 밖에 대통령령으로 정하는 사항

### 2. 분쟁위원회의 구성

① 분쟁위원회는 위원장과 부위원장 각 1명을 포함한 <u>15명 이내의 위원</u>으로 구성한다(법 제89조 제1항).
② 분쟁위원회의 <u>위원장</u>과 <u>부위원장</u>은 위원 중에서 <u>국토교통부장관</u>이 <u>위촉</u>한다(법 제89조 제4항).
③ 공무원이 아닌 위원의 임기는 <u>3년</u>으로 하되, 연임할 수 있으며, 보궐위원의 임기는 전임자의 남은 임기로 한다(법 제89조 제5항).
④ <u>분쟁위원회</u>의 회의는 재적위원 과반수의 출석으로 열고 출석위원 과반수의 찬성으로 의결한다(법 제89조 제6항).(감평 2013)

## 3. 조정 또는 재정의 신청

① 건축물의 건축등과 관련된 분쟁의 조정 또는 재정(이하 "조정등"이라 한다)을 신청하려는 자는 분쟁위원회에 조정등의 신청서를 제출하여야 한다(법 제92조 제1항).

② 제1항에 따른 조정신청은 해당 사건의 당사자 중 1명 이상이 하며, 재정신청은 해당 사건 당사자 간의 합의로 한다(법 제92조 제2항 본문).

③ 분쟁위원회는 당사자의 조정신청을 받으면 60일 이내에(감평 2023), 재정신청을 받으면 120일 이내에 절차를 마쳐야 한다(법 제92조 제3항 본문). 다만, 부득이한 사정이 있으면 분쟁위원회의 의결로 기간을 연장할 수 있다(법 제92조 제3항 단서).

④ 시·도지사 또는 시장·군수·구청장은 위해 방지를 위하여 긴급한 상황이거나 그 밖에 특별한 사유가 없으면 조정등의 신청이 있다는 이유만으로 해당 공사를 중지하게 하여서는 아니 된다(법 제93조 제3항).

## 4. 조정위원회와 재정위원회

① 조정은 3명의 위원으로 구성되는 조정위원회에서 하고, 재정은 5명의 위원으로 구성되는 재정위원회에서 한다(법 제94조 제1항).(감평 2013)

② 조정위원회와 재정위원회의 회의는 구성원 전원의 출석으로 열고 과반수의 찬성으로 의결한다(법 제94조 제3항).(감평 2013)

## 5. 조정을 위한 조사 및 의견 청취

① 조정위원회는 조정에 필요하다고 인정하면 조정위원 또는 사무국의 소속 직원에게 관계 서류를 열람하게 하거나 관계 사업장에 출입하여 조사하게 할 수 있다(법 제95조 제1항).

② 조정위원회는 필요하다고 인정하면 당사자나 참고인을 조정위원회에 출석하게 하여 의견을 들을 수 있다(법 제95조 제2항).(감평 2023)

③ 분쟁의 조정신청을 받은 조정위원회는 조정기간 내에 심사하여 조정안을 작성하여야 한다(법 제95조 제3항).

## 6. 조정의 효력

① 조정위원회는 조정안을 작성하면 지체 없이 각 당사자에게 조정안을 제시하여야 한다(법 제96조 제1항).

② 조정안을 제시받은 당사자는 제시를 받은 날부터 15일 이내에 수락 여부를 조정위원회에 알려야 한다(법 제96조 제2항).(감평 2023)(30일 이내×)

③ 조정위원회는 당사자가 조정안을 수락하면 즉시 조정서를 작성하여야 하며, 조정위원과 각 당사자는 이에 기명날인하여야 한다(법 제96조 제3항).

④ 당사자가 조정안을 수락하고 조정서에 기명날인하면 조정서의 내용은 재판상 화해와 동일한 효력을 갖는다(법 제95조 제4항 본문). 다만, 당사자가 임의로 처분할 수 없는 사항에 관한 것은 그러하지 아니하다(법 제96조 제4항 단서).

## 7. 분쟁의 재정

① <u>재정</u>은 <u>문서</u>로써 하여야 하며,(감평 2013) <u>재정 문서</u>에는 다음 각 호의 사항을 적고 <u>재정위원</u>이 이에 <u>기명날인</u>하여야 한다(법 제97조 제1항).
   1. 사건번호와 사건명
   2. 당사자, 선정대표자, 대표당사자 및 대리인의 주소·성명
   3. 주문(主文)
   4. 신청 취지
   5. 이유
   6. 재정 날짜

② <u>재정위원회</u>가 <u>재정</u>을 한 경우 재정 문서의 정본이 당사자에게 <u>송달</u>된 날부터 <u>60일 이내</u>에 당사자 양쪽이나 어느 한쪽으로부터 그 재정의 대상인 건축물의 건축등의 분쟁을 원인으로 하는 <u>소송</u>이 제기되지 아니하거나 <u>그 소송이 철회</u>되면 <u>그 재정 내용</u>은 <u>재판상 화해</u>와 동일한 효력을 갖는다(법 제99조 본문). 다만, 당사자가 임의로 처분할 수 없는 사항에 관한 것은 그러하지 아니하다(법 제99조 단서).

③ 당사자가 <u>재정</u>에 불복하여 <u>소송을 제기</u>한 경우 <u>시효의 중단</u>과 <u>제소기간</u>을 산정할 때에는 <u>재정신청</u>을 <u>재판상의 청구</u>로 본다(법 제100조).(감평 2013)

④ <u>분쟁위원회</u>는 재정신청이 된 사건을 <u>조정에 회부</u>하는 것이 <u>적합</u>하다고 인정하면 <u>직권</u>으로 <u>직접조정</u>할 수 있다(법 제101조).(감평 2013·2023)

제 **9** 편

# 도시 및 주거환경정비법
## (약칭 : 도시정비법)

제01장 총 칙
제02장 기본계획의 수립 및 정비구역의 지정
제3-1장 정비사업의 시행방법 등
제3-2장 조합설립추진위원회 및 조합의 설립 등
제3-3장 사업시행계획 등
제3-4장 정비사업 시행을 위한 조치 등
제3-5장 관리처분계획 등
제3-6장 공사완료에 따른 조치 등
제04장 비용의 부담 등
제05장 공공재개발사업 및 공공재건축사업
제06장 기타 : 청문

# CHAPTER 01 총칙

## I 목적

도시정비법은 도시기능의 회복이 필요하거나 주거환경이 불량한 지역을 계획적으로 정비하고 노후·불량건축물을 효율적으로 개량하기 위하여 필요한 사항을 규정함으로써 도시환경을 개선하고 주거생활의 질을 높이는 데 이바지함을 목적으로 한다(법 제1조).

## II 정의

### 1. 정비구역

"정비구역"이란 정비사업을 계획적으로 시행하기 위하여 법 제16조(정비계획의 결정 및 정비구역의 지정·고시)에 따라 지정·고시된 구역을 말한다(법 제2조 제1호).

### 2. 정비사업★

(1) 서

"정비사업"이란 이 법에서 정한 절차에 따라 도시기능을 회복하기 위하여 정비구역에서 정비기반시설을 정비하거나 주택 등 건축물을 개량 또는 건설하는 주거환경개선사업·재개발사업·재건축사업을 말한다(법 제2조 제2호).

| ☞ 정비사업 유형의 변화[시행 2018. 2. 9.] [법률 제14567호, 2017. 2. 8., 전부개정] | | | | | | |
|---|---|---|---|---|---|---|
| 구법 | 주거환경 개선사업 | 주거환경 관리사업 | 주택재개발사업 | 도시환경 정비사업 | 주택 재건축사업 | 가로주택 정비사업 |
| 대상 지역 | 저소득자 집단거주 | 단독주택· 다세대 밀집 | 노후불량 건축물밀집 | 상업지역 공업지역 | 공동주택 | 노후불량주택 밀집 가로구역 |
| 현행 | 주거환경개선사업 | | (공공)재개발사업 | | (공공)재건축 사업 | 빈집 및 소규모주택정비에 관한 특례법 |

(2) 주거환경개선사업

"주거환경개선사업"이란 도시저소득 주민이 집단거주하는 지역으로서 정비기반시설이 극히 열악하고 노후·불량건축물이 과도하게 밀집한 지역의 주거환경을 개선하거나 ⇒ 단독주택 및 다세대주택이 밀집한 지역에서 정비기반시설과 공동이용시설 확충을 통하여 주거환경을 보전·정비·개량하기

위한 사업을 말한다(법 제2조 제2호 가목). (감평 2016·2021, 중개 2016·2021)

(3) 재개발사업

"**재개발사업**"이란 **정비기반시설이 열악**하고 **노후·불량건축물이 밀집**한 지역에서 **주거환경을 개선**하거나 ⇒ **상업지역·공업지역** 등에서 도시기능의 회복 및 상권활성화 등을 위하여 **도시환경을 개선**하기 위한 사업을 말한다(법 제2조 제2호 나목 전단).

(4) 재건축사업

"**재건축사업**"이란 **정비기반시설은 양호**하나 **노후·불량건축물에 해당**하는 **공동주택이 밀집**한 지역에서 주거환경을 개선하기 위한 사업을 말한다(법 제2조 제2호 다목 전단). (감평 2024)

| 구 분 | 정비기반시설 | 노후·불량건축물 |
|---|---|---|
| 주거환경개산사업 | 극히 열악 | 과도하게 밀집 |
| 재개발사업 | 열악 | 밀집 |
| 재건축사업 | 양호 | 밀집(공동주택) |

### 3. 정비기반시설 ★

① "**정비기반시설**"이란 **도로·상하수도**(감평 2020)·**구거**(溝渠 : 도랑)(감평 2021)·**공원**(중개 2017)·**공용주차장**(감평 2020, 중개 2017)·**공동구**(감평 2021), 그 밖에 주민의 생활에 필요한 **열·가스** 등의 공급시설로서 **대통령령으로 정하는 시설**(영 제3조)을 말한다(법 제2조 제4호).

② 여기서 「**대통령령으로 정하는 시설**」이란 다음 각 호의 시설을 말한다(영 제3조).

1. **녹지**(감평 2021)
2. **하천**(감평 2020, 2017)
3. **공공공지**(중개 2017)
4. **광장**(감평 2021)
5. 소방용수시설
6. 비상대피시설
7. 가스공급시설
8. **지역난방시설**(감평 2020)
9. **주거환경개선사업**을 위하여 **지정·고시된 정비구역**에 설치하는 「**공동이용시설**」로서 법 제52조(정비사업의 시행 : 사업시행계획서의 작성)에 따른 **사업시행계획서**(이하 "사업시행계획서"라 한다)에 해당 **특별자치시장·특별자치도지사·시장·군수** 또는 자치구의 구청장(이하 "**시장·군수등**"이라 한다)이 **관리하는 것으로 포함된 시설**(중개 2017·2023)

### 4. 공동이용시설 ★

① "**공동이용시설**"이란 **주민이 공동으로 사용하는 놀이터**(중개 2018)·마을회관·공동작업장, 그 밖에 **대통령령으로 정하는 시설**(영 제4조)을 말한다(법 제2조 제5호).

② 여기서 「**대통령령으로 정하는 시설**」이란 다음 각 호의 시설을 말한다(영 제4조).

1. 공동으로 사용하는 **구판장**(購販場 : 협동기업(協同企業) 또는 마을에서 생활용품 따위를 공동으로 사들여 조

함원 또는 마을사람들에게 싸게 파는 곳)(중개 2023)·세탁장·화장실 및 수도
2. 탁아소·어린이집(유치원×)·경로당 등 노유자시설(중개 2018)
3. 그 밖에 제1호 및 제2호의 시설과 유사한 용도의 시설로서 시·도조례로 정하는 시설

> ☞ 정비기반시설인 공동이용시설(주거환경개선사업 정비구역 內)
> ① 놀이터·세탁장·화장실·수도
> ② 마을회관·공동작업장·구판장
> ③ 노유자시설(탁아소·어린이집(유치원×)·경로당)

### 5. 대지

"대지"란 정비사업으로 조성된 토지를 말한다(법 제2조 제6호).

### 6. 주택단지

"주택단지"란 주택 및 부대시설·복리시설을 건설하거나 대지로 조성되는 일단의 토지로서 다음 어느 하나에 해당하는 일단의 토지를 말한다(법 제2조 제7호).

1. 「주택법」에 따른 사업계획승인을 받아 주택 및 부대시설·복리시설을 건설한 일단의 토지
2. 제1호에 따른 일단의 토지 중 「국토의 계획 및 이용에 관한 법률」에 따른 도시·군계획시설인 도로나 그 밖에 이와 유사한 시설로 분리되어 따로 관리되고 있는 각각의 토지
3. 제1호에 따른 일단의 토지 둘 이상이 공동으로 관리되고 있는 경우 그 전체 토지
4. 법 제67조(재건축사업의 범위에 관한 특례)에 따라 분할된 토지 또는 분할되어 나가는 토지
5. 「건축법」에 따라 건축허가를 받아 아파트 또는 연립주택을 건설한 일단의 토지

> ☞ 부대시설이란 주택에 딸린 「주차장, 관리사무소, 담장 및 주택단지 안의 도로, 건축법 제2조 제1항 제4호에 따른 건축설비」등을 말한다(주택법 제2조 제13호).
> ☞ 복리시설이란 주택단지의 입주자 등의 생활복리를 위한 공동시설로서 「어린이놀이터, 근린생활시설, 유치원, 주민운동시설 및 경로당」등을 말한다(주택법 제2조 제14호).

### 7. 사업시행자

"사업시행자"란 정비사업을 시행하는 자를 말한다(법 제2조 제8호).

### 8. 토지등소유자★

"토지등소유자"란 다음 어느 하나에 해당하는 자를 말한다(법 제2조 제9호 본문). 다만, 법 제27조(재개발사업·재건축사업의 지정개발자)제1항에 따라 「자본시장과 금융투자업에 관한 법률」에 따른 신탁업자(이하 "신탁업자"라 한다)가 사업시행자로 지정된 경우 토지등소유자가 정비사업을 목적으로 신탁업자에게 신탁한 토지 또는 건축물에 대하여는 위탁자를 토지등소유자로 본다(법 제2조 제9호 단서).

1. 주거환경개선사업 및 재개발사업의 경우에는 정비구역에 위치한 토지 또는 건축물의 소유자 또는 그 지상권자(중개 2024)
2. 재건축사업의 경우에는 정비구역에 위치한 건축물 및 그 부속토지의 소유자(중개 2024)

### 9. 토지주택공사등

"토지주택공사등"이란 「한국토지주택공사법」에 따라 설립된 한국토지주택공사 또는 「지방공기업법」에 따라 주택사업을 수행하기 위하여 설립된 지방공사를 말한다(법 제2조 제10호).

### 10. 정관등

"정관등"이란 아래의 것을 말한다(법 제2조 제11호).

1. 법 제40조(정관의 기재사항 등)에 따른 조합의 정관
2. 사업시행자인 토지등소유자가 자치적으로 정한 규약
3. "시장·군수등", 토지주택공사등 또는 신탁업자가 법 제53조(시행규정의 작성)에 따라 작성한 시행규정

## Ⅲ 도시·주거환경정비 기본방침

국토교통부장관은 도시 및 주거환경을 개선하기 위하여 10년마다 다음 각 호의 사항을 포함한 기본방침을 정하고, 5년마다 타당성을 검토하여 그 결과를 기본방침에 반영하여야 한다(법 제3조).

1. 도시 및 주거환경 정비를 위한 국가 정책 방향(감평 2017)
2. 법 제4조(도시·주거환경정비기본계획의 수립)제1항에 따른 도시·주거환경정비기본계획의 수립 방향
3. 노후·불량 주거지 조사 및 개선계획의 수립
4. 도시 및 주거환경 개선에 필요한 재정지원계획
5. 그 밖에 도시 및 주거환경 개선을 위하여 필요한 사항으로서 대통령령으로 정하는 사항(조문에서 위임한 사항을 규정한 대통령령이 없다.)

# CHAPTER 02 > 기본계획의 수립 및 정비구역의 지정

## Ⅰ 도시·주거환경정비기본계획의 수립★

### 1. 기본계획의 수립 : 10년 단위 수립
특별시장·광역시장·특별자치시장·특별자치도지사 또는 시장은 관할 구역에 대하여 도시·주거환경정비기본계획(이하 "기본계획"이라 한다)을 10년 단위로 수립하여야 한다(법 제4조 제1항 본문). (군수×, 구청장×)

### 2. 기본계획을 수립하지 않을 수 있는 경우
도지사가 대도시가 아닌 시로서 기본계획을 수립할 필요가 없다고 인정하는 시에 대하여는 기본계획을 수립하지 아니할 수 있다(법 제4조 제1항 단서). (감평 2019, 중개 2015·2016·2018) (국토교통부장관이…인정하는 시×)

☞ 대도시 : 서울특별시·광역시 및 특별자치시를 제외한 인구 50만 이상 대도시

### 3. 기본계획의 타당성 검토 : 5년마다
특별시장·광역시장·특별자치시장·특별자치도지사 또는 시장(이하 "기본계획의 수립권자"라 한다)은 기본계획에 대하여 5년마다 타당성을 검토하여 그 결과를 기본계획에 반영하여야 한다(법 제4조 제2항). (중개 2015·2018)

## Ⅱ 기본계획의 내용

### 1. 기본계획 내용에 포함되어야 할 사항★
기본계획에는 다음 각 호의 사항이 포함되어야 한다(법 제5조 제1항).
1. 정비사업의 기본방향(감평 2017)
2. 정비사업의 계획기간
3. 인구·건축물·토지이용·정비기반시설·지형 및 환경 등의 현황
4. 주거지 관리계획(감평 2022, 중개 2016)
5. 토지이용계획·정비기반시설계획·공동이용시설설치계획 및 교통계획
6. 녹지·조경·에너지공급·폐기물처리 등에 관한 환경계획(감평 2017·2022)
7. 사회복지시설 및 주민문화시설 등의 설치계획(감평 2022, 중개 2018)
8. 도시의 광역적 재정비를 위한 기본방향(감평 2017)

9. 법 제16조(정비계획의 결정 및 정비구역의 지정·고시)에 따라 정비구역으로 지정할 예정인 구역(이하 "정비예정구역"이라 한다)의 개략적 범위(정비구역의 개략적 범위×)
10. 단계별 정비사업 추진계획(정비예정구역별 정비계획의 수립시기가 포함되어야 한다)
11. 건폐율·용적률 등에 관한 건축물의 밀도계획(감평 2017)
12. 세입자에 대한 주거안정대책(감평 2019)
13. 그 밖에 주거환경 등을 개선하기 위하여 필요한 사항으로서 대통령령으로 정하는 사항(영 제5조)
    가. 도시관리·주택·교통정책 등 「국토의 계획 및 이용에 관한 법률」의 도시·군계획과 연계된 도시·주거환경정비의 기본방향(영 제5조 제1호)
    나. 도시·주거환경정비의 목표(영 제5조 제2호)
    다. 도심기능의 활성화 및 도심공동화 방지 방안(영 제5조 제3호)
    라. 역사적 유물 및 전통건축물의 보존계획(영 제5조 제4호)
    마. 정비사업의 유형별 공공 및 민간부문의 역할(영 제5조 제5호)
    바. 정비사업의 시행을 위하여 필요한 재원조달에 관한 사항(영 제5조 제6호)

> 정리

◆ 기본계획 내용에 포함되어야 할 사항

≪기본방향≫
1. 정비사업의 기본방향★ + 도시의 광역적 재정비를 위한 기본방향★ + 도시·군계획과 연계된 도시·주거환경정비의 기본방향

≪계획1≫
2. 교통계획 + 녹지·조경·에너지공급·폐기물처리 등에 관한 환경계획★
3. 공동이용시설·사회복지시설·주민문화시설 등의 설치계획★ (공동/사/주→설치계획)
4. 단계별 정비사업 추진계획(정비예정구역별 정비계획의 수립시기가 포함되어야 한다)
5. 건폐율·용적률 등에 관한 건축물의 밀도계획★
6. 역사적 유물 및 전통건축물의 보존계획

≪계획2≫
7. 정비사업의 계획기간
8. 주거지 관리계획★
9. 정비기반시설계획
10. 토지이용계획

≪정비예정구역→세입자→현황≫
11. 정비예정구역의 개략적 범위(정비구역의 개략적 범위×)
12. 세입자에 대한 주거안정대책★
13. 인구·건축물·토지이용·정비기반시설·지형 및 환경 등의 현황

≪재원조달/기타≫
14. 정비사업의 시행을 위하여 필요한 재원조달에 관한 사항
15. 도시·주거환경정비의 목표
16. 도심기능의 활성화 및 도심공동화 방지 방안
17. 정비사업의 유형별 공공 및 민간부문의 역할

## 2. 기본계획 내용(제9호·제10호)을 생략할 수 있는 경우

기본계획의 수립권자는 기본계획에 다음 각 호의 사항을 포함하는 경우에는 법 제5조 제1항 제9호 [정비예정구역의 개략적 범위] 및 제10호 [단계별 정비사업 추진계획(정비예정구역별 정비계획의 수립시기가 포함)]의 사항을 생략할 수 있다(법 제5조 제2항). (중개 2016)

가. 생활권의 설정, 생활권별 기반시설 설치계획 및 주택수급계획(법 제5조 제2항 제1호)

나. 생활권별 주거지의 정비·보전·관리의 방향(법 제5조 제2항 제2호)

## 3. 작성기준·작성방법의 고시

기본계획의 작성기준 및 작성방법은 국토교통부장관이 정하여 고시(국토교통부령: 도시·주거환경 정비기본계획 수립 지침)한다(법 제5조 제3항). (중개 2016)

# III 기본계획 수립을 위한 주민의견 및 의회의견 청취 등

## 1. 주민의견청취★

기본계획의 수립권자는 기본계획을 수립하거나 변경하려는 경우에는 14일 이상 주민에게 공람하여 의견을 들어야 하며, 제시된 의견이 타당하다고 인정되면 이를 기본계획에 반영하여야 한다(법 제6조 제1항). (감평 2019, 중개 2015·2018·2019)

## 2. 의회의견청취

① 기본계획의 수립권자는 법 제6조 제1항에 따른 주민공람과 함께 지방의회의 의견을 들어야 한다(법 제6조 제2항 전단).

② 이 경우 지방의회는 기본계획의 수립권자가 기본계획을 통지한 날부터 60일 이내에 의견을 제시하여야 하며, 의견제시 없이 60일이 지난 경우 이의가 없는 것으로 본다(법 제6조 제2항 후단).

## 3. 주민의견청취 및 의회의견청취 절차를 거치지 않을 수 있는 경우★

다음 각 호의 대통령령으로 정하는 경미한 사항을 변경하는 경우(영 제6조 제4항)에는 주민공람과 지방의회의 의견청취 절차를 거치지 아니할 수 있다(법 제6조 제3항·영 제6조 제4항). (감평 2019)

1. 정비기반시설[영 제3조제9호에 해당하는 시설(정비기반시설 中 주거환경개선사업을 위하여 지정·고시된 정비구역에 설치하는 공동이용시설)은 제외한다.]의 규모를 확대하거나 그 면적을 10퍼센트 미만의 범위에서 축소하는 경우(영 제6조 제4항 제1호)
2. 정비사업의 계획기간을 단축하는 경우(영 제6조 제4항 제2호)(감평 2019, 중개 2018·2019)
3. 공동이용시설에 대한 설치계획을 변경하는 경우(영 제6조 제4항 제3호)(중개 2019)
4. 사회복지시설 및 주민문화시설 등에 대한 설치계획을 변경하는 경우(영 제6조 제4항 제4호)(중개 2019)
5. 구체적으로 면적이 명시된 정비예정구역의 면적을 20퍼센트 미만의 범위에서 변경하는 경우(영 제6조 제4항 제5호)(중개 2019)
6. 단계별 정비사업 추진계획을 변경하는 경우(영 제6조 제4항 제6호)(중개 2016)

7. 건폐율 및 용적률을 각 20퍼센트 미만의 범위에서 변경하는 경우(영 제6조 제4항 제7호)
8. 정비사업의 시행을 위하여 필요한 재원조달에 관한 사항을 변경하는 경우(영 제6조 제4항 제8호)(중개 2019)
9. 「국토의 계획 및 이용에 관한 법률」에 따른 도시·군기본계획의 변경에 따라 기본계획을 변경하는 경우(영 제6조 제4항 제9호)

## Ⅳ 기본계획의 확정·고시 등★

### 1. 협의 및 심의 절차

(1) 수립권자 : 특별시장·광역시장·특별자치시장·특별자치도지사·대도시 시장

기본계획의 수립권자(대도시의 시장이 아닌 시장은 제외한다)는 기본계획을 수립하거나 변경하려면 관계 행정기관의 장과 협의한 후(後) 「국토의 계획 및 이용에 관한 법률」에 따른 지방도시계획위원회(이하 "지방도시계획위원회"라 한다)의 심의를 거쳐야 한다(법 제7조 제1항 본문). (중개 2016)

(2) 수립권자 : 일반 시장(대도시의 시장이 아닌 시장)

대도시의 시장이 아닌 시장은 기본계획을 수립하거나 변경하려면 도지사의 승인을 받아야 하며, 도지사가 이를 승인하려면 관계 행정기관의 장과 협의한 후 지방도시계획위원회의 심의를 거쳐야 한다(법 제7조 제2항 본문). (감평 2019·중개 2015)

### 2. 절차 생략

(1) 협의 및 심의 절차 생략

대통령령으로 정하는 경미한 사항을 변경하는 경우(영 제6조 제4항 ; 의견청취절차 생략의 경우와 동일)에는 관계 행정기관의 장과의 협의 및 지방도시계획위원회의 심의를 거치지 아니한다(법 제7조 제1항 단서).

(2) 도지사 승인 절차 생략

대도시의 시장이 아닌 시장이 대통령령으로 정하는 경미한 사항을 변경하는 경우(영 제6조 제4항 ; 의견청취절차 생략의 경우와 동일)에는 도지사의 승인을 받지 아니할 수 있다(법 제7조 제2항 단서). (중개 2016)

### 3. 고시·열람 절차 및 보고

① 기본계획의 수립권자는 기본계획을 수립하거나 변경한 때에는 지체 없이 이를 해당 지방자치단체의 공보에 고시하고 일반인이 열람할 수 있도록 하여야 한다(법 제7조 제3항). (중개 2015·2019)
③ 기본계획의 수립권자는 기본계획을 고시한 때에는 국토교통부령으로 정하는 방법 및 절차에 따라 국토교통부장관에게 보고하여야 한다(법 제7조 제4항).

> **정리**
> 
> ◆ 기본계획 수립 절차(의/협/심)
> 1. 기본계획 수립권자(일반 시장 제외)
>    의견청취(주민+지방의회) → 협의(관계 행정기관의 장) → 심의(지방도시계획위원회)
>    → 고시(공보)+열람(일반인) → 보고(국토교통부장관)
> 2. 기본계획 수립권자(일반 시장)
>    의견청취(주민+지방의회) → 승인 [도지사 : 협의(관계 행정기관의 장) → 심의(지방도시계획위원회)]
>    → 고시(공보)+열람(일반인) → 보고(국토교통부장관)

> **정리**
> 
> ◆ 기본계획 변경 : 의견청취절차 생략 + 협의·심의절차 생략 + 도지사 승인절차 생략
> 
> ≪정비기반시설(10%)/기본계획/기간≫
> 1. 정비기반시설 규모 확대·면적 10퍼센트 미만 범위 內 축소
> 2. 도시·군기본계획 변경 ⇒ 기본계획 변경
> 3. 정비사업 계획기간 단축
> 
> ≪설치계획/단계별 추진≫
> 4. 설치계획 변경(공동/사/주 : 공동이용시설·사회복지시설·주민문화시설)
> 5. 단계별 정비사업 추진계획 변경
> 
> ≪20퍼센트 미만/재원조달≫
> 6. 20퍼센트 미만 범위에서 변경(정비예정구역 면적·건폐율·용적률)(정비구역 면적 변경×)
> 7. 재원조달 사항 변경

# Ⅴ 정비구역 지정 및 정비계획 입안

### 1. 정비구역의 지정★

① 특별시장·광역시장·특별자치시장·특별자치도지사·시장 또는 군수(광역시의 군수는 제외하며, 이하 "정비구역의 지정권자"라 한다)는 기본계획에 적합한 범위에서 노후·불량건축물이 밀집하는 등 대통령령(영 제7조)으로 정하는 요건에 해당하는 구역에 대하여 법 제16조(정비계획의 결정 및 정비구역의 지정·고시)에 따라 정비계획을 결정하여 정비구역을 지정(변경지정을 포함한다)할 수 있다(법 제8조 제1항).(감평 2024)(광역시의 군수가 정비계획을 입안한 경우에는 직접 정비구역을 지정할 수 있다.×)

② 제1항에도 불구하고 법 제26조제1항제1호(재개발사업·재건축사업의 공공시행자 : 천재지변 등 불가피한 사유로 긴급하게 정비사업을 시행할 필요가 있다고 인정하는 때) 및 법 제27조제1항제1호(재개발사업·재건축사업의 지정개발자 : 천재지변 등 불가피한 사유로 긴급하게 정비사업을 시행할 필요가 있다고 인정하는 때)에 따라 정비사업을 시행하려는 경우에는 기본계획을 수립하거나 변경하지 아니하고 정비구역을 지정할 수 있다(법 제8조 제2항).

③ 정비구역의 지정권자는 정비구역의 진입로 설치를 위하여 필요한 경우에는 진입로 지역과 그 인접 지역을 포함하여 정비구역을 지정할 수 있다(법 제8조 제3항).(중개 2019)

## 2. 정비계획 입안

① 정비구역의 지정권자는 정비구역 지정을 위하여 직접 법 제9조(정비계획의 내용)에 따른 정비계획을 입안할 수 있다(법 제8조 제4항).

② 자치구의 구청장 또는 광역시의 군수(이하 "구청장등"이라 한다)는 법 제9조(정비계획의 내용)에 따른 정비계획을 입안하여 특별시장·광역시장에게 정비구역 지정을 신청하여야 한다(법 제8조 제5항 전단). (감평 2024) 이 경우 법 제15조제2항(정비계획 입안을 위한 주민의견청취 등 ; 정비계획의 입안권자는 주민공람과 함께 지방의회의 의견을 들어야 한다.)에 따른 지방의회의 의견을 첨부하여야 한다(법 제8조 제5항 후단).

## Ⅵ 정비계획의 내용

### 1. 정비계획에 포함될 사항

정비계획에는 다음 각 호의 사항이 포함되어야 한다(법 제9조 제1항).

1. 정비사업의 명칭
2. 정비구역 및 그 면적(정비예정구역×)

2의2. 토지등소유자 유형별 분담금 추산액 및 산출근거(☞ 「토지등소유자별」에서 「토지등소유자 유형별」로 개정하여, 정비계획 수립 시 분담금 추산 절차를 간소화함)

3. 도시·군계획시설의 설치에 관한 계획(감평 2025)
4. 공동이용시설 설치계획
5. 건축물의 주용도·건폐율·용적률·높이에 관한 계획(감평 2025)
6. 환경보전 및 재난방지에 관한 계획
7. 정비구역 주변의 교육환경 보호에 관한 계획
8. 세입자 주거대책(감평 2025)
9. 정비사업시행 예정시기
10. (생략)
11. 「국토의 계획 및 이용에 관한 법률」 제52조제1항 각 호의 사항(지구단위계획에 포함되어야 할 사항)에 관한 계획(필요한 경우로 한정한다)
12. 그 밖에 정비사업의 시행을 위하여 필요한 사항으로서 대통령령으로 정하는 사항(영 제8조 제3항 ; 정비기반시설의 설치계획, 기존 건축물의 정비·개량에 관한 계획, 건축물의 건축선, 정비사업의 시행방법, 정비구역을 분할·통합·결합하여 지정하려는 경우 그 계획, 홍수 등 재해에 대한 취약요인에 대한 검토 결과, 정비구역 및 주변지역의 주택수급에 관한 사항, 안전 및 범죄예방에 관한 사항 등)

### 2. 정비계획 작성기준 및 작성방법 고시

정비계획의 작성기준 및 작성방법은 국토교통부장관이 정하여 고시(국토교통부훈령 ; 도시·주거환경 정비계획 수립 지침)한다(법 제9조 제4항).

## Ⅶ 국민주택규모 주택 및 임대주택 건설비율

정비계획의 입안권자는 주택수급의 안정과 저소득 주민의 입주기회 확대를 위하여 정비사업으로 건설하는 주택에 대하여 다음 각 호의 구분에 따른 범위에서 국토교통부장관이 정하여 고시하는 임대주택 및 주택규모별 건설비율 등을 정비계획에 반영하여야 한다(법 제10조 제1항).

1. 「주택법」에 따른 국민주택규모(주거전용면적이 85제곱미터 이하)의 주택(이하 "국민주택규모 주택"이라 한다)이 전체 세대수의 100분의 90 이하에서 대통령령으로 정하는 범위(영 제9조 제1항 : ⓐ 주거환경개선사업 - 100분의 90 이하, ⓑ 재개발사업 - 100분의 80 이하, ⓒ 재건축사업 - 100분의 60 이하)

2. 임대주택(「공공주택 특별법」에 따른 공공임대주택 및 「민간임대주택에 관한 특별법」에 따른 민간임대주택)이 전체 세대수 또는 전체 연면적의 100분의 30 이하에서 대통령령으로 정하는 범위(영 제9조 제1항 : ⓐ 주거환경개선사업 - 공공임대주택 - 100분의 30 이하, ⓑ 재개발사업 - 민간임대주택과 공공임대주택 - 100분의 20 이하, ⓒ 재건축사업 - 해당없음)

## Ⅷ 기본계획 수립 및 정비계획 입안 시 용적률 완화

① 기본계획의 수립권자(특별시장·광역시장·특별자치시장·특별자치도지사 또는 시장) 또는 정비계획의 입안권자(특별자치시장, 특별자치도지사, 시장, 군수 또는 구청장등)는 정비사업의 원활한 시행을 위하여 기본계획을 수립하거나 정비계획을 입안하려는 경우에는(기본계획 또는 정비계획을 변경하려는 경우에도 또한 같다) 「국토의 계획 및 이용에 관한 법률」에 따른 주거지역에 대하여는 같은 법 제78조(용도지역에서의 용적률)에 따라 조례로 정한 용적률에도 불구하고 같은 조 및 관계 법률에 따른 용적률의 상한까지 용적률을 정할 수 있다(법 제11조 제1항).

② 기본계획의 수립권자 또는 정비계획의 입안권자는 천재지변, 그 밖의 불가피한 사유로 건축물이 붕괴할 우려가 있어 긴급히 정비사업을 시행할 필요가 있다고 인정하는 경우에는 용도지역의 변경을 통해 용적률을 완화하여 기본계획을 수립하거나 정비계획을 입안할 수 있다(법 제11조 제2항 전단). 이 경우 기본계획의 수립권자, 정비계획의 입안권자 및 정비구역의 지정권자는 용도지역의 변경을 이유로 기부채납을 요구하여서는 아니 된다(법 제11조 제2항 후단).

## Ⅸ 재건축사업을 위한 재건축진단

### 1. 안전진단을 실시해야 하는 경우

(1) 정비예정구역별 정비계획의 수립시기가 도래한 때부터 사업시행계획인가 전까지

시장·군수등은 법 제5조제1항제10호(기본계획의 내용 : 단계별 정비사업 추진계획)에 따른 정비예정구역별 정비계획의 수립시기가 도래한 때부터 법 제50조(사업시행계획인가)에 따른 사업시행계획인가(이하 "사업시행계획인가"라 한다) 전까지 재건축진단을 실시하여야 한다(법 제12조 제1항).(중개 2017)

**(2) 소유자 10분의 1 이상의 동의를 받아 재건축진단의 실시를 요청하는 경우**

시장·군수등은 법 제12조 제1항에도 불구하고 다음 각 호의 어느 하나에 해당하는 경우에는 재건축진단을 실시하여야 한다(법 제12조 제2항 전단). 이 경우 시장·군수등은 재건축진단에 드는 비용을 해당 재건축진단의 실시를 요청하는 자에게 부담하게 할 수 있다(법 제12조 제2항 후단).

1. 법 제13조의2(정비구역의 지정을 위한 정비계획의 입안 요청 등)에 따라 정비계획의 입안을 요청하려는 자가 입안을 요청하기 전에 해당 정비예정구역 또는 사업예정구역에 위치한 건축물 및 그 부속토지의 소유자 10분의 1 이상의 동의를 받아 재건축진단의 실시를 요청하는 경우

2. 법 제14조(토지등소유자의 정비계획 입안 제안)에 따라 정비계획의 입안을 제안하려는 자가 입안을 제안하기 전에 해당 정비예정구역에 위치한 건축물 및 그 부속토지의 소유자 10분의 1 이상의 동의를 받아 재건축진단의 실시를 요청하는 경우

3. 법 제5조제2항 [기본계획의 내용 : 생활권과 관련된 내용을 기본계획에 포함한 경우에는 「정비예정구역」과 단계별 정비사업 추진계획 내용을 기본계획에서 생략할 수 있다.]에 따라 정비예정구역을 지정하지 아니한 지역에서 재건축사업을 하려는 자가 사업예정구역에 있는 건축물 및 그 부속토지의 소유자 10분의 1 이상의 동의를 받아 재건축진단의 실시를 요청하는 경우

4. 법 제2조제3호나목(노후·불량건축물 : 내진성능이 확보되지 아니한 건축물 중 중대한 기능적 결함 또는 부실설계·시공으로 구조적 결함 등이 있는 건축물로서 대통령령으로 정하는 건축물)에 해당하는 건축물의 소유자로서 재건축사업을 시행하려는 자가 해당 사업예정구역에 위치한 건축물 및 그 부속토지의 소유자 10분의 1 이상의 동의를 받아 재건축진단의 실시를 요청하는 경우

5. 법 제15조(정비계획 입안을 위한 주민의견청취 등)에 따라 정비계획을 입안하여 주민에게 공람한 지역 또는 법 제16조(정비계획의 결정 및 정비구역의 지정·고시)에 따라 정비구역으로 지정된 지역에서 재건축사업을 시행하려는 자가 해당 구역에 위치한 건축물 및 그 부속토지의 소유자 10분의 1 이상의 동의를 받아 재건축진단의 실시를 요청하는 경우

6. 법 제31조(조합설립추진위원회의 구성·승인)에 따라 시장·군수등의 승인을 받은 조합설립추진위원회(이하 "추진위원회"라 한다) 또는 사업시행자가 재건축진단의 실시를 요청하는 경우

## 2. 안전진단 대상 건축물

**(1) 주택단지의 건축물**

재건축사업의 재건축진단은 주택단지(연접한 단지를 포함한다)의 건축물을 대상으로 한다(법 제12조 제3항 본문).

**(2) 재건축진단 대상에서 제외할 수 있는 경우**

주택단지의 건축물이 다음 각 호의 어느 하나에 해당하는 경우에는 재건축진단 대상에서 제외할 수 있다(법 제12조 제3항 단서·영 제10조 제3항).

1. 정비계획의 입안권자가 천재지변 등으로 주택이 붕괴되어 신속히 재건축을 추진할 필요가 있다고 인정하는 것
2. 주택의 구조안전상 사용금지가 필요하다고 정비계획의 입안권자가 인정하는 것
3. 별표1제3호라목(정비계획의 입안대상지역 : 재건축사업을 위한 정비계획의 입안대상지역 – 안전진단 실시 결과

전체 주택의 3분의 2 이상이 재건축이 필요하다는 판정을 받은 지역으로서 시·도조례로 정하는 면적 이상인 지역)에 따른 노후·불량건축물 수에 관한 기준을 충족한 경우 잔여 건축물
4. 정비계획의 입안권자가 진입도로 등 기반시설 설치를 위하여 불가피하게 정비구역에 포함된 것으로 인정하는 건축물(중개 2017)
5. 「시설물의 안전 및 유지관리에 관한 특별법」의 시설물로서 같은 법 제16조[시설물의 안전등급 지정 : A(우수), B(양호), C(보통), D(미흡), E(불량)]에 따라 지정받은 안전등급이 D(미흡) 또는 E(불량)인 건축물

## X 재건축진단 결과의 적정성 검토

### 1. 재건축진단 결과보고서 제출
시장·군수등(특별자치시장 및 특별자치도지사는 제외한다. 이하 이 조에서 같다)은 법 제12조 제5항에 따라 재건축진단 결과보고서를 제출받은 경우에는 지체 없이 특별시장·광역시장·도지사에게 결정내용과 해당 재건축진단 결과보고서를 제출하여야 한다(법 제13조 제1항).(중개 2017)

### 2. 재건축진단의 적정성에 대한 검토 의뢰
특별시장·광역시장·특별자치시장·도지사·특별자치도지사(이하 시·도지사"라 한다)는 필요한 경우 「국토안전관리원법」에 따른 국토안전관리원 또는 「과학기술분야 정부출연연구기관 등의 설립·운영 및 육성에 관한 법률」에 따른 한국건설기술연구원에 재건축진단 결과의 적정성에 대한 검토를 의뢰할 수 있다(법 제13조 제2항).(중개 2017)

### 3. 안전진단과 관련된 국토교통부장관의 요청
국토교통부장관은 시·도지사에게 재건축진단 결과보고서의 제출을 요청할 수 있으며, 필요한 경우 시·도지사에게 재건축진단 결과의 적정성에 대한 검토를 요청할 수 있다(법 제13조 제3항).

## XI 정비계획의 입안 요청 및 입안 제안

### 1. 정비구역의 지정을 위한 정비계획의 입안 요청
① 토지등소유자 또는 추진위원회는 다음 각 호의 어느 하나에 해당하는 경우에는 정비계획의 입안권자에게 정비구역의 지정을 위한 정비계획의 입안을 요청할 수 있다(법 제13조의2 제1항).
  1. 법 제4조 제1항 단서(도지사가 대도시가 아닌 시로서 기본계획을 수립할 필요가 없다고 인정하는 시에 대하여는 기본계획을 수립하지 아니할 수 있다.)에 따라 기본계획을 수립하지 아니한 지역으로서 대통령령으로 정하는 경우
  2. 법 제5조제1항제10호(기본계획의 내용 : 단계별 정비사업 추진계획)에 따른 단계별 정비사업 추진계획상 정비예정구역별 정비계획의 입안시기가 지났음에도 불구하고 정비계획이 입안되지

아니한 경우

3. 법 제5조제2항(기본계획의 내용 ; 기본계획의 내용에 「생활권」관련 내용이 포함된 경우에는 법 제5조 제1항 제9호 및 제10호의 사항을 생략할 수 있다.)에 따라 기본계획에 법 제5조 제1항 제9호(정비예정구역의 개략적 범위) 및 제10호(단계별 정비사업 추진계획)에 따른 사항을 생략한 경우

4. 천재지변 등 대통령령으로 정하는 불가피한 사유로 긴급하게 정비사업을 시행할 필요가 있다고 판단되는 경우

② 정비계획의 입안권자는 제1항의 요청이 있는 경우에는 요청일부터 4개월 이내에 정비계획의 입안 여부를 결정하여 토지등소유자 및 정비구역의 지정권자에게 알려야 한다. 다만, 정비계획의 입안권자는 정비계획의 입안 여부의 결정 기한을 2개월의 범위에서 한 차례만 연장할 수 있다(법 제13조의2 제2항).

## 2. 정비계획의 입안 제안

토지등소유자 또는 추진위원회는 다음 각 호의 어느 하나에 해당하는 경우에는 정비계획의 입안권자에게 정비계획의 입안을 제안할 수 있다(법 제14조 제1항).

1. 법 제5조제1항제10호 [기본계획의 내용 ; 단계별 정비사업 추진계획(정비예정구역별 정비계획의 수립시기 포함)] 에 따른 단계별 정비사업 추진계획상 정비예정구역별 정비계획의 입안시기가 지났음에도 불구하고 정비계획이 입안되지 아니하거나 같은 호에 따른 정비예정구역별 정비계획의 수립시기를 정하고 있지 아니한 경우

2. 토지등소유자가 법 제26조제1항(재개발사업·재건축사업의 공공시행자 – 시장·군수등이 직접 정비사업을 시행하거나 토지주택공사등을 사업시행자로 지정하여 정비사업을 시행하게 할 수 있는 경우) 제7호 및 제8호에 따라 토지주택공사등을 사업시행자로 지정 요청하려는 경우

3. 대도시가 아닌 시 또는 군으로서 시·도조례로 정하는 경우

4. 정비사업을 통하여 공공지원민간임대주택을 공급하거나 임대할 목적으로 주택을 주택임대관리업자에게 위탁하려는 경우로서 법 제9조(정비계획의 내용)제1항 제10호 각 목을 포함하는 정비계획의 입안을 요청하려는 경우

5. 법 제26조제1항제1호(재개발사업·재건축사업의 공공시행자 ; 천재재변, 그 밖의 불가피한 사유로 긴급하게 정비사업을 시행할 필요가 있다고 인정하는 때) 및 법 제27조제1항제1호(재개발사업·재건축사업의 지정개발자 ; 천재재변, 그 밖의 불가피한 사유로 긴급하게 정비사업을 시행할 필요가 있다고 인정하는 때)에 따라 정비사업을 시행하려는 경우

6. 토지등소유자(조합이 설립된 경우에는 조합원을 말한다. 이하 이 호에서 같다)가 3분의 2 이상의 동의로 정비계획의 변경을 요청하는 경우. 다만, 법 제15조제3항(대통령령으로 정하는 경미한 사항 변경)에 따른 경미한 사항을 변경하는 경우에는 토지등소유자의 동의절차를 거치지 아니한다.

7. 토지등소유자가 공공재개발사업 또는 공공재건축사업을 추진하려는 경우(감평 2024)

## XII. 정비계획 입안을 위한 주민의견청취 등

### 1. 의견청취 절차

#### (1) 주민의견청취

정비계획의 입안권자는 정비계획을 입안하거나 변경하려면 주민에게 서면으로 통보한 후 주민설명회 및 30일 이상 주민에게 공람하여 의견을 들어야 하며, 제시된 의견이 타당하다고 인정되면 이를 정비계획에 반영하여야 한다(법 제15조 제1항).

#### (2) 지방의회 의견청취

① 정비계획의 입안권자는 주민공람과 함께 지방의회의 의견을 들어야 한다(법 제15조 제2항 전단).
② 이 경우 지방의회는 정비계획의 입안권자가 정비계획을 통지한 날부터 60일 이내에 의견을 제시하여야 하며, 의견제시 없이 60일이 지난 경우 이의가 없는 것으로 본다(법 제15조 제2항 후단).

#### (3) 관리청의 의견청취

정비계획의 입안권자는 법 제97조(정비기반시설 및 토지 등의 귀속), 법 제98조(국유·공유재산의 처분 등), 법 제101조(국·공유지의 무상양여 등) 등에 따라 정비기반시설 및 국유·공유재산의 귀속 및 처분에 관한 사항이 포함된 정비계획을 입안하려면 미리 해당 정비기반시설 및 국유·공유재산의 관리청의 의견을 들어야 한다(법 제15조 제4항).

### 2. 대통령령으로 정하는 경미한 사항을 변경하는 경우

① 「대통령령으로 정하는 경미한 사항을 변경하는 경우(영 제13조 제4항)」에는 주민에 대한 서면통보, 주민설명회, 주민공람 및 지방의회의 의견청취 절차를 거치지 아니할 수 있다(법 제15조 제3항). (감평 2021) [☞ 대통령령으로 정하는 경미한 사항을 변경하는 경우(영 제13조 제4항)에 해당하면, 정비구역 지정 변경을 위한 지방도시계획위원회의 심의도 거치지 아니할 수 있다(법 제16조 제1항 단서).]

② 여기서 「대통령령으로 정하는 경미한 사항을 변경하는 경우」란 다음 각 호의 어느 하나에 해당하는 경우를 말한다(영 제13조 제4항).
  1. 정비구역의 면적을 10퍼센트 미만의 범위에서 변경하는 경우(법 제18조에 따라 정비구역을 분할, 통합 또는 결합하는 경우를 제외한다)
  1의2. 토지등소유자 유형별 분담금 추산액 및 산출근거를 변경하는 경우
  2. 정비기반시설(영 제3조제9호(정비기반시설 中 주거환경개선사업을 위하여 지정·고시된 정비구역에 설치하는 공동이용시설로서 사업시행계획서에 해당 특별자치시장·특별자치도지사·시장·군수 또는 자치구의 구청장이 관리하는 것으로 포함된 시설)에 해당하는 시설은 제외한다.)의 위치를 변경하는 경우와 정비기반시설 규모를 10퍼센트 미만의 범위에서 변경하는 경우
  3. 공동이용시설 설치계획을 변경하는 경우(감평 2021)
  4. 재난방지에 관한 계획을 변경하는 경우(감평 2021)
  5. 정비사업시행 예정시기를 3년의 범위에서 조정하는 경우(감평 2021)
  6. 「건축법 시행령」 별표 1(건축물의 용도별 종류 : 단독주택, 공동주택, 제1종 근생, 제2종 근생, 문화 및 집회시설, 종교시설, 판매시설, 운수시설, 의료시설, 교육연구시설, 노유자시설, 수련시설, 운동시설, 업무시설, 숙박시설, 위

락시설, 공장, 창고시설, 위험물 저장 및 처리시설, 자동차 관련 시설, 동물 및 식물 관련 시설, 자원순환 관련 시설, 교정시설, 국방·군사 시설, 방송통신시설, 발전시설, 묘지관련 시설, 관광 휴게시설, 장례시설, 야영장 시설) 각 호의 용도범위에서 건축물의 주용도(해당 건축물의 가장 넓은 바닥면적을 차지하는 용도를 말한다. 이하 같다)를 변경하는 경우

7. 건축물의 건폐율 또는 용적률을 축소하거나 10퍼센트 미만의 범위에서 확대하는 경우(감평 2021)
8. 건축물의 최고 높이를 변경하는 경우(감평 2019·2021)
9. 법 제66조 제1항(용적률에 관한 특례 : 해당 정비구역에 적용되는 용적률의 100분의 125 이하의 범위에서 조례로 용적률을 완화하여 정할 수 있는 경우 – 정비사업 시행을 위한 수용·사용시 손실보상 기준 이상으로 세입자 주거이전비 지급 등)에 따라 용적률을 완화하여 변경하는 경우
10. 「국토의 계획 및 이용에 관한 법률」에 따른 도시·군기본계획, 도시·군관리계획 또는 기본계획의 변경에 따라 정비계획을 변경하는 경우
11. 「도시교통정비 촉진법」에 따른 교통영향평가 등 관계법령에 의한 심의결과에 따른 변경인 경우
12. 그 밖에 제1호부터 제8호까지, 제10호 및 제11호와 유사한 사항으로서 시·도조례로 정하는 사항을 변경하는 경우

### ⊘정리

◆ 정비계획 변경 : 주민·의회 의견청취절차 생략 + 도시계획위원회 심의절차 생략

≪정비기반시설/정비구역/건축물≫ : 10% 미만 범위
1. 정비기반시설(위치 변경 + 규모를 10퍼센트 미만의 범위에서 변경)
2. 정비구역(면적 10퍼센트 미만의 범위에서 변경)(정비구역 분할, 통합 또는 결합은 제외)
3. 건축물 : ⓐ 건축법 시행령 별표1(건축물의 용도별 종류) 각 호 용도범위에서 주용도 변경, ⓑ 최고 높이 변경, ⓒ 건폐율·용적률 축소 또는 10퍼센트 미만 범위에서 확대

≪계획 변경≫
4. 공동이용시설 설치계획을 변경하는 경우
5. 재난방지에 관한 계획을 변경하는 경우
6. 다른 계획(도시·군기본계획, 도시·군관리계획 또는 기본계획) 변경에 따라 정비계획 변경

≪3년 內/심의결과/분담금 추산액/용적률 완화 변경≫
7. 정비사업시행 예정시기를 3년의 범위에서 조정하는 경우
8. 「도시교통정비 촉진법」에 따른 교통영향평가 등 관계법령에 의한 심의결과에 따른 변경인 경우
9. 토지등소유자별 분담금 추산액 및 산출근거를 변경하는 경우
10. 용적률 완화 변경(정비사업 시행을 위한 수용·사용시 손실보상 기준 이상으로 세입자 주거이전비 지급 등)

### 비교 기본계획 변경 : 의견청취절차 생략 + 협의·심의절차 생략 + 도지사 승인절차 생략

≪정비기반시설(10%)/기본계획/기간≫
1. 정비기반시설(규모 확대 or 면적 10퍼센트 미만 범위 內 축소)
2. 도시·군기본계획 변경 ⇒ 기본계획 변경
3. 정비사업 계획기간 단축

≪설치계획/단계별 추진≫
4. 설치계획 변경(공동/사/주 : 공동이용시설·사회복지시설·주민문화시설)
5. 단계별 정비사업 추진계획 변경

《20퍼센트 미만/재원조달》
6. 20퍼센트 미만 범위에서 변경(정비예정구역 면적·건폐율·용적률)(정비구역 면적 변경×)
7. 재원조달 사항 변경
☞ 20% : 기본계획에는 있고, 정비계획에는 없다.

# XIII. 정비계획의 결정 및 정비구역의 지정·고시

## 1. 지방도시계획위원회의 심의

① 정비구역의 지정권자 [특별시장·광역시장·특별자치시장·특별자치도지사·시장 또는 군수(광역시의 군수는 제외)는 정비구역을 지정하거나 변경지정하려면 지방도시계획위원회의 심의를 거쳐야 한다(법 제16조 제1항 본문).

② 다만, 법 제15조제3항 [대통령령으로 정하는 경미한 사항을 변경하는 경우(영 제13조 제4항)에는 주민에 대한 서면통보, 주민설명회, 주민공람 및 지방의회의 의견청취 절차를 거치지 아니할 수 있다.] 에 따른 경미한 사항을 변경하는 경우에는 지방도시계획위원회의 심의를 거치지 아니할 수 있다(법 제16조 제1항 단서).(감평 2019)

## 2. 지방자치단체 공보에 고시

정비구역의 지정권자는 정비구역을 지정(변경지정을 포함한다. 이하 같다)하거나 정비계획을 결정(변경결정을 포함한다. 이하 같다)한 때에는 정비계획을 포함한 정비구역 지정의 내용을 해당 지방자치단체의 공보에 고시하여야 한다(법 제16조 제2항 전단).

## 3. 보고 및 열람

정비구역의 지정권자는 정비계획을 포함한 정비구역을 지정·고시한 때에는 국토교통부령으로 정하는 방법 및 절차에 따라 국토교통부장관에게 그 지정의 내용을 보고하여야 하며, 관계 서류를 일반인이 열람할 수 있도록 하여야 한다(법 제16조 제3항).

# XIV. 정비구역 지정·고시의 효력 등 : 지구단위계획(구역)

## 1. 지구단위계획구역 및 지구단위계획 결정·고시 의제

정비구역의 지정·고시가 있는 경우 해당 정비구역 및 정비계획 중 「국토의 계획 및 이용에 관한 법률」에 따라 지구단위계획구역 및 지구단위계획으로 결정·고시된 것으로 본다(법 제17조 제1항).

## 2. 정비구역 지정·고시 의제

「국토의 계획 및 이용에 관한 법률」에 따른 지구단위계획구역에 대하여 법 제9조(정비계획의 내용) 제1항 각 호의 사항을 모두 포함한 지구단위계획을 결정·고시(변경 결정·고시하는 경우를 포함한다)하는 경우 해당 지구단위계획구역은 정비구역으로 지정·고시된 것으로 본다(법 제17조 제2항).

## XV 정비구역의 분할, 통합 및 결합

① **정비구역의 지정권자**는 정비사업의 효율적인 추진 또는 도시의 경관보호를 위하여 필요하다고 인정하는 경우에는 다음 각 호의 방법에 따라 **정비구역을 지정**할 수 있다(법 제18조 제1항).
  1. 하나의 정비구역을 둘 이상의 정비구역으로 **분할**(감평 2019·2024)
  2. 서로 **연접한** 정비구역을 하나의 정비구역으로 **통합**
  3. 서로 **연접하지 아니한 둘 이상의 구역**[법 제8조(정비구역의 지정)제1항에 따라 **대통령령으로 정하는 요건에 해당하는 구역**(영 제7조 제1항 : 별표1 – 정비계획의 입안대상지역)으로 한정한다] 또는 **정비구역**을 하나의 정비구역으로 **결합**

② 제1항에 따라 **정비구역을 분할·통합**하거나 서로 떨어진 구역을 하나의 정비구역으로 **결합**하여 지정하려는 경우 시행 방법과 절차에 관한 세부사항은 **시·도조례**로 정한다(법 제18조 제2항).

## XVI 행위제한 등

### 1. 정비구역에서 허가를 받아야 하는 행위★

① **정비구역**에서 다음 각 호의 어느 하나에 해당하는 행위를 하려는 자는 **시장·군수등**(특별자치시장, 특별자치도지사, 시장, 군수, 자치구의 구청장)의 **허가**를 받아야 한다. **허가받은 사항을 변경**하려는 때에도 또한 같다(법 제19조 제1항·영 제15조 제1항).(감평 2016)
  1. **건축물의 건축 등** : 「건축법」에 따른 **건축물**(가설건축물을 포함한다)의 **건축, 용도변경**(감평 2016·2022·2024)(정비구역에서 건축물의 용도만을 변경하는 경우에는 따로 시장 군수등의 허가를 받지 않아도 된다, ×)
  2. **공작물의 설치** : 인공을 가하여 제작한 시설물(「건축법」에 따른 건축물을 제외한다)의 설치
  3. **토지의 형질변경** : 절토(땅깎기)·성토(흙쌓기)·정지(땅고르기)·포장 등의 방법으로 토지의 형상을 변경하는 행위, 토지의 굴착 또는 공유수면의 매립
  4. **토석의 채취** : 흙·모래·자갈·바위 등의 토석을 채취하는 행위. 다만, 토지의 형질변경을 목적으로 하는 것은 제3호에 따른다.
  5. **토지분할**(감평 2016)
  6. **물건을 쌓아놓는 행위** : 이동이 쉽지 아니한 물건을 **1개월 이상 쌓아놓는 행위**(감평2016, 중개 2019)
  7. **죽목의 벌채 및 식재**(감평 2016)

② **시장·군수등**은 제1항 각 호의 행위에 대한 **허가**를 하려는 경우로서 **사업시행자**가 있는 경우에는 **미리 그 사업시행자의 의견을 들어야 한다.**

> **암기** 정비구역에서 허가를 받아야 하는 행위(법 제19조 제1항·영 제15조 제1항)
> 1. (가설)건축물의 건축, 용도변경
> 2. 공작물의 설치
> 3. 토지의 형질변경(토지의 형상을 변경하는 행위, 토지의 굴착 또는 공유수면의 매립)
> 4. 토석의 채취
> 5. 이동이 쉽지 아니한 물건을 1개월 이상 쌓아놓는 행위
> 6. 토지분할
> 7. 죽목의 벌채 및 식재
> ☞ 건/설/형/채→1/분/죽

## 2. 정비구역에서 허가를 받지 않고 할 수 있는 행위

다음 각 호의 어느 하나에 해당하는 행위는 정비구역에서 허가를 받지 아니하고 할 수 있다(법 제19조 제2항).

1. 재해복구 또는 재난수습에 필요한 응급조치를 위한 행위
2. 기존 건축물의 붕괴 등 안전사고의 우려가 있는 경우 해당 건축물에 대한 안전조치를 위한 행위
3. 그 밖에 대통령령으로 정하는 행위(영 제15조 제3항)
   (1) 농림수산물의 생산에 직접 이용되는 것으로서 국토교통부령으로 정하는 간이공작물의 설치 (감평 2022)
   (2) 경작을 위한 토지의 형질변경
   (3) 정비구역의 개발에 지장을 주지 아니하고 자연경관을 손상하지 아니하는 범위에서의 토석의 채취(감평 2022)
   (4) 정비구역에 존치하기로 결정된 대지에 물건을 쌓아놓는 행위(감평 2022)
   (5) 관상용 죽목의 임시식재(경작지에서의 임시식재는 제외한다)(감평 2022)

## 3. 이미 공사 또는 사업에 착수한 자

① 정비구역에서 허가를 받아야 하는 행위로서 정비구역의 지정 및 고시 당시 이미 관계 법령에 따라 행위허가를 받았거나 허가를 받을 필요가 없는 행위에 관하여 그 공사 또는 사업에 착수한 자는 시장·군수등에게 신고한 후(後) 이를 계속 시행할 수 있다(법 제19조 제3항).

② 이 경우 신고하여야 하는 자는 정비구역이 지정·고시된 날부터 30일 이내에 그 공사 또는 사업의 진행상황과 시행계획을 첨부하여 관할 시장·군수등에게 신고하여야 한다(영 제15조 제4항).

## 4. 비경제적인 건축행위를 막기 위한 행위제한 등

국토교통부장관, 시·도지사, 시장, 군수 또는 구청장(자치구의 구청장을 말한다. 이하 같다)은 비경제적인 건축행위 및 투기 수요의 유입을 막기 위하여 법 제6조(기본계획 수립을 위한 주민의견청취 등)제1항에 따라 기본계획을 공람 중인 정비예정구역 또는 정비계획을 수립 중인 지역에 대하여 3년 이내의 기간(1년의 범위에서 한 차례만 연장할 수 있다)을 정하여 대통령령(영 제16조)으로 정하는 방법과 절차에 따라 다음 각 호의 행위를 제한할 수 있다(법 제19조 제7항).

1. 건축물의 건축

2. 토지의 분할
3. 「건축법」 제38조에 따른 건축물대장 중 일반건축물대장을 집합건축물대장으로 전환
4. 「건축법」 제38조에 따른 건축물대장 중 집합건축물대장의 전유부분 분할

5. **지역주택조합 조합원 모집 제한**

   정비예정구역 또는 정비구역(이하 "정비구역등"이라 한다)에서는 「주택법」 제2조제11호가목(지역주택조합이란 지역에 거주하는 주민이 주택을 마련하기 위하여 설립한 조합을 말한다.)에 따른 지역주택조합의 조합원을 모집해서는 아니 된다(법 제19조 제8항). (중개 2019)

## XVII 정비구역등의 해제(의/심)

### 1. 정비구역의 필수적 해제(요청)사유 ★

정비구역의 지정권자 [특별시장·광역시장·특별자치시장·특별자치도지사·시장 또는 군수(광역시의 군수는 제외)]는 다음 각 호의 어느 하나에 해당하는 경우에는 정비구역등을 해제하여야 하고(법 제20조 제1항), 구청장등(자치구의 구청장 또는 광역시의 군수)은 다음 각 호의 어느 하나에 해당하는 경우에는 특별시장·광역시장에게 정비구역등의 해제를 요청하여야 한다(법 제20조 제2항).

1. 정비예정구역에 대하여 기본계획에서 정한 정비구역 지정 예정일부터 3년이 되는 날까지 특별자치시장, 특별자치도지사, 시장 또는 군수가 정비구역을 지정하지 아니하거나 구청장등(자치구의 구청장 또는 광역시의 군수)이 정비구역의 지정을 신청하지 아니하는 경우(법 제20조 제1항 제1호)

2. 재개발사업·재건축사업[법 제35조(조합설립인가 등)에 따른 조합(이하 "조합"이라 한다)이 시행하는 경우로 한정한다]이 다음 각 목의 어느 하나에 해당하는 경우(법 제20조 제1항 제2호)

    가. 토지등소유자가 정비구역으로 지정·고시된 날부터 2년이 되는 날까지 추진위원회의 승인을 신청하지 아니하는 경우〔법 제31조 제2항 제1호(정비구역으로 지정·고시된 지역을 대상으로 추진위원회를 구성하는 경우)에 따라 추진위원회를 구성하는 경우로 한정한다〕(감평 2020)

    나. 토지등소유자가 정비구역으로 지정·고시된 날부터 3년이 되는 날까지 법 제35조(조합설립인가 등)에 따른 조합설립인가(이하 "조합설립인가"라 한다)를 신청하지 아니하는 경우〔법 제31조제7항(정비사업에 대하여 법 제118조(정비사업의 공공지원)에 따른 공공지원을 하려는 경우에는 추진위원회를 구성하지 아니할 수 있다.)에 따라 추진위원회를 구성하지 아니하는 경우로 한정한다〕(감평 2020)

    다. 추진위원회가 추진위원회 승인일〔법 제31조 제2항 제2호(정비구역으로 지정·고시되지 아니한 지역으로서 일정한 요건에 해당하는 지역을 대상으로 추진위원회를 구성하는 경우)에 따라 추진위원회를 구성하는 경우에는 법 제16조에 따른 정비구역 지정·고시일로 본다〕부터 2년이 되는 날까지 조합설립인가를 신청하지 아니하는 경우 (감평 2020·2021)

    라. 조합이 조합설립인가를 받은 날부터 3년이 되는 날까지 사업시행계획인가를 신청하지 아니하는 경우(감평 2024)

3. 토지등소유자가 시행하는 재개발사업으로서 토지등소유자가 정비구역으로 지정·고시된 날부터 5년이 되는 날까지 사업시행계획인가를 신청하지 아니하는 경우(법 제20조 제1항 제3호)(감평 2020)

> 정리

◆ 정비구역등의 필수적 해제(요청)사유(법 제20조)

1. ≪정비예정구역 : 3년≫
   정비예정구역에 대하여 기본계획에서 정한 정비구역 지정 예정일부터 3년이 되는 날까지 특별자치시장, 특별자치도지사, 시장 또는 군수가 정비구역을 지정하지 아니하거나 구청장등이 정비구역의 지정을 신청하지 아니하는 경우(법 제20조 제1항 제1호)

2. ≪재개발조합·재건축조합 : 2년·3년≫
   재개발사업·재건축사업을 조합이 시행하는 경우로서 다음 각 목의 어느 하나에 해당하는 경우(법 제20조 제1항 제2호)
   가. 토지등소유자가 정비구역으로 지정·고시된 날부터 2년이 되는 날까지 조합설립추진위원회의 승인을 신청하지 아니하는 경우(정비구역으로 지정·고시된 지역을 대상으로 추진위원회를 구성하는 경우로 한정한다)
   나. 토지등소유자가 정비구역으로 지정·고시된 날부터 3년이 되는 날까지 조합설립인가를 신청하지 아니하는 경우(정비사업의 공공지원에 따라 추진위원회를 구성하지 아니할 수 있는 경우에 한정한다)
   다. 추진위원회가 추진위원회 승인일부터 2년이 되는 날까지 조합설립인가를 신청하지 아니하는 경우
   라. 조합이 조합설립인가를 받은 날부터 3년이 되는 날까지 사업시행계획인가를 신청하지 아니하는 경우

3. ≪토지등소유자 - 재개발사업 : 5년≫
   토지등소유자가 시행하는 재개발사업으로서 토지등소유자가 정비구역으로 지정·고시된 날부터 5년이 되는 날까지 사업시행계획인가를 신청하지 아니하는 경우(법 제20조 제1항 제3호)

| ◆ 정비구역등의 필수적 해제(요청)사유 ◆ ||
|---|---|
| 조합설립추진위원회(2년) ⇒ 조합설립인가(3년) ⇒ 사업시행계획인가(5년) 정비예정구역(3년) ||
| 2년 | • 조합설립추진위원회<br>• 조합설립추진위원회+조합설립인가 |
| 3년 | • 조합설립인가<br>• 조합설립인가+사업시행계획인가<br>• 정비예정구역 |
| 5년 | • 토지등소유자 시행 재개발사업 : 사업시행계획인가 |

## 2. 의견청취

(1) 주민

특별자치시장, 특별자치도지사, 시장, 군수 또는 구청장등(자치구의 구청장 또는 광역시의 군수)이 다음 각 호의 어느 하나에 해당하는 경우에는 30일 이상 주민에게 공람하여 의견을 들어야 한다(법 제20조 제3항).

가. 법 제20조 제1항에 따라 정비구역등을 해제하는 경우

나. 법 제20조 제2항에 따라 <u>정비구역등의 해제를 요청하는 경우</u>

### (2) 지방의회

① 특별자치시장, 특별자치도지사, 시장, 군수 또는 <u>구청장등</u>(자치구의 구청장 또는 광역시의 군수)은 법 제20조 제3항에 따른 <u>주민공람</u>을 하는 경우에는 <u>지방의회의 의견</u>을 들어야 한다(법 제20조 제4항 전단).

② 이 경우 지방의회는 특별자치시장, 특별자치도지사, 시장, 군수 또는 <u>구청장등</u>(자치구의 구청장 또는 광역시의 군수)이 정비구역등의 해제에 관한 계획을 통지한 날부터 <u>60일 이내</u>에 의견을 제시하여야 하며, <u>의견제시 없이 60일</u>이 지난 경우 이의가 없는 것으로 본다(법 제20조 제4항 후단).

## 3. 지방도시계획위원회의 심의

① <u>정비구역의 지정권자</u>는 정비구역등의 해제를 요청받거나 정비구역등을 해제하려면 <u>지방도시계획위원회의 심의</u>를 거쳐야 한다(법 제20조 제5항 본문).

② 다만, 「도시재정비 촉진을 위한 특별법」에 따른 <u>재정비촉진지구</u>에서는 <u>도시재정비위원회의 심의</u>를 거쳐 <u>정비구역등을 해제</u>하여야 한다(법 제20조 제5항 단서).

## 4. 정비구역등을 해제하지 아니할 수 있는 경우

법 제20조(<u>정비구역등의 필수적 해제사유</u>)제1항에도 불구하고 <u>정비구역의 지정권자</u>는 다음 각 호의 어느 하나에 해당하는 경우에는 법 제20조(<u>정비구역등의 해제</u>) 제1항 제1호부터 제3호까지의 규정에 따른 <u>해당 기간을 2년의 범위에서 연장</u>하여 정비구역등을 해제하지 아니할 수 있다(법 제20조 제6항). ( 1년의 범위에서 연장×)

1. 정비구역등의 <u>토지등소유자</u>(조합을 설립한 경우에는 <u>조합원</u>을 말한다)가 <u>100분의 30</u> 이상의 동의로 법 제20조 세1항제1호부터 제3호까지의 규정에 따른 <u>해당 기간</u>이 도래하기 전까지 연장을 요청하는 경우(100분의 50 이상 동의×)

2. 정비사업의 추진 상황으로 보아 주거환경의 계획적 정비 등을 위하여 <u>정비구역등의 존치가 필요</u>하다고 인정하는 경우

## 5. 고시·통보·열람

<u>정비구역의 지정권자</u>는 법 제20조 제5항에 따라 정비구역등을 해제하는 경우(법 제20 제6항에 따라 해제하지 아니한 경우를 포함한다)에는 그 사실을 해당 <u>지방자치단체의 공보에 고시</u>하고 <u>국토교통부장관</u>에게 <u>통보</u>하여야 하며, <u>관계 서류</u>를 일반인이 <u>열람</u>할 수 있도록 하여야 한다(법 제20조 제7항).

# XVIII 정비구역등의 직권해제

## 1. 정비구역의 임의적 해제사유★

<u>정비구역의 지정권자</u> [특별시장·광역시장·특별자치시장·특별자치도지사·시장 또는 군수(광역시의 군수는 제외)]는 다음 각 호의 어느 하나에 해당하는 경우 <u>지방도시계획위원회의 심의를 거쳐 정비구역등을 해제</u>

할 수 있다(법 제21조 제1항 전단). 이 경우 **제1호 및 제2호**에 따른 구체적인 기준 등에 필요한 사항은 **시·도조례**로 정한다(법 제21조 제1항 후단).

1. **정비사업의 시행**으로 **토지등소유자에게 과도한 부담**이 발생할 것으로 예상되는 경우(감평 2019)
2. **정비구역등의 추진 상황**으로 보아 **지정 목적을 달성할 수 없다고** 인정되는 경우(감평 2019)
3. **토지등소유자의 100분의 30 이상**이 정비구역등(추진위원회가 구성되지 아니한 구역으로 한정한다)의 **해제**를 **요청**하는 경우
4. **법 제23조제1항제1호**(주거환경개선사업의 사업시행자가 정비구역에서 정비기반시설 및 공동이용시설을 새로 설치하거나 확대하고 토지등소유자가 스스로 주택을 보전·정비하거나 개량하는 방법)에 따른 방법으로 시행 중인 **주거환경개선사업의 정비구역이 지정·고시된 날부터 10년 이상** 지나고, 추진 상황으로 보아 지정 목적을 달성할 수 없다고 인정되는 경우로서 **토지등소유자의 과반수가 정비구역의 해제에 동의**하는 경우
5. 추진위원회 구성 또는 조합 설립에 **동의한 토지등소유자의 2분의 1 이상 3분의 2 이하의 범위**에서 **시·도조례로 정하는 비율 이상의 동의**로 정비구역의 **해제를 요청**하는 경우(사업시행계획인가를 신청하지 아니한 경우로 한정한다)(전체 토지등소유자×)
6. 추진위원회가 구성되거나 조합이 설립된 정비구역에서 **토지등소유자 과반수의 동의**로 **정비구역의 해제를 요청**하는 경우(사업시행계획인가를 신청하지 아니한 경우로 한정한다)(감평 2020)

◆ 정비구역등의 임의적 해제사유(심의 要) ◆

1. 토지등소유자에게 과도한 부담 발생 예상
2. 정비구역등 지정 목적 달성 불가
3. 해제 요청
   (1) 추진위가 구성되지 않은 정비구역 ⇒ **토지등소유자 30% 이상**이 정비구역 해제 요청
   (2) **추진위가 구성** or **조합이 설립**된 정비구역 ⇒ **토지등소유자 과반수 동의**로 정비구역 해제 요청(사업시행계획인가를 신청하지 아니한 경우로 한정한다)
   (3) **추진위 구성** or **조합 설립**에 **동의한 토지등소유자의 2분의 1 이상 3분의 2 이하**의 범위에서 ⇒ **시·도조례로 정하는 비율 이상의 동의**로 정비구역 해제 요청(사업시행계획인가를 신청하지 아니한 경우로 한정한다)(전체 토지등소유자×)
4. 해제 동의 : **주거환경개선사업**(자력개량방식) 정비구역 지정·고시일부터 **10년 경과** + 지정 목적 달성 불가 ⇒ 토지등소유자의 **과반수**의 정비구역 해제 동의

## 2. 정비구역등 해제에 따른 비용의 일부 보조

법 제21조(정비구역등의 직권해제)제1항(임의적 해제사유)에 따라 **정비구역등을 해제**하여 추진위원회 구성승인 또는 조합설립인가가 **취소**되는 경우 **정비구역의 지정권자**는 해당 추진위원회 또는 조합이 사용한 **비용의 일부**를 **대통령령으로 정하는 범위**(영 제17조 ; 정비사업전문관리 용역비, 설계 용역비, 감정평가 비용, 그 밖에 해당 조합설립추진위원회 및 조합이 업무를 수행하기 위하여 사용한 비용으로서 시·도조례로 정하는 비용)에서 **시·도조례로 정하는 바에 따라 보조**할 수 있다(법 제21조 제3항). (전부를 보조할 수 있다.×)

## ⅩⅨ 정비구역등 해제의 효력

### 1. 정비구역 지정 이전으로 환원 간주

① 법 제20조(정비구역등의 필수적 해제) 및 법 제21조(정비구역등의 임의적 해제)에 따라 <u>정비구역등이 해제된 경우에는 정비계획으로 변경된 용도지역, 정비기반시설 등은 정비구역 지정 이전의 상태로 환원된 것으로 본다</u>(법 제22조 제1항 본문). (감평 2019·2024)

② 다만, <u>법 제21조제1항제4호</u>(자력개량방식으로 시행 중인 <u>주거환경개선사업</u>의 정비구역이 지정·고시된 날부터 <u>10년 이상</u> 지나고, 추진 상황으로 보아 지정 목적을 달성할 수 없다고 인정되는 경우로서 토지등소유자의 <u>과반수</u>가 정비구역의 해제에 동의하는 경우)의 경우 <u>정비구역의 지정권자</u>는 정비기반시설의 설치 등 해당 정비사업의 추진 상황에 따라 <u>환원되는 범위를 제한</u>할 수 있다(법 제22조 제1항 단서).

### 2. 주거환경개선구역으로 지정

법 제20조(정비구역등의 필수적 해제) 및 법 제21조(정비구역등의 임의적 해제)에 따라 <u>정비구역등</u>(재개발사업 및 재건축사업을 시행하려는 경우로 <u>한정</u>한다. 이하 이 항에서 같다)이 <u>해제된 경우 정비구역의 지정권자</u>는 <u>해제된 정비구역등</u>을 법 제23조제1항제1호(주거환경정비사업 - 자력개량방식)의 방법으로 시행하는 <u>주거환경개선구역</u>(주거환경개선사업을 시행하는 정비구역을 말한다. 이하 같다)으로 <u>지정</u>할 수 있다(법 제22조 제2항 전단).

# CHAPTER 3-1  정비사업의 시행방법 등

## I  정비사업의 시행방법 ★

### 1. 주거환경개선사업의 시행방법

주거환경개선사업은 다음 각 호의 어느 하나에 해당하는 방법 또는 이를 혼용하는 방법으로 한다(법 제23조 제1항). (중개 2017) (어느 하나의 방법으로만 가능하다. ×)

1. 법 제24조(주거환경개선사업의 시행자)에 따른 사업시행자가 정비구역에서 정비기반시설 및 공동이용시설을 새로 설치하거나 확대하고 토지등소유자가 스스로 주택을 보전·정비하거나 개량하는 방법 (감평 2019)

2. 법 제24조(주거환경개선사업의 시행자)에 따른 사업시행자가 법 제63조(토지 등의 수용 또는 사용)에 따라 정비구역의 전부 또는 일부를 수용하여 주택을 건설한 후 토지등소유자에게 우선 공급하거나 대지를 토지등소유자 또는 토지등소유자 외(外)의 자에게 공급하는 방법

3. 법 제24조(주거환경개선사업의 시행자)에 따른 사업시행자가 법 제69조제2항(다른 법령의 적용 및 배제 ; 정비사업과 관련된 환지에 관하여는 도시개발법 규정을 준용한다.)에 따라 환지로 공급하는 방법(중개 2018·2024) [☞ 환지(換地)는 사업시행 이전의 토지 소유권을 변화시키지 않고, 종전 토지의 위치·지적·이용상황·환경 등을 고려하여 사업시행 이후 새로이 조성된 대지에 기존의 권리를 그대로 이전시키는 개발방식을 말한다.]

4. 법 제24조(주거환경개선사업의 시행자)에 따른 사업시행자가 정비구역에서 법 제74조(관리처분계획의 인가 등)에 따라 인가받은 관리처분계획에 따라 주택 및 부대시설·복리시설을 건설하여 공급하는 방법(중개 2024)

### 2. 재개발사업의 시행방법

재개발사업은 정비구역에서 법 제74조(관리처분계획의 인가 등)에 따라 인가받은 관리처분계획에 따라 건축물을 건설하여 공급하거나(중개 2024) 법 제69조제2항(다른 법령의 적용 및 배제 ; 정비사업에 관련된 환지는 도시개발법을 준용한다 ; '환지처분을 하는 때'는 '사업시행계획인가를 하는 때'로 본다.)에 따라 환지로 공급하는 방법으로 한다(법 제23조 제2항). (감평 2019·2024, 중개 2018)

### 3. 재건축사업의 시행방법

① 재건축사업은 정비구역에서 법 제74조(관리처분계획의 인가 등)에 따라 인가받은 관리처분계획에 따라 건축물을 건설하여 공급하는 방법으로 한다(법 제23조 제3항 본문). (중개 2018·2024) 다만, 주택단지에 있지 아니하는 건축물의 경우에는 지형여건·주변의 환경으로 보아 사업 시행상 불가피한 경우로서 정비구역으로 보는 사업에 한정한다(법 제23조 제3항 단서).

② 법 제23조 제3항에 따라 건축물을 건설하여 공급하는 경우 주택, 부대시설 및 복리시설을 제외한 건축물(이하 이 항에서 "공동주택 외 건축물"이라 한다)은 「국토의 계획 및 이용에 관한 법률」에

따른 **준주거지역** 및 **상업지역**에서만 건설할 수 있다(법 제23조 제4항 전단). (중개 2019·2023·2024 : 일반 주거지역×) 이 경우 **공동주택 외 건축물**의 **연면적**은 **전체** 건축물 연면적의 <u>100분의 30 이하</u>이어야 한다(법 제23조 제4항 후단).

> ※ 주거환경개선정비사업 시행방법 (어느 하나 or 혼용) (자/수/환/관)
> 1. 《**자력개량방식**》 **정비기반시설** 및 **공동이용시설**을 <u>새로 설치</u>하거나 <u>확대</u>하고 **토지등소유자**가 **스스로** 주택을 보전·정비하거나 개량하는 방법
> 2. 《**수용방식**》 정비구역의 전부 또는 일부를 **수용**하여 **주택**을 건설한 후 **토지등소유자**에게 **우선 공급**하거나 **대지**를 **토지등소유자** 또는 **토지등소유자 외(外)**의 자에게 **공급**하는 방법
> 3. 《**환지방식**》 **환지**로 **공급**하는 방법
> 4. 《**관리처분방식**》 **인가받은** **관리처분계획**에 따라 **주택** 및 **부대시설·복리시설**을 **건설**하여 **공급**하는 방법
>
> ※ 재개발사업 시행방법 (환/관)
> 1. 《**환지방식**》 **환지**로 **공급**하는 방법
> 2. 《**관리처분방식**》 **인가받은** 관리처분계획에 따라 **건축물**을 **건설**하여 **공급**
>
> ※ 재건축사업 시행방법 (관)
> 1. 《**관리처분방식**》 주택·부대시설·복리시설 및 **공동주택 외 건축물** ⇒ **공동주택 외 건축물** : 준주거지역 및 상업지역에서만 건설 可 + **공동주택 외 건축물**의 연면적은 전체 건축물 연면적의 <u>30% 이하</u>

| ¶ 주체 | |
|---|---|
| 주거환경개선사업 | 시장·군수 등 |
| 재개발사업·재건축사업 | 조합 |
| ¶ 공공성 | |
| 주거환경개선사업 | 국민주택규모 주택, 공공임대주택 |
| 재개발사업 | 국민주택규모 주택, 임대주택(공공+민간) |
| 재건축사업 | 국민주택규모 주택 |
| ¶ 수용 | |
| 주거환경개선사업·재개발사업 | 수용 |
| 재건축사업 | 매도청구 |


# II 주거환경개선사업의 시행자 : 시장·군수등

## 1. 자력개량방식 : 법 제23조 제1항 제1호 방법

법 제23조제1항제1호(자력개량방식)에 따른 방법으로 시행하는 **주거환경개선사업**은 **시장·군수등**이 **직접 시행**하되, **토지주택공사등**을 **사업시행자**로 **지정**하여 시행하게 하려는 경우에는 법 제15조(정비계획 입안을 위한 주민의견청취 등)제1항에 따른 **공람공고일 현재** **토지등소유자**의 「**과반수**」의 **동의**를 받아야 한다(법 제24조 제1항).

## 2. 수용방식·환지방식·관리처분방식 : 법 제23조 제1항 제2호·제3호·제4호 방법

### (1) 시행자

법 제23조제1항제2호(수용방식)·제3호(환지방식)·제4호(관리처분방식)에 따른 방법으로 시행하는 주거환경개선사업은 시장·군수등이 직접 시행하거나 다음 각 호에서 정한 자에게 시행하게 할 수 있다(법 제24조 제2항).

1. 시장·군수등이 다음 각 목의 어느 하나에 해당하는 자를 사업시행자로 지정하는 경우
   가. 토지주택공사등
   나. 주거환경개선사업을 시행하기 위하여 국가, 지방자치단체, 토지주택공사등 또는 「공공기관의 운영에 관한 법률」 제4조에 따른 공공기관이 총지분의 100분의 50을 초과하는 출자로 설립한 법인
2. 시장·군수등이 제1호에 해당하는 자와 다음 각 목의 어느 하나에 해당하는 자를 공동시행자로 지정하는 경우
   가. 「건설산업기본법」 제9조에 따른 건설업자(이하 "건설업자"라 한다)
   나. 「주택법」 제7조제1항에 따라 건설업자로 보는 등록사업자(이하 "등록사업자"라 한다)

### (2) 동의 : 소유자·지상권자 3/2 이상 동의 + 세입자 과반수 동의

① 법 제24조 제2항에 따라 시행하려는 경우에는 법 제15조(정비계획 입안을 위한 주민의견청취 등)제1항에 따른 공람공고일 현재 해당 정비예정구역의 토지 또는 건축물의 소유자 또는 지상권자의 3분의 2 이상의 동의와 세입자(법 제15조제1항에 따른 공람공고일 3개월 전(前)부터 해당 정비예정구역에 3개월 이상 거주하고 있는 자를 말한다) 세대수의 과반수의 동의를 각각 받아야 한다(법 제24조 제3항 본문).

② ⓐ 다만, 세입자의 세대수가 토지등소유자의 2분의 1 이하인 경우 등 「대통령령으로 정하는 사유(영 제18조)」가 있는 경우에는 세입자의 동의절차를 거치지 아니할 수 있다(법 제24조 제3항 단서).(중개 2017·2021)
ⓑ 여기서 「대통령령으로 정하는 사유」란 다음 각 호의 어느 하나에 해당하는 것을 말한다.
1. 세입자의 세대수가 토지등소유자의 2분의 1 이하인 경우(중개 2017·2021)
2. 정비구역의 지정·고시일 현재 해당 지역이 속한 시·군·구에 공공임대주택 등 세입자가 입주 가능한 임대주택이 충분하여 임대주택을 건설할 필요가 없다고 시·도지사가 인정하는 경우
3. 법 제23조제1항제1호(자력개량방식), 제3호(환지방식) 또는 제4호(관리처분방식)에 따른 방법으로 사업을 시행하는 경우

## Ⅲ 재개발사업·재건축사업의 시행자 : 조합★

### 1. 재개발사업의 시행자

재개발사업은 다음 각 호의 어느 하나에 해당하는 방법으로 시행할 수 있다(법 제25조 제1항).

1. 「조합」이 시행하거나 「조합」이 조합원의 「과반수」의 동의를 받아 시장·군수등, 토지주택공사등, 건설업자, 등록사업자 또는 대통령령으로 정하는 요건을 갖춘 자(영 제19조 : 「자본시장과 금융투자업에 관한 법률」에 따른 신탁업자와 「한국부동산원법」에 따른 한국부동산원을 말한다.)와 공동으로 시행하는 방법
2. 토지등소유자가 「20인 미만」인 경우에는 토지등소유자가 시행하거나 토지등소유자가 토지등소유자의 「과반수」의 동의를 받아 시장·군수등, 토지주택공사등, 건설업자, 등록사업자 또는 대통령령으로 정하는 요건을 갖춘 자(영 제19조 : 「자본시장과 금융투자업에 관한 법률」에 따른 신탁업자와 「한국부동산원법」에 따른 한국부동산원을 말한다.)와 공동으로 시행하는 방법(감평 2019·2024, 중개 2021·2024)(30인 미만×)

### 2. 재건축사업의 시행자

재건축사업은 조합이 시행하거나 조합이 조합원의 과반수의 동의를 받아 시장·군수등, 토지주택공사등, 건설업자 또는 등록사업자와 공동으로 시행할 수 있다(법 제25조 제2항).(감평 2019)

## Ⅳ 재개발사업·재건축사업의 공공시행자

### 1. 공공시행자가 정비사업을 시행할 수 있는 경우

시장·군수등은 재개발사업 및 재건축사업이 다음 각 호의 어느 하나에 해당하는 때에는 법 제25조(재개발사업·재건축사업의 시행자)에도 불구하고 직접 정비사업을 시행하거나 토지주택공사등(토지주택공사등이 건설업자 또는 등록사업자와 공동으로 시행하는 경우를 포함한다. 이하 이 항부터 제4항까지에서 같다.)을 사업시행자로 지정하여 정비사업을 시행하게 할 수 있다(법 제26조 제1항).

1. 천재지변, 「재난 및 안전관리 기본법」 또는 「시설물의 안전 및 유지관리에 관한 특별법」에 따른 사용제한·사용금지, 그 밖의 불가피한 사유로 긴급하게 정비사업을 시행할 필요가 있다고 인정하는 때(감평 2022)
2. 법 제16조(정비계획의 결정 및 정비구역의 지정·고시)제2항 전단에 따라 고시된 정비계획에서 정한 정비사업시행 예정일부터 2년 이내에 사업시행계획인가를 신청하지 아니하거나 사업시행계획인가를 신청한 내용이 위법 또는 부당하다고 인정하는 때(재건축사업의 경우는 제외한다)(감평 2022)
3. 추진위원회가 시장·군수등의 구성승인을 받은 날부터 3년 이내에 조합설립인가를 신청하지 아니하거나 조합이 조합설립인가를 받은 날부터 3년 이내에 사업시행계획인가를 신청하지 아니한 때(감평 2022, 중개 2021·2024)
4. 지방자치단체의 장이 시행하는 「국토의 계획 및 이용에 관한 법률」에 따른 도시·군계획사업과 병행하여 정비사업을 시행할 필요가 있다고 인정하는 때(감평 2022)

5. 법 제59조(순환정비방식의 정비사업 등)제1항에 따른 순환정비방식으로 정비사업을 시행할 필요가 있다고 인정하는 때
6. 법 제113조(감독)에 따라 사업시행계획인가가 취소된 때
7. 해당 정비구역의 국·공유지 면적 또는 국·공유지와 토지주택공사등이 소유한 토지를 합한 면적이 전체 토지면적의 2분의 1 이상으로서 토지등소유자의 과반수가 시장·군수등 또는 토지주택공사등을 사업시행자로 지정하는 것에 동의하는 때(감평 2022)
8. 해당 정비구역의 토지면적 2분의 1 이상의 토지소유자와 토지등소유자의 3분의 2 이상에 해당하는 자가 시장·군수등 또는 토지주택공사등을 사업시행자로 지정할 것을 요청하는 때. 이 경우 법 제14조제1항제2호(정비계획의 입안 제안 ; 토지등소유자가 토지주택공사등을 사업시행자로 지정 요청하려는 경우)에 따라 토지등소유자가 정비계획의 입안을 제안한 경우 입안제안에 동의한 토지등소유자는 토지주택공사등의 사업시행자 지정에 동의한 것으로 본다. 다만, 사업시행자의 지정 요청 전(前)에 시장·군수등 및 법 제47조(주민대표회의)에 따른 주민대표회의에 사업시행자의 지정에 대한 반대의 의사표시를 한 토지등소유자의 경우에는 그러하지 아니하다.

> **참고** 법 제26조 제1항 제3호
> ( ⅰ ) 재개발·재건축사업을 조합이 시행하는 경우로서 「추진위원회가 추진위원회 승인일부터 2년이 되는 날까지 조합설립인가를 신청하지 아니하는 경우(법 제20조 제2항 제2호 다목)」와 「조합이 조합설립인가를 받은 날부터 3년이 되는 날까지 사업시행계획인가를 신청하지 아니하는 경우(법 제20조 제2항 제2호 라목)」를 법 제20조 제2항에서는 정비구역의 필수적 해제사유로 규정하고 있다.
> ( ⅱ ) 하지만, 「토지등소유자(또는 조합원) 100분의 30이상의 동의로 연장을 요청하는 경우」나 「정비구역등의 존치가 필요하다고 인정하는 경우」에는 정비구역 필수적 해제사유가 있더라도 정비구역 지정권자는 정비구역을 해제하지 아니할 수 있다(법 제20조 제6항).

## 2. 추진위원회 구성승인 또는 조합설립인가 취소 간주

재개발사업·재건축사업의 공공시행자로서 시장·군수등이 직접 정비사업을 시행하거나 토지주택공사등을 사업시행자로 지정·고시한 때에는 그 고시일 다음 날에 추진위원회의 구성승인 또는 조합설립인가가 취소된 것으로 본다(법 제26조 제3항 전단).(중개 2019)(고시한 날에×)

# CHAPTER 3-2 조합설립추진위원회 및 조합의 설립 등

## I. 조합설립추진위원회의 구성·승인

### 1. 추진위원회 구성

조합을 설립하려는 경우에는 다음 각 호의 사항에 대하여 토지등소유자 「과반수」의 동의를 받아 조합설립을 위한 추진위원회를 구성하여 국토교통부령으로 정하는 방법과 절차에 따라 시장·군수등의 「승인」을 받아야 한다(법 제31조 제1항 전단). 이 경우 시장·군수등은 승인 이후 구역경계, 토지등소유자의 수 등 국토교통부령으로 정하는 사항을 해당 지방자치단체 공보에 고시하여야 한다(법 제31조 제1항 후단).

1. 추진위원회 위원장(이하 "추진위원장"이라 한다)을 포함한 5명 이상의 추진위원회 위원(이하 "추진위원"이라 한다)
2. 법 제34조제1항(추진위원회의 운영 ; 국토교통부장관은 추진위원회의 공정한 운영을 위하여 다음 각 호의 사항을 포함한 추진위원회의 운영규정을 정하여 고시하여야 한다.)에 따른 운영규정

### 2. 추진위원회 구성 대상 지역

추진위원회는 다음 각 호의 어느 하나에 해당하는 지역을 대상으로 구성한다(법 제31조 제2항).

1. 법 제16조(정비계획의 결정 및 정비구역의 지정·고시)에 따라 정비구역으로 지정·고시된 지역
2. 법 제16조(정비계획의 결정 및 정비구역의 지정·고시)에 따라 정비구역으로 지정·고시되지 아니한 지역으로서 다음 각 목의 어느 하나에 해당하는 지역
   가. 법 제4조제1항 단서(도지사가 대도시가 아닌 시로서 기본계획을 수립할 필요가 없다고 인정하는 시에 대하여는 기본계획을 수립하지 아니할 수 있다.)에 따라 기본계획을 수립하지 아니한 지역 또는 법 제5조제2항 [기본계획의 내용 ; 기본계획의 수립권자는 기본계획에 「생활권의 설정, 생활권별 기반시설 설치계획 및 주택수급계획」, 「생활권별 주거지의 정비·보전·관리의 방향」사항을 포함하는 경우에는 법 제5조 제1항 제9호 및 제10호의 사항을 생략할 수 있다.] 에 따라 기본계획에 같은 법 제5조 제1항 제9호(정비예정구역의 개략적 범위) 및 제10호(단계별 정비사업 추진계획)의 사항을 생략한 지역으로서 대통령령으로 정하는 지역
   나. 기본계획에 법 제5조(기본계획의 내용) 제1항 제9호에 따른 정비예정구역이 설정된 지역
   다. 법 제13조의2(정비구역의 지정을 위한 정비계획의 입안 요청 등)에 따른 입안 요청 및 제14조(정비계획의 입안 제안)에 따른 입안 제안에 따라 정비계획의 입안을 결정한 지역
   라. 법 제15조(정비계획 입안을 위한 주민의견청취 등)에 따라 정비계획의 입안을 위하여 주민에게 공람한 지역

## 2. 추진위원회 동의자의 조합설립 동의 간주

① 추진위원회의 구성에 동의한 토지등소유자(이하 이 조에서 "추진위원회 동의자"라 한다)는 법 제35조(조합설립인가 등)제1항부터 제5항까지의 규정에 따른 조합의 설립에 동의한 것으로 본다(법 제31조 제2항 본문).

② 다만, 조합설립인가를 신청하기 전(前)에 시장·군수등 및 추진위원회에 조합설립에 대한 반대의 의사표시를 한 추진위원회 동의자의 경우에는 그러하지 아니하다(법 제31조 제2항 단서).

# Ⅱ 추진위원회

## 1. 추진위원회가 수행할 수 있는 업무★

추진위원회는 다음 각 호의 업무를 수행할 수 있다(법 제32조 제1항).
1. 법 제102조(정비사업전문관리업의 등록)에 따른 정비사업전문관리업자(이하 "정비사업전문관리업자"라 한다)의 선정 및 변경(감평 2018·2020)
2. 설계자의 선정 및 변경(감평 2018)
3. 개략적인 정비사업 시행계획서의 작성(감평 2018·2019)
4. 조합설립인가를 받기 위한 준비업무
5. 그 밖에 조합설립을 추진하기 위하여 대통령령으로 정하는 업무(영 제26조)
   가. 법 제31조(조합설립추진위원회의 구성·승인)제1항제2호에 따른 추진위원회 운영규정의 작성
   나. 토지등소유자의 동의서의 접수(감평 2018)
   다. 조합의 설립을 위한 창립총회(이하 "창립총회"라 한다)의 개최
   라. 조합 정관의 초안 작성
   마. 그 밖에 추진위원회 운영규정으로 정하는 업무

> ▶암기 추진위원회가 수행할 수 있는 업무 [시/운→설/정/조합(창립/동/정/인가)]
> 1. 개략적인 정비사업 시행계획서 작성
> 2. 추진위원회 운영규정 작성
> 3. 설계자·정비사업전문관리업자의 선정 및 변경
> 4. 조합설립
>    (1) 창립총회 개최
>    (2) 토지등소유자의 동의서 접수
>    (3) 조합 정관 초안 작성
>    (4) 조합설립인가를 받기 위한 준비업무

## 2. 추진위원회가 조직

추진위원회는 추진위원회를 대표하는 추진위원장 1명과 감사를 두어야 한다(법 제33조 제1항).(감평 2020)

## 3. 추진위원회의 운영

① <u>국토교통부장관</u>은 추진위원회의 공정한 운영을 위하여 다음 각 호의 사항을 포함한 <u>추진위원회의 운영규정</u>을 정하여 <u>고시</u>하여야 한다(법 제34조 제1항).(감평 2021)
  1. 추진위원의 선임방법 및 변경
  2. 추진위원의 권리·의무
  3. 추진위원회의 업무범위
  4. 추진위원회의 운영방법
  5. 토지등소유자의 운영경비 납부
  6. 추진위원회 운영자금의 차입
  7. 그 밖에 추진위원회의 운영에 필요한 사항으로서 <u>대통령령으로 정하는 사항</u>(영 제28조)
      가. 추진위원회 <u>운영경비의</u> 회계에 관한 사항
      나. <u>정비사업전문관리업자의 선정</u>에 관한 사항
      다. 그 밖에 국토교통부장관이 정비사업의 원활한 추진을 위하여 필요하다고 인정하는 사항

② <u>추진위원회</u>는 운영규정에 따라 운영하여야 하며, <u>토지등소유자</u>는 운영에 필요한 경비를 <u>운영규정</u>에 따라 <u>납부</u>하여야 한다(법 제34조 제2항).(감평 2021)

③ <u>추진위원회</u>는 수행한 업무를 법 제44조(총회의 소집)에 따른 <u>총회</u>(이하 "총회"라 한다)에 <u>보고</u>하여야 하며, 그 업무와 관련된 <u>권리·의무</u>는 조합이 <u>포괄승계</u>한다(법 제34조 제3항).

④ <u>추진위원회</u>는 사용경비를 기재한 회계장부 및 관계 서류를 <u>조합설립인가일부터 30일</u> 이내에 조합에 <u>인계</u>하여야 한다(법 제34조 제4항).(감평 2021)

## Ⅲ 조합설립인가 등

### 1. 토지등소유자로 구성된 조합 설립

① <u>시장·군수등, 토지주택공사등</u> 또는 <u>지정개발자</u>가 아닌 자가 <u>정비사업</u>을 시행하려는 경우에는 <u>토지등소유자로 구성된 조합을 설립</u>하여야 한다(법 제35조 제1항 본문).

② 다만, 법 제25조제1항제2호(재개발사업의 시행 : 토지등소유자 20인 미만이 재개발사업을 시행하는 경우)에 따라 <u>토지등소유자가 재개발사업</u>을 시행하려는 경우에는 그러하지 아니하다(법 제35조 제1항 단서).

### 2. 동의요건

**(1) 재개발조합 설립 인가 : 소유자(4분의 3 이상) + 면적(2분의 1 이상)**

<u>재개발사업의 추진위원회</u>〔법 제31조제7항(조합설립추진위원회의 구성·승인 : 정비사업에 대해서 공공지원을 하려는 경우에는 추진위원회를 구성하지 아니할 수 있다.)에 따라 <u>추진위원회를 구성하지 아니하는 경우에는 토지등소유자</u>를 말한다〕가 <u>조합</u>을 <u>설립</u>하려면 <u>토지등소유자의 4분의 3 이상</u> 및 <u>토지면적의 2분의 1 이상</u>의 토지소유자의 <u>동의</u>를 받아 다음 각 호의 사항을 첨부하여 법 제16조(정비계획의 결정 및 정비구역의 지정·고시)에 따른 정비구역 지정·고시 후 <u>시장·군수등의 인가</u>를 받아야 한다(법 제35조 제2항).(중개 2018·2020·2024)

1. 정관
2. 정비사업비와 관련된 자료 등 국토교통부령으로 정하는 서류
3. 그 밖에 시·도조례로 정하는 서류

### (2) 재건축조합 설립 인가

1) **주택단지의 공동주택** : 〔각 동별 : 구분소유자(과반수)〕+〔전체 : 소유자(4/3) 및 면적 (4/3)〕

   ① 재건축사업의 추진위원회(법 제31조제7항에 따라 추진위원회를 구성하지 아니하는 경우에는 토지등소유자를 말한다)가 조합을 설립하려는 때에는 주택단지의 공동주택의 각 동(복리시설의 경우에는 주택단지의 복리시설 전체를 하나의 동으로 본다)별 구분소유자의 과반수〔복리시설로서 대통령령(영 제30조 제3항)으로 정하는 경우에는 3분의 1 이상으로 한다.〕동의(공동주택의 각 동별 구분소유자가 5 이하인 경우는 제외한다)와 주택단지의 전체 구분소유자의 100분의 70 이상 및 토지면적의 100분의 70 이상의 토지소유자의 동의를 받아 법 제35조 제2항 각 호의 사항을 첨부하여 법 제16조(정비계획의 결정 및 정비구역의 지정·고시)에 따른 정비구역 지정·고시 후 시장·군수등의 인가를 받아야 한다(법 제35조 제3항).

   ② 위〔복리시설로서 대통령령(영 제30조 제3항)으로 정하는 경우에는 3분의 1 이상으로 한다.〕에서 「대통령령으로 정하는 경우」란 기본계획의 수립·고시일 이후로서 시·도지사가 따로 정하는 날[따로 정하는 날이 없는 경우에는 정비구역의 지정·고시일을 말한다]의 다음 날부터 조합설립인가 신청일까지 복리시설의 구분소유자가 증가한 경우를 말한다(영 제30조 제3항 본문). 다만, 다음 각 호의 요건을 모두 갖춘 경우에는 구분소유자가 증가한 경우로 보지 않는다(영 제30조 제3항 단서).
   
   1. 영업 등 해당 복리시설의 용도로 사용하기 위해 「집합건물의 소유 및 관리에 관한 법률」 제2조제3호에 따른 전유부분을 분할하였을 것
   2. 제1호에 따라 분할된 전유부분을 조합설립인가 신청일까지 영업 등 해당 복리시설의 용도로 사용하고 있을 것

2) **주택단지가 아닌 지역** : 소유자(4/3 이상) + 면적(3/2 이상)

   위 1)에도 불구하고, 주택단지가 아닌 지역이 정비구역에 포함된 때에는 주택단지가 아닌 지역의 토지 또는 건축물 소유자의 4분의 3 이상 및 토지면적의 3분의 2 이상의 토지소유자의 동의를 받아야 한다(법 제35조 제4항). (중개 2016·2020)

   > ▶암기 조합설립 동의 요건 : : ① 소유자(4/3→100분의 70 ) + ② 면적(2/1→3/2→100분의 70)
   > 1. 재개발조합 설립 인가〔토지등소유자(4/3 이상) + 토지면적(2/1 이상)〕
   > 2. 재건축조합 설립 인가
   >    (1) 주택단지가 아닌 지역〔토지 또는 건축물 소유자(4/3 이상)〕+ 토지면적(3/2 이상)〕
   >    (2) 주택단지의 공동주택
   >        1) 동별 : 동별 : 구분소유자〔과반수 동의 要 + 「복리시설」은 기본계획의 수립·고시일 이후로서 시·도지사가 따로 정하는 날(따로 정하는 날이 없는 경우에는 정비구역의 지정·고시일)의 다음 날부터 조합설립인가 신청일까지 복리시설의 구분소유자가 증가한 경우에는 3분의 1 이상 → 단, 각 동별 구분소유자가 5 이하인 경우는 제외〕
   >        2) 전체 : 구분소유자(100분의 70 이상) + 토지면적(100분의 70 이상)

## 3. 설립된 조합이 인가받은 사항을 변경하는 경우

### (1) 원칙 : 조합원 3/2이상 찬성 의결 + 시장·군수등의 인가

설립된 조합이 인가받은 사항을 변경하고자 하는 때에는 총회에서 조합원의 3분의 2 이상의 찬성으로 의결하고, 법 제35조 제2항 각 호(조합설립인가신청시 첨부할 서류)의 사항을 첨부하여 시장·군수등의 인가를 받아야 한다(법 제35조 제5항 본문).

### (2) 대통령령으로 정하는 경미한 사항 변경 : 시장·군수등에 신고

「대통령령으로 정하는 경미한 사항(영 제31조)」을 변경하려는 때에는 총회의 의결 없이 시장·군수등에게 신고하고 변경할 수 있다(법 제35조 제5항 단서). 여기서 「대통령령으로 정하는 경미한 사항」이란 다음 각 호의 사항을 말한다(영 제31조).

1. 착오·오기 또는 누락임이 명백한 사항(감평 2024)
2. 조합의 명칭(감평 2024) 및 주된 사무소의 소재지와 조합장의 성명 및 주소(조합장의 변경이 없는 경우로 한정한다)
3. 토지 또는 건축물의 매매 등으로 조합원의 권리가 이전된 경우의 조합원의 교체 또는 신규가입 (감평 2024)
4. 조합임원 또는 대의원의 변경(법 제45조에 따른 총회의 의결 또는 법 제46조에 따른 대의원회의 의결을 거친 경우로 한정한다)
5. 건설되는 건축물의 설계 개요의 변경
6. 정비사업비의 변경
7. 현금청산으로 인하여 정관에서 정하는 바에 따라 조합원이 변경되는 경우
8. 법 제16조에 따른 정비구역 또는 정비계획의 변경에 따라 변경되어야 하는 사항. 다만, 정비구역 면적이 10퍼센트 이상의 범위에서 변경되는 경우는 제외한다. (감평 2024)
9. 그 밖에 시·도조례로 정하는 사항

## 4. 추정분담금 등에 대한 정보의 제공

추진위원회는 조합설립에 필요한 동의를 받기 전(前)에 추정분담금 등 대통령령으로 정하는 정보 [영 제32조 : (제1호) 토지등소유자별 분담금 추산액 및 산출근거, (제2호) 그 밖에 추정 분담금의 산출 등과 관련하여 시·도조례로 정하는 정보] 를 토지등소유자에게 제공하여야 한다(법 제35조 제10항). (감평 2021, 중개 2024) (추진위원회는 조합설립인가 후 지체없이 추정분담금에 관한 정보를 토지등소유자에게 제공해야 한다, ×)

# Ⅳ 토지등소유자의 동의방법 등

## 1. 서면동의서 작성 방법

### (1) 성명 기재·지장 날인·신분증명서 사본 첨부

다음 각 호에 대한 동의[동의한 사항의 철회 또는 법 제26조제1항제8호단서(사업시행자의 지정에 대

한 반대의 의사표시), 법 제31조제3항단서(조합설립에 대한 반대의 의사표시) 및 법 제47조제4항단서(시장·군수등 및 주민대표회의에 사업시행자의 지정에 대한 반대의 의사표시)에 따른 반대의 의사표시를 포함한다)는 서면동의서 또는 전자서명동의서(「전자문서 및 전자거래 기본법」에 따른 전자문서에 「전자서명법」에 따른 전자서명을 한 동의서를 말한다. 이하 같다)를 제출하는 방법으로 한다(법 제36조 제1항 전단). 이 경우 서면동의서는 토지등소유자가 성명을 적고 지장(指章)을 날인하는 방법으로 하며, 주민등록증, 여권 등 신원을 확인할 수 있는 신분증명서의 사본을 첨부하여야 한다(법 제36조 제1항 후단).

1. 법 제20조(정비구역등의 해제)제6항제1호에 따라 정비구역등 해제의 연장을 요청하는 경우
2. 법 제21조(정비구역등의 직권해제)제1항제4호에 따라 정비구역의 해제에 동의하는 경우
3. 법 제24조제(주거환경개선사업의 시행자)1항에 따라 주거환경개선사업의 시행자를 토지주택공사 등으로 지정하는 경우
4. 법 제25조(재개발사업·재건축사업의 시행자)제1항제2호에 따라 토지등소유자가 재개발사업을 시행하려는 경우
5. 법 제26조(재개발사업·재건축사업의 공공시행자) 또는 법 제27조(재개발사업·재건축사업의 지정개발자)에 따라 재개발사업·재건축사업의 공공시행자 또는 지정개발자를 지정하는 경우
6. 법 제31조(조합설립추진위원회의 구성·승인)제1항에 따라 조합설립을 위한 추진위원회를 구성하는 경우
7. 법 제32조(추진위원회의 기능)제4항에 따라 추진위원회의 업무가 토지등소유자의 비용부담을 수반하거나 권리·의무에 변동을 가져오는 경우
8. 법 제35조(조합설립인가 등)제2항부터 제5항까지의 규정에 따라 조합을 설립하는 경우
9. 법 제47조(주민대표회의)제3항에 따라 주민대표회의를 구성하는 경우
10. 법 제50조(사업시행계획인가)제6항에 따라 사업시행계획인가를 신청하는 경우
11. 법 제58조(사업시행계획인가의 특례)제3항에 따라 사업시행자가 사업시행계획서를 작성하려는 경우

**(2) 인감도장 날인·인감증명서 첨부의 방법으로 가능한 경우**

토지등소유자가 해외에 장기체류하거나 법인인 경우 등 불가피한 사유가 있다고 시장·군수등이 인정하는 경우에는 토지등소유자의 인감도장을 찍은 서면동의서에 해당 인감증명서를 첨부하는 방법으로 할 수 있다(법 제36조 제2항).

**(3) 검인 또는 확인한 동의서 사용하는 경우 : 추진위원회 구성 승인·조합설립 인가**

서면동의서 또는 전자서명동의서(이하 이 항에서 "동의서"라 한다)를 작성하는 경우법 제31조제1항(조합설립추진위원회의 구성·승인 ; 조합을 설립하려는 경우에는 정비구역 지정·고시 후 토지등소유자 과반수의 동의를 받아 조합설립을 위한 추진위원회를 구성하여 시장·군수등의 승인을 받아야 한다.) 및 법 제35조제2항부터 제4항까지의 규정(조합설립인가 등 ; 재개발조합·재건축조합 설립에 대한 시장·군수등의 인가와 동의요건)에 해당하는 때에는 시장·군수등이 대통령령(영 제34조)으로 정하는 방법에 따라 검인(檢印) 또는 확인한 동의서를 사용하여야 하며, 검인 또는 확인을 받지 아니한 동의서는 그 효력이 발생하지 아니한다(법 제36조 제3항).

## 2. 토지등소유자 동의자 수 산정기준★

법 제12조(재건축사업을 위한 재건축진단)제2항, 법 제28조(재개발사업·재건축사업의 사업대행자)제1항, 법 제36조(토지등소유자의 동의방법 등)제1항, 영 제12조(정비계획의 입안 제안), 영 제14조(용적률 완화를 위한 현금납부 방법 등)제2항 및 영 제27조(창립총회의 방법 및 절차 등)에 따른 <u>토지등소유자(토지면적에 관한 동의자 수를 산정하는 경우에는 토지소유자</u>를 말한다. 이하 이 조에서 같다)의 <u>동의</u>는 다음 각 호의 기준에 따라 산정한다(법 제36조 제4항·영 제33조 제1항).

1. <u>주거환경개선사업</u>, <u>재개발사업</u>의 경우에는 다음 각 목의 기준에 의할 것
    가. <u>1필지의 토지</u> 또는 <u>하나의 건축물</u>을 여럿이서 <u>공유</u>하는 경우에는 때에는 해당 <u>토지 또는 건축물의 토지등소유자의 4분의 3 이상의 동의</u>를 받아 이를 <u>대표</u>하는<u>1인</u>을 토지등소유자로 산정할 것(감평 2017)
    나. 토지에 <u>지상권</u>이 설정되어 있는 경우 <u>토지의 소유자</u>와 해당 토지의 <u>지상권자</u>를 <u>대표</u>하는 <u>1인</u>을 <u>토지등소유자</u>로 산정할 것(감평 2017)
    다. <u>1인</u>이 다수 필지의 토지 또는 <u>다수의 건축물</u>을 소유하고 있는 경우에는 필지나 건축물의 수에 관계없이 <u>토지등소유자를 1인으로 산정</u>할 것. 다만, 재개발사업으로서 법 제25조제1항제2호(재개발사업·재건축사업의 시행자 : 토지등소유자가 20인 미만인 경우)에 따라 <u>토지등소유자가 재개발사업을 시행</u>하는 경우 토지등소유자가 <u>정비구역 지정 후(後)</u>에 <u>정비사업</u>을 <u>목적</u>으로 <u>취득한 토지 또는 건축물</u>에 대해서는 <u>정비구역 지정 당시의 토지 또는 건축물의 소유자</u>를 토지등소유자의 수에 <u>포함</u>하여 산정하되, 이 경우 동의 여부는 이를 취득한 토지등소유자에 따른다.(감평 2017)
    라. <u>둘 이상</u>의 토지 또는 건축물을 소유한 <u>공유자</u>가 동일한 경우에는 그 공유자 여럿을 <u>대표</u>하는 <u>1인</u>을 토지등소유자로 산정할 것
2. <u>재건축사업</u>의 경우에는 다음 각 목의 기준에 따를 것
    가. <u>소유권</u> 또는 <u>구분소유권</u>을 여럿이서 <u>공유</u>하는 경우에는 <u>그 여럿을 대표</u>하는 <u>1인</u>을 토지등소유자로 산정할 것
    나. <u>1인</u>이 둘 이상의 <u>소유권</u> 또는 <u>구분소유권</u>을 소유하고 있는 경우에는 소유권 또는 구분소유권의 수에 관계없이 <u>토지등소유자를 1인으로 산정할 것</u>(감평 2017)
    다. <u>둘 이상</u>의 소유권 또는 구분소유권을 소유한 <u>공유자</u>가 <u>동일</u>한 경우에는 <u>그 공유자 여럿을 대표하는 1인</u>을 토지등소유자로 할 것
3. <u>추진위원회의 구성</u> 또는 조합의 설립에 <u>동의</u>한 자로부터 <u>토지 또는 건축물을 취득한 자</u>는 <u>추진위원회의 구성</u> 또는 조합의 설립에 <u>동의</u>한 것으로 볼 것
4. 토지건물등기사항증명서, 건물등기사항증명서, 토지대장 또는 건축물관리대장에 소유자로 등재될 당시 주민등록번호의 기록이 없고 기록된 주소가 현재 주소와 다른 경우로서 소재가 확인되지 아니한 자는 <u>토지등소유자의 수</u> 또는 <u>공유자 수에서 제외</u>할 것
5. <u>국·공유지</u>에 대해서는 그 <u>재산관리청</u> 각각을 <u>토지등소유자</u>로 산정할 것.(감평 2017) 이 경우 재산관리청은 동의 요청을 받은 날부터 <u>30일</u> 이내에 동의 여부를 표시하지 않으면 동의한 것으로 본다.

## V 조합의 법인격 등

① 조합은 법인으로 한다(법 제38조 제1항).
② 조합은 조합설립인가를 받은 날부터 30일 이내에 주된 사무소의 소재지에서 대통령령으로 정하는 사항(영 제36조)을 등기하는 때에 성립한다(법 제38조 제2항).
③ 조합은 명칭에 "정비사업조합"이라는 문자를 사용하여야 한다(법 제38조 제3항).(중개 2019)

## VI 조합원의 자격 : 토지등소유자가 여러 명인 경우

법 제25조(재개발사업·재건축사업의 시행자)에 따른 정비사업의 조합원(사업시행자가 신탁업자인 경우에는 위탁자를 말하며, 사업시행자가 토지주택공사등인 경우에는 법 제72조(분양공고 및 분양신청)에 따른 분양신청을 할 수 있는 자를 말한다.)은 토지등소유자(재건축사업의 경우에는 재건축사업에 동의한 자만 해당한다)로 하되, 다음 각 호의 어느 하나에 해당하는 때에는 그 여러 명을 대표하는 1명을 조합원으로 본다(법 제39조 제1항 본문).
1. 토지 또는 건축물의 소유권과 지상권이 여러 명의 공유에 속하는 때
2. 여러 명의 토지등소유자가 1세대에 속하는 때. 이 경우 동일한 세대별 주민등록표 상에 등재되어 있지 아니한 배우자 및 미혼인 19세 미만의 직계비속은 1세대로 보며, 1세대로 구성된 여러 명의 토지등소유자가 조합설립인가 후(後) 세대를 분리하여 동일한 세대에 속하지 아니하는 때에도 이혼 및 19세 이상 자녀의 분가(세대별 주민등록을 달리하고, 실거주지를 분가한 경우로 한정한다)를 제외하고는 1세대로 본다.
3. 조합설립인가(조합설립인가 전(前)에 제26조제1항(재개발사업·재건축사업의 공공시행자 ; 시장·군수·토지주택공사등) 또는 법 제27조제1항제3호(재개발사업·재건축사업의 지정개발자 ; 신탁업자)에 따라 토지주택공사등 또는 신탁업자를 사업시행자로 지정한 경우에는 사업시행자의 지정을 말한다. 이하 이 조에서 같다) 후(後) 1명의 토지등소유자로부터 토지 또는 건축물의 소유권이나 지상권을 양수하여 여러 명이 소유하게 된 때

## VII 정관의 기재사항 등

1. 정관에 포함되어야 할 사항

조합의 정관에는 다음 각 호의 사항이 포함되어야 한다(법 제40조 제1항). 시·도지사는 제1항 각 호의 사항이 포함된 표준정관을 작성하여 보급할 수 있다(법 제40조 제2항).
 1. 조합의 명칭 및 사무소의 소재지
 2. 조합원의 자격(2/3)
 3. 조합원의 제명·탈퇴 및 교체(2/3)

4. 정비구역의 위치 및 면적(2/3)(중개 2019)
5. 법 제41조(조합의 임원)에 따른 조합의 임원(이하 "조합임원"이라 한다)의 수 및 업무의 범위
6. 조합임원의 권리·의무·보수·선임방법·변경 및 해임
7. 대의원의 수, 선임방법, 선임절차 및 대의원회의 의결방법(중개 2017)
8. 조합의 비용부담 및 조합의 회계(2/3)
9. 정비사업의 시행연도 및 시행방법
10. 총회의 소집 절차·시기 및 의결방법
11. 총회의 개최 및 조합원의 총회소집 요구
12. 법 제73조제3항(분양신청을 하지 아니한 자 등에 대한 조치 : 사업시행자가 분양신청을 하지 아니한 자 등에게 기한 내에 수용재결의 신청 또는 매도청구소송을 제기하지 아니하는 경우 해당 토지등소유자에게 지연일수에 따른 이자를 지급해야 한다.)에 따른 이자 지급
13. 정비사업비의 부담 시기 및 절차(2/3)
14. 정비사업이 종결된 때의 청산절차〔법 제86조의2(조합의 해산)에 따른 조합의 해산 이후 청산인의 보수 등 청산 업무에 필요한 사항을 포함한다.〕
15. 청산금의 징수·지급의 방법 및 절차(중개 2017)  [☞ 청산금 : 종전에 소유하고 있던 토지 또는 건축물의 가격과 분양받은 대지 또는 건축물의 가격 사이에 차이가 있는 경우 그 차액에 상당하는 금액 ; 법 제89조 제1항]
16. 시공자·설계자의 선정 및 계약서에 포함될 내용(2/3)
17. 정관의 변경절차
18. 그 밖에 정비사업의 추진 및 조합의 운영을 위하여 필요한 사항으로서 대통령령으로 정하는 사항(영 제38조)
   (1) 정비사업의 종류 및 명칭
   (2) 임원의 임기, 업무의 분담 및 대행 등에 관한 사항(감평 2019)
   (3) 대의원회의 구성, 개회와 기능, 의결권의 행사방법 및 그 밖에 회의의 운영에 관한 사항
   (4) 법 제24조(주거환경개선사업의 시행자) 및 제25조(재개발사업·재건축사업의 시행자)에 따른 정비사업의 공동시행에 관한 사항
   (5) 정비사업전문관리업자에 관한 사항
   (6) 정비사업의 시행에 따른 회계 및 계약에 관한 사항
   (7) 정비기반시설〔영 제3조제9호(주거환경개선사업을 위하여 지정·고시된 정비구역에 설치하는 공동이용시설로서 사업시행계획서에 해당 특별자치시장·특별자치도지사·시장·군수 또는 자치구의 구청장이 관리하는 것으로 포함된 시설)에 해당하는 시설은 제외한다.) 및 공동이용시설의 부담에 관한 개략적인 사항
   (8) 공고·공람 및 통지의 방법
   (9) 토지 및 건축물 등에 관한 권리의 평가방법에 관한 사항
   (10) 법 제74조(관리처분계획의 인가 등)제1항에 따른 관리처분계획(이하 "관리처분계획"이라 한다) 및 청산(분할징수 또는 납입에 관한 사항을 포함한다)에 관한 사항
   (11) 사업시행계획서의 변경에 관한 사항
   (12) 조합의 합병 또는 해산에 관한 사항

⑬ 임대주택의 건설 및 처분에 관한 사항
⑭ 총회의 의결을 거쳐야 할 사항의 범위
⑮ 조합원의 권리·의무에 관한 사항
⑯ 조합직원의 채용 및 임원 중 상근(常勤)임원의 지정에 관한 사항과 직원 및 상근임원의 보수에 관한 사항(중개 2017)
⑰ 그 밖에 시·도조례로 정하는 사항

## 2. 조합 정관의 변경★

### (1) 원칙 : 조합원 과반수의 찬성 + 시장·군수등의 인가

조합이 정관을 변경하려는 경우에는 법 제35조(조합설립인가와 동의)제2항부터 제5항까지의 규정에도 불구하고 총회를 개최하여 조합원 과반수의 찬성으로 시장·군수등의 인가를 받아야 한다(법 제40조 제3항 본문).

### (2) 예외1 : 조합원 3분의 2 이상의 찬성 + 시장·군수등의 인가

조합이 정관을 변경하려는 경우 법 제40조(정관의 기재사항 등) 제1항 제2호(조합원의 자격)·제3호(조합원의 제명·탈퇴 및 교체)·제4호(정비구역의 위치 및 면적)(중개 2023)·제8호(조합의 비용부담 및 조합의 회계)(중개 2023)·제13호(정비사업비의 부담 시기 및 절차)(중개 2023) 또는 제16호(시공자·설계자의 선정 및 계약서에 포함될 내용)(중개 2023)의 경우에는 조합원 3분의 2 이상의 찬성으로 시장·군수등의 인가를 받아야 한다(법 제40조 제3항 단서). (감평 2020, 중개 2015·2018)

> ▶암기 정관변경 : 조합원 3분의 2 이상의 찬성 要 [조합원/돈 ⇒ 시·설/구역]
> 1. 조합원(자/제/탈/교) : 자격·제명·탈퇴·교체
> 2. 돈(회계/부담) : 조합의 비용부담·회계, 정비사업비 부담
> 3. 시공자·설계자 : 시공자·설계자의 선정 및 계약서에 포함될 내용
> 4. 정비구역 : 위치·면적

### (3) 신고 : 대통령령으로 정하는 경미한 사항의 변경

「대통령령으로 정하는 경미한 사항(영 제39조)」을 변경하려는 때에는 이 법 또는 정관으로 정하는 방법에 따라 변경하고 시장·군수등에게 신고하여야 한다(법 제40조 제4항). 여기서 「대통령령으로 정하는 경미한 사항」이란 다음 각 호의 사항을 말한다(영 제39조).

1. 조합의 명칭 및 사무소의 소재지에 관한 사항
2. 조합임원의 수 및 업무의 범위에 관한 사항(감평 2023)
3. 총회의 소집 절차·시기 및 의결방법에 관한 사항
4. 임원의 임기, 업무의 분담 및 대행 등에 관한 사항
5. 의원회의 구성, 개회와 기능, 의결권의 행사방법, 그 밖에 회의의 운영에 관한 사항
6. 정비사업전문관리업자에 관한 사항
7. 공고·공람 및 통지의 방법에 관한 사항
8. 임대주택의 건설 및 처분에 관한 사항

9. 총회의 의결을 거쳐야 할 사항의 범위에 관한 사항
10. 조합직원의 채용 및 임원 중 상근임원의 지정에 관한 사항과 직원 및 상근임원의 보수에 관한 사항(감평 2023)
11. 착오·오기 또는 누락임이 명백한 사항
12. 정비구역 또는 정비계획의 변경에 따라 변경되어야 하는 사항
13. 그 밖에 시·도조례로 정하는 사항

## Ⅷ 조합의 임원

### 1. 임원의 자격 요건

조합은 조합원으로서 정비구역에 위치한 건축물 또는 토지(재건축사업의 경우에는 건축물과 그 부속토지를 말한다. 이하 이 항에서 같다)를 소유한 자〔하나의 건축물 또는 토지의 소유권을 다른 사람과 공유한 경우에는 가장 많은 지분을 소유(2인 이상의 공유자가 가장 많은 지분을 소유한 경우를 포함한다)한 경우로 한정한다〕중 다음 각 호의 어느 하나의 요건을 갖춘 조합장 1명과 이사, 감사를 임원으로 둔다(법 제41조 제1항 전단). (감평 2025)(공유는 가장 많은 지분을 소유한 자가 임원 자격이 있다, ○) 이 경우 조합장은 선임일부터 관리처분계획인가를 받을 때까지는 해당 정비구역에서 거주〔영업을 하는 자의 경우 영업을 말한다. 이하 이 조 및 법 제43조(조합임원 등의 결격사유 및 해임)에서 같다〕하여야 한다(법 제41조 제1항 후단).

1. 정비구역에 위치한 건축물 또는 토지를 5년 이상 소유하고 있을 것
2. 정비구역에서 거주하고 있는 자로서 선임일 직전 3년 동안 정비구역에서 1년 이상 거주할 것

### 2. 조합의 이사와 감사의 수★

① 조합의 이사와 감사의 수는 대통령령으로 정하는 범위(영 제40조)에서 정관으로 정한다(법 제41조 제2항).

② 조합에 두는 이사의 수는 3명 이상으로 하고, 감사의 수는 1명 이상 3명 이하로 한다(영 제40조 본문).(중개 2016) 다만, 토지등소유자의 수가 100인을 초과하는 경우에는 이사의 수를 5명 이상으로 한다(영 제40조 단서).(감평 2023, 중개 2016·2021·2022)

### 3. 조합임원의 임기★

조합임원의 임기는 3년 이하의 범위에서 정관으로 정하되, 연임할 수 있다(법 제41조 제4항).(감평 2019·2023)

### 4. 전문조합관리인의 선정

조합임원의 선출방법 등은 정관으로 정한다(법 제41조 제5항 본문). 다만, 시장·군수등은 다음 각 호의 어느 하나에 해당하는 경우 시·도조례로 정하는 바에 따라 변호사·회계사·기술사 등으로서 대통령령으로 정하는 요건을 갖춘 자(영 제41조 제1항)를 전문조합관리인으로 선정하여 조합임원의 업무를 대

행하게 할 수 있다(법 제41조 제5항 단서).
1. 조합임원이 사임, 해임, 임기만료, 그 밖에 불가피한 사유 등으로 직무를 수행할 수 없는 때부터 6개월 이상 선임되지 아니한 경우
2. 총회에서 조합원 과반수의 출석과 출석 조합원 과반수의 동의로 전문조합관리인의 선정을 요청하는 경우(☞ 법 제43조 제5항 : 이 경우 시장·군수등이 전문조합관리인을 선정한 경우 전문조합관리인이 업무를 대행할 임원은 당연 퇴임한다.)(중개 2022·2023)

## IX 조합임원의 직무 등★

① 조합장은 조합을 대표하고, 그 사무를 총괄하며, 총회 또는 법 제46조(대의원회)에 따른 대의원회의 의장이 된다(법 제42조 제1항).
② 조합장이 대의원회의 의장이 되는 경우에는 대의원으로 본다(법 제42조 제2항).
③ 조합장 또는 이사가 자기를 위하여 조합과 계약이나 소송을 할 때에는 감사가 조합을 대표한다(법 제42조 제3항).(감평 2019·2020, 중개 2019)
④ 조합임원은 같은 목적의 정비사업을 하는 다른 조합의 임원 또는 직원을 겸할 수 없다(법 제42조 제4항).(감평 2025, 중개 2015·2022)

## X 조합임원 등의 결격사유 및 해임

### 1. 조합임원·전문조합관리인 결격사유★
다음 각 호의 어느 하나에 해당하는 자는 조합임원 또는 전문조합관리인이 될 수 없다(법 제43조 제1항).
1. 미성년자·피성년후견인 또는 피한정후견인
2. 파산선고를 받고 복권되지 아니한 자
3. 금고 이상의 실형을 선고받고 그 집행이 종료(종료된 것으로 보는 경우를 포함한다)되거나 집행이 면제된 날부터 2년이 지나지 아니한 자
4. 금고 이상의 형의 집행유예를 받고 그 유예기간 중에 있는 자(감평 2019)
5. 이 법을 위반하여 벌금 100만원 이상의 형을 선고받고 10년이 지나지 아니한 자
6. 법 제35조(조합설립인가 등)에 따른 조합설립 인가권자에 해당하는 지방자치단체의 장, 지방의회 의원 또는 그 배우자·직계존속·직계비속

### 2. 조합임원의 당연 퇴임 사유 등
① 조합임원이 다음 각 호의 어느 하나에 해당하는 경우에는 당연 퇴임한다(법 제43조 제2항).
   1. 법 제43조제1항 각 호(조합임원의 결격사유)의 어느 하나에 해당하게 되거나 선임 당시 그에 해당하는 자이었음이 밝혀진 경우(감평 2025)(조합장이 선임 당시 결격사유에 해당하는 자임이 밝혀진 경우 당

연 퇴임한다.○)
    2. 조합임원이 법 제41조(조합의 임원)제1항에 따른 자격요건을 갖추지 못한 경우
  ② 법 제43조 제2항(조합임원의 당연퇴임 사유)에 따라 퇴임된 임원이 퇴임 전(前)에 관여한 행위는 그 효력을 잃지 아니한다(법 제43조 제3항).(감평 2025, 중개 2015·2023)(효력을 잃는다.×)

### 3. 조합임원의 해임★
  ① 조합임원은 법 44조제2항(총회의 소집 ; 총회는 조합장이 직권으로 소집하거나 조합원 5분의 1이상 또는 대의원의 3분의 2 이상의 요구로 조합장이 소집한다.)에도 불구하고 조합원 10분의 1 이상의 요구로 소집된 총회에서 조합원 과반수의 출석과 출석 조합원 과반수의 동의를 받아 해임할 수 있다(법 제43조 제4항 전단).(감평 2019)
  ② 이 경우 요구자 대표로 선출된 자가 해임 총회의 소집 및 진행을 할 때에는 조합장의 권한을 대행한다(법 제43조 제4항 후단).

## XI. 총회의 소집과 온라인총회★

### 1. 총회의 소집
  ① 조합에는 조합원으로 구성되는 총회를 둔다(법 제44조 제1항).
  ② ㉠ 총회는 조합장이 직권으로 소집하거나 조합원 5분의 1 이상(정관의 기재사항 중 법 제40조제1항제6호에 따른 조합임원의 권리·의무·보수·선임방법·변경 및 해임에 관한 사항을 변경하기 위한 총회의 경우는 10분의 1 이상으로 한다) 또는 대의원 3분의 2 이상의 요구로 조합장이 소집하며,(중개 2019) 조합원 또는 대의원외 요구로 총회를 소집하는 경우 조합은 소집을 요구하는 자가 본인인지 여부를 대통령령으로 정하는 기준(영 제41조의2)에 따라 정관으로 정하는 방법으로 확인하여야 한다(법 제44조 제2항).
    ㉡ 여기서 「대통령령으로 정하는 기준」이란 다음 각 호와 같다(영 제41조의2).
    1. 총회의 소집을 요구하는 조합원 또는 대의원은 요구서에 성명을 적고 서명 또는 지장날인을 하며, 주민등록증, 여권 등 신원을 확인할 수 있는 신분증명서의 사본을 첨부할 것
    2. 제1호에도 불구하고 총회의 소집을 요구하는 조합원 또는 대의원이 해외에 장기체류하는 등 불가피한 사유가 있다고 인정되는 경우에는 해당 조합원 또는 대의원의 인감도장을 찍은 요구서에 해당 인감증명서를 첨부할 것
  ③ 제2항에도 불구하고 조합임원의 사임, 해임 또는 임기만료 후 6개월 이상 조합임원이 선임되지 아니한 경우에는 시장·군수등이 조합임원 선출을 위한 총회를 소집할 수 있다(법 제44조 제3항).(중개 2023)
  ④ 제2항 및 제3항에 따라 총회를 소집하려는 자는 총회가 개최되기 7일 전까지 회의 목적·안건·일시 및 장소와 법 제45조제5항, 제6항 및 제8항에 따른 의결권의 행사기간 및 장소 등 의결권 행사에 필요한 사항을 정하여 조합원에게 통지하여야 한다(법 제44조 제4항).(중개 2019)
  ⑤ 총회의 소집 절차·시기 등에 필요한 사항은 정관으로 정한다(법 제44조 제5항).

## 2. 온라인총회

① 조합은 총회의 의결을 거쳐 법 제44조(총회의 소집)에 따른 **총회**와 **병행**하여 「정보통신망 이용촉진 및 정보보호 등에 관한 법률」에 따른 정보통신망을 이용한 총회(이하 "**온라인총회**"라 한다)를 개최하여 조합원이 참석하게 할 수 있다(법 제44조의2 제1항 본문). 다만, 「재난 및 안전관리 기본법」에 따른 재난의 발생 등 대통령령으로 정하는 사유가 발생하여 시장·군수등이 조합원의 직접 출석이 어렵다고 인정하는 경우에는 **온라인총회**를 **단독**으로 개최할 수 있다(법 제44조의2 제1항 단서).

② 제1항에 따른 **온라인총회**는 다음 각 호의 요건을 <u>모두 갖추어</u> 개최하여야 한다. 이 경우 정족수를 산정할 때에는 <u>직접 출석</u>한 것으로 본다.
  1. 온라인총회에 참석한 조합원이 <u>본인인지 여부</u>를 확인할 수 있을 것
  2. 온라인총회에 참석한 조합원의 접속 기록 등이 보관되어 <u>실제 참석 여부</u>를 확인·관리할 수 있을 것
  3. 그 밖에 원활한 의견의 청취·제시 등을 위하여 대통령령으로 정하는 기준에 부합할 것

## XII 총회의 의결

### 1. 총회 의결 사항★

① 다음 각 호의 사항은 <u>총회의 의결</u>을 거쳐야 한다(법 제45조 제1항).
  1. <u>정관의 변경</u>〔법 제40조제4항에 따른 경미한 사항의 변경(영 제39조)은 이 법 또는 정관에서 총회의결사항으로 정한 경우로 한정한다〕(감평 2018)
  2. <u>자금의 차입</u>과 그 방법·이자율 및 상환방법
  3. <u>정비사업비의 세부 항목별 사용계획이 포함된 <u>예산안 및 예산의 사용내역</u>
  4. 예산으로 정한 사항 외에 <u>조합원에게 부담이 되는 계약</u>
  5. <u>시공자·설계자 및 감정평가법인등</u>〔법 제74조 제4항(정비사업에서의 재산 또는 권리 평가방법)에 따라 <u>시장·군수등이 선정·계약</u>하는 <u>감정평가법인등</u>은 <u>제외</u>한다〕의 선정 및 변경.(감평 2024) (관리처분계획에 포함될 분양대상자별 분양예정인 건축물의 추산액을 평가하기 위하여 시장·군수등이 선정·계약한 감정평가법인등을 변경하는 경우에는 조합총회의 의결을 거치지 않아도 된다.○) 다만, 감정평가법인등 선정 및 변경은 총회의 의결을 거쳐 시장·군수등에게 위탁할 수 있다.
  6. <u>정비사업전문관리업자의 선정 및 변경</u>(법 제32조 제1항 제1호 ; 정비사업전문관리업자의 선정 및 변경은 추진위원회도 수행할 수 있다.)(감평 2020)
  7. <u>조합임원의 선임 및 해임</u>
  8. <u>정비사업비의 조합원별 분담내역</u>
  9. 법 제52조(사업시행계획서의 작성)에 따른 <u>사업시행계획서의 작성 및 변경</u>〔법 제50조(사업시행계획인가)제1항 본문에 따른 정비사업의 중지 또는 폐지에 관한 사항을 포함하며, 같은 항 단서에 따른 <u>경미한 변경은 제외</u>한다〕
  10. 법 제74조(관리처분계획의 인가 등)에 따른 <u>관리처분계획의 수립 및 변경</u>〔법 제74조(관리처분계획

의 인가 등)제1항 각 호 외의 부분 단서에 따른 경미한 변경은 제외한다)

10의2. 법 제86조의2(조합의 해산)에 따른 **조합의 해산**과 조합 해산 시의 회계보고

11. 법 제89조(청산금 등)에 따른 **청산금의 징수·지급**(분할징수·분할지급을 포함한다)과 **조합 해산 시의 회계보고**

12. 법 제93조(비용의 조달 : 사업시행자는 토지등소유자로부터 정비사업에 드는 비용과 정비사업의 시행과정에서 발생한 수입의 차액을 부과금으로 부과·징수할 수 있다.)에 따른 **비용의 금액 및 징수방법**

13. 그 밖에 **조합원**에게 **경제적 부담**을 주는 사항 등 주요한 사항을 결정하기 위하여 **대통령령**(영 제42조 제1항) 또는 **정관**으로 정하는 사항

    가. **조합의 합병 또는 해산**에 관한 사항(영 제42조 제1항 제1호)
    나. **대의원의 선임 및 해임**에 관한 사항(영 제42조 제1항 제2호)
    다. 건설되는 건축물의 **설계 개요**의 변경(영 제42조 제1항 제3호)(감평 2023)
    라. **정비사업비**의 변경(영 제42조 제1항 제4호)

② 제1항 각 호의 사항 중 이 법 또는 정관에 따라 조합원의 동의가 필요한 사항은 총회에 상정하여야 한다(법 제45조 제2항).

## 2. 의결정족수★

① **총회의 의결**은 이 법 또는 정관에 다른 규정이 없으면 **조합원 과반수의 출석과 출석 조합원의 과반수 찬성**으로 한다(법 제45조 제2항). (감평 2019)

② 법 제45조 제1항 제9호(사업시행계획서의 작성 및 변경) 및 제10호(관리처분계획의 수립 및 변경)의 경우에는 **조합원 과반수의 찬성**으로 의결한다(법 제45조 제4항 본문). 다만, **정비사업비가 100분의 10**[생산자물가상승률분, 법 제73조(분양신청을 하지 아니한 자 등에 대한 조치)에 따른 손실보상 금액은 제외한다] **이상 늘어나는 경우**에는 조합원 **3분의 2 이상의** 찬성으로 의결하여야 한다(법 제45조 제4항 단서).

> **◎ 정리**
>
> ◆ 총회 의결 사항1(법 제45조 제3항) : 조합원 과반수의 출석 + 출석조합원 과반수의 찬성
> 1. 돈(자금 차입, 정비사업비, 부과금, 청산금, 조합원에게 부담되는 계약, 회계)
> 2. 선정 및 변경(정비사업전문관리업자·시공자·설계자·감정평가법인등)
> 3. 선임 및 해임(조합임원, 대의원)
> 4. 조합의 합병 또는 해산
> 5. 설계 변경(건축물의 설계 개요 변경)

> **▶암기** 총회 의결 사항2(법 제45조 제4항)
> 1. 조합원 과반수 찬성 : 「사업시행계획서 작성·변경」, 「관리처분계획 수립·변경」
> 2. 조합원 3분의 2이상의 찬성
>    (1) 정비사업비 100분의 10 이상 증가
>    (2) 조합이 설립인가 받은 사항을 변경하는 경우(법 제35조 제5항)

> **암기** 총회 의결 사항3(법 제40조 제3항) : 정관변경
> 1. 원칙 : 조합원 과반수 찬성
> 2. 예외 : 조합원 3분의 2이상의 찬성 [조합원/돈 ⇒ 시·설/구역]
>    (1) **조합원**(자/제/탈/교) : 자격·제명·탈퇴·교체
>    (2) **돈**(회계/부담) : 조합의 비용부담·회계, 정비사업비 부담
>    (3) **시공자·설계자** : 시공자·설계자의 선정 및 계약서에 포함될 내용
>    (4) 정비**구역** : 위치·면적

> **암기** 총회 소집 요구(법 제44조 제2항·제3항)
> 1. 원칙 : 조합원 5분의1 이상 or 대의원 3분의 2 이상
> 2. 조합원 10분의 1 이상 요구
>    (1) 정관 변경 : 조합임원의 권리·의무·보수·선임방법·변경·해임
>    (2) 조합임원 해임(법 제43조 제4항)
> 3. 시장·군수등의 요구 : 조합임원의 사임·해임·임기만료 후 6개월 이상 조합임원 불선임

### 3. 서면 또는 대리인을 통한 의결권 행사

조합원은 서면으로 의결권을 행사하거나 다음 각 호의 어느 하나에 해당하는 경우에는 대리인을 통하여 의결권을 행사할 수 있다(법 제45조 제5항 본문). 서면으로 의결권을 행사하는 경우에는 정족수를 산정할 때에 출석한 것으로 본다(법 제45조 제5항 단서).

1. 조합원이 권한을 행사할 수 없어 배우자, 직계존비속 또는 형제자매 중에서 성년자를 대리인으로 정하여 위임장을 제출하는 경우
2. 해외에 거주하는 조합원이 대리인을 지정하는 경우
3. 법인인 토지등소유자가 대리인을 지정하는 경우. 이 경우 법인의 대리인은 조합임원 또는 대의원으로 선임될 수 있다.

### 4. 전자적 방법에 의한 의결권 행사

① 법 제45조 제5항(서면 또는 대리인을 통한 의결권 행사)에도 불구하고 조합원은 다음 각 호의 요건을 모두 충족한 경우에는 전자적 방법(「전자문서 및 전자거래 기본법」에 따른 정보처리시스템을 사용하거나 그 밖의 정보통신기술을 이용하는 방법을 말한다. 이하 같다)으로 의결권을 행사할 수 있다(법 제45조 제6항 전단). 이 경우 정족수를 산정할 때에 출석한 것으로 본다(법 제45조 제6항 후단).

1. 조합원이 전자적 방법 외에 법 제45조 제5항(서면 또는 대리인을 통한 의결권 행사)에 따른 방법으로도 의결권을 행사할 수 있게 할 것(법 제45조 제6항 제1호) ⇒ 다만, 법 제44조의2 제1항 단서(「재난 및 안전관리 기본법」에 따른 재난의 발생 등 대통령령으로 정하는 사유가 발생하여 시장·군수등이 조합원의 직접 출석이 어렵다고 인정하는 경우에는 온라인총회를 단독으로 개최할 수 있다.)에 해당하는 경우에는 전자적 방법만으로 의결권을 행사할 수 있다(법 제45조 제8항).
2. 의결권의 행사 방법에 따른 결과가 각각 구분되어 확인·관리할 수 있을 것(법 제45조 제6항 제2호)
3. 그 밖에 전자적 방법을 통한 의결권의 투명한 행사 등을 위하여 대통령령으로 정하는 기준에 부합할 것(법 제45조 제6항 제3호)

② 조합은 조합원의 참여를 확대하기 위하여 조합원이 전자적 방법을 우선적으로 이용하도록 노력하여야 한다(법 제45조 제7항).

③ 조합은 서면 또는 전자적 방법으로 의결권을 행사하는 자가 본인인지를 확인하여야 한다(법 제45조 제9항).

### 5. 조합원의 직접 출석 비율

① 총회의 의결은 조합원의 100분의 10 이상이 직접 출석(법 제45조 제5항에 따라 대리인을 통하거나 법 제45조 제6항·제8항에 따라 전자적 방법으로 의결권을 행사하는 경우 직접 출석한 것으로 본다. 이하 이 조에서 같다)하여야 한다(법 제45조 제10항 본문).

② 다만, 시공자의 선정을 의결하는 총회의 경우에는 조합원의 과반수가 직접 출석하여야 하고, 창립총회, 시공자 선정 취소를 위한 총회, 사업시행계획서의 작성 및 변경, 관리처분계획의 수립 및 변경, 정비사업비의 사용 및 변경을 위하여 개최하는 총회의 경우에는 조합원의 100분의 20 이상이 직접 출석하여야 한다(법 제45조 제10항 단서·영 제42조 제2항). (감평 2025) (시공자의 선정을 의결하는 총회 및 시공자 선정 취소를 위한 총회의 경우 조합원의 과반수가 직접 출석하여야 한다. ×)

### 6. 기타 필요한 사항

총회의 의결방법, 서면의결권 행사 및 본인확인방법 등에 필요한 사항은 정관으로 정한다. (법 제45조 제9항).

## XIII 대의원회

### 1. 대의원회 구성

① 조합원의 수가 100명 이상인 조합은 대의원회를 두어야 한다(법 제46조 제1항).

② 대의원회는 조합원의 10분의 1 이상으로 구성한다(법 제46조 제2항 본문). (감평 2023) 다만, 조합원의 10분의 1이 100명을 넘는 경우에는 조합원의 10분의 1의 범위에서 100명 이상으로 구성할 수 있다(법 제46조 제2항 단서).

### 2. 대의원의 자격★

조합장이 아닌 조합임원은 대의원이 될 수 없다(법 제46조 제3항). (감평 2020·2023·2025, 중개 2022·2023)

### 3. 대의원회가 총회의 권한을 대행할 수「있는」사항

대의원회는 법 제45조(총회의 의결)제1항의 총회의 의결사항 중 「제3호·제8호·제11호·제12호」는 총회의 권한을 대행할 수 있다(법 제46조 제4항·영 제43조).

1. 정비사업비의 세부 항목별 사용계획이 포함된 예산안 및 예산안의 사용내역(법 제45조 제1항 제3호)

2. 정비사업비의 조합원별 분담내역(법 제45조 제1항 제8호) [☞ 다만, 정비사업비의 변경에 관한 사항은 대의원회가 총회의 권한을 대행할 수 없다. ; 영 제43조 제12호]

3. 청산금의 징수·지급과 조합 해산 시의 회계보고(법 제45조 제1항 제11호)

4. 정비사업에 드는 비용과 관련된 부과금의 금액과 징수방법(법 제45조 제1항 제12호)

## 4. 대의원회가 총회의 권한을 대행할 수「없는」사항

① 대의원회는 위「3. 대의원회가 총회의 권한을 대행할 수「있는」사항」외에는 총회의 권한을 대행할 수 없다(법 제46조 제4항·영 제43조).

② 따라서, 조합임원의 선임 및 해임과 대의원의 선임 및 해임에 관한 사항은 대의원회가 총회의 권한을 대행할 수「없는」사항이다. ⇒ 다만, 정관으로 정하는 바에 따라 임기중 궐위된 자(조합장은 제외한다)를 보궐선임하는 경우는 제외한다(영 제43조 제6호 단서). (중개 2021)

③ 또한, 조합의 합병 또는 해산에 관한 사항도 대의원회가 총회의 권한을 대행할 수「없는」사항이다. ⇒ 다만, 사업완료로 인한 해산의 경우는 제외한다(영 제43조 제10호 단서). (중개 2021)

> **◎ 정리**
> 
> ◆ 대의원회가 총회의 권한을 대행할 수 있는 사항 [정비사업비-청/부 ⇒ 해-보자!]
> [정비사업비(변경×) - 청산금 - 부과금] + [사업완료 해산 - 보궐선임(조합장×)]
> 
> ① 영 제43조(대의원회가 총회의 권한을 대행할 수 없는 사항)에서 법 제45조(총회의 의결) 제1항 각호의 총회의결사항 중 제3호(정비사업비의 세부 항목별 사용계획이 포함된 예산안 및 예산안의 사용내역), 제8호(정비사업비의 조합원별 분담내역), 제11호(청산금의 징수·지급과 조합 해산 시의 회계보고), 제12호(정비사업에 드는 비용과 관련된 부과금의 금액과 징수방법)에 관한 사항은 규정하고 있지 않으므로 이에 대해서는 대의원회가 총회의 권한을 대행할 수 있다. ⇒ 다만, 정비사업비의 변경에 관한 사항은 대의원회가 총회의 권한을 대행할 수 없다.
> 
> ② 조합의 합병 또는 해산에 관한 사항은 대의원회가 총회의 권한을 대행할 수 없으나, 사업완료로 인한 해산의 경우에는 대의원회가 총회의 권한을 대행할 수 있다.
> 
> ③ 조합임원 및 대의원의 선임 및 해임은 대의원회가 총회의 권한을 대행할 수 없으나, 정관으로 정하는 바에 따라 임기중 궐위된 자(조합장은 제외)를 보궐선임하는 경우에는 대의원회가 총회의 권한을 대행할 수 있다.

## XIV 주민대표회의

### 1. 주민대표회의 구성★

① 토지등소유자가 시장·군수등 또는 토지주택공사등의 사업시행을 원하는 경우에는 정비구역 지정·고시 후(後) 주민대표기구(이하 "주민대표회의"라 한다)를 구성하여야 한다(법 제47조 제1항). (중개 2020)

② 주민대표회의는 위원장을 포함하여 5명 이상 25명 이하로 구성한다(법 제47조 제2항). (중개 2020)

③ 주민대표회의는 토지등소유자의 과반수의 동의를 받아 구성하며(중개 2020), 국토교통부령으로 정하는 방법 및 절차에 따라 시장·군수등의 승인을 받아야 한다(법 제47조 제3항).

④ 주민대표회의에는 위원장과 부위원장 각1명과 1명 이상 3명 이하의 감사를 둔다(영 제45조 제1항). (중개 2020·2021)

## 2. 사업시행자에 대한 의견 제시

주민대표회의 또는 세입자(상가세입자를 포함한다. 이하 같다)는 사업시행자가 다음 각 호의 사항에 관하여 법 제53조(시행규정의 작성 : 시장·군수등, 토지주택공사등 또는 신탁업자가 단독으로 정비사업을 시행하는 경우 다음 각 호의 사항을 포함하는 시행규정을 작성하여야 한다.)에 따른 시행규정을 정하는 때에 의견을 제시할 수 있다(법 제47조 제5항 전단). (중개 2020) (상가세입자를 제외한다, ×) 이 경우 사업시행자는 주민대표회의 또는 세입자의 의견을 반영하기 위하여 노력하여야 한다(법 제47조 제5항 후단).

1. 건축물의 철거(중개 2020)
2. 주민의 이주(세입자의 퇴거에 관한 사항을 포함한다)
3. 토지 및 건축물의 보상(세입자에 대한 주거이전비 등 보상에 관한 사항을 포함한다)
4. 정비사업비의 부담
5. 세입자에 대한 임대주택의 공급 및 입주자격
6. 그 밖에 정비사업의 시행을 위하여 필요한 사항으로서 대통령령으로 정하는 사항(영 제45조 제2항)

# CHAPTER 3-3 사업시행계획 등

## I 사업시행계획인가

### 1. 사업시행계획인가 신청 ★

① <u>사업시행자</u>(법 제25조(재개발사업·재건축사업의 시행자) 제1항 및 제2항에 따른 <u>공동시행의 경우를 포함</u>하되, <u>사업시행자가 시장·군수등인 경우는 제외</u>한다)는 <u>정비사업</u>을 <u>시행</u>하려는 경우에는 법 제52조(사업시행계획서의 작성)에 따른 <u>사업시행계획서</u>(이하 "사업시행계획서"라 한다)에 <u>정관등</u>과 그 밖에 국토교통부령으로 정하는 서류를 <u>첨부</u>하여 <u>시장·군수등에게 제출</u>하고 <u>사업시행계획인가</u>를 받아야 하고, <u>인가받은</u> 사항을 <u>변경</u>하거나 정비사업을 <u>중지</u> 또는 <u>폐지</u>하려는 경우에도 또한 같다(법 제50조 제1항 본문).(감평 2023)

② <u>시장·군수등</u>은 특별한 사유가 없으면 <u>사업시행계획서의 제출</u>이 있은 날부터 <u>60일 이내</u>에 <u>인가 여부를 결정</u>하여 <u>사업시행자에게 통보</u>하여야 한다(법 제50조 제4항).(감평 2019)

③ <u>사업시행자</u>(시장·군수등 또는 토지주택공사등은 제외한다)는 <u>사업시행계획인가</u>를 <u>신청하기 전(前)</u>에 미리 <u>총회의 의결</u>을 거쳐야 하며, 인가받은 사항을 <u>변경</u>하거나 정비사업을 <u>중지</u> 또는 <u>폐지</u>하려는 경우에도 또한 같다(법 제50조 제5항 본문).

> ☞ 조합이 사업시행자인 경우 시장·군수등은 특별한 사유가 없으면 사업시행계획서의 제출이 있은 날부터 60일 이내에 인가 여부를 결정하여 사업시행자에게 통보하여야 한다.(○)(법 제50조 제1항 및 제2항)(감평 2019)

### 2. 대통령령으로 정하는 경미한 사항을 변경하는 경우 : 신고·총회의결 不要

**(1) 서**

<u>사업시행자</u>가 인가받은 사업시행계획서의 내용을 <u>변경</u>하는 경우에도 <u>인가</u>받아야 하나, 「<u>대통령령으로 정하는 경미한 사항</u>을 <u>변경</u>하려는 때(영 제46조)」에는 <u>시장·군수등에게 신고</u>하여야 하고(법 제50조 제1항 단서), 이 경우 <u>총회의 의결</u>을 필요로 하지 아니한다(법 제50조 제5항 단서).

**(2) 대통령령으로 정하는 경미한 사항 : 영 제46조**

1. <u>정비사업비를 10퍼센트</u>의 범위에서 <u>변경</u>하거나 <u>관리처분계획의 인가</u>에 따라 <u>변경</u>하는 때. 다만, 「주택법」 제2조제5호에 따른 <u>국민주택</u>을 건설하는 사업인 경우에는 「주택도시기금법」에 따른 주택도시기금의 지원금액이 증가되지 아니하는 경우만 해당한다.
2. 건축물이 아닌 <u>부대시설·복리시설의 설치규모를 확대</u>하는 때(<u>위치가 변경되는 경우는 제외</u>한다)(감평 2023·2025)(위치가 변경되는 경우도 포함한다.×)
3. <u>대지면적을 10퍼센트</u>의 범위에서 변경하는 때(감평 2023)

4. 세대수와 세대당 주거전용면적을 변경하지 않고 세대당 주거전용면적의 10퍼센트의 범위에서 세대 내부구조의 위치 또는 면적을 변경하는 때
5. 내장재료 또는 외장재료를 변경하는 때(감평 2023·2025)
6. 사업시행계획인가의 조건으로 부과된 사항의 이행에 따라 변경하는 때
7. 건축물의 설계와 용도별 위치를 변경하지 아니하는 범위에서 건축물의 배치 및 주택단지 안의 도로선형을 변경하는 때(감평 2025)
8. 「건축법 시행령」 제12조제3항 각 호의 어느 하나에 해당하는 사항(허가와 신고사항의 변경 : 허가를 받았거나 신고한 사항을 변경하는 경우 변경 前에 허가를 받거나 신고를 해야 하나, 사용승인 신청할 때 허가권자에게 일괄하여 신고할 수 있는 변경사항)을 변경하는 때
9. 사업시행자의 명칭 또는 사무소 소재지를 변경하는 때(감평 2023·2025)
10. 정비구역 또는 정비계획의 변경에 따라 사업시행계획서를 변경하는 때(감평 2023·2025)
11. 법 제35조(조합설립인가 등)제5항 본문에 따른 조합설립변경 인가에 따라 사업시행계획서를 변경하는 때
11의2. 계산 착오, 오기, 누락이나 이에 준하는 명백한 오류에 해당하는 사항을 정정하는 때
11의3. 사업시행기간을 단축하거나 연장하는 때. 다만, 법 제73조 제1항 각 호에 해당하는 자(분양신청을 하지 아니한 자 등에 대한 조치 : 손실보상 협의 대상자)가 소유하는 토지 또는 건축물(토지 또는 건축물의 소유자가 국가나 지방자치단체인 경우는 제외한다)의 취득이 완료되기 전에 사업시행기간을 연장하는 때는 제외한다.
12. 그 밖에 시·도조례로 정하는 사항을 변경하는 때

---

**◆ 인가받은 사업시행계획서 변경 : 대통령령으로 정하는 경미한 사항 변경**

≪ 10% ≫
① 정비사업비를 10퍼센트의 범위에서 변경하거나 관리처분계획의 인가에 따라 변경하는 때
② 대지면적을 10퍼센트의 범위에서 변경하는 때★
③ 세대수와 세대당 주거전용면적을 변경하지 않고 세대당 주거전용면적의 10퍼센트의 범위에서 세대 내부구조의 위치 또는 면적을 변경하는 때,

≪다른 변경≫
④ 정비구역 또는 정비계획의 변경에 따라 사업시행계획서를 변경하는 때★
⑤ 조합설립변경 인가에 따라 사업시행계획서를 변경하는 때

≪건축물≫
⑥ 건축물의 설계와 용도별 위치를 변경하지 아니하는 범위에서 건축물의 배치 및 주택단지 안의 도로선형을 변경하는 때
⑦ 건축물이 아닌 부대시설·복리시설의 설치규모를 확대하는 때(위치가 변경되는 경우는 제외한다)★

≪기타≫
⑧ 사업시행자의 명칭 또는 사무소 소재지를 변경하는 때★
⑨ 내장재료 또는 외장재료를 변경하는 때★
⑩ 사업시행계획인가의 조건으로 부과된 사항의 이행에 따라 변경하는 때

## 3. 토지등소유자 20인 미만의 재개발사업 : 사업시행계획서에 대한 동의

① <u>토지등소유자</u>가 법 제25조제1항제2호(재개발사업의 시행자 : 토지등소유자가 20인 미만인 경우에는 토지등소유자가 시행하거나 토지등소유자가 토지등소유자의 과반수의 동의를 받아 시장·군수등, 토지주택공사등, 건설업자, 등록사업자 또는 대통령령으로 정하는 요건을 갖춘 자와 공동으로 시행하는 방법으로 재개발사업을 시행할 수 있다.)에 따라 <u>재개발사업을 시행</u>하려는 경우에는 <u>사업시행계획인가를 신청하기 전(前)</u>에 사업시행계획서에 대하여 <u>토지등소유자의 4분의 3 이상 및 토지면적의 2분의 1 이상의 토지소유자의 동의</u>를 받아야 한다(법 제50조 제6항 본문).

② 다만, <u>인가받은 사항을 변경</u>하려는 경우에는 규약으로 정하는 바에 따라 <u>토지등소유자의 과반수의 동의</u>를 받아야 하며, 법 제50조 제1항 단서에 따른 <u>경미한 사항의 변경</u>(대통령령으로 정하는 경미한 사항을 변경 : 영 제46조)인 경우에는 토지등소유자의 <u>동의를 필요로 하지 아니한다</u>(법 제50조 제6항 단서).

## 4. 사업시행계획의 통합심의

### (1) 통합심의 대상

<u>정비구역의 지정권자</u>는 <u>사업시행계획인가</u>와 관련된 <u>다음 각 호 중 둘 이상의 심의</u>가 필요한 경우에는 이를 통합하여 검토 및 심의(이하 "통합심의"라 한다)<u>하여야 한다</u>(법 제50조의2 제1항).

1. 「건축법」에 따른 <u>건축물의 건축</u> 및 <u>특별건축구역의 지정</u> 등에 관한 사항
2. 「경관법」에 따른 <u>경관 심의</u>에 관한 사항(중개 2024)
3. 「교육환경 보호에 관한 법률」에 따른 <u>교육환경평가</u>
4. 「국토의 계획 및 이용에 관한 법률」에 따른 <u>도시·군관리계획</u>에 관한 사항
5. 「도시교통정비 촉진법」에 따른 <u>교통영향평가</u>에 관한 사항
5의2. 「소방시설 설치 및 관리에 관한 법률」에 따른 성능위주설계의 평가에 관한 사항
5의3. 「자연재해대책법」에 따른 재해영향평가에 관한 사항
6. 「환경영향평가법」에 따른 <u>환경영향평가</u> 등에 관한 사항
7. 그 밖에 <u>국토교통부장관, 시·도지사 또는 시장·군수등</u>이 필요하다고 인정하여 <u>통합심의에 부치는 사항</u>

### (2) 통합심의위원회 구성

<u>정비구역의 지정권자</u>가 <u>통합심의</u>를 하는 경우에는 다음 각 호의 어느 하나에 해당하는 <u>위원회</u>에 속하고 해당 위원회의 위원장의 <u>추천</u>을 받은 위원, <u>정비구역의 지정권자</u>가 속한 지방자치단체 소속 공무원 및 <u>사업시행계획 인가권자</u>가 속한 지방자치단체 소속 공무원으로 소집된 <u>통합심의위원회를 구성</u>하여 <u>통합심의</u>하여야 한다(법 제50조의2 제3항 전단). 이 경우 통합심의위원회의 구성, 통합심의의 방법 및 절차에 관한 사항은 <u>대통령령</u> [영 제46조의2 : (제1항) 통합심의위원회는 위원장 1명과 부위원장 1명을 포함하여 24명 이상 150명 이하의 위원으로 성별을 고려하여 구성한다, (제3항) 통합심의위원회 위원장과 부위원장은 통합심의위원회 위원 중에서 정비구역지정권자가 임명하거나 위촉한다.] 으로 정한다(법 제50조의2 제3항 후단). (중개 2024)(위원장은 위원중에서 호선한다, ×)

1. 「건축법」에 따른 건축위원회

2. 「경관법」에 따른 경관위원회
3. 「교육환경 보호에 관한 법률」에 따른 교육환경보호위원회
4. 지방도시계획위원회
5. 「도시교통정비 촉진법」에 따른 교통영향평가심의위원회
6. 도시재정비위원회(정비구역이 재정비촉진지구 내에 있는 경우에 한정한다)
6의2. 「소방시설 설치 및 관리에 관한 법률」에 따른 성능위주설계평가단 또는 중앙소방기술심의위원회
6의3. 「자연재해대책법」에 따른 재해영향평가심의위원회
7. 「환경영향평가법」에 따른 환경영향평가협의회
8. 제1항제7호에 대하여 심의권한을 가진 관련 위원회

### (3) 기타

① <u>사업시행자</u>가 통합심의를 신청하는 경우에는 법 제50조의2(사업시행계획의 통합심의) 제1항 각 호와 관련된 서류를 첨부하여야 한다(법 제50조의2 제2항 전단). (중개 2024)(사업시행자는 통합심의를 신청할 수 없다.×) 이 경우 <u>정비구역의 지정권자</u>는 통합심의를 효율적으로 처리하기 위하여 필요한 경우 제출기한을 정하여 제출하도록 할 수 있다(법 제50조의2 제2항 후단).

② <u>시장·군수등</u>은 특별한 사유가 없으면 통합심의 <u>결과를 반영</u>하여 <u>사업시행계획</u>을 <u>인가</u>하여야 한다(법 제50조의2 제4항). (중개 2024)

③ <u>통합심의를 거친 경우</u>에는 법 제50조의2(사업시행계획의 통합심의) 제1항 각 호의 사항에 대한 검토·심의·조사·협의·조정 또는 재정을 거친 것으로 <u>본다</u>(법 제50조의2 제5항). (중개 2024)

## Ⅱ  사업시행계획서에 포함될 내용★

<u>사업시행자</u>는 <u>정비계획</u>에 따라 다음 각 호의 사항을 포함하는 <u>사업시행계획서</u>를 <u>작성</u>하여야 한다(법 제52조 제1항).

1. <u>토지이용계획</u>(건축물배치계획을 포함한다) (중개 2020)
2. <u>정비기반시설</u> 및 <u>공동이용시설의 설치계획</u> (중개 2020)
3. 임시거주시설을 포함한 <u>주민이주대책</u> (감평 2024, 중개 2020)
4. <u>세입자의 주거 및 이주 대책</u> (감평 2018, 중개 2020)(☞ 관리처분계획에는 '세입자별 손실보상을 위한 권리명세 및 그 평가액' 이 포함된다 ; 법 제74조 제1항 제8호).
5. 사업시행기간 동안 정비구역 내 가로등 설치, 폐쇄회로 텔레비전 설치 등 <u>범죄예방대책</u>
6. 법 제10조(임대주택 및 주택규모별 건설비율)에 따른 <u>임대주택의 건설계획</u>(재건축사업의 경우는 <u>제외</u>한다) (중개 2020)
7. 법 제54조(재개발사업·재건축사업의 용적률 완화 및 국민주택규모 주택 건설비율)제4항, 법 제101조의5(공공재개발사업에서의 용적률 완화 및 주택 건설비율 등) 및 법 제101조의6(공공재건축사업에서의 용적률 완화 및 주택 건설

비율 등)에 따른 <u>국민주택규모 주택</u>의 건설계획(주거환경개선사업의 경우는 <u>제외</u>한다)
8. <u>공공지원민간임대주택</u> 또는 <u>임대관리 위탁주택</u>의 건설계획(필요한 경우로 한정한다)
9. <u>건축물의 높이</u> 및 <u>용적률</u> 등에 관한 <u>건축계획</u>
10. 정비사업의 시행과정에서 발생하는 <u>폐기물의 처리계획</u>
11. <u>교육시설의 교육환경 보호</u>에 관한 계획(정비구역부터 <u>200미터 이내</u>에 교육시설이 설치되어 있는 경우로 <u>한정한다</u>)
12. <u>정비사업비</u>
13. 그 밖에 사업시행을 위한 사항으로서 <u>대통령령</u>으로 정하는 바에 따라 시·도조례로 정하는 사항(영 제47조 제2항)
    (1) 정비사업의 종류·명칭 및 시행기간
    (2) <u>정비구역의 위치 및 면적</u>
    (3) 사업시행자의 성명 및 주소
    (4) 자금계획
    (6) 정비사업의 시행에 지장이 있다고 인정되는 정비구역의 건축물 또는 공작물 등의 명세
    (7) 토지 또는 건축물 등에 관한 권리자 및 그 권리의 명세
    (8) <u>공동구의 설치에 관한 사항</u>

> **정리**
>
> ◆ 사업시행계획서에 포함될 내용
> ≪계획 : 이용계획·설치계획·건설계획·건축계획≫
> ① <u>토지이용계획</u>(건축물배치계획을 포함한다)
> ② <u>정비기반시설</u> 및 <u>공동이용시설의 설치계획</u>
> ③ 건설의무 있는 <u>임대주택의 건설계획</u>(재건축사업의 경우는 <u>제외</u>한다)
> ④ 공공지원민간<u>임대주택</u> 또는 <u>임대관리 위탁주택</u>의 건설계획
> ⑤ 「재개발·재건축 : <u>용적률 완화</u>」 및 「공공재개발·공공재건축 : <u>용적률 완화</u>」에 따른 <u>국민주택규모 주택</u>의 건설계획
> ⑥ <u>건축물의 높이</u> 및 <u>용적률</u> 등에 관한 건축계획
>
> ≪이주대책 : 주민·세입자≫
> ⑦ <u>임시거주시설</u>을 포함한 <u>주민이주대책</u>
> ⑧ <u>세입자의 주거 및 이주 대책</u>(관리처분계획 : 세입자별 손실보상을 위한 권리명세 및 그 평가액)
>
> ≪기타 : 범죄·폐기물·교육환경·정비사업비≫
> ⑨ 사업시행기간 동안 정비구역 내 가로등 설치, 폐쇄회로 텔레비전 설치 등 <u>범죄예방대책</u>
> ⑩ 정비사업의 시행과정에서 발생하는 <u>폐기물의 처리계획</u>
> ⑪ <u>교육시설의 교육환경 보호</u>에 관한 계획(정비구역부터 <u>200미터 이내</u>에 교육시설이 설치되어 있는 경우로 한정한다)
> ⑫ <u>정비사업비</u>
> ⑬ 그 밖에 사업시행을 위한 사항으로서 <u>대통령령</u>으로 정하는 바에 따라 <u>시·도조례</u>로 정하는 사항(공동구의 설치에 관한 사항 등)

## Ⅲ 시행규정의 작성

시장·군수등, 토지주택공사등 또는 신탁업자가 단독으로 정비사업을 시행하는 경우 다음 각 호의 사항을 포함하는 시행규정을 작성하여야 한다(법 제53조).

1. 정비사업의 종류 및 명칭
2. 정비사업의 시행연도 및 시행방법(중개 2022)
3. 비용부담 및 회계
4. 토지등소유자의 권리·의무(중개 2022)
5. 정비기반시설 및 공동이용시설의 부담
6. 공고·공람 및 통지의 방법(중개 2022)
7. 토지 및 건축물에 관한 권리의 평가방법(중개 2022)
8. 관리처분계획 및 청산(분할징수 또는 납입에 관한 사항을 포함한다). 다만, 수용의 방법으로 시행하는 경우는 제외한다.
9. 시행규정의 변경
10. 사업시행계획서의 변경
11. 토지등소유자 전체회의(신탁업자가 사업시행자인 경우로 한정한다)(중개 2022)
12. 그 밖에 시·도조례로 정하는 사항

## Ⅳ 재개발·재건축사업의 용적률 완화 및 국민주택규모의 주택 건설비율

### 1. 정비계획으로 정하여진 용적률을 초과하여 건축할 수 있는 경우

사업시행자는 다음 각 호의 어느 하나에 해당하는 정비사업(「도시재정비 촉진을 위한 특별법」에 따른 재정비촉진지구에서 시행되는 재개발사업 및 재건축사업은 제외한다. 이하 이 조에서 같다)을 시행하는 경우 정비계획(이 법에 따라 정비계획으로 의제되는 계획을 포함한다. 이하 이 조에서 같다)으로 정하여진 용적률에도 불구하고 지방도시계획위원회의 심의를 거쳐 「국토의 계획 및 이용에 관한 법률」 제78조(용도지역에서의 용적률) 및 관계 법률에 따른 용적률의 상한(이하 이 조에서 "법적상한용적률"이라 한다)까지 건축할 수 있다(법 제54조 제1항).

1. 「수도권정비계획법」에 따른 과밀억제권역(이하 "과밀억제권역"이라 한다)에서 시행하는 재개발사업 및 재건축사업(「국토의 계획 및 이용에 관한 법률」에 따른 주거지역 및 대통령령으로 정하는 공업지역(영 제47조의2 : 준공업지역)으로 한정한다. 이하 이 조에서 같다)(법 제54조 제1항 제1호)
2. 제1호 외(外)의 경우 시·도조례로 정하는 지역에서 시행하는 재개발사업 및 재건축사업(법 제54조 제1항 제2호)

### 2. 초과용적률과 국민주택규모 주택의 건설비율

사업시행자는 법적상한용적률에서 정비계획으로 정하여진 용적률을 뺀 용적률(이하 "초과용적률"이라 한다)의 다음 각 호에 따른 비율에 해당하는 면적에 <u>국민주택규모 주택</u>을 건설하여야 한다(법 제54조 제4항 본문).

1. <u>과밀억제권역</u>에서 시행하는 <u>재건축사업</u>은 초과용적률의 100분의 30 이상 <u>100분의 50 이하</u>로서 시·도조례로 정하는 비율
2. <u>과밀억제권역</u>에서 시행하는 <u>재개발사업</u>은 초과용적률의 100분의 50 이상 <u>100분의 75 이하</u>로서 시·도조례로 정하는 비율
3. <u>과밀억제권역 외(外)</u>의 지역에서 시행하는 <u>재건축사업</u>은 초과용적률의 <u>100분의 50 이하</u>로서 시·도조례로 정하는 비율
4. <u>과밀억제권역 외(外)</u>의 지역에서 시행하는 <u>재개발사업</u>은 초과용적률의 <u>100분의 75 이하</u>로서 시·도조례로 정하는 비율

## V 초과용적률 관련 국민주택규모 주택의 공급 및 인수

### 1. 국민주택규모 주택의 공급

① ⓐ <u>사업시행자</u>는 법 제54조(재건축사업 등의 용적률 완화 및 국민주택규모 주택 건설비율)제4항에 따라 건설한 <u>국민주택규모 주택</u>을 <u>국토교통부장관, 시·도지사, 시장, 군수, 구청장 또는 토지주택공사등</u>(이하 "<u>인수자</u>"라 한다)에 <u>공급</u>하여야 한다(법 제55조 제1항).(중개 2022)

ⓑ 이 경우 인수자에게 공급해야 하는 <u>국민주택규모 주택</u>을 <u>공개추첨의 방법</u>으로 선정해야 하며(중개 2022), 그 선정결과를 지체 없이 같은 항에 따른 <u>인수자</u>에게 통보해야 한다(영 제48조 제1항).

② 사업시행자가 영 제48조 제1항에 따라 선정된 국민주택규모 주택을 공급하는 경우에는 <u>시·도지사, 시장·군수·구청장</u> 순으로 우선하여 <u>인수</u>할 수 있다(영 제48조 제2항 본문).(중개 2022) 다만, 시·도지사 및 시장·군수·구청장이 <u>국민주택규모 주택을 인수할 수 없는 경우</u>에는 <u>시·도지사</u>는 <u>국토교통부장관</u>에게 <u>인수자 지정</u>을 <u>요청해야 한다</u>(영 제48조 제2항 단서).(중개 2022)(인수 요청을 할 수 있다, ×)

### 2. 국민주택규모 주택의 공급가격과 부속토지의 기부채납

<u>국민주택규모 주택의 공급가격</u>은 국토교통부장관이 고시하는 <u>공공건설임대주택의 표준건축비</u>로 하며, <u>부속 토지</u>는 인수자에게 <u>기부채납</u>한 것으로 본다(법 제55조 제2항).(중개 2022)

# CHAPTER 3-4 정비사업 시행을 위한 조치 등

## I. 임시거주시설·임시상가의 설치 등

① <u>사업시행자</u>는 <u>주거환경개선사업</u> 및 <u>재개발사업</u>의 시행으로 <u>철거되는 주택의 소유자 또는 세입자</u>(정비구역에서 실제 거주하는 자로 한정한다.)에게 해당 정비구역 안과 밖에 위치한 임대주택 등의 시설에 <u>임시로 거주하게</u> 하거나 <u>주택자금의 융자를 알선</u>하는 등 <u>임시거주에 상응하는 조치를 하여야 한다</u>(법 제61조 제1항).(중개 2017)(재건축사업 ×)

② <u>재개발사업</u>의 사업시행자는 사업시행으로 이주하는 <u>상가세입자</u>가 사용할 수 있도록 정비구역 또는 정비구역 인근에 <u>임시상가</u>를 <u>설치</u>할 수 있다(법 제61조 제5항).

## II. 토지 등의 수용 또는 사용

① <u>사업시행자</u>는 <u>정비구역</u>에서 <u>정비사업</u>[재건축사업의 경우에는 법 제26조제1항제1호(재개발사업·재건축사업의 공공시행자 ; 천재지변 등 불가피한 사유로 긴급하게 정비사업을 시행할 필요가 있다고 인정하는 때) 및 <u>법 제27조제1항제1호</u>(재개발사업·재건축사업의 지정개발자 ; 천재지변 등 불가피한 사유로 긴급하게 정비사업을 시행할 필요가 있다고 인정하는 때)에 해당하는 사업으로 한정한다]을 <u>시행</u>하기 위하여 「공익사업을 위한 토지 등의 취득 및 보상에 관한 법률」 제3조에 따른 <u>토지·물건 또는 그 밖의 권리를 취득</u>하거나 <u>사용</u>할 수 있다(법 제63조).

② 정비구역에서 정비사업의 시행을 위한 토지 또는 건축물의 소유권과 그 밖의 권리에 대한 <u>수용 또는 사용</u>은 이 법에 규정된 사항을 제외하고는 <u>「공익사업을 위한 토지 등의 취득 및 보상에 관한 법률」</u>을 <u>준용</u>한다(법 제65조 제1항 본문).

## III. 재건축사업에서의 매도청구

① <u>재건축사업의 사업시행자</u>는 <u>사업시행계획인가의 고시</u>가 있은 날부터 <u>30일 이내</u>에 다음 각 호의 자에게 <u>조합설립</u> 또는 <u>사업시행자의 지정</u>에 관한 <u>동의 여부를 회답</u>할 것을 <u>서면</u>으로 <u>촉구</u>하여야 한다(법 제64조 제1항).

1. <u>조합설립에 동의하지 아니한 자</u>
2. 법 제26조(재건축사업의 공공시행자)제1항 및 법 제27조(재건축사업의 지정개발자)제1항에 따라 <u>시장·군수등</u>, 토지주택공사등 또는 <u>신탁업자</u>의 <u>사업시행자 지정</u>에 동의하지 아니한 자

② 제1항의 촉구를 받은 토지등소유자는 촉구를 받은 날부터 <u>2개월 이내에 회답</u>하여야 한다(법 제64조 제2항).

③ 제2항의 기간 내에 회답하지 아니한 경우 그 토지등소유자는 <u>조합설립</u> 또는 <u>사업시행자의 지정</u>에 <u>동의하지 아니하겠다는 뜻을 회답</u>한 것으로 <u>본다</u>(법 제64조 제3항).

④ 제2항의 기간이 지나면 사업시행자는 <u>그 기간이 만료된 때부터 2개월 이내</u>에 조합설립 또는 사업시행자 지정에 동의하지 아니하겠다는 뜻을 회답한 <u>토지등소유자</u>와 <u>건축물 또는 토지만</u> 소유한 자에게 <u>건축물 또는 토지의 소유권과 그 밖의 권리를 매도</u>할 것을 <u>청구</u>할 수 있다(법 제64조 제4항).

# CHAPTER
# 3-5 관리처분계획 등

## Ⅰ 분양공고 및 분양신청★

1.

(1) 토지등소유자에게 통지할 사항

　　사업시행자는 사업시행계획인가의 고시가 있은 날(사업시행계획인가 이후 시공자를 선정한 경우에는 시공자와 계약을 체결한 날)부터 90일(대통령령으로 정하는 경우(영 제59조 제1항 : 재개발사업 중 해당 정비구역이 시·도조례로 정하는 면적 이상인 사업의 경우)에는 1회에 한정하여 30일의 범위에서 연장할 수 있다) 이내에 다음 각 호의 사항을 토지등소유자에게 통지하고, 분양의 대상이 되는 대지 또는 건축물의 내역 등 대통령령으로 정하는 사항(영 제59조 제2항)을 해당 지역에서 발간되는 일간신문에 공고하여야 한다(법 제72조 제1항 본문). 다만, 토지등소유자 1인이 시행하는 재개발사업의 경우에는 그러하지 아니하다(법 제72조 제1항 단서).

1. 분양대상자별 종전의 토지 또는 건축물의 명세 및 사업시행계획인가의 고시가 있은 날을 기준으로 한 가격(사업시행계획인가 前에 붕괴 위험등으로 기존 건축물 소유자의 동의 및 시장·군수등의 허가를 받아 해당 건축물을 철거하는 경우에는 철거허가를 받은 날을 기준으로 한 가격)
2. 분양대상자별 분담금의 추산액(중개 2019·2023)
3. 분양신청기간
4. 그 밖에 대통령령으로 정하는 사항(영 제59조 제3항)
   가. 분양공고 사항(단, 토지등소유자 外의 권리자의 권리신고방법은 제외)(중개 2023)
   나. 분양신청서(분양공고 사항×)(중개 2023)
   다. 그 밖에 시·도조례로 정하는 사항

(2) 분양공고 사항

　　법 제72조 제1항 본문에서「분양의 대상이 되는 대지 또는 건축물의 내역 등 대통령령으로 정하는 사항」이란 다음 각 호의 사항을 말한다(영 제59조 제2항).

1. 사업시행인가의 내용
2. 정비사업의 종류·명칭 및 정비구역의 위치·면적
3. 분양신청기간 및 장소(중개 2019)
4. 분양대상 대지 또는 건축물의 내역(중개 2019)
5. 분양신청자격(중개 2019)

6. 분양신청방법(중개 2019)
7. 토지등소유자 외(外)의 권리자의 권리신고방법(중개 2023)
8. 분양을 신청하지 아니한 자에 대한 조치(중개 2023)
9. 그 밖에 시·도조례로 정하는 사항

### 2. 분양신청기간

분양신청기간은 통지한 날부터 30일 이상 60일 이내로 하여야 한다(법 제72조 제2항 본문). 다만, 사업시행자는 관리처분계획의 수립에 지장이 없다고 판단하는 경우에는 분양신청기간을 20일의 범위에서 한 차례만 연장할 수 있다(법 제72조 제2항 단서).(중개 2021)(30일의 범위에서 한 차례만 연장할 수 있다.×)

## Ⅱ 분양신청을 하지 아니한 자 등에 대한 조치

### 1. 협의에 따른 손실보상

사업시행자는 관리처분계획이 인가·고시된 다음 날부터 90일 이내에 다음 각 호에서 정하는 자와 토지, 건축물 또는 그 밖의 권리의 손실보상에 관한 협의를 하여야 한다(법 제73조 제1항 본문).(감평 2024, 중개 2022)(120일 이내×/인가·고시된 날부터×) 다만, 사업시행자는 분양신청기간 종료일의 다음 날부터 협의를 시작할 수 있다(법 제73조 제1항 단서).

1. 분양신청을 하지 아니한 자(감평 2024, 중개 2024)
2. 분양신청기간 종료 이전에 분양신청을 철회한 자(중개 2024)(분양신청기간 종료 이후 철회한 자×)
3. 법 제72조제6항 본문(투기과열지구 정비사업 : 분양대상자 선정일부터 5년 이내에 분양신청을 할 수 없는 자)에 따라 분양신청을 할 수 없는 자
4. 인가된 관리처분계획에 따라 분양대상에서 제외된 자(중개 2024)

### 2. 수용재결의 신청·매도청구소송 제기

사업시행자는 법 제73조제1항에 따른 협의가 성립되지 아니하면 그 기간의 만료일 다음 날부터 60일 이내에 수용재결을 신청하거나 매도청구소송을 제기하여야 한다(법 제73조 제2항).(감평 2025, 중개 2022)(90일 이내×)(사업시행자는 분양신청을 하지 아니한 자와 손실보상에 관한 협의가 성립되지 아니하면 협의기간의 만료일 다음 날부터 60일 이내에 수용재결을 신청하거나 매도청구소송을 제기하여야 한다.○)

> ◈ 재개발·재건축 정비사업 절차
> 1. 정비기본계획 수립
> 2. 정비계획결정 및 정비구역 지정
> 3. 추진위원회 구성승인
> 4. 조합설립인가
> 5. 사업시행계획인가
> 6. 분양공고 및 분양신청
> 7. 관리처분계획인가 → (동호수 추첨·분양계약)

7. 이주·착공
8. 준공인가
9. 해산·청산

## Ⅲ 관리처분계획의 인가 등

### 1. 관리처분계획의 수립과 인가★

**사업시행자**는 법 제72조(분양공고 및 분양신청)에 따른 **분양신청기간**이 종료된 때에는 분양신청의 현황을 기초로 다음 각 호의 사항이 포함된 관리처분계획을 수립하여 **시장·군수등**의 **인가**를 받아야 하며, 관리처분계획을 변경·중지 또는 폐지하려는 경우에도 또한 같다(법 제74조 제1항 본문).(감평 2017)

1. **분양설계**(감평 2018)(☞ 분양설계에 관한 계획은 분양신청기간이 만료하는 날을 기준으로 하여 수립한다 ; 법 제76조 제1항 제5호)
2. **분양대상자의 주소 및 성명**(감평 2018)
3. **분양대상자별 분양예정인 대지 또는 건축물의 추산액**(임대관리 위탁주택에 관한 내용을 포함한다)(감평 2022)
4. 다음 각 목에 해당하는 **보류지** 등의 **명세와 추산액** 및 **처분방법**. 다만, **나목**의 경우에는 법 제30조(임대사업자의 선정)제1항에 따라 선정된 임대사업자의 성명 및 주소(법인인 경우에는 법인의 명칭 및 소재지와 대표자의 성명 및 주소)를 포함한다.
   가. 일반 분양분
   나. 공공지원민간임대주택
   다. 임대주택
   라. 그 밖에 부대시설·복리시설 등
5. **분양대상자별 종전의 토지 또는 건축물 명세 및 사업시행계획인가 고시가 있는 날을 기준으로 한 가격**[사업시행계획인가 전에 법 제81조(건축물 등의 사용·수익의 중지 및 철거 등)제3항에 따라 **철거된 건축물은 시장·군수등에게 허가를 받은 날을 기준으로 한 가격**]
6. **정비사업비의 추산액**[재건축사업의 경우에는 「재건축초과이익 환수에 관한 법률」에 따른 **재건축부담금**에 관한 사항을 **포함**한다(감평 2022)] 및 그에 따른 **조합원 분담규모 및 분담시기**
7. **분양대상자의 종전 토지 또는 건축물에 관한 소유권 외(外)의 권리명세**(감평 2022)
8. **세입자별 손실보상을 위한 권리명세 및 그 평가액**(감평 2018·2022)
9. 그 밖에 정비사업과 관련한 권리 등에 관하여 **대통령령으로 정하는 사항**(영 제62조)
   가. 법 제73조(분양신청을 하지 아니한 자 등에 대한 조치)에 따라 **현금으로 청산하여야 하는 토지등소유자별 기존의 토지·건축물 또는 그 밖의 권리의 명세와 이에 대한 청산방법
   나. 법 제79조제4항 전단 [관리처분계획에 따른 처분 등 ; 분양신청을 받은 후 잔여분이 있는 경우에는 정관등 또는 사업시행계획으로 정하는 목적을 위하여 그 잔여분(건축물을 포함)을 보류지로 정할 수 있다.] 에 따른 **보류지 등의 명세와 추산가액 및 처분방법**

다. 정비사업의 시행으로 인하여 새롭게 설치되는 정비기반시설의 명세와 용도가 폐지되는 정비기반시설의 명세(감평 2022)
라. 기존 건축물의 철거 예정시기(감평 2018)

---

◆ 관리처분계획에 포함되어야 할 사항

≪분양설계/분양대상자≫
1. 분양설계★
2. 분양대상자의 주소 및 성명★

≪종전 부동산 : 명세+가격·소유권 外 권리명세·철거 예정시기≫
3. 분양대상자별 종전의 토지 또는 건축물 명세 및 사업시행계획인가 고시가 있은 날을 기준으로 한 가격(사업시행계획인가 전에 기존 건축물 소유자의 동의 및 시장·군수등의 허가를 받아 철거된 건축물은 시장·군수등에게 철거허가를 받은 날을 기준으로 한 가격)
4. 분양대상자의 종전 토지 또는 건축물에 관한 소유권 외(外)의 권리명세★
5. 기존 건축물의 철거 예정시기★

≪추산액 : 분양예정 부동산·보류지·정비사업비≫
6. 분양대상자별 분양예정인 대지 또는 건축물의 추산액(임대관리 위탁주택에 관한 내용을 포함)
7. 「일반분양분」, 「공공지원민간임대주택(임대사업자의 성명 주소 포함)」, 「임대주택」, 「그 밖에 부대시설·복리시설 등」에 해당하는 보류지 등의 명세와 추산액 및 처분방법
8. 「분양신청을 받은 후 잔여분이 있는 경우 그 잔여분(건축물을 포함)을 보류지로 정한 경우」그 보류지 등의 명세와 추산가액 및 처분방법
9. 정비사업비의 추산액(재건축사업의 경우에는 국토교통부장관이 징수하는 재건축초과이익에 대한 재건축부담금에 관한 사항을 포함한다★) 및 그에 따른 조합원 분담규모 및 분담시기

≪기타 : 세입자·현금청산·정비기반시설≫
10. 세입자별 손실보상을 위한 권리명세 및 그 평가액★ (사업시행계획서 : 세입자의 주거 및 이주 대책)
11. 현금으로 청산하여야 하는 토지등소유자별 기존의 토지·건축물 또는 그 밖의 권리의 명세와 이에 대한 청산방법
12. 정비사업의 시행으로 인하여 새롭게 설치되는 정비기반시설의 명세와 용도가 폐지되는 정비기반시설의 명세★

---

## 2. 관리처분계획의 경미한 변경★

(1) 시장·군수등에게 신고

① 사업시행자가 관리처분계획을 변경하는 경우 시장·군수등의 인가를 받아야 하지만(법 제74조 제1항 본문), 「대통령령으로 정하는 경미한 사항을 변경하는 경우(영 제61조)」에는 시장·군수등에게 신고하여야 한다(법 제74조 제1항 단서).

② 시장·군수등은 신고를 받은 날부터 20일 이내에 신고수리 여부를 신고인에게 통지하여야 한다(법 제74조 제2항).

(2) 대통령령으로 정하는 경미한 사항을 변경하는 경우

「대통령령으로 정하는 경미한 사항을 변경하는 경우」란 다음 각 호의 어느 하나에 해당하는 경우

를 말한다(영 제61조).

1. 계산착오·오기·누락 등에 따른 조서의 단순정정인 경우(불이익을 받는 자가 없는 경우에만 해당한다)(중개 2018)
2. 법 제40조(정관의 기재사항 등)제3항에 따른 정관 및 법 제50조(사업시행계획인가)에 따른 사업시행계획인가의 변경에 따라 관리처분계획을 변경하는 경우(중개 2018)
3. 법 제64조(재건축사업에서의 매도청구)에 따른 매도청구에 대한 판결에 따라 관리처분계획을 변경하는 경우(감평 2024, 중개 2018)(토지등소유자에 대한 사업시행자의 매도청구에 대한 판결에 따라 관리처분계획을 변경하는 경우에는 시장·군수등의 변경인가를 받아야 한다. ×)
4. 법 제129조(사업시행자 등의 권리·의무의 승계)에 따른 권리·의무의 변동이 있는 경우로서 분양설계의 변경을 수반하지 아니하는 경우(중개 2018)
5. 주택분양에 관한 권리를 포기하는 토지등소유자에 대한 임대주택의 공급에 따라 관리처분계획을 변경하는 경우(감평 2017, 중개 2017·2018)
6. 「민간임대주택에 관한 특별법」에 따른 임대사업자의 주소(법인인 경우에는 법인의 소재지와 대표자의 성명 및 주소)를 변경하는 경우

> ◎ 정리
>
> ◆ 관리처분계획의 경미한 변경(영 제61조) : 신고 + 토지등소유자에 대한 의견청취 절차 생략(법 제78조 제1항 단서)
>
> ≪단순정정≫
> 1. 계산착오·오기·누락 등에 따른 조서의 단순정정인 경우(불이익을 받는 자가 없는 경우에만 해당한다)(불이익 받는 자가 있는 경우×)
>
> ≪관리처분계획 변경 : 정관변경/매도청구 판결/권리포기≫
> 2. 정관 및 사업시행계획인가의 변경에 따라 관리처분계획을 변경하는 경우
> 3. 재건축사업에서의 매도청구에 대한 판결에 따라 관리처분계획을 변경하는 경우
> 4. 주택분양에 관한 권리를 포기하는 토지등소유자에 대한 임대주택의 공급에 따라 관리처분계획을 변경하는 경우
>
> ≪권리의무 변동≫
> 5. 사업시행자와 정비사업과 관련하여 권리를 갖는 자의 변동으로 권리·의무의 변동이 있는 경우로서 분양설계의 변경을 수반하지 아니하는 경우(분양설계의 변경을 수반하는 경우×)
>
> ≪임대사업자≫
> 6. 「민간임대주택에 관한 특별법」에 따른 임대사업자의 주소(법인인 경우에는 법인의 소재지와 대표자의 성명 및 주소)를 변경하는 경우

### 3. 재산 또는 권리에 대한 평가 방법

정비사업에서 법 제74조 제1항 제3호(분양대상자별 분양예정인 대지 또는 건축물의 추산액)·제5호(분양대상자별 종전 토지 또는 건축물의 가격) 및 제8호(세입자별 손실보상 평가액)에 따라 재산 또는 권리를 평가할 때에는 다음 각 호의 방법에 따른다(법 제74조 제4항).

1. 「감정평가 및 감정평가사에 관한 법률」에 따른 감정평가법인등 중 다음 각 목의 구분에 따른

감정평가법인등이 평가한 금액을 산술평균하여 산정한다. 다만, 관리처분계획을 변경·중지 또는 폐지하려는 경우 분양예정 대상인 대지 또는 건축물의 추산액과 종전의 토지 또는 건축물의 가격은 사업시행자 및 토지등소유자 전원이 합의하여 산정할 수 있다.

가. 주거환경개선사업 또는 재개발사업 : 시장·군수등이 선정·계약한 2인 이상의 감정평가법인등 (시장·군수등이 선정·계약한 1인 이상×)

나. 재건축사업 : 시장·군수등이 선정·계약한 1인 이상의 감정평가법인등과 조합총회의 의결로 선정·계약한 1인 이상의 감정평가법인등(감평 2017·2024)(시장·군수등이 선정·계약한 2인 이상×)

2. 사업시행자는 제1호에 따라 감정평가를 하려는 경우 시장·군수등에게 감정평가법인등의 선정·계약을 요청하고 감정평가에 필요한 비용을 미리 예치하여야 한다. 시장·군수등은 감정평가가 끝난 경우 예치된 금액에서 감정평가 비용을 직접 지급한 후 나머지 비용을 사업시행자와 정산하여야 한다.

## IV 관리처분계획의 수립기준★

법 제74조(관리처분계획의 인가 등)제1항에 따른 관리처분계획의 내용은 다음 각 호의 기준에 따른다(법 제76조 제1항).

1. 종전의 토지 또는 건축물의 면적·이용 상황·환경, 그 밖의 사항을 종합적으로 고려하여 대지 또는 건축물이 균형 있게 분양신청자에게 배분되고 합리적으로 이용되도록 한다.

2. 지나치게 좁거나 넓은 토지 또는 건축물은 넓히거나 좁혀 대지 또는 건축물이 적정 규모가 되도록 한다.(감평 2012)

3. 너무 좁은 토지 또는 건축물을 취득한 자나 정비구역 지정 후(後) 분할된 토지 또는 집합건물의 구분소유권을 취득한 자에게는 현금으로 청산할 수 있다.(감평 2012)

4. 재해 또는 위생상의 위해를 방지하기 위하여 토지의 규모를 조정할 특별한 필요가 있는 때에는 너무 좁은 토지를 넓혀 토지를 갈음하여 보상을 하거나 건축물의 일부와 그 건축물이 있는 대지의 공유지분을 교부할 수 있다.

5. 분양설계에 관한 계획은 법 제72조(분양공고 및 분양신청)에 따른 분양신청기간이 만료하는 날을 기준으로 하여 수립한다.(감평 2012)

6. 1세대 또는 1명이 하나 이상의 주택 또는 토지를 소유한 경우 1주택을 공급하고, 같은 세대에 속하지 아니하는 2명 이상이 1주택 또는 1토지를 공유한 경우에는 1주택만 공급한다.(감평 2012, 중개 2021)(같은 세대에 속하지 아니하는 3명이 1토지를 공유한 경우에는 3주택을 공급하여야 한다.×)

7. 제6호에도 불구하고 다음 각 목의 경우에는 각 목의 방법에 따라 주택을 공급할 수 있다.

가. 2명 이상이 1토지를 공유한 경우로서 시·도조례로 주택공급을 따로 정하고 있는 경우에는 시·도조례로 정하는 바에 따라 주택을 공급할 수 있다.

나. 다음 어느 하나에 해당하는 토지등소유자에게는 소유한 주택 수만큼 공급할 수 있다.(감평 2012·2017)

1) 과밀억제권역에 위치하지 아니한 재건축사업의 토지등소유자. 다만, 투기과열지구 또는 「주택법」에 따라 지정된 조정대상지역에서 사업시행계획인가(최초 사업시행계획인가를 말한다)를 신청하는 재건축사업의 토지등소유자는 제외한다.
2) 근로자(공무원인 근로자를 포함한다)숙소, 기숙사 용도로 주택을 소유하고 있는 토지등소유자(감평 2012)
3) 국가, 지방자치단체 및 토지주택공사등(감평 2017)

다. 과밀억제권역에 위치한 재건축사업의 경우에는 토지등소유자가 소유한 주택수의 범위에서 3주택까지 공급할 수 있다. 다만, 투기과열지구 또는 조정대상지역에서 사업시행계획인가(최초 사업시행계획인가를 말한다)를 신청하는 재건축사업의 경우에는 그러하지 아니하다.

## Ⅴ 관리처분계획의 공람 및 인가절차 등

### 1. 관리처분계획에 대한 의견청취

① 사업시행자는 관리처분계획인가를 신청하기 전(前)에 관계 서류의 사본을 30일 이상 토지등소유자에게 공람하게 하고 의견을 들어야 한다(법 제78조 제1항 본문).
② 다만, 「대통령령으로 정하는 경미한 사항을 변경하는 경우(영 제61조)」에는 토지등소유자의 공람 및 의견청취 절차를 거치지 아니할 수 있다(법 제78조 제1항 단서).
③ 법 제78조 제1항은 시장·군수등이 직접 관리처분계획을 수립하는 경우에 준용한다(법 제78조 제6항).(감평 2024) (시장·군수등이 직접 관리처분계획을 수립하는 경우에는 토지등소유자의 공람 및 의견청취절차를 생략할 수 있다.×)

### 2. 관리처분계획인가 여부 결정 통보

① 시장·군수등은 사업시행자의 관리처분계획인가의 신청이 있는 날부터 30일 이내에 인가 여부를 결정하여 사업시행자에게 통보하여야 한다(법 제78조 제2항 본문).
② 다만, 시장·군수등은 법 제78조 제3항 (시장·군수등은 「정비사업비가 사업시행계획서 정비사업비 기준 10% 이상 늘어나는 경우」, 「조합원 분담규모가 분양공고시 분양대상자별 분담금의 추산액 총액 기준으로 20% 이상 늘어나는 경우」, 「조합원 5분의 1 이상이 관리처분계획인가 신청이 있은 날부터 15일 이내에 시장·군수등에게 타당성 검증을 요청한 경우(중개 2021)」에는 「토지주택공사등·한국부동산원」에 관리처분계획의 타당성 검증을 요청하여야 한다)에 따라 관리처분계획의 타당성 검증을 요청하는 경우에는 관리처분계획인가의 신청을 받은 날부터 60일 이내에 인가 여부를 결정하여 사업시행자에게 통지하여야 한다(법 제78조 제2항 단서).(감평 2025)

## Ⅵ 관리처분계획에 따른 처분 등

### 1. 관리처분계획에 따른 처분 등★
① 정비사업의 시행으로 조성된 대지 및 건축물은 관리처분계획에 따라 처분 또는 관리하여야 한다 (법 제79조 제1항). (중개 2020)
② 사업시행자는 정비사업의 시행으로 건설된 건축물을 인가받은 관리처분계획에 따라 토지등소유자에게 공급하여야 한다(법 제79조 제2항). (감평 2025, 중개 2017·2020)

### 2. 분양신청 받은 후 잔여분에 대한 처분
사업시행자는 법 제72조(분양공고 및 분양신청)에 따른 분양신청을 받은 후 잔여분이 있는 경우에는 정관등 또는 사업시행계획으로 정하는 목적을 위하여 그 잔여분을 보류지(건축물을 포함한다)로 정하거나 조합원 또는 토지등소유자 이외(以外)의 자에게 분양할 수 있다(법 제79조 제4항 전단). (감평 2025, 중개 2020)

### 3. 재개발임대주택의 인수방법 등★
① 국토교통부장관, 시·도지사, 시장, 군수, 구청장 또는 토지주택공사등은 조합이 요청하는 경우 재개발사업의 시행으로 건설된 임대주택을 인수하여야 한다(법 제79조 제5항 전단). (중개 2017·2020) 이 경우 재개발임대주택의 인수 절차 및 방법, 인수 가격 등에 필요한 사항은 대통령령(영 제68조)으로 정한다(법 제79조 제5항 후단).
② 조합이 재개발사업의 시행으로 건설된 임대주택(이하 "재개발임대주택"이라 한다)의 인수를 요청하는 경우 시·도지사 또는 시장, 군수, 구청장이 우선하여 인수하여야 하며, 시·도지사 또는 시장, 군수, 구청장이 예산·관리인력의 부족 등 부득이한 사정으로 인수하기 어려운 경우에는 국토교통부장관에게 토지주택공사등을 인수자로 지정할 것을 요청할 수 있다(영 제68조 제1항). (중개 2020)

## Ⅶ 지분형주택과 토지임대부 분양주택

### 1. 지분형주택의 공급
① 사업시행자가 토지주택공사등인 경우에는 분양대상자와 사업시행자가 공동 소유하는 방식으로 주택(이하 "지분형주택"이라 한다)을 공급할 수 있다(법 제80조 제1항 전단).
② "지분형주택"의 규모, 공동 소유기간 및 분양대상자는 다음 각 호와 같다(영 제70조 제1항).
  1. 지분형주택의 규모는 주거전용면적 60제곱미터 이하인 주택으로 한정한다. (중개 2021)
  2. 지분형주택의 공동 소유기간은 법 제86조제2항에 따라 소유권을 취득한 날부터 10년의 범위에서 사업시행자가 정하는 기간으로 한다.
  3. 지분형주택의 분양대상자는 다음 각 목의 요건을 모두 충족하는 자로 한다.
    가. 법 제74조제1항제5호(관리처분계획의 인가 등 : 분양대상자별 종전의 토지 또는 건축물 명세 및 사업시행계획인가 고시가 있은 날을 기준으로 한 가격)에 따라 산정한 종전에 소유하였던 토지 또는 건축물

나. 의 가격이 제1호에 따른 주택의 분양가격 이하에 해당하는 사람
　　　나. 세대주로서 영 제13조(정비구역의 지정을 위한 주민공람 등)제1항에 따른 정비계획의 공람 공고일 당시 해당 정비구역에 2년 이상 실제 거주한 사람
　　　다. 정비사업의 시행으로 철거되는 주택 외(外) 다른 주택을 소유하지 아니한 사람

## 2. 토지임대부 분양주택으로 공급 : 세입자 등의 요청

① 국토교통부장관, 시·도지사, 시장, 군수, 구청장 또는 토지주택공사등은 정비구역에 세입자와 「대통령령으로 정하는 면적 이하의 토지 또는 주택을 소유한 자(영 제71조 제1항)」의 요청이 있는 경우에는 법 제79조제5항(관리처분계획에 따른 처분 등 : 국토교통부장관, 시·도지사, 시장, 군수, 구청장 또는 토지주택공사등은 조합이 요청하는 경우 재개발사업의 시행으로 건설된 임대주택을 인수하여야 한다.)에 따라 인수한 임대주택의 일부를 「주택법」에 따른 토지임대부 분양주택(토지의 소유권은 사업계획의 승인을 받아 토지임대부 분양주택 건설사업을 시행하는 자가 가지고, 건축물 및 복리시설(福利施設) 등에 대한 소유권은 주택을 분양받은 자가 가지는 주택을 말한다 : 주택법 제2조 제9호)으로 전환하여 공급하여야 한다(법 제80조 제2항). (중개 2017·2021).(공급할 수 있다.×)

② 여기서 「대통령령으로 정하는 면적 이하의 토지 또는 주택을 소유한 자」란 다음 각 호의 어느 하나에 해당하는 자를 말한다(영 제71조 제2항).
　1. 면적이 90제곱미터 미만의 토지를 소유한 자로서 건축물을 소유하지 아니한 자(중개 2021·2023)(100제곱미터×)
　2. 바닥면적이 40제곱미터 미만의 사실상 주거를 위하여 사용하는 건축물을 소유한 자로서 토지를 소유하지 아니한 자(중개 2023)

# Ⅷ 건축물 등의 사용·수익의 금지

　종전의 토지 또는 건축물의 소유자·지상권자·전세권자·임차권자 등 권리자는 법 제78조(관리처분계획의 공람 및 인가절차 등)제4항에 따른 관리처분계획인가의 고시가 있은 때에는 법 제86조(이전고시 등)에 따른 이전고시가 있는 날까지 종전의 토지 또는 건축물을 사용하거나 수익할 수 없다(법 제81조 제1항 본문).(감평 2025) 다만, 다음 각 호의 어느 하나에 해당하는 경우에는 그러하지 아니하다(법 제81조 제1항 단서).

1. 사업시행자의 동의를 받은 경우(감평 2025)(동의가 없더라도 사용·수익할 수 있다.×)
2. 「공익사업을 위한 토지 등의 취득 및 보상에 관한 법률」에 따른 손실보상이 완료되지 아니한 경우(완료된 경우×)

# 3-6 공사완료에 따른 조치 등

## I 정비사업의 준공인가

### 1. 시장·군수등이 아닌 사업시행자의 준공인가신청★

시장·군수등(특별자치시장, 특별자치도지사, 시장, 군수, 자치구의 구청장)이 아닌 사업시행자가 정비사업 공사를 완료한 때에는 대통령령(영 제74조 제1항)으로 정하는 방법 및 절차에 따라 시장·군수등의 준공인가를 받아야 한다(법 제83조 제1항).(감평 2023, 중개 2016·2018)

### 2. 준공인가·고시

① 시장·군수등은 법 제83조 제2항 전단 또는 후단에 따른 준공검사를 실시한 결과 정비사업이 인가받은 사업시행계획대로 완료되었다고 인정되는 때에는 준공인가를 하고 공사의 완료를 해당 지방자치단체의 공보에 고시하여야 한다(법 제83조 제3항).

② 시장·군수등은 직접 시행하는 정비사업에 관한 공사가 완료된 때에는 그 완료를 해당 지방자치단체의 공보에 고시하여야 한다(법 제83조 제4항).

### 3. 준공인가전 사용허가★

① 시장·군수등은 준공인가를 하기 전(前)이라도 「완공된 건축물이 사용에 지장이 없는 등 대통령령으로 정하는 기준(영 제75조 제1항)」에 적합한 경우에는 입주예정자가 완공된 건축물을 사용할 수 있도록 사업시행자에게 허가할 수 있다(법 제83조 제5항 본문).(중개 2018)

② 여기서 「완공된 건축물이 사용에 지장이 없는 등 대통령령으로 정하는 기준」이란 다음 각 호를 말한다(영 제75조 제1항).
  1. 완공된 건축물에 전기·수도·난방 및 상·하수도 시설 등이 갖추어져 있어 해당 건축물을 사용하는 데 지장이 없을 것
  2. 완공된 건축물이 관리처분계획에 적합할 것
  3. 입주자가 공사에 따른 차량통행·소음·분진 등의 위해로부터 안전할 것

③ 시장·군수등은 사용허가를 하는 때에는 동별·세대별 또는 구획별로 사용허가를 할 수 있다.(중개 2018)

④ 시장·군수등이 사업시행자인 경우에는 허가를 받지 아니하고 입주예정자가 완공된 건축물을 사용하게 할 수 있다(법 제83조 제5항 단서).

## Ⅱ 준공인가 등에 따른 정비구역의 해제

① **정비구역의 지정**은 <u>준공인가의 고시가 있은 날</u>(관리처분계획을 수립하는 경우에는 <u>이전고시가 있은 때</u>를 말한다)의 <u>다음 날에 해제된 것으로 본다</u>(법 제84조 제1항 전단). (중개 2018) (준공인가의 고시가 있은 날×, 이전고시가 있은 날×) 이 경우 지방자치단체는 해당 지역을 「국토의 계획 및 이용에 관한 법률」에 따른 <u>지구단위계획으로 관리</u>하여야 한다(법 제84조 제1항 후단).

② 제1항에 따른 <u>정비구역의 해제</u>는 <u>조합의 존속</u>에 <u>영향을 주지 아니한다</u>(법 제84조 제2항). (중개 2018·2020) (정비구역이 해제되면 조합이 해산한 것으로 본다.×)

## Ⅲ 이전고시 등

① ⓐ <u>사업시행자</u>는 법 제83조 제3항 및 제4항(정비사업의 준공인가 ; 준공검사 後 준공인가 고시 및 시장·군수등이 직접 시행하는 경우에는 공사완료 고시)에 따른 <u>고시</u>가 있은 때에는 지체 없이 <u>대지확정측량</u>을 하고 <u>토지의 분할절차</u>를 거쳐 <u>관리처분계획에서 정한 사항을 분양받을 자에게 통지</u>하고 대지 또는 건축물의 <u>소유권을 이전</u>하여야 한다(법 제86조 제1항 본문). (중개 2016)

ⓑ 다만, <u>정비사업의 효율적인 추진을 위하여 필요한 경우</u>에는 해당 정비사업에 관한 공사가 <u>전부 완료되기 전(前)</u>이라도 <u>완공된 부분은 준공인가를 받아 대지 또는 건축물별로 분양받을 자에게 소유권을 이전할 수 있다</u>(법 제86조 제1항 단서). (중개 2020) (준공인가 고시 ⇒ 대지확정 측량 후 토지 분할절차 ⇒ 관리처분계획에서 정한 사항을 분양받을 자에게 통지 ⇒ 이전고시)

② <u>사업시행자</u>는 제1항에 따라 <u>대지 및 건축물의 소유권을 이전</u>하려는 때에는 그 내용을 해당 지방자치단체의 <u>공보</u>에 <u>고시</u>한 후 <u>시장·군수등에게 보고</u>하여야 한다(법 제86조 제2항 전단). (중개 2016) 이 경우 대지 또는 건축물을 분양받을 자는 <u>고시가 있은 날의 다음 날</u>에 그 대지 또는 건축물의 <u>소유권을 취득</u>한다(법 제86조 제2항 후단). (중개 2018) (이전고시가 있은 날에 소유권을 취득한다.×)

## Ⅳ 조합의 해산

① <u>조합장</u>은 법 제86조(이전고시 등)제2항에 따른 <u>이전고시</u>가 있은 날부터 <u>1년 이내</u>에 <u>조합 해산을 위한 총회를 소집</u>하여야 한다(법 제86조의2 제1항).

② <u>조합장</u>이 제1항에 따른 기간 내에 총회를 소집하지 아니한 경우 법 제44조(총회의 소집) 제2항에도 불구하고 조합원 5분의 1 이상의 요구로 소집된 총회에서 <u>조합원 과반수의 출석과 출석 조합원 과반수의 동의</u>를 받아 해산을 의결할 수 있다(법 제86조의2 제2항 전단). 이 경우 <u>요구자 대표로 선출된</u> 자가 조합 해산을 위한 총회의 소집 및 진행을 할 때에는 <u>조합장의 권한을 대행</u>한다(법 제86조의2 제2항 후단).

③ <u>시장·군수등</u>은 조합이 정당한 사유 없이 제1항 또는 제2항에 따라 <u>해산을 의결</u>하지 아니하는 경우에는 <u>조합설립인가를 취소할 수 있다</u>(법 제86조의2 제3항).

④ 해산하는 조합에 청산인이 될 자가 없는 경우에는 「민법」 제83조(법원에 의한 청산인의 선임)에도 불구하고 시장·군수등은 법원에 청산인의 선임을 청구할 수 있다(법 제86조의2 제4항).
⑤ 제1항 또는 제2항에 따라 조합이 해산을 의결하거나 제3항에 따라 조합설립인가가 취소된 경우 청산인은 지체 없이 청산의 목적범위에서 성실하게 청산인의 직무를 수행하여야 한다(법 제86조의2 제5항).

## V 등기절차 및 권리변동의 제한

① 사업시행자는 법 제86조(이전고시 등)제2항에 따른 이전고시가 있은 때에는 지체 없이 대지 및 건축물에 관한 등기를 지방법원지원 또는 등기소에 촉탁 또는 신청하여야 한다(법 제88조 제1항).
② 정비사업에 관하여 제86조(이전고시 등)제2항에 따른 이전고시가 있은 날부터 제1항에 따른 등기가 있을 때까지는 저당권 등의 다른 등기를 하지 못한다(법 제88조 제3항).(중개 2020)(저당권 등의 다른 등기를 할 수 있다.×)

## VI 청산금 등

### 1. 청산금 징수·지급
대지 또는 건축물을 분양받은 자가 종전에 소유하고 있던 토지 또는 건축물의 가격과 분양받은 대지 또는 건축물의 가격 사이에 차이가 있는 경우 사업시행자는 법 제86조(이전고시 등)제2항에 따른 이전고시가 있은 후(後)에 그 차액에 상당하는 금액(이하 "청산금"이라 한다)을 분양받은 자로부터 징수하거나 분양받은 자에게 지급하여야 한다(법 제89조 제1항).

### 2. 분할징수·분할지급
법 제89조 제1항에도 불구하고 사업시행자는 정관등에서 분할징수 및 분할지급을 정하고 있거나 총회의 의결을 거쳐 따로 정한 경우에는 관리처분계획인가 후(後)부터 이전고시가 있은 날까지 일정 기간별로 분할징수하거나 분할지급할 수 있다(법 제89조 제2항).(중개 2015)

### 3. 가격 평가
사업시행자는 법 제89조 제1항 및 제2항을 적용하기 위하여 종전에 소유하고 있던 토지 또는 건축물의 가격과 분양받은 대지 또는 건축물의 가격을 평가하는 경우 그 토지 또는 건축물의 규모·위치·용도·이용 상황·정비사업비 등을 참작하여 평가하여야 한다(법 제89조 제3항).(중개 2015)

## Ⅶ 청산금의 징수방법 등

① 시장·군수등인 사업시행자는 청산금을 납부할 자가 이를 납부하지 아니하는 경우 지방세 체납처분의 예에 따라 징수(분할징수를 포함한다. 이하 이 조에서 같다)할 수 있으며, 시장·군수등이 아닌 사업시행자는 시장·군수등에게 청산금의 징수를 위탁할 수 있다(법 제90조 제1항 전단). (중개 2015)

② 법 제89조(청산금 등)제1항에 따른 청산금을 지급받을 자가 받을 수 없거나 받기를 거부한 때에는 사업시행자는 그 청산금을 공탁할 수 있다(법 제90조 제2항). (중개 2021)

③ 청산금을 지급(분할지급을 포함한다)받을 권리 또는 이를 징수할 권리는 법 제86조(이전고시 등)제2항에 따른 이전고시일의 다음 날부터 5년간 행사하지 아니하면 소멸한다(법 제90조 제3항). (중개 2015·2021)(이전고시일부터 3년간 행사하지 아니하면 소멸한다. ×)

## Ⅷ 저당권의 물상대위

정비구역에 있는 토지 또는 건축물에 저당권을 설정한 권리자는 사업시행자가 저당권이 설정된 토지 또는 건축물의 소유자에게 청산금을 지급하기 전(前)에 압류절차를 거쳐 저당권을 행사할 수 있다(법 제91조). (중개 2015)

# CHAPTER 04 > 비용의 부담 등

## I. 비용부담의 원칙★

① <u>정비사업비</u>는 이 법 또는 다른 법령에 특별한 규정이 있는 경우를 제외하고는 <u>사업시행자가 부담한다</u>(법 제92조 제1항). (감평 2018, 중개 2019)
② <u>시장·군수등</u>은 시장·군수등이 <u>아닌 사업시행자</u>가 시행하는 정비사업의 정비계획에 따라 설치되는 다음 각 호의 시설에 대하여는 <u>그 건설에 드는 비용의 전부 또는 일부를 부담할 수 있다</u>(법 제92조 제2항). (감평 2023) (임시거주시설 건설에 드는 비용의 전부를 부담하여야 한다, ×)
 1. <u>임시거주시설</u>
 2. <u>도시·군계획시설</u> 중 <u>대통령령으로 정하는 주요 정비기반시설</u> 및 <u>공동이용시설</u>(영 제77조)
    (1) 도로
    (2) 상·하수도
    (3) <u>공원</u>(중개 2022)
    (4) <u>공용주차장</u>(중개 2022)
    (5) <u>공동구</u>(중개 2022)
    (6) 녹지
    (7) 하천
    (8) <u>공공공지</u>(중개 2022)
    (9) 광장

## II. 비용의 조달★

① <u>사업시행자</u>는 <u>토지등소유자</u>로부터 법 제92조제1항(비용부담의 원칙 ; 정비사업비는 이 법 또는 다른 법령에 특별한 규정이 있는 경우를 제외하고는 사업시행자가 부담한다.)에 따른 <u>비용</u>과 정비사업의 시행과정에서 발생한 <u>수입</u>의 <u>차액</u>을 <u>부과금</u>으로 <u>부과·징수</u>할 수 있다(법 제93조 제1항). (감평 2018·2023)
② <u>사업시행자</u>는 토지등소유자가 제1항에 따른 부과금의 납부를 게을리한 때에는 <u>연체료</u>를 부과·징수할 수 있다(법 제93조 제2항).
③ <u>시장·군수등이 아닌 사업시행자</u>는 <u>부과금</u> 또는 <u>연체료</u>를 <u>체납하는 자</u>가 있는 때에는 <u>시장·군수등</u>에게 그 부과·징수를 위탁할 수 있다(법 제93조 제4항). (감평 2018, 중개 2016·2019·2021)
④ <u>시장·군수등</u>은 제4항에 따라 <u>부과·징수를 위탁받은 경우</u>에는 <u>지방세 체납처분의 예</u>에 따라 부과·징수할 수 있다(법 제93조 제5항 전단). (감평 2023, 중개 2021) 이 경우 <u>사업시행자</u>는 징수한 금액의 <u>100분의 4</u>에 해당하는 금액을 해당 <u>시장·군수등</u>에게 <u>교부</u>하여야 한다(법 제93조 제5항 후단).

## Ⅲ 정비기반시설 관리자의 비용부담

1. **정비기반시설 관리자 부담**

    시장·군수등은 자신이 시행하는 정비사업으로 현저한 이익을 받는 정비기반시설의 관리자가 있는 경우에는 대통령령(영 제78조)으로 정하는 방법 및 절차에 따라 해당 정비사업비의 일부를 그 정비기반시설의 관리자와 협의하여 그 관리자에게 부담시킬 수 있다(법 제94조 제1항). (중개 2016)

2. **공동구에 수용될 시설의 설치의무자 부담**

    사업시행자는 정비사업을 시행하는 지역에 전기·가스 등의 공급시설을 설치하기 위하여 공동구를 설치하는 경우에는 다른 법령에 따라 그 공동구에 수용될 시설을 설치할 의무가 있는 자에게 공동구의 설치에 드는 비용을 부담시킬 수 있다(법 제94조 제2항). (중개 2019)

## Ⅳ 보조 및 융자

1. **시장, 군수, 구청장 또는 토지주택공사등이 시행하는 정비사업 : 일부 보조·융자 可**

    국가 또는 시·도는 시장, 군수, 구청장 또는 토지주택공사등이 시행하는 정비사업에 관한 기초조사 및 정비사업의 시행에 필요한 시설로서 대통령령으로 정하는 정비기반시설, 임시거주시설 및 주거환경개선사업에 따른 공동이용시설(영 제79조 제1항 ; 정비기반시설, 임시거주시설 및 주거환경개선사업에 따른 공동이용시설의 전부를 말한다.)의 건설에 드는 비용의 일부를 보조하거나 융자할 수 있다(법 제95조 제1항 전단).

2. **토지주택공사등이 시행하는 주거환경개선사업 : 전부 또는 일부 보조 의무**

    시장·군수등은 사업시행자가 토지주택공사등인 주거환경개선사업과 관련하여 법 제95조 제1항에 따른 정비기반시설 및 공동이용시설, 임시거주시설을 건설하는 경우 건설에 드는 비용의 전부 또는 일부를 토지주택공사등에게 보조하여야 한다(법 제95조 제2항). (보조할 수 있다. ×)

3. **시장·군수등이 아닌 사업시행자가 시행하는 정비사업 : 일부 보조·융자·융자 알선 可 ★**

    국가 또는 지방자치단체는 시장·군수등이 아닌 사업시행자가 시행하는 정비사업에 드는 비용의 일부를 보조(영 제79조 제4항 ; 50퍼센트 이내 보조) 또는 융자하거나 융자를 알선(영 제79조 제5항 ; 80퍼센트 이내 융자·융자 알선)할 수 있다(법 제95조 제3항). (감평 2018, 중개 2019)

4. **토지임대부 분양주택을 공급받는 자에 대한 보조·융자**

    국가 또는 지방자치단체는 법 제80조(지분형주택 등의 공급)제2항에 따라 토지임대부 분양주택을 공급받는 자에게 해당 공급비용의 전부 또는 일부를 보조 또는 융자할 수 있다(법 제95조 제6항). (중개 2021)

## Ⅴ 국유·공유재산의 처분 등

### 1. 관리청과 사전 협의
① 시장·군수등은 인가하려는 사업시행계획 또는 직접 작성하는 사업시행계획서에 국유·공유재산의 처분에 관한 내용이 포함되어 있는 때에는 미리 관리청과 협의하여야 한다(법 제98조 제1항 전단). 이 경우 관리청이 불분명한 재산 중 도로·구거(도랑) 등은 국토교통부장관을, 하천은 환경부장관을, 그 외의 재산은 기획재정부장관을 관리청으로 본다(법 제98조 제1항 후단).
② 이 경우 협의를 받은 관리청은 20일 이내에 의견을 제시하여야 한다(법 제98조 제2항).

### 2. 정비사업 외(外) 목적으로 매각·양도 금지
정비구역의 국유·공유재산은 정비사업 외(外)의 목적으로 매각되거나 양도될 수 없다(법 제98조 제3항). (감평 2018·중개 2021)

### 3. 사업시행자·점유자·사용자에게 우선 매각·임대
① 정비구역의 국유·공유재산은 「국유재산법」 또는 「공유재산 및 물품 관리법」에 따른 국유재산종합계획 또는 공유재산관리계획과 「국유재산법」 제43조 및 「공유재산 및 물품 관리법」 제29조에 따른 계약의 방법(원칙 : 일반경쟁, 예외 : 제한경쟁·수의계약 可)에도 불구하고 사업시행자 또는 점유자 및 사용자에게 다른 사람에 우선하여 수의계약으로 매각 또는 임대될 수 있다(법 제98조 제4항). (중개 2019)
② 법 제98조 제4항에 따라 다른 사람에 우선하여 매각 또는 임대될 수 있는 국유·공유재산은 「국유재산법」, 「공유재산 및 물품 관리법」 및 그 밖에 국·공유지의 관리와 처분에 관한 관계 법령에도 불구하고 사업시행계획인가의 고시가 있은 날부터 종전의 용도가 폐지된 것으로 본다(법 제98조 제5항). (관리처분계획인가의 고시×, 준공인가 고시×, 이전고시×)

# CHAPTER 05 > 공공재개발사업 및 공공재건축사업

## I 공공재개발사업

### 1. 의의

다음 요건을 <u>모두</u> 갖추어 시행하는 재개발사업을 **"공공재개발사업"**이라 한다(법 제2조 제2호 나목 후단).

1. "<u>시장·군수등</u>" 또는 <u>토지주택공사등</u>(조합과 공동으로 시행하는 경우를 포함한다)이 <u>주거환경개선사업의 시행자</u>, <u>재개발사업의 시행자</u> 또는 <u>재개발사업의 공공시행자</u> 나 <u>재개발사업의 대행자</u>(이하 "<u>공공재개발사업 시행자</u>"라 한다)일 것
2. 건설·공급되는 <u>주택의 전체 세대수</u> 또는 <u>전체 연면적</u> 중 <u>토지등소유자 대상 분양분</u>(지분형주택은 제외한다)을 <u>제외</u>한 나머지 주택의 세대수 또는 연면적의 <u>100분의 20 이상 100분의 50 이하의 범위</u>에서 대통령령으로 정하는 기준에 따라 특별시·광역시·특별자치시·도·특별자치도 또는 「지방자치법」에 따른 인구 50만 이상 <u>대도시</u>의 <u>조례</u>로 정하는 <u>비율 이상</u>을 <u>지분형주택</u>, 「공공주택 특별법」에 따른 <u>공공임대주택</u> 또는 「민간임대주택에 관한 특별법」에 따른 <u>공공지원민간임대주택</u>으로 건설·공급할 것

### 2. 공공재개발사업 예정구역의 지정·고시

**(1) 서**

① <u>정비구역의 지정권자</u>는 비경제적인 건축행위 및 투기 수요의 유입을 방지하고, 합리적인 사업계획을 수립하기 위하여 공공재개발사업을 추진하려는 구역을 <u>공공재개발사업 예정구역</u>으로 <u>지정</u>할 수 있다(법 제101조의2 제1항 전단).

② <u>정비계획의 입안권자</u> 또는 <u>토지주택공사등</u>은 <u>정비구역의 지정권자</u>에게 공공재개발사업 예정구역의 <u>지정</u>을 <u>신청</u>할 수 있다(법 제101조의2 제2항 전단). 이 경우 <u>토지주택공사등</u>은 <u>정비계획의 입안권자</u>를 통하여 <u>신청</u>하여야 한다(법 제101조의2 제2항 후단).

**(2) 공공재개발사업 예정구역 지정 해제**

① <u>정비구역의 지정권자</u>는 공공재개발사업 예정구역이 지정·고시된 날부터 <u>2년</u>이 되는 날까지 공공재개발사업 예정구역이 공공재개발사업을 위한 <u>정비구역</u>으로 <u>지정</u>되지 아니하거나, 공공재개발사업 시행자가 지정되지 아니하면 그 2년이 되는 날의 다음 날에 <u>공공재개발사업 예정구역 지정</u>을 <u>해제하여야 한다</u>(법 제101조의2 제5항 전단). (지정·고시된 날부터 1년이 되는 날×, 그 1년이 되는 날의 다음 날×, 공공재개발사업 예정구역 지정을 해제할 수 있다.×)

② 다만, <u>정비구역의 지정권자</u>는 <u>1회</u>에 한하여 <u>1년의 범위</u>에서 <u>공공재개발사업 예정구역</u>의 <u>지정</u>을 <u>연장</u>할 수 있다(법 제101조의2 제5항 후단).

(3) 절차

① 공공재개발사업 예정구역 지정에 관하여 지방도시계획위원회의 심의를 거치기 전에 미리 관할 시장·군수등의 의견을 들어야 한다(영 제80조의2 제1항 본문).

② 정비구역지정권자는 공공재개발사업 예정구역을 지정·고시하기 전(前)에 예정구역 지정의 내용을 14일 이상 주민에게 공람하여 의견을 들어야 하며, 제시된 의견이 타당하다고 인정되면 이를 반영하여 지정·고시해야 한다(영 제80조의2 제4항).

## 3. 공공재개발사업을 위한 정비구역 지정 등

① 정비구역의 지정권자는 법 제8조(정비구역의 지정)제1항에도 불구하고 기본계획을 수립하거나 변경하지 아니하고 공공재개발사업을 위한 정비계획을 결정하여 정비구역을 지정할 수 있다(법 제101조의3 제1항).

② 정비계획의 입안권자는 공공재개발사업의 추진을 전제로 정비계획을 작성하여 정비구역의 지정권자에게 공공재개발사업을 위한 정비구역의 지정을 신청할 수 있다(법 제101조의3 제2항 전단). 이 경우 공공재개발사업을 시행하려는 공공재개발사업 시행자는 정비계획의 입안권자에게 공공재개발사업을 위한 정비계획의 수립을 제안할 수 있다(법 제101조의3 제2항 후단).

③ 정비구역의 지정권자는 공공재개발사업을 위한 정비구역을 지정·고시한 날부터 1년이 되는 날까지 공공재개발사업 시행자가 지정되지 아니하면 그 1년이 되는 날의 다음 날에 공공재개발사업을 위한 정비구역의 지정을 해제하여야 한다(법 제101조의3 제3항 본문). 다만, 정비구역의 지정권자는 1회에 한하여 1년의 범위에서 공공재개발사업을 위한 정비구역의 지정을 연장할 수 있다(법 제101조의3 제3항 단서). ( 지정·고시된 날부터 2년이 되는 날×, 그 2년이 되는 날의 다음 날×, 공공재개발사업 정비구역 지정을 해제할 수 있다.×)

## 4. 공공재개발사업에서의 용적률 완화 및 주택 건설비율 등

(1) 용적률 완화

공공재개발사업 시행자는 공공재개발사업(「도시재정비촉진을 위한 특별법」에 따른 재정비촉진지구에서 시행되는 공공재개발사업을 포함한다)을 시행하는 경우 「국토의 계획 및 이용에 관한 법률」 제78조(용도지역에서의 용적률) 및 조례에도 불구하고 지방도시계획위원회 및 도시재정비위원회의 심의를 거쳐 법적상한용적률의 100분의 120(이하 "법적상한초과용적률"이라 한다)까지 건축할 수 있다(법 제101조의5 제1항).

(2) 국민주택규모 주택 건설 등

공공재개발사업 시행자는 법 제54조(재개발사업의 용적률 완화 및 국민주택규모 주택 건설비율)에도 불구하고 법적상한초과용적률에서 정비계획으로 정하여진 용적률을 뺀 용적률의 100분의 20 이상 100분의 50 이하로서 시·도조례로 정하는 비율에 해당하는 면적에 국민주택규모 주택을 건설하여 인수자에게 공급하여야 한다(법 제101조의5 제2항 본문).

# Ⅱ 공공재건축사업

## 1. 의의

다음 요건을 모두 갖추어 시행하는 재건축사업을 "**공공재건축사업**"이라 한다(법 제2조 제2호 다목 후단).

1. 시장·군수등 또는 토지주택공사등(조합과 공동으로 시행하는 경우를 포함한다)이 「재건축사업의 시행자」 또는 「재건축사업의 공공시행자」나 「재건축사업의 사업대행자」(이하 "**공공재건축사업 시행자**"라 한다)일 것
2. 종전의 용적률, 토지면적, 기반시설 현황 등을 고려하여 대통령령으로 정하는 세대수(영 제1조의3 제1항 : 종전 세대수의 100분의 160)이상을 건설·공급할 것.

## 2. 공공재건축사업에서의 용적률 완화 및 주택 건설비율 등

### (1) 용적률 완화

공공재건축사업을 위한 정비구역에 대해서는 해당 정비구역의 지정·고시가 있는 날부터 대통령령으로 정하는 지역(영 제80조의3 제1항 : ⓐ 현행 용도지역이 제1종전용주거지역인 경우 → 제2종전용주거지역, ⓑ 현행 용도지역이 제2종전용주거지역인 경우 → 제1종일반주거지역, ⓒ 현행 용도지역이 제1종일반주거지역인 경우 → 제2종일반주거지역, ⓓ 현행 용도지역이 제2종일반주거지역인 경우 → 제3종일반주거지역, ⓔ 현행 용도지역이 제3종일반주거지역인 경우 → 준주거지역)으로 결정·고시된 것으로 보아 해당 지역에 적용되는 용적률 상한까지 용적률을 정할 수 있다(법 제101조의6 제1항 본문).

### (2) 국민주택규모 주택 건설 등

공공재건축사업 시행자는 공공재건축사업(「도시재정비 촉진을 위한 특별법」에 따른 재정비촉진지구에서 시행되는 공공재건축사업을 포함한다)을 시행하는 경우 법 제54조(재건축사업 등의 용적률 완화 및 국민주택규모 주택 건설비율) 제4항에도 불구하고 법 제101조의6 제1항에 따라 완화된 용적률에서 정비계획으로 정하여진 용적률을 뺀 용적률의 100분의 40 이상 100분의 70 이하로서 주택증가 규모, 공공재건축사업을 위한 정비구역의 재정적 여건 등을 고려하여 시·도조례로 정하는 비율에 해당하는 면적에 국민주택규모 주택을 건설하여 인수자에게 공급하여야 한다(법 제101조의6 제2항).

# CHAPTER 06 > 기타 : 청문

국토교통부장관, 시·도지사, 시장, 군수 또는 구청장은 다음 각 호의 어느 하나에 해당하는 처분을 하려는 경우에는 청문을 하여야 한다(법 제121조).

1. 조합장이 이전고시가 있은 날부터 1년 이내에 조합 해산을 위한 총회를 소집하지 아니하고, 조합원들에 의한 조합 해산을 위한 총회의 소집 및 의결을 하지 아니하는 경우 시장·군수등이 행하는 조합설립인가의 취소
2. 정비사업전문관리업의 등록취소
3. 추진위원회 승인의 취소, 조합설립인가의 취소, 사업시행계획인가의 취소 또는 관리처분계획인가의 취소
4. 시공자 선정 취소 또는 과징금 부과
5. 건설업자 및 등록사업자 입찰참가 제한

## 정덕창

**약력**
- 제11회 법무사시험 합격
- 제17회 공인중개사시험 합격
- 제47회 세무사시험 합격
- 제23회 공인노무사시험 합격
- 제42회 손해사정사시험(신체) 합격
- 한양사이버대학교 대학원 부동산학과 졸업

**현**
- 現 정덕창 법무사 노무사 사무소 운영

**저서**
- 감정평가 관계법규[기본서] (주식회사 좋은책)
- 감정평가 관계법규[객관식 문제집] (주식회사 좋은책)

---

## 2026 정덕창
# 감정평가 관계법규 [기본서]

초판인쇄 2025년 7월 11일
초판발행 2025년 7월 14일
저 자 정덕창
발 행 인 박기현
등 록 제2016-000065호
발 행 처 주식회사 좋은책
주 소 서울시 관악구 관악로12길 10, 3층
교재문의 TEL) 02-871-7720 / FAX) 02-871-7721
I S B N 979-11-6348-661-9

본서의 무단 전재·복제 행위는 저작권법에 의거하여 5년 이하의 징역 또는
5천만원 이하의 벌금에 처하거나 이를 병과할 수 있습니다.

저자와의 협의하에 인지를 생략합니다.

정가 38,000원